Mecklenburgisches
Hausbuch

Gute alte Zeit an Ostsee und Elbe,
Recknitz und Müritz
in Geschichten und Berichten,
Liedern, Bildern und Gedichten

Herausgegeben und zusammengestellt
unter Beratung durch regionale Autoren
von Diethard H. Klein

Husum

Umschlagbild: Das großherzogliche Schloss zu Schwerin um 1850.
Stahlstich von Poppel und Kurz nach Julius Gottheil.

Bibliografische Information der Deutschen Nationalbibliothek

Die Deutsche Nationalbibliothek verzeichnet diese Publikation in der Deutschen
Nationalbibliografie; detaillierte bibliografische Daten sind im Internet
über http://dnb.d-nb.de abrufbar.

© 2009 by Husum Druck- und Verlagsgesellschaft mbH u. Co. KG,
    Husum
Gesamtherstellung: Husum Druck- und Verlagsgesellschaft
Postfach 1480, D-25804 Husum – www.verlagsgruppe.de
ISBN 978-3-88042-950-5

Inhalt

10

11

12

Vorwort

Hier liegt nun der achtzehnte Band einer vor mehr als zwanzig Jahren vom Herausgeber begonnenen Serie über die deutschen Bundesländer bzw. deren Teilregionen (Baden, Württemberg, Rheinland, Westfalen, Bayern, Franken) und die ehemals deutschen Provinzen im Osten wie Ostpreußen, Schlesien und Pommern vor. Er schließt sich den Bänden Thüringen, Sachsen und Sachsen-Anhalt über die sogenannten „neuen Bundesländer" an.

Der Begriff „Hausbuch" meint dabei ein umfassendes Lesebuch, das Stimmungsbilder und Informationen aus vorwiegend älteren Zeiten der jeweiligen Region zusammenfasst und dabei systematisch das Gesamtgebiet abdeckt, auch wenn sich dabei naturgemäß unterschiedliche Gewichtungen aufgrund der historischen Gegebenheiten und der Verschiedenheiten zwischen stärker städtisch oder industriell geprägten und eher ländlichen Kreisen nicht vermeiden lassen. So erfolgte zwar sozusagen keine „Gliederung mit dem Beil" in der Form, dass jedem Kreis eine gleich umfangreiche Darstellung gewidmet wurde, andererseits aber unterblieb auch die in ähnlichen Veröffentlichungen deutlich spürbare Konzentration auf kulturelle Zentren, da zum Gesamtbild Mecklenburgs schließlich alle Kreise ihren Beitrag leisten.

Zum Stichwort „Kreise" sei hierbei bemerkt, dass gerade in diesem Punkt sich verwaltungsmäßig im Laufe der Zeiten immer wieder Änderungen ergaben. Wir haben uns dabei an die Kreiseinteilung gehalten, wie sie in den Achtzigerjahren des zwanzigsten Jahrhunderts galt. Bei der Zuordnung haben wir uns in Zweifelsfällen (auch was die Abgrenzung gegenüber dem Landesteil Vorpommern betrifft, der bereits im Regionalhausbuch „Pommersches Hausbuch" behandelt wurde) an das „Handbuch der historischen Stätten Deutschlands" gehalten, das uns bei der gesamten Serie stets eine große Hilfe war. Daher ist zum Beispiel Fürstenberg hier berücksichtigt, auch wenn es inzwischen zum brandenburgischen Kreis Gransee geschlagen wurde; andererseits wurden Lenzen und die Kreise Perleberg, Penzlin und Templin wegen ihrer Wiedereingliederung nach Brandenburg ausgegrenzt, wohingegen wir von Gadebusch aus einen Abstecher nach Ratzeburg machen, weil das Fürstentum Ratzeburg jahrhundertelang zu Mecklenburg-Strelitz gehörte.

Der Zielsetzung dieser Gesamtreihe entsprechend, war es unser Anliegen, ein Bild der früheren Verhältnisse dieser Region mit einem gewissen Schwergewicht auf dem neunzehnten Jahrhundert zu bieten, auch wenn manche Darstellungen bis in die letzten Jahre reichen. Daher finden sich zahlreiche Texte bekannter Autoren dieser Zeit, von denen wir neben Besuchern der Region und bedeutenden, aus dem Lande stammenden Persönlichkeiten wie etwa Johann Heinrich Voß oder Heinrich Schliemann als einheimische Autoren u. a. John Brinckman, Fritz Reuter, Heinrich Seidel, Felix Stillfried u. a. nennen. Gegenwart und jüngere Vergangenheit sollten jedoch keineswegs völlig ausgegrenzt werden, und daher sind auch Schriftsteller des zwanzigsten Jahrhunderts durchaus vertreten, unter denen wir hier nur Alfred Andersch, Brigitte Birnbaum, Jürgen Borchert, Hartmut Brun, Ditte Clemens, Max Dreyer, Hans Fallada, Richard Giese, Johannes Gillhoff, Walter Kempowski, Helmut Sakowski, Rudolf Tarnow und Ehm Welk nennen.

Erwähnen wollen wir an dieser Stelle, dass wir im Allgemeinen die alte Schreibweise der Texte beibehalten haben; Ausdrücke, die heute nicht mehr jedem geläufig sind, wurden in Fußnoten erläutert. Zu den mundartlichen Texten sei verwiesen auf das umfangreiche „Mecklenburgische Wörterbuch" ab Seite 539.

Bei allen Bänden der Serie sind wir in der Abfolge einer Art von imaginärer Reiseroute gefolgt, auf der man das Land kennenlernt.

Diesbezüglich haben wir im vorliegenden Band eine Dreiteilung vorgenommen: Eine erste Fahrt führt (nach vorangehenden Kapiteln über Mecklenburg und seine Bewohner allgemein und Beiträgen zur Geschichte des Landes) durch den Westen des Gebietes von der Landeshauptstadt Schwerin über den alten Landtagsversammlungsort Sternberg hoch zur Ostseeküste am Klützer Winkel und dann nach Süden durch die Kreise Grevesmühlen, Gadebusch, Hagenow und Ludwigslust. Eine zweite Rundreise beginnt in Rostock und geht über Ribnitz-Damgarten, Teterow, Güstrow, Bützow und Wismar wiederum zur Ostsee mit dem an diese grenzenden Kreis Bad Doberan. Die dritte Route schließlich führt uns in das südliche, genauer gesagt südöstliche Mecklenburg mit seinem Kerngebiet, dem alten Großherzogtum Mecklenburg-Strelitz: in die Gegend an der Müritz und die Kreise Lübz, Parchim und Malchin sowie Neubrandenburg und schließlich in die ehemalige Fürstenresidenz Neustrelitz. Keine Frage, dass man eine solche Reise durch das alte Mecklenburg auch anders einteilen könnte; und keine Frage auch, dass man den Weg von Güstrow nach Bützow mit einem Abstecher nach Sternberg verbinden könnte oder von Teterow nach dem nahen Malchin fährt, das wir den südlichen Landesteilen zugeschlagen haben. Insofern sind diese drei

Reiserouten zweifellos höchst subjektiv, und es bleibt jedem unbenommen, sie nach eigenem Gutdünken anhand unseres Ortsregisters am Ende des Bandes anders zu organisieren.

Diethard H. Klein, 2000

Mit diesem achtzehnten Band der „Hausbücher" war die Reihe über die deutschen Bundesländer und ihre historisch gewachsenen Teilregionen sowie die Länder des deutschen Ostens fast komplett. Lediglich das „Hausbuch" über das Bundesland Brandenburg befand sich noch in einem frühen Stadium der Erarbeitung, doch auch für dieses war die Veröffentlichung schon fest geplant. Mit der Vollendung dieses einen Bandes wäre zugleich ein persönlicher Traum des Herausgebers in Erfüllung gegangen.

Diethard H. Klein, der passionierte Büchermacher, Herausgeber und Übersetzer, der sich in den Schatzkammern der deutschen Literatur auskannte wie kaum ein anderer, hat das Erscheinen des vorliegenden Bandes nicht mehr erleben dürfen. Am 18. Oktober 2000 verstarb er auf einer Reise für das „Brandenburger Hausbuch" – mitten in der von ihm so akribisch wahrgenommenen Tätigkeit des Recherchierens – unerwartet in Berlin.

Es stand außer Frage, dass das Vermächtnis, die Reihe der „Hausbücher" zum Abschluss zu bringen, erfüllt werden sollte. Doch erst jetzt wurde so ganz deutlich, welch gewaltige Leistung in der Tätigkeit des Sammelns und Sichtens, des Sortierens und Strukturierens steckte, um ein „Hausbuch" wie das vorliegende zu einem möglichst alle Facetten des Landes darstellenden Spiegel werden zu lassen, um die unterschiedlichen Literaturgattungen, die einzelnen Regionen zu Wort kommen zu lassen, ohne dabei wichtige Dichter und Schriftsteller, ohne bedeutsame Zeugnisse der Landesgeschichte auszunehmen. Und – nicht zu vergessen – dazu die passenden Illustrationen zu finden.

So soll dieser Band dem Andenken seines Herausgebers gelten, eines Menschen, auf den das Balladen-Wort Theodor Fontanes „Wer die Heimat liebt wie du" in ganz besonders schöner Weise zutrifft.

Ingwert Paulsen, 2009

I. Mecklenburg – Land und Leute

Beipackzettel für die unbedenkliche Einnahme von Mecklenburg

Ditte Clemens

Sie brauchen weder Ihren Arzt noch Ihren Apotheker zu fragen. Mecklenburg können Sie ohne Bedenken einnehmen. Es hat eine heilsame Wirkung, befreit Sie schon nach kürzester Zeit von hektischer Unruhe, mangelnder Zufriedenheit und der beängstigenden Enge im Herzen. Auch Ihr Blick wird sich weiten. Und Sie werden garantiert noch viel mehr sehen, wenn Sie auch Ihre Ohren aufsperren.

Lauschen Sie, wo immer Sie können, der plattdeutschen Sprache. Die Gelegenheiten werden spärlich sein. Die jungen Leute hier sind keine guten Übersetzer. Sie hören zu Hause und in der Schule die Sprache ihrer schlichten Vorfahren kaum noch. Doch beim Fluchen rutscht ihnen das gebräuchlichste Schimpfwort der deutschen Sprache zum Glück oft noch plattdeutsch heraus.

Tucholsky sah zwischen dieser uralten Sprache und den Mecklenburgern viele Ähnlichkeiten. „Das Plattdeutsche", sagte er, „kann alles sein: zart und grob, humorvoll und herzlich, klar und nüchtern und vor allem, wenn man will, herrlich besoffen."

Ja, diese Sprache hat es in sich. Sie ist wie ein Hammer aus Gummi, trifft immer ganz genau, aber stets sanft, und obendrein ist sie wie die Menschen hier, äußerst sparsam und dennoch enorm bildreich. Wollen Sie Beispiele?

Ne säute Diern ist nicht nur ein schönes Mädchen, sondern auch eins, das mit Charme und Hinterlist den Männern den Kopf verdreht. Und einer, der Paragraphen mehr als das Leben liebt, wird hier Krümelkacker genannt. Daß ein Düsbüddel ein Vergeßlicher ist, ein Gnatzmichel zänkisch, ein Windbüddel unruhig und ein Iesenbieter widerstandsfähig ist, läßt sich erahnen. Schwieriger wird es schon bei den uralten und noch nicht vergessenen Gerichten dieses Landes. Tüften und Plum sind Kartoffeln, die zusammen mit Backpflaumen in Salzwasser gekocht werden und besser schmecken als man denkt. Aber fahren wir fort mit Gerichten, deren Namen viel origineller sind

als ihr Geschmack. Klackerklüt heißt eine Milchsuppe mit Mehlklö-
ßen. Dickere Mehlsuppen nennt man Klumpatsch. Rühreier heißen
Pannschiet und die Roulade Lütt Farken. Auf den vielseitigen Speise-
karten in den hiesigen Gaststätten sind solche treffenden Bezeichnun-
gen leider noch nicht zu finden. Aber benutzt werden sie immer noch,
wenn sich z. B. der echte Mecklenburger diese Gerichte bei seiner Frau
bestellt und nach ihrem Genuß in der Kneipe prahlt, wie gut er gerade
gegessen hat. In diesem Lande essen die Einheimischen immer noch
vorwiegend zu Hause, aber am liebsten trinken sie in der Kneipe, egal
wie weit der Weg dorthin ist. Und es kann vorkommen, daß dem
Mecklenburger an einem Abend in gemütlicher Klönrunde so viel
Worte entschlüpfen, die eigentlich bei ihm für ein halbes Jahr gereicht
hätten.

Ein echter Mecklenburger verliert nicht gern viele Worte. Warum
auch, wenn sich allein in einem ganze Welten offenbaren. Und so
bringt er auch sein Verhältnis zu Politikern schnell auf den Punkt.
Für ihn gibt es nur Klaukbrägen oder Klaugschieter. Seine Meinung
fällt der Mecklenburger wie ein Urteil. Daran ändert er so schnell
nichts.

Doch all dieses Gerede über den Mecklenburger interessiert den
Mecklenburger selbst am wenigsten. Er hat schon immer seinen Kram
gemacht, ohne großes Gedöhns und wird es auch weiter tun, denn er
ist bodenständig und prinzipienfest. Und scheint damit ein idealer
Ehepartner zu sein. Zwar verliert er keine großen Worte über seine
Liebe, aber empfindet sie tief und hält an ihr fest. Da kann kommen
was will. Er weiß, was er hat und behalten will.

Da ist das Frühjahr, das alljährliche Erwachen im sonnengelben
Meer. Der Sommer, der launische, der voller Überraschungen steckt.
Immer zu heiß oder zu kalt, zu trocken oder zu verregnet und trotz alledem ist er letztendlich immer schön. Dann der Herbst, der Tage
bringt, die für kurze Zeit selbst die Schwermut des grauen Novem-
bers vergessen lassen und Stürme schickt, die herausfordern. Noch
einmal bäumt man sich auf, stemmt sich den Winden entgegen. Und
dann ist schon wieder der Winter da mit seiner Ruhe. Ein Geschenk,
das ein Großstädter kaum noch annimmt. Aber hier in Mecklenburg
ist man den Hamstern, den Igeln und den Bären noch sehr nah. Der
Winterschlaf wird hier nicht ignoriert. Der Schritt wird langsamer
und das Essen kräftiger. Man schätzt, was warm macht. Ein Gläschen
Korn und Schweinebraten mit Sauerkraut. Die letzte Glut im Kachelofen zieht durch das Haus und taut die Liebe auf. Aus schweren Fe-
derbetten werden muntere Kuschelberge.

Wer den Winter so erlebt, hat verdammt viel Kraft für die neue Jahreszeit. Fragen Sie Ihren Arzt oder Apotheker.

Aber beachten Sie bitte, daß sich ein absolutes Wohlbefinden erst nach einer wiederholten und regelmäßigen Einnahme von Mecklenburg einstellt.

Ein überflüssig korn-, holz- und fischreiches Land

Sebastian Münster (1488–1552)

Meckelburg, das Herzogtum samt der Grafschaft Schwerin, Rostock und Stargard, vorzeiten eine ungeteilte Herrschaft, ist ein sehr fruchtbares, überflüssig korn-, holz- und fischreiches Land, voll Viehs und Wildbrets, mit vielen reichen und großen Städten, Schlössern, Flecken und Dörfern wohl geziert und erbauet, jetzund durch die durchlauchtigen und hochgeborenen Herren und Fürsten Herrn Heinrich und Herrn Albrecht, Gebrüder, in gutem Frieden, Eintracht und Ruhe glückseliglich regiert und in christlichem Stand erhalten.

21

Mecklenburg – fischreich
und wohlgezieret

Michael Franck (um 1590)

Das Herzogthumb Mockelburg sampt der Graffschafft Schwerin,
Rostock und Stargart sind vorzeiten ungetheilte Herschafften gewesen, ist ein sehr fruchtbahres Land und überflüssig an Korn und Holz,
auch fischreich, viel Viehes und Wildpretes, mit vielen großen und reichen Städten, Schlössern, Flecken und Dörffern wohlgezieret und gebauet, die ersten Einwohner desselbigen Fürstenthumbs sind genennet gewesen die Heruler oder Werrlen, sindt mit den Wenden unter eines Königs Regierung begriffen, daß ist soviel als Obotriten oder
Gundtscharen oder Rottiren, ihre Abgötter sind erstlichen gewesen
Teutones, welchen sie Menschen geopfert, darnach Radegast, welcher
ein König bei ihnen gewesen, den haben sie stattliche Tempel aufgerichtet und seinen Bildniß einen Harnisch und Panzer angethan, und
auf die Brust einen Ochsenkopf gesezzet. […]
    Es hat deßelbigen Landes selzame Art mit den Baden und Badstu-
ben, so mir wunderbahrlich fürkommen, als ich daselbsten in die Bad-
stuben gangen, mich verwundern müßen, denn alles Volck, Mannes-
und Weibesvolck, Gesellen und Jungfrauen, Jung und Alt, Klein und
Groß, durcheinander gangen, gesessen und gebadet, darzu hat das
Mannvolck nicht viel Schürztücher vorgebunden, sondern wird ihnen nur Qvasten, die Scham zu bedecken geben, das halten sie für, wie
Adam die Feigenblätter, und ziehen mit dahin für Frauen und Jungfrauen, sizzem auch neben und untereinander, aber an allen kan Aer-
gerniß geschehen, will ich nicht glauben, daß manche gute Madonna,
so sie etwas Frembdes siehet, nicht selzam, odern den Junggesellen
vor den Weibern. Das Volck im Lande und Stadt sind es also gewohnt,
achtens und scheuens nicht, aber mir und einen Ausländischen kombt
es selzam und wunderlich für, wie ich mich dann entsezzet und das
refugium geben wollen, wenn der Bader mich nicht wieder zurückge-
holet und Bericht gegeben.

refugium geben: die Flucht ergreifen

22

Aus dem Text zur „Lauremberg'schen Karte von Meckelburg" vom Anfang des 17. Jahrhunderts

Gantz Sachsen wird in zwey Theil getheilet, nemblich in Ober- und Nidersachsen. Zu diesem gehören die Hertzogthümber Lüneburg, Braunschweig, Lauwenburg und das Herzogthumb Meckelburg … Es ist vor alten Zeiten ein Theil des Königreichs der Wenden gewesen und erstreckt sich längst dem Mare Balthico, oder dem Balthischen Meer, gräntzet gegen Orient mit Pommern, gegen Occident beschleust es die Elbe, gegen Mittag ligt es an der Marck Brandenburg und gegen Mitternacht an dem Balthischen Meer. Die ersten Inwohner dieses Landes werden in den Historien Heruli, Obotritae und mit einem Namen Vandali oder Wenden genennet. Das Land ist mit schönen wohlgebawten und volckreichen Stätten gezieret … Es ist ein über die massen fruchtbares und reiches Land von Getreyde, Obst, Holtz und allerley Fischen wie dann auch des Viehes und des Wiltpräts ein überfluß alda zu finden ist …

Von der gütigen Natur begabet

David Franck (1753)

Das Land Mecklenburg liegt an der Ostsee zwischen Pommern und Holstein; ist von der gütigen Natur mit gesunder Luft und fruchtbarem Boden begabet. Man findet auch an den meisten Orten most- und obsttragende Bäume; insonderheit sind dessen angebaute Felder öfters mit Überfluß an Korn gesegnet. Die Ströme, welche seine Grenzen berühren, sind gegen Morgen die Reckenitz, gegen Mittag die Elbe und gegen Abend die Trave. Mitten im Lande gibt es viele stehende und fließende Gewässer, die mehrenteils voller Fische, Aal und Krebse.

Ohngefähr so groß
als das Herzogtum Württemberg

Johann Kaspar Riesbeck (um 1780)

Das Herzogtum Mecklenburg ist ohngefähr so groß als das Herzogtum Württemberg. Dieses zählt 560 000 Einwohner und trägt seinem Fürsten beinahe zwei Millionen Reichstaler ein, da jenes kaum 220 000 Menschen enthält und nicht viel über 400 000 Reichstaler abwirft, wovon die schwerinische Linie der Herzoge drei und die strelitzische ein Viertel zieht. Bei der so ungleich stärkeren Bevölkerung könnte das Württembergische doch noch sehr gemächlich alle Einwohner Mecklenburgs mit seinem Überfluß ernähren. Wenn man einen Kalkül machte, so würde sich finden, daß das Herzogtum Württemberg fünf- bis sechsmal soviel natürlichen Wert hat als das Mecklenburgische, ungeachtet der vorteilhafteren Lage des letztern an der See.

Im malerischen Betracht ist das Mecklenburgische schöner und mannigfaltiger als die Mark Brandenburg, ob man schon in beiden Ländern keine eigentlichen Berge zu Gesicht bekömmt, denn die Dinge, welche man in diesem ganzen Strich mit dem Titel von Gebirgen beehrt, sind im Vergleich mit wahren Gebirgen nur Maulwurfhaufen. Unterdessen sah ich doch in Mecklenburg einige sehr reizende Landschaften, wo sanfte, mit mannigfaltigem Gehölze bekränzte Hügel, wogichte und mit Getreide vergoldete Anhöhen und prächtige Wiesen mit einigen Bauernhütten rings um einen kleinen See her ein vortreffliches Gemälde ausmachten.

Die mecklenburgischen Bauern sind ein schöner und starker Schlag Menschen. Ihr lockichtes und blondes Haar erinnert den Reisenden an die alten Germaner, die dem römischen Luxus ehedem die auream caesariem lieferten, welche auf dem Kopf eines dünnbeinichten, bleichgelben und hustenden jungen Senators oder einer hohlaugichten Liebhaberin der Tiere mit den langen Ohren, wofür Juvenal einen Teil der Damen seiner Zeit ausgibt, die größte Satire auf das Verderben Roms in den Augen des Denkers sein mußte.

Alle Bauern in Mecklenburg sind zwar Leibeigne; allein ihr Schicksal ist eben so hart nicht, weil der Adel menschlich, aufgeklärt und sehr gesittet ist. Dieser genießt nebst den Bürgern einiger Städte hier eine Freiheit, die er schon vor langer Zeit im ganzen übrigen Deutschland verloren hat. Die Herzoge von Mecklenburg nebst dem Kurfürsten von Sachsen sind die eingeschränktesten Fürsten des Reichs, und keine Reichshofratsreskripte, die sie in den vielen Streitigkeiten mit ihren Landständen schon ausgewirkt haben, konnten bisher noch den Adel demütigen, der seine Eifersucht auf die Gewalt der Regenten oft bis ins Lächerliche treibt. Die Herzoge erhielten durch den Teschner Friedensschluß zur Befriedigung ihrer Ansprüche auf die Landgrafschaft Leuchtenberg das sogenannte Ius de non appellando, also das Recht, kraft dessen keine Streitigkeit von ihren Gerichten an die Reichstribunalien gezogen werden kann. Sie glaubten nun ein entscheidendes Übergewicht über ihre Landstände zu haben; allein diese protestierten gegen dieses Privilegium, weil dadurch ihre Freiheiten vernichtet würden, und die Sache ist noch nicht ausgemacht. Wahrscheinlicherweise werden sich die Herzoge im Besitz eines Rechtes erhalten, welches außer den Kurfürsten wenige andre Reichsstände besitzen, und dadurch eine vollkommne Souveränität in ihren Landen erhalten.

Wenn ich euch Leuten in der großen Welt sage, daß man an der Löcknitz, Stör, Recknitz, Warnow und an andern Flüssen, die ihr in eurem Leben nicht habt nennen gehört und die nichtsdestoweniger so gut als die Somme, Schelde, Sambre usw. und zum Teil auch schiffbare Flüsse sind, sehr gute Gesellschaften findet, so sprecht ihr einstimmig das Urteil, mein Geschmack sei durch die grobe deutsche Luft verdorben worden. Unterdessen versichre ich euch, ihr würdet die Gesellschaft selbst gutheißen, wenn ihr auch, warm in euren Betten parfümiert und wohl eingeschlossen in euren Kabinettchen, durch den Schlag eines magischen Stabes in einen Zirkel von mecklenburgischem Adel versetzt würdet, ohne nur ein Drachma deutsche Luft unterwegs einzuatmen, und wenn ihr auch gleich keine Académiciens, keine Abbés, keine Virtuosen, keine Journalisten, keine Komödianten und keine von den Personen findet, welche ihr zur Würze eurer Gesellschaften braucht. Die Natur, der gesunde Menschenverstand und die reine Gutherzigkeit geben dem Umgang hier eine kräftigere und nahrhaftere Zubereitung als eure Histoires und Anecdotes du jour, eure Komödien, fliegende Broschüren und alle eure künstlichen Brühen, worunter ihr auch so viel Asa foetida zu mischen pflegt. Geselliger und gastfreier fand ich noch keinen Adel als den von Mecklenburg, besonders in und um Güstrow. Er ist auch mit der feinen Lebensart und der großen Welt so unbekannt nicht, als ihr wohl wähnt. Die Tafeln sind hier vortrefflich besetzt, und man findet viele Leute mitunter, die eine große praktische Kenntnis vom Hofleben haben. Die Literatur ist durch alle Stände, die über dem Pöbel sind, ausgebreitet. Die Frauen wissen nichts davon, was Tongeben heißt. Sie haben nichts von dem Vordringlichen und Herrischen und auch nichts von Eroberungssucht unserer Landsmänninnen. Sie sind sanft, nachgiebig gegen ihre Gatten, still und züchtig. Allein alles, was sie reden, ist so naiv und so herzig, daß mir der Witz unserer berühmtesten Gesellschafterinnen im Kontrast damit anekeln würde.

auream caesarium: goldfarbene Lockenperücken; Drachma: eine Prise; Académiciens: Gelehrte; Histoires und Anecdotes du jour: Tagesneuigkeiten; Asa foetida: „Teufelsdreck", ein übel riechendes asiatisches Gummiharz.

Im Lande wächst viel herrliches Getreide

Joachim Heinrich Campe (um 1790)

Das Land bringt so viel Wolle und so vielen Flachs hervor: Allein, man verkauft beides lieber roh, als daß man es verarbeitet. Und selbst die rohen Produkte, besonders das viele herrliche Getreide, welches in diesem Lande wächst, weiß man kaum abzusetzen, weil es an schiffbaren Flüssen und Kanälen fehlt und daher alles zu Lande fortgeschickt werden muß, welches, wie Du wohl weißt, viel mehr kostet, als wenn es zu Wasser geschehen kann.

Mecklenburg nach 1815

Aus der „Allgemeinen deutschen Real-Encyclopädie"(1819)

Meklenburg, ein Herzogtum, jetzt Großherzogthum, im niedersächsischen Kreise, das ostwärts an Pommern, südwärts an die Mark Brandenburg, westwärts an Lüneburg, Lauenburg und Lübeck, und nordwärts an die Ostsee grenzt. Das Land enthält auf 260 Quadratmeilen gegen 425 000 Einwohner, hat keine Berge, aber viele Seen und Wälder, in einigen Gegenden auch Sandstriche; im Ganzen ist es aber fruchtbar, und besonders für den Getreidebau und die Viehzucht sehr ergiebig. […]
Der Herzog von Meklenburg-Schwerin besitzt nach Hassel 233,88 Quadratmeilen mit 349 508 Einwohnern und 1 800 000 Gulden Ein-

künften; die Hauptstadt ist Schwerin. Das Militär beträgt im Frieden ungefähr 3800 Mann. Meklenburg-Schwerin hat im Plenum der Bundesversammlung 2 Stimmen. Der Großherzog von Meklenburg-Strelitz hat im Plenum nur eine Stimme; der Flächeninhalt seiner Lande ist ungefähr 36,12 Quadratmeilen mit 66 000 bis 76 000 Einwohnern, wozu nach dem 48. Art. der Wiener Congreßacte noch 10 000 Unterthanen im Saardepartement gekommen sind. Die Einkünfte betragen gegen 450 000 Gulden. Das stehende Militär beträgt ungefähr 800 Mann. Die Hauptstadt ist Neustrelitz. Beide Fürsten erhielten 1815 die großherzogliche Würde und nehmen zusammen in der Bundesversammlung die 14. Stelle ein. Sie führen ein gemeinschaftliches Wappen und den Titel Großherzog zu Meklenburg, Fürst zu Wenden, Schwerin und Ratzeburg, auch Graf zu Schwerin, der Lande Rostock und Stargard Herr etc.; auch stehen beide Großherzogthümer durch Hausverträge von 1701 und 1755 in genauer Verbindung. Die Landstände beider bilden einen Körper, und diese Verbindung wird die alte Landesunion genannt. Auch wird das Land- und Hofgericht zu Güstrow von beiden Linien besetzt. Im übrigen regieren beide Häuser unabhängig von einander durch ihre Landescollegia. Die herrschende Kirche ist die evangelisch-lutherische. Zu Rostock, welche Stadt große Freiheiten besitzt, ist eine gemeinschaftliche Universität. Die Bauern in Meklenburg sind größtentheils leibeigen, oder vielmehr erbunterthänig, wie man Meklenburgischer Seits diesen Zustand verstanden wissen will. Die Aufhebung dieser Erbunterthänigkeit ist neuerdings zur Sprache gekommen, und das Jahr 1820 wurde als Termin der Freilassung vorgeschlagen. Indessen scheint nicht die Sache selbst, sondern die Art sie auszuführen, mancherlei Schwierigkeiten zu haben, und mehrern Erörterungen unterworfen zu seyn.

Georg Hassel (1770–1829) war ein deutscher Geograf. Die Quadratmeile entspricht etwa 56,25 Quadratkilometern. Der Gulden wurde bei der Einführung der Markwährung mit 2 Mark bewertet, wohingegen der Taler 3 Mark galt. Vergleiche zum heutigen Geldwert würden komplizierte Gegenüberstellungen von Löhnen und Gehältern und Lebenshaltungskosten erfordern.

Mecklenburg macht eine liebliche Ausnahme

Carl Julius Weber (um 1825)

Das Großherzogtum Mecklenburg macht eine liebliche Ausnahme von den norddeutschen Sandflächen, seine Küsten sind erhaben, der Boden fruchtbar, vorzüglich längs den Küsten und der Flüsse, die schönen Laubwaldungen gefallen doppelt nach den ewigen Nadelhölzern, und die vielen Landseen, worunter der Mürizer, Schweriner, Malchiner, Daßover, Plauer, Sternberger, Kummerover, Krakowisch, Kölpin, Tollensee etc. bedeutend sind, neben den Flüssen Peene, Warnow, Recknitz, Elde etc. gewähren Abwechslung. Wegen dieser vielen Gewässer ist die Luft feucht, die Witterung veränderlich, aber Landwirtschaft, Hornvieh- und Schafzucht blühen, noch besser steht es um die Pferdezucht. Schweine und Gänse sieht man überall, und auch ziemlich Wild. Die Pferde sind kleiner als die Holsteiner, aber stärker und lebhafter, daher treffliche Reitpferde, die für Deutschlands Klima am besten passen. Die schönsten sah ich zu Berlin.

Wenn man von den Sandwüsten Brandenburgs, oder den Heiden Hannovers kommt, muß Mecklenburg gefallen, denn es ist ein steter Wechsel von Waldhügeln und fetten Wiesentälern, Saatfeldern, Gehölzen und hellen Seen mit ländlichen idyllischen Hütten. Das Großherzogtum selbst ist ein schön gerundetes Ganzes, die kleinen Teile in den Marken abgerechnet, aber an Manufakturen und Fabriken scheint man noch wenig gedacht zu haben, als an Kanäle, so schlecht auch die Landstraßen sind. Es ist ja noch nicht einmal die Ostsee mit der Elbe verbunden, was mittelst des Schweriner Sees leicht sein müßte, und Wallenstein schon im Plane hatte. Die Hauptfabriken scheinen Brantweinbrennereien! Zum Bergbau fehlt das Materiale, und selbst die Saline zu Sülze deckt nicht das Bedürfnis. Wege und Posten sind nicht besser als im übrigen Norden, und da alles noch dabei verdammt teuer ist, so suchen Reisende Mecklenburg in der Regel zu umgehen, oder spuden sich, wie man im Norden spricht.

Die Linie Schwerin besitzt den größten Landesanteil, 228 Quadratmeilen, mit 400 000 Seelen und $2^1/2$ Millionen Gulden Einkünfte. Die geringe Bevölkerung Mecklenburgs in einem so weiten, und nicht unfruchtbaren Lande, das an der See liegt, muß auffallen. Was ist schuld? Die traurige Hörigkeit zunächst, und dann Mangel an Fabriken, die Ausländer herbeiziehen. Das Großherzogtum ist fast reines Ackerland, hat keine bedeutenden Städte, und verhältnismäßig wenig Dörfer, da die Gutsbesitzer großen Vorteil dabei finden, ihre Bauern zu legen, d. h. eine Zahl Landwirte aus dem Besitz ihrer Güter zu werfen, und in bloße Häusler zu verwandeln, die vom Tagelohn leben müssen. Wie gefällt dieses zwar gemilderte aber noch nicht ganz abgeschaffte Obotritenrecht im 19. Jahrhundert?

Mecklenburg gehört zu den fruchtbarsten norddeutschen Staaten. Die Großherzoglichen Domanen mögen $4/10$ des Landes betragen, die des Adels $5/10$ und die der Städte $1/10$. Es ist indessen ein schöner Vorzug der sonst sonderbaren Verfassung, daß weder der Bürgerliche noch der Ausländer vom Ankauf der Rittergüter ausgeschlossen ist, und so nimmt die Zahl der bürgerlichen Gutsbesitzer mit jedem Jahre zu, und die der Adelichen ab. Wird der Bauer noch Eigentümer, so muß sich dessen physische und moralische Kultur von selbst verbessern.

Ein Mecklenburger selbst sagt von den Schulstuben auf den Dörfern, daß die Pferdeställe auf den Rittergütern weit reinlicher und geordneter wären. Richte man also einstweilen jene wenigstens nach diesen, aber Stallmeister haben 500 Taler, Schulmeister kaum 50 Taler.

Heimkehrende Feldarbeiter mit dem Junginspektor

Mecklenburg ist ein weites Flachland, die Küsten begrenzen Sanddünen, und durch die Mitte zieht sich ein Landrücken nach der Elbe, nördlich aber ist es abgedacht, mit vielen Gewässern ohne rechtes Gefälle, daher die vielen Seen. Ein Friedrich hätte längst Kanäle gezogen und trocken gelegt. Mecklenburg zählte längst dann, neben Zerschlagung der vielen allzu großen Rittergüter eine Million Menschen. Überall in Deutschland scheint mir, Viehzucht und Ackerbau ausgenommen, der Kunstfleiß höher zu stehen, der hier nur auf die nötigsten Gewerbe beschränkt ist. Die Hauptausfuhr besteht in Getreide (20 000 Lasten in guten Jahren) Hafer, Gerste, Butter, Käse, meist nach Preußen, und Rostocker Äpfel nach dem Norden, etwas Holz auf der Elbe, Wolle, Flachs, Tabak, Pferde, Schweine, fette Hammel, Gänsebrüste, Schinken, Würste, Erbsen, Linsen etc. Die Ausfuhr soll der Einfuhr im Durchschnitt gleichkommen, wenn die Getreidepreise nicht zu niedrig stehen. Das Volk lebt meist von Kartoffeln und dürrem Obst, von Weißkraut, Rüben und Pferdebohnen. Diese Faba equina ist ein herrliches Pferdefutter, Matrosen, die es oft härter haben als Gäule, werden auch damit abgespeist, aber Landvolk? Ich habe gelegentlich mitgespeist – und danke schönstens.

Die Mecklenburger sind ein schöner starker Menschenschlag. Die Sprache ist platt. Verdammt phlegmatisch, langsam, kalt und schwerfällig erscheint das Volk, wie es bei diesem Klima, der groben Nahrung, und der Pest der Gesellschaft, den Folgen der Leibeigenschaft, kaum anders zu erwarten ist. Der Preußische Nachbar pflegt auch den Mecklenburger für so ein bißchen dumm und einfältig zu halten, weil er allerdings weniger gewandt, und etwas schwerfällig erscheint, und erscheinen muß bei diesem Himmelsstrich und seiner Lebensweise, denn er lebt fast allein dem Ackerbau bei Mehlspeise, Kartoffelbrei, Pferdebohnen und Dünnbier. Geräuchertes Fleisch wechselt mit Gesalzenem, Butterbrot mit Käse, und das Gemüse schwimmt im Fett, und alles in reicher Menge. Solche Esser erscheinen auch gerne grob und derbe, und die platte Sprache muß wie in Pommern den Schein noch vermehren. Aber es ist doch mehr Schein, und altdeutsche Biederkeit macht alles wieder gut. Man hört wenig von großen Verbrechen – von Mord und Todschlag – höchstens von Diebereien, wo Pferdediebstahl oben ansteht, und über Luxus kann in Mecklenburg im Ganzen genommen nicht Klage sein. [...]

Mecklenburg hat noch keine ständische Verfassung im heutigen Sinne, daher auch keinen öffentlichen Finanzetat, und die Staatsschuld wird zu sechs Millionen Taler angegeben. Die Ritter vertreten ihre Leibeigene, wie jede Stadt ihre Bürger. Der Adel, der Thaers rationelle

Landwirtschaft aus dem Grunde versteht, verstand bisher auch vollkommen die minder rationelle Art, mit Hörigen umzugehen und früher auf ziemlich grelle Art. Diese Hörigen waren vor der Revolution nicht besser als Kartoffelsäcke, und wurden gedroschen, wie Kornbunde. Die lange Gewohnheit machte, daß diese obotritischen Menschen und Menscher selbst nicht einmal sich nach größerer Freiheit sehnten, da der Gutsherr für alles sorgte, für Stall und Strohsack, für Kittel und Baarfüße, für Futter und Dünnbier – und nicht selten auch für – Kinder. Ich habe nicht erfahren können: ob die Ehe der Hörigen mit einem eignen unedlen Wort bezeichnet worden, wie etwa im Mittelalter, wo sie nicht Matrimonium, sondern Concubernium genannt wurde.

Unerwähnt darf auch die eigene lobenswerte Versorgungsanstalt unverheirateter Töchter des Adels in den vier Klöstern oder Stiften Dobbertin, Malchow, Ribnitz und Rostock nicht bleiben, in allem 236 Stellen, worunter 20 bürgerliche sein werden.

Faba equina: Ackerbohne, Pferdebohne; Albrecht Daniel Thaer (1752–1828): Begründer der Agrarwissenschaft.

Mecklenburg um die Mitte des 19. Jahrhunderts

F. H. Ungewitter (1848)

Das Großherzogthum Meklenburg-Schwerin liegt in Norddeutschland zwischen Pommern und Holstein an der Ostsee, im Süden von der Elbe begrenzt, welche hier die Elde aufnimmt. Außerdem gehört die Warnow mit der Nebel hierher. Das Land gehört der großen norddeutschen Tiefebene an, ist jedoch von Hügelreihen durchzogen, welche die Marnitz (im südöstlichen Theil des Landes), wo der 577 Fuß

31

hohe Runenberg ist, ihre größte Höhe erreichen. Die Hohe Burg im Schlemminer Walde hat eine Höhe von 495 Fuß. Die Küste ist theils hoch und steil abfallend, theils durch Sanddünen gedeckt. Bei Dobberan zieht sich längs dem Meere der sogenannte Heilige Damm, eine 100 Fuß breite, 12 bis 15 Fuß hohe und 1 Stunde lange, natürliche, aus allerlei Felsgeschieben bestehende Vormauer, hin und schützt die Küste gegen die Sturmfluthen. – Das Klima ist gemäßigt, die Luft vorherrschend feucht, die Winter sehr streng. Stürme und atmosphärische Niederschläge sind sehr häufig. – Das Erdreich ist größtentheils fruchtbarer Lehmboden, und nur hin und wieder finden sich große Sandstrecken. Trefflicher Anbau, bedeutende Waldungen (fast 14 Quadratmeilen allein in den Domänen) und die vielen Seen machen einige Gegenden sehr anmuthig. Meklenburg gehört überhaupt zu den fruchtbarsten Ländern Deutschlands, und hinsichtlich des Getreidebaues und der Viehzucht wird es fast von keinem andern übertroffen. Besonders ausgezeichnet ist die Pferdezucht, und die meklenburgschen Pferde werden besonders zu Remonten auch vom Auslande, z. B. Frankreich, stark gekauft. Daher ist die Hauptbeschäftigung der Einwohner die Landwirthschaft. Im Jahre 1824 wurde die reine Einnahme aller Güter des Landes zu 5 Millionen 633 500 Thaler berechnet, nämlich in folgender Art: für Winterfrüchte (34 880 Last zu 60 Thaler) 2 Millionen 92 800 Thaler, für Sommerfrüchte (ebensoviel, die Last zu 40 Thaler) 1 Millionen 395 200 Thaler Pachtgeld für 149 500 Kühe (zu 8 Thaler) 1 Millionen 196 000 Thaler, Ertrag von 747 500 Schafen 747 500 Thaler; vom Tabaksbau 149 500 Thaler, für verkauftes Vieh und dessen Abfall 52 500 Thaler. Dabei war aber der Ertrag von Raps, Flachs und Hanf nicht mit in Rechnung gebracht. – Die Industrie ist nicht bedeutend und es werden jetzt noch fast alle Produkte roh ausgeführt; wogegen viele Gegenstände, nicht blos des Luxus, sondern auch des Bedürfnisses, aus dem Auslande bezogen werden müssen. Im Zunehmen begriffen ist die Tuchmacherei; es werden aber meist grobe Tücher verfertigt. Beträchtlich ist die Leinweberei. Die Gerberei ist am ausgebreitetsten in Rostock. Zahlreich sind die Branntweinbrennereien in den Städten, wie auf dem Lande. Schiffbau wird in Rostock und Wismar betrieben. In diesen beiden Städten hat auch der Handel seinen Hauptsitz. Der Hauptausfuhrartikel ist Getreide. Außerdem wird viel Butter, Mastvieh, Holz, auch Tabak und Wolle ausgeführt. – Was die Lehranstalten betrifft, so ist eine Landesuniversität in Rostock (1419 gegründet und 1843–1844 von 120 Studenten besucht; von 1760 bis 1789 bestand auch in Bützow eine Universität); ferner sind da: 5 Gymnasien und gelehrte Schulen, 43 Bürgerschulen,

1 Prediger- und 1 Schullehrerseminar. – Außer etwa 220 Reformirten in Bützow, und 700 Katholiken, bekennen sich die Einwohner Meklenburgs, mit dem regierenden Hause, zur lutherischen Religion. Die Zahl der Juden beläuft sich auf 3350. – Die Staatsverfassung ist monarchisch, mit Landständen, die, nach der alten Landesunion, mit denen von Meklenburg-Strelitz eine Körperschaft bilden. Die Städte Parchim, Güstrow und Neu-Brandenburg sind Vorderstädte, d. h. auf den Landtagen vorsitzende. – Die höchste Gerichtsinstanz ist für die beiden Großherzogthümer Schwerin und Strelitz das am 1. October 1818 eröffnete Oberappellationsgericht in Rostock (bis October 1840 in Parchim). Die mittlere Instanz bilden die 3 Justizkanzleien zu Schwerin, Güstrow und Rostock, an welche von denen, die erste Instanz bildenden Stadt-, Amts- und Patrimonialgerichten appellirt wird. In Bützow besteht seit 1812 ein Criminal-Collegium und führt die Criminal-Inquisitionen in allen nicht besonders ausgenommenen peinlichen Fällen aus dem ganzen Lande, bis zum definitiven, von einer der drei Justizkanzleien oder der Juristenfakultät zu Rostock einzuholenden Erkenntnisse, unter Oberaufsicht des Oberappellationsgerichts, als Obergerichts und letzter Instanz für Criminalfälle. – Die höchste Regierungsbehörde ist das Geheime Staatsministerium, unter welchem die Regierung mit der Lehnkammer und das Kammercollegium zu Schwerin stehen. – Die Staatseinkünfte beliefen sich nach dem Finanzetat für 1843–1844 auf 3 Millionen 162 751 Thaler und die Ausgaben auf ebensoviel. Der Schuldenbestand des Großherzogthums war im Jahre 1845 auf 6 Millionen 962 429 Thaler berechnet. – Das Militär ist nach dem Etat 4788 Mann stark, wovon jedoch nur $^2/_3$ activ sind. Das Bundescontingent beträgt 3580 Mann. Am 15. Mai 1841 stiftete der verst. Großherzog ein Militärdienstkreuz und eine Kriegsdenkmünze.

Das Großherzogthum Meklenburg-Schwerin besteht aus den alten Herzogthümern Schwerin (oder jetzt meklenburgischer Kreis) und Güstrow (wendischer Kreis), dem Fürstenthum oder ehemal. Bisthum Schwerin, und den Herrschaften Rostock und Wismar, und nach diesen Bestandtheilen ist das Land auch noch jetzt in administrativer Hinsicht eingetheilt. Behufs der Verwaltung in unterster Instanz bestehen 45 Aemter.

Das Großherzogthum Meklenburg-Strelitz ist fast sechsmal kleiner als das Großherzogthum Meklenburg-Schwerin, an dessen Südostgrenze es liegt, im Norden, Osten und Süden von Pommern und Brandenburg umgeben, daher von der Ostsee ziemlich weit entfernt. Ein Theil des Großherzogthums, das Fürstenthum Ratzeburg, liegt an

Meklenburg-Schwerins Westseite, in der Nähe von Lübeck. – Das Land hat, hinsichtlich des Bodens, der vielen Seen, der Erzeugnisse usw., fast die nämliche Beschaffenheit, wie Meklenburg-Schwerin. – Die Einwohner sind, mit Ausnahme von etwa 50 Katholiken und 800 bis 900 Juden, Lutheraner, und zu diesem Glauben bekennt sich auch das großherzogliche Haus.

Was die Unterrichtsanstalten betrifft, so bestehen 1 Gymnasium, 2 Gelehrten-, 1 Realschule und 221 Landschulen, außerdem noch viele Bürger- und städtische Elementarschulen. Die Staatsverfassung ist ganz wie in Meklenburg-Schwerin; das Oberappellationsgericht in Rostock ist gemeinschaftlich. – Die Staatseinkünfte betragen 388 500 Thaler (wozu das eigentliche Herzogthum oder die Herrschaft Stargard 305 000, und Ratzeburg 83 500 Thaler liefert); die Landesschuld beträgt ungefähr 1 200 000 Thaler. – Das Militär besteht aus einem Bataillon Infanterie (742 Mann) und einer Husaren-Abtheilung (25 Mann); das Bundescontingent beträgt 718 Mann.

Oben in der Geschichte des Großherzogthums Meklenburg-Schwerin ist erwähnt worden, daß das, im westphälischen Frieden als ein weltliches Fürstenthum an das Haus Meklenburg gekommene, ehemalige Bisthum Ratzeburg mit der Herrschaft Stargard 1701 an den Herzog von Meklenburg-Strelitz kam. In administrativer Hinsicht zerfällt denn auch das Großherzogthum in diese beiden Haupttheile. Die höchsten Landesbehörden sind das Geheime Staatsministerium, die Landesregierung und die Lehnkammer zu Neustrelitz, welche letztere auch als Gerichtsbehörde für die Fälle, in welchen die großherzogliche Justizkanzlei oder einzelne Mitglieder derselben aus ihren amtlichen Handlungen, oder als Hypotheken-Behörde in Anspruch genommen werden kann, bestellt ist. Die zweite Instanz in Justizsachen bildet die Justizkanzlei zu Neustrelitz, an welche von den Stadt-, Amts- und Patrimonialgerichten appellirt wird. In administrativer Hinsicht bestehen als unterste Verwaltungsbehörden (außer den Magistraten in den schriftsässigen Städten Neu- u. Alt-Strelitz, Neubrandenburg, Woldegk, Fürstenberg, Wesenberg und Stargard) die 5 Aemter Feldberg, Mirow, Stargard, Alt-Strelitz und Fürstenberg in der Herrschaft Stargard, und die 5 Voigteien Schönberg, Rupensdorf, Stove, Schlagsdorf und Mannhagen in dem Fürstenthum Ratzeburg.

Remonte: drei- bis vierjährige Pferde.
Die Länge eines Fußes schwankte zwischen 25 und 34 cm; die Last als Getreidemaß in den deutschen Küstenstaaten differierte noch stärker, denn sie umfasste in Hamburg und Preußen 60 Scheffel (zu knapp 55 Liter), in Bremen jedoch nur 40 und in Lübeck 96.

Dat plattdütsche Land

Felix Stillfried (1851–1910)

Ick weit en Land, wat mi geföllt.
Wat mi geföllt von Harten.
Wat mi mit dusend Keden höllt
Alltid in Freud un Smarten.
Kein Barg' nich strewen hewenhoch,
Dor ruscht kein Water nedder,
Nee, Saat un Wischen süht dat Og
Un Dannen hier un Dannen dor
Un Fichten, Eiken, Bäuken,
Un söchst du Seen hell un klor,
Denn mötst du hier sei säuken.
Doch söchst du Tru un Glowen ok,
Hett Falschheit di verdraten,
Kumm her, tred in, dor, wo de Rok
Tüht lising ut den Katen!
Dor klingt di 't furtsen an din Ohr,
Dor wardst ' ne Sprak du hüren,
'n Sprak so weik, so stur un wohr,
De 't binnelst Hart deiht rühren.
'ne Sprak, de lacht, 'ne Sprak, de rohrt,
'ne Sprak so lud, so lisen –
O plattdütsch Land un Sprak un Ort,
Jug will ick ümmer priesen!

Mecklenburgs Gewässer
und Mineralquellen

Aus der „Allgemeinen Realencyklopädie", 1871

Bildungen der Ostsee an der Küste Mecklenburgs sind der Wismar'-
sche Busen (und Hafen), vor welchem die beträchtliche Insel Poel (mit
über 2000 Einwohnern) und in der zwischen dieser Insel und dem
festen Lande befindlichen Meerenge, Breitling genannt, neun kleine,
unbewohnte Eilande, südlich von Poel die Inseln Walfisch, nördlich
Langewerder, östlich die Sandbank Hahnenberg und die jetzt meist
unter Wasser stehende Insel Liepz liegen – das große Wyk, das Salzhaff, der kleine Meerbusen Kroy auf der Halbinsel Wustrow und die
Warnemünder Rhede. Die Flüsse Mecklenburgs ergießen sich theils in
die Ostsee, theils in die Elbe. In die Ostsee fließen ab die Trave, welche
jedoch nur die Landesgrenze, den Dassover Binnensee durchströmt,
durch welchen auch die Stepenitz, nachdem sie die Radegast und
Maurin aufgenommen, fließt, die Warnow, welche, durch die Milde-
nitz und Nebel verstärkt, von Rostock an bei einer Breite von 2400 Fuß
Seeschiffe trägt, die in den Ribnitzer Binnensee mündende Recknitz,
welche wie die von ihr aufgenommene Trebel eine Strecke weit die
Grenze gegen Pommern bildet, die aus der Vereinigung von vier
gleichnamigen Flüßchen gebildete Peene, die Tollense. Die Elbe, welche nur auf kurze Strecken, bei Dömitz und Boitzenburg, das meck-
lenburg(-schwerin)sche Gebiet berührt, nimmt aus demselben auf die
Stecknitz (Delvenau), Grenzfluß gegen Lauenburg, die Boitze, Sude,
Schmare, Schale mit der Rögnitz, die Elde mit der Stör und Löcknitz,
die Dosse und die Havel, welche bald auf preußisches Gebiet treten.
Von den zahlreichen, zum Theil nur flößbaren Kanalverbindungen
sind bemerkenswerth: der neue Kanal, aus der Elde unterhalb Gar-
witz, mit dem die Stör aufnehmenden Störkanal, der Kreuzschleuse
und dem Ludwigsluster Kanal zusammentreffend, der Friedrich-
Franzkanal, der Fahrenhorster Kanal, der Müritz-Havelkanal. Von
den zahlreichen Landseen, man zählt deren (die kleineren unter 200
Ruthen Länge ungerechnet) 329 in Mecklenburg-Schwerin und 132 in
Mecklenburg-Strelitz mit einem Gesamtareal von 12 Quadratmeilen,
wovon 2 auf Mecklenburg-Strelitz treffen, sind am bedeutendsten der
2,42 Quadratmeilen große Müritzsee, der größte in Norddeutschland,
der Schweriner, Krakower, Sternberger, Altschweriner See, durch die
Elde mit dem Kölpin-, Flesen-, Malchower und Petersdorfer See in

Verbindung stehend, der Plauer, Specker, Zierker, Luzinsee, mit dem Zanzen-, Karwitzer und Dretzsee verbunden, der Galenbecker, Tollensesee, mit dem Liepz- und dem Wanzkaer See zusammenhängend, der Malchiner, Kummerower, Teterower, Dämmer, Schalsee; ferner der Dassower Binnensee, durch die Mündungen der Trave und Stepenitz gebildet, der durch die Warnowmündung gebildete Breitlingsee, der mittelst des Saalerboddens mit der Ostsee verbundene Ribnitzsee. Von den Mineralquellen sind die Eisenquellen bei Dobberan, Goldberg und Parchim, die Bittersalz- und Schwefelquelle am Heiligen Damm bei Dobberan, die Kochsalzquellen zwischen Bokup und Konow, bei Sülten und Sülze zu erwähnen, von denen aber nur die letzte benützt wird. Bekannte Seebäder sind zu Dobberan, Warnemünde und bei Wismar.

Recknitztal in Mecklenburg.

Gruß aus der Fremde

Heinrich Seidel (1842–1906)

Wie schön bist du, mein Heimatland,
Von Wald und See durchzogen,
Wo fern bis an des Himmels Rand
Die goldnen Saaten wogen,
Wo stille Ströme sänftiglich
Durch Wiesentäler gleiten,
Und weite blaue Seen sich
Um Buchenhügel breiten.

Die Sprache klingt so traulich dort
Der Männer und der Frauen.
Dort kann auf Handschlag man und Wort
Noch bauen und vertrauen.
Dort wohnt ein Volk, das wohl sich nährt
Und voll von Lebensmut ist,
Das seine Fürsten liebt und ehrt
Und stark und froh und gut ist.

Ein tapfres Volk, ein heitres Land!
Sein Ruhm ist nicht verloren!
Denn Helden, weit und breit genannt,
Und Dichter hat's geboren.
Wer Blücher und wer Moltke kennt,
Der weiß davon zu sagen!
John Brinckman und Fritz Reuter nennt
Man noch in fernen Tagen!

Mein Mecklenburg am Ostseestrand –
Und weil' ich dir auch ferne –
Dein denk ich bei der Sonne Brand
Und bei dem Schein der Sterne!
Wo ich das Glück der Jugend fand,
Da ist mein Herz geblieben!
Mein Mecklenburg, mein Heimatland –
Dich werd ich ewig lieben!

Mecklenburgs Wirtschafts- und Finanzverhältnisse gegen Ende des 19. Jahrhunderts

Aus dem „Großen Brockhaus", um 1895

Von dem Gesamtflächenraum des Großherzogtums Mecklenburg-Schwerin (13 161,61 km², darunter 666,8 km² Wasserfläche) kommen 5592,62 km² auf den landesherrlichen Grundbesitz, 5598,78 km² auf die ritterschaftlichen Güter, 450,26 km² auf die Klostergüter und 1519,95 km² auf die Städte und deren Güter. Das Großherzogtum hatte 1885: 575 152, 1890: 578 342 (285 092 männliche, 293 250 weibliche) Einwohner, das entspricht 43,9 Einwohner auf 1 km², darunter 570 200 Lutherische, 5034 Katholiken, 492 Reformierte, 434 sonstige Christen und 2182 Israeliten. Das landesherrliche Domanium (mit Einschluß der 76 sogenannten inkamerierten, d. h. früher ritterschaftlichen, später durch käufliche Erwerbung usw. in landesherrlichen Besitz gelangten und der Verwaltung durch die großherzogliche Kammer einverleibten, seit 1894 einer Abteilung des Finanzministeriums unterstellten Güter) hatte 191 195 Einwohner. Aller übrige ländliche Grundbesitz gehört den Mitgliedern der Ritterschaft (119 194 Einwohner), den Klöstern (8442 Einwohner) und 42 Städten (259 511 Einwohner). Zur Ritterschaft gehören auch sechs Bauerschaften, welche in Besitz ehemaliger Rittergüter gelangt sind. Alle übrigen Bauern stehen nur in einem Erbpachtverhältnis, einige wenige auch noch in dem älteren bäuerlichen Zeitpachtverhältnis. Die größten Städte sind Rostock (44 409 Einwohner), Schwerin (33 643 Einwohner), Wismar (16 787 Einwohner) und Güstrow (14 568 Einwohner). Dem Beruf nach waren mit Einschluß der Angehörigen (1882) 51,0 Prozent der Bevölkerung in der Land- und Forstwirtschaft, Tierzucht und Fischerei, 23,2 % in der Industrie, 7,8 Prozent im Handel und Verkehr beschäftigt. Im Durchschnitt der Jahre 1883–92 betrug die Zahl der Eheschließungen 4478, der Geborenen 18 072 und der Gestorbenen 12 576.

Ackerbau und besonders Viehzucht sind bedeutend. 1892 wurden gezählt 96 046 Pferde (Wert 52,840 Millionen Mark), 301 751 Stück Rindvieh (57,167), 732 177 Schafe (12,651), 318 659 Schweine (19,776 Millionen Mark), 26 645 Ziegen (444 000 Mark) und 46 705 Bienenstöcke. 1892 wurden neben andern Produkten geerntet: Weizen 99 213, Roggen 270 123, Gerste 37 280, Hafer 183 107, Erbsen 15 809, Kartoffeln 551 628,

Runkelrüben 126 420, Zuckerrüben 272 709, Raps 17 296, Wiesenheu 329 880 Tonnen. Zur Ausfuhr gelangt besonders Weizen, Roggen, Rapssaat, Butter, Schafwolle und Vieh. Bei der Einfuhr stehen Kolonialwaren, Manufakturen, Eisen, Holz und Steinkohlen obenan. An Seeschiffen zählte Mecklenburg (1. Januar 1893) 155 Segelschiffe mit 67 695 und 27 Dampfschiffe mit 10 454 Registertons. Die bedeutendern Bankinstitute sind die Rostocker Bank (gegründet 1850) zu Rostock, die Mecklenburgische Hypotheken- und Wechselbank (1871), die Mecklenburgische Bank (1880) und die 1889 aus der Mecklenburgischen Lebensversicherungs- und Sparbank ausgeschiedene Mecklenburgische Sparbank, sämtlich zu Schwerin. Daneben besteht ein ritterschaftlicher Kreditverein (1818), Sparkassen, Vorschußvereine usw. [...]

Bei dem Finanzministerium besteht, nachdem 1893 das unter der obern Leitung desselben stehende Kammer- und Forstkollegium aufgelöst worden ist, eine besondere Abteilung für die Verwaltung der Domänen und Forsten. Ein allgemeines Staatsbudget besteht nicht. Entsprechend der patrimonialständischen Landesverfassung ist die Finanzverwaltung geteilt in eine landesherrliche, landesherrlichständische und eine ständische mit drei verschiedenen Kassen: der großherzogl. Rentereikasse, der allgemeinen Landesrezepturkasse und dem Landkasten. Die Kosten der Verwaltung hat in erster Linie der Landesherr aus den Einkünften seines Domaniums zu tragen; die mit den Ständen vertragsmäßig festgestellten, doch jährlicher Bewilligung unterliegenden Landessteuern werden als Beihilfe gezahlt. Eine Kontrolle über diesen Teil der Einnahmen und Ausgaben wird von den Ständen nicht geübt. Eine gemeinsame Landeskasse trat erst 1809 ins Leben, für gewisse außerordentliche Bedürfnisse und anfangs nur für einen bestimmten Zeitraum. Dieselbe zieht ihre Zuflüsse aus besondern Steuern, und für sie wird alljährlich ein Etat der ständischen Zustimmung vorgelegt. Mehrmalige Änderungen des Steuer- und Zollwesens bewirkten, daß ein wesentlicher Teil der vom Lande aufzubringenden Beihilfe zu den landesherrlichen Ausgaben auf diese gemeinsame Kasse gelegt wurde. Der Landkasten dient zur Deckung der ständischen Bedürfnisse und steht unter ausschließlicher ständischer Verwaltung. Er erhebt die auf dem Landtage bewilligten Anlagen und ist zugleich Sammelkasse für die alte ritterschaftliche Hufensteuer, welche als Ganzes an die Renterei abgeliefert wird. Ein specifizierter Etat der Rentereikasse wurde 1873, aus Anlaß der damaligen Verhandlungen über eine Reform der Landesverfassung, zur Kenntnis der Stände gebracht. Er betrug in Einnahme 14 Millionen Mark, in Ausgabe 13 720 000 Mark. Der Etat derselben Kasse für das vom 1. Juli

1893 bis 30. Juni 1894 laufende Geschäftsjahr weist eine Bilanz von 17 900 000 Mark auf. Hierin ist die Einnahme aus den sogenannten Haushaltsgütern und die Ausgabe für den landesherrlichen Haus- und Hofhalt nicht mitbegriffen. Diese Abzweigung gewisser Haushaltsgüter von dem Domanium beruhte auf dem vereinbarten Staatsgrundgesetz von 1849, ist aber auch nach dessen Beseitigung und der damit herbeigeführten Entfernung ihrer staatsrechtlichen Grundlage als Verwaltungseinrichtung beibehalten worden.

Wortkarg, aber voll Mutterwitz

C. Beyer (1903)

Für den Fremden ist es ein schwieriges Ding, eine Unterhaltung mit den Bauern zu führen, schon gegen seinesgleichen ist er wortkarg und kann stundenlang mit jemandem zusammensitzen, ohne nur ein Wort zu reden. Mißtrauisch nimmt er jedes ihm gebotene Wort hin, und seine Antwort bringt höchstens eine alltägliche Redensart. Über seine Züge fliegt dem neugierigen Frager gegenüber oft ein flüchtiger Schein, der es verrät, wie er sich innerlich über ihn lustig macht, aber auch hier verschließt er meistens, was er denkt. In guter Laune gibt er wohl einmal ein Wort heraus, das auf Mutterwitz schließen läßt. [...] Der Städter nennt ihn dumm, aber es wird selten gelingen, ihn zu betrügen, wenn es sich um Kauf ländlicher Erzeugnisse handelt. [...] „Um Vergäwung, gnädig Herr Oss", sagte ein Bauer zu seinem Ochsen, als ein vornehmer Fremder ihm Vorwürfe machte, daß er das Vieh zu hart antreibe, „ick häww jo nich wüßt, dat hei son hoge Frünn harr."

II. Zu und aus Mecklenburgs Geschichte

Urgeschicht von Meckelnborg-Swerin un Strelitz

Fritz Reuter

As uns' Herrgott de Welt erschaffen ded, fung hei bi Meckelnborg an un tworsten von de Ostseesid her un makte dat eigenhändig fahrig, up de ein Sid bet Ratzeborg un Swerin, up de anner Sid bet Stemhagen un Bramborg, un wis'te sine heiligen Engel, wo't makt warden müßt, un redte tau ehr un säd, sei süllen't so wider maken. Na, Raphael fung nu bi Nigen-Strelitz un Mirow an, un Gabriel bi Groten-Bäbelin, Serrahn un Krakow, un Michael namm dat Lübtheener Amt un Grabow un Däms, äwer't würd ok dornah. – Na, Lihrwark is kein Meisterstück. – Äwer unsern Herrgott würd dat doch sihr jammern, dat sin gaud Mark so verbruddelt warden süll, un hei röp sei noch mal tausamen un säd: „Nu paßt gaud up! Ick will jug dat nochmal vörmaken." Un dunn makte hei de Räbelsche Gegend un de Lübzsche Gegend un den Parchen-schen Sünnenbarg un säd: „Dor nehmt jug en Ogenspeigel an!" – Äwer, was dat nu pure Fulheit, oder war dat blote Dämlichkeit, sei huddelten doräwer hen un muddelten wat taurecht un nehmen nich naug Leim mang den Sand, un karrten den König von Preußen sin Mark Bramborg fahrig bet Gräfenhähnichen un Treuenbrizen, un den König von Han-nover sin Lüneborger Heid bet Giffhorn un Celle; dunn röp äwer uns' Herrgott: „Holt! Stopp! De Sak, de geiht nich! Ji makt mi jo min ganz Dütschland tau Schanden. – Sleswig-Holstein heww ick wildeß fahrig makt, nu makt jug' Streich mit den König von Dänemark sin Jütland, vor kän't ji so hoch springen, as ji willt; äwer ji makt mi dat Ding mit en Zippel! Hürt ji, mit en Zippel!" Up dese Ort is uns' Meckelnborg wor-den, un schön is't in'n Ganzen worden, dat weit jeder, de dorin buren is un tagen; un wenn en frömd Minsch 'rinne kamen deiht, un hei hett Ogen tau seihn, denn kann hei seihn, dat unsern Herrgott sin Hand up Wisch un Wald, up Barg un See sülwst raúht hett, un dat hei Meckeln-borg mit in't Og fat't hett, as hei sach, dat allens gaud was. […]

De irsten Inwahners von Meckelnborg wiren de Poggen, un wer in frühern Johren mal bi Harwst- un Frühjohrstiden tüschen Wismer un Swerin oder tüschen Stemhagen un Malchin de Landstrat langswemmt is, de ward mi dorin recht gewen, dat in so 'ne Mehlsupp von Land un Water kein anner Veih assistieren kann as Poggen. Na, wo Poggen sünd, finnen sick ok Adebors, seggt dat Sprückwurd, un so kamm dat ok hir, denn de tweiten Inwahners wiren de Adebors, un dorüm is dor ok gor nich gegen tau striden, wenn weck olle Geschichtschriwers behaupten, de irsten Börgerlichen in Meckelnborg wiren de Pogges, un de irsten Eddellüd' de Herrn von Storch's west. –

Na, unsern Herrgott müßt äwer woll dese ewige Poggen- un Adeborgeschicht sihr äwer warden, taumal will em de Düwel dagdäglich in de Uhren lagg, hei süll nahgradens Minschen maken, dat hei so bi Lütten sin Geschäft ok anfangen künn; denn de ganze Höll stunn dunntaumalen so leddig, as dat Wohrenlager von en jungen Anfänger von Produktenhändler, de kein Geld hett. – Unsern Herrgott würd also dit ewige Gepranßel äwer, un hei säd tau den Düwel: „Schön", säd hei, „ick will mi nich dagdäglich an di argern, mak di also up de Flunken un seih sülwst tau, wo wid dat mit de Drögnis up de Ird is; wi schriwen hüt den irsten November, un wenn't hüt geiht, ward dat alleweg' gahn."

Na, de Düwel haspelt sick also ok 'runne un kamm bi den Fulenrosser Dirgoren up dat richtige Flag un knedt un wadt dor in den Dreck herümmer, bet hei en richtigen Snuppen in den Liw hadd, un kamm nu wedder ruppe in den Himmel, putzt sick de Beinen sihr sauber vör de Dör af, dat nicks tau seihn was – den Start äwer verget hei – un kamm nu 'rin in den Himmelssaal, prustete dreimal wegen den Snuppen un säd: „Allens moy drög, un 't kann los gahn." Uns' Herrgott kek em äwer nah den Start un säd: „Du büst en Lägner von Anfang an, bekik doch mal dinen Start." – Na, dor stunn hei nu as Schriwer Block vör sine swarte Tät, äwer verlegen würd hei dorüm doch nich un säd ganz frech: „Ick heww mi dacht, de Minschen süllen mit Krempstäwel up de Welt kamen." – „Ick kenn di!", seggt uns' Herrgott. „Nu mak, dat du furt kümmst! Un böt unnen in dinen Aben gaud in, dat 't baben bald drög ward, un du sülwst", seggt hei – denn uns' Herrgott hett sülwst mit den Düwel Erbarmen – „sett di achter'n Aben, dat du den Snuppen los wardst."

Dor satt nu de olle Stänker un sunn up pure Niderträchtigkeiten un röp sinen Geheimen-Ober-Spitzbauwen-Karnalljen tau sick un frog em: „Wo mak wi dit?" – „Herr", säd de, „ick heww seihn, dat Gabriellen bi dat Landmaken in de Gegend von Groten-Bäbelin de Sand- un de Steinbüdel platzt is, un dat dat dor all handlich is. Wenn wi nu dor so'n russ'sch Rühr ruppe trecke, denn möt dat mit den Düwel tau-gahn, wenn wi't echter Frühjohr nich drög hewwen."

„Schön", säd de Düwel, „mak din Sak! Irst lang mi äwer den Snuw-dauk mal her!" –

Den negsten Frühjohr was denn nu Groten-Bäbelin dat drögste Flag up Irden, un is't ok bet taum hütigen Dag blewen. Un uns' Herrgott stunn dor un röp sine heiligen Engel, de müßten em Leim halen von dat negste Flag, wat hei sülwen makt hadd, un dat was de Preister-acker tau Jabel, denn tau Bäbelin was kein Hand vull Leim. Un uns' Herrgott makte den Mann in sine Herrlichkeit un Pracht un makte dat Wiw in ehre Schönheit un Leiwlichkeit, un Adam un Eva wiren de ir-sten Meckelnbörger; un wenn en frömb Minsch dörch uns' Meckeln-börger Land geiht, denn kann hei männigen Kirl seihn, de wat von si-nen Öllervader Adam an sick hett, un de säuten Evas? Ach, du leiwer Gott! De lopen jo noch hümpelwis bi uns 'rümmer.

Für alle Mundarttexte dieses Bandes sei für jene, die dessen bedürftig sind, auf das umfang-reiche Mecklenburgische Wörterbuch ab S. 541 verwiesen.

Ein Gang durch Mecklenburgs Geschichte

Johann Ulrich Volkers

Es ist erstaunlich einfach, die Geschichte Mecklenburgs in ihre natür-lichen Abschnitte aufzugliedern. Die große Hauptzäsur und damit die Mitte der mecklenburgischen Geschichte bildet das 13. Jahrhun-dert, in dem deutsche Bauern die Naturlandschaft in eine deutsch be-stimmte Kulturlandschaft umschufen. Damals verwandelte der Zu-strom niedersächsischer und westfälischer Siedler die Landschaft in das niederdeutsche Kolonialland, das Mecklenburg im Grunde bis heute geblieben ist, da es von der Siedlungsballung und Bevölke-rungsumschichtung des Industriezeitalters fast unberührt blieb und auch der Flüchtlingszustrom nach 1945 in der Hauptsache aus Pom-mern kam und niederdeutschen Charakter trug.

Aber diese seit 1200 bis heute währende niederdeutsche Zeit ist wiederum durch eine Zäsur geteilt: den Dreißigjährigen Krieg, dessen ungeheuerliche Verwüstungen Mecklenburg auf weite Strecken fast menschenleer machten. Die Auswirkungen dieses Krieges im Verein mit der großen Getreide-Export-Konjunktur und der politischen Ohnmacht der Herzöge gegenüber ihren Ständen – Ritterschaft und Städte – haben dann, hauptsächlich im 18. Jahrhundert, dasjenige Bild des Landes geschaffen, das durch Fritz Reuter in ganz Deutschland repräsentativ für Mecklenburg wurde: das Land der großen Gutsherren und der kleinen Städte – das Land ohne Bauern. Tatsächlich kommt in Fritz Reuters großem Landschaftsroman „Ut mine Stromtid" der Bauer nicht einmal am Rande vor. Reuter war in Stavenhagen geboren und lebte später in Neubrandenburg. Für diese Ostecke von Mecklenburg trifft Reuters Schilderung annähernd zu – auf das ganze Land bezogen, bedarf sie der Korrektur.

Immerhin behauptete sich das mecklenburgische Bauerntum auf 40 v. H. der landwirtschaftlichen Betriebsfläche; im Kreise Ludwigslust betrug der bäuerliche Anteil sogar über 80 v. H. In der bis 1918 von den Ständen regierten Hälfte des Landes war der Bauer bis auf geringe Restbestände verschwunden, in der anderen Hälfte, dem sogenannten Domanium, wo der Großherzog und seine Minister regierten, waren nicht nur die alten Bauerndörfer „konserviert", sondern auch ihr altes Hufenbauerntum durch die obrigkeitliche Siedlungspolitik mit einem sozial sehr gesunden Unterbau von Büdnern, das heißt selbständigen Kleinbauern, und Häuslern, das heißt grundbesitzenden Arbeitern, Handwerkern, Eisenbahnern usw., untermauert worden.

Wie das Zeitalter der niederdeutschen Kulturlandschaft, so gliedert sich auch das Zeitalter der Naturlandschaft Mecklenburgs in zwei natürliche Abschnitte. Nur wird ihr Unterschied nicht von einem Wandel des Landschaftsbildes, sondern von einem Wandel des Volkstums bestimmt. Entscheidend trennt die Völkerwanderung die germanische Zeit von der wendischen Zeit Mecklenburgs. Wer den reichen vorgeschichtlichen Inhalt der Museen von Schwerin, Rostock und anderen Städten durchmustert oder offenen Auges das Land durchwandert, der merkt sehr schnell, daß er sich auf einem Stück des allerältesten germanischen Siedlungsbodens befindet. Selbst heute nach der Zerstörung so vieler „Hünengräber" ist das Land überreich an Großsteingräbern der jüngeren Steinzeit und an Kegelgräbern der Bronzezeit. Am imposantesten wirken natürlich die Zeugen der Steinzeit, und man mag streiten, ob Klein-Görnow bei Blankenberg oder Ruthenbeck bei Krivitz oder die Naschendorfer Forst bei Grevesmühlen die schönste dieser mächtigen Grabanlagen aufweise. Erst in der Eisenzeit beginnt eine Stammesgliederung der Germanen sich abzuzeichnen. Wir wissen durch Grabungen wie die von Perdöhl bei Hagenow, daß die Langobarden vom linken Elbufer aus tief nach Mecklenburg hineinreichten. Für den Osten und Süden des Landes ist man auf Vermutungen angewiesen, vielleicht saßen im Süden Semnonen, im Osten Rugier, in späterer Zeit Warnen.

Jedenfalls haben die germanischen Stämme, die in Mecklenburg saßen, diesen Teil der germanischen Urheimat im Zuge der Völkerwanderung – spätestens im 6. Jahrhundert – geräumt. Jahrhundertelang ist dann die Geschichte Mecklenburgs in Dunkel gehüllt, erst kurz vor dem Jahre 800 erfahren wir im Zusammenhang mit den Sachsenkriegen Karls des Großen, daß in Westmecklenburg und Ostholstein ein slawisches Volk sitzt: die Obotriten. Wann mögen sie ins Land gekommen sein? Daß sie Mecklenburg völlig menschenleer fanden, ist unwahrscheinlich. Dagegen sprechen die von Richard Wossidlo festgestellten Volkserinnerungen an den Inhalt der germanischen Grabhügel und die darin wohnhaften „lütten Ünnerirdischen". Dagegen spricht auch die Siedelform des Rundlings, den man lange für slawisch hielt, der aber östlich der Oder nicht nachweisbar ist, dagegen unleugbare Verwandtschaft mit den germanischen Platzdörfern westlich der Elbe zeigt und heute eher für eine Abart des germanischen Viehzüchterdorfes gilt, auf dessen Binnenanger das Weidevieh nachts im Ringe der Gehöfte Schutz gegen zweibeinige und vierbeinige Viehdiebe fand. Ohne Zweifel sind aber die zurückgebliebenen Germanen in das slawische Volkstum eingeschmolzen worden, zumal da nach den Untersuchungen slawischer Skelettgräber wie nach historischen Nachrichten die Slawen in Mecklenburg sich weder körperlich noch seelisch von den Germanen unterschieden. Dieser Umstand hat später im 13. Jahrhundert die Wiedereindeutschung erleichtert.

Etwa 600 Jahre war Mecklenburg ein slawisches Land. Daran änderte sich zunächst auch nichts, als das Land in den Bereich der ausgreifenden Machtpolitik des gewaltigen Sachsenherzogs, Heinrichs des Löwen, geriet. Im Kampfe gegen ihn fiel 1160 der Obotritenfürst Niklot, der Stammvater des mecklenburgischen Herzogshauses. 1164 versuchten Niklots Söhne einen letzten Aufstand gegen den Löwen. Der Aufstand brach am 6. Juli 1164 in der blutigen Schlacht bei Verchen am Kummerower See zusammen. Dennoch empfing der Besiegte, Niklots überlebender Sohn Pribislaw, 1167 das Obotritenland bis auf den Südwesten, die Grafschaften Schwerin, Ratzeburg und Dannenberg, aus der Hand Heinrichs des Löwen zurück. Natürlich mußte Pribislaw den Lehnseid schwören und die Missionstätigkeit der christlichen Kirche in seinem Lande dulden, aber eine Zulassung deutscher Siedler wurde nicht von ihm gefordert.

46

Heinrich lag am Ausbau seiner Machtstellung, nicht an nationaler Siedlungspolitik. Nationalpolitik war überhaupt dem Mittelalter noch völlig fremd. Die Heranziehung niedersächsischer Siedler kam aus finanzpolitischen Gründen in Gang, zuerst in den Grafschaften Ratzeburg und Schwerin, dann auch im Hauptteil von Mecklenburg – hier aber erst nach 1200 unter der Regierung von Pribislaws Sohn und Nachfolger Heinrich Burwy I. Nachdem die wendischen Dynasten einmal in den Sog des politischen Kräftespieles des Abendlandes hineingezogen waren, blieb ihnen um ihrer Selbstbehauptung willen gar nichts anderes übrig, als ihre Machtmittel ebenfalls im abendländischen Stil auszubauen. Damals wie heute bedurfte ein Staat, der sich behaupten wollte, zweier Dinge: einer modernen Streitmacht und einer gefüllten Kasse.

Moderne Streitmacht bedeutete damals ein Ritterheer, und zu dessen Aufbau waren „Facharbeiter" aus dem Westen nötig. Also rief der Fürst Söhne des ritterlichen Adels aus Niedersachsen und Westfalen nach Mecklenburg. Da er ihnen kein bares Gehalt zahlen konnte, gab er ihnen Land zu Lehen. Es traf sich gut, daß gerade die schweren Lehmböden noch Niemandsland waren, auf dem der Urwald stand. Überall bevorzugte der Siedler der Frühzeit die Böden, die sich am leichtesten roden, entwässern und bearbeiten lassen. Daher saßen die Wenden auf den leichteren Böden. Ihre Volkszahl war gering – man schätzt die damalige Bevölkerungsdichte auf 3 bis höchstens 4,5 Menschen je Quadratkilometer –, ihre Wirtschaft extensiv und ihre Steuerkraft schwach. Das mußte nun anders werden. Facharbeiter aus dem Westen mußten herangeholt werden. Es traf sich günstig, daß sie verfügbar waren. Dort hatte die Bevölkerung sich erheblich vermehrt, seit etwa 900 die Wälder zu roden begonnen und war etwa 1100 an die Grenzen des nach damaliger Technik ertragsfähig zu machenden Landes gestoßen. Dazu hatte in Niedersachsen eine Agrarreform des Adels eben damals die heute noch für den niedersächsischen Raum bezeichnenden großbäuerlichen sogenannten „Meierhöfe" durch Zusammenlegung von je vier älteren und kleineren „Latenhufen" geschaffen und dadurch viele Bauernfamilien freigesetzt. Es fehlte also nicht an Jungbauern und Jungbäuerinnen, die bereit waren, einem Ruf nach Mecklenburg zu folgen, wenn man ihnen günstige Bedingungen bot. Darin aber wetteiferten Landesherr und Kirche mit den ritterlichen Grundherren, denn ohne Bebauer war das Land ertraglos und wertlos. Das Land Mecklenburg füllte sich mit Ostlandfahrern, wie der mittlere Westen der USA sich im 19. Jahrhundert mit Amerikafahrern aus Europa füllte.

Das Wendentum war schon 200 Jahre später so gut wie verschwunden. Seine allerletzte Spur ist das Zeugnis eines Rostocker Professors, der im Jahre 1521 auf der weltfernen Jabelheide bei Dömitz noch Menschen slawischer Sprache und Sitte entdeckte. Wo sind die Wenden geblieben? Daß die slawischen Landesherren, deren Nachkommen bis 1918 Mecklenburg regierten, ihre eigenen Landsleute und Steuerzahler ausgerottet hätten oder auch nur ruhig zugesehen hätten, wenn andere sie totschlugen, klingt wenig glaubhaft, ebenso wie die Annahme, daß die Wenden sich dem Feuerwasser ergeben hätten wie die Indianer oder aus Gram um den Verlust ihrer Nationalität gestorben wären, ohne Nachkommen zu zeugen. Die Arbeiten von Hans Witte haben uns inzwischen belehrt, daß die Wenden mit den deutschen Siedlern des 13. Jahrhunderts zum niederdeutschen Volkstum Mecklenburgs verschmolzen worden sind.

Für das Mittelalter lag der Unterschied zwischen einem Deutschen und einem Slawen nicht in der Sprache, sondern im Recht. Man konnte einen Slawen „zum Deutschen ernennen", indem man ihm das deutsche Recht verlieh. Das bedeutete einen Vorteil für beide Seiten – den Bauern wie den Grundherrn. Der Bauer bekam ein besseres Recht an seiner Hufe – das deutsche Erbzinsrecht –, mußte aber die höheren deutschen Abgaben zahlen, insbesondere den vollen Zehnten, der eigentlich der Kirche zukam, aber zu einem erheblichen Teil durch mehr oder weniger sanften Druck in die Hände der Landes- und Grundherren geraten war. Wollte ein Wende „deutsch" werden, dann mußte er die höheren Abgaben herauswirtschaften, indem er den Übergang von der extensiven slawischen zur intensiven deutschen Bodenbewirtschaftung vollzog. Dieser Sprung mag manchem zu weit erschienen sein. So waren es zunächst nur die wirtschaftlich regsamen Slawen, die „deutsch" wurden und sicherlich ihr besseres Recht gern betonten, indem sie plattdeutsch sprachen.

So erlosch nach und nach das Wendentum, während Mecklenburg ein deutsches Bauernland wurde, dessen Getreideüberschüsse den aufblühenden Seestädten Rostock und Wismar die Wirtschaftsmacht lieferten, die sie zu ihrer führenden Rolle in der „düdeschen Hanse" befähigte.

Karl der Große und die Wilzen

Aus den Einhard'schen Annalen

Auf der Versammlung zu Frankfurt [823] erschienen vor dem Kaiser Karl unter den übrigen Gesandten der Barbaren, welche entweder auf Befehl, oder von freien Stücken gekommen waren, auch zwei Brüder, die Könige der Wilzen, welche um das Reich stritten. Sie hießen Milegast und Cealadrag und waren Söhne des Wilzenkönigs Liub, welchem, obgleich er das Reich mit seinen Brüdern geteilt inne hatte, doch als dem älteren die Obergewalt zustand. Als er in einer Schlacht mit den östlichen Abodriten gefallen war, setzten sich die Wilzen seinen Sohn Milegast, weil er der ältere war, zum Könige; als er aber das ihm nach dem Brauche des Volkes anvertrauete Reich wenig würdig verwaltete, verwarfen sie ihn, und übertrugen dem jüngeren Bruder die königliche Ehre. Deßhalb erschienen jetzt beide vor dem Kaiser. Als dieser sie gehört und gefunden hatte, daß der Wille des Volks dem jüngeren Bruder günstiger sei, bestimmte er, daß dieser die ihm vom Volke übertragene Gewalt behalte; doch beschenkte er sie beide, ließ sie eidlich ihre Treue versichern und sandte sie in ihr Vaterland zurück. Auch wurde auf demselben Reichstage beim Kaiser Ceadrag, Fürst der Abodriten, angeklagt, daß er gegen die Franken wenig treu handele, und vor dem Kaiser zu erscheinen, schon lange unter Vorwänden unterlassen habe. Es wurden deßhalb Gesandte an ihn geschickt, mit denen er wiederum einige von den Häuptlingen seines Volks an den Kaiser zurücksandte, durch deren Wort er gelobte, daß er zur nächsten Winterszeit vor ihm erscheinen werde. Wirklich kam er noch vor Ablauf des Jahres mit einigen Häuptlingen seines Volks nach Compiegne zum Kaiser, und wußte noch ziemlich wahrscheinliche Entschuldigungsgründe für sein langes Außenbleiben vorzubringen. Obwohl er nun in einigen Sachen schuldig erschien, so wurde er doch wegen der Verdienste seiner Väter, nicht allein unbestraft, sondern auch beschenkt in sein Reich entlassen. Doch schon im Juni 826 erschienen auf einem Convent zu Ingelheim wieder abodritische Häuptlinge vor dem Kaiser, die ihren Herzog Ceadrag anklagten. Im October stellte sich nun Ceadrag selbst zu Ingelheim ein, um sich von der Anklage zu reinigen. Der Kaiser behielt ihn zurück, und schickte Gesandte zu den Abodriten, die sich an Ort und Stelle erkundigen sollten, ob das Volk ihn noch länger zum Regenten behalten wolle. Sie kamen mit der Erklärung zurück: die Meinung des Volks wäre zwar geteilt, doch seien die Besseren und Vornehmeren mit seiner Wiederaufnahme einverstanden. Hierauf mußte er Geißeln stellen und ward in seine Herrschaft wieder eingesetzt.

Die Slawenkriege im zehnten Jahrhundert

Nach Widukind und den Hildesheimer, Merseburger und Quedlinburger Annalen

Kaiser Otto I. hatte indeß zu Rom im Jahre 962 die Kaiserkrone empfangen und war seitdem vorzugsweise mit den Händeln Italiens beschäftigt. Da entzündete sich, wahrscheinlich im Jahre 967, ein neuer Slavenkrieg. Zwei von den dem Herzoge Hermann untergebenen Wendenfürsten, Selibur Fürst der Wagrier und Mistav oder Mistiwoi Fürst der Abodriten, waren schon von den Vätern her Feinde und klagten sich oft bei dem Herzoge an. Selibur wurde vom Herzoge zu einer Strafe von 15 Pfund Silber verurtheilt. Da dachte er auf Empörung und lud Wigmann zu seinem Beistande ein, der gern bei der Hand war, wo er seinem Oheime Verdrießlichkeiten bereiten konnte. Er kam daher dem Selibur zur Hülfe, wurde aber mit diesem in dessen Burg von Mistav eingeschlossen, und auch der Herzog kam herbei und nahm an der Belagerung Theil. Inzwischen verließ Wigmann mit wenigen Begleitern die Burg, um Hülfe von den Dänen zu holen, als Mangel an Lebensmitteln schon nach wenigen Tagen den Selibur sich zu ergeben zwang; er ward abgesetzt und seinem Sohne, den der Herzog als Geißel bei sich gehabt hatte, die Herrschaft übergeben. Wigmann entwich auf diese Nachricht ostwärts zu den „Heiden" und reizte die Wuloinen (Wolliner) gegen den Herzog Miseco von Polen auf, der ein Freund des Kaisers war. In diesem Kampfe fand Wigmann am 22. September seinen Tod.

Im Jahre 968 bewerkstelligte endlich der Kaiser auch die Ausführung eines Planes, mit dem er schon länger umgegangen war, nämlich die Errichtung eines besonderen Erzbisthums zu Magdeburg für die eroberten slavischen Länder. Schon am 27. Juni 965 hatte er der Kirche des heiligen Moritz zu Magdeburg den Zehnten vom Silber-Census in den slavischen Völkerschaften der Ukrer, Niezanen, Niederer (Nedarier), Tolensanen und Zerezepanen überwiesen. Jetzt waren alle Hindernisse beseitigt, und auf der Synode zu Ravenna im October 968 wurde ein eigener erzbischöflicher Stuhl zu Magdeburg errichtet, für den, außer den bereits im Slavenlande bestehenden Havelberger und Brandenburger Bisthümern, noch drei neue wendische Suffragan-Bisthümer zu Meißen, Zeiz und Merseburg errichtet wurden.

Am 27. März 973 war Herzog Hermann gestorben und sein Sohn Bernhard I., oder Benno, ihm gefolgt; am 7. Mai starb auch schon Kaiser Otto der Große. Unter seinem Sohne Otto II. hatte es den Anschein, als wenn die Slaven jetzt an den Gehorsam gegen die Deutschen sich gewöhnt hätten. Aber im Jahre 983 erfolgte eine allgemeine Empörung: Die Völker, welche das Christenthum angenommen, und den Königen und Kaisern zinspflichtig gedient hatten, durch den Uebermuth Markgraf Dietrichs bedrückt, hatten einmüthig die Waffen ergriffen. [...]

Am 29. Juni überfielen sie Havelberg, tödteten die Besatzung und zerstörten den Bischofssitz. Am 2. Juli hatte Brandenburg das gleiche Schicksal. Von Süden brach ein böhmisches Heer herein und zerstörte das Bisthum Zeiz, während der Abodritenfürst Mistuwoi Hamburg verbrannte und den erzbischöflichen Sitz daselbst zerstörte. Zwar setzte ein Sieg, welchen die sächsischen Grafen mit Markgraf Dietrich über die Wenden an der Tanger (welche oberhalb Stendal in die Elbe geht) erfochten, ihrem weiteren Vordringen ein Ziel, aber er konnte die angerichtete Verwüstung nicht wieder gut machen. Die ganze Zeit Kaiser Ottos III. hindurch (dessen Vater am 7. December 983 in Italien gestorben war) fanden heftige, aber im Ganzen erfolglose Kämpfe statt. In den Jahren 985 und 986 fanden von Seiten der Sachsen Feldzüge, bei welchen sie der Herzog Miseco von Polen unterstützte, ins Slavenland statt, in denen alles mit Feuer und Schwerdt verwüstet ward; erst im dritten Jahre 987 gelang es, die Slaven zur Unterwerfung unter den König zu vermögen und die Burgen an der Elbe wurden wieder hergestellt. Aber schon im Jahre 990 mußten die Sachsen einen zweimaligen Feldzug gegen die Abodriten ausführen. Im folgenden Jahre 991 belagerte König Otto Brandenburg und nahm es ein. Kaum aber war er von dort über die Elbe zurückgekehrt, als ein sächsischer Flüchtling, Kizo, mit Hülfe der Leutitier sich der Stadt bemächtigte, und von da aus den Sachsen vielen Schaden zufügte. König Otto belagerte deßhalb im Jahre 992 in Gemeinschaft mit seinem Oheim, Herzog Heinrich von Baiern, und Herzog Boleslav's von Böhmen abermals Brandenburg, aber ohne es erobern zu können, gestand er den Slaven Frieden zu. Aber im folgenden Jahre 993 wurde Kizo, durch Versprechungen verlockt, den Slaven treubrüchig und übergab die Stadt dem Könige. Alsbald ward die Stadt von den ergrimmten Leutitiern belagert und hart bedrängt, und König Otto mußte von Magdeburg zu Hülfe eilen, um sie zu entsetzen; dreimal thaten in diesem Jahre die Sachsen Heerzüge gegen die Slaven, richteten aber nichts aus, im Gegentheil erschöpften die Slaven das Sachsenland durch beständige Raubzüge. Im folgenden Jahre 994 fielen sämmtliche Wenden, mit Ausnahme der Sorben, von den Sachsen ab. Hungersnoth drückte das Land und die beständigen Einfälle der Slaven erschöpften es; König Otto zog mit großem Heere (von den Böhmen und Polen begleitet) ins Land der Abodriten und einige Länder der Wlotaben (Leutitier) und verwüsteten sie mit Brand und Raub, unterdrückte aber ihre Bewegung auf keine Weise. Erst im folgenden Jahre 996 kam zwischen den Sachsen und Slaven ein Friede zu Stande, und nun erst konnte König Otto nach Italien ziehen und zu Rom die Kaiserkrone empfangen.

Die Geschichte des Ansverus

Peter von Kobbe

Für die Geschichte der Polaben insbesondere und im allgemeinen für die Geschichte ist der Märtyrertod des heiligen Ansverus einer der wichtigsten Auftritte, von welchem der Nachrichten uns manche erhalten sind. Der Heilige gehört ganz der Geschichte dieses Landes an, es erinnern an ihn Denkmale an der Stätte, wo er gelebt hat, und es wird hier an seinem Ort sein, dasjenige zusammenzustellen, was über ihn der Nachwelt aufbewahrt ist. Ansverus' Vaterstadt war Heidebo (Haithabu), der alte Name von Schleswig, wo damals das Christentum glücklichen Fortgang fand. Sein Vater hieß Oswald, ein Edler des Landes, seine Mutter Agnes, gepriesen ob stiller Tugenden. Ansverus hatte einen älteren Bruder, der früh auf Kriegstaten ausgezogen, und weil von diesem in langer Zeit keine Kunde gekommen war, gedachte schon der Vater, dem jüngeren Sohn das reiche Erbe zuzuwenden. Doch dessen Sinn, geleitet von Agnes' Mutterhand, war früh von irdischen Dingen mit stiller Sehnsucht andern und höheren Schätzen zugewendet worden. Von heißem Durst nach wissenschaftlicher Bildung erfüllt, ging der Jüngling hin zu Rudolf, dem damaligen Bischof zu Schleswig, empfahl sich dessen Sorge und bat um Rat und Beistand. Es war in der Zeit, als, unter Leitung Gottschalks, die großen Umwandlungen zwischen Elbe und Peene geschahen, als von allen Seiten Verehrer des christlichen Glaubens das Werk des frommen Slawenfürsten zu unterstützen sich beeiferten. Der Bischof wußte dem Fünfzehnjährigen keinen mehr Heil verheißenden Rat zu erteilen, als den, auch hin in dieses Land zu ziehen und um Aufnahme in das neu errichtete Kloster von Ratzeburg zu bitten. So freudig Ansverus diese Weisung entgegennahm, so sehr mußte ihn dagegen der Widerstand seiner Eltern bekümmern, welche den einzig übriggebliebenen Sohn im zarten Alter ihrer Obhut nicht entzogen wissen wollten. Widersprechende Gefühle kämpften in seiner Brust, Liebe zu allem, was er verlassen wollte, und die Gewalt des inneren Rufes. Da siegte die unüberhörbare Stimme. Heimlich, unter dem Vorwand, einen Onkel zu besuchen, entfernte Ansverus sich aus der Eltern Wohnort und wanderte, wie es der Bischof geraten, dem Georgskloster zu. Auf dem Weg stärkte ihn ein wunderbarer Traum in dem Vorsatz, welchen seine jugendliche Seele trotz aller Hindernisse auszuführen begann. Er gelangte zum Kloster und wurde gern und willig aufgenommen. Hier bestrebte er sich, gleich vom Eintritt in sein neues Leben an, alle Pflichten, welche ihm auferlegt waren, aufs pünktlichste zu erfüllen. Der Eifer, mit welchem er für seine Ausbildung strebte, sein reiner Lebenswandel, die einnehmende Liebenswürdigkeit seines Wesens erwarben ihm bald allgemeine Achtung und Liebe im Kloster.

Als der Abt des Klosters gestorben war, wurde Ansverus einstimmig zum Nachfolger gewählt, wie ihm sein Traum es einst verkündet hatte, und stand, obgleich noch sehr jung, seinem Amt mit gleicher

Ratzeburg, Kinser-Meißner 1623

Gewissenhaftigkeit vor, wie er bis dahin unter seinen Brüdern gelebt hatte. Er ist gepriesen wegen seiner Lehre und seines Beispiels, gelobt wegen der Strenge, mit der er auf Zucht und Ordnung hielt, und zugleich gerühmt wegen der Weisheit, mit welcher er die Fehlenden unter den Seinigen zurechtgewiesen.

Bei dem allgemeinen Aufruhr der Slawen wälzte die Unruhe sich auch bis zu Ansverus' Kloster. Ein wilder Schwarm überfiel diesen Sitz, sie ergriffen den Abt mit achtundzwanzig Brüdern und schleppten die Mönche nach einem Berg, 200 Schritte von Ratzeburg, dessen Name, Rinsberg, noch bis auf den heutigen Tag nicht ganz unbekannt geworden ist. Das bevorstehende Schicksal konnte den Klosterbrüdern nicht mehr zweifelhaft sein; es bereiteten sich die Slawen, ihnen den schmerzvollen Tod durch Steinigung zu geben. Da flehte Ansverus, fürchtend, daß ohne ihn die Brüder den bevorstehenden Schrecknissen erliegen würden, um Fristung des eigenen Lebens, bis er seine Gefährten sterben gesehen. Die Heiden, nicht anders denkend, als daß der Abt seinem Glauben entsagen könne und würde, gewährten die Bitte. Da aber begann Ansverus die Brüder zu ermahnen, daß sie in fester Treue beharren möchten zur Ehre des Glaubens, um selbst noch im Tod durch Standhaftigkeit den Heiden ein Zeugnis und Beispiel zu geben. Rasende Wut trieb die Verfolger an. Schon waren 26 der Mönche mit Steinwürfen getötet, freudig sterbend, gestärkt durch des Abtes Reden. Da, wird erzählt, redete aus dem Haufen ein Weib, wundersam begeistert durch das, was vor ihren Augen geschah, ihren Mann an, wie sie einen Tod wie diesen sich wünsche und getrieben würde, den Gott der Christen laut zu bekennen. Wie des Weibes Mann ihrer Kleinen gedachte, die sie zu Hause hätten, wies sie ihn auf den ewigen Vater, der den verwaisten Kindern sicherer Schutz sein würde. Und es geschah wirklich, daß beide dem Opfertod sich darboten und ihn mit den Mönchen litten. Ansverus und zwei Brüder, deren Namen uns aufbewahrt sind, Johannes und Volquinus, wurden zuletzt ermordet.

Die Leichen der Märtyrer lagen hier nach dieser Greueltat unbegraben, bis es einem frommen Mann mit einigen Christen möglich wurde, für die Bestattung Sorge zu tragen. Durch ein Wunder erkannte er den vorzüglichsten unter ihnen, die andern wurden nahe der Stelle, wo sie den Tod erlitten hatten, beerdigt. Ansverus' Leiche aber wurde in eine finstere Gruft des Klosters, in welchem er gelebt hatte, gesenkt.

An seinem Grab geschahen Wunder. Es war ein Jahrhundert verflossen, als ein blinder Mann, der die Steingruft betreten hatte, um sein Gebet zu verrichten, durch Berührung des Grabes sehend geworden war. Er meldete, was ihm geschehen, dem Bischof Evermodus, dem ersten seit Wiederherstellung des Christentums, und dieser soll darauf veranlaßt haben, daß Ansverus' Gebeine in die Domkirche zu Ratzeburg gebracht wurden.

Ansverus wurde mit seinen Klosterbrüdern heiliggesprochen und ihnen sowohl im Dom zu Ratzeburg wie auch in der Vaterstadt des Ansverus, in Schleswig, ein jährliches Fest gehalten.

Ansverus, Abt des Benediktinerklosters St. Georgsberg zu Ratzeburg, erlitt 1066 den Märtyrertod.

Die Niederwerfung des Slawenaufstands durch Heinrich den Löwen

Aus der „Allgemeinen Realencyklopädie" (1871)

Fürst Gottschalk, unter dem das Christenthum weitere Fortschritte machte und zwei weitere Bisthümer, zu Ratzeburg und Mecklenburg, gegründet wurden, 1056, ward im genannten Jahre in einem allgemeinen Aufstande getödtet, die christliche Geistlichkeit vertrieben und dann Kruko, ein heidnischer Fürst von der Insel Rügen, zum Oberhaupt erwählt. Aber dieser ward 1105 von Gottschalks Sohn Heinrich mit dänischer Hilfe verdrängt, welcher sich Magnus den Heiligen von Sachsen zur Lehnspflicht unterwarf und mit dessen und seines Nachfolger Lothars Unterstützung alle slavischen Stämme an der Ostsee von der Elbe bis zur Oder unterjochte. Durch Kaiser Lothar II. ward das Land an Herzog Kanut von Schleswig übergeben, nach dessen Tod, 1131, seine Neffen Nicolas (Niklot) und Pribislaw so theilten, daß jener die Obotriten, dieser Wagrien und das Polabenland erhielt. Der Trotz dieser erbitterten Heiden und Christenverfolger ward aber erst nach langwierigen Kämpfen (1147–62) durch Herzog Heinrich den Löwen von Sachsen gebrochen, welcher das verwüstete und verödete Land durch deutsche Colonisten bebauen ließ, es unter seine Feldherren und Ritter vertheilte, wodurch der Grund zu der Menge adeliger Güter und Rittersitze gelegt ward – dem braunschweigischen Ritter Gunzelin von Hagen verlieh er 1166 einen Theil des Obotritenlandes als Grafschaft Schwerin, welche nun 2 Jahrhunderte vom übrigen

Lande getrennt blieb – und die deutsche Sprache einzuführen suchte;
er errichtete das Bisthum Schwerin, stellte das zu Mecklenburg wieder her und verlegte das zu Stargard nach seiner Hauptstadt Lübeck.
Um den heimlichen Widerstand der Wenden zu besiegen, versöhnte
sich Heinrich der Löwe mit Pribislaw, dem Sohne des im Kampfe geschlagenen Fürsten Niklot, dem er 1164 unter dem Titel eines Fürsten
von Mecklenburg (als welcher derselbe zugleich in den Verband des
Deutschen Reiches trat) erst einen Theil seines väterlichen Erbes, später alle ihm durch Erbrecht gehörigen Länder zu Lehn gab und ihn mit
seiner Tochter Mathilde vermählte; er stiftete 1170 das Kloster Dobberan. Von Pribislaw und Mathilde stammt die regierende Dynastie
Mecklenburg ab, eine der ältesten und zugleich die einzige slavische
in Deutschland. Sein Sohn Heinrich Borwin (Burewin I.), welcher sich
um die Gründung von Städten und Klöstern sehr verdient machte,
ward nach heftigen Kämpfen mit seinem Vetter Niklot, dem Sohne
des von Heinrich dem Löwen erschlagenen Obotritenherzogs Wratis-
law, zur Abtretung von Rostock und zu Anfang des 13. Jahrhunderts
von König Waldemar II. zur Anerkennung der dänischen Oberherrschaft genöthigt. Von seinen Söhnen Nicolas und Heinrich Borwin II.,
denen er 1219 einen Theil seiner Länder abtrat, starb ersterer schon
1224; mit der Niederlage der Dänen bei Bornhöved, 1227, hörte deren
Oberherrschaft auf.

Evermod, Bischof von Ratzeburg

Die Geschichtsschreibung erwähnt Evermod zunächst in Verbindung mit Norbert von Magdeburg (um 1080–1134, Heiliger und Stifter des Prämonstratenserordens). Evermod soll von Norberts Predigt zu Cambrai, im Jahre 1120, so ergriffen gewesen sein, dass er sich spontan Norbert anschloss und dessen treuester Schüler wurde. Er begleitete den Ordensstifter auf seinen Reisen und unterstützte Norbert bei seinem Kampf gegen die Irrlehren Tanchelms. (Tanchelm und seine Anhänger verwarfen Priestertum und Sakramente.)

Im Jahre 1134 wurde Evermod Nachfolger Norberts im Amt des Propstes des Klosters Gottesgnaden (bei Halle) und 1138 Propst des Marienklosters zu Magdeburg. Von 1154–1178 stand er der neugegründeten Diözese Ratzeburg als Bischof vor. Evermod starb 1178.

Mit der Übernahme des Bistums fiel ihm auch die Aufgabe zu, den heidnischen Wenden, die in seinem Gebiet lebten, den christlichen Glauben zu verkündigen. Evermods Wirken zeigte große Erfolge. Er war zwar streng und gerecht, aber auch mildtätig und demütig. Da er es verstand, diese Eigenschaften im richtigen Maß und zur richtigen Zeit anzuwenden, erreichte er viel Gutes und konnte viele Ungerechtigkeiten verhindern.

Evermod war ganz die Persönlichkeit, wie sie das neugegründete Bistum erforderte. Die Treue und den Eifer, womit er für die Ausbreitung des Glaubens sorgte, den Ernst, mit dem er nicht nur selbst die Sache des Christentums behandelte, sondern auch von anderen forderte, hatte er bereits in seinem bisherigen Leben gezeigt. Der Chronist Arnold von Lübeck aber hat uns einige Züge aus seinem Leben aufbewahrt, die Zeugnis geben, daß er bei aller Strenge seines Charakters doch auch von innigem Mitgefühl für das harte Los seiner Mitmenschen erfüllt war und daß ihm auch die echt christliche Demut nicht fehlte, die sich nicht scheut, sich zu beugen, wenn es gilt, eine gute Sache durchzuführen. Andererseits schreckte er auch vor energischen Maßregeln nicht zurück, wenn er einsah, daß er nur auf diesem Wege zum Ziele gelangen konnte. Arnold berichtet uns folgendes Ereignis: Zu der Zeit, als Evermod Bischof von Ratzeburg wurde, hatte Graf Heinrich von Bardowick zwei friesische Adlige als Gefangene bei sich, die er grausam quälte. Evermod, von Mitleid für die Lage der Unglücklichen erfüllt, bat Heinrich wiederholt vergebens um ihre Freiheit. Als das Osterfest herannahte, wurden sie, der Heiligkeit des Festes wegen, zur Teilnahme am Gottesdienst in die Kirche gebracht, aber mit eisernen Fesseln beschwert. Der Bischof nahte sich ihnen mitleidsvoll und besprengte sie mit Weihwasser, indem er ihnen die tröstenden Worte zurief: „Der Herr richtet die Gebeugten auf und befreit die Gefesselten." – Dem Bestreben der damaligen Zeit gemäß fehlt dieser Erzählung das Wunderbare auch nicht, denn Arnold berichtet weiter, wie durch die Berührung des Weihwassers die Fesseln von selbst abgefallen seien. Trotz dieses Wunders wird der Eindruck, den das menschliche Auftreten des Bischofs zeigt, nicht abgeschwächt.

Der Herzug

Friedrich Bischoff

Überm reisigen Väterzuge,
Der nach Ostland ritt,
Schwangen Falken mit dem Wolkenfluge,
In der Sehnsucht zogen sie zu dritt.

Hie und da noch Burgen und Kapellen,
Einsam in die Markung hingestellt;
Stundenweit schon hörten sie das Glöckchen schellen:
Tiefvertrauter Laut in einer neuen Welt.

Als sie dann den Grenzweg weiterritten,
Rauschte alt der Wald,
Wendenhäuser, strohgedeckt inmitten,
Schief und ungestalt.

Und der Wald ward immer größer,
Viele Tage ritten sie,
Kamen an die Oder, wo die Flößer
Übersetzten Mann und Pferd und Vieh.

Ferne sahen sie die Berge blauen,
Aber immer dichter wuchs der Wald,
Und es fröstelte die jungen Frauen
Vor des Landes Waldgewalt.

Doch dann glomm die Stadt mit Turm und Zinne
An dem ernsten Fluß,
Und es scholl ein Lied, hold wie die Minne:
Ferner Heimat Gruß.

Weihrauch schwamm in goldnem Glockenläuten,
In dem Dome bogen sie das Knie,
Grüßten ihre Anverwandten bei den Bürgersleuten,
Und die Vettern traten unter sie.

Nach der Messe rief der Herzog jeden auf bei Namen,
Die dem Herzog zugehörten, traten rechts;
Die dem Bischof Anvertrauten beteten das Amen,
Bauern waren es des fränkischen Geschlechts.

Treulich zogen sie zur Wüstung in dem Walde,
Nah den Bergen, die sie schon erblickt,
Rodeten die Blöcke aus der Halde,
Nahmen Tag und Jahr, so wie sie Gott geschickt.

Als die erste Saat im grünen Halme
Rauschte mailich süß im Hügelgrund,
Schwangen schon die Schwalben überm Schwalme,
Wo das Giebelhaus erstund.

Schon mit der Gründung des Fränkischen Reiches lassen sich erste Ansätze zur Ostkolonisation finden, die über alle Jahrhunderte eine gewichtige Rolle in der deutschen Politik einnahm.

Die westslawischen Wenden waren während der Völkerwanderung in das Elbe-Saale-Gebiet eingewandert und wurden seit dem 10. Jahrhundert christianisiert. 1147 zwang Heinrich der Löwe im „Wendenkreuzzug" den Abodritenfürsten zur vollständigen Aufgabe der überlieferten „heidnischen" Bräuche.

Die mecklenburgischen Landesteile im Mittelalter

Ernst Boll

Das jetzige Meklenburg bestand in der ersten Hälfte des 13. Jahrhunderts aus nicht weniger als 11 getrennten Landestheilen:

1. Zum Herzogthume Sachsen gehörte seit Auflösung der Grafschaft Ratzeburg im Jahre 1226 das Land Raceburg, ungefähr die südliche Hälfte des jetzigen Mecklenburg-Strelitzischen Fürstenthums Ratzeburg betragend.

2. Stiftsland des Bisthums Ratzeburg war das Land Boitin, die drei Kirchspiele Schönberg, Selmsdorf und Herrenburg, oder die nördliche Hälfte des jetzigen Fürstenthums umfassend; die bischöfliche Residenz befand sich zu Schönberg. – Erst durch den westphälischen Frieden (1648) kam dies Gebiet unter die weltliche meklenburgische Herrschaft.

3. Zur Grafschaft Danneberg gehörten in Meklenburg das Land Jabel mit der Jabelheide (zwischen der Sude und Walerow, jetzt Rögnitz genannt), das Land Wehningen oder Dömitz mit dem Wanzeberg (zwischen der Walerow, Elbe und der alten Elde bis nach Eldena hinauf), das Land Grabow und das Land Marnitz. In diesem Gebiete lagen die Städte Grabow, schon vor dem Jahre 1225 mit Stadtrecht bewidmet, und Dumelitz (Dömitz); ungefähr um das Jahr 1230 wurde zu Eldena ein Kloster für Cistercienser-Nonnen gestiftet, und zu Sülze bei Conow zu Anfang des 14. Jahrhunderts eine Saline errichtet, welche aber in der zweiten Hälfte des 16. Jahrhunderts schon wieder einging. – Das Land Marnitz ward schon 1275 an die Grafen von Schwerin verpfändet, und als darauf im Jahre 1306 die Grafen von Danneberg ausstarben, fiel das Land Domenitz zunächst an den Herzog Rudolf von Sachsen-Wittenberg, dann aber im Jahre 1372 an die Meklenburger Fürsten, welche das Land Grabow schon 1321 erworben hatten.

4. Die Grafschaft Schwerin bestand aus den Ländern Schwerin, Wittenburg, Boizenburg, Silesen (einem schmalen Landstreif am östlichen Ufer des Schweriner Sees bis zur Warnow hin), Crivitz und Brenz (die spätere Vogtei Neustadt, in dem Knie der Elde zwischen Parchim und Neustadt gelegen). Es lagen darin die Städte: Schwerin (1166 gestiftet), Boizenburg (vor 1250), Neustadt (bis in das 14. Jahrhundert Glewe oder Chleve genannt und vor 1251 gestiftet), Witten-

Das Großherzogliche Schloss in Schwerin

burg (vor 1204), Hagenow (vor 1370) und Crivitz (vor 1312); ferner wurden dort errichtet eine Johanniter-Priorei zu Eixen (1200), die Comthurei zu Sulsdorf, welche zu Anfang des 14. Jahrhunderts nach Kraak verlegt ward, und ein Cistercienser-Nonnenkloster zu Zarentin (1246). – Im Jahre 1274 war die Grafschaft in drei Linien von Schwerin, Wittenburg und Boizenburg getheilt; nachdem die letzten beiden in den Jahren 1347 und 1349 ausgestorben waren, kam im Jahre 1358 die ganze Grafschaft an das meklenburgische Fürstenhaus.

5. Stiftsland des Schweriner Bischofs war das Land Bützow, welches früher wahrscheinlich zum Lande des Kissiner gehörte; es befanden sich darin die Städte Bützow (vor 1229), wo der Bischof gewöhnlich residirte, und Warin (vor 1569), und auch die Neustadt Schelfe (ein Theil der jetzigen Stadt Schwerin) gehörte den Bischöfen; zu Rühn ward 1233 ein Cistercienser-Nonnenkloster gegründet. Erst durch den westphälischen Frieden (1648) kam dies Gebiet unter weltliche meklenburgische Herrschaft.

6. Den Markgrafen von Brandenburg gehörte im Jahre 1229 fast das ganze jetzige Großherzogthum Meklenburg-Strelitz, nämlich das Land Stargard oder der Raduir (das Land der Rhedarier), und die Länder Be-

seritz, Arensberg und Fürstenberg. Städte gab es damals in diesem ganzen Gebiete noch gar nicht; zuerst ward Friedland (1244) gegründet, dann folgten Neubrandenburg (1248), das früher schon als Burg wichtige Stargard (1259), Wolbeck (vor 1271), Wesenberg (vor 1276), Fürstenberg (vor 1318) und Altstrelitz (1349); sehr späten Ursprungs ist Neustrelitz, denn es ward erst 1733 gegründet. Unter der markgräflichen Herrschaft entstanden hier die Johanniter-Comthureien zu Gardow (vor 1298) und Nemerow (1298) sowie das Cistercienser-Nonnenkloster zu Wanzka (1290).

7. Die Herzoge von Pommern besaßen zur Zeit der obigen Landestheilung noch das ganze Land Tolense und Circipanien, von welchem letzteren sie aber schon im Jahre 1236 den größten Theil wieder verloren; sie behielten von demselben dann nur noch die Vogtei Stavenhagen (mit den Ländern Gotebende = Gädebehn und Tüzen, um Ivenack herum) bis 1282, zu welcher auch das 1170 bewidmete Prämonstratenser-Kloster Broda und das 1252 errichtete Cistercienser-Nonnenkloster Ivenack gehörten; auch das 1172 gestiftete Kloster der Cistercienser-Mönche zu Dargun blieb hundert Jahre lang in ihrem Besitz.

8. Zur Herrschaft Meklenburg gehörten: das Land Dartsowe (Dassow), die jetzigen Kirchspiele Dassow, Mummendorf, Roggenstorf und Börtzow umfassend; der Wald Clutse, mit den Kirchspielen Klütz, Damshagen, Bössow, Elmenhorst und Kalkhorst; das Land Bresen aus den Kirchspielen Grevismühlen (schon vor 1226 eine Stadt), Beidendorf, Gressow, Diedrichshagen, Friedrichshagen, Hohenkirchen, Proseken und Wismar (vor 1229 schon Stadt) bestehend; das früher zur Grafschaft Ratzeburg gehörige Land Godebuz mit der Stadt Gadebusch (vor 1225) und dem 1236 gestifteten Kloster Rehna (Stadt erst seit 1791); das Land Meklenburg, um das gleichnamige Dorf herum, in welchem die Fürsten dieser Linie bis zum Jahre 1256 residirten; das Land Kussin, um Neukloster herum, wo 1219 ein Cistercienser-Nonnenkloster (anfänglich Sonnenkamp genannt) errichtet ward; das Land Ilow um Neu-Bukow herum, mit den Fürstenburgen Ilow, welche aber schon in der zweiten Hälfte des 13. Jahrhunderts verschwindet, und der Neuburg, zu Anfang des 14. Jahrhunderts gleichfalls nicht mehr vorhanden; das Land Bug um Alt Bukow herum, das Land Brüel mit der gleichnamigen Stadt (Bruile), welche aber erst 1340 gestiftet ward und der Antonius-Präceptorei Tempzin (1220) gehörte, und endlich noch das Land (Insel) Poel. – Alle diese Gebiete gehörten zu dem alten Obotritenlande.

9. Der Herrschaft Rostock fiel der größere Theil des Landes der Kissiner zu, nämlich das ganze Küstengebiet von Kröpelin bis zum Rib-

nitzer Binnensee hin und sodann bis zur obern Recknitz hinab. An Städten waren zur Zeit der Landestheilung darin nur vorhanden Marlow und Rostock, erstere vor, letztere in dem Jahre 1218 gestiftet, so wie das Cistercienser-Mönchskloster Doberan (1170). Aber schon im Jahre 1236 erhielt die Herrschaft einen beträchtlichen Zuwachs, indem die circipanischen Landschaften Gnoien (damals Tribedne genannt), die Vogtei Kalen mit dem Lande Hart (zwischen Malchin, Teterow und Neu Kalen) und 1271 auch noch das Kloster Dargun ihr zufielen. Es wurden nun an Städten gestiftet: Alt-Kalen 1240, dessen Stadtrecht aber schon 1281 auf Neu-Kalen übertragen ward, Kröpelin 1250, Ribnitz vor 1257 (das Clarissen-Kloster daselbst 1304), Lage (früher Lawe) vor 1261, Sülz (dessen Salzquellen schon vor 1243 benutzt wurden) vor 1262, Gnoien vor 1287 und Tessin vor 1323.

10. Zur Herrschaft Werle gehörten: das Land Werle oder Schwan, welches sich etwa eine Meile nördlich und ebensoweit südlich von der Stadt Schwan zu beiden Seiten der Warnow ausbreitet; das Land Güstrow, welches südlich von der gleichnamigen Stadt lag und auch Bisdede genannt ward, und sich nach Osten hin wahrscheinlich nur bis zur Nebel erstreckte; das Land Müritz (die späteren Vogteien Waren und Malchow); das Land Penzlin (früher Wustrow); das Land Röbel oder Vipperow mit Wredenhagen, welches aber 1362 als Pfand und 1416 bleibend an das Haus Meklenburg kam; das Land Turne auf der östlichen Seite der Müritz, seit 1226 aber größtentheils in den Händen der Johanniter zu Mirow; endlich auch noch die Lieze, eine südwestliche Fortsetzung des Landes Turne bis zur Dosse hin, von welcher Meklenburg jetzt nur noch die beiden preußischen Enclaven Rossow und Netzeband besitzt. – An Städten befanden sich hier nur erst Güstrow (1222), Röbel (1226), Penzlin (wahrscheinlich vor 1226), Malchow (1235) und vielleicht Waren (vor 1271). Nachdem aber die Herrn von Werle im Jahre 1236 auch die circipanischen Länder Teterow, Malchin und Schlön erworben hatten, wozu im Jahre 1282 auch noch die Vogtei Stavenhagen und 1314 das Land Hart kamen, wurden an neuen Städten gestiftet: Teterow (1272), Schwan (Sywan vor 1261), Stavenhagen (vor 1282) und Krakow (vor 1298); Malchin aber war schon eine Stadt, als es aus den pommerschen Händen in den Besitz der Herrn von Werle kam. An wichtigeren Klöstern ist aus dieser Herrschaft nur das zu Röbel gegründete Kloster der Augustiner-Nonnen zu erwähnen, welches 1298 nach Malchow verlegt ward.

11. Der Herrschaft Parchim-Richenberg fielen zu: die Länder Sternberg, Kutin (das spätere Amt Goldberg), Ture (das Amt Lübz) und Parchim oder Warnow. An Städten waren hier vorhanden Parchim

1218 und Plau 1226 (?), Sternberg ward erst zwischen den Jahren 1240 und 1250, Goldberg (früher Goltz oder Golce) 1248 und Lübz vor 1370 gestiftet; das Benedictiner-Mönchskloster zu Dobbertin ward im Jahre 1225 zu einem Nonnenkloster desselben Ordens umgeschaffen. Fürstliche Residenzburgen befanden sich zu Richenberg an der Warnow (bei der jetzigen Richenberger Mühle) und zu Parchim.

Albrecht von Wallenstein (24. September 1583–25. Februar 1634)

Wallenstein als Herr Mecklenburgs

Aus Schillers „Geschichte des Dreißigjährigen Kriegs"

Die Höhe, auf welche Wallenstein ihn stellte, überraschte sogar den Kaiser; aber eben weil diese Größe des Herrn das Werk seines Dieners war, so sollte diese Wallensteinische Schöpfung wieder in ihr Nichts zurücksinken, sobald ihr die Hand ihres Schöpfers fehlte. Nicht umsonst empörte er alle Reichsfürsten Deutschlands gegen den Kaiser – je heftiger ihr Hass gegen Ferdinand, desto notwendiger musste ihm derjenige Mann bleiben, der allein ihren schlimmen Willen unschädlich machte. Seine Absicht ging unverkennbar dahin, dass sein Oberherr in ganz Deutschland keinen Menschen mehr zu fürchten haben sollte als – den Einzigen, dem er diese Allmacht verdankte.

Ein Schritt zu diesem Ziele war, dass Wallenstein das eben eroberte Mecklenburg zum einstweiligen Unterpfand für sich verlangte, bis die Geldvorschüsse, welche er dem Kaiser in dem bisherigen Feldzug getan, erstattet sein würden. Schon vorher hatte ihn Ferdinand, wahrscheinlich, um seinem General einen Vorzug mehr vor dem bayrischen zu geben, zum Herzog von Friedland erhoben; aber eine gewöhnliche Belohnung konnte den Ehrgeiz eines Wallensteins nicht ersättigen. Vergebens erhoben sich selbst in dem kaiserlichen Rat unwillige Stimmen gegen diese neue Beförderung, die auf Unkosten zweier Reichsfürsten geschehen sollte; umsonst widersetzten sich selbst die Spanier, welche längst schon sein Stolz beleidigt hatte, seiner Erhebung. Der mächtige Anhang, welchen sich Wallenstein unter den Ratgebern des Kaisers erkauft hatte, behielt die Oberhand; Ferdinand wollte sich, auf welche Art es auch sein möchte, diesen unentbehrlichen Diener verpflichten. Man stieß eines leichten Vergehens wegen die Nachkömmlinge eines der ältesten deutschen Fürstenhäuser aus ihrem Erbteil, um eine Kreatur der kaiserlichen Gnade mit ihrem Raube zu bekleiden (1628).

Bald darauf fing Wallenstein an, sich einen Generalissimus des Kaisers zu Wasser und zu Lande zu nennen. Die Stadt Wismar wurde erobert, und fester Fuß an der Ostsee gewonnen. Von Polen und den Hansestädten wurden Schiffe gefordert, um den Krieg jenseits des Baltischen Meeres zu spielen, die Dänen in das Innerste ihres Reichs zu verfolgen und einen Frieden zu erzwingen, der zu großen Eroberungen den Weg bahnen sollte. Der Zusammenhang der niederdeutschen Stände mit den nordischen Reichen war zerrissen, wenn es dem Kaiser gelang, sich in die Mitte zwischen beiden zu lagern und von dem Adriatischen Meere bis an den Sund (das dazwischen liegende Polen stand in seiner Abhängigkeit) Deutschland mit einer fortlaufenden Länderkette zu umgeben. Wenn dies die Absicht des Kaisers war, so hatte Wallenstein seine besondere, den nämlichen Plan zu befolgen. Besitzungen an der Ostsee sollten den Grundstein zu einer Macht abgeben, womit sich schon längst seine Ehrsucht trug, und welche ihn in den Stand setzen sollte, seinen Herrn zu entbehren.

Diese Zwecke zu erreichen, war es von äußerster Wichtigkeit, die Stadt Stralsund am Baltischen Meere in Besitz zu bekommen. Ihr vortrefflicher Hafen, die leichte Überfahrt von da nach den schwedischen und dänischen Küsten machte sie vorzüglich geschickt, in einem Kriege mit beiden Kronen einen Waffenplatz abzugeben. Diese Stadt, die sechste des Hanseatischen Bundes, genoss unter dem Schutze des Herzogs von Pommern die wichtigsten Privilegien, und völlig außer aller Verbindung mit Dänemark, hatte sie an dem bisherigen Kriege auch nicht den entferntesten Anteil genommen. Aber weder diese Neutralität noch ihre Privilegien konnten sie vor den Anmaßungen Wallensteins schützen, der seine Absicht auf sie gerichtet hatte.

Reiterlied aus „Wallensteins Lager"

Friedrich Schiller

Wohl auf, Kameraden, aufs Pferd, aufs Pferd!
Ins Feld, in die Freiheit gezogen.
Im Felde, da ist der Mann noch was wert,
Da wird das Herz noch gewogen.
Da tritt kein anderer für ihn ein,
Auf sich selber steht er da ganz allein.

Aus der Welt die Freiheit verschwunden ist,
Man sieht nur Herren und Knechte,
Die Falschheit herrschet, die Hinterlist
Bei dem feigen Menschengeschlechte.
Der dem Tod ins Angesicht schauen kann,
Der Soldat allein ist der freie Mann.

Des Lebens Ängsten, er wirft sie weg,
Hat nicht mehr zu fürchten, zu sorgen;
Er reitet dem Schicksal entgegen keck,
Triffts heute nicht, trifft es doch morgen,
Und trifft es morgen, so lasset uns heut
Noch schlürfen die Neige der köstlichen Zeit.

Von dem Himmel fällt ihm sein lustig Los,
Brauchts nicht mit Müh zu erstreben,
Der Fröner, der sucht in der Erde Schoß,
Da meint er den Schatz zu erheben.
Er gräbt und schaufelt, so lang er lebt,
Und gräbt, bis er endlich sein Grab sich gräbt.

Der Reiter und sein geschwindes Ross,
Sie sind gefürchtete Gäste;
Es flimmern die Lampen im Hochzeitsschloss,
Ungeladen kommt er zum Feste.
Er wirbt nicht lange, er zeiget nicht Gold,
Im Sturm erringt er den Minnesold.

Warum weint die Dirn und zergrämet sich schier?
Lass fahren dahin, lass fahren!
Er hat auf Erden kein bleibend Quartier,
Kann treue Lieb nicht bewahren.
Das rasche Schicksal, es treibt ihn fort,
Seine Ruhe lässt er an keinem Ort.

Drum frisch, Kameraden, den Rappen gezäumt,
Die Brust im Gefechte gelüftet.
Die Jugend brauset, das Leben schäumt,
Frisch auf! eh der Geist noch verdüftet.
Und setzet ihr nicht das Leben ein,
Nie wird euch das Leben gewonnen sein.

Ein Erlass des Herzogs Friedrich

Friedrich, von Gottes Gnaden Herzog zu Mecklenburg, Fürst zu Wenden, Schwerin und Ratzeburg, auch Graf zu Schwerin, der Lande Rostock und Stargard Herr etc.

Es finden sich seit einiger Zeit heimlich ausgeschickte oder gar ohne besonderen Auftrag um ihres Gewinstes willen sich damit befassende Leute, welche Unsere angebohrne Landes-Unterthanen zu Verlassung ihres Vaterlandes zu verführen und als Anbauer fremder wüster Gegenden anzuwerben bemühet sind. Diesem an sich unrechten und strafbaren Unternehmen, gegen welches schon in anderen benachbarten Reichs-Landen die schärfsten Verordnungen ergangen sind, Landes-Herrlich zu steuern, setzen, wollen und ordnen wir hiemit, daß niemand, wer der auch sey, bei Vermeidung des Vestungs-Baues und nach Befinden anderer willkührlichen schweren Strafe sich unterstehen solle, in Unseren Landen Leute zum Emigriren zu bereden, und zum Wegzug in andere anzubauende fremde Länder anzuwerben.

Das großherzogliche Arsenal in Schwerin

Wie demnach die Emissarii, welche zu vergleichen Verführung Auftrag oder sich eigenmächtig damit befasset haben, hiedurch öffentlich angewiesen werden, bey Vermeidung der angedrohten Strafe, Unsere gesamten Lande allsofort zu räumen und künftig nicht mehr zu betreten. So sollen gesamte Unsere Unterthanen, die ihnen bekannt werdende Anwerber der Obrigkeit jeden Orts ungesäumt anzuzeigen, alle Obrigkeiten aber, solche in Haft zu nehmen, hiemit gnädigst und ernstlich angewiesen seyn; da dann, wenn diese Emissarii fremde sind, und noch niemanden in Unseren Landen würklich verführet haben, sie als Vagabonden aus dem Lande gebracht werden sollen; wenn sie aber bereits jemanden würklich zum Emigriren verleitet, oder gar Unsere angebohrne Unterthanen sind, nach Untersuchung der Sache zum Zweck weiterer Verfügung, Unserer Regierung davon Bericht zu erstatten ist.

Damit nun diese Unsere Willens-Meinung zu jedermanns Wissenschaft gelange und Warnung diene, haben Wir gegenwärtige Verordnung durch den Druck bekannt zu machen, den Intelligenz-Blättern einzurücken, und sonst gewöhnlichermaaßen zu publiciren befohlen.

Urkundlich unter Unserm Handzeichen und Insiegel.

Gegeben auf Unserer Vestung Schwerin, den 23sten Januar 1766.

Friedrich, H. z. M.

C. F. G. v. Bassewitz.

Mecklenburg von Napoleons
Truppen besetzt

Ernst Boll

Das 29. Bülletin der großen Armee (Berlin, den 9. November 1806) räumt die schlimme Behandlung Meklenburgs ganz kaltblütig ein, indem es sagt: „Meklenburg ist gleichmäßig von den französischen und preußischen Truppen verwüstet. Die große Anzahl von Truppen, welche dies Gebiet in jeder Richtung und in Eilmärschen durchkreuzten, konnten ihren Unterhalt nur auf Unkosten dieser Gegend finden."

Aber hiermit waren die Leiden Meklenburgs noch lange nicht beendigt. Schon am 27. November rückte die Avantgarde des achten französischen Armeecorps unter dem General Michaud aus Hamburg über Ratzeburg und Gadebusch in das westliche Meklenburg ein, und an demselben Tage gelangte in Schwerin eine Note des kaiserlich französischen Ministers Bourienne, der bei den niedersächsischen Ständen in Hamburg bevollmächtigt war, an das Ministerium an, welche erklärte: „daß Meklenburg von Frankreich nicht als ein neutrales Land anerkannt werde, sondern wegen der Hülfe, die es den Feinden Frankreichs im dritten Coalitionskriege geleistet habe, so betrachtet werde, als wenn es mit denselben gemeinschaftliche Sache gemacht habe; das künftige und endliche Schicksal Meklenburgs aber solle mit dem Betragen in Verhältniß stehen, welches Rußland gegen die Unabhängigkeit der ottomanischen Pforte in Ansehung der Moldau und Walachei beobachten werde."

Dieser Note gemäß nahm nun am 28. November der Divisions-General Michaud auf Befehl des Marschalls Mortier im Namen des Kaisers der Franzosen das Meklenburg-Schwerinsche Land sogleich in Besitz, welches von diesem Tage an in Napoleons Namen regiert und verwaltet werden sollte; zugleich wurden alle Obrigkeiten und Einwohner aufgefordert, dem Kaiser Unterwürfigkeit und Gehorsam zu beweisen und zur Erhaltung der Ordnung und Ruhe beizutragen; auch sollte die Fürbitte für die Landesherrschaft aus den Kirchengebeten weggelassen werden. Obgleich sich der Herzog Friedrich Franz selbst nach Berlin begab, um bei dem Kriegsminister Berthier den Versuch zu machen, ob er diesen furchtbaren Schlag nicht noch abwenden könne, so wollte dies doch nicht gelingen. Es scheint gegen ihn von Seiten Napoleons eine ganz besondere persönliche Animosität

Napoleon I. (15. August 1769–5. Mai 1821)

obgewaltet zu haben. Schon am 13. December traf der französische Brigadegeneral Laval als Gouverneur des Landes in Schwerin ein, am 16. und 17. wurden sämmtliche Collegien, Obrigkeiten, Gerichte und Beamte von ihm beeidigt, am 19. mußte das meklenburgische Wappen den französischen Adlern Platz machen, und am 8. Januar 1807 verließen der Herzog nebst seiner Gemahlin, der Erbprinz Ludwig mit Familie und der Prinz Gustav die Residenz Ludwigslust, und begaben sich nach Altona auf dänisches Gebiet, also unter den Schutz eines befreundeten Monarchen.

Glücklicher war der Herzog Karl von Meklenburg-Strelitz. Auch bei ihm war am 29. November eine ähnliche Note des Ministers Bouriene eingetroffen, nach welcher eine baldige Occupation des Herzogthums in Aussicht stand. Schon waren für diesen Fall die herzoglichen Reisewagen bepackt, um sogleich benutzt werden zu können, doch kam es nicht dazu. Der Herzog hatte sogleich gegen jene Maßregel demonstrirt und das Unzureichende der Gründe, die man für seine Absetzung geltend machte, nachgewiesen, – doch darauf würde man wohl nicht viel Rücksicht genommen haben; aber es verwendete sich für ihn der König von Baiern, Napoleons Verwandter und Bundesgenosse, der auch mit dem Herzoge selbst in entferntem Grade verwandt war. Diese Fürsprache half, Meklenburg-Strelitz wurde nicht occupirt, der Herzog blieb ruhig in seiner Residenz und erhielt sogar eine französische Sicherheitswache.

Marschall Vorwärts

Friedrich Rückert

Marschall Vorwärts!
Tapfrer Preuße, deinen Blücher,
Sag, wie willst du nennen ihn?
Schlag nur nicht erst nach viele Bücher,
Denn da steht nichts Tücht'ges drin.
Mit dem besten Namensgruße
Hat ihn dir genannt der Russe:
Marschall Vorwärts!
Marschall Vorwärts nennt er ihn.

Marschall Vorwärts!
Guten Vorwärtsschritt erhob er
Über Fluß und Berg und Tal,
Von der Oder, von dem Bober
Bis zur Elb' und bis zur Saal',
Und von dannen bis zum Rheine,
Und von dannen bis zur Seine,
Marschall Vorwärts!
Marschall Vorwärts allzumal.

Marschall Vorwärts!
Leben soll in ew'ger Dauer
Dieser Name klar und hell;
Mehr, als hieß' es Herzog Jauer,
Oder Fürst von Neuchâtel.
Titel kann gar mancher haben;
Diesen Titel, den wir gaben,
Marschall Vorwärts!
Teilt mit dir kein Kriegsgesell.

Marschall Vorwärts!
Ihr französischen Marschälle,
Warum seid ihr so verstört?
Laßt die Felder, kriecht in Wälle,
Wenn ihr diesen Namen hört?
Marschall Rückwärts? das ist euer,
Marschall Vorwärts! ist ein neuer,
Marschall Vorwärts!
Der dem Blücher angehört.

Der zu Rostock geborene Gebhard Leberecht von Blücher, Fürst von Wahlstatt (1742–1819), war ein volkstümlicher Heerführer der Befreiungskriege, der überall nur „Marschall Vorwärts" genannt wurde. 1813/14 war er der Befehlshaber der schlesischen Truppen in der Schlacht an der Katzbach, später bei Laon. Durch sein rechtzeitiges Eintreffen trug er 1815 entscheidend zum Sieg über Napoleon in der Schlacht von Waterloo bei.

Mecklenburgs Verhältnisse
im Revolutionsjahre 1848

Aus „Die Gegenwart", 1851

Blicken wir auf Mecklenburg, wie es vor 1848 war, und wie es durch die Ironie der Zeit noch heute ist, sehen wir dabei nicht allein auf die Bedingungen des Bestehens der ganzen Staatsform in sich selbst, sondern zugleich auf die Beziehungen zum gesamten, nach einem innigern Verbande schon seit lange ringenden Deutsch-Jahrhunderts überhaupt, so treten sowol in der politischen als in der ökonomischen, namentlich aber in der socialen Entwickelung der mecklenburgischen Verhältnisse, der vorwiegenden Momente zur Reform, ja selbst zum gewaltsamen Umsturze, so viele und entschiedene heraus, daß Mecklenburg auch ohne das Hereinbrechen der größern europäischen Bewegung einer Neubildung der Staatsform nicht sich würde haben entziehen können. Lag nicht das feudalistische Staatsprincip noch fortdauernd hier zu Grunde? War nicht Mecklenburg fast das einzig übrige Land im civilisirten Europa mit altlandständischer Repräsentation? Ist es nicht noch heute der Patrimonialstaat in ausgebildetster Form? Ragt Mecklenburg nicht mit diesen Überbleibseln früherer Jahrhunderte, mit dem mittelalterlichen Kastengeiste, mit seiner Blüte des Adels, mit seinem Privilegien- und Zunftwesen, mit seiner Feindseligkeit zwischen Stadt und Land, mit seinem wegelagernden Landzollunwesen, mit seinem noch immer kaum mehr als leibeigenen Bauer- und ländlichen Arbeiterthume wie ein verwittertes Bauwerk in die fragende, zu neuer politischer Gestaltung drängende Gegenwart? An eine Einheit des Staats war nicht gedacht. Mecklenburg-Schwerin und -Strelitz, zwar verbunden durch eine Union der Landstände und somit durch eine theilweise gemeinsame Gesetzgebung, doch in der Verwaltung und Execution getrennt und dadurch immer weiter von einem einheitlichen Regierungsprincipe entfernt, standen bereits kaum noch in andern Beziehungen zueinander, als worauf die Hausverträge und die Erbfolge einerseits, und die Nothwendigkeit andererseits, namentlich wegen der geringen Umfänglichkeit des strelitzischen Haushalts, hinwiesen. Außer der Seestadt Wismar waren vor 1848 noch unvertreten die Stiftsstädte Bützow, Warin und Neustadt-Schwerin sowie das zu Strelitz gehörende, mit einer selbständigen Verwaltung und Gesetzgebung zwar versehene, aber doch nur als Domäne geltende Fürstenthum Ratzeburg. In der Vertretung beherrschte der Adel nicht allein den bürgerlichen Theil der Ritterschaft, sondern auch die mehr oder weniger von der Regierung, in welcher der Adel wiederum an der Spitze stand, abhängige Landschaft. Durch die Suprematie sicherte dieser sich nicht allein den ausschließlichen Besitz und Genuß der Landesklöster, an welchem die Landschaft nur mit sehr geringem Antheile participirte, sondern belegte auch zu Gunsten der Familien vom sogenannten eingeborenen und recipirten Adel den Grund und Boden in gewaltsam steigender Progression mit fideicommissarischer Eigenschaft, worin für ihn die sicherste Garantie für die fortdauernde Behauptung der Prävalenz gegeben war. Bei solchen materiellen Bevorrechtungen konnte der Adel auf dem politischen Gebiete nur durch die gleichgeltende und beschlußhindernde Stimme (itio in partes) der Landschaft in seinem allzu kühnen Vorgreifen zeitweilig aufgehalten werden, während die bürgerlichen Gutsbesitzer nur in der Stimmenmehrheit eine kaum mehr als negative Äußerung ihres Willens geltend zu machen im Stande waren, da namentlich auch im Besitze der geschäftsleitenden Stellen des repräsentativen Körpers der Adel sich fast ausschließlich befand.

Konnte bei solchem Vorherrschen des Einen Standes die Gesamtheit zu keiner günstigen Entwickelung, konnten namentlich die Intelligenz, der Handel und die Gewerbe zu keiner Vertretung gelangen, waren die mit bedeutenden Privilegien aus der Hansezeit versehenen Seestädte nicht einmal im Stande, dem Adel gegenüber eine ihren Interessen entsprechende Geltung zu gewinnen, so fanden die Verhältnisse der niedern ländlichen Bevölkerung noch viel weniger irgend eine, oder wenn, nur eine dem herrschenden Stande ausschließlich dienende Beachtung; ja sogar wie über einen Stand von Sklaven wurde über die gesammte ländliche, dem Ackerbau angehörige, aus der Leibeigenschaft erst seit 1820 entlassene Bevölkerung verfügt. Die socialen Verhältnisse fanden durch die Ritterschaft überhaupt eine solche Behandlung, daß es schon als eine Gunst angesehen werden konnte, wenn überhaupt nur nichts geschah. Schien es doch, als wenn es nicht sowol auf den Druck der Bauern und Tagelöhner allein, als vielmehr auf ihren Untergang, ihre gänzliche theilweise Beseitigung, abgesehen wäre. Wer hat nicht gehört von der bis ins Jahr 1848 hinein ausgeübten „Bauernlegung"? Wer hat nicht erfahren, wie die „Aufhebung der Leibeigenschaft" mehr der Beseitigung als der Befreiung der Tagelöhner dienen sollte? Bildeten die Heimats-, Niederlassungs- und Armenverhältnisse nicht schon seit langem einen große Bedenken erregenden Vorwurf für Alle, denen die Gesetzgebung und das

Wohl des Vaterlandes außer der Ritterschaft oblag, insbesondere für die obern Behörden der dem Andrange der ländlichen Bevölkerung vorzugsweise ausgesetzten städtischen Communen, sowie für die einem liberalern Principe huldigende Domanialverwaltung?

Darf man von der Domanialverwaltung zwar rühmen, daß sie sich der Erhaltung sowol des Bauernstandes als der übrigen ländlichen Bevölkerungsclassen nach Kräften angenommen hat, so hatte dieselbe doch auch ihre großen Schattenseiten, insofern einestheils Verwaltung und Justiz in einer und derselben Hand lagen und der patrimoniale Geist der ganzen Verwaltung überhaupt dem Fortschritte zu wenig huldigte, anderntheils die Verwaltung sich selbst zu sehr Zweck blieb, und dadurch auf die Staatsfinanzen sowol als auf die allgemeine Productionsentwickelung des Landes einen hemmenden, oft zerstörenden Einfluß ausübte. Die Domanialverwaltung, in Vereinigung mit den von der Regierung eingesetzten, bis zum Jahre 1848 sehr absolutistisch dastehenden Magistratsvorständen der Landstädte, bildete einen bureaukratischen Complex von verwaltenden und regierenden Kräften, dem mehr eine eintönige Stabilität der Verhältnisse als eine Entwicklung der Volkskräfte entsprang, während ein Vorgehen im reformirenden Sinne für den Einzelnen den Makel der Neuerungssucht und des Ehrgeizes und zugleich Verantwortung hervorrief. So wurde die Verwaltung aus einem leitenden, anregenden und productiven (ihrer ursprünglichen Bestimmung), zu einem zehrenden Moment im Staate. Der Pfründengeist herrschte, und die steigende Verminderung des Ertrags der Staatsgüter trat um so mehr ein, als das mecklenburgische Beamtenthum – vorwiegend und namentlich in den ersten Stellen wiederum durch den Adel repräsentirt – einer vorzüglichen materiellen Ausstattung sich zu erfreuen hatte.

Wenn die Regierung auch hier und da eine liberale Richtung blicken ließ, wenn sie z. B. für die Befestigung des Privatcredits unter Anderm durch eine ausgezeichnete Hypothekenordnung, wenn sie für den innern Verkehr durch Beförderung der Kunststraßen, Chausseen und Eisenbahnen, für den Seeverkehr durch Schiffahrtsverträge usw. Sorge trug, ferner als Revisions- und Recursbehörde das allgemeine Vertrauen zu den Staatsinstitutionen im besten Sinne unterstützte, so blieb sie doch unter den obwaltenden Verhältnissen auf den ganzen durch Jahrhunderte versteinerten Staatsorganismus selbst ohne Einfluß, und war weder im Stande, die Bodenkraft des Landes zur vollkommenen Entwickelung zu führen, noch dem Handel erhöhten Schwung und gewinnreicher Richtung zu geben, noch den

Gewerben einen fördernden und Wohlstand bringenden Aufschwung zu gewähren. Während die Gewerbe durch den landesgrundgesetzlichen Erbvergleich vom Jahre 1755 direct in ihrer Entwicklung gehemmt, namentlich vom platten Lande fast verbannt, indirect aber durch die zunehmende Unabhängigkeit der großen Grundbesitzer vom Kleinmarkte und durch die Steuerverhältnisse der Verkümmerung ausgesetzt waren, so konnten auch die bestehenden Steuer- und Zollverhältnisse nur zerstörend auf den Handel des Landes wirken, und einer naturwüchsigen Fabrikthätigkeit wie der Industrie überhaupt nur die gröblichsten Hemmungen bereiten, wobei zugleich der im privativen Interesse bevorzugte große Grundbesitzer in Betreff der Bodenrente keineswegs gewann. Unter diesen allgemeinen Stockungen erlahmte der staatliche Organismus und siechte in Entwickelungsunfähigkeit dahin. Zu einer naturgemäßen Belebung der Säfte fehlte alle Hoffnung, und nur durch eine innere Umwälzung schien dem Drängen der unleugbar vorhandenen productiven Kräfte Raum gegeben werden zu können.

Nach der Bodenreform

Christoph von der Ropp (1958)

Mecklenburg war eben ein Land der großen Güter, bei denen der Schwerpunkt der Produktion auf dem Gebiete der Ackerwirtschaft lag. Nach der letzten Vorkriegsstatistik hatten in Mecklenburg die Betriebe über 100 Hektar fast die Hälfte – nämlich 48,4 v. H. – der gesamten landwirtschaftlichen Nutzfläche inne, in einzelnen Kreisen war deren Anteil noch größer, so etwa im Kreise Malchin mit 65,1 v. H. Seit 1945 hat aber Mecklenburg von allen deutschen Ländern in seiner Landwirtschaft die größten Strukturveränderungen erlebt. Durch eine in der deutschen Geschichte beispiellose Agrarumwälzung hat sich das Gesicht der mecklenburgischen Landwirtschaft von Grund auf geändert: das Land der Großagrarier ist zu einem Lande der kleinen Besitzer geworden, die ihr Land weitgehend kollektiv bewirtschaften. Die Auswirkungen der Veränderungen, die in den Jahren 1945 und 1946 vor sich gegangen sind, kann man heute noch nicht übersehen.

Nach dem Zusammenbruch von 1945 hat es in allen vier Besatzungszonen Deutschlands Bodenreformgesetze gegeben, die von den Siegermächten verlangt wurden. Aber während im Bereiche der heutigen Bundesrepublik sich die Bodenreform in engeren Grenzen hielt – die Betriebe über 100 Hektar, von denen ja übrigens längst nicht alle als eigentliche Großbetriebe angesehen werden können, machten in Westdeutschland ohnehin nur 4,9 v. H. der landwirtschaftlichen Nutzfläche aus –, erfaßte die Bodenreform in der DDR nicht weniger als 13 699 Betriebe in einer durchschnittlichen Größe von 235 Hektar, mit einer Gesamtfläche von mehr als 3,2 Mill. Hektar. Sämtliche Besitzer von 100 Hektar und mehr wurden enteignet, dazu mehr als 4000 Besitzer mit weniger als 100 Hektar, die als „Kriegs- und Nazi-Verbrecher" eingestuft worden waren. Das durch die Enteignung anfallende Land kam an einen Bodenfonds und wurde anschließend durch Bodenkommissionen aufgeteilt; in Mecklenburg waren 3824 Betriebe mit 1 056 392 Hektar (Durchschnittsgröße 276 Hektar), im ganzen fast die Hälfte der gesamten Bodenfläche Mecklenburgs, enteignet worden.

Die Nutznießer der großen Enteignung waren in erster Linie „landlose" und landarme Bauern und Landarbeiter sowie die sogenannten Umsiedler aus den deutschen Ostgebieten, ferner auch Kleinpächter, Arbeiter, Handwerker. Waldzulagen erhielt ein Teil der Altbauern.

Der Rest des enteigneten Landes fiel an Gemeinden, Länder usw.; hier handelte es sich zumeist um Spezialbetriebe, wie Saatzucht- und Tierzuchtwirtschaften, sowie Gartenbaubetriebe und Baumschulen, die nach der Enteignung sog. volkseigene Güter (VEG) wurden. Von dieser Art landwirtschaftlicher Betriebe gibt es heute in den drei Bezirken Mecklenburgs (einschließlich Vorpommern) 131.

Doch ist wohl die „Landwirtschaftliche Produktionsgenossenschaft" (LPG) das bedeutsamste Modell einer landwirtschaftlichen Produktionsstätte in der DDR: ein Betrieb, bei dem sich die Einzelbauern nach Art des sowjetrussischen Kolchos unter Aufgabe eines Teiles ihrer Selbständigkeit zu einer kollektiven Bearbeitung und Nutzung des Landes zusammenschließen.

Die Bildung von solchen LPG ist in Mecklenburg, gemessen an dem Durchschnitt der gesamten DDR, verhältnismäßig weit fortgeschritten. In der DDR bewirtschafteten im Jahre 1955 die LPG – von denen es übrigens je nach dem Grade der Kollektivierung mehrere Stufen oder Typen gibt – 19,8 v. H. der landwirtschaftlichen Nutzfläche. Für die drei Mecklenburger Bezirke, zu denen auch ganz Vorpommern gerechnet wird, lauten die entsprechenden Zahlen: Rostock 23,9 v. H., Neubrandenburg 23,1 v. H., Schwerin 21,7 v. H.

Die mitteldeutsche, speziell die mecklenburgische Landwirtschaft war für ihren Neubeginn nach 1945, abgesehen von den Erschütterungen durch die Bodenreform, mit einigen besonders drückenden Hypotheken belastet. In den ersten Jahren wirkten sich vor allem die katastrophalen Viehverluste aus. Ein weiteres Handikap waren die Schwierigkeiten der Technisierung und Motorisierung der Landwirtschaft, die sich daraus ergaben, daß vor dem Krieg 80 v. H. der Landmaschinenproduktion Deutschlands aus dem Gebiete der heutigen Bundesrepublik stammte.

Gerade ein Agrarland wie Mecklenburg mit seinen relativ geringen industriellen Möglichkeiten mußte in den ersten Jahren nach 1945 auch durch den Zustrom der Flüchtlinge schwer getroffen werden, hatte sich die Bevölkerung des Landes doch im Jahre 1946 beinahe verdoppelt (von 1,163 Millionen auf 2,139 Millionen). Die meisten dieser Flüchtlinge kamen aus Pommern (rd. 339 000). Nur ein Teil von ihnen konnte durch die Bodenreform im Lande ansässig gemacht werden.

Die Landwirtschaft in Mecklenburg hat also im Laufe der letzten Jahre ihr Gesicht grundlegend gewandelt. Wer heute durch Mecklenburg fährt, kann feststellen, daß wie eh und je ein fleißiges Volk hier seinen Acker bestellt und das Beste aus dem Boden herausholt.

78

III. Das westliche Mecklenburg zwischen Meer und Elbe

Die Haupt- und Residenzstadt

Aus der „Real-Encyclopädie", 1819

Schwerin ist die Haupt- und Residenzstadt nicht blos des eigentlichen Herzogthums Meklenburg-Schwerin, sondern auch des ganzen Großherzogthums dieses Namens und liegt in einer sehr angenehmen Gegend, an einem großen und fischreichen, nach ihr benannten See. Das herzogliche Residenzschloß, von gothischer Bauart, liegt auf einer Insel dieses Sees, und hängt mit der Stadt durch eine Zugbrücke zusammen. Die vortreffliche Gemähldegallerie, das Münz- und Alterthümercabinet und der schöne Lustgarten, welcher aber während des Krieges von 1813 gelitten hat, sind sehenswerth. Die Stadt selbst ist sehr gut gebauet, hat beträchtlichen Handel und, mit der Neustadt oder der Schelfe, 1100 Häuser und 10 000 Einwohner. Sie ist zugleich der Sitz des Geheimenrathscollegiums, der großherzoglichen Regierung und Lehnkammer, des Kriegscollegiums, einer Justizkanzlei, eines Kammercollegiums, der Reluitions- und Rentkammer, und anderer Behörden. Die Neustadt oder Schelfe ist eigentlich eine Stadt für sich, gehört zum Fürstenthum Schwerin, und hat auch ihren besondern Magistrat. Sie hängt aber mit Schwerin so genau zusammen, daß sie beide gemeiniglich als eine Stadt betrachtet werden. Die Schelfe hat etwa 3500 Einwohner, welche eine Tuchfabrik, die 125 Menschen beschäftigt, und drei Tabaksfabriken unterhalten. In beiden Städten sind noch zu bemerken: die Domkirche und Domschule auf der Schelfe, die Neustädter und die Schloßkirche, welche sämmtlich den Lutheranern gehören. Die Catholiken haben in Schwerin gleichfalls eine sehr schöne Kirche, und zwei Prediger. Die Reformirten feiern ihren Gottesdienst aber in Privathäusern, wozu ein Prediger aus Bützow alle Vierteljahr hinkommen muß. Die Juden haben hingegen eine bedeutende Synagoge.

Reluition: Wiedereinlösung (z. B. eines Pfandes).

Prospect der Fürst:
Sch:

A . Das Fürstlich Schloß .   C . Kirche auff der Schelfe .   E . Der Bischoffs hoff .   G . Fürstl
B . Die Thumb Kirche .   D . Das Rahthauß .   F . Fürstliche Cantzley .   H . Das

Schwerin um die Mitte des 17. Jahrhunderts (M. Merian)

b: Resid: Statt

Schwerinsche See

I . Gerber Hoff .   L . Mühlen Thor .   N . Brücke nach der Statt .
K . Die Mühle .   M . Schmiede Thor .   O . Brücke nach dem Lustgarten

Gruß an Schwerin

Ludwig Reinhard (1805–1877)

Hosianna, Schwerin! Sei mir gegrüßt!
Dein Ruhm ertöne heute!
Nicht fürcht' ich, daß es für Ironie
Halten verständige Leute.

Sei mir gegrüßt, Metropolis,
Mit deinen zukünftigen Türmen
Und deinen Freiheitshelden, die
Mit der Faust in der Tasche stürmen.

Sei mir gegrüßt, du Sitz der Vernunft
Und vieler hoher Behörden,
Die hoch geachtet und höher geschätzt
Und am höchsten besoldet werden.

Die Stadt Schwerin ist Residenz
Mit prahlender Physiognomie,
Doch fehlt ihr noch der rechte Tick
Wie jedem Parvenu.

Sie ist aus einem Dorfe schnell
Eine große Stadt geworden,
Der Bürgerrock ist jetzt Livree
Mit Litzen und mit Borden.

In der Altstadt kann man beim Sonnenschein
Wie unter den Linden braten;
Der Menschen sah ich wenige dort,
Nur Beamte und Soldaten.

Parvenu (franz.): Emporkömmling; Neureicher.

Ein Platz zum Leben

Jürgen Borchert

Mancher, der in unsere wasserreiche Landschaft kommt, träumt neidvoll davon, einen unserer vielen Seen heimlich einzurollen und mitzunehmen in die trockenere Gegend. Wir wären da auch gar nicht geizig und würden einsichtsvoll ein Seelein verschenken, wenn es ginge. Nur den Pfaffenteich, den ließen wir uns nicht nehmen.

Dieser kleine, vom Ziegelsee durch den Spieltordamm abgetrennte, von schönen alten Alleen und steinernen Uferbefestigungen eingefaßte „See" im Herzen unserer Stadt ist nicht wegzudenken. Die Anführungszeichen sind der liebevolle Spott der Schweriner für dieses Gewässerchen und für die Gäste, die, wenn sie vom Bahnhof die kleine Anhöhe herabgekommen und auf das Ufer gestoßen sind, in Unkenntnis der Dinge meinen, sie hätten wohl den Schweriner See vor sich. Nein, nein: der liegt ein Stückchen weiter und ist ein Stückchen breiter. Der „Papendieck" ist das Auge der Stadt, bewimpert mit schönen Doppelreihen alter Linden. In ihm spiegelt sich die Silhouette der Altstadt, und die Paläste an seinen Ufern verleihen ihm stolze Würde. Dieser Teich stammt aus dem Mittelalter, diente zum Mühlenantrieb und den Domherren, den „Papen", zugleich als Fischgewässer. Kein Geringerer als der Hofbaurat Demmler erkannte im neunzehnten Jahrhundert die einzigartige städtebauliche Chance, die die Wasserfläche bot. Wer will es ihm verdenken, daß er sein eigenes Wohnhaus in die optische Achse zwischen Arsenal und Dom plazierte?

Kenner meinen, der Blick von der Einmündung der Moritz-Wiggers-Straße in die am Ufer verlaufende Karl-Marx-Straße über die meist unbewegte Fläche des Wassers, vorbei an der Fontäne und hinüber auf die kupfergrüne gedrungene Turmhaube der Schelfkirche habe florentinische Größe. Größe hat der Blick, aber warum müssen wir unsere Schönheiten immer mit solchen Vergleichen anpreisen? Ist Spree-Athen mehr als Berlin? Nichts gegen Florenz; aber Dresden bleibt Dresden, und Schwerin liegt vor der Tür und ist nichts anderes, nicht mehr, aber auch nicht weniger als eben Schwerin. [...]

Das Schloß ist das Herz Schwerins. Seine reiche Silhouette ragt schwerelos über Stadt und See. Es ist das Märchenschloß, das in den Träumen der Kinder vorkommt – so, als habe Hans Christian Andersen es erdacht mit seinen Zieraten und Giebeln. Spukt nicht Petermännchen, der gute Schloßgeist, in Gängen und Treppen und stellt seine uralte, rätselhafte Frage: „Quid si sic?" – Ja, was, wenn so? So klein, mit einem so großen Hut? Ein Narr, ein Troll, ein Gnom? Heute fährt „Petermännchen" als Fähre über den Pfaffenteich, als Aussichtsbus durch die Straßen, als Expreß in die Hauptstadt und fließt gar als Bier durch durstige Kehlen. Gespukt wird nicht im zwanzigsten Jahrhundert.

Über dem Schloßportal reitet der wehrhafte Slawenfürst Niklot hoch zu Roß auf die Stadt zu. Er kommt aus den Weiten des wendischen Landes, aus den Mooren und Fluchtburgen, von den dunklen Seen und aus den Wäldern her. Er symbolisiert die Vergangenheit und schüttelt seinen Speer. Er reitet nun schon an die dreizehn Jahrzehnte da oben, aber er kommt nicht voran. Die Obotriten haben ausgeritten.

Trotzdem: wir wollen nachsichtig sein mit den Schweriner Fürsten. Wir können es uns leisten. Wenn sie auch, wie die Gesetze der Geschichte es ihnen vorschrieben, alle ihre Reichtümer und das viele Geld, das zu diesem traumhaften Schloßbau nötig war, aus dem Schweiß ihrer schwer arbeitenden Untertanen gewannen, so haben sie doch endlich für diese Ausbeutung mit der Abdankung zahlen müssen, 1918 pro forma und 1945 für alle Zeiten. Eines aber ist ihnen nicht anzurechnen: Eroberungspolitik. Solange sie herrschten von Niklots Zeiten an, und das sind an die tausend Jahre, haben sie doch nie ein fremdes Land erobert und keinen Krieg angefangen. Und den Nazis waren sie nicht geheuer mit ihrem Stolz auf ihre slawische Herkunft. Also – „felix Megalopolis", glückliches Mecklenburg?

Was die obotritischen Zeiten angeht, ganz sicher nicht. Was aber unsere Tage betrifft – unbedingt! Da ist dieses Schloß ein Fest für die Augen! Da spreizt sich der eitle Bau mit seinen vielen Türmen und Türmchen, und die unzähligen Fenster blinzeln in die Sonne. Vom See her macht das Schloß unstreitig einen aristokratischen Eindruck. Je stiller das Wasser, um so schöner das Bild. Alles verdoppelt sich im Spiegel des Sees. Die ganze Landschaft ringsum scheint nur Kulisse zu sein für diese Inszenierung aus Kunstsinn und Stein. Wieder anders die Wirkung, wenn der Betrachter über den Schloßgarten mit dem Kreuzkanal auf den Bau blickt. Aus dieser zauberhaften Landschaft, der der gestaltende Wille des Menschen Maß und Ziel verlieh, erhebt sich der vieltürmige Koloß mit seinen spielerischen Formen wie ein Traumbild. Die jahreszeitlichen Farben, die strengen Linien der Alleen, die Wasserflächen des Kreuzkanals, die aufgereihten Plastiken des barocken Meisters, selbst der Himmel mit seinen wechselnden Stimmungen bilden die Staffage für das eigentliche Kunstwerk.

Schloss Schwerin um 1860

Meine Bewunderung gehört immer wieder den Gärtnern. Welche Phantasie, welche in die Zukunft vorausgreifende Vorstellungskraft müssen ihnen eigen gewesen sein: sich eine Landschaft zu erdenken, die erst Jahrzehnte nach ihrer Zeugung zu voller Schönheit erblühen würde! Und welch Gefühl von schöpferischer Kraft muß in Männern wie Jean Legeay, Peter Joseph Lenné oder Theodor Klett gewesen sein, daß sie die Natur zu zwingen verstanden, ihren gestalterischen Befehlen für Jahrzehnte zu gehorchen. [...]

Quarkspies Mekelbörger Ort

100 Gramm mehrere Stunden eingeweichte Backpflaumen werden mit einem Stück Zitronenschale und 55 Gramm Zucker kurz gekocht. Inzwischen rührt man 400 Gramm Quark mit dem Saft einer Zitrone, 40 Gramm Zucker, etwas Zimt und Sahne cremig, dann werden die Pflaumen untergehoben.

Mit dem Baedeker durch Schwerin (1892)

Schwerin, altwendische Ansiedelung, 1161 von Heinrich dem Löwen mit Stadtrecht beliehen, von 1167–1648 Bischofsitz, Haupt- und Residenzstadt (33 500 Einwohner) des Großherzogtums Mecklenburg-Schwerin, liegt in lieblicher Umgebung an dem von bewaldeten Anhöhen eingefaßten Schweriner See (22 km lang, 6 km breit) und mehreren kleineren Seen.

In der Nähe des Bahnhofs die hübsche neue gotische Paulskirche von Krüger († 1885).

Vom Bahnhof über den Luisenplatz und durch die Wilhelmstraße der Stadt zuschreitend, erreicht man zunächst den Pfaffenteich, umsäumt von der Alexandrinen-, der Arsenal- und der Marienstraße; unter den Gebäuden derselben tritt namentlich das Arsenal, 1844 von Demmler erbaut, stattlich hervor. An der Ecke der Marien- und Friedrichstraße das marmorne Büstendenkmal des Komponisten Fr. Kücken († 1882 zu Schwerin), von Brunow.

Wenige Schritte von hier erhebt sich der Dom, ein bedeutendes Denkmal des Backstein-Stils, an Stelle eines älteren Baues aufgeführt, der Chor 1365–75, das Hauptgewölbe 1430, das Ganze in seiner jetzigen Gestalt erst 1482 vollendet, 1867–69 würdig hergestellt. Er ist dreischiffig mit reicher Chorbildung, 99 m lang, 42,5 m breit, Mittelschiff

Die Domkirche in Schwerin um 1860

31,5 m hoch. Der alte Turm ist 1889 abgetragen worden, um durch einen neuen ersetzt zu werden.

Die Heiligblutkapelle hinter dem Hochaltar ist die Begräbnisstätte des Großherzogs Paul Friedrich († 1842), seiner Gemahlin Alexandrine († 1892), Friedrich Franz' II. († 15. April 1883) und dessen beider Gemahlinnen, Auguste († 1862) und Anna († 1865), sowie des Herzogs Wilhelm († 1879) und der Herzogin Anna († 1882). Beachtenswert die gemalten Glasfenster: Christi Himmelfahrt mit Maria und Johannes sowie Moses, Petrus, Paulus und Jesaias, von Gillmeister nach Cornelius' Kartons ausgeführt. – Links daneben im nördlichen Chorumgang ein großes Grabdenkmal des Herzogs Christoph († 1592) und seiner Gemahlin, in Marmor mit Reliefs von Coppens. Die merkwürdigen beiden Doppelgrabplatten von Messing mit gravierten Figuren, 3 m hoch, flandrische Arbeiten von 1347 und 1375, stellen vier Bischöfe aus der Familie von Bülow dar. Altarblatt, Christus am Kreuze, unter Cornelius' Beirat von Lenthe gemalt. An einem südlichen Chorpfeiler ein ehernes Epitaphium der Herzogin Helena († 1534) mit dem mecklenburgisch-pfälzischen Wappen, aus Peter Vischers Werkstatt (1527). – Vortreffliche Orgel, von Ladegast in Weißenfels.

In dem nördlich an den Dom anstoßenden Kreuzgang die Regierungsbibliothek (ca. 160 000 Bände). Weiter über den Markt, dann durch die Königs- und die Schloßstraße, an deren Ausgang rechts das nach einem Brande 1865–67 neu aufgeführte Regierungsgebäude, Sitz der Behörden, liegt, zum Alten Garten, einem freien Platz, mit dem 1849 errichteten Erzstandbild des Großherzogs Paul Friedrich nach Rauchs Entwurf, und dem Denkmal für die 1870/71 gebliebenen Mecklenburger, einer hohen Granitsäule, welche ein Bronzestandbild der Megalopolis (Mecklenburg) von Willgohs trägt. An demselben Platz links das Hoftheater, 1883–86 von Oberbaurat Daniel an Stelle eines 1882 abgebrannten älteren Hauses erbaut; gegenüber, Ecke der Annenstraße, das Museum, nach einem Entwurf vom Oberhofbaurat Willebrand, 1882 vollendet. Giebelgruppe: Vermählung von Amor und Psyche, von Alb. Wolff. Es enthält im Oberstock die großherzogliche Gemäldegalerie, im Unterstock die übrigen Sammlungen. Besonders zahlreich ist die holländische Schule des XVII. Jahrhunderts vertreten.

Die südöstlich vom Museum am See hinlaufende freundliche Annastraße (Landungsplatz der Dampfboote) mündet beim Marstall (täglich bis 3 Uhr nachmittags zugänglich).

Eine mit zwei kolossalen Gruppen (Obotriten ihre Schlachtrosse rüstend, von Genschow) geschmückte Brücke führt vom Alten Garten hinüber nach dem auf einer Insel zwischen dem Schweriner und dem Burgsee prächtig gelegenen großherzoglichen Residenzschloß, 1845 von Demmler im Frührenaissancestil mit Anklängen an Schloß Chambord an der Loire begonnen, später von Stüler fortgeführt und 1857 vollendet. Es ist ein umfangreicher Bau, dessen unregelmäßige von hohen Türmen flankierte Flügel einen fünfeckigen Hof umschließen, von malerischer Wirkung. Schon im XII. Jahrhundert erhob sich hier ein Schloß der Fürsten und Herzoge von Mecklenburg, das im XV. u. XVI. Jahrhundert erneuert wurde; ein Teil dieser Bauten ist in gefälliger Weise in den Neubau verschmolzen.

Über dem Portal: Reiterbild des Obotritenherrschers Niklot († 1160). – Das Innere ist an Sonn- und Festtagen um 12 Uhr mittags, an Wochentagen um 10, 1 und $5\frac{1}{2}$ Uhr (1. Sept.–31. März, 3 Uhr) zugänglich gegen Karten, die man für 1 Mark beim Portier im inneren Schloßportal links löst. Die geschmackvolle Einrichtung ist hauptsächlich von Stüler und Strack. Hervorzuheben: die Goldene Treppe, der Goldene Saal, der Thronsaal und, im Erdgeschoß, die Wagenhalle mit Waffensammlung. In den Sälen manche neueren Kunstwerke. Die Schloßkirche ist 1560–63 erbaut, bei dem Neubau restauriert. – An die Besichtigung schließe man einen Gang durch den Burggarten, am Fuße des Schlosses. Der große Schloßgarten hat schöne Anlagen. Lohnender Spaziergang nach Zippendorf ($\frac{1}{4}$ Stunde von Zippendorf, im Walde, die „Kanzel", von der man eine der schönsten Aussichten im nördlichen Deutschland hat.) Weiter am See entlang ($\frac{1}{2}$ Stunde) zur Fähre (Restaurant), beides Stationen der Dampfboote; $\frac{1}{4}$ Stunde weiter Rabensteinfeld mit Villa der Großherzogin Marie und schönen Waldpartien am Seeufer. Von hier in 10 Minuten zu dem fast ringsum von Waldhügeln eingeschlossenen Pinnower See. – Kaninchenwerder, vielbesuchte Insel (Restaurant, Dampfschiffstation). – Schelfwerder, $\frac{1}{2}$ Stunde nördlich der Stadt, mit schönen Laubwaldungen.

Gestatten wir uns zu diesem Text und zugleich zum späteren Fontanes ein paar Ergänzungen:

Am Markt steht das Altstädtische Rathaus, vier Fachwerkhäuser (1654) mit einheitlicher Fassade von Demmler im Mischstil aus Gotik und Renaissance entworfen. Das Neustädtische Rathaus am Schelfmarkt ist ein Barockbau aus der Mitte des 18. Jahrhunderts. Die Schelfkirche am Schelfmarkt wurde Anfang des 18. Jahrhunderts erbaut und gehört zu den wichtigsten sakralen Barockbauten Mecklenburgs.

Der Alte Garten in Schwerin um 1860

Isabella und das Schweriner Tafelsilber

Wilhelm Jesse

Die neue Herzogin, Isabella, bekam man im Lande vorläufig nicht zu sehen. Immer wieder wurde ihre Abreise aus der Heimat verschoben. Manche Anzeichen von beginnenden Unstimmigkeiten zwischen den Gatten wurden bekannt. Endlich, im Herbst 1671, nachdem der Herzog (Christian Louis) einmal zwei ganze Monate hintereinander im Lande zugebracht hatte, reiste er seiner Gemahlin nach den Niederlanden entgegen. Sie ließ erst einige Monate auf sich warten; dann hielt das Herzogspaar am 10. April 1672 seinen feierlichen Einzug in Schwerin, wo Isabella nunmehr im Schloß ihren Wohnsitz nahm. Der Herzog brach sogleich wieder nach Frankreich auf, um in französischen Diensten am Krieg gegen die Niederlande teilzunehmen. Die Regierung übertrug er Isabella und gab ihr Wedemann als Berater und den Kammerjunker von Bernstorff, den späteren hannoverschen Minister, als Dolmetscher zur Seite.

So sehr man sich in Schwerin freuen mochte, wieder eine ständige Hofhaltung auf dem Schloß zu sehen, so besorgniserregend war es andererseits, daß im Gefolge der Herzogin zwei katholische Geistliche erschienen waren, der Abbé de Ledignan und der Pater Stephani, die fortan in der Schloßkirche katholischen Gottesdienst abhielten. Die Besorgnis vor katholischen Machenschaften und Bekehrungsversuchen wuchs noch, als die Herzogin im folgenden Jahr den milden Pater Stephani beiseite schob und einen französischen Jesuiten, Jaques de Hayes, aus Hamburg kommen ließ. Dieser hatte tatsächlich die Absicht, in Mecklenburg eine Katholisierung größeren Stils ins Werk zu setzen. Er bereiste mit Isabella das Land und suchte durch Berichte an den Herzog diesen für eine Bekehrung Mecklenburgs zur römischen Kirche zu gewinnen. Hier fand er aber wenig Verständnis und kaum eine Antwort. Christian Louis war von solchen Plänen weit entfernt. Sein Übertritt zum Katholizismus war lediglich aus politischen Gründen erfolgt. In seinem Testament fand sich später die Bestimmung, daß der katholische Gottesdienst in der Schloßkirche sechs Wochen nach seinem Tode aufhören sollte. Aus diesen Gründen muß es durchaus als fraglich erscheinen, daß der Herzog an die Errichtung eines katholischen Bistums in Schwerin gedacht und bereits den Mönch Caspar von der Heerstraten aus Antwerpen beim Vatikan in Vorschlag gebracht haben soll. Erst die Forderung von Grundbesitz für das neue Bistum und der Errichtung eines Domkapitels sollten, so wird berichtet, diesen Plan haben scheitern lassen.

In Wirklichkeit war die katholische Gemeinde in Schwerin recht unbedeutend und harmlos. Ostern 1672 sollen 80 Personen kommuniziert haben. Den Hauptbestandteil bildete das französische Gefolge der Herzogin und die Diener des Herzogs, darunter auch die „Violons". Einige wenige Mecklenburger traten zur katholischen Kirche über, so die Räte Bünsow und von Hahn und der Hofmarschall von Bibow. Nach Christian Louis' Tode, oder eigentlich schon mit der Abreise Isabellas aus Schwerin, ging die katholische Schloßgemeinde ein, doch wurde mit Genehmigung des Herzogs Friedrich Wilhelm in einem Privathause weiterhin römischer Gottesdienst abgehalten. Hieraus ist die jetzige katholische Gemeinde und Kirche Schwerins entstanden.

Lange dauerte Isabellas Regierung in Schwerin nicht. Bald entstanden zwischen den getrennt lebenden Gatten die ärgsten Zwistigkeiten. Christian Louis erhob allerlei Verdächtigungen gegen seine Gemahlin, besonders warf er ihr einen allzu vertrauten Umgang mit dem Kammerjunker von Bernstorff vor, verbot ihr endlich alle Reisen und ließ sie auf dem Schloß von Soldaten bewachen. In ihrer Not berichtete Isabella nach Paris über die ihr in dem „halbwilden" Mecklenburg zuteil gewordene Behandlung und erreichte dadurch, daß man den Herzog durch einen gelinden Druck von zwölf Gardisten an der beabsichtigten Abreise hinderte, bis Isabella am 3. Mai 1673 Schwerin verlassen und im nächsten Monat Frankreich erreicht hatte. Sie hatte sich nicht gescheut, das Tafelsilber und verschiedene andere Sachen aus dem Schlosse mitzunehmen. In Hamburg hatte sie außerdem zwölf Kisten hinterlassen, die sie sich weigerte, nach Paris kommen zu lassen. Bald erfolgte ein völliger Bruch der Gatten, die vor dem Reichskammergericht gegeneinander prozessierten.

Jahrelang blieben Herzog und Herzogin getrennt, bis 1685 eine Versöhnung stattfand. Schwerin hat die schöne Isabella nicht wiedergesehen. Mit Isabellas Abreise löste sich die Hofhaltung, die einen gewissen Glanz gehabt hatte, auf. Die „Violons" und andere Künstler, die das Herzogspaar aus Frankreich mitgebracht hatte, wurden abgedankt, die Hofkapelle ging ein. Das einzig Bleibende aus dieser kurzen Episode von Isabellas Hofhaltung war wohl die auch von ihrem Gemahl betriebene Anlage des Schloßgartens. Französische Gartenbaukünstler, wie Vandeuille und Lacroix, legten damals den vorderen Teil des heutigen Gartens, etwa zwischen den Laubengängen, in französischem Geschmack an. Statuen aus Gips und Holz, kleine Pyramiden, Pavillons und zierliche Beete schmückten den am Seeufer herrlich gelegenen Garten. Für bessere Zugänge vom Schloß, eine neue Brücke, Pforte usw. war gleichfalls gesorgt.

Vingt-quatre violons du Roi: fünfstimmig besetztes Streichorchester am französischen Königshof zwischen 1626 und 1761, dessen Mitglieder katholisch sein mussten.

Hergelockt von Theater und Museum

Brigitte Birnbaum

Die Schweriner sind stolz, vom letzten Wendenkönig Niklot abzustammen. Niklot brannte seine Inselburg eigenhändig nieder, damit der Sachse Heinrich der Löwe sie nicht bewohnen konnte. Das macht mir den alten Obotriten sympathisch.

Wie konnte mich ärgern, daß mein Hauswirt ebenfalls alles tat, um mich rauszugraulen? Daß er das Dach erst abdichten ließ, als der Regen die unter mir liegende Wohnung zu schädigen begann. Ich stammte doch gar nicht aus dem Land Heinrichs des Löwen. Aber auch nicht aus Mecklenburg.

Eine Tante seiner Frau war Erzieherin in der letzten Herzogsfamilie gewesen, und er hatte als Kind mit der Tochter des Dichters Rudolph Tarnow gespielt. Man war wer. War. Er lebt längst nicht mehr, starb an einer grausamen Krankheit, die ich ihm trotz allem nicht an den Hals gewünscht hatte.

Schwerin gab mir keine Geborgenheit. Wir belauerten uns gegenseitig, die Stadt mich und ich die Stadt. Ich hätte auf Enttäuschungen gefaßt sein sollen. Ich hätte wissen müssen, was ich tat.

Herlocken ließ ich mich 1960 von Theater und Museum. Ganz ohne Kunst nur mit der Natur – in Form einer eisernen Wasserpumpe an der nächsten Straßenecke und dem Gemüsegarten hinter dem Hof – hatte ich nicht leben wollen. Amsel und Star im Apfelbaum ersetzten mir nicht Papageno oder Eleonore.

Entscheidend war auch die Bahnverbindung nach Berlin gewesen, denn ich besaß kein Auto und hatte häufig in Berlin zu tun.

Nicht weniger wichtig für meine Arbeit war die im Kreuzgang des Domes untergebrachte Mecklenburgische Landesbibliothek geworden. Sie lieh mir ihre Geheimnisse, gönnte mir alles, was sich seit 200 Jahren in ihren Mauern angesammelt hatte. Bis heute weiß ich sie zu schätzen, obwohl ich mich ungern damit abfinde, ältere Bücher nur noch im Lesesaal benutzen zu dürfen. So dick seine Mauern sind, so kühl ist's in ihnen. Sogar im Hochsommer. Überhaupt ist der gotische Dom ein imponierendes Bauwerk. Mit seiner Länge von 105 m und den fast 30 m Innenhöhe des Mittelschiffs übertrifft er die Lübecker Marienkirche. Der Turm, sein jüngstes Teil, reizte mich nie zur Besteigung.

Hingegen wurden mir die Treppen hinauf zum Museum kein Mal zu viel. Hätte sein Baumeister es gleich als Bildergalerie und nicht erst als Palast begonnen, hätte er uns vielleicht besucherfreundlich mindestens die Hälfte der steinernen Stufen erspart.

Oben erwartet jeden die geschlossenste Sammlung niederländischer Malerei und Graphik, wie sie sonst nirgendwo vorhanden: Arbeiten von 140 Künstlern aus dem 17. Jahrhundert. Herzog Christian Ludwig hatte sie in der ersten Hälfte des 18. Jahrhunderts erworben, und sie machen heute das Museum berühmt. Außerdem sind antike Vasen zu bestaunen und mittelalterliche Plastiken sowie modernes Meißner Porzellan. Alles einmalig und gepflegt.

Mich aber zog's und zieht's hin und wieder unters Dach ins Graphische Kabinett, wo Blätter von Käthe Kollwitz bewahrt werden. Sie verschaffte mir in diesem Haus erste Eindrücke, die ich nie vergaß. Sie hat mich um eine Liebe reicher gemacht, um eine dauerhafte, wie es scheint.

Und egal, welche Ausstellung ich mir ansehe – sie wechseln jährlich ein paar Mal –, stets mache ich einen Besuch in der Abteilung Malerei des XX. Jahrhunderts, beim „Gekreuzigten" von Hans Grundig. Jeder hat eben seine Lieblinge, mit denen er stumme Zwiesprache hält. Ich habe ihn. Hier.

Turnen am Schweriner Gymnasium

Heinrich Seidel

Das Schweriner Gymnasium befand sich damals (um 1855) noch in den Räumen des alten Klosters, das an den Dom angebaut ist. Der eine Flügel enthielt die Klassenzimmer, der andere die Aula, die früher als Refektorium diente, und die Wohnung des Schuldieners. Verbunden waren beide Gebäude durch einen Kreuzgang, und dazwischen lag der alte Klosterhof, der in den Zwischenstunden als Spielplatz diente. Obwohl ich nun in diesem düstern Ziegelbau wenig Gutes erlebt habe, so hängt mein Herz doch noch ein wenig an ihm, wie an allen

Stätten meiner trotz alledem glücklichen Kindheit. Oftmals noch wandere ich im Geist durch den kühlen, gewölbten Kreuzgang und höre dann das Kläffen der Dohlen, die in den zahlreichen Rüstlöchern des Domes ihre Nester haben, und das unablässige Schreien der Turmschwalben. Auch sehe ich mich dann jedesmal selber, wie ich, ein hagerer, langaufgeschossener Junge, am Schluß der Schule als der erste in ungeheuren Sätzen die alten, ausgetretenen Holztreppen hinabgedonnert komme, um, froh der gewonnenen Freiheit, schleunigst um die Ecke zu verschwinden.

In diesem alten Kreuzgange traten wir auch an, wenn es im Sommer an jedem Mittwoch oder Sonnabend um vier Uhr hinausging zum Turnplatz. An das Turnen knüpfen sich meine fröhlichsten Schulerinnerungen, denn an die vier Fächer, in denen ich etwas leistete: Deutsch, Mathematik, Geographie und Singen reihte sich als fünftes und bestes das Turnen an, eine Zusammenstellung übrigens, die dem richtigen Schulmanne ein mitleidig verächtliches Lächeln auf die Lippen nötigen muß. Der sehr große, zum Teil mit alten Bäumen bestandene Turnplatz liegt eine halbe Stunde vor der Stadt auf dem Schelf-Werder, einer hügelreichen, bewaldeten Halbinsel zwischen dem großen See und dem Ziegelsee, und wir zogen hinaus mit fliegenden Fahnen und Gesang. Besonders beliebt waren zwei Lieder, nach denen es sich gut marschieren ließ: „Die Hussiten zogen vor Naumburg" und das alte Volkslied: „Es war einmal ein Mädchen, das hatt' zwei Knaben lieb!" Diese wurden fast jedesmal gesungen.

Das Turnwesen war eigentümlich organisiert auf dem Schweriner Gymnasium und ganz den Schülern überlassen, ohne daß sich die Lehrerschaft viel hineinmischte. Der Turnrat erwählte aus sich den Turnwart, der das Ganze leitete und von den jüngeren Schülern als eine Art Halbgott betrachtet wurde. Denn an Macht stand er einem Lehrer gleich, und da man selbstverständlich immer eine möglichst energische Persönlichkeit für diesen verantwortungsvollen Posten wählte, so genoß er weit mehr Respekt, als wessen sich die meisten Lehrer rühmen konnten. Zwar war immer einer von diesen zur Beaufsichtigung abgeordnet, allein der zog es meist vor, in dem benachbarten Waldwirtshaus des Herrn Duve die schöne Luft zu genießen und dazu Kaffee zu trinken. Er zeigte sich meist nur auf wenige Augenblicke, um mit wohlwollendem Lächeln alles in Ordnung zu finden. Die Turnsache gedieh übrigens bei dieser Einrichtung, und es war ein frischer Zug in dem Ganzen. Außerdem war noch ein Turnlehrer vorhanden, ein früherer Unteroffizier, der die Freiübungen leitete, sonst aber nur einen beratenden Einfluß ausübte.

94

Ging das offizielle Turnen gegen sechs Uhr zu Ende, so kündigte sich das durch den Ausruf an: „Dor kümmt Tesch mit 'e Kanon'!" Man sah dann auf der Chaussee einen kleinen, grauhaarigen Mann, den Schuldiener, heranwurzeln, der auf einem kleinen Wagen ein Faß hinter sich her zog. Dies enthielt Wasser, denn solches war auf dem Turnplatze nicht vorhanden und mußte aus dem benachbarten Forsthofe herbeigeschafft werden. War nun diese Wasserkanone auf dem Turnplatz angelangt und nach Schluß der ersten Abteilung die allgemeine Tränkung beendet, so folgten darauf gemeinsame Spiele, Kürturnen und dergleichen, und gegen Abend zog man mit fröhlichem Gesange wieder nach Hause. Der Schluß des Turnens fand jedesmal am 18. Oktober statt, und dieser wurde für mich der glänzendste und ruhmreichste Tag im Jahre. Denn bald gelang es mir, einen der acht Eichenkränze zu erringen, die beim Wetturnen an die Besten verteilt wurden, und dann erhielt ich vier Jahre hindurch den zweiten. An den ersten konnte ich trotz vieler Übung und harten Kampfes nicht gelangen, denn einer meiner Mitschüler, Daniel mit Namen, konnte immer noch ein kleines bißchen mehr als ich. Zu diesem Feste zog man ebenso wie bei der Eröffnung des Turnens mit dem großen Banner und mit Militärmusik aus, und den Abschluß bildete die feierliche Verteilung der acht Eichenkränze und die Entzündung eines mächtigen Scheiterhaufens aus Holz und Teertonnen, wozu der Turnwart eine Rede hielt und patriotische Lieder gesungen wurden. Dann zogen wir mit Musik nach Hause, voran gleich hinter dem Banner die acht Sieger, die ihre mächtigen Kränze wie Schärpen umgehängt trugen. In der Stadt befanden sich trotz der Dunkelheit viele Leute und alle großen und kleinen Mädchen an den Fenstern und lächelten gar lieblich und winkten mit Taschentüchern.

In jedem Jahre wurde von den jüngeren Schülern eine kleine, eintägige, von den älteren eine große Turnfahrt unternommen, die drei bis vier Tage dauerte. An einer großen Turnfahrt habe ich nur einmal zu Beginn meines fünfzehnten Jahres teilgenommen, und diese ist mir dadurch bemerkenswert geblieben, daß sie meine erste Reise war, die ins Ausland führte. Denn in Mecklenburg nannte man und nennt man vielleicht noch jetzt alles Ausland, was nicht Mecklenburg selber ist. Ich berührte auf dieser Fahrt sogar zwei Ausländer, nämlich Lauenburg und Lübeck, streng genommen sogar drei, da das Fürstentum Ratzeburg zu Mecklenburg-Strelitz gehört. Doch dies zum Ausland zu rechnen, soweit gehen, glaube ich, meine Landsleute von der strengsten Observanz nicht. Sie sagen höchstens von einem, der dort geboren ist: „Er ist n u r ein Strelitzer", weil Mecklenburg-Strelitz doch nur ein so kleines Land ist.

Theodor Fontane
besichtigt Schwerin (1870)

Schwerin

1. Lage am See. Es trägt den Residenzcharakter nicht so ausgesprochen wie viele andere kleine Residenzen, gewesene und noch existierende. Ein Nest wie Schwedt (oder Ludwigslust) hat mehr den ausgesprochenen Residenzcharakter als Schwerin. Damit sprechen wir aber keinen Tadel aus, im Gegenteil. Ein viel Wohltuenderes tritt einem entgegen: Behagen, Wohlhabenheit, frische Luft, Gesundheit. Die Partie am Pfaffenteich erinnert an das Hamburger Alster-Bassin.

2. Mit den Sehenswürdigkeiten ist man an einem Nachmittage fertig.

a.) Das Arsenal, halb im englischen Tudorstil errichtet, ist sehr hübsch; das einzige sonderbar Berührende ist das, daß man hinter diesen Mauern die Kriegsmacht einer Großmacht aufgespeichert wähnt. Schließlich handelt es sich um eine Brigade.

b.) Der Dom. Äußerlich, weil ihm, außer dem bloßen spitzen Dach, jede Turmspitze, jede Spire fehlt, wirkt er nicht, wenigstens nicht in die Ferne. Erst im Herantreten bemerkt man einen mächtigen, sehr bedeutenden Bau, dessen Architektur aber auch dann noch nicht zu Geltung kommt. Im Innern schön, imposant, bedeutend, trefflich restauriert. Seine Stellung zu Doberan und Marienkirche in Rostock siehe Lübkes Studien. Gut das Altarbild von Lenthe (eine Kreuzigung). Die Glocken scheinen mächtig. Das fesselndste ist die neue Begräbnisstätte der großherzoglichen Familie hinterm Altar. An den Pfeilern und Fensternischen des hohen Chores entlang ist eine Vertiefung gegraben, vielleicht nur vier Fuß tief, zu der Stufen hinunterführen. Ein vergoldetes Gitter umfaßt sie. In dieser Vertiefung, in die man durch das Gitter hineinblickt, stehen die vergoldeten, kranzbedeckten Särge der jüngstverstorbenen Mitglieder der großherzoglichen Familie. Die Wände des hohen Chores sind an dieser Stelle mit schwarzem Marmor bekleidet. Das Ganze macht einen eigentümlichen, schönen Eindruck. Es drückt eine Zusammengehörigkeit mit Gemeinde und Volk aus, nichts ängstlich Abgeschlossenes, nichts Exklusives, die Teilnahme, die Liebe, der Respekt jedes einzelnen ist vorausgesetzt. – Weiter vorn, in Höhe des Altars, befinden sich die Marmordenkmäler verschiedener Herzöge aus dem 16. Jahrhundert.

c.) Die Paulskirche. Sehr hübsch. Farblich von höchst angenehmer Wirkung, das Ganze ein Musterstück, ein chef d'œuvre. Dennoch wirkt das Ganze nicht im geringsten mächtig, erobernd. Fast wirkt es

Theodor Fontane
(30. Dezember 1819 bis
20. September 1898)

wie eine gut gemalte gotische Kirche oder ein hübsches Kirchenmo-
dell. Man sieht der Arbeit zu sehr die Arbeit, die Sorge, die Mühe an,
das Verlangen, alles recht hübsch zu machen. Es hat den Charakter einer Studie, einer fleißigen Examensarbeit. Es überwältigt nicht.

    d.) Das Schloß. Brilliant.
        a. Front, reich mit Statuen ornamentiert, oben Niklot zu Pferde
        b. und c. Die Flügel, in b. viel alte Teile
        d. Die Brücke, die zum Schloß hinführt

Es heißt, daß das Schloß Chambord, überhaupt französische Schlösser, das Vorbild abgegeben hätten. Das ist möglich. [...] Alles wirkt
reich und überaus malerisch.

    e.) Der See. Kaninchenwerder. Zippendorf.
    f.) Sterns Hotel. Hotel du Nord. Cohens Bierlokal.

Chef d'œuvre: Meisterwerk.

Maßnahmen gegen die Cholera

Wiederholt wütete in der zweiten Hälfte des neunzehnten Jahrhunderts auch in Deutschland verheerend die Cholera. Der Hofarzt Hennemann ließ bei einer solchen Gelegenheit das nachfolgende Plakat in den Schweriner Häusern anschlagen:

Wascht euch! Eßt nichts vom Markt ohne Waschung! Kocht ab! Benutzt nie Abtritte, die von vielen benutzt werden! Steckt euren Nachttopf in kochendes Wasser, jeden Tag! Trinkt nie kaltes Wasser aus dem Brunnen! Kocht die Milch ab! Wascht euch zwanzigmal die Hände! Versagt euch das Küssen der Säuglinge! Faßt niemanden an! Berührt nicht die Geländer der Treppen in öffentlichen Gebäuden! Drückt Türklinken mit dem bekleideten Ellenbogen nieder! Meidet Ansammlungen!

Eine fahrbare Desinfektionsanlage

Hofleben in Schwerin

Paula von Bülow

Paula von Bülow, geborene Gräfin von Linden, in Berlin geboren 1833 und dort sowie in Wien als Gesandtentochter aufgewachsen und 1864 verwitwet, wurde 1868 als Oberhofmeisterin an den Schweriner Hof berufen, zweifellos im Zusammenhang mit der dritten Verehelichung des Großherzogs mit der erst achtzehnjährigen Prinzessin Marie von Schwarzburg-Rudolstadt.

Zu meinem Debüt in Schwerin gehörte unter anderem auch, daß ich mir das Anstaunen gefallen lassen mußte. War ich doch eine „Fremde", eine nicht im Lande Aufgewachsene, mit der von nun an zu rechnen war, da ich nunmehr zum Bestand des Bestehenden und Werdenden gehörte. Aber auch ich hatte meinerseits gar viel zu schauen und oft mich zu wundern. War doch so mancherlei ganz anders, absonderlich und befremdend im Vergleich zu dem, was ich bisher gesehen und erlebt hatte. So vieles war veraltet im Gegensatz zu dem schneller flutenden Strom des Lebens in der Großstadt. Eigenartig waren die Menschen, anders von Wesen und Erziehung als ich gewohnt war, und mir oft unverständlich. Dazu kam, daß ich nicht allein als Fremde, sondern weit schlimmer – als Eindringling von den Einheimischen angesehen wurde. Mein holländisch-nordisches Blut hatte mich im Stich gelassen; das Süddeutsche in mir war der „Mecklenburgischen Art" gegenüber eben zu „süddeutsch"! Wir verstanden uns nicht. Dessen ungeachtet gewann ich im Obotritenlande viele gute und sehr liebe Freunde. Noch jetzt verbindet mich mit diesen und dem Lande ein freundschaftliches Empfinden und heimatliches Gefühl.

Kleine Reibungen, denen teils Neid, teils Übelwollen zugrunde lag, gab es ja öfters. Auch die junge Großherzogin hatte darunter zu leiden. Ihre Stellung war kaum weniger leicht als die meinige. Nun – das Leben hat ja bekanntlich die unangenehme Eigenschaft, die „impulsiven" Naturen „zahm" zu machen, wobei man sich manches gefallen lassen und manches hinunterschlucken muß, was nicht gut schmeckt. Diese Lehre ist auch mir reichlich zuteil geworden.

Sehr angenehm gestaltete sich mein Verhältnis zum Großherzog und seiner jungen Gemahlin, der zur Seite zu stehen ich berufen war. Sie hatte einen vortrefflichen, biederen und geraden Charakter und ein gleichmäßiges Wesen ohne Launen, war damals freilich noch sehr schüchtern und wortkarg. Der Großherzog war nicht groß von Figur, etwas breit und gedrungen. Seine Züge waren fein geschnitten, der schöne Kopf aber fast kahl. Von Charakter war der Großherzog komplizierter als seine Gemahlin. Er war der echte Sohn seines Landes, ein guter Soldat, guter Familien- und Landesvater, zu dem ein jeder mit seinem Ach und Weh vertrauensvoll kommen konnte. Auch mir und meinen Kindern gegenüber hat sich diese Güte sogar bis weit über meine Dienstzeit bei Hofe hinaus unwandelbar bewährt. Seine Verdienste um sein Land und Volk sind in der Geschichte seiner Zeit unauslöschlich eingegraben. Im täglichen Leben konnte sein lebhaftes Temperament, mit dem er schnell von einer Sache zur anderen überging, zuweilen etwas unruhig, fast hastig wirken.

Das tägliche Leben am Schweriner Hofe war einfach und in den besten Formen, die Hofhaltung elegant und glänzend, alle Feste, gleichviel ob große oder kleinere, waren von gutem Geschmack. Mehrere Male in der Woche fanden Diners statt. Des Abends lockte das Theater; es bot Gutes, vielfach sehr Gutes. Nach dem Theater blieben die Fürstlichkeiten meistens unter sich.

Die Stadt Schwerin hatte nicht viel zu bieten; alles war einfach und Eleganz gab es nicht. Man lebte und vegetierte in stiller Zurückgezogenheit. Desto genußreicher war die Landschaft. Da war der große Schweriner See, in dem auf einer Insel das herrliche Schloß liegt, umgeben von schönen Parkanlagen, und weitere neun mehr oder weniger umfangreiche Seen, alle von prächtigem Buchenwald umrahmt. Während des Sommers war der große See von kleinen Dampfern und zahllosen Schiffen und Schiffchen belebt, im Winter flogen diese mit Segeln bespannt, vom Winde getrieben, über die Eisfläche dahin.

Dieses Wasserreichtums wegen ist die Stadt zum Teil auf Piloten erbaut; so auch der Großherzogliche Marstall. Mein verstorbener Schwiegervater, seinerzeit Oberstallmeister des Großherzogs, versah deshalb den Marstall mit Wasserheizung, was für die damalige Zeit ein erstaunliches Beginnen war; aber die Pferde, die vorher infolge der Feuchtigkeit stets an Influenza litten, blieben nunmehr gesund. Von dem Schlosse selbst brauche ich wohl nichts Näheres zu sagen; es ist ja allbekannt als ein Prachtbau, mit seinen großen Räumen und Kunstschätzen und seiner Treppe aus schwarzem Marmor, der mit rotem Läufer belegt und von vergoldetem Geländer eingefaßt ist.

In Schwerin residierte auch die Großherzogin-Witwe Alexandrine, die Mutter des Großherzogs. Sie bewohnte ein eigenes „Palais", das diese Bezeichnung freilich kaum verdiente, denn es war ein unansehnlicher, äußerst bescheidener Fachwerkbau; innen war es indessen geräumiger, als das Äußere es vermuten ließ, es hatte außer den täg-

Schwerin von der Nordseite um 1860

lichen Wohnräumen auch schöne Empfangsräume und einen stattlichen Speise- und Tanzsaal. Die hohe Frau war eine schöne alte Dame
von guter Mittelgröße und stolzer, aber zugänglich liebenswürdiger
Haltung. Sie war die jüngste Schwester des alten Kaisers, mit dem sie
äußerlich eine große Ähnlichkeit hatte, und des Prinzen Albrecht von
Preußen. Die alte Dame sprach und schrieb altmodisch. Zum Beispiel
pflegte sie dem Kutscher zu sagen: „Fahr Er mir durch die Stadt"; ihre
Briefe wiesen ähnliche sprachliche Entgleisungen auf, die aus der Zeit
stammten, in der sie jung gewesen war. Nannte man eine Summe in
Mark, so fand sie den Betrag zu hoch, nannte man denselben Betrag in
Gold, so war sie einverstanden.

Ihr Sohn Herzog Wilhelm, der Bruder des Großherzogs, war mit
Prinzeß Alexandrine von Preußen, einer Tochter des Prinzen Albrecht, vermählt. Die Großherzogin Alexandrine war also als Schwester des Prinzen Albrecht gleichzeitig die Tante und die Schwiegermut-
ter der Herzogin Alexandrine. Selten waren zwei Menschen für einander so wenig geeignet wie Prinzeß Alexandrine und ihr Gemahl Herzog Wilhelm. Die Prinzeß war von guter Figur, aber nicht hübsch; sie
war gutmütig, aber etwas unstet und oft von ausgelassener Heiterkeit; wo es aber darauf ankam, konnte sie sofort das gehaltene Benehmen einer königlichen Prinzeß annehmen. Herzog Wilhelm wurde im
Kriege 1870 bei der Explosionskatastrophe von Laon schwer getrof-

fen; er ist später auch an den Nachwirkungen dieser Verletzung gestorben. Er wohnte in Berlin, hatte aber ein Absteigequartier bei seiner Mutter und kam oft nach Schwerin.

Pilote (franz.): im Sumpfboden eingelassene Holzpfosten; Influenza: fiebrige Erkältung.

Punsch

Man gießt eine Flasche Weißwein, zwei Flaschen Rotwein und zwei Flaschen Wasser mit einer Flasche Rum zusammen, gibt ein Kilogramm Zucker, über dem die Schale einer halben Zitrone abgerieben wurde, sowie durch ein Sieb den Saft von zwei Zitronen dazu und bringt das Ganze zum Kochen. Man nimmt es vom Feuer, sobald es einmal übergekocht ist. Dann wird der Punsch in ein Bowlegefäß gefüllt und serviert.

Gouverneur von Togo

Auch einen leibhaftigen Gouverneur einer deutschen Kolonie stellte das mecklenburgische Herrscherhaus. Im dreibändigen „Deutschen Koloniallexikon" von 1920 kann man über ihn lesen:

Adolf Friedrich, Herzog zu Mecklenburg, Gouverneur von Togo, Dr. phil. hon. c., geb. 10. Okt. 1873, zu Schwerin, Sohn des Großherzogs Friedrich Franz II. und der Großherzogin Marie geb. Prinzessin von Schwarzburg-Rudolstadt. Besuchte das Gymnasium Vitzthum in Dresden und trat dann als Leutnant in das Garde-Kürassierregiment ein. 1894 Reise nach Kleinasien. 1902 Reise nach Ceylon und Deutsch-Ostafrika. 1904 Major im 2. Garde-Dragonerregiment. 1905 zweite Reise nach Ostafrika. 1907/08 Leiter der deutschen wissenschaftlichen Zentralafrika-Expedition, und 1910/11 Leiter der zweiten Zentralafrika-Expedition. Diese beiden Expeditionen hatten zahlreiche wissenschaftliche Teilnehmer, und ihre zum Teil noch nicht veröffentlichten Ergebnisse sind für die Kenntnis Afrikas von größten Wert. Seit August 1912 ist Herzog A. F. Gouverneur von Togo.

Kaiser Wilhelm I. als Jagdgast

Paula von Bülow

Die Stellung, die ich am Schweriner Hof einnahm, brachte mich wieder unter die Augen des Königs Wilhelm I. Dieser hohe Herr hatte ein überaus gutes Gedächtnis; so kam es denn, daß er mich wiedererkannte, als er mich am Hofe des Großherzogs von Mecklenburg-Schwerin, seines Neffen, in Amt und Würden wiedersah. Er mochte wohl an das Kind und das junge Mädchen von einst gedacht haben und begrüßte mich mit der Anrede „Exzellenz Paula". Die Art und Weise wie ich meiner jungen Prinzessin beistand, gefiel ihm, und er sprach mir seine Zufriedenheit darüber aus. Man ersieht hieraus, wie genau der König beobachtete und wie er es verstand, Gesehenes zu deuten.

Wilhelm I. war kein seltener Gast am Schweriner Hof; besonders zu den Herbstjagden kam er fast regelmäßig von Berlin herübergefahren. Diese Jagden wurden in den reichen Waldungen bei Ludwigslust abgehalten, dessen schönes altes Schloß dem Großherzoglichen Paar als

Wilhelm I. (22. März 1797 bis 9. März 1888), seit 1861 König von Preußen und seit 1871 Kaiser von Deutschland.

103

Herbstresidenz diente. Dort war es, wo Seine Majestät mich zum ersten Male mit einem Besuche beglückte. Auch ließ der Großherzog mir meinen Platz am Teetisch neben dem hohen Herrn anweisen, sobald kein Zeremoniell das unerbittliche Szepter schwang; an der anderen Seite Seiner Majestät saß meist seine Schwester, die verwitwete Großherzogin Alexandrine, Mutter des Großherzogs. Freilich veranlaßte mein Platz an der Seite Wilhelms I. scheele Blicke von solchen, die selbst den Platz gern innegehabt hätten. Das wohlwollende, gütige Wesen des Monarchen empfand ich immer als ein Labsal. Am Schweriner Hofe war bei aller Güte der Ton doch oft etwas frostig; man fühlte, daß man der Dienende war. Wilhelm I. hatte eine feine Art, dies zu umgehen. Ich werde es nie vergessen, mit welcher Nüancierung im Gruß er bei dem Betreten der Empfangsräume an denen vorüberschritt, die seinen Hofstaat bildeten; es war, als sage sein Blick: „Euch kenne ich, ihr seid meine Getreuen."

Ein „ritterschaftlicher Hintersasse"

Heinrich Hoffmann von Fallersleben

Der kleine Ort Buchholz im Kreis Schwerin hat mit dem benachbarten Gut Holdorf einen Platz in der deutschen Literaturgeschichte als Asyl Hoffmanns von Fallerslebens, bis heute vor allem bekannt als Textdichter der deutschen Nationalhymne. 1842 wurde er aufgrund der „Unpolitischen Lieder" von seiner Professur in Breslau enthoben und musste Preußen verlassen; dank einer Amnestie wurde er 1848 jedoch bereits wieder Preuße.

Daß ich als Preuße sehr leicht in einem Preßprozeß verwickelt und der Majestätsbeleidigung angeklagt und verurtheilt werden könnte – diese Besorgniß quälte mich sehr und trieb mich, Alles aufzubieten, um so bald als möglich mein preußisches Heimats- und Staatsbürgerrecht mit einem andern zu vertauschen. Da in vorigem Jahre meine Bemühungen in Meklenburg erfolglos waren, so hoffte ich in Baden meinen Zweck zu erreichen. Noch ehe das alte Jahr zu Ende, den Tag nach meiner Ankunft in Holdorf wandte ich mich an den Bürgermeister Baum in Lahr. […]

Den 27. Januar 1845 antwortete Baum. Gemeinderath und Bürgerausschuß hatten die Zusicherung ertheilt, mich als Bürger aufzunehmen. „Es unterliegt diesemnach durchaus keinem Zweifel, daß wir Ihnen das Bürgerrecht ertheilen, jedoch sind noch einige Bedenken darüber vor-

*Heinrich Hoffmann
von Fallersleben
(2. April 1798 bis
19. Januar 1874)*

handen, ob dieses Bürgerrecht in Kraft treten kann, d. h. das Indigenat
ertheilen wird." – Obschon ich die Bedingungen, unter welchen das
Lahrer Bürgerrecht verliehen wird, leicht erfüllen konnte, so betrachtete ich doch die Ablehnung der Indigenatsertheilung von Seiten der ba-
dischen Regierung für gewiß, und verfolgte nicht weiter die Sache.

Ich war nun wieder auf Meklenburg angewiesen. An die drei Städte Güstrow, Rostock und Wismar hatte ich wol gedacht, die Bedingungen zum Bürgerwerden waren aber meinerseits schwer zu erfüllen,
und die nachherigen Gemeindesteuern standen mit dem, was ich zu
erreichen suchte, in gar keinem Verhältnisse. Ich versuchte es nun mit
unserm nächsten Städtchen Brüel. Durch Vermittelung unsers
freundlichen Nachbars, des Pastors Zarncke in Zahrenstorf verhan-
delte ich mit dem Bürgermeister Born. Alles ging gut. Als ich aber eine
günstige Entscheidung erhalten sollte, erfolgte folgender Bescheid
mit einem Ochsenkopf-Stempel von 2 Schillingen:

„Unter Remission der Anlagen des Vortrags vom 18. d. M. erwidern
wir Ihnen: daß wir uns, in Beyhalt bestehender gesetzlicher Vorschriften, de jure außer Stande befinden, Ihnen das gewünschte Bürgerrecht
hiesiger Stadt zu Theil werden zu lassen.

Brüel den 27. April 1845.
Bürgermeister und Rath
Born"

105

Wir waren sehr überrascht. Am 18. hatte ich mit Rudolf Müller den Herrn Bürgermeister besucht und ihm meine Eingabe überreicht; er fand Alles in bester Ordnung, lud uns zum Abendessen ein und wir waren sehr vergnügt und kehrten des Erfolgs sicher im herrlichen Mondenschein heim. Herr Born hatte dem Herrn Pastor Zarncke auf dreimalige Anfragen, ob nichts dem Antrag entgegen stehe, erklärt: „Nein! Unbedenklich!" Aber der Herr Bürgermeister war in Schwerin gewesen und hatte von seinem Herrn Schwager, einem Manne der Regierung, die Mahnung erhalten: „Wenn er einen solchen Menschen zum Brüeler Bürger mache, so würde er sich das Allerhöchste Mißfallen zuziehen."

Die Sache machte etwas Aufsehen, aber dabei blieb es. Es hätte übrigens gar nicht so vieler Umstände bedurft, um mich zum Ziele gelangen zu lassen. Ein eigentliches meklenburgisches Staatsbürgerrecht gab es nicht, aber jede Stadt und jedes Domanium oder jeder Ritter hatte das Recht, jemandem das Heimatsrecht zu ertheilen. Nachdem dies meinen Freunden klar geworden, war die Angelegenheit schnell erledigt. Dr. Samuel Schnelle, der mir erst einen Wohnungsschein ertheilt hatte, nahm mich bald darauf als Insassen seines Gutes auf:

„Dem Herrn Dr. Hoffmann von Fallersleben, hiebevor Professor in Breslau wird hiedurch das Einwohnerrecht in Buchholz und durch dasselbe Heimathsrecht in diesem Gute zugesichert und ertheilt.

Zur Urkunde Dessen ist diesem Heimathsschein das hiesige Gerichtssiegel beigedruckt.

Buchholz in Mekl.-Schwerin   S. Schnelle Dr.
Am 10ten Julii 1845   als Guts- u. Gerichtsherr."

Ich schickte eine durch einen Notar beglaubigte Abschrift an die Regierung in Breslau, dieselbige entließ mich darauf hin aus dem preußischen Unterthanen-Verbande.

Weit und breit war große Freude, daß durch ein so einfaches Mittel den polizeilichen Verfolgungen vorgebeugt war. – Die Nachricht ging in viele deutsche Zeitungen über und wurde als ein erfreuliches Ereigniß begrüßt. Auch die „Ludwigsluster Blätter" sprachen sich beifällig aus:

„So sind die Hoheitsrechte, welche unseren Rittern über ihre Hufen zustehen, denn doch zu etwas gut. Hoffmann ist jetzt ritterschaftlicher Hintersasse und als solcher naturalisierter Meklenburger und vor allen Anfechtungen, die er wohl von meklenburgischer Seite überall nicht zu befahren hatte, so sicher als säße er in Abrahams Schoß."

Nur einige Standesgenossen des Dr. Schnelle konnten nicht begreifen, wie derselbe dazu gekommen, einen Menschen in sein Gut aufzunehmen, den er doch zu nichts gebrauchen könnte, ja sogar noch unterhalten müßte, wenn er in seinem Nichtsthun alt und hinfällig würde etc.

Auf solche Bedenken erwiederte ein Witzkopf: „Der genannte Hoffmann ist Kuhhirt, hat aber im Sommer einen Stellvertreter."

Preßprozeß: Presse-Prozess gegen Hoffmann von Fallersleben wegen Missachtung der Zensur; Indigenat: Heimatrecht; Ochsenkopfstempel: mecklenburgischer Behördenstempel; Remission: Rücksendung; in Beyhalt: unter Berücksichtigung; de jure: rechtlich; naturalisiert: eingebürgert.

Der Sieg von Walsmühlen 1719

Kurt Christoph von Schwerin

Walsmühlen hat einen Platz in der Geschichte des Landes durch einen Sieg der mecklenburgischen Truppen. Herzog Karl Leopold wollte die absolutistische Regierungsform durchsetzen, die Stände wehrten sich dagegen und erwirkten die Reichsexekution gegen ihn. Den damit beauftragten hannöverschen und braunschweigischen Truppen stellte sich in der Nacht vom 5. zum 6. März 1719 der mecklenburgische Generalmajor (und spätere preußische Feldmarschall) Kurt Christoph von Schwerin entgegen. Er konnte sie schlagen (was allerdings die in den nächsten Wochen folgende Besetzung des ganzen Herzogtums nicht zu verhindern vermochte), und schilderte seinem Landesherrn das Gefecht wie folgt:

Wie nun etwa um 12 Uhr bey Walßmühlen des Nachts kam, fand ich das Dellörische Regiment Infanterie in voller Bereitschafft an der Brücke stehen, welche sie abgeworfen, und mir solchergestalt den Durchmarsch weigerten. Ich begehrte darauf einen Officier zu sprechen, welchen ich versicherte, daß wenn er mich wolte paßiren lassen, Ich ihnen kein Leyd zufügen, sondern sie geruhig in ihren Quartieren liegen lassen wolte, erboth mich auch ihnen einen Officier, so der älteste, und nach mir commandirte, zum Geissel zu geben; Solches alles aber refusirten sie mit größten Ungestüm, und gaben darauf eine Salve, in welcher sie sogleich einen Unter-Officier, mit 4 Mann vom Tillischen Regiment mir zur Seite erschossen; Hierauf ward dieses Regiment gantz erbost, führten ihre 2 Canonen gegen die Brücke an, und

da sie zweymahl daraus gefeuert, (in welcher Zeit auch die nunmehro unsere thätliche Feinde nicht säumeten) sprungen die Grenadirer zu, näherten sich der Brücke, chargirten sie mit Granaten, und nach einem stündlichen harten Scharmützel, wurden die Feinde auf ihren Posten, nachdem sie dabey, der Gefangenen Aussage nach, alle ihre Stabs-Officirer, als Obristen, Obrist-Lieutenant, Majoren, auch die Fahne eingebüsset, vertrieben und ist wenig von diesem Regiment übrig geblieben. Hierauf ließ ich die Brücke wieder repariren, und zog darüber alle meine Infanterie, welchem das Leib-Regiment zu Pferde folgete; Und weil ich einen grossen Train an Proviant und Fourage bey mir hatte, ließ ich das Lilienstrengische Dragoner-Regiment in der Arrier-Guarde, biß alle Bagage die Brücke paßiret. Inzwischen zog sich das Leib-Regiment, auf eine kleine Plaine, so nahe disseits des Dorffs lieget, und paßirte die Infanterie, bestehend aus denen Rußischen beyden und Bugenhagischen Batallionen, in der Trifft längst den Zäunen, ließ auch die Bagage über der neuen Mühle immer weg nach Schwerin defiliren, um davon in meinem Marsch nicht gehindert zu werden.

In währender Zeit, daß das Leib-Regiment die Brücke passirte, schlich das Wendtische Regiment Lüneburger durch unsere Bagage, und attaquirte unvermuthlich auf dem Damm die letzten von Obristen Wellings Compagnie, von welchen sie einen Unter-Officier und 2 Gemeine nahmen, folgten auch gantz sachte über die Brücke. Wie ich aber hievon Nachricht bekam, gieng ich ihnen mit 2 Plutonen (Pelotons) entgegen, auf welche sie Feuer gaben und durchzubrechen gedachten; Sie wurden aber durch eine Salve so beneventiret, daß ein gantzes Theil stürtzete, und der Rest mit der Flucht sich salvirte, wodurch dann auch meine Gefangene salviret wurden. Bey anbrechenden Tage war alle meine Bagage über der Brücke, die ich darauf abbrechen ließ; Kaum war solches geschehen, avertirten meine Patroullen, daß sie wieder Troupen marchiren hören, worauf mich dann en Ordre de Bataille mit meiner Cavallerie und Infanterie auf der Plaine rangirte, und bevor ich noch fertig werden konte, war schon der Feind, so 8 Esquadronen starck, unter Anführung des Generals en Chef von Bülau, General-Lieutenants St. Laurent, und Schulenburg, auch General-Majors Breitenbach im Angriff begriffen, attaquirten mit großer Rigeur unser Leib-Regiment, welches den Lincken Flügel hatte, und wie bekannt kaum 250 Combattanten stark war; welches aber, ohnerachtet der Feind viel stärcker, sie dennoch so hertzhafft entgegen nahm, daß es ziemliche blutige Köpfe dabey gab, repoussirte auch dieselben in dem ersten Angriff so tapfer, daß sie einen zweyten zu wagen nicht Lust behielten, sondern retirirten sich spornstreichs.

Refusiren: ablehnen; chargiren: belegen; Fourage: Verpflegung, Zubehör; Bagage: Gepäck; Arrier-Guarde: Nachhut; Plaine: Ebene; Trifft: Weide, Holzflößung; defilieren: wegbringen; attaquiren: angreifen; Peloton: Zug; beneventiert: getroffen; salvieren: retten; avertiren: melden; rangiren: sich ordnen; Esquadron: Schwadron; en Chef: kommandierend; Rigeur: Heftigkeit; Combattanten: Streiter; repoussiren: zurückwerfen; retiriren: sich zurückziehen; spornstreichs: unverzüglich.

Die Unterirdischen oder Mönken
in dem Rummelsberge bei Peckatel
unweit Schwerin

Plate, das seine Bedeutung wegen seiner Lage an einem der drei Übergänge über die Stör gewann, wurde schon 1191 „aktenkundig", als Papst Cölestin III. bei der Bestätigung des Bistums Schwerin den dortigen Schiffszoll zum Kauf von Kerzen für den Schweriner Dom bestimmte. Das unmittelbar angrenzende Peckatel dagegen legte Zeugnis ab von weit früherer Besiedlung, denn hier fand man in einem Hügelgrab Waffen, Schmuck und einen vierrädrigen Kesselwagen aus der Bronzezeit. Auch die Sage hat sich dieses Hünengrabs bemächtigt, wie wir dem folgenden Text entnehmen können:

Auf dem Felde des ein und eine halbe Meile von Schwerin gelegenen Dorfes Peckatel liegt ein kleiner Hügel – wahrscheinlich ein großes Hünengrab –, von den Leuten der Rummelsberg genannt. In diesem Berge nun sollen Unterirdische oder Mönken wohnen, die sich in früheren Zeiten oft im Dorfe gezeigt und überhaupt durch Mancherlei ihr Dasein bemerkbar gemacht haben.

Häufig haben sie zum Beispiel große Tafel auf dem Rummelsberg gehalten, wozu sie sich dann die ihnen fehlenden Geräthschaften aus den nahen Bergen geliehen hatten.

Eines schönen Tages, als wieder einmal eine lange, gedeckte Tafel der Mönken auf dem Berge stand, kam grade zufällig ein Knabe aus Peckatel nach dort. Neugierig trat er näher und sah sich mit kindlicher Lust die schönen Sachen auf dem Tische an. Sein größtes Wohlgefallen erregten namentlich die hübschen, zierlichen Messerchen; schnell nahm er sich ein solches und eilte damit zum elterlichen Hause. Hier zeigte er es frohlockend dem Vater und erzählte ihm ganz unbefangen, wie er dazu gekommen.

Der Vater, der da aber wußte, daß es nicht gut sei, die Unterirdischen zu foppen oder gar zu bestehlen, und daß die Tafel nicht eher wieder verschwinden würde und könnte, bis das Messer wieder da sei, befahl dem Knaben mit ernster Miene, dasselbe sofort wieder dorthin zu tragen, wo er es fortgenommen.

Der Knabe gehorchte, und alsbald war die Tafel wieder verschwunden.

Solche und ähnliche Geschichten werden noch viele von den Mönken erzählt; wodurch es aber gekommen, daß die Unterirdischen den

Verkehr mit den Menschen gänzlich abgebrochen haben, darüber berichtet die Sage Nachstehendes:

Häufig soll es nämlich früher vorgekommen sein, daß die Mönken ihre Kinder zu den Dorfbewohnern gebracht und sich dafür eins von ihren Kindern mitgenommen haben. Gewöhnlich geschah dies des Nachts, oder doch nur dann, wenn Niemand anders, als grade nur das Kind, in der Stube war.

Eine Frau in Peckatel war nun wieder einmal so unglücklich gewesen, statt ihres kräftigen, lieblichen Kindes am nächsten Morgen ein solches Wechselbalg der Unterirdischen in der Wiege vorzufinden. Aus Furcht vor weiterem Unglücke hatte die arme Mutter sich nun schon einige Jahre geduldig mit diesem ungestalteten Kinde herumgequält, das weder wuchs, noch gedieh.

Eines Tages bat das Kind seine Pflegemutter, sie solle ihm einmal etwas zeigen, was es noch niemals gesehen. Da nahm die Frau ein Ei, zerschlug es und richtete es so an, wie es bei Bauersleuten Sitte ist, und reichte es dann dem Kinde zum Essen hin. Das unterirdische Kind aber wollte die Eierspeise nicht nehmen, stieß sie zurück und sprach:

> „Ick bün so olt,
> Als böhmen Gold;
> Äverst so wat hev ick
> Min lävdag nich seen!"

Hierüber ward die Frau sehr böse und züchtigte das Kind stark. Die Mönken holten sich bald darnach ihr Kind wieder und haben seitdem auch nie ein solches wiedergebracht; wie sie denn überhaupt auch seit dieser Zeit ganz aus allem Verkehr mit den Leuten getreten sind.

Crivitz: Weinbau in Mecklenburg!

Diethard H. Klein

Über die schon bald nach 1250 von den Grafen von Schwerin gegründete, immer wieder verpfändete Stadt Bemerkenswertes zu vermelden, ist nicht ganz einfach. Das hängt mit den beständigen Verwüstungen in den Kriegen des siebzehnten und achtzehnten Jahrhunderts zusammen, vor allem aber mit den mehrfachen Stadtbränden; dem von 1660 fiel fast die gesamte Stadt zum Opfer. Dennoch weiß ein Kunstreiseführer der jüngeren Vergangenheit die Pfarrkirche zu rühmen als „dreischiffige, spätgotische Backstein-Hallenkirche des späten vierzehnten Jahrhunderts mit Resten von Wandmalereien um 1380". Letztere wurden im noch aus dem dreizehnten Jahrhundert stammenden Chor erst bei Restaurierungsarbeiten von etwa 1950 an entdeckt. Unsere ansonsten bewährte „Realenzyclopädie" weist über Crivitz keinen Eintrag auf, doch der Dr. F. H. Ungewitter meldet in seiner „Neuesten Erdbeschreibung und Staatenkunde" von 1848 immerhin: „Crivitz oder Krivitz. Stadt ungefähr zwei Meilen von Schwerin, mit 2300 Einwohnern, die etwas Wein bauen, der trinkbar sein soll." Der Weinbau, den man hier seit dem Ende des achtzehnten Jahrhunderts betrieb (wobei es allerdings heißt, daß nur in den Jahren 1834 und 1835 „die Trauben zu vollständiger Reife gelangten und Wein von einiger Qualität ergaben") ist allerdings wohl bald nach Ungewitters Erwähnung aufgegeben worden. Der Große Brockhaus von 1894 jedenfalls, der sich für die Schreibweise mit K entschied, vermerkt nur noch: „Krivitz, Stadt in Mecklenburg-Schwerin, 19 km im Südosten von Schwerin, am Krivitzer See und an der Nebenlinie Schwerin-Krivitz (24,3 km) der Mecklenburgischen Friedrich-Franz-Eisenbahn, Sitz eines Amtsgerichts (Landgericht Schwerin) und Domanialamtes, hat (1890) 3009 Einwohner, Post zweiter Klasse, Telegraph, eine Bürger- und eine Gewerbeschule und Ackerbau."

Sternberg als Zusammenkunftsort der Landtage

Ernst Boll

In den früheren Jahrhunderten wurden die Landtage zwar nicht regelmäßig zu bestimmten Zeiten, aber doch meistens an einem und demselben Orte, und zwar immer unter freiem Himmel, gehalten, weil die Berathenden sich nicht in die Gewalt der Fürsten begeben wollten, wie dies der Fall gewesen sein würde, wenn sie sich in den befestigten Städten versammelt hätten, sondern Bürgschaft für eine freie Berathung verlangten; daher erschienen sie auch gerüstet zu Rosse und protestirten wiederholt gegen die Berufung in Städte und gegen die Eröffnung der Landtage innerhalb derselben. Daher wurden denn im Lande Stargard (bis etwa gegen das Ende des 15. Jahrhunderts) die Landtage auf dem Kirchhofe des Dorfes Kölpin gehalten, im Lande Meklenburg aber gewöhnlich bei der Brücke, welche bei Sagsdorf unweit Sternberg über die Warnow führt, jedoch auch mitunter an anderen Orten, wie z. B. 1488 auf dem Kirchhofe von Zurow, worauf oben schon hingedeutet ist. Seit dem Jahre 1520 aber wurden die Landtage zum Theil auch schon in Wismar gehalten, wie sie denn überhaupt seit der Mitte des 16. Jahrhunderts immer mehr und mehr in die Städte, oder doch in größere Nähe derselben verlegt, und für die beiden damaligen Linien (Schwerin und Güstrow) gemeinschaftlich abwechselnd zu Wismar oder Sternberg gehalten wurden; jedoch kamen auch neben diesen gemeinschaftlichen Landtagen noch mitunter gesonderte vor. Die Sternberger Landtage wurden entweder in der Stadt selbst (zuerst 1542), oder auf dem Judenberge (zuerst 1556) gehalten. Erst im Jahre 1572 wurde auf eine Klage der Stände die Haltung der Landtage an letzterem Orte bestimmt festgesetzt. In älterer Zeit war nämlich die Dauer der Landtage auf die Zeit eines einzigen Tages eingeschränkt gewesen; sie hatten sich aber nach und nach so in die Länge gezogen, daß die Stände sich endlich während der gemeinschaftlichen Regierung der Herzoge Johann Albrecht und Ulrich auf einem Landtage zu Güstrow darüber beschwerten: „daß während früher die Landtage an der Sagsdorfer Brücke gehalten wären, und nicht länger gedauert hätten als etwa einen halben Tag, bis an den Abend, und jeder sich leichter mit der Nothdurft hätte versehen können und nicht viel aufzuwenden nöthig gehabt hätte, es endlich eingerissen sei, daß sie in den Städten mit Versäumniß des Ihrigen lange

Zeit aufwarten müßten; sie bäten daher, sie künftig entweder altem Gebrauche nach auf die Sagsdorfer Brücke zu erfordern, oder da solches anderswo in den Städten oder fürstlichem Hoflager geschehen sollte, sie mit Futter und Mahl zu versorgen." Auf diese Bitte hin verfügte die Landesherrschaft am 2. Juni 1572: „daß die Landtage, wo nicht Winter- oder Wetterzeit, oder hochwichtige Umstände die Landesfürsten daran verhinderten, im Felde gehalten werden sollten", was am 2. Juli des Näheren dahin bestimmt wurde, daß dies hinfort auf dem Judenberge vor der Stadt Sternberg geschehen solle. Wenn dies nun auch später, als die Dauer der Landtage sich wieder nothwendig verlängerte, unthunlich ward, so wurde doch wenigstens die Eröffnung des Sternberger Landtages als historische Reminiscenz ihrer früheren Haltung im Freien beibehalten. Uebrigens wurden aber auch noch nach dem Erlaß dieser Verfügung die Landtage nicht immer zu Sternberg, sondern mitunter auch zu Güstrow gehalten, bis endlich am 23. Februar 1621 der noch jetzt gebräuchliche Modus festgestellt ward, nach welchem sie abwechselnd zu Sternberg und Malchin stattfinden.

Was die Gegenstände betrifft, welche auf den älteren Landtagen verhandelt und vorgenommen wurden, so waren dieselben sehr mannigfaltiger Art. Es fanden daselbst Musterungen der Vasallen statt, es wurden Streitigkeiten geschlichtet (weßhalb sie auch Rechtstage genannt wurden) und über die Annahme, Abänderung oder Verwerfung landesherrlicher Vorschläge berathen und beschlossen; diese letzteren Verhandlungen konnten natürlich nur sehr summarisch sein, da ja in dem Zeitraume eines einzigen Tages alles abgemacht sein mußte.

Reminiscenz: Erinnerung; Modus: Art und Weise; Vasallen: Abgabe-, Beitragspflichtige

Judenverfolgung zu Sternberg 1492

Friedrich Lisch

In Sternberg wohnte ein Jude Eleasar, welcher weit verzweigte Verbindungen im Lande hatte und diese zur Sättigung seines Christenhasses benutzte. Er versuchte seine Künste zuerst in Penzlin. Hier lebte ein Franziskanermönch als Kapellan in weltlichen Kleidern. Diesen hatte ein Jude Michael zu Penzlin schon ein Jahr lang zum Uebertritt zum Judenthume bearbeitet. Dies war jedoch vergeblich gewesen, bis Eleasar selbst im Anfange des Monats Februar 1492 nach Penzlin kam und im Vereine mit Michael und einem Juden Jacob aus Rußland den Mönch bewog, daß er Jude ward. Eleasar reiste wieder nach Hause, Michael und Jacob aber zogen mit dem Mönch nach Friedland, wo ihm die Juden eine Mark aus ihrer Opferbüchse zur Zehrung schenkten. Hier bestürmten nun sämmtliche Juden den abtrünnigen Mönch, daß er ihnen eine geweihete Hostie verschaffe, und gaben alle ihre Bereitwilligkeit zu erkennen, den Kauf des Sacraments durch Geld zu unterstützen. Auch die Juden zu Röbel gaben ihre Zustimmung zur Bestechung des Ueberläufers und der Jude Smarghe zu Parchim gab Rath und That und einen Goldgulden. Der Mönch weihete also eine Hostie und brachte sie selbst nach Sternberg, wohin Jacob gereiset war, und nachdem Eleasar und Michael von einer Reise zu dem Herzoge Magnus nach Schwerin zurückgekehrt waren, nahmen diese drei Juden die Hostie in Empfang. Eine zweite große Hostie kauften die Juden von einer Christenfrau zu Teterow für 10 Schillinge und beschnitten sie zu der Form einer kleinen Hostie. Noch eine andere große Hostie erlangten die Juden zu Penzlin, nachdem der Mönch abgereiset war, und behielten sie bei sich.

Hiermit war aber Eleasar noch nicht zufrieden, sondern suchte noch mehr Leute zum Abfall zu bringen und seinen Muthwillen zu treiben; er bereitete für die nahe bevorstehende Hochzeit seiner Tochter, zu welcher er eine große Zahl gleichgesinnter Genossen erwartete, ein großes Rachefest vor. Es wohnte in Sternberg ein Priester Peter Däne, Vicar an dem Altare Aller Heiligen. Dieser hatte bei Eleasar einen Grapen für 4 Schillinge versetzt. Der Grapen gehörte aber seiner ehemaligen Köchin, welche er nach den kurz vorher von dem Bischofe Conrad Loste zu Schwerin veröffentlichten Synodal-Schlüssen hatte entlassen müssen; das trunksüchtige Weib lag nun dem Priester täglich vor der Thür und forderte ihren Grapen wieder. Peter Däne bat nun den Eleasar um den Grapen; da aber der Priester kein

Geld hatte, das Darlehn und die aufgeschwollenen wucherischen Zinsen zu bezahlen, so ließ ihm der Jude das Pfand für das Versprechen, ihm das Sacrament geben zu wollen. Der Jude wollte ohne Zweifel ganz sicher gehen und wirklich geweihete Hostien haben. Diese Betheiligung des Peter Däne kommt übrigens erst in dem letzten Bekenntnisse der Juden vor, und es kann damit vielleicht auch noch anders zusammengehangen haben, denn bei den Juden selbst lebte noch im vorigen Jahrhundert die Sage, der Priester habe nicht einen Grapen, sondern seinen Altar-Kelch bei dem Eleasar versetzt gehabt.

Peter Däne ließ sich bereitwillig finden. Am Sieben-Brüder-Tage, dem 10. Julius 1492, weihete der Priester auf dem Altare Aller Heiligen zwei Hostien, wickelte sie in ein Stück Seide, welches er von der Decke des Altars der Heiligen Drei Könige abgeschnitten hatte, und brachte sie am andern Tage dem Eleasar; Eleasars Frau versteckte sie in eine Tonne mit Federn, welche zur Aussteuer ihrer Tochter bestimmt waren.

Am 20. Julius feierte Eleasar die Hochzeit seiner Tochter mit dem Juden Simon und hatte dazu seine Mitschuldigen und außerdem eine große Menge Juden, alle gleicher Gesinnung, aus vielen Städten des Landes geladen. Am Morgen des Hochzeitstages um 8 Uhr holte Eleasars Weib die Hostien hervor, übergab sie ihrem Manne, welcher damit in eine Laube hinter dem Hause ging, wo er dieselben auf einen eichenen Tisch legte. Fünf Juden: Eleasar, sein Schwiegersohn Simon, Michael Aarons Sohn von Neu-Brandenburg, Schünemann aus Friedland und Salomon aus Teterow, nahmen nun Nadeln und durchstachen mit fünf Stichen eine Hostie, aus welcher sogleich Blut floß. Dies bezeugten späterhin Eleasars Weib und ihr Schwiegersohn Simon. Am Abend des Hochzeitstages stachen die Juden in der Stube mit Messern nach beiden Hostien. Eleasars Weib nannte noch fünf Juden als Mitschuldige, nämlich Sitan Kaszeriges aus Franken, David von Parchim, Meister (?) Leispe, Israel und Hamburg.

Bei nüchternem Sinne überfiel aber die Juden doch eine große Furcht, obgleich sie sich durch einen Eid zur Geheimhaltung des Vorgefallenen verbunden hatten. Eleasar hieß seinem Weibe, die Hostien zu vernichten; aber es wollte ihr weder mit Feuer noch mit Wasser gelingen; als sie dieselben bei dem Mühlenthor in den Mühlbach werfen wollte, sank sie mit den Füßen in einen großen Stein, welcher derselbe sein soll, der an der südlichsten Hauptpforte der Kirche eingemauert ist. Jetzt wollte Eleasar mit dem „Gott der Christen" nichts weiter zu schaffen haben; er mochte auch schon Verrath fürchten; daher gab er seinem Weibe die Hostien mit dem Auftrage, sie dem Priester wieder zuzustellen.

Eleasar aber machte sich aus Furcht vor der Strafe, die ihn ereilen könnte, aus dem Staube; er trat eine weite Reise an, nahm die beiden penzlinschen Hostien mit sich und wird nicht weiter in der Geschichte genannt. Sein Weib steckte nun die Hostien in einen hölzernen „Leuchterkopf" und brachte sie am 24. August zu Peter Däne mit den Worten: „Hier habt Ihr Euren Gott wieder und verwahret ihn." Peter Däne gedachte sie wieder in die Kirche zu bringen oder sie auf dem Kirchhofe zu begraben; da er aber diesen seinen Vorsatz nicht ausführen konnte, so vergrub er sie auf dem Fürstenhofe an der Stadtmauer. In der Nacht soll ihm nun ein Geist erschienen sein, welcher ihm fortan keine Ruhe gelassen, und ihn vermocht habe, die Vergrabung des Sacraments, die ihm angeblich durch ein Wunderzeichen offenbart sei, seinen Mitpriestern anzuvertrauen. Er reise daher nach Schwerin und zeigte den Vorfall dem Domprobst an, in der Hoffnung, Ruhe und Versöhnung zu finden. Das Dom-Capitel trug den Herzogen Magnus und Balthasar die Sache vor; nach eingeholten Bedenken der Bischöfe von Schwerin, Ratzeburg und Camin begaben sich denn am 29. August die Herzoge in Begleitung vieler Prälaten, Geistlicher, Räthe und Lehnmänner nach Sternberg. Peter Däne mußte die Hostien ausgraben, welche darauf in großer Procession in die Kirche gebracht wurden.

Die Herzoge stellten nun ein Verhör an, bei welchem das erste Protokoll niedergeschrieben ist. Aus demselben geht nun hervor, daß bei diesem Verhör Peter Däne's Schuld und überhaupt der ganze Verlauf der Sache völlig verschwiegen ward. Es wurden nur die Hostien von Penzlin und Teterow erwähnt; Peter Däne wird nur ein „Priester" genannt, „welcher vielleicht von göttlicher Furcht bewogen, das Sacrament an sich genommen" und von einem Geiste ein „Wahrzeichen" zur Ehrung des Sacramentes erhalten habe. Genannt werden nur der Jude aus Rußland und der verlaufene Mönch aus Penzlin; Eleasar war verschwunden, die Hochzeitsgäste waren wieder zerstreut, und so hoffte man wahrscheinlich, die Sache unterdrücken zu können, da Eleasar's Weib, welches alles wußte und alles mit angesehen hatte, nichts verrieth und auch die Theilnahme des Priesters verschwieg.

Die Herzoge begnügten sich aber hiermit nicht, sondern ließen sämmtliche Juden im Lande gefänglich einziehen, nach Sternberg führen und hier am 22. October peinlich verhören; es waren 65 Mitschuldige: 5 hatten die Hostien durchstochen und 60 hatten das Verbrechen mit Rath und That gefördert. In dem letzten peinlichen Verhöre gestanden Peter Däne und Eleasar's Frau alles, was in Sternberg

Du solt nit falsche zeügknüß geben
Als lieb dir sey das ewig leben.

geschehen war, und die übrigen Juden alle Vorgänge vor der Miß-
handlung der Hostien.

Nach diesem Geständniß der Uebelthaten, welche von so viel Ge-
meinheit begleitet waren, mußten die Herzoge nach den damaligen
Rechtsansichten der Gerechtigkeit freien Lauf lassen. Es ward sogleich das Urtheil gesprochen und am 24. October 1492 nach den Sat-
zungen des Rechts vollzogen. Es waren 25 Männer und 2 Frauen, die
Mütter der Braut und des Bräutigams, welche am 24. October 1492 vor
der Stadt Sternberg auf einem Berge vor dem Lukower Thore, welcher
seitdem der Judenberg genannt wird, in Gegenwart der Landesherren
die Strafe der Ketzer, den Feuertod erlitten. Freilich mochte der edle
Herzog Magnus über eine solche Greuelscene tief gerührt sein; aber er
konnte wohl nicht der ganzen Ansicht seiner Zeit entgegenhandeln.
Auch stimmte ihn das Benehmen der Juden grade nicht zur Milde.
Kalt, vergrätzt und reuelos gingen sie zum Tode. Da redete der Herzog Magnus noch einen Juden Aaron, dem er mehr Gefühl als den
übrigen zutrauete, mit den Worten an: „Warum folgst Du nicht unserm heiligen Glauben, um durch die Taufe mit uns gleicher himmli-
scher Seligkeit zu genießen?" Aber Aaron antwortete sophistisch

schneidend: „Edler Fürst, ich glaube an den Gott, der Alles kann und Alles geschaffen hat, an ihn, dessen Verehrung unsers Volkes Vater Abraham und sein Sohn Isaak und unsere andern Vorfahren, welche nie von unserem Glauben abgefallen sind, geboten haben. Er, so glaube ich, ließ mich Mensch werden und Jude. Hätte er mich zum Christen haben wollen, so hätte er mich nicht meinem heiligen Bekenntnisse zugewandt. Wenn es sein Wille gewesen wäre, hätte ich ein Fürst sein können, wie Du!" Da schwieg er und knirschte mit den Zähnen. Alle aber gingen mit festem Muthe, ohne Widerstreben und Thränen zum Tode und hauchten mit alten, heiligen Gesängen ihr Leben aus.

Es sollte aber nicht allein die Schaar der Schuldigen, sondern das ganze Judenvolk in Meklenburg die Schuld büßen: man wollte ähnliche Auftritte für immer abwenden. Alle andern Juden, welche an diesem Verbrechen unschuldig befunden waren, wurden mit ihrer Habe, mit Weib und Kind aus Meklenburg verbannt. Der Braut, welche unschuldig befunden war, schenkten die Herzoge das Leben. Eleasar war verschwunden.

Der Priester Peter Däne ward nach Rostock gebracht, wo der bischöflich-schwerinsche Official wohnte, und hier durch ein geistliches Gericht ebenfalls zum Feuertode verurtheilt. In Gegenwart der Landesherren, vieler vornehmer Männer und Priester ward er am 13. März 1493 seines Priesteramtes entsetzt, geschoren und in kurzen, weltlichen Kleidern dem Büttel übergeben, welcher ihn vom Markte auf einem Karren durch die Stadt führte, an den Straßenecken mit glühenden Zangen zwickte und ihn vor die Stadt zum Richtplatz brachte. Alle diese Marter und den Tod litt er ergeben und reumüthig.

Mit der Verbannung aller andern, an dem Hostienfrevel unschuldig befundenen Juden verschwanden auf fast 200 Jahre alle Juden aus Meklenburg: theils wurden die Juden in Meklenburg nicht geduldet, theils war Meklenburg von den Rabbinern in den Bann gethan. Erst in der zweiten Hälfte des 17. Jahrhunderts, unter dem Herzoge Christian Louis, siedelten sich die ersten Juden wieder in Meklenburg an, und zwar in Schwerin. In der Stadt Sternberg aber, welche besonders mit dem Banne belegt war, wohnten noch hundert Jahre später im Jahre 1769 keine Juden, obgleich sie sich damals schon fast in allen Städten Meklenburgs wieder eingenistet hatten.

Grapen: gusseisernes Gefäß; Synodal-Schlüsse: in der Synode von Schwerin (1492) wurde die Scheinehe verboten; peinliches Verhör: Folter; sophistisch: mit gelehrter Überheblichkeit; Official: Gerichtsbeamter; Büttel: Gerichtsdiener, Henkersknecht.
Die völlig unsinnigen Geständnisse der Juden waren durch unmenschliche Folterungen erpresst worden.

Sternbergs Schicksale
im Dreißigjährigen Krieg

Ernst Boll

Namenloses Elend traf in jenem Kriege die Stadt Sternberg. Als im Jahre 1637 der Verwüstungskrieg zwischen den Kaiserlichen und Schweden in Meklenburg begann, nahm der General Gallas 10 Wochen lang sein Hauptquartier in Sternberg, um von dort aus die Belagerungs-Operationen gegen Wismar zu leiten. Außerdem nun, daß die Stadt durch die lange Einquartierung und Verpflegung der Kaiserlichen heruntergebracht wurde, ließen diese ihr auch bei ihrem Abzuge noch die Pest als Geschenk zurück. In der nächstfolgenden Zeit wurde die Stadt bald von den Schweden aus Wismar, bald von kaiserlichen Streifkorps ausgeplündert, und etwa um die Mitte des Jahres 1638 sogar der ganze Rath und der größte Theil der Bürgerschaft aus Sternberg vertrieben. Die Stadt blieb nun beinahe drei Vierteljahre ohne Obrigkeit, welche erst im März 1639 auf herzoglichen Befehl wieder dorthin zurückkehrte, war aber doch nicht gänzlich ihrer Einwohnerschaft beraubt, wie in mehreren geschichtlichen Darstellungen dieser trüben Zeit behauptet worden ist. Ein geringer Rest der Bevölkerung verblieb dort, und dieser richtete am 1./2. Februar 1639 an den Herzog Adolf Friedrich folgendes Bittschreiben, aus welchem man wenigstens einigermaßen das grenzenlose Elend der Stadt beurtheilen kann: „Euer Fürstliche Gnaden werden leider mehr, denn Ihnen lieb ist, erfahren haben, wie oft und vielfältig diese Stadt bald von kaiserlichen, bald von schwedischen Partieen ausgeplündert, und endlich der Rath und die meiste Bürgerschaft daraus vertrieben ist, und nicht allein ihr ganzer Vorrath, sondern auch die meisten Häuser zerstört und zu nichte gemacht sind. Wiewohl nun aus hochdringender Noth und bitterer Armuth unser etliche zu denen, welche in der Stadt geblieben, sich zurück verfügt haben, mit dem Vorsatz, unsere ruinirten Häuser nach Möglichkeit etwas wieder herzustellen, so haben wir doch an Schutz- und Lebensmitteln großen Mangel; denn das wenige Brod, welches wir zu unserem und unserer Angehörigen kümmerlichen Unterhalt aus den benachbarten Städten auf dem Rücken hierher tragen, das wird uns vor dem Munde weggerissen. Deßhalb gelangt an Euer Fürstliche Gnaden unsere unterthänige und dringende Bitte, zu geruhen, sich unserer gnädig anzunehmen und bei dem Herrn Commandanten in Wismar Fürsprache zu thun, daß er

Schau, wie der Solda-
ten-Wuth
Hier der frische Bauren
Muth
Wider Gleich-Vergel-
tung thut.

seine Soldaten von weiteren eigenwilligen Erpressungen abmahne, damit nicht diese alte und vormals wohl bewohnt gewesene Stadt gänzlich zur Wüstenei gemacht und gänzlich zerstört werden möge." Unterschrieben ist dieser jammervolle Brief: „Euer Fürstliche Gnaden unterthänige und gehorsame, in ganz geringer Zahl anwesende blutarme Bürgerschaft." – Der Herzog schickte hierauf der unglücklichen Stadt eine Schutzwache von einem Sergeanten und 6 Musketieren; aber schon am 1./2. Mai mußten die Einwohner darum bitten, viere von diesen Soldaten der Stadt wieder abzunehmen, da sie nicht im Stande sei, den Unterhalt derselben zu bestreiten! Wie es noch nach Jahresfrist dort bestellt war, erhellt aus einem Briefe vom 30. Juli/ 9. August 1640, den Bürgermeister und Rath an den Herzog schrieben. Derselbe lautet: „Euer Fürstliche Gnaden können wir arme, wohl geplagte, so vielmal ausgeplünderte und auf den äußersten Grad ausgemattete Leute in Unterthänigkeit nicht verhalten, was maßen die wenigen allhier noch lebenden und vorhandenen Leute, so sich nach der allhier logirten schwedischen Regimenter Aufbruch vor einem Jahre wieder anhero in dies sehr verwüstete Städtlein begeben, seither des Herrn Commandanten zu Wismar Völkern, als vorerst dem Major Lucas Schröder, so in Bützow logirt, hernach der Leibcomgagnie zu Roß, und letztlich der auf Plau logirenden Compagnie monatlich ein gewisses, als vorerst 30 Thaler, hernach 20 Thaler und zuletzt 15 Thaler entrichtet, ungeachtet wir selbst keine Lebensmittel, ja das liebe trockene Brod nicht haben, und uns des Hungers nicht können erwehren, sintemal leider alle Nahrung allhier gar darnieder liegt und kein Heller zu verdienen ist, zudem im vergangenen Jahre allhier nichts gesäet oder geerndtet worden, daher die Einwohner sich immer mehr verringern und wegen großer Armuth in andere Länder begeben, theils aber zu Lübeck und Rostock sich in allerhand Arbeit gebrauchen lassen, ein Stück Brod zu erwerben, und also sehr wenig in diesem Städtlein mehr vorhanden, wie sich denn auch wegen hiesigen elenden Zustandes keiner von anderen Oertern hierher zu wohnen begiebt, – gelangt an Euer Fürstliche Gnaden unsere unterthänige und um Gottes willen hoch fleißige Bitte, dieselben geruthen gnädig uns mit der Contribution hinfüro zu verschonen."

Partieen: kleine Truppenverbände; sintemal: zumal; Contribution: Aufgabe, Steuer.

Aus dem „Norddeutschen Leuchtturm" vom 31. März 1983

Der Kreis Sternberg, nicht gerade reich an historischen Sehenswürdigkeiten, hat sich zu einem Touristenzentrum entwickelt und ist stolz, mit der slawischen Burg Groß Raden eine Attraktion bieten zu können, wie sie auch international einmalig ist. Deshalb sollen in den kommenden Jahren Bauten aus jener Zeit wiedererstehen und in einem Freilichtmuseum als Außenstelle des Museums für Ur- und Frühgeschichte Schwerin anschaulich Zeugnis vom Leben damals geben. „Trotz überaus erfolgreicher Geländeforschung in den vergangenen dreißig Jahren im einstigen Siedlungsgebiet nordwestslawischer Stämme konnten die Archäologen bisher keinen Platz vorweisen, der in den Ergebnissen eine solche Vielfalt rekonstruierbarer Befunde liefert wie Groß Raden", sagt der Ausgräber, Professor Ewald Schuldt, langjähriger Direktor des Museums für Ur- und Frühgeschichte Schwerin, für den sich damit ein Stück Lebenswerk vollendet.

Historische Stätten im Sternberger Land

Diethard H. Klein

Brüel, das zu Beginn des neunzehnten Jahrhunderts um die tausend Einwohner zählte, hatte sein Stadtrecht nach Parchimer Vorbild 1340 durch Reimar von Plessen erhalten, und im Besitz der von Plessen auf ihrer nahen Burg verblieb das Städtchen bis 1611; Eigentum von Adelsfamilien war es noch bis zum Kauf durch Erbprinz Friedrich 1753. Dabel (von den zwei dortigen Großsteingräbern ist eines inzwischen verschwunden, die Untersuchung des verbliebenen im Jahre 1966 erbrachte keine genaueren Erkenntnisse) gehörte dem Kloster Dobbertin und ging 1542 als Ablösung für dessen Verpflichtungen an die herzogliche Kammer über. In Sülten wurde, worauf schon der Name hinweist, Salz gesotten, und die dortige „Salzpfanne" schenkte Fürst Heinrich Borwin I. bei dessen Stiftung 1222 dem Antoniter-Hospital zu Tempzin; gegen Ende des sechzehnten Jahrhunderts galt die Saline, inzwischen im Besitz der Familie von Barner, schon als nicht mehr rentabel, und obwohl Herzog Friedrich Wilhelm sie 1710

wiederherstellen ließ, wird sie wohl gegen 1740 ihren Betrieb eingestellt haben. Das Antoniter-Präzeptorat zu Tempzin, von dem noch
die Kirche und zwei Wirtschaftsgebäude des Klosters stehen und das
zunächst eine ganze Reihe von Filialen in den südlichen Ostseelän-
dern und bis nach Livland hatte, erlebte häufige Wechsel zwischen
Niedergang und neuer Blüte; nach der Reformation wurden die Einkünfte zunächst für die Rostocker Universität verwendet, später bestimmte man das ehemalige Kloster zum Witwensitz für die Schweriner Herzoginnen. Warin wiederum war ursprünglich eine Nebenresidenz der Schweriner Bischöfe in deren Stiftsland; nach der Säkularisation nimmt das „amtssässige Städtchen" zwar an den Schweriner
Landtagen teil, wird aber erst 1851 offiziell Mitglied des landständischen Verbandes. Von 1705 an betreiben hier Tuchmacher ihr Gewerbe, im neunzehnten Jahrhundert entstehen holzverarbeitende Betriebe, und von 1890 bis 1919 ist eine Lederfabrik tätig; der Anschluß an
das Bahnnetz erfolgte 1887.

Säkularisation: Auflösung von Kirchengütern.

Der Plessenkirchhof
zwischen Sternberg und Brüel

L. Kreutzer zu Parchim

Sternberg und Brüel gehörten vor Zeiten zwei Brüdern, den Herren von Plessen. Beide hatte unser Herrgott gleich reichlich mit irdischen Gütern bedacht. Auch an Kindern waren sie gleich gesegnet; denn jeder hatte zwei Söhne, die schossen auf, wie junge Eichen. Nur waren die des Sternbergers jeder gegen zehn Jahre älter als die des Brülers. Es waren glückliche Leute, die Herren von Plessen, und die Freunde und Nachbaren wollten behaupten, am Tage der General-Austheilung müsse unser Herrgott den Herren von Plessen stets einen gehäuften Scheffel an Glück zugemessen haben, wenn andere einen gestrichenen empfangen hätten. Nun, irren ist menschlich und daß sie sich irrten, erführen sie bald.

Es kam nämlich eines Tages unser Herrgott mit einer bittern Heimsuchung über den Brüler, so daß dieser meinte, mit seinem Glücke sei es aus und alle, und zwar auf immer. Sein Weib, die Mutter seiner beiden Söhne, fiel in eine schwere Krankheit; und ob er auch die Doctoren von weit und breit verschrieb, und ob er die Kranke auch noch so ängstlich hegte und pflegte, und ob er auch weinte und betete früh und spät – er mußte ihr die Augen zudrücken, und dann dauerte es noch einen Tag oder drei, da folgte er ihrem Sarge, und war kein Mensch, der ihn trösten konnte. Da sagten die Leute: „Er machts nimmer lange, der gute Herr. Er sieht so gar bleich aus, und die selige Frau holt ihn nach, denn sie hat ihn so lieb gehabt." Und die Dienerschaft sagte: „Der arme Herr muß vergehen mit der Leiche, denn seine Thränen haben ihr Antlitz genetzt."

Und so kam es. Der Herr wurde bleicher und bleicher, und als im Sommer darauf das Gras geschnitten wurde, und der Roggen reifte, da sprach er: „Ich fühl's, mein Leib ist ein überreifer Aehrenhalm, ein welkendes Gras, und unser Herrgott wird mich schneiden und in die ewigen Scheuren sammeln." Er ließ den Bruder rufen, der mußte ihm heilig versprechen, daß er sich seiner Waisen väterlich annehmen wolle, dann verschied er. Und die Leute sagten: „Gott hab ihn selig, den braven Herrn!"

Als der Sternberger den Bruder zu Grabe geleitet und ihm das letzte Vaterunser nachgebetet hatte, nahm er die beiden Waisen bei der Hand und führte sie nach Sternberg auf sein Schloß. Dort wollte er sie

mit den eignen Söhnen erziehen, so hatte er's dem Todten versprochen. Aber so ist's: „Versprechen und nicht halten steht bei Jungen und Alten," und die Rostocker Jungen sagen: „Sie halten's nicht." Und wer sein Versprechen vergaß, war Herr von Plessen.

Er war nämlich einer von denen, die am ersten Januar wenig beten, aber viel rechnen und am 31. December nur rechnen und gar nicht beten. Darum betete er nimmer für seine Neffen, obgleich er doch dazu schuldig und verbunden war. Wol aber rief ihr Anblick allerlei Rechenexempel in ihm hervor, die weit über die Brüche hinausgingen. Davon lautete das eine etwa so: „Vier Erben sollen sich in zwei Städte theilen, macht auf jeden eine Stadt, und zwei erhalten nichts. Die zwei sind meine Neffen." Das Facit war heraus, aber er war sich nicht klar über die Auflösung, das heißt, wie er das Erbe der Waisen mit einem Schein des Rechten an sich bringen und doch bei keiner Seele einen Verdacht erregen wolle. Und er rechnete weiter. Aber dann wurde es ihm blutig vor den Augen, und in der Nacht darauf träumte ihm von Mord und Todtschlag und von seinem seligen Bruder. Mit der Zeit jedoch verlor sich das, und die allerkühnsten Auflösungen machten ihm keine Molesten mehr, und da dauerte es gar nicht lange, da hatte er Alles herausdividirt, was und wie er's wollte.

Nicht weit von Sternberg war ein dichter, wilder Forst. Herr von Plessen ließ in demselben eine Umzäunung herstellen, etwa wie sie unsere Imker um die Bienengärten haben, nur höher und stärker. Dahinein aber wurden keine Bienen gethan, sondern nichts mehr und nichts weniger als ein paar grimmige Bären.

Seit einigen Tagen war der Onkel gegen seine Neffen die lautere Freundlichkeit selbst gewesen, und eines schönen Morgens lud er sie

126

gar mit seinen beiden Söhnen zu einem gemeinschaftlichen Spaziergange ein. Er und die Söhne bestiegen die wildesten schnellsten Pferde, und die Kleinen, noch zu jung zum Reiten, sprangen munter nebenher. Sie näherten sich der Umzäunung – und die gefangenen Bären waren wüthend vor Hunger. Da legten die Söhne des Sternbergers die Hände an die Umzäunung, ein Ruck, und ein Theil derselben stürzte zusammen. Grimmig stürzten die Unthiere aus ihrem Gefängnisse und warfen sich wüthend auf die Kleinen, während die Mörder auf ihren wilden Rossen davonjagten. Das war die Auflösung des Rechenexempels, das dem Sternberger lange den Kopf zerbrochen und das Gewissen gepeinigt hatte. Und dennoch war sie falsch, die Auflösung.

Noch hatte das Pferd des Alten keine zehn Sprünge zurückgelegt, da bäumte und wandte es sich, und es wollte diesen bedünken, als würde es von unsichtbarer Hand gewaltsam herumgerissen. Dabei fiel sein Blick auf die Kleinen. Diese lagen und hielten sich fest umschlungen, und vor ihnen stand ein steinalter Greis, der hielt mit der Rechten den Bären seinen weiten Mantel entgegen, und diese wütheten und tobten wider denselben und konnten ihn so wenig durchbrechen, wie die Fliege eine Felswand. Und die Linke hielt er drohend gegen den gottvergessenen Oheim ausgestreckt, und er rief ihm Worte zu, die klangen ihm wie Donnergrollen und Sturmesbrausen in die Ohren, die klangen wie die schrecklichsten Flüche. Alles, was der Sternberger verstehen konnte, war, daß seine Söhne in einer Stunde und auf derselben Stelle um's Leben kommen würden, wo er die unschuldigen Neffen habe morden wollen. Dann wandte das scheuende Thier sich wieder herum und stürmte in wilder Flucht den beiden andern Reitern nach.

So kam er auf sein Schloß. Alle Knechte wurden aufs schleunigste bewaffnet, um die Knaben zu retten. Der Ritter selbst an der Spitze eilte dem Haufen voran. Aber die Knaben waren verschwunden, und es war nicht die geringste Spur von ihnen aufzufinden.

Herr von Plessen war untröstlich, der verlornen Kinder wegen, wie die Leute glaubten. Aber die Donnerworte des Greises waren's und der Mord, was ihn beunruhigte und ihm wie glühendes Eisen auf Herz und Gewissen lastete. Bei Tage trieb's ihn vom Schloß ins Feld und vom Felde ins Schloß, und in der Nacht durfte der Nachtwächter sich nimmer ein Schläfchen erlauben, er wäre vom gnädigen Herrn ertappt worden.

Das ging ein Jahr um das andere so fort. Aber „Alles hat seine Zeit", sagt der weise Salomo. Jedes Jahr goß einige kühlende Tropfen auf das Gewissensfeuer des Sternbergers, bis es endlich erloschen und ihm wieder wohl war. Auch die Söhne thaten ihr Möglichstes, den Vater zu beruhigen. Alles was er damals im Walde gesehen und gehört haben wolle, sei pure Einbildung, sagten sie ihm, und er glaubte es gern, weil er's so wünschte.

Es kam nach und nach die Zeit heran, da er jedem der Söhne einen Theil des väterlichen Gutes zuzutheilen gedachte. Er machte sich mit ihnen auf den Weg nach Brüel, denn das brannte ihm auf dem Herzen, und er wäre es gerne los gewesen, je eher, desto lieber. Gleich hinter Sternberg erhob sich ein Streit zwischen den Brüdern, der wurde ärger und ärger – und sie näherten sich der alten Umzäunung mit jedem Schritte. Plötzlich flogen die Klingen aus den Scheiden, und ehe der Alte dazwischen treten konnte, sanken beide durchbohrt von den Pferden. Da durchzuckte den Alten ein Schmerz, daß das eingeschläferte Gewissen mit einem hellen Aufschrei emporfuhr. Aber von nun an entschlummerte es nicht wieder, sondern blieb wach, und das war des Ritters Glück.

Die Söhne wurden dort begraben, wo sie gefallen waren, nämlich etwa zehn Pferdelängen von den Trümmern jener heillosen Umzäunung. Drei junge Eichen, von des Vaters eigner Hand gepflanzt, bezeichneten die Gräber. Dorthin wanderte der kinderlose Vater tagtäglich, und war kein Unwetter, das ihn zurückhielt. Was er dort gethan? Wer weiß es! Aber wie er so ein Jahr um das andere zu den drei Eichen pilgerte, konnte man's merken, wie das harte Herz des stolzen Mannes weicher und milder wurde. Der Schmerz des Gewissens legte sich; aber nicht, weil es von neuem eingeschläfert wurde, sondern weil seine Wunden heilten. Denn der alte Herr hatte das rechte Heilpflaster gefunden – Reue und Glauben.

Eines Tages stand er wieder am Grabe seiner Söhne. Es war am Jahrestage ihres Todes, und sein Herz war bewegter denn je. Er gedachte der Söhne, aber mehr noch der gemordeten Neffen. Da trat ein Greis hervor mit zwei kräftigen, blühenden Jünglingen zur Seite. „Kennst Du diese?", fragte freundlich der Greis. „Es sind Deine Neffen. Nimm sie zurück; Du hast gebüßt, und Gott ist barmherzig." Der Greis verschwand.

Und wie der alte Herr die Jünglinge anschaute, da wurde es ihm licht vor den Augen, und er erkannte die todtgeglaubten Neffen. Diese aber wunderten sich über den altgewordenen Oheim, denn sie glaubten aus einem langen schönen Traume zu erwachen, den sie noch gern, wer weiß wie lange, geträumt hätten. Aber da sie ihre eignen Gestalten betrachteten, und der Oheim ihnen so gar Vieles erzählte, was sich in der Zeit ihres vermeintlichen Schlafes ereignet hatte, und sie Alles verändert fanden – da überzeugten sie sich, daß es pure Wirklichkeit gewesen war, was sie für einen Traum gehalten hatten.

Der Onkel nahm mit tausend Freuden die Neffen zu sich und hielt sie wie seine Kinder, und ehe er sein Haupt niederlegte, gab er dem einen Sternberg und dem andern Brüel.

Der Wald ist verschwunden, nicht aber der Plessenkirchhof, wie die Leute die Ruhestätte der beiden gefallenen von Plessen nennen, und der noch heute durch die drei Eichen bezeichnet wird, die einst die beiden Gräber schmückten.

Der Brüeler Plessen wurde später auf einer Wallfahrt nach Jerusalem von den Sarazenen gefangen. Die Seinen hielten ihn längst für verloren, da brachte ein Pilger, ein Brüeler, Nachricht, daß er noch lebe und dort und dort in Gefangenschaft schmachte. Er wurde von den Verwandten um ein hohes Lösegeld freigekauft und sah glücklich sein Vaterland wieder. Aus Dankbarkeit gegen Gott erbauete er sieben Kirchen, die zu Brüel, Tempzin, Bibow, Jessenitz, Sülten, Jesendorf und Hohen-Viecheln.

Facit: Ergebnis; Molesten: Beschwerden.

Die Mühle Gnevs, des Zornigen

Jürgen Borchert

Grevesmühlen hieß, wie alte Urkunden mitteilen, Gnevesmolen. Das war altslawisch: Gnev, der Zornige, hatte hier seine Mühle. Oder lieber die niederdeutsche Deutung? Dann, wie im 14. Jahrhundert bezeugt, Grevesmole, des Grafen Mühle. Auch gut. Der Poischower Mühlenbach, der wasserreich die Stadt umfließt und beim eingemeindeten Wotenitz in die Stepenitz mündet, trieb schon seit alten Zeiten die Poischower Mühle am Stadtrand an. Eine Mühle ist also da – übrigens am nördlichen Stadtrand auch noch eine Windmühle –, und ein Graf kommt eigentlich in der Stadtgeschichte gar nicht vor. Da wollen wir es bei Gnev, dem Zornigen, lassen.

Dabei ist Grevesmühlen keineswegs „im Zorn erschaffen", wie es früher die Soldaten von ihren jeweiligen Garnisonstädten behauptet haben. Es liegt in einer sanften Mulde, hat gleich drei Seen, den Vielbecker, den Ploggensee und den Santower See, nahe bei sich und dazu im Süden der Stadt einen schönen und ausgedehnten Wald. Leicht erreichbar ist es auch, hat Eisenbahnverbindung nach Schwerin und Lübeck und damit in die Welt. So sind alle Voraussetzungen gegeben, daß Grevesmühlen die Würden einer Kreishauptstadt für den Landkreis Nordwestmecklenburg leicht tragen kann. Auch das nahe Schönberg gehört nun zum Kreis und muß sich seine Befehle nicht mehr aus Neustrelitz holen.

Grevesmühlen ist eine Stadt der praktischen Lebenskunst. Gleich zwei Kaufleute hat es hervorgebracht, deren Namen in ganz Mecklenburg und Schleswig-Holstein und, den zweiten betreffend, in ganz Deutschland in aller Munde sind: Gustav Ramelow und Rudolf Karstadt. Der letztere verließ Grevesmühlen und die väterliche Färberei 1881 und gründete in Wismar sein erstes Kaufhaus. Dann drang er nach Lübeck vor, eroberte Neumünster und Eutin, schließlich Hamburg und von da aus das Deutsche Reich. Sein Prinzip: beste Qualität zu billigen Preisen gegen bar zu verkaufen. Nichts mehr mit dem altmecklenburgischen Schlendrian des Anschreibens! Er verbannte die Schuldenkladde des Kaufmanns aus Kontor und Laden. Er öffnete die ganze Warenwelt dem ganzen Volk; bei ihm gab es keine Unterschiede bei der Kundschaft. Kommerzienrat und Kohlentrimmer, Madame und Mamsell waren willkommen – wenn sie nur bar zahlten. Karstadt hatte auch Krisen zu überwinden. Das aber gehört zum kaufmännischen Geschäft dazu. Immerhin aber verkörperte er das Prinzip ehrlicher mecklenburgischer Kaufmannschaft. Wo Sie auch sind, lieber Freund, – wenn Sie ein Karstadt-Haus antreffen, ob in Passau oder Wilhelmshaven, denken Sie bitte einmal kurz an Grevesmühlen! Allerdings gibt es in der Geburtsstadt des großen Kaufmanns selbst keine Filiale und auch keine Rudolf-Karstadt-Straße.

Kosegarten aus Grevesmühlen

Per Daniel Atterbom

In Grevesmühlen wurde am 1. Februar des Jahres 1758 ein später vielseitig berühmter Mann geboren: Gotthard Ludwig Theobul Kosegarten. Zunächst war er in verschiedenen Orten Mecklenburgs Hauslehrer, wurde 1785 Rektor der Schule zu Wolgast und lebte von 1792 an als Pfarrer auf Rügen. 1808 trat er in Greifswald eine Professur für Geschichte an, wechselte jedoch 1817 zur theologischen Fakultät und wurde zugleich Pastor der Jakobikirche. Die starke Ausstrahlung seiner eindrucksvollen Persönlichkeit schildert der junge romantische Dichter Per Daniel Atterbom aus Schweden, der ihn auf einer Kunst- und Bildungsreise durch Deutschland 1817 besuchte:

Mit einem anderen Manne hatte ich mehr Glück im Finden, nämlich mit dem berühmten Skalden Rügens, dem alten Kosegarten, der seit einigen Jahren seine idyllische Insel verlassen und sich in Greifswald als Oberkonsistorialrat und Lehrer der Theologie niedergelassen hat. Ich fand eine etwas gealterte, aber riesenhafte und priesterlich-feierliche Gestalt; das lange, dunkle Haar war in der Mitte der Stirn gescheitelt und umrahmte ein wohlgebildetes, tiefdenkendes, melancholisches und fast farbloses Gesicht. In seinem Wesen verrät sich eine gewisse studierte mystische Würde, die ihn aber nicht schlecht kleidet. Das Porträt, welches vor seinen Poesien steht, ähnelt ihm wirklich sehr, obgleich er jetzt älter und theologischer aussieht.

Lohnt es schon die Mühe, ihn zu sehen, so lohnt es sich noch viel mehr, ihn zu hören; seine Stimme und Aussprache ist ganz eigentümlich in ihrer Art. Stelle dir eine Stimme vor, die sehr tief, hohl und geisterhaft klingt und die, wenn er in Affekt gerät – was sehr leicht und oft geschieht –, eine erstaunliche Ähnlichkeit mit dem Klageton der Wogen hat, die ein aufsteigender Sturm gegen steile Uferfelsen wälzt! Einmal, da er von einer Frau sprach, deren Erinnerung ihn in das höchste Maß des Entzückens versetzte, erschrak ich ordentlich, und als ich dabei in das bleiche, düstere, seltsame Antlitz blickte, ward mir gerade, als ob der nebelhafte Meeresgott der Ostsee vor mir stünde.

Späterhin teilte mir jemand mit, daß die pommerschen Landpfarrer sich nicht bloß sämtlich in diese wunderbare Tonart verliebt hätten, sondern sich auch darin versuchten, sie nachzuahmen. Denke dir nun, welch schrecklicher Wogenschwall und Klageton alle Sonntage die christlichen Gemeinden in den pommerschen Kirchen erbaut! Ei-

Gotthard Ludwig Theobul Kosegarten (1. Februar 1758 bis 26. Oktober 1818)

nem Witzbold, dessen Bekanntschaft ich eines Abends nach jenem Besuche machte, teilte ich mein Erstaunen über jene wie Sturmwind sausende Stimme Kosegartens mit. Ich müsse es doch ganz in der Ordnung finden, meinte er; um das Elysium des deutschen Dichter-Volkes zu schauen, sei ich auf Reisen gegangen und träfe nun auch an der Pforte des Paradieses zuerst den Zerberus an.

Mein Mystagog (Kosegarten) war übrigens in seiner Weise sehr freundlich und gesprächig, drückte mir mehrmals herzlich die Hand, sagte, daß er verschiedene meiner Gedichte kenne, und wünschte, daß ich die heilsame Revolution, die in der schwedischen Literatur nun endlich begonnen, glücklich durchfechten möge. Um so weniger war er mit dem gegenwärtigen Stande der deutschen Literatur zufrieden und erklärte, daß er in Zukunft mit allem, was er noch irgendwie schreiben könne, anonym aufzutreten entschlossen sei. Er warf seinen Landsleuten großen Leichtsinn in Geschmack und Urteil vor und behauptete, daß sie alle ihre echten Klassiker geradezu vergessen hätten, sogar die wenigen noch lebenden, Goethe selbst nicht ausgenommen; daß man jetzt bloß von Fouqué, dem Abgotte des Tages, sprechen höre usw. Trotzdem äußerte er sich mit Achtung über Fouqués poetische Begabung und rühmte besonders seine Undine, doch seine neueren Schriften nannte er kurzweg bloße, aus den Ärmeln geschüttelte Nachäffungen älterer und frischerer Erzeugnisse in gehärteter Manier. Schließlich tröstete er sich damit, daß diese Mode in der Poesie doch nur das Schicksal der vorangegangenen Moden baldigst teilen werde. „Ich habe schon mehrere solcher Influenzen durchlebt!", sagte er.

„Und auch mitgemacht!", dachte ich, mir auf die Zunge beißend, der dieser unhöfliche Zusatz beinahe entschlüpft wäre. Ja, es ist wahr, von dem Augenblicke an, da Kosegarten seine Schriftstellerlaufbahn begonnen, hat in der deutschen Poesie und Ästhetik nicht eine einzige Art Influenz oder Manier geherrscht, an der er sich nicht mit vollstem Ernste beteiligt hätte. Er hat Klopstocksche Oden, Stolbergsche Hymnen, Bürgersche Balladen, Leisewitzsche Tragödien, Vossische Idyllen, Schlegelsche Legenden, Romane von französischer, englischer und zuletzt religiös-erbaulicher Richtung verfaßt; nur die Fouquésche Ritterlichkeit bleibt ihm noch zu versuchen übrig, und wer weiß, ob er nicht trotz aller seiner Proteste binnen kurzem eine isländische Novelle oder eine Romanze im Rhythmus und Stil des Nibelungenliedes drucken läßt?

Die Rezensenten haben übrigens den armen Greis seit langer Zeit wegen seiner Proteus-Natur angefochten, die trotz aller seiner glänzenden disjecti membra poetae weniger eine reiche und vielstimmige Phantasie, als einen Mangel innerer Selbständigkeit, eine nachklingende, aber an eigener Nahrung leere und deshalb unaufhörlich veränderliche Individualität verrät. Der Zusammenhang mit ihm selbst besteht fast nur aus dieser Wandelbarkeit von Form und Farbe und ist von einer gewissen leeren, zerrissenen und schmachtenden Sehnsucht durchhaucht sowie mit dem Prunke einer selten verhüllten, oftmals gewaltsam hervorbrechenden Eitelkeit gepaart. In der jüngst verflossenen Zeit hat er auch das Unglück gehabt, sich in Napoleon zu verlieben, – eine Ursache mehr für deutsche Leser und Forscher, unwillig zu sein und ihn zu verdammen.

Indessen, Kosegarten hat unstreitig viele schöne Sachen geschrieben, und als ein Ganzes sind besonders seine Legenden (zum größten Teile) vortrefflich. Nach den Scriptores Rerum Suecicarum frug er mit lebhafter Neugier; mit der Idee, eine Bibliothek der deutschen Klassiker herauszugeben, war er zufrieden und frug, wie weit man damit fortgeschritten sei. Ich blieb einen ganzen Nachmittag bei ihm, und obgleich aus seiner Unterhaltung oft genug persönliche und durch die Urteile sowie Ansprüche der gegenwärtigen Generation verletzte Eitelkeit hervorlugte, verriet sie doch im großen und ganzen einen Mann von Geist und ausgezeichneter Belesenheit. Schließlich, da ich gehen wollte, erteilte er mir den Abschiedsgruß in einer wirklich hierophantischen Weise, indem er nämlich seine beiden Hände auf meinen Kopf legte und mit der ganzen Majestät des Ozeans die folgenden Worte deklamierte: „Nun, Gott segne Sie, und der Stern begleite Sie, der Ihre Jugend so schön erleuchtet!" Obwohl mir diese Segnung etwas seltsam vorkam, war doch der Eindruck seiner Persönlichkeit, die ich vielleicht niemals wiedersehen werde, in jenem Augenblicke mächtig und imponierend.

Skalde: Sänger; Affekt: Erregung; Elysium: Paradies; Zerberus: Wächter; Mystagoge: Geheimnislehrer; anonym: ohne Namensnennung; Manier: Art; Influenz: Krankeit; Proteus: steter Verwandlung fähiger griechischer Meeresgott; disjecti membra poetae: die zerteilten Glieder des Dichters (Zitat nach Horaz, von Wieland übersetzt mit: Ihr werdet euch in den zerstückten Gliedern den Dichter wiederfinden); Scriptores Rerum Suecicarum: Sammlung schwedischer Geschichtsquellen des Mittelalters; hierophantisch: geheimnistuerisch.

Warum die Grevismühlener Krähen heißen

L. Kreutzer zu Parchim

In uralten Zeiten kannten die Grevismühlener noch keine Weesbäume. Darum hatten sie ihre liebe Noth, wenn Korn oder Heu eingefahren wurde. Sie konnten im Leben nicht viel mit einem Male fortbringen, und hatte der Fuhrmann etwas mehr geladen, als „Legg upp Lerre", so ging mancher Halm verloren, und die Armen und Sperlinge standen sich gut dabei.

Eines Tages kam ein Fremder in die Stadt und erzählte einem Grevismühlener Stadtkinde, bei ihm zu Hause hätte man Weesbäume. Das seien Bäume beinesdick und etwa anderthalb mal so lang, als ein Erntewagen. Die würden, ganz gleich, ob Korn oder Heu, oben auf das Fuder gebunden. Dann gehe kein Hälmchen verloren, und wäre das Fuder auch wer weiß wie hoch und breit.

Das schrieb sich unser Stadtkind hinter die Ohren. Als nun die Ernte vor die Thür kam, hatte er nichts Eiligeres zu thun, als bekannt zu machen, er habe ein Instrument erfunden, das leiste beim Einfahren des Kornes oder Heues gewaltige Dienste; man könne die Fuder so hoch laden, wie man wolle, und verloren ginge kein Spierchen. Er be-

stimmte einen Tag, an dem seine Mitbürger mit eignen Augen die wundersame Erfindung schauen sollten.

Der bestimmte Tag kam heran, und was von den Grevismühlenern Beine hatte, eilte hinaus auf den Acker des Erfinders. Das Fuder wurde geladen, so hoch, wie die Grevismühlener noch kein's gesehen hatten, und der Weesbaum hinaufgebracht.

Aber der kluge Erfinder band den Baum nicht der Länge nach aufs Fuder, wie's doch jeder rechtschaffene Christenmensch thut, sondern verquer, so daß die Enden des Baumes rechts und links vom Wagen abstanden, wie ein Paar ausgebreitete Riesenarme. Dennoch fanden die guten Grevismühlener Alles wunderschön, und freuten sich höchlichst über die Erfindung ihres Mitbürgers. Hinten und vorn fiel beim Fahren freilich noch ab und an ein Bündlein ab, aber in der Mitte lag's doch fest.

Die Fahrt ging ab, und das Fuder kam glücklich bis an's Thor. Da aber war Holland in Noth – der Weesbaum wollte den Wagen nicht hindurchlassen. Da stand denn die ganze Bürgerschaft und rathschlagte, wie's nun müßte, und wie's nun werden solle, und die Herren Stadtrepräsentanten zerbrachen sich die Köpfe, und der Erfinder kratzte sich hinter den Ohren.

Stunde um Stunde verging, der Abend kam immer näher, und das Fuder hielt noch immer vor dem Thor. Einige von den Herren Repräsentanten schlugen schon ein verzweifeltes Mittel vor, das Thor nämlich auf den Markt zu verlegen, wo es sich sicher nicht schlecht ausnehmen werde, denn es war noch funkelnagelneu. Da flog eine Krähe vorüber und schrie: „Scharp, scharp, scharp vöhr! Scharp vöhr!" Da legte, was der oberste Rathsherr war, den Finger an die Nase und sagte auf plattdeutsch – denn damals sprachen die Rathsherren noch plattdeutsch –: „Hollt still, die Kreih hett Recht; scharp vöhr möht't." Und geht zu dem Erfinder und sagt: „Dei Kreih hett Recht; scharp völr möht't." Da geht auch diesem ein Licht auf, und er sagt: „Ja, Herr Rathsherr, sei hett Recht!"

Sogleich steigt er auf den Wagen und legt das scharfe Ende des Baumes vor. Und richtig! der Wagen fährt ohne Ruck und Zuck durch das Thor.

Als sie hindurch sind, nimmt der Rathsherr den Erfinder auf die Seite und sagt: „Meiste, ick as wohlweiser Rath der Stadt Grevsmählen frag Jug upp Jug Gewissen: heft Jie dat Instrement von Behsbohm würklich sülffst erfün'n? Mie will't nich so vorkamen. Wohier süll't dei Kreih süß weiten, dat't scharp En'n vor möht, wenn sei't nich ein Stähr's sehn harr?"

Da erschrak der Erfinder und sagte: „Herr Rathsherr, wenn Sei mie so fragen, möht ick't seggen; ja, Herr Rathsherr, so iß't, un Sei hebben Recht!"

Seit der Zeit werden die Grevismühlener Krähen genannt, und seit der Zeit legen die Grevismühlener den Weesbaum bis auf den heutigen Tag verlängs und nicht verquer aufs Fuder.

Fuder: Wagenladung, Fuhre.

Abschied von der See

Gotthard Ludwig Theobul Kosegarten

Lebe wohl!
Mit deinen heil'gen Bergen,
Mit deinen sausenden Hainen,
Mit deinen fröhlichen Töchtern,
Mit deinen gastlichen Hüttnern,
O, lebe, lebe, lebe wohl!
Nun seh' ich dich nimmer,
Und scheid' ich für ewig
Und sehe dich nimmer;
So sagt euch bisweilen, ihr ewigen Berge,
Ihr heiligen Wälder, ihr trauten Verlaßnen,
Sagt, sagt euch bisweilen:
„Uns hat ein Jüngling geliebt!
Die Welt verkannt' ihn!
Er liebt' uns und starb!"

Das mecklenburgische Stonehenge

An der Fernstraße 105 befinden sich zwischen Wismar und Grevesmühlen bei dem Dörfchen Sternkrug im Forst Jamel zwei Großgräber
aus der jüngeren Steinzeit. Das eine, ein riesiges Langgrab, wird im
Volksmund „Teufelsbackofen" genannt. Der Mediziner und Astro-
nom Professor Scharf aus Halle fand mit Hilfe des auf zeitlichen Rück-
wärtsgang gestellten Jenaer Zeiss-Planetariums heraus, daß es sich
bei diesen Gräbern um einen fast 4000 Jahre alten Kalender handelt.
Für diese Zeit stimmen nämlich bestimmte Fixsternkonstellationen,
die sich beim Peilen von einem Zentralstein über je einen anderen
Stein für den Verlauf eines Jahres ergeben. Dieses mecklenburgische
Stonehenge ermöglichte den Medizinmännern des Megalithikums
eine Einteilung des Jahres in 16 Abschnitte. Nur ein einziger Stein ist
nach so langer Zeit nicht mehr an seinem ursprünglichen Platz.

Stonehenge: Kultstätte der Jungsteinzeit u. frühen Bronzezeit in Südengland

Jugendjahre in Schönberg

Ernst Barlach

Nach ein paar glücklichen Jahren verzogen meine Eltern mit uns nach
Schönberg, des Fürstentums Ratzeburg Hauptstadt. Die Zwillinge
trafen ein, Joseph und Nikolaus – und ich entdeckte die Welt außerhalb des Hauses.

Mein Vater mußte sich mit seinem Kollegen, dem älteren Dr. Ma-
rung, schießen, meine Mutter empfing von ihren Kindern so viele
Pflichten, daß sie mit aller erdenklichen Vorsicht wohl die Frage tat, ob
denn die Welt für sie bloß noch Kinderklein, Geschrei, Darmtücken,
Kleidernässen und Krankenwartung übrig habe – ich warf mich ins
Mäntelchen und erklärte: „Nu geit' Juhlen all wedder los" – und ging
auf die Straße. Hier nahm mich Edmund Steffan in Empfang und ließ
sich meine Unterweisung in seiner Art von Lebenskunst viel Mühe
kosten, und ich war gelehrig und ward hörig. […]

Es gab noch andere Gelegenheiten, schuldig zu werden. Hinterm
Hause der Teich war eine Welt voll Wunder, und überm Wundern fand
man sich unversehens als aus dem Wasser gezogenes Kind geborgen,

aber nicht bedauert, denn es war streng verboten, ins Wasser zu fallen; wer es dennoch nicht ließ, bekam Schläge. Einst war Edmund Steffan vom Steg geglitten, und wir zwei Retter, Hans und ich, hielten uns verzweifelt an seinen Beinen fest, unbehilflicher als er, der mit dem Kopf unter Wasser lag und sich ohne uns wohl leichter herausgeholfen hätte. Mich hatte es ein anderes Mal erwischt, und bald lag ich trocken im Bett und wartete. Vater kam heim, und ich hörte ihn mit forschen Schritten, wie es seine unverkennbare Art war, herantreten. Ob er den Stock mitbrachte, weiß ich nicht, denn gewillt, dem Verhängnis auf einem gangbaren Wege auszuweichen, tat ich die Augen zu und stellte mich, zwar nicht tot, aber schlafend, und tat es so lauter, daß alles eine freundliche Wendung nahm. Vaters Schritt wurde sanft, er hielt inne und bog vom Wege des Rechts ab. Leise ging die Tür, und ich fand es gut so.

Aber im Winter bekam der Teich seinen kalten Meister, und das Eis bot uns erlaubte Bahn. Mich, mit dem väterlichen Verbot des Ertrinkens im Kopfe, überkam die Vorstellung, daß wohl auch der Vater einmal schuldig werden könne, als er mit andern Herren in der Dunkelheit auf dem Eise geblieben war, und ich rannte in der Gitterbettstelle auf und ab und schrie meiner Mutter in die Ohren: „Barlach ist tot, Barlach ist tot!"[…]

Edmund Steffan wurde von Zeit zu Zeit unsere Treppe heraufgeboten. Dann gab ihm meine Mutter ein gutes Butterbrot und fügte eine Pauke hinzu, die er mit scheelen Blicken ausdauerte, solange das Kauwerk arbeitete. Sie änderte nichts an ihm, aber ich wurde anderweitig hörig.

Wollte ich die stärkere Gewalt, der ich verfiel, selbst nicht weitläufiger schildern als Edmund mit seiner Großmäuligkeit und seiner holpernden Rede, mit der, soviel davon er auch vertat, sein Hals verstopft zu bleiben schien, so dürfte ich für immer am Schreiben bleiben. Des Wetters Däumling war ich wohl längst, den es, in welche Falte seiner

Farbigkeit, in welche Tasche seiner Räumlichkeit es wollte, zu seinem unaussprechlichen Genügen stecken konnte. Die Sattheit und Schwere der Wedeler Marschen, die Elbfernen, sind mir fortgeschwemmt, aber die Schönberger Tage und Nächte sind schon auf festen Erinnerungsboden gekommen.

Um die Zeit, wo seine Söhne einen Podex nachweisen konnten, der den Strapazen gewachsen war, ließ mein Vater sie zur Teilnahme an der Praxis zu, natürlich zur Landpraxis, die jetzt mit Fuhrwerk besorgt wurde – und da bin ich denn wirklich einmal bis ans Ende der Welt gekommen. Ich wußte bestimmt, daß das Hinschweifen durchs raumlose Dunkel am Rande der Wirklichkeit stattfand, und hatte viel, viel Zeit, über solche Selbstverständlichkeit des Unwahrscheinlichen ohne Ablenkung nachzudenken, denn gesprochen wurde auf all diesen Landfuhren fast nie. […]

Meine Mutter zog im Herbst 1884 mit uns nach Schönberg zurück, ich war vierzehn Jahre. Sie ging täglich und stündlich gefaßt und tapfer den Witwenweg der sorgenvollen Alltäglichkeit – ich, als Schüler nichts Ganzes, weder gut noch schlecht, spitzte die Ohren und horchte seitwärts und aufwärts nach all den neuen Tönen, die meinen Flegeljahren gepfiffen wurden. Da fand ich als erstes und Hauptstück die wuchernde, sozusagen aus dem Rinnstein und dem holperigen Pflaster des Nestes sprießende blaue Blume einer waschechten Romantik ohne Hemmung, Hut und Üblichkeit, in die ich, noch mit kurzen Hosen angetan, hineintaumelte.

Dazumal litt ich obendrein hart an dem Begehr nach Bewunderung und Geltung und ergab mich weidlich dem Kultus des falschen und erschwindelten Bestauntwerdens – so malte ich mir aus dem Tuschkasten eine rotklaffende Wunde auf die Stirn, ging auch gehoben von der eingebildeten Würde als Sozius eines wüsten Abenteuers damit auf die allerdings nicht mehr taghelle Straße, weiß aber nicht, ob irgend jemand von dieser Mordgeschichte Notiz genommen hat.

Zugleich rüttelte ich die Schwingen und warf mich in den Äther, wo er sich am grenzenlosesten breitet. Mein Raptus einer ungeschorenen Reim- und Versschreiberei regte sich bald in wutartigem Schuß, bald gefiel er sich in einem vertrackten Zuschnitt von Putzigkeit.

Ich hatte vom Vater einen Westentaschen-Seume, enthaltend den Spaziergang nach Syrakus, geerbt, und dieses Dingchen von Buch, dessen Besitz mich seltsam befriedigte, als ob ein Leitfaden zum Leben als Wanderer, Schriftsteller und Sonderling ganz eigen für mich zugerichtet sei, ließ mir keine Ruhe, bis ich ihm ein Gegenstück leiblich gleicher Beschaffenheit erstellt hatte, aus der eigenen Feder mit mikroskopisch kleinen Schriftzeichen – schrieb und schrieb ohne Rücksicht auf die Augen und erlaubte obendrein meinen drei Brüdern, sich mit Zuhören abzuquälen, wie das trächtige Bäuchlein von Buch immer voller wurde.

Dann wurde mir eine Tür geöffnet, und ein sanfter Schub ermunterte mich einzutreten in ein Werkstübchen, von dem ich nicht wissen konnte, daß es sich zur Lebenswerkstatt auswachsen würde. Ich erhielt von der Frau Schuldirektor durch Vermittlung meiner Mutter die Aufforderung, für ein so oder so geartetes Brettspiel ein Dutzend Vögelchen zu kneten, ein Klümpchen Ton in die Hand zu nehmen und – nun als Anfang – einen Kiebitz zu formieren. Es wurde einer, und das andere Geflügel folgte, bis das Dutzend voll war.

Halt, dachte ich, die Art Hantierung tut gut – die blaue Blume wucherte lustig weiter drauflos, irgendwo bei einem Schulausflug goß ich mir ahnungslos eine Feldflasche voll Branntwein auf Anraten eines Mitschülers in den Hals und kam mit dem Leben davon, ich weidete weiter durch Wald, Wiesen und Felder mein Dasein im Ausgleich von Tun und Lassen, Versorger meines Hanges zum ziellosen Schweifen, meine mir genehmste Art, auf der Welt mit der Welt zu sein, ich hockte in den Klassen, rutschte von den Bänken der unteren auf die der oberen – Edmund Steffan, dessen Mund noch immer nicht weiträumig genug war, um alle heiseren Wortklumpen halbwegs geordnet oder gegliedert auszuscheiden, fing an, für mich in ein Nichts zu gleiten, die alte Hörigkeit war längst verdorrt, ich trug meines Vaters solide Schoßröcke auf – und war bei allem einer geheimen Sicherheit wo nicht stolz, so doch froh, wo nicht froh, so doch zufrieden, wie wenn sich ein schwaches Bewußtsein regte, als ob ich in meiner Tasche einen Heckpfennig trüge, ein so zauberhaftes Stück Eigentum, daß mit dem Wechsel der Taschen gleichwohl keine Änderung seiner Zugehörigkeit, kein Wechsel im Bewußtsein unserer tröstlichen Gemeinschaft miteinander stattgefunden hätte.

Podes (lat.): scherzhaft für Gesäß; blaue Blume: zentrales Symbol der Romantik, das für Liebe, Sehnsucht und das Streben nach Unendlichkeit steht; Sozius (lat.): Teilnehmer; Äther (griech.): Himmel; Raptus (lat.): scherzhaft für Rappe; Seume (1763–1810): deutscher Dichter, 1903 erschien der „Spaziergang nach Syrakus im Jahre 1802".

Das Städchen Schönberg, in welchem Ernst Barlach seine Kinderzeit verbrachte und offenbar auch den Anstoß für seine spätere Laufbahn als Bildhauer erhielt, wurde 1330 Residenz der Bischöfe von Ratzeburg, die dort schon um 1270 eine Wasserburg erbaut hatten. Nach der Reformation verarmte der Ort, in den allerdings von der mecklenburg-strelitzschen Regierung (die ihm 1822 Stadtrecht verlieh) 1814 die Landvogtei für das Fürstentum Ratzeburg verlegt wurde.

Das Strandrecht und des Himmels Strafe an den Strandräubern von Dassow

Rudolf Samm

Der Tag verlischt, es hüllet grausend
Die Nacht den dunklen Himmel ein.
Und die Orkane peitschen sausend
Ein wogend Meer an das Gestein,
Und Blitze speiend, unter Krachen
Theilt sich der Himmel, wie ein Rachen.

Was ist's, das durch die düstern Lichter
Erhellt sich zeigt am Horizont?
Warum drängt sich das Volk noch dichter
Dem Meere zu, wo Schrecken wohnt?
Ein Schiff ist in Gefahr dort drüben,
Die Menschen wollen Strandrecht üben.

Und immer höher schäumt die Welle,
Und immer tiefer sinkt der Muth
Der Schiffer – plötzlich faßt mit Schnelle
Das Schiff ein Strudel voller Wuth –
Zertrümmert ist das stolz' Gerüste,
Ein Angstschrei dringt zur nahen Küste.

Doch nicht vom Mitleid angezogen,
So eilt das Volk dem Orte zu,
Nach jener Stelle, wo die Wogen
Das Schiff zersplitterten im Nu;
Nicht Hülfe bringt man diesen Armen,
Die jammernd rufen um Erbarmen.

Nein, nur zu bergen jene Beute,
Die wild das Meer ans Ufer spie,
Stürzt sich die räuberische Meute
Hinein ins Wasser bis ans Knie.
Die Schiffer mit dem Tode ringen,
Und bald wird sie das Meer verschlingen.

Die Opfer haben ausgelitten,
Die Wellen ziehen sie hinab,
Nichts half ihr Flehn, ihr angstvoll Bitten,
Die Meerestiefe wird ihr Grab.
Noch tiefer sinkt die Nacht hernieder,
Und Todesnacht deckt ihre Glieder.

Vom Ufer her hört man erklingen
Gesänge wilder, roher Lust –
Ist's möglich, daß noch Menschen singen,
Wenn ohn' Gefühl die Menschenbrust? –
Ja, jubelnd lagert dort am Strande
Die zügellose Räuberbande.

Und auf die Nacht mit ihren Schrecken
Folgt jetzt ein Tag, so sonnig klar –
Willst du, oh Sonne, sie erwecken
Mit Deinen Strahlen wunderbar?
Umsonst, denn schon, verklärt im Lichte,
Zeigt sich der Tod im Angesichte. –

Doch sieh! An weiter Himmelsveste
Strahlt jetzt des Feuers rother Brand;
Verkohlter Stätten Ueberreste,
Sie zeugen von allmächt'ger Hand.
Der Frevler Häuser sind vernichtet –
Der Himmel selber hat gerichtet!

Das Strandrecht oder Grundruherecht, diese verabscheuungswürdige Be-
fugniß, ist sehr alt und war ehedem in Deutschland und andern Ländern fast
allgemein üblich und durch besondere Gesetze geregelt, wenn man so sagen
darf. Die Prediger flehten sogar in den Kirchengebeten zu Gott, daß er den
Strand segnen, das heißt, recht viele Schiffe verunglücken lassen möge. In-
dessen wurde dieses Denkmal der Barbarei nach und nach meist stillschwei-
gend aufgehoben und in Deutschland sogar durch Reichsgesetze abgeschafft.
Dafür wurde den Landesherren und ihren Unterthanen ein sogenanntes Ber-
gerecht zugestanden, wonach ein Theil der geretteten Güter denen, die sie ret-
teten – den Bergern –, ein Theil dem landesherrlichen Fiscus, und nur der
dritte Theil dem Eigenthümer zufällt. Doch schon seit langer Zeit hat man in
Preußen und Mecklenburg von dem Bergerechte keinen Gebrauch mehr ge-
macht. [Anmerkung um 1860]

Im Klützer Winkel

Diethard H. Klein

In diesem Gebiet, das sich durch besonders fruchtbare Böden auszeichnete, gestattete Kaiser Friedrich Barbarossa 1188 den Lübeckern,
Holz für ihren Haus- und Schiffbau zu schlagen. Die weitere Entwicklung führte dann dazu, daß alle Adelsgeschlechter der Gegend zu
Schuldnern der Hansestädter wurden; erbittert und auch mit Waffengewalt entzogen sie sich jedoch vom fünfzehnten Jahrhundert an ihren Rückzahlungsverpflichtungen.

Der Klützer Winkel ist ungewöhnlich reich an mächtigen spätromanischen und frühgotischen Backsteinkirchen, von denen wir hier nur jene
von Bössow, Damshagen, Dassow, Elmenhorst, Kalkhorst und Roggenstorf erwähnen wollen. Die Stadtpfarrkirche von Klütz ist ein besonders gutes Beispiel für die frühen dreischiffigen Hallenkirchen Mecklenburgs, die von westfälischen Baugewohnheiten beeinflußt wurden.

Klütz kann sich aber vor allem des stattlichsten Landschlosses in
ganz Mecklenburg rühmen, für das kein geringerer Bau als das englische Blenheim Castle, errichtet für Churchills Vorfahr Herzog von
Marlborough, als Vorbild diente. Erbauen ließ es sich am heutigen
Rande der kleinen Stadt in den Jahren 1726 bis 1732 der Reichsgraf Johann Kaspar von Bothmer aus altem hannöverschen Geschlecht, der
bis zum königlich-großbritannischen Staatsminister aufgestiegen
war. Baumeister war der aus Niedersachsen berufene Johann Friedrich Künnecke, für die reichen Stukkaturen holte man sich den Italiener Andrea Maini, und der prächtige Park wurde später in einen englischen Landschaftsgarten verwandelt. Ein Nachfahre des Erbauers
soll übrigens am Ende des letzten Krieges die Typhuskranken, mit denen sein Schloß nun belegt worden war, persönlich mit Hingabe gepflegt haben, bis er selbst der Krankheit zum Opfer fiel. [...]

Klütz, Schloss Bothmer

Nicht vergessen wollen wir Boltenhagen, ein ehemaliges, 1325 erstmals erwähntes Waldhufendorf, das sich mit seinem drei Kilometer langen Sandstrand von der Mitte des neunzehnten Jahrhunderts an zum beliebten Badeort entwickelte. Als der Ort im November 1872 durch eine gewaltige Sturmflut fast völlig zerstört wurde, ermöglichten reiche Spenden den alsbaldigen Wiederaufbau, und zu DDR-Zeiten zählte es jährlich über 80 000 Feriengäste.

Waldhufendorf: Siedlungsform, bei der die Gehöfte entlang einer Straße und/oder eines Wasserlaufes durch Rodung angelegt wurden.

Suer Tüfften (Saure Kartoffeln)

Für vier Personen brät man 125 Gramm Speck aus, gibt ihn auf einen Durchschlag und schwitzt in dem ausgelassenen Fett feingehackte Zwiebeln langsam (nicht braun werden lassen!). Dazu rührt man drei Eßlöffel voll Mehl, läßt es gelb werden, gibt unter Umrühren eine kleine Tasse Essig und einen halben Liter Wasser oder besser Fleischbrühe und eine Prise Salz hinzu. Zum Schluß quirlt man einige Eßlöffel Sirup dazu. Die beinahe gargekochten Kartoffeln schüttet man in diese Soße und läßt sie darin noch vollends weich kochen. Dazu ißt man geräucherten Schinken.

Bohnen un Appel

Es werden Äpfel geschält, in dünne Scheiben geschnitten und in soviel Wasser, daß eine etwas lange Soße entsteht, mit dem nach Probe nötigen Zucker weichgekocht. Gleichzeitig kocht man weiße Bohnen mit dem nötigen Salz gar. Mit den Bohnen gibt man etwas Butter zu den Äpfeln, schwenkt sie gehörig damit durch und läßt sie noch ein wenig kochen, bis die Äpfel etwas musartig werden. Dazu schmeckt Spickbrust und Klopfschinken.

145

Die Residenzstadt Gadebusch

Jürgen Borchert

Von Gadebusch […] nach Rehna fließt die Radegast, und die Eisenbahn begleitet sie treulich. Mit der Eisenbahn ist es in Rehna zu Ende, die Radegast indessen eilt munter weiter. Sie ist noch mit der Stepenitz und der Maurine verabredet, denn sie wollen sich schließlich bei Dassow vereint in den Dassower See und damit in die Trave und auf diese Weise in die Lübecker Bucht stürzen. Ihr Ziel ist der Westen.

Wenn man allerdings in Gadebusch aus dem Zug klettert und ins Städtchen will, trifft man erst einmal auf den Burgsee. Naja, See … So doll isses man nich. Aber der Stadtteich von Gadebusch hat doch seinen Stolz, denn er ist der Spiegel für das Schloß und die Zipfelmützenkirche Sankt Peter.

Dieses Gadebusch, ein vormals slawischer Burgort namens Godebuz, ist einmal die Residenz der Fürsten von Mecklenburg gewesen, und sein Stadtrecht bekam es 1225 von Fürst Borwin I. Respekt: Gadebusch ist eine der ältesten Städte des Landes. Theoretisch könnte es heute sogar die Landeshauptstadt von Mecklenburg sein, wenn nicht Fürst Albrecht II. und sein Bruder Johann von Kaiser Karl IV. 1348 zu Reichsfürsten erhoben und mit dem Herzogtitel belehnt worden wären. Da erschien ihnen wohl Gadebusch als Hauptstadt doch zu gering, und sie verlegten die Residenz 1358 nach Schwerin. Immerhin ist den Gadebuschern doch der Ruhm geblieben, ureigentlich Mecklenburgs Metropolis gewesen zu sein, und zum Trost haben sie eine tote schwedische Königin zur ewigen Aufbewahrung bekommen: Albrechts III. Gemahlin, die Königin Agnes. Herzog Albrecht III. von Mecklenburg hat als Wahlkönig des schwedischen Adels tatsächlich fünfundzwanzig Jahre lang regiert.

Dann aber stieß ihn seine Erb- und Erzfeindin Margarethe von Dänemark in der Schlacht von Falköping 1389 von Pferd und Thron, sperrte ihn für sechs Jahre ins Loch und ließ ihn erst 1395 gegen 60 000 Mark Lübisch Lösegeld laufen. Als er 1412 starb, wurde er in der Doberaner Münsterkirche beigesetzt, wo er bis auf den heutigen Tag ruht. Albrechts III. Mißerfolg als König von Schweden hat auf seine Nachfahren, die Herzöge und Großherzöge von Mecklenburg, eine nachhaltig erzieherische Wirkung zum Besten des Landes gehabt – nie wieder haben sie sich angemaßt, fremde Völker beherrschen zu wollen.

Aber wir haben vorgegriffen, denn wir stehen ja eigentlich immer noch am Ufer des Burgsees und haben den Bahnhof und das Wäld-

146

chen im Rücken. In diesem Wäldchen gibt es zwei Quelltöpfe namens Herrenbrunnen und Damenbrunnen, aus denen es höchst erbaulich rieselt und quieselt. Das klare, tatsächlich trinkbare Wasser fließt dem Burgsee zu und sorgt dafür, daß er nicht austrocknet. Besonders schön ist es hier, wenn im Frühling die Anemonen blühen zwischen den dicken Buchenstämmen. Der am See herumlaufende Fußsteig federt auf dem schwimmenden Untergrund. Ein weißes Brücklein lädt zum Schwänefüttern ein. Die Schwäne scheinen eine Lobby zu haben unter den Gadebuschern, denn kaum betritt man den hölzernen Bogen, eilen sie mit ausgreifenden Paddelschlägen herbei und machen den Hals lang.

Das Brücklein endet unter dem Schloßhügel. Nach Süden zu öffnet sich der Schloßhof der Sonne, und die roten Terrakotten der Fassade, mit denen der Lübecker Brennmeister Statius von Düren in Mecklenburg ein gutes Geschäft gemacht hat, glühen im Licht und bieten Pfauenaugen und Admiralen eine warme Sitzgelegenheit. Das Ganze ist unspektakulär und ein bißchen wie aus der Welt. Wie zu hören war, will die Louis-Trenker-Stiftung das Schloß kaufen. Stieg der nicht auf höhere Berge? Aber nur zu: So ein Schloß hält manchen Herren aus.

Wer vom Schloß hinuntergeht zum Marktplatz des Städtchens, trifft hier auf ein wirklich attraktives Bild, das jeden Amateurfotografen zur Kamera greifen läßt. Das Rathäuschen aus roten Ziegeln öffnet sich mit den Bögen der Gerichtslaube unter dem holländisch wirkenden schwungvollen Giebel von 1618 einladend dem Betrachter, und über seinem First steigt im Hintergrund, hier nun doch mit einem Anflug von Monumentalität, die Stadtkirche Sankt Peter in den Himmel. Gern nehmen wir jetzt den „Zipfelmützenturm" zurück, denn es ist die achtseitige „Bischofsmütze", die den Gadebuscher Kirchturm krönt.

Hier vor dem Rathaus treffen die drei großen Straßen zusammen, die Gadebusch seit alten Zeiten mit der Welt verbinden: die von Lübeck kommt aus Westen, die von Wismar kommt aus Norden und die von Schwerin kommt aus Süden. Gegen den Osten schützt der Burgsee.

Metropole (griech.): Mutterstadt.

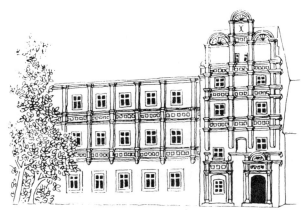

Gadebusch, Schloss

Gadebusch um 1890

Aus dem „Großen Brockhaus"

Gadebusch, Stadt und Hauptort des Domanialamtes Gadebusch-Rehna (4733 Einwohner, 2356 männlich, 2377 weiblich) im Herzogtum Schwerin des Großherzogtums Mecklenburg-Schwerin, 24 km im Nordosten von Schwerin, in freundlicher, waldreicher Gegend am Flusse Radegast, hat (1890) 2439 (1213 männliche, 1226 weibliche) Einwohner, Post zweiter Klasse, Telegraph; Amtsgericht (Landgericht Schwerin), Vorschußverein, Kranken- und Armenhaus, St. Jakobikirche im byzantinischen Stil (12. Jahrhundert) mit gotischem Chor (14. Jahrhundert) und Turm (45 m), Synagoge, stattliches Rathaus (1618), Schloß (1570) im Renaissancestil, früher Residenz, Sitz der Behörden, Amtsgericht, Bürger- und Gewerbeschule; Maschinenfabrik, Dampf-lohgerberei, Dampfmühle und Ackerbau. – Gegründet vom Fürsten Heinrich Burwy I. zu Mecklenburg wurde Gadebusch 1181 durch Heinrich den Löwen verwüstet und erhielt 1218 Lübisches Recht. In der Nähe, auf der Rambeeler Heide, siegten 1283 die Söhne Heinrichs I. von Mecklenburg über die Sachsen und Brandenburger, und am 20. Dezember 1712 bei dem Dorfe Wakenstädt die Schweden unter Steenbock über die Dänen unter Friedrich IV. Gadebusch kapitulierte am folgenden Tage. Bei dem nahen Dorfe Lützow fiel in einem Gefechte am 26. August 1813 Theodor Körner.

Sehenswertes in Gadebusch

Aus einem neueren Kunst-Reiseführer

Die 1220–1230 errichtete spätromanische Pfarrkirche in Gadebusch, eine dreischiffige Hallenkirche mit monumentaler westlicher Fensterrosette aus Bronzeguß, ist nicht nur ein vortrefflich gestaltetes Bauwerk, sondern zugleich auch von ganz besonderer kunstgeschichtlicher Bedeutung. Führte sie doch mit oder gar noch vor der Petrikirche in Lübeck den zuvor in Süddeutschland, Niedersachsen und Westfalen erprobten Raumtypus der Hallenkirche in Norddeutschland ein und wäre dann der früheste Sakralbau dieser Art im südlichen Ostseegebiet. Die Weite des in 12 gleiche, quadratische Joche gegliederten Langhauses, das vor drei Jahrzehnten wieder seine ursprüngliche farbige Ausmalung erhielt, ist eine in unserem Gebiet einmalig gebliebene architektonische Leistung. Um so mehr ist es zu bedauern, daß der zugehörige spätromanische Chor im 15. Jahrhundert einem dreischiffigen Neubau zum Opfer gefallen ist.

Am alten dreieckigen Markt, von dem aus die mittelalterlichen Handelsstraßen nach Lübeck, Wismar und Ratzeburg liefen, steht das 1618 auf den Resten des gotischen Vorgängerbaues erneuerte Rathaus aus Backstein mit seiner unter dem marktseitigen Giebel gelegenen

Gerichtslaube. Jenseits des Marktplatzes, dem Kirchenhügel gegenüber, lag auf einer zweiten Anhöhe die alte fürstliche Burg am Ort eines noch älteren slawischen Burgwalls. Das bis heute erhalten gebliebene, dreigeschossige Schloß ließ Herzog Christoph 1570/71 im Stil oberitalienischer Palazzi durch Christoph Haubitz, einen mecklenburgischen Baumeister, errichten. Die seitliche Lage des Treppenturmes und die Fassadengliederung durch Terrakottapilaster und -friese aus der Werkstatt des Statius von Düren hat Haubitz ebenso wie die lünettenbekrönten Pilaster-Ädikulen der Portale offensichtlich vom Vorbild des Wismarer Fürstenhofes übernommen, der für Christophs Bruder Herzog Johann Albrecht I. knapp 20 Jahre zuvor in weit größerer architektonischer Vollkommenheit gebaut worden war.

Wer bis Gadebusch gekommen ist, sollte einen kurzen Abstecher nach dem östlich benachbarten Dorf Vietlübbe nicht versäumen, denn dort kann er einer der ältesten und zugleich baukünstlerisch reizvollsten mecklenburgischen Backsteinkirchen begegnen. Dieser für eine Dorfkirche recht stattliche Bau ist schon bald nach 1200 entstanden, und sein gleichschenkeliger kreuzförmiger Grundriß mit einer Apsis am östlichen Flügel folgt mit großer Wahrscheinlichkeit dem Vorbild entsprechender Kirchen Westfalens. Dagegen läßt die enge Verwandtschaft des Baudekors und die Sorgfalt der Maurertechnik auf die tätige Mithilfe von Angehörigen der Bauhütte des nicht weit entfernt gelegenen Ratzeburger Domes schließen, die auch anderenorts nachweisbar ist.

Joch: Gewölbeabschnitt eines Kirchenschiffes; Pilaster: ein in den Mauerverbund eingearbeiteter Teilpfeiler; Fries: gemalter, geschnitzter oder gerießelter waagerechter Streifen mit Bildern oder Muster; Lünette: halbkreisförmige, häufig verzierte Wandfelder über Türen und Fenstern; Ädikula: Stilelement, das eine von Säulen und Giebeln umrahmte Nische darstellt; Apsis: halbrunde Altarnische.

Gadebuscher Schulverhältnisse

Nach Visitations-Protokollen des 17. Jahrhunderts

Es bestand z. B. zu Gadebusch nach einem Protocolle vom Jahre 1626 das der Schule zuständige Inventarium auf des Rectors Stube aus einem „feinen" Tische mit einem Auszuge oder Lade, zwei eichenen Bänken und vier eichenen Bücherbrettern, jedes etwa $1^1/_2$ bis 2 Ellen lang; auf des Cantors Stube befanden sich nur ein alter Tisch, zwei ei-

chene Bänke und zwei Bücherbretter; in der gemeinschaftlichen Schlafkammer beider Lehrer waren vorhanden: zwei alte eichene Bettstellen, ein Schulbette für den Rector, ein alt Unterbette, 8 Schilling an Werth, ein Deckbett mit einer bunten Bühre, 1 Gulden werth, ein Pfühl ohne Bühre zu 8 Schilling („es sind aber wenig Federn in den Betten, und sehr geringe" – setzt das Protocoll hinzu), endlich auch noch zwei

Paar Laken, ein flächsenes und ein hedenes; dem Cantor wurde kein Bett gehalten, worüber er sich bei den Visitatoren beschwert.

Die Schulgebäude selbst waren wohl durchschnittlich sehr schlecht. In Gadebusch z. B. bestand es, jenem Protocolle zufolge, aus einem Anbau an der Kirche hinten am Thurme, an welchem es mit hölzernen Klammern befestigt war. Es befand sich in so baufälligem Zustande, daß der Rector den Visitatoren klagte: „wenn der Wind stark gehe, könne man sehen, wie der Kachelofen und das Fundament bewegt würden; das Gebäude wäre auch schon längst zusammengestürzt, wenn die Klammern an der Kirche es nicht gehalten hätten; es könnten auch die Knaben nicht trocken darin sitzen, wenn es regne, weil dann zuweilen ein Fuß tief Wasser darin stände." Und doch mußte dies Gebäude noch länger als hundert Jahre vorhalten, denn es wurde erst nach der Mitte des vorigen Jahrhunderts abgebrochen. Besser war durch den Herzog Ulrich für die Güstrower Domschule gesorgt worden, für welche er im Jahre 1560 ein ansehnliches neues Gebäude aufführen ließ.

Auch über die innere Organisation der Gadebuscher Schule erfahren wir aus jenen Protocollen etwas Näheres. Im Jahre 1554 gab es dort nur einen Lehrer, und erst 1589 wurde noch ein zweiter angestellt. Beide hatten jede ihre Schule für sich, an denen sie ganz allein wirkten und welche die Leistungen eines Gymnasiums, einer Bürger- und Elementarschule in sich vereinigten. Im Jahre 1626 giebt der Rector zu Protocoll, daß seine Schule aus 4 Classen bestehe. „In der ersten werde getrieben Syntaxis, Colloquia Corderii, Vocabula in usum scholae Hamburgensis; des Sonnabends das lateinische Evangelium, welches secundum partes orationis analysirt werde, – ferner exercitium styli. Es könnten auch die Knaben ziemlich grammatice schreiben, und lasse er dieselben aus dem Latein ins Deutsche, und hingegen aus dem Deutschen ins Latein übersetzen; imgleichen die Disticha Beustii, daraus Prosodia getrieben werde, auch treibe er die graecas declinationes. In der anderen Classe hätten die Knaben auch Syntaxis, wie auch imgleichen vorgesetzte lectiones, ausgenommen die Graeca und exercitium styli. In der dritten fangen die Knaben an zu lernen Syntaxis, Donatum; in der vierten wären die Fibelisten." – Auch der Cantor hatte 4 Classen; in der ersten wurden getrieben: Grammatica, Catechesis Chytraei, Disticha Catonis und exercitium styli; in der zweiten Grammatica minor, Nomenclator anonymus und Catechismus latinus Lutheri; in der dritten lernten die Knaben Schreiben und Rechnen, desgleichen werde den deutschen Knaben Catechismus Lutheri erklärt, wie auch das Corpus doctrinae Judicis deutsch; in der vierten Classe endlich (über welche die näheren Angaben fehlen) befanden sich wahrscheinlich auch die Fibelisten. – Und wo blieben denn, wird man bei diesem Lectionsplan billig fragen, der Unterricht in der deutschen Sprache, in der Geschichte, in der Geographie, in der Mathematik, in der Naturkunde, – kurz in allen Dingen, deren Kenntniß doch für jeden denkenden Menschen eigentlich unerläßlich ist? Fast die ganze Zeit wurde mit einem pedantischen Unterricht in der lateinischen Sprache todtgeschlagen, und zwar in einer kleinen Stadt, in welcher doch fast ausschließlich für die Ausbildung des künftigen Handwerkers, des Ackerbürgers und des Krämers Sorge getragen werden mußte.

Unterbett: Matratze; Deckbett: Decke; Bühre (norddt.): Bettüberzug; Pfühl: Kissen; flächsen: aus Flachs; heden: aus Werg (Abfall von Flachs und Hanf); Visitatoren: Besucher mit Aufsichtsbefugnis; Syntaxis: Satzbau; Colloquia Corderii: Gespräche des Corderius; Vocabula in usum scholae Hamburgensis: an den Hamburger Schulen gebräuchliche lateinische Wörter; secundum partes orationis: in der Abfolge der Gottesdienste; exercitium styli: Stilübungen; grammatice: grammatikalisch richtig; Disticha Beustii: Beusts Distichen; Prosodia: Vortragskunst; graecas declinationes: griechische Beugungsformen; Donatum: lateinische Sprachlehre; Fibelisten wurden unterwiesen in lateinischen Texten von Kirchengesängen; Catechesis Chytraei: Katechismus des Chytraeus; Disticha Catonis: Catos Distichen; Grammatica minor: grundlegende Grammatik; Nomenclator anonymus: allgemeine Namenkunde; Catechismus latinus Lutheri: Luthers lateinischer Katechismus; Corpus doctrinae Judicis: Einführung in die Rechtslehre.

Auf der Durchreise

Joseph von Eichendorff

23. September 1805
Verließen wir gen 8 Uhr des Morgens auf einer bis Schwerin gemietheten Lehnkutsche Lübek, und langten durch traurige Gegenden, die der Dinte nicht werth sind, zu Mittag in dem kleinen Städtchen Gadebusch an, wo wir (sehr gut) zu Mittag speißten, und die Ehre hatten, für reisende Engländer gehalten zu werden. Auf unserer Nachmittagsreise ist nichts notable, als etwa ein kleiner See, der zwischen Gebüschen eine romantische Lage hat, und Schöpps gefährlicher Fußfall zwischen die Räder.

Schon war es dunkel geworden, als wir Schwerin erreichten, wo wir wieder bey Table d'Hote speißten und übernachteten (die freundliche Aufwärterin).

Sonderbar ist der Zufall, dass wir bereits schon drei Tage von Hamburg reisten, und doch noch immer in Hamburg blieben – die Gasthö-

Schwerin um 1860

fe, in denen wir in Lübek, Travemünde, Gadebusch und Schwerin ein-
gekehrt waren, hießen nemlich alle: Stadt Hamburg.

24. September

Verließen frühzeitig Schwerin, das seine schönen Umgebungen sehr
angenehm machen. Unser Weeg führte uns gleich anfangs durch den
großen herzoglichen Garten, wo französische Parthien mit englischen
abwechseln. Zu unserer Seite lag ein sehr bedeutender See. Kurtz vor
unserem Mittagsquartier passirten wir durch Ludwigslust, einem auf
einer sandigen Ebene erbauten Fleken, wo in einem herrlichen Schloße
der Herzog von Meklenburg-Schwerin residirt. Die Wachtparade, die
wir soeben im Schloßhofe aufziehn hörten, und ein Stallmeister, welcher auf der Ebne sein Roß tummelte, war das Eintzige, das uns andeu-
tete, daß wir uns bey einer Residentz befänden. Zu Mittag aßen wir in
dem Städtchen Lentzen. Nachmittag führte uns unser Weeg durch un-
übersehbare Ebnen, die ordentlich zu einer Schlacht einladen. In dem
Städtchen Perlberg übernachteten wir im Posthause.

Dinte: Tinte; notable (engl.): beachtenswert.

Theodor Körners Tod und Bestattung

Eugen Wildenow (1913)

Da infolge der völlig anders gewordenen politischen Situation der kleine Krieg mit Streifkorps keinen Zweck mehr zu haben schien, wurden die Lützower unter Aufhebung ihrer bisherigen Selbständigkeit unter den Befehl des Generalleutnants Graf von Wallmoden gestellt, der mit seiner 28000 Mann starken Armee die französische Streitmacht des Marschalls Davoust an der Niederelbe festhalten, im Falle eines überlegenen Angriffs sich aber auf Berlin zurückziehen sollte. Zunächst gelang es auch, nachdem am 17. August 1813 nach Ablauf des Waffenstillstandes die Feindseligkeiten sofort wieder begonnen hatten, dem zur Avantgarde des Wallmodenschen Heeres bestimmten Tettenbornschen Korps, bei dem sich auch das 1. und 2. Bataillon der Freischar befand, am 17. und 18. bei Lauenburg alle Angriffe der Feinde zurückzuschlagen. Als aber Tettenborn selbst am Abend des 18. in Begleitung Lützows und dessen Adjutanten, der am 13. in Ratzeburg wieder seine geliebte „schwarze Schar" erreicht hatte, in Lauenburg eintraf und sich über die Truppenzahl der Feinde vergewissert hatte, gab er in der Überzeugung, daß auf die Dauer das Vorrücken der Feinde über die Elbe doch nicht aufzuhalten sei, den Befehl zum Rückzuge. [...]

Tettenborn hielt es jetzt für das Geratenste, durch Plänkeleien den Feind zu beunruhigen und ihm die Zufuhren abzuschneiden. Zu diesem Zwecke mußte Lützow noch am 25. sich mit 100 Husaren und ebensoviel Kosaken zu einem Streifzuge im Rücken der Franzosen aufmachen. Mit diesem Reitertrupp erreichte der Major am Abend desselben Tages drei Wegstunden westlich von Schwerin den Flecken Gottesgabe. In dem dortigen, dem Oberjägermeister von der Lühe gehörigen Herrenhause aufs freundlichste aufgenommen, war Lützow mit seinen Offizieren bald in freudigster Stimmung, als sein Adjutant fragte, ob nicht ein Instrument da sei, weil er sich und die Seinigen noch mit etwas Musik erfreuen möchte. Kaum waren die Gäste in den Saal geführt, da ertönte unter Begleitung des Klaviers Körners kräftige Männerstimme durch die weiten Räume, und bei dieser Gelegenheit war es, wo er u. a. auch seinen Schwanengesang, das „Schwertlied", das er bis auf die letzte Strophe zwei Tage vorher gedichtet hatte, zum Vortrag brachte. [...]

Zwei Stunden nach Mitternacht lief bei dem Major die Meldung ein, daß ein aus 38 Wagen bestehender und von zwei Kompagnien Infanterie geleiteter, feindlicher Transport von Munition und Lebensmitteln auf der Gadebusch-Schweriner Poststraße herannahe. Sofort ließ er seine Leute aufsitzen und brach in nördlicher Richtung nach Rosenberg zu auf. Hier schien ein hart an den Fahrweg stoßender Tannenwald für den geplanten Überfall außerordentlich günstig. Vor allen Dingen kam es darauf an, die feindliche Bedeckung daran zu hindern, sich in die Tannen zu werfen und im Gebüsch Schutz gegen die Reiter zu suchen. Leider gelang dies nicht, weil die Kosaken, die dem Gegner von vorn den Weg verlegen sollten, zu spät eintrafen. So kam es, daß, nachdem der Kampf etwa um acht Uhr seinen Anfang genommen hatte und die Wagen alsbald zum Stehen gebracht worden waren, die feindliche Infanterie sich zum großen Teil in die Tannen retten konnte, um von hier aus die Lützower, wenn sie ihr nachsetzen sollten, mit Flintenschüssen zurückzuweisen. Zum Unglück sprengten die Reiter in der Tat nach und suchten im Einzelkampfe Mann gegen Mann das Gefecht zum Austrag zu bringen. Zu denen, die am kühnsten den Feind verfolgten, gehörte leider auch Körner. Schon war er mit einer Anzahl Kameraden, darunter namentlich der Oberjäger Fritz Helfritz, bis an den Nordrand des Gehölzes gelangt, als das Signal zum Sammeln ertönte. In seinem Eifer überhört er das Zeichen, läßt es vielleicht auch, um von der Verfolgung des Feindes nicht abzustehen, unbeachtet: da trifft ihn aus dem Busch, den Hals seines Schimmels streifend, die tödliche Kugel in den Unterleib. Mit den Worten „Da habe ich eins; es schadet aber nichts!" sinkt er dem heransprengenden Helfritz in die Arme, um in demselben Momente seine Seele auszuhauchen.

Der teure Leichnam, dessen Gesichtszüge keine Spur von einer schmerzhaften Empfindung zeigten, wurde von Helfritz und anderen Freunden aufgehoben, unter fortdauerndem Feuer der Feinde eine kleine Strecke fortgetragen und unter einer Birke auf weichem Rasen gebettet.

Bald darauf erreichte das Gefecht sein Ende. Eine Verfolgung der Fliehenden schien nicht ratsam, weil das Anrücken feindlicher Hilfstruppen zu befürchten war. So trat denn der Major, um die erbeuteten Fuhren, die Gefangenen und seine Toten sicher unterzubringen, sofort den Rückmarsch nach Wöbbelin, dem Standort seiner Infanterie, an, wo der Sieges- und Trauerzug am Abend um neun Uhr eintraf. Hier wurde der Sängerheld, nachdem sich schnell die schmerzliche Kunde von seinem Tode im Lager verbreitet hatte, am südlichen Ende in dem letzten Hause, der damaligen Holzwärterwohnung, auf einem mit Eichenlaub umkränzten Tische aufgebahrt, um dann in einen einfachen Sarg gelegt und am folgenden Tage zur ewigen Ruhe getragen zu werden. Als Begräbnisstätte hatte man einen östlich vom südlichen

Körners Tod

Ende des Dorfes gelegenen Platz auf freiem Felde, etwas seitab der von Ludwigslust nach Schwerin führenden Straße, ausersehen. Hier standen zwei einsame Eichen. Unter der größeren glaubte man den Jüngling, der so oft die deutsche Eiche als Symbol der Kraft, Treue und Freiheit besungen hatte, am würdigsten beizusetzen.

Nachdem gegen Mittag alle Vorbereitungen beendigt waren, setzte sich der Trauerzug unter dem gedämpften Schlage der Trommeln in Bewegung. Was im Lager abkommen konnte, schloß sich an; auch Wallmoden, der zufällig mit seinen wieder zu ihrem Standorte zurückkehrende Truppen vorbeimarschierte, gab mit seinem Stabe dem Gefallenen das letzte Geleit. Nachdem man zu dem Grabe gelangt war, wurde der Sarg unter dem Gesange des Gebetes „Hör uns Allmächtiger!" in die Gruft gesenkt. Als Scheidegruß stimmte man, soweit die von Rührung und Schmerz erstickte Stimme noch reichen wollte, das Lied „Das war Lützows wilde, verwegene Jagd!" an. Eine Ehrensalve glaubte man sich wegen der Nähe des Feindes nicht erlauben zu dürfen; dagegen brannte noch der Feldwebel Markwordt mit einem glühend gemachten Ladestock Körners Namen und Todestag tief in die Rinde der sein Grab überschattenden Eiche ein.

Avantgarde (franz.): Vorhut.

Lützows wilde Jagd (1813)

Allegro molto.

Karl Maria v. Weber.

p parlando

1. Was glänzt dort vom Wal - de im

cresc.

1. Son - nen-schein? Hör's_ nä - her und nä - her

f *pp*

1. brau - sen. Es zieht sich her - un - ter in

molto cresc.

1. dü - ste - ren Reihn, und_ gel - len - de Hör - ner er -

f

1. schal - len dar - ein, er - fül - len die See - le mit

parlando

1. Grau - sen. Und wenn ihr die

1. schwarzen Ge - sel - len fragt:

ff

1 - 3. Das ist Lü - tzows wilde ver - we - ge - ne Jagd!_ --

Was zieht dort rasch durch den finstern Wald
    Und streift von Bergen zu Bergen?
Es legt sich in nächtlichen Hinterhalt,
Das Hurra jauchzt, und die Büchse knallt,
    Es fallen die fränkischen Schergen.
Und wenn ihr die schwarzen Jäger fragt:
Das ist Lützows wilde verwegene Jagd!

Wo die Reben dort glühen, dort braust der Rhein,
    Der Wütrich geborgen sich meinte;
Da naht es schnell mit Gewitterschein
Und wirft sich mit rüst'gen Armen hinein
    Und springt ans Ufer der Feinde.
Und wenn ihr die schwarzen Schwimmer fragt:
Das ist Lützows wilde verwegene Jagd!

Was braust dort im Tale die laute Schlacht,
    Was schlagen die Schwerter zusammen?
Wildherzige Reiter schlagen die Schlacht,
Und der Funke der Freiheit ist glühend erwacht
    Und lodert in blutigen Flammen.
Und wenn ihr die schwarzen Reiter fragt:
Das ist Lützows wilde verwegene Jagd!

Wer scheidet dort röchelnd vom Sonnenlicht,
    Unter winselnde Feinde gebettet?
Es zuckt der Tod auf dem Angesicht,
Doch die wackern Herzen erzittern nicht;
    Das Vaterland ist ja gerettet!
Und wenn ihr die schwarzen Gefallnen fragt:
Das war Lützows wilde verwegene Jagd!

Die wilde Jagd und die deutsche Jagd
    Auf Henkers Blut und Tyrannen!
Drum, die ihr uns liebt, nicht geweint und geklagt!
Das Land ist ja frei, und der Morgen tagt,
    Wenn wir's auch nur sterbend gewannen!
Und von Enkeln zu Enkeln sei's nachgesagt:
Das war Lützows wilde verwegene Jagd!

Mecklenburg – die köstlichsten Schinken, die längsten Spickaale

Heinrich Seidel

Aus Perlin im Kreis Gadebusch stammte der seinerzeit sehr beliebte Schrift-steller Heinrich Seidel, der vor seiner literarischen Laufbahn als Ingenieur tä-tig war und zum Beispiel die Stahlkonstruktion des Daches über dem Anhal-ter Bahnhof in Berlin entwarf. Sein Leben schildert er in der Autobiografie „Von Perlin nach Berlin", seine Jugendjahre in Schwerin fanden Eingang in sein Buch „Reinhard Flemmings Abenteuer zu Wasser und zu Lande". Sei-ne Verbundenheit mit seiner Herkunftsregion bezeugt nicht nur die Schilde-rung seiner Schulzeit in Schwerin (siehe dort), sondern auch der folgende Text aus seinem wohl bekanntesten Werk „Leberecht Hühnchen".

Dem Umstande der Landsmannschaft verdankte ich es, daß mein alter Wunsch in Erfüllung ging und ich seines eines älteren Kollegen Um-ganges besonders gewürdigt wurde, allerdings, ohne daß ich die ge-träumten Vorteile daraus zog. Er unterhielt sich mit mir gern über Mecklenburg, ein Land, das nach seiner Meinung ein Eldorado war, ein Ort, wo Milch und Honig fleußt, wo es die größten Beefsteaks, die köst-lichsten Schinken, die dicksten Mettwürste, die längsten Spickaale, die fettesten Gänse und die besten Äpfel gab, welche letzte Tatsache allerdings auf Wahrheit beruht. Eine Lieblingsgeschichte von dem übrigens gänzlich bedürfnislosen und für die eigene Person mit dem magersten Futter zufriedenen Mann war, wie er auf der vorhin erwähnten Reise in eine kleine Stadt gekommen sei und sich in seinem Gasthause ein kaltes Abendbrot bestellt habe. „Ich dachte mir natürlich", sagte er, „es würde so 'n Teller voll Aufschnitt geben wie in Berlin, aber als ich in das Spei-sezimmer kam, da war ein Tisch gedeckt wie für ein Dutzend ausge-hungerte Kürassiere. Da lag ein Spickaal drauf, so lang wie mein Arm und auch so dick, und kalte junge Brathühner und 'n Tönnchen mit Neunaugen und eins mit Anchovis und kalter Hammelbraten und Ko-teletts und Ölsardinen und marinierte Heringe und Schinken und Wurst und Rauchfleisch und vier Sorten Käse, darunter Schafkäse, wo-für ich mein Leben lasse, und noch mehr Sachen – ich konnte nicht alles auswendig lernen. Und das alles für mich allein, weil ich zufällig an dem Tage der einzige Gast in dem Hotel war. Es bewältigte mich or-dentlich, als ich mich an den Tisch setzte, und ich hätte beinahe weinen mögen, daß ich kein Esser bin. Ja, Mecklenburg ist ein schönes Land."

Mecklenburger Schinken

1 geräucherter Schinken
1 kg fertiger Brotteig vom Bäcker
1 Eßl. Majoran
1 Eßl. Thymian
1 Eßl. gezupfte Zitronenmelisseblätter
1 Eßl. Estragonblätter
1 Eßl. gehackter Schnittlauch

Ein ganzer Schinken ist für vier Personen selbstverständlich zu groß.
Ich empfehle daher, nur einen ausgelösten Schulterschinken zu neh-
men oder – noch kleiner – einen Nußschinken. Den geräucherten
Schinken eine Nacht wässern. Dabei trennen Sie, wenn Sie einen Kno-
chenschinken verwenden, am besten den Schloßknochen und den
Fußknochen ab.

Den Brotteig fingerdick ausrollen und mit den Kräutern bestreuen.
Sie können frisch gehackte oder getrocknete Kräuter verwenden.

Den Schinken abtrocknen, auf dieses grüne Bett legen, die Teighül-
le herumwickeln, die Teigränder anfeuchten und fest andrücken. Den
Backofen vorheizen und den Schinken $2^1/2$ Stunden bei 180° C backen. Der Teig darf schwarz werden, er wird nicht mitgegessen. Dazu
schmecken Sauerkraut oder Krautsalat und Kartoffelpüree.

Rehna hat es mit den Damen

Jürgen Borchert

Auch Rehna hat, wie manche andere Lüttstadt in Mecklenburg, einen dreieckigen Marktplatz. Etwas im Hintergrund liegt das hübsche, halbrund übergiebelte Rathaus von 1833. Es hat die liebe Stadt Rehna 6772 Taler gekostet. Was das für ein Batzen Geld war damals! Aber mit dem alten Rathaus war es nicht mehr gegangen, und seit man nach endlosen Anstrengungen 1791 von Herzog Friedrich Franz I. endlich das Stadtrecht bekam und ein eigenes Gericht dazu, da mußte ein neues Rathaus her. Im alten Rathaus, das schon aus dem Jahre 1690 stammt, waren nicht nur die Bürgermeisterei, sondern auch das Stadtgericht, das Gefängnis, die Wohnung der Predigerwitwe, die Schule und die Dienstwohnung des Rektors untergebracht. Wahrscheinlich ist hier auch (Markt 13) Rehnas bedeutendste Tochter geboren: Amalie Charlotte Elise Marianne Bölte (1811–1891), die sich als Schriftstellerin Amely Bölte genannt hat. Ihr Vater, der tüchtige Bürgermeister Bölte, starb schon 1828. So mußte sie sich allein durchs Leben schlagen. Eine Weile sorgte ihre Tante, die Schriftstellerin Fanny Tarnow in Doberan, für sie. Dann ging Amely nach England, lernte die Landessprache, übersetzte englische Romane für deutsche Verleger und begann selbst fleißig zu schreiben. 1852 kam sie nach Deutschland zurück und schloß sich in Dresden dem Kreis um Berthold Auerbach und Karl Gutzkow an. Von ihrer berühmten Tante stark beeinflußt, galt sie als Frauenrechtlerin und schrieb zahlreiche Bücher über bedeutende Frauen der Weltgeschichte, so über Madame de Stael, Harriet Wilson, Wilhelmine von Preußen und Elisabeth von Thüringen sowie mehrere „Frauenbreviere". Ihr Rehnschen: Wo ist euer Amely-Brunnen?

Auch sonst hat Rehna es mit den Damen, denn es verdankt seine Existenz überhaupt dem schönen Geschlecht, zwar züchtig im Nonnengewand, aber tonangebend: 1237 bestätigt der Bischof von Ratzeburg das Benediktinernonnenkloster zu Rehna. Es bestand bis 1552 und wurde in aller Friedlichkeit aufgehoben: Keine Nonne wurde vor die Tür gesetzt, sie durften ihre Tage wohlversorgt beschließen. 1576 dann kam erneut eine Dame nach Rehna – das Kloster wurde Witwensitz für Anna Sophie von Brandenburg, des großen Johann Albrecht I. schöne Gemahlin, die er 1555 mit großem Prunk zu Wismar geheiratet hatte. Anna Sophie besaß als Witwe auch noch Lübz und Wittenburg. Sie starb in Lübz 1591 und ist im Dom zu Schwerin begraben.

Geblieben sind in Rehna das Kloster mit dem schönen Kapitelsaal und die überaus würdige Klosterkirche, die etwas Matronenhaftes an sich hat und vor der wir einen kleinen Kratzfuß machen und dazu sprechen: „Gu'n Dag ok, Gnä' Fru!"

Ratzeburgs komplizierte Verhältnisse im Laufe der Zeiten

Diethard H. Klein

Ratzeburg spielte, siehe die Beiträge im Kapitel zur Geschichte Mecklenburgs, für die Christianisierung und Kolonisierung des mecklenburgischen Raumes eine bedeutende Rolle, und allein schon deshalb schien es uns richtig, es im Rahmen dieses Bandes hier mit zu berücksichtigen. Der Landbesitz der Ratzeburger Bischöfe wurde aufgrund der Reformation zum weltlichen „Fürstentum Ratzeburg", das im Westfälischen Frieden 1648 dem Haus Mecklenburg-Schwerin zugeschlagen wurde, 1701 jedoch an das neu begründete Mecklenburg-Strelitz überging, um diesem einen Sitz auf den Reichstagen zu sichern; selbständiger Landesteil unter eigener Verwaltung mit Sitz zunächst auf der Ratzeburger Dominsel, später in Schönberg blieb es bis 1918. Seine außerhalb Mecklenburgs liegenden Exklaven Hammer, Mannhagen, Fanten, Horst, Walksfelde und Domhof Ratzeburg gingen erst 1937 an die preußische Provinz Schleswig-Holstein über. Noch „Müllers Deutsches Ortsbuch" von 1927 führt neben „Ratzeburg Domhof", gehörend zu „Amt, Finanzamt, Amtsgericht Schönberg/Mecklenburg", auf: „Ratzeburg Lauenburg, Stadt mit 4556 Einwohnern, Herzogtum Lauenburg". Dies bezieht sich auf die Stadt selbst, die als unabhängiges Gemeinwesen 1062 erstmals erwähnt wird und 1261 Stadtrechte erhielt, nachdem es schon seit 1143 Sitz der Grafen von Ratzeburg gewesen war. Als deren Rechtsnachfolger richteten 1616 die Herzöge von Lauenburg hier ihre Residenz ein, und mit dem Herzogtum Lauenburg kam im Vertrag von Gastein die Stadt an Preußen; der preußische König und nachmalige Kaiser Wilhelm I. wurde zugleich Herzog von Lauenburg.

Die letzten Gebietsveränderungen in diesem Raum fanden erst ein halbes Jahr nach Ende des Zweiten Weltkriegs statt. Der britische Generalmajor Barber und der sowjetische Generalmajor Lyaschenko vereinbarten am 13. November 1945 in Gadebusch zur Bereinigung des Grenzverlaufs folgenden Gebietsaustausch: Die Gemeinden Bäk, Mechow, Römnitz und Ziethen kamen zur britischen Besatzungszone, die von Bernstorff, Dechow, Groß- und Klein-Thurow, Hakendorf, Lassahn, Stintenburg und Techin dagegen (was zu entsprechender Aufregung führte) zur sowjetischen.

Aus der Geschichte der Stadt Ratzeburg

Ludwig Hellwig

So viel wir wissen, ist der erste, der jemals von Ratzeburg geschrieben hat, ein Mann des 11. Jahrhunderts gewesen, und zwar der Bremer Scholastikus Adam in seiner Geschichte des Erzbistums Hamburg-Bremen. Er erzählt, daß der Hauptort der wendischen Polaben, deren Wohnsitze sich bis in die Nähe Hamburgs erstreckten, so heiße. Aber auch der Name der Polaben selbst wird durch ihn zuerst genannt, und so geht man wohl kaum fehl mit der Vermutung, daß beides, sowohl das Volk als der Ortsname, erst in Adams Zeit, das heißt im 11. Jahrhundert, entstanden sind. Denn wie jenes eine Abteilung der in Mecklenburg ansässigen Obotriten bezeichnet, welche ihre Wohnsitze bis zur Elbe (wendisch = Labe) erstreckte, so dieser wahrscheinlicherweise die Residenz des Führers, unter welchem der betreffende Stammesteil zur Selbständigkeit gelangte. Ratzeburg bedeutet nämlich Ratibors Ort, und ein wendischer König oder Woiwode dieses Namens – die Dänen nennen ihn Ratzeburg –, der in der Tat die Polaben beherrschte, ist um 1040 im Kampf gegen die Dänen gefallen. Er mag der Namensgeber für Ratzeburg sein.

Es ist schwer, sich eine Vorstellung von diesem ältesten Ratzeburg zu machen. War es nur ein Burgwall, von Sumpf und Morast umgeben, zu welchem ein einziger versteckter Zugang führte, oder galt der Name weit verstreuten Siedlungen, deren Mittelpunkt jener Burgwall bildete? Das letztere trifft wohl am ehesten zu. Man nannte solche Besitzungen damals ein Burgwardium oder eine Burgwardei.

Um die Mitte des 11. Jahrhunderts bemächtigten sich die Deutschen der Ortschaft, wie anzunehmen ist, im Einverständnis mit dem damaligen Obotritenkönig Gottschalk; 1062 wurde sie förmlich und feierlich dem Deutschen Reich einverleibt in der Art, daß der junge König Heinrich IV., der damals noch unter Vormundschaft einer Reichskommission stand, den Herzog Otto von Sachsen damit belehnte. Der Hauptinhalt der darüber ausgefertigten Urkunde ist folgender:

„Im Namen der heiligen Dreieinigkeit Heinrich von Gottes Gunst und Gnade König. – Da ja […], machen wir hiermit kund, daß wir auf Antrag unsrer vielgeliebten Erzbischöfe Anno von Köln und Adalbert von Hamburg unserem getreuen Herzog Otto um seiner Verdienste willen ein Schloß namens Ratzeburg, das im Polabengau und also in seiner Mark liegt, mit allem Zubehör, das heißt mit Knechten und Mägden hörigen Standes, Höfen und Gebäuden, bebautem und unbebautem Land, Äckern, Wiesen, Weiden, Jagden und Jagdgründen, stehenden und fließenden Gewässern, Mühlen und Mühlgewesen, Fischteichen, Ausgängen und Eingängen, Wegen und Stegen, mit allem Nutzen, der auf irgendeine Weise davon gezogen werden kann, auf ewig gegeben und verliehen haben."

Hierdurch wurde Ratzeburg und seine nächste Umgebung, eben alles, was zur Burgwardei gehörte, ein Teil des Herzogtums Sachsen; später freilich sah man es als Allod, das heißt als Eigengut der Fürsten an.

Wo das in der Urkunde erwähnte Schloß lag, erfahren wir zwar nicht; weil wir aber durch eine spätere Urkunde belehrt werden, daß die Stücke, aus welchem sich der fürstliche Allodialbesitz in unserer Gegend zusammensetzte, sämtlich „auf dem Berge" lagen, so ist zu vermuten, daß auch das hier gemeinte Schloß auf dem Berge und nicht, wie das spätere, in der Tiefe lag.

Man sagt, daß der Grundriß zum Dom mit dem des Braunschweiger Doms übereinstimme, und auch der Lübecker Dom zeigt viel Ähnlichkeit, besonders in der Turmpartie, denn auch für Ratzeburg war zuerst ein Turmpaar vor der Westfront geplant, zwischen dem der Haupteingang in die Kirche führte. Vielleicht hat die Schmalheit der Mittel hier eine Einschränkung bewirkt, vielleicht – und das ist wahrscheinlicher – fürchtete man den Boden allzusehr zu belasten und den Einsturz des Baues dadurch herbeizuführen, denn der Platz, wo der Dom steht, ist künstlich geebnet und an der Westseite erhöht. Bauherr war einer der Konventualen, aber schwerlich nur im Sinne des Aufsichtführenden, sondern als Werkmeister; die Bauleute freilich mußten von auswärts herbeigezogen werden. Sie kamen aus der Gegend des Hausteinbaues, wie die mit dem Meißel ausgeführte Riffelung der Backsteine an der südlichen Eingangspforte und sonst beweist.

Ratzeburg um 1860

Dreißig Jahre und mehr hat man am Dom gebaut. Vollendet ist er vielleicht 1194. Während der Bauzeit wohnten die Konventualen mit dem Prior in einem langen Gebäude unterhalb des Domhügels, welches später durch eine Torhalle durchbrochen wurde und heute noch in vielfach abgeänderter Gestalt als sogenanntes steinernes Tor fortlebt.

Während so die ersten Anfänge entstanden zum jetzt mecklenburgischen Nordteil der Inselstadt, bedeckte sich auch der Mittelrücken mit Gebäuden und Höfen solcher Leute, die von der Nähe der Hauptkirche des Landes und dem Schutze der Hauptburg Vorteil ziehen wollten. Den Mitlebenden schien aber keineswegs auf der Insel eine neue Stadt zu entstehen, sondern sie sahen die Ansiedlung als einen Zuwachs zum alten Ratzeburg auf dem Berge an. Wenn also eine Urkunde von 1261 zum ersten Mal von einer Stadt Ratzeburg als ihrem Ursprungsort spricht, so geschieht das nicht, weil es vorher keine solche gegeben habe, sondern deshalb, weil alle früheren, die in Ratzeburg geschrieben wurden, auf dem Dom gegeben sind.

Allmählich verlegte sich der Schwerpunkt des bürgerlichen Lebens nach der Insel, und man kann sogar das Jahr bestimmen, in welchem sich im Bewußtsein der Bevölkerung ein Unterschied festsetzt zwischen Ratzeburg auf der Insel als der eigentlichen Stadt und Ratzeburg auf dem Berg oder St. Georgsberg. Es ist 1285. Der Grund dazu liegt wohl in der Errichtung einer eigenen Parochialkirche auf dem Inselplateau, die man dem Patron der Fischer, dem heiligen Petrus, sinnvoll weihte. 1238 war sie noch nicht vorhanden, 1301 besteht sie schon lange.

1285 ist auch zugleich das Jahr, aus welchem die älteste Urkunde stammt, die vom Magistrat von Ratzeburg erhalten ist.

Da die Einwohnerzahl der Stadt zu allen Zeiten nur klein gewesen ist, füllte sie mit ihren Häusern nicht den ganzen Raum der Insel aus, sondern beschränkte sich auf den Mittelrücken, während an den Seeufern bloß hier und da einzelne Hütten standen.

Die Hauptstraßen waren die Herrenstraße, die Junkernstraße, die Heiligegeist-, die Pfaffen- und die Brückenstraße. Erstere führte vom Markt nach dem westlichen Ende der Stadt und mündete dort gemeinsam mit der Junkernstraße, die vom Dom her kam – ihr letztes Ende bis an den Heinrichsstein war die Schacksche Straße –, in die zum Lüneburger Damm führende Burgstraße. Die Heiligegeiststraße führte vom Markt in nordwestlicher Richtung nach dem Hospital dieses Namens am nördlichen Ende der jetzigen Hospitalstraße, und die Pfaffenstraße ging vom Markt nach dem Palmberg, die Brückenstraße endlich vom Markt zum südlichen Seeufer, denn von da gelangte man in der Nähe des Orts, wo jetzt das Wilhelm-Augusta-Krankenhaus steht, über die älteste Brücke nach dem östlichen Seeufer hinüber und nach der Malzmühle, die zuerst am Ende des 13. Jahrhunderts erwähnt wurde.

Klein, wie die Einwohnerzahl der alten Stadt, war auch ihre Feldflur, sogar allzuklein; 1230 führt sie den Namen Borchfeld und liegt zwischen dem adligen Hof Dermin und den Feldfluren von Ziethen und Mechow – ein Dorf Bäk gab es damals noch nicht. Mitten darunter war noch ein Gehölz, der „Berkenbusch", aus Eichen bestehend und wahrscheinlich den Schweinen zur Mast überlassen.

Scholastikus: mittelalterlicher Gelehrter; Konventualen: Mönche; Prior: Vorsteher eines Klosters oder dessen Vertreter.

Errichtung des Bistums Ratzeburg

Peter von Kobbe

Um den religiösen und politischen Einrichtungen in den slawischen Provinzen Festigkeit zu geben, welches seit Otto dem Großen vergeblicher Versuch geblieben war, ließ Heinrich der Löwe, sobald es geschehen konnte, sich Wiederherstellung der zerstörten slawischen Bistümer angelegen sein. In diesem Vorhaben aber hemmten Streitigkeiten mit Hartwich, Erzbischof von Bremen, und mit Vicelin über das Recht der Investitur – die große Streitfrage jener Zeiten – des Herzogs Schritte, so daß erst ein Jahr vor dem Tode des gefeierten Gründers von Faldera, dessen Leben Verdruß über die Beschränkung der geistlichen Ansprüche verkürzte, die Wiedererrichtung der seit 87 Jahren öde gelegenen drei Bistümer zustande kam.

Der Erzbischof von Bremen hatte dem Herzog das Recht streitig gemacht, mit der weltlichen Hoheit und den Regalien zu belehnen, unter dem Vorwand, daß dies ausschließliches Recht des Kaisers sei. Des Herzogs damalige Verhältnisse zu Friedrich I. und dessen gegen die geistliche Gewalt beobachtetes System, erleichterten die Einräumungen, welche dem Eroberer des Slawenlandes gemacht wurden. So erhielt Heinrich freie Gewalt in Errichtung der drei Bistümer; es ward ihm gestattet, von den Reichsgütern so viel zuzulegen, als er es für gut befinden und des Landes Umfang gestatten würde.

Höchstwahrscheinlich ist in Ratzeburg das St. Georgskloster, wo die älteste Kirche im lauenburgischen Lande befindlich, bereits zu den Zeiten des Slawenkönigs Heinrich wieder hergestellt worden, da schon 1126 ein Abt von Raceborch in Urkunden erscheint. Gleich nach dem ersten Zug gegen Niclot begannen die Investiturstreitigkeiten mit dem Erzbischof von Bremen, welcher, durch die eigenmächtige Einsetzung des Vicelin in Aldenburg und des Emmenhard in Mecklenburg, den Herzog erzürnt hatte. Auch für Ratzeburg wurde damals ein Bischof, namens Ulrich, bestimmt, dessen Anerkennung und förmliche Einsetzung aber nie erfolgte. Wenn es dem Herzog zwar gelang, die erzbischöflichen Einrichtungen zu hindern, so vermochte er dennoch nicht, selbst dergleichen vorzunehmen, bis nach Kaiser Konrads III. Tode (15. Februar 1152) dessen Sohn Friedrich sich ihm völlig günstig erwies. Die Zurückgabe von Bayern und jene Befugnis in kirchlichen Sachen, welche Friedrich I. wohl erteilte, um alle Zweifel wegen des Investiturrechts zu heben, waren die ersten und wichtigsten Proben der Gunst des königlichen Vetters.

Für Ratzeburg wurde damals als Bischof ernannt Evermodus, ein Schüler des Erzbischofs Norbert von Magdeburg, zuerst des Klosters Unserer Lieben Frauen (1129) und nachmals des Klosters Gottesgabe zu Magdeburg Propst. Als Bischof ist er am 13. Juli 1154 zu Ratzeburg eingeführt; eine der ersten geistlichen Verrichtungen, in welcher er erscheint, war der Dienst beim Leichenbegängnis des am 12. Dezember 1154 zu Faldera verstorbenen Vicelin. Der Sitz des Bischofs war anfänglich auf dem St. Georgsberg vor der Stadt, später, es ist ungewiß wann, räumte Graf Heinrich dem Bischof die Insel bei seiner Burg, das heutige Ratzeburg, ein, und hier ward die Stiftskirche, an der Nordseite des alten Polabenberges, gewiß vor 1172, erbaut. Die Kirche ward der Maria und dem Johannes geweiht. Im Jahre 1157 erfolgte vom Papst Hadrian IV. eine Bestätigung der kirchlichen Einrichtungen des Herzogs, wobei dem Bischof eine Kongregation von zwölf regulären Kapitularen zugeordnet ward.

Investitur: Amtseinsetzung von Geistlichen; Kongregation: Zusammenschluss; Kapitular: Priester

Die Verweltlichung des Stifts Ratzeburg

Ricarda Huch

Schon lange hatte das Fürstbistum Ratzeburg, wie die Zeit überhaupt, seinen Charakter verändert. Die adligen Herren waren nicht mehr so bereit, in das Kapitel einzutreten, seit einerseits mehr Ansprüche an ein kurzweiliges Leben gestellt und andererseits der Klerus weniger geachtet wurde. Das Leben auf der heiligen Insel, die immer sich wiederholenden kirchlichen Zeremonien, kam ihnen vielleicht fade vor. Ganz besonders widerwärtig war ihnen die vorgeschriebene Tracht, nämlich weiße Hosen und blaue Mäntel, die es allen Leuten recht vor Augen führte, daß sie nur armselige Mönche waren. Der Bischof sah ein, daß das Stift herunterkam, wenn statt einflußreichen Adels verschnupfte Bürgerliche, die nichts Besseres tun konnten oder zu tun hatten, die Stellen einnahmen, und wandte sich mit der Bitte an den Papst, die Mönche in weltliche Chorherren umzuwandeln. Julius II. ging darauf ein, und seitdem durften die Kapitelsherren die weißen Hosen nebst blauen Mänteln abwerfen, die Tracht der Weltgeistlichen anlegen, sich der Jagdlust ergeben und häufiger, als sie sonst getan hatten, auf Reisen gehen.

So hatte das Stift schon vor der Reformation einen Schritt zur Verweltlichung getan, und es war vorauszusehen, daß andere folgen würden. Ein Blücher war einer von den ersten, die evangelisch wurden und heirateten, einige Jahre darauf verzichtete Bischof Christoph von der Schulenburg auf seine Würde, um die geliebte Anna von Estorf zu heiraten, und wurde Stammvater der Reichsgrafen von der Schulenburg. Dann, im Jahre 1566, beschloß das Kapitel, die „päpstlichen und abergläubischen" Zeremonien abzuschaffen, und der erste evangelische Prediger, Georg Uslar von Braunschweig, wurde angestellt. Sachte begannen die Herzöge von Mecklenburg ihre Hand auf das Bistum zu legen. Sie zogen Gewinn aus der unverhohlenen Eroberungssucht der Herzöge von Sachsen-Lauenburg: um sich vor ihnen zu retten, wandten sich Bischof und Kapitel den Mecklenburgern zu, indem sie behaupteten, sie, die Herzöge, seien seit alters Schirmherren des Stiftes, was diese zu bestreiten keine Ursache hatten. Abwechselnd mit den braunschweigischen wurden die mecklenburgischen Fürsten Administratoren von Ratzeburg, wie man die protestantischen Bischöfe nannte, und es war kein unnatürlicher Eingriff, als das kleine Fürstentum im Westfälischen Frieden als Entschädigung für Wismar, das an Schweden abgetreten werden mußte, an Mecklenburg fiel.

Kapitel: geistliche Körperschaft.

Es steckt etwas Dörfliches in Hagenow

Hartmut Brun

Es steckt unzweifelhaft etwas Dörfliches in der größten Stadt des Landkreises. Das alte Hagenow, erstmals 1190 erwähnt, war ein einziger, langer, lose bebauter Straßenzug mit wenig hervortretendem Marktplatz und ursprünglich sogar ohne eigenes Rathaus, da die Stadt bis 1756 amtsangehörig war. Die Anfänge der Stadt liegen im Dunkeln, wann sie Stadtrecht erhielt, ist nicht bekannt. Bekannt dafür ist, daß in der Gegend der Stadtkirche ein wendischer Burgwall lag und daß es später ein Rittergeschlecht von Hagenow gab. Einmal wird der Ort als Dorf, dann wieder als Stadt bezeichnet, bis endlich um 1370 ein Bürgermeister und ein Rat der Stadt genannt werden. Ein Stadttor aber hatte Hagenow nie, nur einen Schlagbaum. Diesen sollen die Hagenower dem Dorfschulzen von Pampow geklaut haben, über die Tat entsetzt, wurde der Pampower Dorfgewaltige saugrob gegenüber Hagenows Bürgermeister. Der Herzog schaltete sich in den Streit ein und verfügte, Hagenow dürfe nie Stadttore haben, aber, weil der Dorfschulze sich derart danebenbenahm, den Schlagbaum behalten.

Außer dem schönen alten Amtshaus, ein Fachwerkbau mit Walmdach aus dem Jahre 1757, gab es früher kaum repräsentative Gebäude. Heute hat die Stadt deren genug, moderne und ansehnliche Bauten des letzten Jahrhunderts, die sich bei aller Eigenart trefflich in das Stadtbild fügen. Prägend für das Aussehen des Ortes war das 19. Jahrhundert. Im Zuge der Industrialisierung entstanden auch zahlreiche neue Straßen.

Hagenow besitzt einen der ältesten und schönsten Bahnhöfe Mecklenburgs, das heißt, der bewundernswerte spätklassizistische Bau aus dem Jahre 1846 befindet sich im zwei Kilometer entfernten Hagenow-Land. Daß Mecklenburg auch heute noch als „Land Eien" bezeichnet wird, hat es eben diesem Bahnhof zu danken. Und das kam so: Als Hagenow 1894 noch den Stadtbahnhof dazubekam, druckte die Reichsbahn Fahrkarten mit „Hagenow I" und „Hagenow II", später mit der Bezeichnung „Hagenow-Land" und „Hagenow-Stadt". Man war sparsam und warf die alten Karten nicht weg. So existierten lange Zeit beide Aufdrucke nebeneinander. Damit es keine Verwechslung gab, wurden Reisende bei Ankunft des Zuges mit der schön breiten mecklenburgischen Ansage: „Hagenow-Land-Ei-en!" begrüßt. Das erste, nämlich „Hagenow", ging unter im Lärm des Bahnhofes und so vernahm der Reisende nur die Worte „Land-Ei-en". Die Hamburger waren es, für die Hagenow die erste Station in Mecklenburg war, die diese Bezeichnung auf das ganze Land übertrugen und noch heute nicht nach Mecklenburg, sondern gern nach „Land Eien" fahren.

Die Landstraße, die von Hagenow-Land in die Stadt führt, ist zur Stadtstraße geworden. Schmucke Häuser begleiten sie, und die Farbenpracht ihrer Vorgärten verhalf dem Ort einst zu dem Ruf einer Rosenstadt.

Hagenow war lange Zeit Amtssitz und ist heute Mittelpunkt eines sich reich entwickelnden Gewerbes.

Aber trotz ehemals großer Holzwerke und Ziegeleien hat der Ort nie so richtig aufgehört, ländliche Kleinstadt zu sein. Das änderte sich erst in den letzten Jahrzehnten. Moderne Wohnsiedlungen wurden auf dem Platz ehemaliger Scheunenviertel gebaut. Betriebe der Nahrungsgüterwirtschaft, wie das Kartoffelveredlungswerk 1970 und die Getränkefabrik 1973, entstanden neben kulturellen Einrichtungen. Dafür spricht das Kulturhaus von 1973 und das Heimatmuseum. 1974 in einer Baracke gegründet, zog die museale Einrichtung 1983 in die Lange Straße um und richtete sich in einem hübschen Ackerbürger-Fachwerkhaus mit Speicherboden und noch funktionstüchtigem Aufzugsrad aus dem Jahre 1748 ein.

Hagenow besitzt mehrere Schulen, beispielsweise für Lern- und geistig Behinderte, ein Gymnasium und eine der modernsten Berufsbildungseinrichtungen, und ist Sitz verschiedener Behörden. Das Baudezernat der Kreisverwaltung befindet sich im ehemaligen Landratsamt und in einem neu errichteten Gebäude die Verwaltung der Kreissparkasse Ludwigslust. Die Kreishandwerkerschaft hat sich hier ebenso niedergelassen wie die Wirtschaftsförderungsgesellschaft für den Landkreis. Ludwigslust ist als alte Beamtenstadt Verwaltungszentrum, Hagenow aber der wirtschaftliche Mittelpunkt des Landkreises.

An der Entwicklung des Ortes ist auch das Militär maßgeblich beteiligt. Hagenow ist heute die einzige Stadt im Landkreis mit einer Garnison: daher ist die Bundeswehr wichtiger Arbeitgeber im Ort. Bereits 1937 wurde bei den Sudenhöfer Tannen ein Fliegerhorst angelegt, den nach Abzug amerikanischer und britischer Besatzer 1945 die Rote Armee bezog. Die Russen verließen 1992 Hagenow. Seit 1979 existiert jedoch am Ehmkenberg eine deutsche Garnison, die heutige Bundeswehrkaserne.

Mißtrauisch gegen die Neuzeit

Richard Giese

Das Städtchen Hagenow war seinerzeit sehr mißtrauisch gegen die Errungenschaften der Neuzeit, darum ließ es die jetzige Eisenbahn weit ab von der behaglichen Enge des Marktes an sich vorbeilaufen, auf daß keine Kinder von dem bedrohlichen Vehikel zu Tode gefahren würden. Vom Bahnhof bis in das Innere der Stadt führte ein kleiner unterhaltsamer Fußmarsch. Daher haben im 20. Jahrhundert die klugen Menschen das Auto erfunden.

Warum die Stadt Hagenow
keine Thore hat

L. Kreutzer zu Parchim

In ganz uralten Zeiten war Hagenow noch keine Stadt, sondern ein Dorf. Just wie noch heute die benachbarten „Griesen" waren die Einwohner treuherzig und arbeitsam, aber höchst unsauber und von Herzen klobig. Allein das änderte sich mit der Zeit. Es heißt wol: „Wat einmal tau'n Backeltrog tohaugt is, ward in'n Leben kein Viegelin!" Das trifft jedoch nicht alle sieben Wochentage zu. Denn die Hagenower wurden mit der Zeit wohlhabender, dazu manierlicher, und da dauerte es nicht lange, da erhielten sie vom Landesherrn einen langen Brief mit einem gewaltigen rothen Siegel, darin stand, daß Hagenow von nun an kein Dorf mehr, sondern eine Stadt sein sollte.

Was Bauern waren, wurden somit Bürger; der Schulze wurde Bürgermeister und der Krüger sein Rathsherr.

Den guten Hagenowern war wol eine große Ehre zu Theil geworden, dergleichen hundert Dörfern in hundert Jahren kaum einmal passirt; aber hinterdrein folgte doch wie ein Kometen- oder Drachenschwanz eine lange Schleppe von Sorgen. Davon war eine nicht geringe die, woher die funkelnagelneue Stadt mit einem Thor zu versehen sei und zwar aufs Allerschleunigste. Denn so viel Einsicht hatte Allmänniglich von der Sache, daß es sich nimmermehr schicken wolle, die Stadt gleich den gemeinsten Dörfern noch lange der Thore entbehren zu lassen. Bürgermeister und Rath zerbrachen sich darüber die Köpfe, und die Bürgerschaft half getreulich mit.

„Johann-Vetter", sagte der Bürgermeister zum ehemaligen Krüger, „Du bist Rathsherr, nun thu Deine Schuldigkeit und rathe, woher nehmen wir wenigstens ein Thor? Morgen ist Sonntag, und die Bauern gehen zur Kirche. Wir müssen uns ja die Augen aus dem Kopfe schämen, wenn sie sehen, daß unsere Stadt den Dieben und Landstreichern offen steht, wie dem Fuchs ein unverschlossener Hühnerstall."

„Ginge es nach meinem dummen Verstande", sagte Johann-Vetter, „sollte morgen schon das Thor zur Stelle sein. Da hat der Schulze in Pampow vor seinem Hofe einen capitalen Schlagbaum, ein wahres Prachtstück – so schier und glatt, als hätte ihn Jürgen Kröger sein Bolle geleckt, sage ich, Vetter. Der gäbe im Nothfalle ein excellentes Thor ab. Wie wär es, Vetter Bürgermeister, wir haben just Neumond, und dunkel ist es über Nacht, und mein Fuhrwerk ist bei der Hand, – ich

denke, crepiren wird doch der Schulze just vor Schreck nicht, wenn morgen früh sein Schlagbaum in die Fremde gegangen ist? Und bankerott macht er auch nicht davon."

Gesagt, gethan. Den neuen Bürgern zum Glücke und dem pampower Schulzen zum Unglücke war die Nacht pechrabenschwarz, wie weiland zur Zeit der neunten Plage in Aegypten. Und richtig, am nächsten Morgen stand ein prächtiger Schlagbaum vor der Stadt, und nun konnte doch des Nachts nicht jeder Landstreicher und Dieb stracks und stehenden Fußes in die Stadt rennen, sondern mußte zum wenigsten unter oder über den Schlagbaum hinweg.

„Die Sonne bringt es an den Tag!" heißt es wol. Diesmal that es aber nicht die Sonne, sondern der Schnee, und zwar derselbe, der in besagter Nacht gefallen war. Denn als der pampower Schulze am nächsten Morgen den Diebstahl und mit ihm die Spur im Schnee entdeckte, hatte er nichts Eiligeres zu thun, als den Dieben zu folgen. Und weil diese den Weg in die Stadt genommen hatten, so kam auch der Bauer dahin. Aber nur zuvörderst bis vor die Stadt kam er, denn da versperrte ihm ein prächtiger Schlagbaum den Weg, den er sonst dort nicht gesehen hatte.

Aufmerksam und wehmüthig betrachtete er den schönen Baum, denn gerade so schön war der seine gewesen, der ihm gestohlen war. Und je mehr er ihn ansah, desto bekannter kam er ihm vor. Er rieb sich die Augen ein-, zwei-, dreimal, und als er zum vierten Male mit der verkehrten Hand darüber hinfuhr, da wurde es ihm sonnenklar, daß er gewiß und wahrhaftig vor seinem gestohlenen Baum stehe.

Er wandte sich schnurstracks an den Herrn Bürgermeister und erzählte, wie sein gestohlener Schlagbaum draußen am Eingang der Stadt stehe, und forderte denselben zurück.

Die Aussage des Bauern wollte dem Herrn absolut nicht einleuchten, und er zog sie etwas stark in Zweifel.

Da aber lief dem Schulzen die Laus über die Leber, und er sagte dem Bürgermeister, was er besser unterwegs gelassen hätte, was auch dem Herrn übel gefiel, und was sich von einem Unterthanen nicht schickte, der Obrigkeit zu sagen.

Und weil er nun seinen Schlagbaum erst recht nicht zurück erhielt, ging er hin und klagte dem Herzoge die ganze Geschichte.

Rath und Bürgerschaft der neuen Stadt wurden vor den Landesherrn geladen, und der Bauer auch. Dieser klagte, der Bürgermeister wolle ihm seinen Schlagbaum nicht herausgeben, und der Bürgermeister erwiderte, der Schulze sei hundert Procent über sackgrob geworden.

Darob sagte der Herzog: „Du, Schulze, der Baum ist Dein, damit hat es seine Richtigkeit. Aber Du hast der Obrigkeit gesagt, was sich nicht gebührt, und das hat nicht seine Richtigkeit; denn vor der Obrigkeit mußt Du Respect haben. Darum erhältst Du Deinen Schlagbaum nicht wieder zurück, und das von Rechtswegen! Und Du Bürgerschaft, darfst nicht langfingern. Und weil Du's gethan hast, bleibt der Schlagbaum, wo er steht, und Hagenow soll zu allen Zeiten keine Thore, sondern Schlagbäume haben, und das auch von Rechtswegen!"

So kam der Bauer um seinen Schlagbaum, und die Hagenower erhielten, was sie wünschten, und beides von Rechtswegen.

Schulze: Gerichtsbeamter; Krüger: Gastwirt; allmänniglich: jeder; weiland: damals.

Wittenburg

Hartmut Brun

Für Literaten ein ausgesprochen fruchtbares Pflaster ist die Stadt. Von hier gingen Dichter in die Welt. 1701 wurde der Satiriker Christian Ludwig Liscow, den Goethe sehr bewunderte, in Wittenburg geboren. 1817 der Opernsänger und vorzügliche Reuter-Rezitator Karl Kraepelin und 1861 der plattdeutsche Reimschwankdichter Otto Metterhausen. 1879 erblickten der Romancier und Dichter Hans Franck, 1912 der Erzähler Fritz Meyer-Scharffenberg und 1923 die plattdeutsche Lyrikerin Ursula Kurz in der Stadt das Licht ihrer mecklenburgischen Welt.

Zu den ältesten Orten Mecklenburgs gehört Wittenburg. Das Kirchspiel wurde 1194 erwähnt. Vielleicht gab es da schon ein kleines Dorf, das sich im Schutz einer starken Burg, eben der Wittenburg, entwickelte. Auffallend ist, daß das Gemeinwesen in ältesten Urkunden den deutschen Namen trägt, was vermuten läßt, es handle sich hier um eine rein deutsche Gründung im wendischen Land ohne slawische Vorläufer.

Wittenburg gehörte zur Grafschaft Ratzeburg. Anfang des 13. Jahrhunderts kam der Ort an die Grafen von Schwerin und dann an Mecklenburg. Die eigentliche Stadtgeschichte beginnt aber um 1226 mit der Verleihung des Lübischen Rechts. Zu dieser Zeit wurde auch mit dem Bau der schönen Kirche begonnen; in ihren ältesten Teilen spätromanisch ist sie eine der frühesten städtischen Sakralbauten Mecklenburgs. Mittelalterlich auch die Reste der Stadtbefestigung. In Teilen erhalten die in Backstein errichtete Ummauerung und die ruinösen Rund- und Vierecktürme an der Wallstraße. Auf dem Amtsberg erinnert der untere Teil des Torturmes an die einstige stolze Wittenburg.

Als Wohnhäuser dominieren stark veränderte, größtenteils verputzte Fachwerkbauten des 17. bis 19. Jahrhunderts. Einige tragen Inschriften. Das älteste Haus Wittenburgs stammt aus dem Jahre 1658 und steht am Markt. Es gehört zu den wenigen städtischen Wohnbauten aus dem 17. Jahrhundert in Mecklenburg. Aus dem Rahmen dagegen fällt das massive Haus Kirchstraße 2. Es wurde zu Anfang des 17. Jahrhunderts in Form des Ludwigsluster Klassizismus errichtet.

Auffallend auch das Rathaus, was sicher gewollt war, denn Gegensätzlicheres gibt es wohl kaum, als der Kontrast zwischen altehrwürdiger Kirche St. Bartholomäus und Rathaus. An englische Gotik und gleichzeitig italienische Stile durch säulen- und bogentragende Loggia erinnert das Rathaus. Baumeister des Gebäudes war der widerspenstige mecklenburgische Demokrat Georg Adolf Demmler, der, nachdem man ihn des Schweriner Hofes verwiesen hatte, als „späte Rache" das Bauwerk 1853 schuf. Hinter den Flügeltüren zu ebener Erde im Treppenvorbau war nicht der vermutete Ratskeller eingerichtet, sondern das Depot der Feuerwehr. Wer auf den grandiosen Gedanken kam, den Bürgermeister oben auf das Spritzenhaus zu setzen, ist nicht bekannt.

Die Große Straße ist im Stadtbereich identisch mit der alten Handelsstraße nach Lübeck. Jahrhundertelang lebten die Wittenburger vom Handel auf der Straße und vom Handwerk. Nachdem der Ort 1896 Bahnanschluß bekam, trat gewerbliche Produktion hervor. Heute entwickelt sich Wittenburg stetig als moderner Industriestandort von überregionaler Bedeutung. Der direkte Anschluß an die Autobahn Hamburg-Berlin verhalf der Stadt seit 1990 zu einem sprunghaften wirtschaftlichen Aufschwung, wofür auch Einrichtungen wie das

Sportzentrum sprechen. Im Gewerbegebiet beidseitig der Hagenower Chaussee, gut sichtbar von der Autobahn, haben sich zahlreiche mittelständische Unternehmen angesiedelt: Lebensmittel- und Elektrogewerbe, Holz- und Glasverarbeitung, Dienstleistungseinrichtungen und Fachmarktzentren. Seit 1993 produziert ein Schweizer mit Hamburgern in Wittenburg Musik-CDs. Nicht nur modernste Herstellungsverfahren, auch ein Stück Produktionsgeschichte ist in Wittenburg zu sehen. Direkt an der Autobahn steht eine mehr als 100jährige Holländer-Windmühle, die bis zur perfekten Funktion restauriert wurde.

Boizenburg um 1860

Kriegshandlungen um Boizenburg

Karl August Varnhagen von Ense

Der russische General Tettenborn verlegte Ende August 1813 sein Hauptquartier nach dem Ortkruge, näher an Schwerin, um den Feind enger zu beschränken, und noch mehr zu beunruhigen und zu necken. Nicht genug, daß er von hier aus fortfuhr durch Parteien in klug gewählten Richtungen die ganze rückwärts hinter dem Feinde gelegene Gegend durchstreifen zu lassen, auch in den Lagern selbst ließ er dem Feinde von nun an keine Ruhe. Nacht für Nacht wurden seine Pi-

Karl August Varnhagen von Ense (21. Februar 1785 bis 10. Oktober 1858)

kets angegriffen, zurückgeworfen und in das Lager gesprengt. Durch die Papiere, welche ein aufgefangener Courier bei sich gehabt, ersah man, daß der Feind in beständiger Besorgniß war ernsthaft angegriffen zu werden, und daher die nordwärts des Schweriner Sees vertheilten Truppen zurückrief, um seine ganze Stärke beisammen zu haben. Seine Pikets zog er nun aus Vorsicht alle ein, damit dieselben nicht aufgehoben würden. Tettenborn gab nunmehr den Kosacken Jäger zu Fuß bei, damit der Feind auf den Vorposten Fußvolk erblicke, und ließ jede Nacht die feindlichen Lager alarmiren. Die Jäger schlichen bis auf 30 Schritte zu den Wachtfeuern heran, durch Dunkelheit und Gebüsch gedeckt, und schossen ihre Büchsen ab; der Lärm durchdrang sogleich das ganze Lager und mittendurch hörte man das Gewimmer der Verwundeten. Nach Zurücklassung der Bülletins über die glücklichen Fortschritte der verbündeten Heere zogen sich dann die Unsern wieder auf ihre Posten zurück. Der Major v. Lützow wurde mit einer Partei nach Boizenburg gesandt, welches der Feind aber noch vor seiner Ankunft in eiliger Flucht verließ. Der Major v. Arnim hatte mit der hanseatischen Reiterei bei Vicheln einen guten Angriff gemacht und den Feind geworfen. Durch alle diese glücklichen, zwar kleinen, aber durch ihre Menge zu bedeutendem Vortheile anwachsenden Unternehmungen wurde der Feind immer mehr und mehr eingeschüchtert, und wagte zuletzt aus Zaghaftigkeit sich zu keinem Gefechte mehr hervor. Seine Lage wurde noch bedenklicher durch den Mangel an Nachrichten über die Kriegsoperationen der anderen französischen Heerführer, ein Mangel, der so groß und peinlich war, daß Davoust sogar ein Kind aus Schwerin nach der Berliner Zeitung ausschickte, ohne in diesem Stücke glücklicher zu sein, als in anderen.

Parteien: Abteilungen; Piket: Truppenabteilung; Bülletins: (gedruckte) Bekanntmachungen.

Erlaß des Herzogs Friedrich Franz
vom Juni 1831

Da sich seit einiger Zeit eine von der evangelischen Kirche sich absondernde Secte von Wiedertäufern im Lande hervorgiebt, welche in der Gegend von Boizenburg zuerst entstanden zu sein scheint, so wird allen Polizei- und Gerichtsbehörden hiermit aufgegeben, wenn sich Anhänger dieser Secte in ihren Bezirken anfinden und sich unterfangen öffentlichen Gottesdienst zu halten, das Abendmahl zu reichen, oder Taufhandlungen vorzunehmen, solche ohne Ansehen der Person sofort arretiren zu lassen und an unsere Justizcanzlei Anzeige zu machen.

Arretiren: verhaften.

Strandpredigt auf Rügen

Die Gründung Ludwigslusts
Ernst Boll

Um von dem Geräusche der Welt fern zu sein, hatte der Herzog Friedrich seine Residenz nach Ludwigslust verlegt. Schon im Jahre 1724 hatte sein Vater Christian Ludwig, welcher ein großer Jagdliebhaber war, an der Stelle des jetzigen Fleckens bei dem Dorfe Kleinow den Bau eines Jagdhauses begonnen, aber der Herzog Karl Leopold, welcher damals schon mit seinem Bruder auf das heftigste zerfallen war, hinderte von Danzig aus die Vollendung des Baues durch die schärfsten Maßregeln. Als aber darauf am 3. Juni 1725 eine Feuersbrunst die Stadt Grabow nebst dem dortigen Schlosse, welches Herzog Christian Ludwig bewohnte, in Asche gelegt hatte, und das Neustädter Schloß, welches er nun bezog, auf die Dauer kein genügender Aufenthaltsort für ihn war, begann er im Jahre 1731 abermals den Bau jenes Jagdhauses, welches er nun auch, trotz Karl Leopolds entgegenstehenden Maßregeln, unter dem Schutze der kaiserlichen Commission durch militairische Hülfe zu Stande brachte. Dieses Jagdhaus (an dessen Stelle aber im Jahre 1772 ein neues, geschmackvolles Residenzschloß trat), erkor sich der Herzog Friedrich zu seinem Aufenthalte, und benannte es zum Andenken an seinen Vater Ludwigslust. Da er selbst ein Kenner und Liebhaber des Bauwesens war und an allen dortigen Bauten und Einrichtungen den lebhaftesten Antheil nahm, so blühete der neue, in einer von der Natur sehr stiefmütterlich behandelten Gegend angelegte Ort dennoch bald in sehr erfreulicher Weise auf. Die Sparsamkeit wurde bei dieser Lieblingsschöpfung des Herzogs bei Seite gesetzt, so daß selbst zur Herstellung einer im Sommer in der Regel wasserlosen Cascade vor dem Schlosse nicht weniger als 80 000 Thaler aufgewendet wurden. Im Allgemeinen aber zeigte sich auch in der Bauart des neuen Ortes, so weit er nämlich unter dem Herzog Friedrich entstand, die ascetische, allem weltlichen Prunk abgeneigte Sinnesart dieses Fürsten. Alle von ihm angelegten Straßen bestehen aus Häuserreihen von sehr einfachem, kasernenartigen Aussehen, besonders um den Kirchenplatz herum, wo die Hausthüren, um diesem ein stilles, friedliches Ansehen zu geben, fast immer verschlossen waren, und die eigentlichen Verkehrswege hinter den Häusern sich befanden.

Fast die ganze Bevölkerung des neuen Ortes bestand aus Hofdienerschaft und Leuten, welche in näherer oder entfernterer Beziehung zum Hofe standen. Bei der servilen Gesinnung, die man leider so häu-

180

fig in der Hofatmosphäre anzutreffen pflegt, war es sehr natürlich, daß man in Berücksichtigung der bekannten religiösen Gesinnung des Herzogs den Mantel nach dem Winde hing, und so nahm die Bevölkerung des Orts bald äußerlich ein ganz pietistisches, kopfhängerisches Aussehen an, worauf wir in dem über die Kirche handelnden Abschnitte später noch einmal wieder zurückkommen werden. Manchen Leuten mag es damals auch schon Ernst mit diesem Pietismus gewesen sein, andere aber erheuchelten ihn bloß aus Connivenz gegen den Herzog, und brauchten ihre angebliche Religiosität nur zum Deckmantel für eine Menge von Eulenspiegeleien und schlechten Streichen. Selbst im herzoglichen Schlosse wurden dergleichen Possen gespielt. So fehlte es z. B. in der Garderobe, einem Zimmer im Erdgeschoß, gerade unter den Zimmern des Herzogs, in welchem die Kammerdiener, Laquaien und Garderobeburschen verweilten, zwar nicht an Bibeln und Gesangbüchern, aber eben so wenig auch an Spielkarten, welche fleißig benutzt wurden, wenn man den Herzog fern wußte. Hörte man aber seinen bekannten Tritt auf der Treppe, so glitten die Karten in die Tischkasten, die Gesangbücher traten an ihre Stelle, und man erhob mit lauter Stimme einen geistlichen Gesang. Serenissimus ging dann entweder still vorüber, oder trat ein, freuete sich der Frömmigkeit seiner Diener, und zog sich bald mit einem „ich will euch nicht stören, Kinder" – wieder zurück. Auch Gespenster, die aber mitunter mit Schlägen abgelohnt wurden, ließen sich damals häufig in Ludwigslust blicken, und selbst im Schlosse begann es zu spuken, – wahrscheinlich um den Herzog aus demselben und aus Ludwigslust zu vertreiben, weil der dortige Aufenthalt manchen zu seiner allernächsten Umgebung gehörigen Personen zu langweilig war.

Cascade: Kaskade, Wasserfall; servil: unterwürfig; Pietismus: Reformbewegung im deutschen Protestantismus, die besonderen Wert auf persönliche Frömmigkeit legt; Connivenz: Liebedienerei, Anpassung; Laquaien: Lakaien, Diener; Serenissimus: Seine Durchlaucht.

Mit Herzog Friedrich in Ludwigslust

Thomas Nugent (1766)

Nach Tische kam das Gespräch auf die Religion. Dieser in aller Hinsicht verehrungswürdige Herr hat in Religionssachen sehr viel gedacht und gelesen, und zu meiner Verwunderung fand ich, daß er sogar mit den abstractesten Lehren der Metaphysik bekannt war; dies schloß ich aus seinen Beweisen für das Dasein Gottes und für die Unsterblichkeit der Seele. Auch sind ihm alle Cartesianischen Lehrsätze geläufig, aber ungeachtet aller dieser Kenntnisse ist er dennoch ein Feind aller Eitelkeit und literarischen Prahlerei. Ich bemerkte wäh-

Ludwigslust um 1860

rend der Unterredung, daß er sich sehr über den Verfall der Religion in unserem Zeitalter beklagte, da sie besonders von Staatsmännern so sehr anfängt verachtet zu werden, und nur als ein bloßes politisches Zwangsmittel angesehen wird. Aber trotzdem sollte unser verdorbenes Zeitalter nie einen Fürsten abhalten, die Religion durch sein Ansehn und Beispiel zu unterstützen, und wenn er seine Pflichten nur mit aller Treue erfüllt, so muß es ihm gleichgültig sein, was der ganze Troß von Schwätzern, Hofschranzen und Politikern über sein Betragen für Glossen macht. Er selbst stände (fuhr er fort,) bei vielen in der übelen Nachrede, daß er zu einsam und eingezogen lebe; allein diese voreiligen Richter kennten die Gründe nicht, die ihn nach seiner Ueberzeugung dazu nöthigten. Bekanntlich wäre sein Land durch vormalige Drangsale in Noth und Trübsal versetzt, von Geld und Menschen entblößt, und mit schweren Schulden belastet worden; mithin hielte er es für seine Pflicht, allen unnützen Aufwand zu meiden, um die Last seines Volkes zu erleichtern. Hier in Ludwigslust könne er, fern von allen Zerstreuungen, weit bequemer arbeiten als in Schwerin, wo sich des Anstandes halber viele zerstreuende und unnütze Vergnügungen nicht gut würden vermeiden lassen. Ihm wäre es die höchste irdische Glückseligkeit, sein Volk glücklich zu wissen, aber der Weg zu dieser Glückseligkeit wäre Sparsamkeit, Fleiß und vor allem wahre Verehrung der Religion. Aus eben dieser Ursache hätte er es für nützlich gehalten, das in Schwerin errichtete Theater wieder eingehen zu lassen. Zwar wüßte er wohl, daß das Schauspiel unter einer gehörigen Aufsicht immer belehrend, und in gewisser Hinsicht eine Schule der Sitten werden könne; allein die Erfahrung hätte doch auch schon oftmals das Gegentheil gelehrt. Ueberdem würde in einem so kleinen Staate als Meklenburg das Schauspiel nur eine Anreizung zum Luxus und zur Verschwendung sein, den Müssiggang befördern und den Geist der Industrie verscheuchen. [...] „Ein guter Fürst (pflegte er zu sagen) sollte es sich tief in seine Seele prägen, daß seine Unterthanen gleich ihm Menschen sind; daß er regieren muß, wie die Gesetze es gebieten und daß seine Herrschaft nicht ewig dauert, sondern daß er einst von allen seinen Handlungen Rechenschaft ablegen muß." Seine höchste Bemühung müßte also sein, seinem Volke als ein Muster vorzuleuchten, um ihre Ehrfurcht mehr durch seinen unbescholtenen Lebenswandel als durch den Glanz seiner Hoheit zu erwerben.

Cartesianische Lehrsätze: nach der Lehre von René Descartes; Hofschranzen: niedrige Schmeichler an Fürstenhöfen.

Ein Brief der Großherzogin
Marie von Mecklenburg

Ludwigslust, den 19. Oct. 1881

Liebe Frau von Bülow!

Seit Wochen nehme ich mir täglich vor, Ihnen zu schreiben, Ihren lieben Brief zu beantworten und komme erst heute dazu. Sie kennen das zerfahrene Bade-Bummelleben in Doberan, welches in diesem Jahr durch das schlechte Wetter noch gefördert worden ist, denn in den Häusern war es so kalt und feucht, daß man möglichst viel Luft bedurfte, um sich zu erwärmen und so starken Erkältungen vorzubeugen. An Doberan schloß sich dann gleich der Umzug nach hier, und dazwischen war ich einige Tage in Holstein zu den Manövern des 9. Corps. Vom 20. Septbr. an war das Haus voller Gäste. Erst kamen Großfürst Wladimirs, dann Großfürst Michael mit zweitem Sohn, die von Carlsruhe kommend fünf Tage blieben. Außer diesen waren noch eine Menge einzelner Herren zur Jagd hier und zuletzt noch Graf und Gräfin Stolberg-Wernigerode, Prinz Septi Reuß. Unter diesen Umständen darf ich vielleicht auf Ihre Verzeihung hoffen, nicht wahr? Ich hatte mit herzlichen Wünschen für Sie Ihres Geburtstages gedacht, wollte für diesen Tag schreiben, aber es ging eben nicht.

Sie bitten mich um Nachrichten von den Großfürstinnen Marie und Anastasia. Der letzteren* samt Mann und Riesenkind geht es Gottlob sehr gut. Sie ist ein reizendes Wesen, welches man immer lieber gewinnt je mehr man sie kennt. Da ihre Gesundheit sich kräftigt und sie sich immer mehr einlebt bei uns, so wird sie auch immer lebhafter und lustiger und trotz ihres merkwürdig praktischen Sinnes bringt sich ihre Jugend doch zur Geltung. Der Erbgroßherzog ist ganz der Alte geblieben, leider bleibt ihm auch sein Asthma treu. Ein glücklicheres, zufriedeneres Paar ist gewiß nicht zu finden.

Von der Großfürstin Marie** kann ich leider nicht so gute Nachrichten geben. Die Schrecken des vorigen Winters*** und die fortwährende Angst und Sorge haben ihre Nerven entsetzlich angegriffen und sieht sie elend aus und leidet an häufigen Ohnmachten. Der arme Großfürst genoß hier die Freiheit in vollen Zügen und ist seiner Jagdpassion nach Herzenslust obgelegen. Am 14. sind sie wieder abgereist, es war herzzerreißend zu sehen, wie ungern alle Russen in ihr eigenes grauenvolles Land zurückgekehrt sind. Marie und Wladimir hoffen sehr den Winter in Zarskoje bleiben zu dürfen, da die Majestäten in Gatschina

Großherzogin Marie und Großherzog Franz II. von Mecklenburg-Schwerin

etabliert sind, wodurch alle Theile besser geschützt sind und doch den Geschäften in Petersburg bequem nachkommen können.

Am 27. erwarten wir wieder den geliebten Kaiser zu den üblichen Jagden, sowie auch den Prinzen Carl, der nun einer Mumie gleicht und sich kaum mehr schleppen kann. Am 4. folgt dann der Umzug nach Schwerin, da es für den Unterricht der Kinder nöthig ist, diesmal früher in das geregelte Leben zurück zu kommen. Ich selbst werde noch für kurze Zeit nach Rudolstadt gehen. Der Großherzog, der eben einen „Hexenschuß" überwunden hat, befindet sich im Ganzen sehr wohl und sendet herzliche Grüße. Gottlob sind auch meine Kinder wohl und munter und wachsen ganz entsetzlich. Mit besten Grüßen für die Ihren und dem Wunsche, daß Ihr nächster Brief erfreuliche Nachrichten bringen möchte, bin ich

Ihre herzlich ergebene
Marie.

* Die Erbgroßherzogin, deren erstes Kind, Herzogin Alexandrine, 1879 geboren wurde.
** Die Tochter des Großherzogs, Gemahlin des Großfürsten Wladimir.
*** Im März 1881 fiel Kaiser Alexander II. einem Attentat zum Opfer.

Die ehemalige Oberhofmeisterin Paula von Bülow, 1868 an den Schweriner Hof berufen und dort bis 1880 tätig, schrieb kurz vor der Vermählung der damals achtzehnjährigen Prinzessin Marie von Schwarzburg-Rudolstadt mit

Großherzog Friedrich Franz II. (fünfundvierzig Jahre alt und bereits zweimal verwitwet) ihrerseits über Ludwigslust:

Der Herbst fand die Großherzogliche Familie stets in Ludwigslust versammelt, dem Städtchen mit still lebenden Menschen und dem schönen Schloß, das von großartigen Parkanlagen und herrlichem Buchenwald umgeben ist. Wer Sinn und Augen hat für stille, traumhafte Waldpoesie, der kann sich hier daran berauschen. Zauberhaft waren die Spazierfahrten zu späten Nachmittagsstunden. Weiße Nebelschleier entsteigen den Wiesenflächen und verleihen der Landschaft feenhaften Reiz. Einer Vision gleich fahren die Hofequipagen dahin, denn die dem Erdboden entsteigenden Nebel verhüllen den unteren Teil der Wagen und der Pferde, und so schienen die Reiter, die Viererzüge, die bunten Livreen, die hellen Toiletten der Damen und ihre Trägerinnen wie schwebend durch den Nebel zu gleiten. Der Ludwigsluster Park ist ein Kunstwerk in seiner Art. Die Baumgruppen sind seinerzeit derart angepflanzt worden, daß die Gruppen in verschiedenen Farben prangen. Es gibt Gruppen, die in allen Nuancen von Gelb, andere, die in roten, noch andere, die in braunen Blattfarben schillern.

Equipage: Kutsche als Ganzes, inkl. Personal und Pferden; Livree: Bekleidung der Dienerschaft.

Nich mihr as in Groten Laasch

Edmund Schroeder (1891–1965)

Vor dem Ersten Weltkrieg fuhren einmal zwei Mecklenburger mit der Bahn durch den türkischen Balkan. Sie wunderten sich über die dürftige Gebrechlichkeit der an ihrem Auge vorübergleitenden Dörfer. „Du", sagte der eine, „hier möt dat aewer alle Ogenblick brennen." Da ertönte es aus dem Munde eines rotbefezten, also türkischen Mitreisenden in bestem Plattdeutsch: „Ja, dat deiht dat! Aewer ok nich mihr as in Groten Laasch!" (Das Neustadt benachbarte große Bauerndorf Groß Laasch genoß wegen seiner häufigen Feuersbrünste damals einen Ruf besonderer Art.) Unseren Landsleuten fiel vor Verblüffung die Zigarre aus dem Mund. Und des Rätsels Lösung? Der Türke war ein Techniker, der in Neustadt studiert und nicht nur sein Fach, sondern auch Plattdeutsch gelernt hatte.

Das Körner-Denkmal in Wöbbelin

Eugen Wildenow (1913)

Seine Grabstätte würdig auszugestalten hielt der Vater für seine vornehmste, heiligste Pflicht, und schon im folgenden Jahre konnte dank seiner unausgesetzten Bemühungen am 29. September auf des Sohnes Ruheplatz das vom Dresdener Hofbaumeister Thormeyer entworfene, gußeiserne Denkmal feierlich enthüllt werden. Es besteht aus einem vierseitigen Altar, über dem Leier und Schwert, von einem Eichenkranze umwunden, angebracht sind. Auf der Vorderseite trägt der Altar die Inschrift:

Hier wurde
Karl Theodor Körner
von seinen Waffenbrüdern
mit Achtung und Liebe
zur Erde bestattet.

Die Körnergräber bei Wöbbelin

Die Rückseite enthält folgende Worte:

Karl Theodor Körner,
geboren zu Dresden am 23. September 1791,
widmete sich zuerst dem Bergbau,
dann der Dichtkunst,
zuletzt dem Kampfe für Deutschlands Rettung.
Diesem Beruf
weihte er Schwert und Leier
und opferte ihm
die schönsten Freuden und Hoffnungen
einer glücklichen Jugend.
Als Leutnant und Adjutant
in der Lützowschen Freischar
wurde er bei einem Gefecht
zwischen Schwerin und Gadebusch
am 26. August 1813
schnell durch eine feindliche Kugel
getötet.

Die Inschriften der beiden anderen Seiten des Altars geben Stellen aus Körners Gedichten wieder. Die eine lautet:

Dem Sänger Heil, erkämpft er mit dem Schwerte
Sich nur ein Grab in einer freien Erde!

Die andere:

Vaterland, dir wolln wir sterben,
Wie dein großes Wort gebeut!
Unsre Lieben mögen's erben,
Was wir mit dem Blut befreit!
Wachse, du Freiheit der deutschen Eichen,
Wachse empor über unsere Leichen!

Eine neue Zierde erhielt die inzwischen zu einem Körnerkirchhof erweiterte Grabstätte des Dichters im Jahre 1879 durch die Enthüllung seiner überlebensgroßen Bronzebüste, die auf einem aus Bremer Sandstein bestehenden Postamente ruht und ihren Platz vor der 1868 ebendort eingeweihten Ehrenhalle des deutschen Tyrtäus in der unmittelbaren Nähe seines Grabes hat.

Gebeut: gebietet; Postament: aufwendig gestalteter Sockel; Tyrtäus: griech. Dichter (7. Jh. v. Chr.)

188

Grabow

Hartmut Brun

Die bunte Stadt an der Elde wird Grabow genannt. Das hat sie einer Feuersbrunst zu danken, die 1725 den gesamten Ort samt herzoglichem Schloß in Schutt und Asche legte. Vom 16. bis 18. Jahrhundert war Grabow Nebenresidenz Schweriner Fürsten, die die erstmals im 12. Jahrhundert genannte und 1320 an Mecklenburg gekommene Grenzburg der Dannenberger Grafen im 17. Jahrhundert standesgemäß zum Schloß umbauen ließen.

Nach dem Stadtbrand beabsichtigte der Herzog, Grabow als Musterstadt wiederaufzubauen. Nur die Grabower wollten nicht so recht. Erst als der Landesfürst kostenlos Baumaterial zur Verfügung stellte, entstand auf einer von zwei Eldearmen umflossenen Insel eine geschlossene Fachwerkbebauung. Groß ist die Zahl der typischen Giebel- und Traufenhäuser mit reizvollen Details: Freitreppen mit geschmiedeten Gittern, verwinkelten Dächern unterschiedlichster Form, verspielten Schnitzereien an Haustüren. Der Pferdemarkt ist einer der städtebaulich schönsten Räume der historischen Innenstadt.

Grabow erhielt 1252 Stadtrecht. Aus der Zeit etwa stammt die Kirche. Bis auf die Umfassungsmauer brannte auch sie 1725 nieder und wurde 1733 wiederhergestellt, nur der Kirchturm nicht ganz. Er erhielt ein Notdach. Den alten Turmschluß wiederherzustellen, kostete Geld. Dieses beschafften sich die Grabower, indem sie 1903 für 65 000

Historisches Rathaus, Grabow

Mark den Altar des Meisters Bertram von Minden aus dem Jahre 1379 an die Hamburger Kunsthalle verkauften. Den Altar hatten die Grabower 1734 als Geschenk für die zerstörte Kirche aus Hamburg genauso bekommen, wie die Kanzel von 1555. Diese ist noch in der Pfarrkirche zu bewundern.

Das Rathaus von 1727 besticht durch Anmut und steht in Schönheitskonkurrenz zu dem Boizenburger. Im Ratskeller saß 1839 Fritz Reuter mit dem Bürgermeister, seinem Schulfreund Franz Floerke, beim Schoppen Rotspon beisammen, als er als preußischer Staatsgefangener unter vorschriftmäßigem Gendarmengeleit von Berlin nach Mecklenburg überführt wurde. Das Heimatmuseum gibt Auskunft darüber, auch über eine andere berühmte Persönlichkeit. Zu sehen ist hier ein Foto des Literatur-Nobelpreisträgers Thomas Mann mit Widmung an die Stadt. Seine unmittelbaren Vorfahren waren Bürger von Grabow. Ein solcher auch Gustav Ritter, in dessen restaurierter Pfeffernußfabrik sich das Stadtgeschichtsmuseum 1994 würdevoll eingerichtet hat. Als Unternehmer vertrieb Gustav Ritter Backwaren über Mecklenburg hinaus, als Mundartdichter gewann er Anerkennung im gesamten niederdeutschen Sprachraum.

Berühmter noch als Grabower Pfeffernüsse wurde der Porter aus der 1770 gegründeten Brauerei mit dem lustigen Stadtwappen aus Mond und Sternen auf dem Etikett. Dieser soll sogar auf die britischen Inseln exportiert worden sein.

Für die Entwicklung von Grabow war der Residenzaufbau in Ludwigslust bedeutungsvoll, denn dort bestand bis 1800 ein Ansiedlungsverbot für Gewerbetreibende und Handwerker. Das Handwerk entwickelte sich in Grabow derart, daß es industrielle Formen annahm. Beschleunigt wurde dieser Prozeß noch 1826 durch den Chaussee- und 1846 durch den Eisenbahnbau Hamburg–Berlin. Die Elde-Regulierung 1831 vervollständigte das Verkehrsnetz, und mit der Erweiterung des Hafens 1898 wurde der Güterverkehr auf der schiffbaren Elde belebt. Grabow wurde einer der wichtigsten Getreideumschlagplätze in Südwestmecklenburg. Die verkehrstechnisch günstige Lage zog die Ansiedlung gewerblicher Industrie nach: 1817 Lederfabrik, 1835 Pfeffernußfabrik, 1866 Holzwarenfabrik, 1873 Mineralölraffinerie, 1880 Dachpappenwerk.

Die Produkte aus der Goldleistenfabrik und die Mohrenküsse der ehemaligen Pfeffernußfabrik, seit 1979 als Dauerbackwarenwerk am neuen Standort, sind es, die den Namen Grabow heute weit über Mecklenburg-Vorpommern hinaus bekannt machen. Das neue Gewerbegebiet findet mehr und mehr ansiedlungswillige Unternehmen. Ein Verpackungsbetrieb hat den Standort als Umschlagsplatz und Drehscheibe in Europa für Waren der verschiedensten Art erkannt. Reizvoll eingebettet in eine waldreiche Gegend, bietet die aufstrebende Stadt viel Sehenswertes, Entspannung im großzügig angelegten Waldbad und erholsame Wanderungen in die Umgebung, etwa eldeaufwärts zur Hechtsforthschleuse mit Bootsanleger und Gastronomie. Eine technische Besonderheit gibt es da zu sehen: Eines der wenigen erhaltenen und immer noch Elektrizität produzierenden Wasserkraftwerke Mecklenburg-Vorpommerns.

> Suchst Erholung du beschaulich,
> Wiesenweiten, Waldesruh,
> Komm nach Grabow, wo so traulich
> Dir winkt stille Schönheit zu!

> (Gustav Ritter, 1867–1945)

Däms (Dömitz)

Fritz Reuter

Wer in verleden Tiden in Meckelnborg dat Wurd „Däms" hürte, den würd so tau Maud as weck Lüd', wenn von de Krätz de Red is, hei makte sick ganz 'ne falsche Vörstellung, denn ick heww binah luter ihrliche Lüd' in Däms kennen lihrt. Däms was dunnmals de Ruklas von ganz Meckelnborg: äwer mit Unrecht. Däms hadd sine swacken Siden as minschliche Inrichtung äwerhaupt, äwer as Festung hadd Däms blot starke Siden, trotzdem dat de olle langbeinige Spigelbarg mit de groten Ogen ümmer de Festung in frühern Tiden stürmt hadd, denn hei was ümmer, stats unner dat Dur dörch, baben dat Dur weg gahn. Däms würd verteidigt up de ein Sid von de Elw – grot Elw, lütt Elw, oll Elw, Elwengraben – denn von de Eld – grot Eld, lütt Eld, oll Eld un säben Eldengrawen; von de anner Sid dörch sine natürliche Lag' un den Bokup-Eldenaer-Sand – för 'ne Festung gor nich tau betahlen. – 'T was 'ne grote Gegend, un Voß un Has' säden sick dor „Gun Morgen"; Minschen wahnten dor nich, un sei säden jo, sülwst de Franzos' wir ümkihrt, as de Sand em bet an den Schinken gahn was. – Uterdem würd't noch dörch en Brüggentoll verteidigt; de Magistrat

191

hadd weislich för dat einzige Dur en Brüggentoll inricht't, wo för jedes Pird en Gröschen betahlt warden müßt, dat was den Find tau dür,
un hei führte leiwerst nah den roden Hus un vertehrte dor up Amts-
Rebeit sin Geld in Bradaal un sure Gurken. – Wen Däms tau de Tid hüren ded, wüßt kein Minsch; de Festung hürte den Großherzog, dat säd
hei nich allein, sünnern ok sin Oberstleutnant, den hei as Kumman-
danten dor inset't hadd, un doräwer was ok kein Strid; äwer wen de
Stadt hüren ded? – De Oberstleutnant säd, hei wir nich blot Kumman-
dant von de Festung, hei wir ok as Guwernör von de Stadt, un sinen
Großherzog hürte de Stadt ok, un wenn hei de Festungsklock stellen
ded, denn müßte de Stadtköster sick dornah richten. – De Köster säd
äwerst, hei richt'te sick nah de Sünn; un de Oberstleutnant un de
Großherzog hadden em in de Ort nicks tau befehlen.

As dese Strid so recht in'n Gang was, kamm mit ein Mal en drüdden
Pretendent, dat was de Herr Stadthauptmann Zachow, de bewes' sin
Recht ut de superficies; hei wes' nah, dat em von Rechts wegen all de
Stratenmeß taukamm, un dat jeder an sine Stäweln des Abends seihn
künn, up weckern sinen Grund un Bodden hei spazieren gahn wir. –
Nah mine Meinung, ahn 'ne hohe bundesdägliche Austrägalinstanz
vörgripen tau willen, hadd de Mann recht: Däms hürte em tau. Un hei
was ok bet an sinen seligen Dod en billigen Regent, denn hei regierte
still för sick hen, un jedes Lock in sine Regierung würd mit den Stratenmeß taustoppt – blot gegen den Stadtmus'kanten was hei hart, denn hei
kunn kein Musik verdragen, un wenn hei länger an de Regierung blewen wir, denn wir Däms mäglicher Wis' de einzigste Festung west, de
von den Musikdeuwel nich erobert worden wir. – Em gung't as Lurwig
Philippen, den hett de Herzog von Modena un de Baukdrücker Pompejus in Glatz meindag' nich anerkennt – em erkennte de Oberstleutnant
nich an; sin grötste Find was äwer sin Nahwer Leutnant Lang', de de
eklichte Gewohnheit hadd, des Nachts up de Fidel tau spelen; un sei
seggen jo, hei sall em einmal paddendod un Däms wedder in den Besitz
von den Großherzog spelt hewwen, wat äwrigens grad keine Kunst
was, denn de Stadthauptmann hinnerlet keinen Erbprinzen.

So sach dat in Däms ut, as ick des Nahmiddags Klock drei in den
Jehannsmand eindusendachthunnertunnägenundörtig äwer de
Stadtbrügg führte, un de Schandor den Brüggentoll betahlte. – As ick
in den Gasthus' ankamen was, treckte ick mi en ganzen hagelnigen
swarten Kledrock un swarte Hosen an – de hadd ick mi in Gr... up de
letzt noch maken laten, dat ick minen Großherzog Paul Fridrich doch
kein Schand' makte, un hei doch keinen Lumpen in't Land kreg – un
lep minen Schandoren weg, nah 'ne Tanten von mi, de as Witfru dor

Fritz Reuter
(7. November 1810
bis 12. Juli 1874)

wahnte un mi mit alle mägliche Fründlichkeit upnamm. – Dunner!
Wat was ick för'n Kirl worden! – En swarten Liwrock hadd ick up den
Liw', in de Tasch hadd ick Geld – Franzing, weitst noch? – in't Gewissen hadd ick de königlich preuß'sche Urphede, un nu hadd ick noch
'ne gaude Tanten för de Notfäll; äwer den preuß'schen Schandoren
hadd ick doch noch up de Hacken. Hei grep mi hir wedder, un nu hülp
dat nich, ick müßt mit up de Festung.

Superficcies solo cedit (lat.): Überbau folgt dem Boden, Recht, nachdem z. B. das Haus recht-
lich Teil des Grundstückes ist; Austrägalinstanz: Schiedsgerichtsbarkeit.

Eine Burg in Dömitz wird erstmals 1235 erwähnt, und weil von kreisrunder
Form die Rede ist, wird man wohl einen slawischen Vorgängerbau annehmen
können. Nur zwei Jahre später richten die Dannenberger Grafen, die dem Ort
dann auch das Stadtrecht verleihen und ihre Residenz dort einrichten, hier einen
Elbzoll ein. Nach mancherlei anderer Zugehörigkeit gelangt Dömitz 1372 an
Mecklenburg, und Herzog Johann Albrecht I. lässt hier in den Jahren 1554 bis
1565 von dem aus Brescia berufenen Baumeister Francesco a Borna die stärkste
Festung des Landes in Form eines regelmäßigen Fünfecks mit Eckbastionen er-
richten. Sie wird nach Plänen G. E. Piloots aus Emden 1626/27 durch Bastionen
und Verbindungsmauern verstärkt und in den Jahren 1851 bis 1865 an moderne
Fortifikationstechniken angepasst und ist heute die einzige in ursprünglicher
Form erhaltene Festung Norddeutschlands. – Die Stadt selbst, in der um 1492
der „Luther Mecklenburgs" Joachim Slüter geboren wurde, war um 1900 einer
der wichtigsten Elbhäfen zwischen Hamburg und Magdeburg; zur Entwick-
lung als Industriestandort trug vor allem die 1892 gegründete Dynamitfabrik
bei.

IV. Der Nordosten –
von der See bis zu den Seen

Vagel Grip

John Brinckman

Ol Rostock – min ol Vadderstadt!
Ick heww di gor to leew,
So leiw, förwor! – ick weit nich, wat
Ick üm di leet un geew.
Ick bün nu mennig Jor all furd,
'N bäten all verspakt,
Man Rostock, dat's sonn'n eigen Wurd,
Dat frisch mi wedder makt.

Ick deer min Tid mi orig üm,
Wo dat woll bäter wir;
Nah Ost un Westen keem ick rüm,
An dusend Mil un mir;
Nipp keek ick to, doch fünn ick ball
Dat slichter, as ick droemt:
Van vörrn dor wir dat muert all
Man achter wir dat kleemt.

Dat allerbest – dat allerbest,
Dat in dei Frömm' ick seeg,
En smuck lütt Fortüg is dat wäst,
Dat dor vör Anker leeg;
Noch lang höl dat kein hunnert Last,
Man wat mi denn so freugt –
Dat wir, dat van sin baewelst Mast
Dei Vagel Grip hett weigt.

Dat wir dei Bucht van Halifax,
All Schäp in'n Sünndagsstat;
Dor weigten hunnert Junionjacks
Dannbrogs un Hanseat,
Hollannsch un Fransche Trikolur,
Dei Yanki Stirn un Strip, –
Man kein so flott und kein so stur
As du, ol Vagel Grip!

Ick keek un stünn un stünn un keek
Un har un kreeg nich nog;
Dat wör mi üm dat Hart so week,
Un natt wör mi dat Og.
Mi dücht, as prait dei Vagel dor
Mi an in enßen furd:
– – Kumm! – för dei Warnow sünd wi klor,
Kumm furst man mit an Burd!

Stür südlich du un nurdlich Kant,
Wohen dei Wind grar blößt, –
Peil du di jere Purt un Strand
Dei Ros' rund, Ost un West, –
Stäk du din Kabels ut all beir,
Din stiw Nikastel-Kär …
To Hus ist doch dei beste Reir,
Dei säkerst Ankerstär! – –

Ick heiß di an min Gaffel hier
Hüt up, ol Vagel Grip!
Mit di, ol irlich Flagg! dor stür
Min Bauk ick as son'n Schip.
Is't ok kein'n groten Urlogsmann,
Un ok man ring sin Fracht …
Ein süht sick doch dat Gaut ens an,
Finnt, wat ein söcht grar, sacht. –

Vagel Grip: Vogel Greif, Wappen Rostocks; Junionjack: englische Flagge.

De Pingstmark tau Rostock

John Brinckman

Dat wir so gegen Fastnacht rüm wäst: willdeß har sick jo nu dat Jor bät nah Pingsten ran luwt. Min Ol un Bradhiring wiren all 'n por Wochen wedder in See, min Ol nah Krischania un ol Bradhiring van den Emanuel nah Rowan. Dei Bauden an 'n Strann'n van dat Borgwalldur, an 'e Ballaststär vörbi, bät nah dat Petridur, wören ein nah dei anner upstellt för dat Pingstmark, un wi Jungs, min Kumpans van 'e Ballaststär, Jochen Beis, Vogel Strauß, Hans Holtfräter, Ete Kock, un wo sei noch all heiten deden, har'n dat mächtig hild nahmiddags nah dei Schaul mit dat Taukiken bi dei grot Bireiterbaur un dei grot Menajerie, dei Timmermeister Wölfelt un Zacharius Dierksen dor upslahn deden, un mit dei Karreßels, un nahsten mit dat Klaribospill achter dei Bauden, Junge di! Un Fridag-Abens vör dat Pingstfest dunn tröken dei Juden in ut Meusling un Israelsdörp un Altona, ut Teterow un Kröplin, all up grot Planwagens, Achum machechum, machachum! Schalemichum, Schalamachum, Junge di! Hepp – hepp – hepp – Schachermachei! Un Fru Schrödern ut Lübeck mit dei Appelsinen wir ok all ankamen, un dei Stettiner Potteryachten legen ok all bi den Krahn an dat Borgwaller Dur; un ol Tanten Möhnen har mi seggen laten, ick söl mi den tweiten Festdag man dat biwußte afhalen, un dat wir ümmer 'n lübsches Markstück; un ol Vetter Meyer har mi up 'e Strat drapen, – taufällig wir dat nich, denn ick wüßt prick dei Tid, wenn hei 's abens nah Blocken an 'e Blaudstrat mit sin lange Pip stüren deer, – un har to mi seggt: „Na, Andrees, vergät dat ok nich un lat Di ens negste Dag's bi mi seihn!" – un dat bidür'te ok 'n lübsches Markstück, un dortau viertein'n Dag' kein Schaul un kein Eloquentsch nich. Junge di, dat wir fein! […]

„Du sülben" – sär min Olsch – „deerst am besten, wenn du ok man glik rüm güngst nah Kasper-Ohmen un dormit förleiw nehmst. Du heßt jo hür't, wat dor all in 'n Grapen un an 't Spitt is. Grot anrichten dauh ick hüt nich; dor bün ick nich nah in 'e Stimmung. Vatting is in See, weißt du; un denn is dor aewerall kein Ursak nich to Rösten un Kösten, un is dat ok teinmal 'n hogen Festdag. Dor is noch dat bäten Hartslagsupp van Fridag in dat Fleigenschapp; dat mak ick uns warm, denk ick. Ore wißt du nich leiwer rüm gahn? An 'n schicklichen Vörwand fält di dat jo nich, Andrees! Dor liggen dei Affisen, dei nimmst du rüm. Rut smiten ward Kasper-Ohm di nich, un blör' Hunn'n warden nich fett, min Saehn!"

Ick wör nahdenklich un aewerlär mi den Fall. Upwarmt Hartslagsupp? hum! – 'n afrürten Klump, roden Sega in Franzwin, Kalwerbraden? hum! – un denn noch vilicht 'n lübsches Markstück achterher? hum! – Ick sär also kein Wurd, nehm stillswigens dei Affisen un dat nah Kasper-Ohm rüm.

„Also Er geiht dor doch nah" – sär min Öhme, as ick rin keem – „wur ick mi dat nich dacht heww! Denn kriggt Er dor ok wat van af. Am En'n kriggt Er doch noch Manier, Jonge!"

„Szü mal einer mich an, Andreeßing" – sär min Möhme un twinkelt' mit 'e Ogen. – „Büst du mich auch da, Kinting? Ungebeten Gästen hören mich eigentlich, ich will nich sagen wo. Na, das is mich man schön, daß du auch da wärest. Hättest du mich auch die Beine gut an die Matte baußen abgepeddt? Du hättest mich immer so viel Müll an deine Sohlen, Kind, gänzlich abgesehn von Pick un Teer; ich weiß nich, wo du mich das man immer herbringen tätest! Da kuck mich mal Euchaching an!"

Dit trök mi jo nu mächtig in 'e Kron, dat min Möhme mi so spitz keem; man ick slök dat in mi dal un sär to mi: „Na, täuw man, dorför sall er dat Afrührt nahsten Bischeed seggen!"

Dunn nehm aewersten Kasper-Ohm min Parti. „Wat seggst du dor, Fru? Ungeladen Gasten, seggst du? Wurans ungeladen Gasten? Ick heww den Jongen dor seggt, wat wen dornah geit, wat der dor ok wat van kriggt. Nu hett der Jonge mal den Verstand hatt ond is dornah gahn, ond nu kriggt er dor ok wat von af. Ond nu will ick di wat seggen, Greeten! Nu haalst du mi noch enen Salvijetten ond deckst em for den Jongen ond wenn der Jonge ok negen un negentigmal en murdverbrannten Rebeller is ond nich lang' dornah henkik, wat er in Teer peddt oder wat er dor nich in peddt, min Süster Illschen er Jonge is er, ond min Süster ehr Jonge bliwwt er, ond all dat anner is mi man Fromaschi, as der Hollander seggt, oder seggt dat der Franz-mann? Ond mit nah de Kunstrüders geit der Jonge nu ok, wann ick mit Eukurivussen ond Greeten dor morn nahmiddag nach hengahn doh!" […]

„Kann sin, dat der Jonge doch noch Manier krigen deit, de Maeg-lichkeit is dor" – sär dunn Kaspar-Ohm, as Dürten Peyßen grar den Sega in Franzwin updrägen deer, un Greitenwäschen kek mi mit er grallen Ogen so fründlich an, as wol sei seggen; „Dat näm ick di gaud, Andrees!"

Dat bäten Mund vull Äten wir jo nu so gaud, as dat jichtens warden künn. Dürten Peyßen verstünn sick dorup, un dor ick nu doch einmal Kasper-Öhmen dei Ihr andahn har un bi em förleiw nehm, so leet ick dor jo ok keinen Kummer nich in kamen, so dat Kasper-Möhme mi tweimal scharp dorup ankek un to mi sär:

„Kinting, Andreeßing! Ich bitte dich, du überissest mich dich noch! Nich als ob es dich nich gegönnt wäre – ich gönnte dich das jo gerne – man das kann mich jo nich ausbleiben, daß du mich noch die Magen-krämpfen kriggst, un dann mißt mich dein Mutting am End noch die Schuld davon bei. Du büst mich jo woll ausglasürt un hast mich jo woll keinen Bodden nich. Euchaching is mich nich so; Euchaching weiß mich woll, was sich schicken täte un was anständig wäre."

Min Trummelfell wir aewersten grar in dissen Punkt väl to dick för so 'n zorten Knüttelsticken, dor geew dat keinen Ton nich up an, as Stadtpiper Kierhahn in Wismer sin ein Pauk, wo ok ümmer irst mit 'n isern Hamer up los baekert warden mößt, söl dei wat van sick hüren laten.

Un Kasper-Ohm, dei, markt' ick, günn' mi dat, denn dei langt' mi den Bradenteller un den Schüpott tom drürnmal hen un sär to sin Fru:

„Fru, der Jonge is eenmal dornah gahn, der Jonge kriggt dor ok wat van af, ond nu kümmt er ok noch mit in der Menascherie."

Har Kasper-Möhme noch nich den lütten ingedrögten Kopp mit dei lange, hoge un spitze Näs schürr't, denn füng sei nu an, em to schürr'n. „For meinswegen man immer zu, Kasping!" – sär sei – „for meinswegen nimm ihn mich auch man noch mit in die Wachsfiguras; das wären mich denn schon drei Markstücken. Erste Rang gehst du mich jo doch, un auf Geld käme es dich jo nich an. In die Affisen steht mich jo noch weit mehr, was es allens am Strand zu sehen gäbe un was allens Geld kosten täte; for meinswegen könntest du Andreeßing jo recht gern in allens mitnehmen, was dich man gefiele. Hollandsche Waffels wären da jo woll auch noch. Wo doller, wo besser! Und mich täte es jo ganz recht sein, un wenns du Andreeßing einen doppelten Hollandschen zugedacht hättest, mich schlüge da jo keine Ader nach, nee, mich nich, mich ganz gewiß nich! Auf doppelte hollandsche Dukaten käme es dich jo nicht an, wenns du man deinen Willen kriegtest."

Dunn lär aewersten Kasper-Ohm sin Metz un Gawel dal un kek Kasper-Möhme mit 'n penetranten Blick an, scharp as 'ne Packnadel, un as wir er Seelensack so kaput, dat dor 'n düchtigen Flicken upsett't warden mößt:

„Du nimmst mi dat Word ut den Mund, Fru!" – sär hei. – „Wann ick mit Euchorivussen nah de Figuras gah, denn geit mi der Jonge ok mit, ond wann ick dat for gaud estimeer, wat Euchorivus in de Panoram mitkamen deit ond bi Mynheer van der Plömerstaken Waffels ett, dann so geschüht dat, ond dann so ett der Jonge ok weck, ond ob dat een mire oder aewersten een weniger is, dat is mi Fromaschi, as der Hollander seggt, oder is dat der Franzmann? Ond wann ick den Jongen eenen duwwelten Hollandschen taudacht hadd, wat sin kann, wat aewersten ok nich sin kann, dann so kriggt er eenen, ond wann dor ok Holland in Not över kem un Pankrott maken müßt, krigen ded der Jonge em denn doch, ond wann dat der letzte in der Welt wir, dann so kreeg er em doch. Der Jonge hett Manier hatt, ond nu kriggt er ok noch een Glas Win to den Braden, denn wen dornah geit, der kriggt dor ok wat van. Greeten! stah man up, Greeten! ond segg Duricken, se sall mal eens een Boddel van den roten Langproppen ruppe halen, ond hier hest du den Slaetel to de Winburten in den Achterkeller."

Dunner-Narn – sär ick to mi – geiht dit man noch ein Vittelstunn'n so furt – denn ward dat Läuschen van den Dukatenkacker wor. Man Kasper-Möhme bigrep sick; dat möcht er sur naug ankamen, man sei bigrep sick; man dat Rot van er Backen, dat set' all in eren Gäwel so dat die Näsenspitz utsehg as 'ne Blaudwußt, dei in 'n Rok sall. Sei weg' nu still, aewer dat Koppschürren un Ogentwinkeln dat güng nu so flink as 'n Warwel up 'ne Trummel un 'n Triller up 'ne Fläut, un as sei bi den groten Afrührten an to sniden füng, dunn wörn dei Stücken duwwelt so grot, so flögen er dei Fingern.

Ick möcht jo natürlich minen Öhme nich argern, denn hei stünn mi neger in dat Blaud as Kasper-Möhme, un so güng ick denn ganz in Kasper-Ohmen sinen Geist in un et em to Leiw' so väl van den Afrührten, dat Kasper-Möhme 'n flehentlichen un rührsamen Blick gen Himmel smet, as ob sei in sick sülben rin bäden deer: – „O du großer Vater im Himmel, vergib mich ihm, er weiß mich nich, was er täte!" – un dortau drünk ick min twei Spitzgläser van den moygen Rotspohn mit so 'ne Gewissenhaftigkeit ut, dat ick eig'nlich noch 'n drürres dorför verdeint har, un dat min Pflichtgefäul sülben Prost! to mi sär, as wi van Disch upstünn'n. Man as ick dunn sülsten ok min Möhme 'n gesägenten Prost wünschen un 'n Kratzfaut dortau maken deer, dunn künn sei dat doch nich laten un sär to mi:

„Wann dich das man so gut bekäme, Kinting! as ich dich das gerne gegönnt hätte, denn müßt ich die Wahrheit nich die Ehre geben, un denn tätest du mich groß Unrecht, Andreeßing, un das tätest du mich jo woll nie, so artig as du mich immer bist, wenn auch dein lieber Onkel meinen täte, was deine Manieren nich immer so wären, mein Liebling!"

GABER.

200

Mekelburger Stielmus

1 kg Mairübchen (kleine gelbe Kohlrübchen), 40 g Schweineschmalz, 30 g Butter, 1 gestrichener Eßl. Mehl, $^1/_4$ l Milch, Salz, Pfeffer, 1 Prise geriebene Muskatnuß, eventuell 1 gestrichener Teel. Instant-Fleischbrühe

Die jungen Mairübchen (Stiele) waschen, in 5 cm lange Stücke schneiden und in dem Schweineschmalz und etwas Wasser 30 bis 40 Minuten dünsten. Inzwischen aus der Butter und dem Mehl eine Mehlschwitze bereiten und diese mit der Milch ablöschen. Mit Salz, Pfeffer, der Muskatnuß und eventuell auch mit Instant-Fleischbrühe würzen. Die helle Sauce über das Gemüse gießen.

Bei der herzoglichen Tante in Ribnitz

Hans von Schweinichen (1578)

Sodann machte ich mich wieder auf, weil ich in der Herberge ausquittirt war und zog Ihro Fürstlichen Gnaden ins Kloster Ribnitz nach, wo ich von meinem Herrn mit großen Freuden empfangen ward, da er vermeinte, ich werde [aus Rostock] eine große Geldsumme mitbringen. Wie ich den Erfolg meldete, waren Ihro Fürstliche Gnaden gleichwohl zufrieden. Es lagen Ihro Fürstliche Gnaden sechs Tage im Kloster zu Ribnitz und wurden nach Gestalt der Sachen wohl gehalten. Ich mußte zwar die gute, alte Aebtissin um 300 Thaler zu leihen ansprechen, aber sie entschuldigte sich, daß es bei ihr nicht vorhanden wäre; jedoch war die gute Frau Aebtissin so geneigt und schenkte Ihro Fürstlichen Gnaden 100 Goldgulden, welche Ihro Fürstliche Gnaden auch mit Dank annahmen. Wir waren sonst lustig und ich hatte diese

Barth

zwei Tage über zwei Räusche. – In Barth wurden Ihro Fürstliche Gnaden gerne gesehen und lagen acht Tage stille, brachten die Zeit mehrentheils mit Fressen und Saufen zu, denn sonsten hatten Ihro Fürstliche Gnaden dort nichts zu thun. Wir waren aber wohl gehalten und hatten gute Bequemlichkeit; ich hatte sieben große Räusche. Darauf reiseten wir nach Ribnitz zurück und dann über Rensow (südlich von Tessin) zu Claus v. Oldenburg in Watmannshagen, einem ehrlichen Manne, der mich zuvor für einen Sohn angenommen. Er sahe Ihro Fürstliche Gnaden gerne und gab, was das Haus vermochte. Lagen also drei Tage stille und waren lustig und guter Dinge. Er hatte eine schöne Tochter, die ich was lieb gewann.

Der schlesische Junker Hans von Schweinichen war eine zeitgenössische Berühmtheit vor allem wegen seiner legendären Trinkfestigkeit. Mit seinem Herrn, dem Herzog von Liegnitz, reiste er durch die Lande, um Geld zu beschaffen, und darüber hat er eine amüsante Beschreibung hinterlassen. Des Herzogs Tante Ulrike war Äbtissin im Klarissinnenkloster zu Ribnitz.

202

Des Schwedenkönigs Gustav Adolf
Botschaft aus Ribnitz (1630)

Wir Gustav Adolf usw. fügen hiermit euch, der beiden Fürstenthümer Meklenburg eingesessenen Unterthanen, geist- und weltlichen Herren, Adel, Bürgern und Bauern, Niemand ausgeschlossen, hiermit sammt und sonders zu wissen: – Welchergestalt wir mit höchster Verwunderung vernommen, und gleichsam vor Augen ansehen müssen, daß euer nicht wenig eure von Gott vorgesetzte uralte landesfürstliche hohe Obrigkeit, unsere freundlichen lieben Vettern, Brüder und Gevattern, die hochwürdigen hochgebornen Fürsten, Herrn Adolf Friedrich und Herrn Hans Albrecht, Gebrüder, Herzoge von Meklenburg usw., als sie von dem General von Wallenstein, wider göttlich und aller Völker Recht, die natürliche Billigkeit und Reichssatzungen, insonderheit aber den hochverpönten deutschen Landfrieden, ohne einzige gegebene rechtmäßige Ursache, mit Kriegesmacht überzogen, – wider Gottes ausdrücklichen Befehl und eure schwere Pflicht, Eide und Schuldigkeit (damit ihr sowohl Ihro Liebden als eurem gemeinen Vaterland, bevoraus aber der allein seligen evangelischen Gemeinde in Deutschland hoch verbunden,) dergestalt liederlich deserirt und verlassen, daß ihr den Rest damit schändlich geärgert und zu gleichmäßigem Abfall verführt, ja euch theils gar in des Wallenstein Dienst, ehe und bevor ihr von gemeldeter eurer landesfürstlichen Obrigkeit eurer Eide entlassen, vergessentlich begeben.

Wann wir uns aber in viel Wege verbunden finden, uns unser so naher Blutsverwandten wider derogleichen verhaßte verdammliche ungerechte Gewalt und Bedrängniß durch ungezweifelten Beistand des Allerhöchsten so weit mit christlichem Eifer anzunehmen, daß sie zu dem Ihrigen fördersamst völlig wieder gelangen mögen, zumal uns als einem Glied der evangelischen Kirche obliegen will, auf die Conservation unserer allein seligmachenden Religion (anderer nunmehr der ganzen Welt vorgelegten und uns zu diesen Waffen bewegenden Ursachen zu geschweigen,) ein wachendes Auge zu haben, und zu diesem Behuf nunmehr mit einer Armee zu Roß und Fuß nach glücklicher Eroberung des Ribnitzschen Passes in Meklenburg angelangt: So wollen wir euch sammt und sonders gnädigen Ernstes, kraft dieses unseres offenen königlichen Briefes, zuförderst wohlmeinend ermahnt haben, daß ihr Angesichts dieses, wie christlichen, rittermäßigen und redlichen tapferen Unterthanen gebührt, nicht allein eurer alten von Gott und der Natur vorgestellten Obrigkeit, den Herzogen

von Meklenburg, wieder beitreten, und euch nach Vermögen wohl ge-
armirt zu uns in unser Lager, oder zu andern unseren Truppen, wo dieselben sonst in oder bei den Fürstenthümern Meklenburg anzutreffen,
verfüget, – sondern auch alle diejenigen, welche das Commando, Namen und Titel des von Wallenstein führen, prätendiren, oder demselben, es geschehe auch unter was Vorwand es wolle, in einige Wege zu
assistiren oder zu Hülfe kommen, wie Feinde und Räuber Gottes, der
evangelischen Kirche und des Vaterlands Verfolger gefangen nehmt,
zu uns überbringt, überfallet, niederschlaget und austreibt, und also
nichts mit allem unterlasset, was zu oberwähnter eurer Schuldigkeit
erfordert wird. Dafern ihr nun dem allermaßen nicht nachzusetzen,
sondern euer vermeintes Wohlleben, Habe und Güter mehr als eure
Pflicht, Ehre und Seligkeit respectirt und liebt, wollen wir euch als
Meineidige, Treulose und von ihrer Obrigkeit abtrünnige, ja ärgere
Feinde und Verächter Gottes und seiner Kirche, denn die Widerwärti-
gen selber, mit Feuer und Schwerdt zu verfolgen und zu bestrafen un-
vergessen sein, den Willfährigen aber hiermit nach Befindung unsern
königlichen Schutz, Gunst und Gnade mildiglich angeboten haben.

Verpönt: durch Strafe gesichert; deserirt: desertiert; Conservation: Erhaltung; prätendiren:
Ansprüche auf etwas erheben.

Der Rector aus Ribnitz betete

Aus einem Reisebericht des Thomas Nugent (1766)

Das Wirthshaus, wo wir einkehrten, sah zwar von außen sehr kümmerlich aus, allein wir wurden doch sehr gut bewirthet. Uebrigens waren in dem ganzen Hause nur zwei sehr mittelmäßige Betten, welche von zwei Reisenden in Besitz genommen wurden, und die übrige Gesellschaft, welche noch durch andere dort angekehrte Reisende vergrößert war, lag auf der Streu. Ein solches Lager ist so sehr schlecht eben nicht, als man wohl denken sollte. Das Stroh wird nämlich auf die Erde hingestreuet und zum Haupte etwas erhöhet; alsdann wird ein Bettuch darüber gedeckt, für jeden ein Kissen hingelegt, und dann legen sich alle in einer Reihe hin. Etwas undelicat ist es freilich, daß auch die Weiber in eben dem Zimmer schlafen, indessen kleiden sie sich nie ganz aus, sondern ziehen in einem anderen Zimmer nur bloß ihre obersten Röcke ab. Das Zimmer ist gewöhnlich eben so heiß, als der Ofen selbst. Bevor wir uns niederlegten betete der Rector aus Ribnitz, welcher auch mit der Post fuhr, ein Abendgebet, und die ganze Gesellschaft betete äußerst andächtig mit ihm. Obgleich wir nur drei bis vier Meilen gefahren waren, so war ich doch so müde gestoßen, als wäre ich in England 100 Meilen gereiset ... Zwischen drei und vier Uhr Morgens wurden wir wieder geweckt, und nachdem wir unseren Kaffee getrunken hatten, was man in Deutschland nie versäumt, wurden die Pferde wieder angespannt, und so ging es allmählig weiter. Aus dem gewaltigen Stoßen und Rütteln des Postwagens merkte ich wohl, daß sich der Weg seit gestern noch nicht viel gebessert hatte, denn wegen der Dunkelheit konnte man noch nichts sehen. Endlich als der Morgen anbrach, stimmte die Gesellschaft sehr andächtig ihren Morgengesang an. Ein schwedischer Officier, welcher sich unter den Passagieren befand, sang am allerbesten, und man hätte glauben sollen, daß er eher im Stande sei einen Chor Sänger zu dirigiren, als eine Compagnie Soldaten zu commandiren ... Die Wirthshäuser an den Landstraßen sind fast ebenso, wie in Westphalen. Sie haben keine Schornsteine, sondern der Rauch geht zu den Thüren hinaus; nur findet der Unterschied statt, daß hier nicht Menschen und Vieh zusammen in einem Zimmer logiren, wie dies in Westphalen Mode ist. Schwerlich erlangt man in diesen Häusern einen Tropfen Wein, und außer Brod, Speck und Käse auch selten etwas zu essen.

De Tigerjagd

Fritz Reuter

Up Fischland is't en wohren Spaß,
Dor heiten s' alltausamen „Klas".
„Klas, segg mal, Klas", so fröggt de ein,
„Klas, hest du minen Klas nich seihn?" –
„Ja", antwurt denn de anner, „Klas",
„Din Klas, de gung mit minen Klas
Tausamen nah Klas Klasen sinen Klas." –
Na gaud! Von Klas Klasen sinen Klas
Vertell ick jug en netten Spaß,
Den hei mi sülwst vertellt eins hett.
Dat Läuschen is ok gor tau nett. – –
So fung hei an: „Ick führt enmal
Up eine nige, smucke Brigg
Von Rostock nah Ostin'jen dal.
Dat was 'ne moy Fohrt un't durt ok nich
Grad all tau lang', dunn läden wi
Ganz dichting vör Ostin'jen bi.
Na, wer dor jichtens weit Bescheid,
De ward mi instahn, dor is't heit;
Un up de olle, nakte Brigg,
Dor brennt de Sünn ganz mörderlich.
Wi kakten in de Sünn uns Kaffe,
De Hälften Lüd verbrennten ihre Näsen,
Dat Hor, dat snirrte von den Kopp so 'raffe,
De Tunner in de Tasch fung an tau gläsen,
Un unsen ollen Stüermann,
Den smölt'ten sine Knöp herunner von de Jack;
Dat ganze Schipp, dat fung tau dampen an,
As wenn so'n Wallfisch rokt Toback. –
,Klas, spaud di, kumm!', seggt uns' Kaptain,
,Wi will'n mal ranner an dat Land,
Un will'n uns dor mal an den Strand
Eins nah en beter Flach ümseihn.
Wenn dit en beten länger durt,
Denn seng ick an, halw bün 'ck all smurt.'
Na, dat was gaud, wi kemen denn
Ok an dat Land heran un läden

Uns an den Strand in't Käuhle hen,
Wo olle Tunnen liggen deden.
Wi legen achter eine grote Tunn,
De von de annern afsid stunn,
Un de woll mal eins lack was word'n,
Denn unnen hadd sei keinen Born.
Na, de Kaptain, de hir all wüßt Bescheid
Un in Ostin'jen öfter west all was,
De seggt tau mi: ,Hir giww man düchtig Paß,
Wat sick kein Tiger wisen deiht;
De Tigers sünd hir gor tau slimm,
Sei lopen hir tau Lan'n herüm –
Du kannst mi dat tau glöwen, Klasen –
Grad as in Meckelnborg de Hasen.'
Un as hei so nu noch vertellt,
Dunn was mi dat doch liksterwelt,
As würd sick achter mi wat rögen.
Ick ward mi üm de Tunn 'rüm bögen,
Gotts Dunner! Wo verfirt ick mi,
En Tiger, de stunn dichting bi.
,Herr Jesus! Kiken S', Herr Kaptain,
Du leiwer Gott! Dor steiht all ein.
Wo sall dit warden? Gott erbarm!' –
,Swig still', seggt de Kaptain, ,mak keinen Larm,
De sall 'e her, lat mi man maken,
Denn ick verstah mi up so'n Saken;
De sall ut't letzte Lock bald pipen,
Dat's einer von de rechten ripen,
Paß du mal up! Den will w' uns gripen.'
Un as hei dit hett eben seggt,
Dunn makt de Tiger einen Sprung,
Doch de Kaptain, de kippt dat Fatt tau Höcht,
Un in den ledd'gen Born, dor fung
Hei glücklich unsen Tiger in.
Dunn kippt dat Fatt hei wedder üm.
Fast satt de Tiger! Fixing dunn
Sprung hei heruppe up de Tunn,
Un ick sprung ok tauglik mit 'rup;
So set' wi beid denn baben up,
Un unner uns dor prust un mau't dat Dirt
Un kratzt un wirtschaft' un regiert

Un makt denn so'n Upstand schir,
As wenn de Deuwel unklauk wir. –
Herr Jemine! wo würd mi gräsen!
,Klas Klasen', seggt nu de Kaptain,
,Paß du mal up, du wardst dat seihn,
Hei stött mit sin gefährlich Wesen
Tauletzt de olle Tunn noch üm,
Un denn ward de Geschicht irst slimm.'
Un dorbi langt hei in dat Spundlock rin
Un kriggt den ollen Tiger swinn
Bi sinen langen Start tau faten.
,Nu kumm mal her un fat mit an!
Wi dörw'n em nu nich fohren laten.'
En jeder höllt nu, wat hei kann.
Nu fängt dat Dirt denn an tau bröllen
Mit eine wohre Ossenstimm
Un towte in de Tunn herüm,
Dat wi binah herunner föllen.
,Herr', segg ick, ,wenn de Start nu ritt,
Un wenn hei ut de Hand uns glitt!' –
,Holl du man wiß, hei ward nich riten,
Ick weit Bescheid un kenn de Switen;
Ick bün hir früher jo all reis't
Un heww all männig Tigerbeist
Bi sinen Start tau hollen hatt.'
Kum hadd hei't seggt, dunn slogen wi en Rad,
Dunn kippt, so as dat Beist sick rögt,
De olle dwatsche Tunn tau Höcht,
Un de Kaptain un ick herunn!
Un't Beist was rute ut de Tunn.
,Holl wiß!' röppt de Kaptain, ,holl wiß!
Süs kriggt de Racker uns tau packen.
Klas Klasen, holl! Wi sünd verluren süs! –
Nu neiht 'e ut! Nu spuck di unn're Hacken!'
Ick höll un höll nu allermeist,
Un furt gung nu mit uns dat Beist,
Furt gung hei mit uns buschherin;
Wi beiden ümmer achter d'rin.
,Dat holl de Düwel ut, Kaptain!
Dat Dirt, dat is tau fix tau Bein. –'
,Ja', seggt hei, ,ja! Dit is de Lasch'!

Beholl man ümmer frische Krasch'!
Dat Lopen sall nich ewig duren,
Wi sünd dörchut noch nich verluren!'
Un dormit wickelt hei un wünn
Den Start sick üm de Hand herüm
Un flog en groten Knuppen in.
,Klas Klasen, so! nu lat man los!'
Ick let nu los, un fläuten gung 'e.
Herr Je! wo let dat doch kurjos!
Wo towt de Tiger un wo sprung 'e!
Wo würd hei in dat Holt rin bündeln,
Wo kratzt hei ut mit dat oll Fatt!
Dat hir bald in den Busch satt fast,
Bald an den Bom heran ded tründeln.
Dat was putzlistig antauseihn.
,Klas Klasen', seggt nu de Kaptain,
,Du wirst woll sihr in Ängsten, Maat?
Paß up un hür up minen Rat:
Wenn du mal büst recht in Gefohren,
Wo di dat Metz steiht an de Kehl,
Denn fang nich gliksten an tau rohren
Un schri un jammer nich tau vel,
Denn fat dat Ding an'n Start geswinn
Un slag en dücht'gen Knuppen 'rin.'"

Auf dem Fischland, das im 13. Jahrhundert Besitz des livländischen Klosters Dünamünde war, verläuft die alte Grenze zu Pommern knapp westlich des vor allem als Künstlerkolonie bekanntgewordenen Ahrenshoop. Der Hauptort Wustrow ist seit 1881 Seebad, wichtig aber auch durch die dort bereits 1846 errichtete Seefahrtschule, später zur Ingenieurhochschule erweitert.

Kak't Boors (Gekochter Barsch)

Vorbereitete Barsche bringt man mit einer Zwiebel in ziemlich stark gesalzenem, kochendem Wasser auf das Feuer. Oder man salzt sie vorher eine Stunde lang ein. Barsch nicht zu lange kochen, er wird sonst zu weich. Zu diesem Fisch reicht man zerlassene Butter, Meerrettich und gehackte Petersilie oder eine weiße Kapern- bzw. Petersiliensoße.

Markttag in Güstrow

John Brinckman

Willdeß füng sick dat an up den Mark tau rögen. Dor kemen dei Güstrowschen Krutfrugens mit Wöttel un Bohnen, mit Rettig un Kohlrabi, mit Zellerie, Zipollen un Peiterzill; dor kemen dei Hollänners van Sukow, Bredentin un Gremmelin mit Botter, Schapkes un Säutmelk; dor kemen dei Buren van Klues un Rukieten mit Roggen un Gasten un Arwten un Wicken, un er Frugens mit Eier un Speck, afleggt Häuhner un junge Ahnten; dor keem dei Krakowsch Fischer mit Brassen un Bors, mit Häkt un Marenen; dor tröken all dei Kaekschen up mit er groten Markkörw un er grotes Mulwark; dor keem dei ein Börger ut dei ein Strat un dei anner Börger ut dei anner Strat un dei drürr ut dei drürr Strat, un noch weck ut noch weck Straten, all dei groten Nettbüdels ünner'n Arm; dor führten Holtwagens un Torfwagens un twei Frachtwagens sick in dei Eng'strat fast, so dat Dräger un Stadtdeiner dor mank gahn mößten, so'n Marakel as dat wör, so'n Klappen mit dei Pietschen, so'n Hopphei un Hallo. Hir schöw sick dat un dor drängt sick dat, hir stünn dat in Hupen un dor stünn dat up'n Hümpel, hir snackten weck un dor lachten weck, un noch weck fluchten un schüll'n aewer dei

Güstrow

düre Tid, wo dat rut wol, un wo dat einmal warden söl, gahn güng dat nich länger, nu güll dei Botter all vier Schilling, dat söl einer mal bidenken, un viruntwintig Eier geew dat nu man mir för'n Groschen. Dor keem dei ganze Magistrat ein nah'nanner würdevollst antaugahn, irst dei Herr Börgermeister un nahst dei Herr Sindikus mit den Gerichtsdeiner un dei grot Kapsel achter sick, un dunn dei ein Herr Senater un dorup dei anner un dunn noch ein un noch ein. Dei güngen all in dei grot Rathusdör rin, stegen nah dei grot Audienz rup, un dat let er all so gestreng, gewaltsam un vörnäm, as hüng dat Heil van dei Ir un den Maan un noch 'n halwig Dutz Stirns van er af.

Die 20 Forderungen
des meklenburgischen Volkes 1848

Formuliert von Heinrich Hoffmann von Fallersleben

1. Der Landtag wird fortan eine Vertretung des ganzen Volkes bilden, hervorgegangen aus den freien Wahlen aller Staatsbürger. Die Sitzungen sind öffentlich.
2. Jeder Meklenburger, der das 25. Jahr erreicht hat, ist Wähler und wählbar zum Abgeordneten.
3. Die Wahlen finden statt nach den bisherigen Präposituren. Jede Präpositur bis zu 10 000 Seelen wählt 1 Abgeordneten, jede von 10–20 000 2 Abgeordnete, jede von 20 000 und darüber 3 Abgeordnete.
4. Jeder Meklenburger ist gleich vor dem Gesetze. Jeder eximirte Gerichtsstand hört auf.
5. Trennung der Rechtspflege und Verwaltung.
6. Einführung eines deutschen Gesetzbuches, ohne alle lateinischen Wörter und Sätze, gegründet auf Oeffentlichkeit und Mündlichkeit, nebst Schwurgerichten in peinlichen und politischen Dingen.
7. Unbedingte Preßfreiheit nebst einer Tagespresse ohne Zeitungsstempel, ohne willkürlichen Postaufschlag, ohne Regierungsprivilegien.
8. Unbeschränktes Vereinigungs- und Versammlungs-Recht.
9. Verwaltung sämmtlicher Domanialgüter von Seiten der Stände.
10. Festsetzung einer Civilliste aus den Domanialeinkünften.

11. Verwandlung aller Zeitpachtbauern in Erbpächter. Gewissenhafte Verwendung der Kaufsummen zum Besten des Landes.
12. Abschaffung aller Vorrechte: Aufhebung aller Majorate, aller Fideicommisse, aller Minorate.
13. Veräußerung der drei Landesklöster zum Besten des Landes.
14. Einführung einer auf neuer Schätzung beruhenden Grundsteuer, und einer durch die Stände zu bestimmenden Vermögens- und Einkommen-Steuer.
15. Verminderung des stehenden Heeres bis mindestens auf die Hälfte.
16. Regelung aller Beamten- und Militär-Gehalte.
17. Beeidigung aller Staatsbeamten und des Heeres auf die Verfassung.
18. Verantwortlichkeit der Minister.
19. Gründliche Verbesserung aller Schulen.
20. Sofortige Aenderung der bestehenden Heimathsgesetze.

Präpositur: untere kirchliche Verwaltungsebene; eximirt: aufgrund von Privilegien von der Gerichtsbarkeit befreit; peinlich: strafwürdig, straffällig, Leib- und Lebensstrafe betreffend; Zeitungsstempel: Steuer auf das Lesen und Halten von Zeitungen, die u. a. der Zensur dient; Civilliste: Betrag, der dem Monarchen aus der Staatskasse zusteht; Majorat: Recht des Älteren bei der Erbfolge; Fideicom: Spaltung des Erbes in Obereigentum und Nutzungseigentum; Minorat: Recht des Jüngsten bei der Erbfolge.

Im Frühjahr 1848 nahm die Volksversammlung zu Güstrow diese mit Punkten zusammengefassten Forderungen an. – Der mit Zustimmung des Schweriner Herzogs erarbeitete Verfassungsentwurf wurde jedoch angefochten und 1850 im „Freienwalder Vergleich" verworfen.

Das Fürstentum Schwerin, Residenz Bützow

F. H. Ungewitter (1848)

Das ehemalige (1171 gestiftete) Bisthum, seit 1648 meklenburgisches Fürstenthum Schwerin (8 Quadratmeilen mit 26 200 Einwohnern) begreift die Aemter Bützow, Marnitz, Rühn, Tempzin, Warin und das, aus vormaligen Gütern des Schweriner Domkapitels bestehende Stiftsamt Schwerin, zu dem, außer verschiedenen Dörfern, namentlich auch die Schweriner Neustadt (mit Schelfe oder Schelf-Feld, Schelfwerder, Palais, Bischofshof, Justizkanzlei, Dom- u. Neustädter

Bützow

Kirchen, Gymnasium, Fridericianum, Münze, Militär-Bildungsanstalt, Irrenanstalt zu Sachsenberg usw.) gehört. Darin Rühn, Pfarrdorf und Amtssitz, mit ehemaligem, 1233 gestiftetem und 1656 säcularisirten Cistercienser-Nonnenkloster. Marnitz, Pfarrdorf an der Grenze der preußischen Landschaft Priegnitz, mit dem Runenberg, dem höchsten Berge des Landes, in der Nähe. Bützow, Stadt am Zusammenfluß der Warnow und Nebel, östlich ungefähr viereinhalb Meilen von Wismar und südlich ungefähr dreieinhalb Meilen von Rostock, Sitz eines Criminalcollegiums in dem ehemaligen Residenzschlosse der Bischöfe von Schwerin (welches zugleich als Criminalgefängniß dient und bis 1749 fürstlicher Witthumssitz war), mit der einzigen reformirten Kirche des Landes, einer Spielkartenfabrik, Papiermühle, Leinweberei, Branntweinbrennerei und 4050 Einwohnern. Herzog Friedrich stiftete hier 1760 eine Universität, welcher er 1780 das hiesige Schloß einräumte, die jedoch 1789 wieder aufgehoben und mit der Rostocker Universität vereinigt wurde. Vierburg, ein Vergnügungsort in der Umgegend von Bützow. Bei dem Dorfe Schlemmin ist die Hohe Burg, ein 495 Fuß hoher Hügel oder Berg. Warin, Stadt am gleichnamigen See, westlich ungefähr zweieinhalb Meilen von Bützow, mit 1300 Einwohnern.

213

Die Gründung der Bützower Universität

Ernst Boll

Der Herzog von Mecklenburg besetzte nur die Hälfte der Professoren-
stellen zu Rostock. Nach den Statuten der Universität mußte jeder
neue Professor der Theologie sich erst zum Examen und Colloquium
bei seiner Facultät stellen, damit diese sich seiner Orthodoxie verge-
wissern könne. Als aber nun im Jahre 1758 der Professor Döderlein
vom Herzoge aus Halle berufen wurde, und letzterer befürchtete, daß
man der Aufnahme dieses Mannes, da er einer in Rostock nicht be-
günstigten theologischen Richtung anhing, Schwierigkeiten in den
Weg legen würde, so gab er Befehl, daß man ihn ohne Colloquium
und eidliche Verpflichtung auf Beobachtung der Einstimmigkeit in
der Lehre zulassen solle. Die Universität aber weigerte sich dessen
standhaft, und als bald darauf Döderlein eine öffentliche Disputation
daselbst hielt, bei welcher es sehr lärmend und tumultuarisch her-
ging, und der Herzog auch schon wegen anderweitiger Streitigkeiten
auf die Stadt erbittert war, berief er die von ihm angestellten Professoren von Rostock hinweg, und gründete durch sie im Jahre 1760 zu Bützow eine neue Universität. Er wollte durch diese Maßregel aber wahrscheinlich zugleich auch noch einen anderen Zweck erreichen. Als
Erbprinz sich oft mit seinem Vater in Rostock aufhaltend, war er nur
zu häufig Augenzeuge von den rohen Sitten der dortigen Studenten
gewesen; er mochte daher hoffen, daß in einer kleinen Landstadt besser über die Aufführung der Studenten gewacht werden könne, als in
der großen Handelsstadt. Für die neue Universität sorgte er auf das
freigebigste. Er räumte ihr in Bützow das ganze untere Stockwerk des
Schlosses ein, gab die kleine Schloßkirche zum öffentlichen Hörsaale
und einen Garten zur Anlage botanischer Pflanzungen her, und soll
überhaupt auf diese Schöpfung über 240 000 Thaler verwendet haben;
da aber auch die in Rostock zurückgebliebenen städtischen Professoren ihre Vorlesungen fortsetzten, so fristeten diese beiden halben Universitäten doch nur kümmerlich ihr Dasein. In Rostock studirten fast
nur allein diejenigen, deren Eltern in der Stadt wohnten, in Bützow
aber die, welche hernach in herzogliche Dienste zu treten beabsichtigten, – da aber diese beiden schwachen Institute für ein gründliches
Studium und eine vielseitige wissenschaftliche Ausbildung nicht
mehr ausreichten, so waren alle diejenigen, deren Interesse sie eine
Zeit lang an diese beiden Universitäten fesselte, doch gezwungen
auch noch eine auswärtige Universität (und zwar gewöhnlich Göttin-

gen) zu besuchen. Herzog Friedrichs Nachfolger sah den von jenem begangenen Fehler ein und hob im Jahre 1788 jene Trennung wieder auf, indem er die halbe in Bützow befindliche Universität wieder nach Rostock zurückverlegte.

Neben der Bützower Universität und gleichzeitig mit ihr entstanden, spielte eine kurze Zeit lang auch noch ein anderes, der höheren wissenschaftlichen Ausbildung gewidmetes Institut eine Rolle. Dies war das im Jahre 1760 durch den Herzog Friedrich zu Bützow gestiftete Pädagogium, welches seiner Einrichtung nach eine Art von höherer Realschule war, in der die Zöglinge in allerlei Wissenschaften und Sprachen Unterricht erhielten, gleichviel ob sie später studiren oder in einen andern Stand treten wollten. Sieben Lehrer arbeiteten daran unter der Aufsicht eines Directors, und die Lectionen waren so vertheilt, daß jeder Lehrer nur in seinem bestimmten Fache unterrichtete. Außer in der hebräischen, griechischen, lateinischen, französischen, englischen, italienischen und deutschen Sprache genossen die Zöglinge noch Unterricht in der Religion, Mathematik, Physik, Geschichte, Geographie, Naturgeschichte, Oekonomie, Mythologie und im Zeichnen.

Colloquium/Disputation: wissenschaftliches Streitgespräch.

Die Anfänge von Bibliothek und Naturalienkabinett

Oluf Gerhard Tychsen

Oluf Gerhard Tychsen, geboren 1734 zu Tondern, wurde 1760 von Herzog Friedrich zunächst als Privatdozent nach Bützow berufen, von 1763 an wirkte er hier als ordentlicher Professor der Orientalistik. Bibliothek und Naturalienkabinett der Bützower Universität, deren Begründung er im Folgenden schildert, kamen dann nach Rostock, wo er selbst noch bis 1815 tätig war.

In der von mir in Schwerin durchsuchten herzoglichen Bibliothek fand ich lauter neue und gar keine alten Werke. Dies befremdete mich um desto mehr, je gewisser ich wußte, daß die Herzöge Johann Albrecht und Christian Louis Büchersammlungen angelegt hatten. Nach vielem vergeblichen Nachforschen sagte mir endlich ein alter siebenzigjähriger Kammerdiener, Pichelieu: er erinnere sich von seiner Jugend her, oben auf der alten Justizkanzlei bei der Tortur eine Menge alter Chartequen gesehen zu haben. Obgleich ich nun vermuthete, daß es alte Inquisitionsacten sein möchten, so konnte ich doch dem Triebe nicht widerstehen, die Oeffnung dieser in vielen Jahren uneröffnet gebliebenen Zimmer zu bewirken. Aber nichts kam meinem Erstaunen und Bestürzung gleich, als ich, anstatt Hexenprocesse, mehrere Zimmer voll Bücher, aber auch zugleich die Gräuel der Verwüstung allenthalben erblickte. Die Repositorien waren zum Theil Alters halber heruntergefallen, die Bücher lagen ellenhoch mit dickem Staube auf einem steinernen eingesunkenen Fußboden, und die Kamine voll vermoderter Handschriften, und Eulen und Fledermäuse, Marder und Ratten (von welchen ich ein Nest voller Jungen in einem dazu sehr geschickt von ihnen ausgehöhlten dicken Folianten antraf,) und anderes Ungeziefer hatten, weil die gelenksamen Arme der Jugend freie Oeffnungen in den Fenstern gemacht hatten, ihre sicheren Wohnungen daselbst aufgeschlagen. Mit Thränen in den Augen und innerlichem Unwillen besah ich begierigst eine Menge Bücher und eilte dann mit der frohen Nachricht von dieser gemachten herrlichen Entdeckung nach Ludwigslust, welche meinem Herrn ganz neu war, indem er versicherte, daß er sich nicht erinnere, von dieser dort vorhandenen Bibliothek je das geringste gehört zu haben. […]

Nicht lange nach der Anlegung der Bibliothek in Bützow bat mich eine daselbst wohnende Frau, deren Mann, Namens Blankenburg, vor 24 Jahren nach Ostindien gegangen war, ihr die Nachricht zu verschaffen, ob derselbe noch am Leben sei. Ich schrieb nach Amsterdam, und bekam die Antwort, daß er noch lebe und auf der Insel Ceylon den Posten eines Artillerielieutenants bekleide. Auf der Frau wiederholtes Bitten, einen Brief an ihn zu befördern, meldete ich ihm zugleich, daß in Bützow eine Universität angelegt sei, und ersuchte ihn, mir Ceylonische Handschriften und Seltenheiten zu senden. Mein Brief kam richtig an, welcher ihn bewog, Indien zu verlassen und sein Leben bei den Seinigen zu beschließen. Er kam also im Jahre 1775 in Bützow an und brachte mir einen ansehnlichen Vorrath von Conchylien, Seltenheiten und Singalesischen gedruckten und geschriebenen Büchern zum Geschenk, deren Anblick mich so rührte, daß ich sie als ein Webeopfer gen Himmel hob und von Stunde an zur Grundlage eines Kabinets bestimmte. So geringe auch dieser Anfang war, so nahm doch diese Sammlung durch die von auswärtigen Freunden erbetenen Beiträge zusehends zu, ohne jedoch schon den Anspruch auf den Namen eines Naturalienkabinets machen zu können. Allein im Jahre

1782 ward dieser geringe Vorrath durch das von dem verstorbenen Kammerdiener Joh. Heinr. Weiß der Universität vermachte auserlesene und sehr reichhaltige Naturalienkabinet so ansehnlich vermehrt, daß es nunmehr den Namen eines Kabinets mit vollem Rechte führen konnte. Der Erblasser hatte an die 30 Jahre auf dieses Kabinet als Kenner und Liebhaber gesammelt und weder Mühe noch Kosten gespart; vorzüglich reich war es an den schönsten und seltensten Conchylien, desgleichen an Mineralien.

Tortur: Folterung; Chartequen: Scharteken, alte Bücher; Repositorien: Bücher-, Regalbretter; Conchylien: Schnecken und Muscheln.

Herzog Christian annektiert Kloster Rühn

Ernst Boll

Herzog Christian, welcher den Eigensinn und den unverträglichen Character seines Vaters geerbt, und von seinen Reisen nicht bloß die Vorliebe für allerlei geheime Künste und Zaubermittel, sondern auch sehr laxe sittliche und religiöse Grundsätze und große Hinneigung zur despotischen Gewalt, welche er an dem Hofe Ludwigs XIV. gründlich kennen gelernt, mit zurück gebracht hatte, kehrte sich an das nicht rechtsgültige Testament seines Vaters gar nicht, sondern übernahm sogleich die Regierung der gesammten Schwerinschen Lande, worüber es nun mit seinen Brüdern, die das Testament aufrecht erhalten wissen wollten, zu einem langwierigen und ärgerlichen Processe vor dem Kaiser kam. Auch seine älteste Schwester Sophia Agnes suchte er sogleich der geringen Subsistenzmittel zu berauben, mit denen der Vater sie schon bei seinen Lebzeiten im Jahre 1654 bedacht hatte. Statt nämlich das zum Stifte Schwerin gehörige Kloster Rühn zu säcularisiren, wie ihm dies nach dem westphälischen Frieden freigestanden hätte, ließ Adolf Friedrich es in seiner bisherigen Verfassung, um nicht allein eine seiner Töchter damit zu versorgen, sondern auch für die Zukunft anderen unverheiratheten meklenburgischen Prinzessinnen dadurch einen standesgemäßen Unterhalt zu gewähren. Seine älteste Tochter Sophia Agnes, welche nach dem Tode ihres Bräutigams, des Markgrafen Erdmann August von Brandenburg-Baireuth, den Entschluß faßte, in ehelosem Stande zu verbleiben, war im Jahre 1654 zur Domina in Rühn gewählt worden. Eine der ersten Regentenhandlungen ihres Bruders Christian war nun die, daß er, als Sophie bald nach des Vaters Tode eine Reise nach Sachsen antrat, das Kloster ohne Weiteres in Besitz nahm, daselbst nach Belieben wirthschaften und bauen ließ, und die Absicht an den Tag legte, dasselbe zu einem fürstlichen Amte zu machen. Erst durch einen 12jährigen Proceß vor dem Reichskammergerichte gelangte die Prinzessin im Jahre 1670 wieder in den Besitz des Klosters, doch wollte ihr Christian weder die inzwischen von ihm genossenen Einkünfte ersetzen, noch auch die Proceßkosten erstatten, wodurch die Prinzessin in große Schulden gerieth.

Despotisch: herrschaftlich; Subsistenz: Unterhalt; säcularisiren: verweltlichen; Domina: Herrin, Äbtissin

Kloster Rühn, wenige Kilometer südwestlich von Bützow, war vom Bischof Brunward von Schwerin 1232 gestiftet worden; die Zisterzienserinnenniederlassung konnte bald über eine Reihe von Dörfern gebieten und hatte auch einen Stadthof in Rostock. Nach der Reformation schenkte Herzog Ulrich seiner Gemahlin Elisabeth, Tochter des Dänenkönigs, das Kloster. Die oben erwähnte Herzogin Sophie verwandelte nach ihrer Rückkehr das Stift in eine kleine Residenz mit einer großzügigen Gartenanlage; unter ihrer Nachfolgerin Ulrike Sophie ging der Besitz an das Herzogshaus.

Wismar unter schwedischer Herrschaft

Ernst Boll

Daß Wismar durch den westphälischen Frieden gänzlich aus dem meklenburgischen Staatsverbande losgerissen wurde und den Schweden anheim fiel, und welche Folgen dies für Meklenburg hatte, ist schon in der allgemeinen Landesgeschichte erzählt worden. Darauf nahm ein schwedischer Gouverneur seinen Sitz in der Stadt, und da zugleich auch der höchste Gerichtshof für die gesammten im westphälischen Frieden an Schweden abgetretenen deutschen Provinzen nach Wismar verlegt wurde, so erwuchs zwar der Stadt durch die Hofhaltung des in der Regel dem höchsten Reichsadel Schwedens angehörenden Gouverneurs und des Präsidenten, so wie durch das

Wismar um 1860

übrige zahlreiche Personal des Tribunals mancher Erwerb: allein dieser kleine Verkehr konnte nicht als Ersatz gelten für den alten großartigen Seehandel, der gerade jetzt, nach Auflösung der Hansa, bei dem Aufschwunge des niederländischen und englischen Handels sich immer mehr verminderte, zumal da für dessen Hebung von Seiten der schwedischen Regierung wenig oder nichts nachhaltiges gethan wurde. Denn die alten Privilegien, welche man der Stadt bestätigte, brachten bei gänzlich veränderter Lage der Dinge die ehemaligen Vortheile nicht mehr; Neues aber ward von Schweden wenig vergünstigt, sei es nun, daß man daselbst nicht wußte, wie zu helfen, oder daß man im Verkennen des eigenen Vortheils die deutschen Provinzen linker Hand liegen ließ, oder daß die Verfolgung anderer Zwecke die Aufmerksamkeit von dieser Seite mehr als billig abzogen. Freilich war Wismar den Schweden als Festung und Kriegshafen wichtiger denn als Handelsstadt, und die kriegerischen Händel, in welche die schwedische Krone während ihrer Herrschaft über diese Länder verwickelt war, erlaubten nicht immer an das Wohl der in der befestigten Stadt eingeschlossenen Einwohner zu denken; ja, wie überhaupt die deutschen Länder Schwedens von den in den Kriegen mit Dänemark, mit Rußland und seinen Alliirten herbeigeführten Ereignissen arg mitgenommen wurden, so ward vor allen die Stadt Wismar durch dreimalige Belagerung, zuerst im Jahre 1675 und dann von 1711 bis 1712 und zuletzt von 1715 bis 1716 aufs härteste getroffen. Denn auf diese Stadt hatten es die Feinde Schwedens immer am meisten abgesehen, weil sie damals für die stärkste Festung in Deutschland, und ihr Besitz daher für wichtig galt. Sogar Peter der Große speculirte auf Wismar und als die Stadt selbst schon aufgehört hatte eine Festung zu sein, soll (wie Prof. Karsten in einer Anmerkung zu Nugents Reise erzählt,) Georg II. von England den Schweden ein Geschenk von 200 000 Thalern allein dafür geboten haben, daß man ihm Wismar überlasse und eine Kaufsumme dafür festsetze.

Nachdem nun in Folge der letzten Eroberung Wismars im Jahre 1716 die Festungswerke im Jahre 1717 durch die Dänen und Preußen gesprengt worden waren, und das durch den nordischen Krieg und innere Unruhen völlig erschöpfte Schweden mit sich selbst genug zu thun hatte, sank die Stadt bald zu völliger Bedeutungslosigkeit herab. Auf den kenntnißreichen polnischen Grafen Potocki, welcher sie im Jahre 1794 besuchte, machte diese alte Hansestadt nur den Eindruck eines herabgekommenen Fleckens; ihre Einwohnerzahl belief sich damals nur auf 6000 Seelen, ihre Handelsmarine bestand nur aus 20 Fahrzeugen von geringer Tragkraft. Von Meklenburg ausgeschlossen, von Schweden vernachlässigt, war der Uebermuth und die Thatkraft ihrer Bevölkerung, von welcher dieselbe in den Jahrhunderten vor dem dreißigjährigen Kriege so viele Beweise gegeben hatte, jetzt völlig gebrochen. „Unter einer schlaffen Verwaltung (so schreibt ein Bewohner jener Stadt,) setzte sie gleichsam nur ein vegetatives Leben fort und verkam dabei nicht allein in politischer, sondern sogar auch in socialer Beziehung. Denn die hohe Rangstellung des Gouverneurs hielt selbst die höhere Classe der Einwohnerschaft von der um jenen sich bildenden adligen Coterie fern. Von dieser ausgeschlossen war das gesellige Leben der höheren bürgerlichen Classe nur ein sehr untergeordnetes, und wenn auch ausnahmsweise einzelne durch Geist und Talent ausgezeichnete Bürgerliche in die Cirkel der vornehmen Fremden gezogen wurden, so war dadurch die übrige Gesellschaft nur um so übeler daran. In diesem Umstande wurzelte hauptsächlich das spießbürgerliche Leben, das in jener Zeit die Wismaraner characterisirte, so wie der Mangel an feinerem Gesellschaftstone, der zwar der Ausbildung einer hervorstechenden Originalität so des Ganzen wie der Individuen überaus förderlich war, aber zugleich auch wieder dem unbekümmertsten Hinwegsetzen über alles sittliche Decorum Raum gab. Nicht ganz unverdient, wiewohl sehr übertrieben, war der Ruf der gröberen Unsittlichkeit, in welchem unsere Stadt gegen Ende des vorigen Jahrhunderts weit und breit stand; sie galt als ein wahres Sodom und Gomorrha, als eine Spielhölle, als der Sitz kannibalischer Völlerei und anderer Laster mehr; aber, wie gesagt, es war damit doch nicht ganz so arg, als man es auswärts machte, und daß es den Fremden als so arg auffiel, daran war größtentheils die völlige Ungenirtheit Schuld, womit man hier jede Thorheit trieb, während man sie anderwärts, mehr beaufsichtigt, mit gleißnerischem Scheine bedeckte, oder nur im Geheimen ihr fröhnte. Rechnet man zu allem diesen noch das unfreundliche, ruinenartige äußere Ansehen, in welchem Wismar dem Fremden entgegentrat, so konnte man es diesem freilich kaum verargen, wenn er die Stadt, wie wir uns dies noch gar deutlich erinnern, ein finsteres Sündenloch nannte.

Unter diesen traurigen Verhältnissen war es ein wahrer Segen für die Stadt, daß der Herzog Friedrich Franz im Jahre 1803 unter der Form einer ihm geschehenen Verpfändung Wismar von Schweden an Meklenburg zurückbrachte. Unter einer aufmerksameren und geregelteren Verwaltung ist im Laufe der letzten funfzig Jahre der Wohlstand allmählig wieder emporgeblühet, die Zahl der Einwohner hat sich verdoppelt (von 6000 auf 12 000), die Stadt hat wieder ein sehr freundliches Aeußeres gewonnen und durch eine Eisenbahn ist ihre Communication mit dem Binnenlande wesentlich erleichtert. Aber

Die St. Georgien-Kirche und der Fürstenhof in Wismar

weil sie rechtlich noch immer nicht wieder als ein integrirender Theil Meklenburgs betrachtet werden darf, hat sie ihre im Jahre 1648 verlorene Landstandschaft noch nicht wieder erhalten; auch lasten aus eben jenem Grunde noch immer viele Handelsbeschränkungen auf Wismar, welche eine schnelle Wiederentfaltung seiner Blüthe leider bis jetzt verhindert haben.

Coterie (franz.): geschlossene Gruppe; Decorum (lat.): Manieren, Umgangsformen.

Besuche in Wismar

Aus Hoffmann von Fallerslebens „Mein Leben"

27. März [1844] Fahrt nach Wismar. Zeitig dort. Ich besuche den Fischmarkt und den Hafen und dann den alten Herrn Crain, Rector der gelehrten Schule. Er zeigt mir das älteste Wismarsche Stadtbuch aus dem 13. Jahrhundert. Merkwürdig, daß darin unter den neu aufgenommenen Bürgern kein slavischer Name vorkommt. Ich kehre in den Gasthof zurück. Viele Biergespanne kommen vorgefahren. Die Wismarsche Zeitung vom 21. enthielt unter ihren Vermischten Anzeigen folgende:
'Zu Ehren des Hrn. Prof. Hoffmann von Fallersleben versammelt sich am Mittwoch den 27. d. M., Mittags 2 Uhr, bei dessen Anwesenheit, eine frohe Gesellschaft in meinem Hause. Mit deren Genehmigung lade ich zur Theilnahme ein jeden, der sich dazu geneigt und berufen fühlt.
Böckel, Gastgeber zur Stadt Hamburg.'
Also eine frohe Gesellschaft, und es ist wirklich eine sehr frohe. Nachdem Rector Crain ein Hoch auf den Großherzog ausgebracht hat, folgt Deiters mit einem Hoch in Versen auf mich. Ich danke mit: 'Ich bin Professor gewesen –. Es ist von Wirkung, so daß Crain bemerkt, er habe nicht geglaubt, daß das lebendige Wort eine so gewaltige Wirkung machen könne. Dann trägt noch ein Candidat Peters ein Gedicht an mich vor. In allgemeiner Heiterkeit endet spät Abends das Mittagsmal, es bleiben nur noch zurück ganze Batterien leerer Flaschen auf der langen Tafel.
29. März schon wieder eine 'Kunstreise.' So nannten wir scherzhaft von jetzt an meine Ausflüge zu denen, die mir eine Ehre erweisen wollten. Herr Hillmann in Rambow hatte uns, einige Verwandte und einige Herren von Wismar zum Mittagsessen eingeladen.

Den Januar [1845] war ich meist immer in Holdorf. Unser stilles länd-liches Winterleben blieb sich ziemlich gleich. Es kamen zwar Besuche, aber sie störten mich eben so wenig wie die Besuche, welche ich dann und wann in der Nachbarschaft machte: ich fand immer Zeit und Lust zum Arbeiten und Dichten. Der gute Erfolg meiner beiden Sammlun-gen Kinderlieder mit Clavierbegleitung ermunterte mich zu einer dritten Sammlung. Schon gegen Ende des Monats waren über 25 Lie-dertexte gedichtet, meist zu Volksweisen. Es handelte sich nur darum diese Weisen mit einer entsprechenden Begleitung zu versehen. Da war mir denn der Organist Theodor Friese in Wismar empfohlen, ein tüchtiger Musiker, der sich dieser Arbeit gern unterziehen und Alles zu meiner Zufriedenheit ausführen würde. Ich schickte ihm mehrere Texte und Melodien, und schrieb ihm, nächstens würde ich selbst kommen und Alles mit ihm besprechen.

Das geschah bald, denn nach einigen Tagen fuhr ich im Glaswagen, mit vier stattlichen Pferden bespannt, nach Wismar hinüber. Dr. Bir-ckenstädt hatte mich zu sich eingeladen. Bald nach meiner Ankunft fanden sich viele Gäste zum Mittagsessen ein. Kaum saßen wir bei Ti-sche, so begann auch eine recht heitere Unterhaltung. Ich wurde sehr lustig, kein Wunder: zwei liebenswürdige Mädchen waren meine Nachbarinnen. Fräulein Mathilde entzückte mich durch ihr liebliches Wesen und ihre jugendliche Schönheit.

Ich verweilte noch einige Tage in Wismar, machte einige neue Be-kanntschaften: Dr. Haupt, Dr. Stahmer, Dr. Nölting, Dr. Gerds, sah noch einige Male Mathilde, besprach mich mit Friese wegen der Kin-derlieder, und war viel in Gesellschaft.

Den Abend vor meiner Abreise nahm ich noch Theil an einer Sit-zung des wissenschaftlich geselligen Vereins. Rector Crain hielt einen Vortrag: 'Wismar vor 30 Jahren'. Nachher folgte ein gemeinschaftli-ches Abendessen.

Den 17–25. März [1845] bei Dr. Birckenstädt in Wismar. Den ersten Abend im 'wissenschaftlich geselligen Verein', der sein zweijähriges Stiftungsfest feierte. Dr. Sievers hielt einen Vortrag über die neuesten deutschen Lyriker. Er sprach auch über mich und wußte nicht, daß ich unter den Zuhörern war. – Großes Abendessen. Einige hübsche Mäd-chen überreichten mir einen Lorbeerkranz und baten mich, ein Lied zu singen. Ich hatte mich lang dagegen gewehrt, endlich mußte ich ih-ren Bitten nachgeben, ich sang. Da nahm mich Haupt in ein Neben-zimmer, um mich vor allen weiteren Aufforderungen zum Singen zu schützen. Half nichts, auch dort wußten mich Frauen und Mädchen zu finden und zu bitten, und ich sang. – Um 4 Uhr Morgens erst nach Haus.

In den folgenden Tagen machte ich noch viele Bekanntschaften und war gesellig sehr in Anspruch genommen. Es fehlte nicht an anregender, lehrreicher Unterhaltung, die ich besonders der freundlichen Aufmerksamkeit meines Wirthes, des Dr. Birckenstädt und Dr. Haupt zu danken hatte.

Es war nach dem Kalender Frühlingsanfang, aber fußhoher Schnee gefallen. So war es denn auch mit meinem Frühlinge beschaffen, den Mathilde bringen sollte. Mein letztes Lied an sie begann:

> Schließt euch, Augen, schließt euch wieder!
> Habt zu früh den Lenz gesehn,
> Und ihr, meines Herzens Lieder,
> Möget wieder schlafen gehn!

Ich blieb noch die Osterfeiertage in Wismar, dann holte mich ein Wagen nach Holdorf ab.

In der Mitte Februars [1848] machte ich einen Ausflug nach Wismar auf einige Tage, die ich im Kreise von Freunden und Bekannten sehr angenehm verlebte. Ich wohnte auch einer Sitzung des ‚gesellig-wissenschaftlichen Vereines‘ bei. Dr. Haupt hielt einen Vortrag über die Reformbestrebungen auf dem meklenburgischen Landtag, worauf denn ein gemeinschaftliches Abendessen mit Trinksprüchen und Liedern folgte. Es ging nun einmal nicht anders: bei solchen Gelegenheiten mußte ich singen, einerlei ob gern oder nicht. Meine drei Lieder wurden mit Beifall aufgenommen, daß sie aber je zur Wahrheit werden würden, daran dachte niemand. So sang ich denn auch:

> Der Sommer ist gekommen
> Für das deutsche Vaterland.
> Frisch auf drum, deutscher Michel,
> Jetzt nimm die Sens' und die Sichel!
> Alle Welt fort ins Feld,
> Frisch und froh wie ein Held!
> Nimm die Sichel :|: :|: in die Hand,
> Und schneide, schneid' und erndte!

und es war ein altes Lied, schon vom Jahre 1843, paßte aber, als ob es eben frisch gemacht wäre. Denn daß dies harmlose politische Leben

Am Hafen in Wismar

seine Endschaft erreicht hatte, war vorauszusehen. Noch in Wismar
erfuhr ich aus den Zeitungen schon von den Münchener Studenten-
Unruhen und dem Umschwung der Dinge in Neapel.

Den 19. Februar war ich wieder in Holdorf. Mit wachsender Theilnahme verfolgten wir den Gang der Begebenheiten. Schon Ende Februars erfuhren wir von den Unruhen in Paris und den 1. März, daß
der König der Franzosen fortgejagt und die Republik ausgerufen sei.

Den 2. März lud mich Dr. Schnelle zu sich ein. Er erzählte von seinem Vortrag in Wismar, dem dortigen Reformbankett am 20. Februar
und den gefaßten Beschlüssen über das was in Meklenburg gethan
werden solle und müsse. Zunächst, meinte er, wäre dahin zu wirken,
daß die Städte bei der Regierung bittweise einkämen über Änderung
der Verfassung, R. Müller möchte Warin, Brüel und Sternberg übernehmen.

Tragische Geschichte

Heinrich Hoffmann von Fallersleben

Jüngst ist ein General erwacht,
Ein tapfrer General,
Dem hat ein Traum um Mitternacht
Gemacht viel Angst und Qual.

Er war im Leben nie erschreckt
Vor keinerlei Gefahr,
Doch hat ein Traum ihn aufgeweckt,
Ein Traum gar wunderbar.

Was träumte denn dem General
In später Mitternacht?
Was hat ihm denn so große Qual
Und so viel Angst gemacht?

Ihn, der gebebt in keiner Schlacht,
Den nichts noch hat erschreckt,
Was hat ihn denn um Mitternacht
Aus seinem Schlaf geweckt?

War's Krieg und Pest? War's Hungersnot?
War's Hilf- und Feuerschrei?
War's Hochverrat? War's Mord und Tod?
War's blut'ge Meuterei?

Ihm träumte, – hört! es war enorm –
Daß durch das ganze Heer
Erhielte jede Uniform
Hinfort – zwei Knöpfe mehr.

Kasper-Ohm trifft den Landesvater

John Brinckman

As wi dor nu so ünner dei hogen Böm rümstäwelten un in den einen
Weg rinbögten, is dor 'ne Lustbänk, un dor seet 'n lütten Mann up, dei
har 'n groten Stirn vör 'e Bost, un 'n korten Stümmel in 't Mul un
smökt' un sehg sir fründlich ut. Kasper-Ohm nehm em einen Ogenblick scharp up 'n Kiker, un dunn sär hei to mi:

„Morblex, Jonge, dor sitt uns Herzog, de Landesvater! Dat er mi den
Deckel afnimmt ond 'n Kratzfoot makt, wenn wi vörbigahn. Dat rad
ick em in Gooden!"

Na, wi kamen ran. Dei Herzog kek uns mit sin grallen Ogen scharp
an. Kasper-Ohm nimmt sin Pip ut 't Mul un sinen Dreikanter deip af
un kratzt mit dat rechte Bein achter ut, as 'n Hahn, dei bi 'n frömm'm
Hauhn vörbigeiht.

„Ei sieh da, mein lieber Kapitän Pött!" – sär dunn dei Herzog un
lacht', denn hei kennt' jedwerein'n wedder, denn hei einmal seihn har,
un Pött wir al 'n pormal Sommers in Doberan wäst – „auch 'n bißchen
in Doberan?"

Kasper-Ohm bleew stahn un mak't noch einen Kratzfaut.

„Das ist wohl dein Sohn da?"

„Hollen to Gnaden, Dörchläuchten Herr Herzog. Der Jonge da is nich min Jonge. Gott si Dank, dat er dat nich is. Dat is min Süster Ilsche er Jonge" – sär Kasper-Ohm un slög mi swapps! den Haut van 'n Kopp. – „Heww ick Em nich seggt, dat Er sinen Deckel trecken sall? Hollen to Gnaden, Dörchläuchten; aewerst der Jonge weet dat nich, wat Respekt is: er kennt den irsten Petri fiw, fiw nich; aewerst von 'n Ossen kann man nich mir as Rindfleesch verlangen!"

„Ei was, setzt nur eure Hüte wieder auf und laß deinen Stummel nicht ausgehen!" – sär dunn dei Herzog un lacht. – „Was machen denn meine lieben ballstürigen Rostocker!"

Dunn mak't Kasper-Ohm noch twei Kratzfäut irst mit den rechten un nahst mit den linken Faut, stök sin Pip wedder in't Mul un sett't sinen Dreikanter wedder up.

„Velmal to bedanken för de gnädige Nahfrag, Dörchläuchten Herr Herzog!" sär hei dunn – „Rostock, will ick Se seggen, is een Urt, der, so lange der Warnow bi dat Westerspill noch sin dörtein Foot Water hollen doon deit, ond so lange Schepstimmermeisters noch goode Eeken in de Rostocker Heid' finden doon, nich up Afbruch onder den Hammer kamen deit, angenamen, dat der verdammte Grüttfreter van Dän ons Ostseefohrers nich de Sund ganz un gor toospikert ond verrammelt."

Dunn lacht dei Herzog wedder un röp: „Das tut der Däne nicht, da kannst du sicher sein! Aber wenn er's täte, was kann euch Rostockern das schaden. Ich meine, ihr Rostocker Schiffer kommt nie über den Sund hinaus und holt blos Käse aus Flensburg und Kalk von Gothland und bringt Äpfel nach Riga!"

„Dor sünd Se man mangelhaft notifiziert, hollen to Gnaden, Dörchläuchten Herr Herzog!" – sär Kasper-Ohm dunn un puust 'n mächtigen Kringel ut sin Pip. – „Dat mag woll mit de Wismeransche sick so leg anlaten, man aewerst de Rostocksch Schepfohrt, dat is as 'ne melkend Koo, – männigmal virtig Pott, männigmal ok man vier, aewer nie nich ond to keene Tid nich ganz güst – ond dor fallen ok Johr ut ond Johr in orig 'n por Lepels vull Rohm in anner Lüd ehr Melkemmers van af, kann 'ck Se seggen. Ond ansehens uns Rostocker Schippers, so fohrt wi up Bargen ond Amsterdam, Rowan ond Leverpol, ond in de Mittlandsch See, dor weet wi so moy Bescheed as in uns eegen Büxentasch."

„Na, na, schnack mir nur kein Loch in'n Kopf'" – sär dunn dei Herzog un kek Kasper-Ohm van ünnen bät baben so klauk an as 'n Hawk 'n Kröpperdüffert. – „Du willst mir wohl was weis machen? Bist du denn je über Kap Landsend hinaus gewesen."

„Ob ick je achter Landsend west bün?" – sär Kasper-Ohm dunn un
bängt sick as ein, dei nich girn tom Upstöten kamen will. – „Hollen to
Gnaden, Dörchläuchten Herr Herzog! Ick bün dreemal in Batavia west
ond heww up 'n Generalstattholder sinen Staatselefanten reden."
„Das wäre! Da bist du ja ein Allerweltskerl. Also in Batavia bist du
gewesen, und auf des Generalstatthalters Staatselefanten hast du geritten? Na, das mußt du mir doch erzählen."
„Dor kann Rat to warden, Dörchläuchten! Man dat Gorn is to lang,
wat ick denn afspinnen mot. Nu bün 'ck all 'n beten mör van de Back-
hitt, ond aewrigens heww 'ck mi Dingstag nah Trinitatis de linke Foot
ossig verstukt." –
„Na, da wird's wohl nicht anders, da setz' dich nur her zu mir auf
die Bank!"

Heiligendamm bei Doberan

Auch der Kaiser kam nach Heiligendamm

Paula von Bülow

Das Frühjahr verlebte die Großherzogliche Familie in ihrem Land-
haus auf dem Gute Rabensteinfeld am gegenüberliegenden Ufer des
großen Schweriner Sees in ländlicher Zurückgezogenheit, die heißen
Sommerwochen wurden in Heiligendamm bei Doberan, dem idyl-
lisch gelegenen kleinen Seebade, verbracht. Bis an das brausende

Meer heran stand hier der dichte Buchenwald, dem man nur so viel
Raum abgerungen hatte, um einige kleine Landhäuser für die Badegäste bauen zu können.

Wie liebte ich diesen stillen Fleck Erde! Aber wie oft ärgerte ich mich
später auch darüber, als Berliner Eleganz, Musik und Tanz und sonsti-
ger moderner Zeitvertreib in die harmonische Stille dieser Waldidylle
rücksichtslos eindrangen. Dazu gehört auch das mich empörende un-
heilige Morden im sogenannten Taubenschießen; ich sammelte die

gemordeten und schickte sie dem Krankenhaus in Rostock. In früheren Jahren war Doberan fast ausschließlich von Einheimischen besucht. In Viererzügen kamen sie angefahren, die Packwagen hochaufgetürmt mit Kisten, Betten und Koffern. Später zog sich der einheimische Adel mehr und mehr zurück vor der Hochflut fremder Gäste, die aus aller Herren Ländern sich einfanden. Dadurch verlor der Heilige Damm den ehemaligen intimen Charakter und den Reiz seiner vornehmen Stille. Heute bietet er ein anderes Bild; keine Viere lang, keine koffer- und bettenbeladene Wagen mehr – aber Eisenbahn, Autos und Berliner Kanaanssöhne und -töchter!

Der Hof führte am Heiligen Damm keine eigene Küche; er pilgerte tagtäglich von seinen entzückend gelegenen Villen nach dem Kursaal und saß an der Table d'hôte wie alle anderen Sterblichen. Man lebte einfach; abends gab es Krabben, rote Grütze, Koteletten und Eierkuchen. Auch Kaiser Wilhelm war ein häufiger Besucher am Heiligen Damm. Öfters kamen auch gute Freunde und Bekannte von mir aus früheren Tagen von Berlin herüber; sie waren nicht allemal Schwärmer für Meer und Wald wie ich, sondern widmeten ihre Schwärmerei mehr der am Heiligen Strand lustwandelnden Damenwelt. Zu meinen näheren Bekannten gehörte Prinz Carl Hohenlohe, der ältere Bruder des Prinzen Kraft Hohenlohe, sodann Graf Carl Bismarck, mein Spielkamerad aus der Kindertanzstunde, und Kammerherr von Vieregge. Prinz Hohenlohe beraubte diesen seiner beiden „g", machte ihn zum Viereck und nannte ihn „das Quadrat"; dann spielte er den Wiedertäufer und nannte sich den „Zirkel", Graf Bismarck ward als „Dreieck" bezeichnet, und so entstanden geometrische Figuren, die meine Gefolgschaft bildeten. Zuweilen gab es ein munteres Scheibenschießen, an dem auch ich mich mit ziemlich sicherer Hand und guten Treffern beteiligte. Einer von denen, die nicht geometrisch waren, der aber seine Geneigtheit auch nicht auf Meer und Wald beschränkte, hatte mir eine reich gearbeitete Pistole geschenkt, mit welcher ich mein Pensum mit rechter und linker Hand abschoß. Meine Beteiligung an dem Scheibenschießen paßte aber nicht in den Rahmen, in dem eine Frau Oberhofmeisterin, „wirkliche" Exzellenz, sich im Sinn der älteren Damen Mecklenburgs zu bewegen gestatten dürfe, auch wenn sie jung war – und ich zählte damals fünfunddreißig Jahre. Man schalt über mich und ich war für manche ein Horror, wie der Engländer zu sagen pflegt.

Wenn ich an jene, nun schon so fern liegende Zeit zurückdenke, so erscheint sie einem Friedhof gleich; die meisten, die dort gelacht, gescherzt haben, sind dahingegangen, heimgerufen zu dem Frieden, wo sie kein Laut mehr stört, kein Wort mehr kränkt.

V. Im Südosten –
das alte Mecklenburg-Strelitz und
die westlich angrenzenden Kreise

Dörchläuchting tau Nigenbramborg

Fritz Reuter

Dörchläuchten was den Morgen en beten tidiger upstahn as för gewöhnlich un gung nu in 'ne rode, sidene Hos', witte, sidene Strümp
un Schauh mit blanke Snallen en beten vör sine Paleh up un dal; in de
ein Hand hadd hei en Ruhrstock mit en demantenen Knop un hadd sei
hinnenwarts up sinen vigeletten Samftrock leggt, de dick mit gollen
Tressen beset't was, hinnen in den Nacken lagg em en breiden Horbüdel, un up den Kopp satt em en lütten, verdeuwelten Dreimaster, de
de sworen Regierungssorgen insowid verdecken würd, dat dor blot
en por rechtsch un linksch verluren rutkiken kunnen; twei Lakayen
gungen acht Schritt langs achter em, un Kammerdeiner Rand stunn in
de Dör un kek tau, indem dat hei sick ogenschinlich äwer sinen Herrn
freu'n ded. – „Gun Morrn, Dörchläuchting!" säd oll Böttcher Holz, de
tau Kirchen gung. – „Gun Morrn ok!" säd Dörchläuchten gnedigst
wedder. – „Gun Morrn ok, Dörchläuchting", säd Slachter Jürndtsch,
de grad' en por Karmenadenstücken nah den Herrn Hofrat Altman-
nen sinen Hus' dragen wull, denn de Herr Hofrat et ümmer girn en
beten wat Apartes, un Karmenaden wiren dunntaumalen för de Nigenbrambörger noch ganz wat Apartes, „gun Morrn ok, Dörchläuchting; na, ok wedder en beten hir? Ja, 't is hir äwer ok gor tau schön bi
uns, un 't Weder is ok so schön, un denn hewwen wi ok up Stun'ns
so'n schönes Hamelfleisch, un …" – „Gun Morrn ok", säd Dörchläuchten un gung gnedigst wider. – „Gun Morrn, Dörchläuchting",
pust'te Bäcker Schultsch heranne, de so vullkamen utsach in ehren
gräunen, breiden Rock un brunsidenen Dauk un witte Sünndags-
kapp, as wenn sei ut dreiduwwelte Sträng' tausamdrellt wir; un dat
was sei ok, denn irstens was sei Dörchläuchten sine Nahwersch liktau
von sine Paleh, tweitens was sei Dörchläuchten sine Stutenliwerantin,
un drüddens was sei den gnedigsten Herrn sine Mitkollegin in't Re-

gieren; denn wat Dörchläuchten för't ganze Land, was Schultsch för ehr ganzes Hus, un ehre Unnerdahnen säden, sei regierte in'n ganzen noch en gauden Schepel forscher as Dörchläuchten sülwst.

As nu dese beiden regierenden Monarchen up den Mark tau Nigenbramborg tausamendropen, was dat för alle Nigenbrambörger, de taufällig ut dat Finster keken, hellschen fierlich antauseihn, wo sei sick de gegensidigen Ihren erwisen deden, indem dat jeder wat von sine eigene Würd' nahgaww, üm den annern tau Ihren tau bringen. – De regierende Bäckerfru as lüttere Potentat – dat heit, nah de Unnerdahnen berekent – fung drei sösteihnfäutsche Raud rhinländsch Mat von Dörchläuchten af dormit an, de Hannürs tau maken, dat sei dor en lütten Knicks makte, as sei süs woll för en gauden Kunden in ehren Vörrat hadd; dorup rückte sei twei Raud vör, de Hän'n in de Siden un mit Pusten – äwer blot wegen ehre Vülligkeit, nich ut Stolz – un makte en Knicks, as hei sick ungefihr för den irsten Burmeister paßte, gung dunn neger, stek de Hän'n unner de Schört un folgte sei äwer de Mag' un dükerte nu dicht vör Dörchläuchten unner un schot in'n Dutt tausamen, as wenn ein von ehr Virschepelssäck mit Weiten unnenwarts en Ret kregen un utlopen wir, un säd, as sei wedder tau Höchten un tau Aten kamen was: „Gun Morrn, Dörchläuchting." – De regierende Herr as grötere Potentat makte sine Mitkollegin 'ne lütte Wennung halw linksch tau, läd sine linke Hand an den Degengriff, grep mit de rechte an den Dreimaster, äwer blot üm sick dorvon tau äwertügen, wat hei ok fast naug sitten ded, dat hei sine högeren Ihren un Würden jo nicks vergew. – „Gun Morrn ok, Schultsch. Wat will Sei?" frog hei. – Schultsch wull nu vel: irstens wull sei an desen gesegenten Himmelfohrtsdag, wenn sei wegen ehre irdische Vülligkeit un Kumplettigkeit ok nich grademang gen Himmel fohren kunn, doch as regierende Bäckerfru Schulten in de Ogen von de „Groten an den Mark" tau Nigenbramborg so hoch stigen, as ehr Gewicht taulet, un wull derentwegen ehre Ledder an Dörchläuchten sine Hoheit anleggen un doran tau Höchten klaspern; un tweitens wull sei – Geld. – Dörchläuchten hadd nämlich in den Sommerfeldtog von verleden Johr allen Mundvörrat för sick un sine Armee von Hofdeinsten un Lakayen ut de Gegend requiriert, wo hei sin Standquartier upslagen hadd, un hadd doräwer Schatzbongs utstellt; dat heit mit annern Würden, hei hadd tau Nigenbramborg an den Mark un Ümgegend sinen Unnerholt tausamenpumpt un hadd verspraken, hei wull taukamen Johr betahlen: den Ratskellermeister Kunsten den Win, den Slachter Christlieben dat Fleisch un Bäcker Schulten dat Brod un den Stuten. Nu hadd sick Schultsch dat vörnamen, desen Staatsverdrag tüschen Dörchläuchten, Paciscenten up de eine Sid, un tüschen ehren Eheherrn Krischan Schulten, Paciscenten up de annere Sid, up diplomatischen Wegen in Richtigkeit tau bringen. Sei gung nu also, as ehr Dörchläuchten de Frag': „wat will Sei?" so – baff! – in den Bort smet – denn sei hadd en beten von Bortwarks –, gor nich drup in un säd, indem sei mit Dörchläuchten anfung up un dal tau gahn un sick üm den hogen Herrn sin dörchläuchtigstes Achterdeil herümmerwölterte, dat sei em de ihrfurchtsvulle rechte Sid äwerlet: „Je, Dörchläuchting, dat seggen Sei woll." […]

Hir was de Pust un 't Paleh wedder tau En'n, un Schultsch makte wedder ehren Ümswang. – „Wat makt denn de Konrekter?" frog Dörchläuchting. – „Oh, ick dank velmal. Dat geiht jo noch ümmer mit em so lala, hei is jo ok noch in sine besten Johren, un de Lüd' seggen jo, hei will wedder frigen." – „Wat?" fohrte Dörchläuchting up, denn em schot mit einem Mal dörch den Kopp, dat hei för dat Woll von sine Unnerdahnen upkamen müßt. „Was will er?" – „Herre Gott, Dörchläuchting", rep Schultsch un verfirte sick dägern, „is denn dat so wat Gefährlichs, wenn Lüd' sick frigen? Wi Brambörger frigen all, wenn wi känen, un Magistrat un Börgerschaft …" –

„Dummer Schnack!" rep Dörchläuchten, „welche Person will er heiraten? Wir wollen das wissen"; un dorbi kek hei Schultsch dörch all ehr Fett bet in dat Gewissen rin; denn kiken kunn hei hellschen. – Schultsch fäuhlte denn ok den forschen Blick von sine Ogen un fäuhlte, dat en gewaltigen Herr ehre Nieren prüfte; Utflücht wiren nich tau maken, sei stamerte also: „Je, Dörchläuchting, de Lüd' seggen jo, dat sall de Soltmannen sin, de vakante Kammerjumfer von de hochgnedige Prinzeß; ick segg man, wat de Lüd' seggen; äwer ick …" – „Dat sünd Kabalen", schreg Dörchläuchting, „dor steckt min leiw' Christelswester achter. Äwer ick will kein verfrigtes Volk üm mi rümmer hewwen, un de Konrekter sall nich frigen, denn ick kann em nich missen. Dat sünd Wiwerkabalen!" – Hm, dachte Schultsch, wenn hei so bibliwwt mit Towen, denn kriggst du kein Geld, du möst em wedder en beten begäuschen. „Dörchläuchting", säd sei lud […], un wull em in ehren vullen Vertrugen de Reknung in de Hand steken, äwer wo prallte sei taurügg. – „Vaddersching", säd sei nah Johren noch ümmer tau de Smädfru Swartkoppen, wenn sei dit Stück vertellte, „hei süht jo för gewöhnlich man so geistlich un blassing von Gesicht ut, äwer ditmal was dat doch grad', as wenn ick up Krischanen sine nige schörlakene West kik, un de oll lütt Haut gung em up den Kopp von sülwen ümmer up un dal, un sin Horbüdel hadd sick pil in En'n reckt, un sine armen Beinen bewerten ordentlich vör Wut, as hadd hei stats en por

Waden en por Kläterbüssen in de sidenen Strümp steken." – Un sei hett dit nich äwerdrewen, denn Dörchläuchten bewerte vör Wut an den ganzen Liw': „Impertinentes Frauensmensch!" rep hei un stödd ehr de Reknung ut de Hand, dat Krischan Schulten sine sure, fiwstünnige schriftliche Arbeit so licht äwer den Mark henflog, as wir 't 'ne blote Schauljungsarbeit. – „Rand!" rep hei, „wo ist der Esel?" – Wenn hei desen Titel brukte, denn wüßte Rand ümmer, dat Holland in Nod was un hei verlangt würd. Hei stört'te sick also ahn Besinnen in den diplomatischen Strid un söchte de Differenzen tüschen de beiden hogen Paciscenten tau vermiddeln, un dortau was hei, as wenn hei dortau eigens anstellt wir, denn wenn Dörchläuchten ok sin Herr was, so was Schultsch wegen ehr Duwwelbir sine leiwste Fründin. – „Mein Gott doch, Dörchläuchting, wat iwern Sei sick? Wo känen Sei sick

äwer Schultschen argern? – Mein Gott doch, Fru Schulten, so laten S'
doch de Arm ut de Sid! – Paßt sick dat? – Dor möt Dörchläuchten sick
jo äwer argern!" denn Schultsch hadd in ere gerechte Sak de Arm in de
Siden stemmt. De beiden Lakayen wiren ok tausprungen, un Dörchläuchten winkte blot mit de Hand, un de Lakayen verstunnen dat ok
glik un drewen Schultsch af, un Dörchläuchten winkte noch mal, un
sei schücherten mit Schultsch äwer den Mark räwer. – „Rand!", rep
Dörchläuchten, as de Luft halwweg' rein was, un halte deip Aten: „De
Konrekter will frigen, Halsband will frigen" – hir lachte hei hell up –
„Dat Bäckerwiw giwwt mi 'n Reknung", hir ballte hei achter
Schultsch de Fust äwer den ganzen Mark räwer, „Wat? Bün ick noch
regierende Herr?"

Slachter Jürndtsch: Frau von Schlachter Jürndt; Karmenaden: Karbonaden, Rippenstück;
sösteihnfäutsche Raud: sechzehnfüßige Rute (Längenmaß); Paciscenten: Vertragsparteien;
Kläterbüssen: Klapperbüchsen.

Die Franzosen in Neubrandenburg

Franz Christian Boll (1806)

Am Abend des 30. October 1806 etwa um 7 Uhr rückte ein kleiner
Trupp französischer Reuterei vom Corps des Marschall Bernadotte,
welches die Nacht in der Gegend von Stargard bivouakirte, hier ein.
Sie verübten allerlei Excesse, schlugen Fenster ein, nahmen Uhren, silberne Pfeifen, Geld und ließen sich auf dem Markte mit Wein bewir-
then; ihr Anführer begehrte und erhielt vom Magistrate 50 Louisdor.
Sie gingen nach einigen Stunden weiter zum Treptowischen Thore
hinaus. Gegen Morgen, aber noch im Finstern, kam das ganze Armeecorps allmählig nach, und der Durchmarsch dauerte fast den ganzen
31. October. Ein schrecklicher und unvergeßlicher Tag! Weit und breit
im Lande umher (nur sehr wenige von der Heerstraße abgelegene
Dörfer blieben verschont) wurde geraubt und geplündert, die Pferde
weggenommen, die Menschen gemißhandelt, so daß sie endlich davon gingen und drei bis vier Tage in den Wäldern umherirrten; zum
Glücke war die Witterung für diese Jahreszeit ungemein milde und
heiter. In der Stadt sollten zwar keine Gewaltthätigkeiten geduldet
werden, aber nichtsdestoweniger drangen die Soldaten in viele Häu-

ser ein, und begnügten sich nicht bloß mit Essen und Trinken, sondern erpreßten und raubten Kleidungsstücke, Geld und Geldeswerth, so viel sie konnten. Das geschah auch in meinem Hause, und mein Verlust belief sich in wenigen Minuten auf 100 Thaler. Die Gensd'armes reinigten endlich mein Haus und ließen mir eine Sauvegarde, die ich auch noch theuer bezahlen mußte. Angst und Schrecken herrschten überall – alle Gesichter waren bleich vor Entsetzen. Niemand hatte sich eines solchen Betragens versehen! Brod, Fleisch, Wein, Bier, Branntewein wurde in ungeheuerer Menge nach dem Markte geschafft, die Weinkeller in Requisition gesetzt und ausgeleert – selbst den Pferden wurde Wein zum Saufen gegeben. Einige tausend gefangene Preußen wurden in der St. Johanniskirche und im herzoglichen Palais einquartirt. – Die folgende Nacht und die folgenden Tage bis zum 3. November lagen viele Franzosen hier. Das Artilleriezeug wurde ausgebessert und in der zweiten, leer stehenden Predigerwohnung, welche man erbrochen hatte, war die Sattlerei eingerichtet. Am Sonntage den 2. November konnte gar kein Gottesdienst gehalten werden. Die Stadt mußte auch bedeutende Mengen an Tuch, Leder usw. liefern. In den folgenden Wochen wurden viele Verwundete hierher gebracht, von denen auch einige dreißig starben und an einer besonderen Stelle auf dem Gottesacker beerdigt wurden. Weil noch immer Marodeurs nachkamen, so wurden die Thore mit Bürgern besetzt und des Nachts patrouillirten Wachen, auch um der einheimischen Diebe willen.

Reuterei: Reiter; bivouakirte: lagerte; Gensd'armes: Gendarmen; Sauvegarde: Leibwache; in Requisition gesetzt: beschlagnahmt; Marodeurs: Plünderer.

De Börgers bi Regenweder

Fritz Reuter

In Fredland was en ollen Paster, namens Meier,
Dat was en ollen Mann, gottesfürchtiglich,
Un noch en annern Paster, namens Dreier,
De was ok fram; worüm denn nich? –
Nu kamm in 'n Aust denn mal 'ne Tid,
Dat dat drei Wochen fort in eine Swit
Dagdäglich von den Hewen got.
Dat was denn nu 'ne grote Not.
De Börgerschaft, de kamm tausamen,
Üm Rat tau holl'n, wat dorbi wir tau maken.
Dor würd' denn hen un wedder spraken,
Bet s' endlich äwerein sünd kamen,
Sei wull'n den Preister beden laten.
So wid was 't gaud. Dit was nu woll beslaten.
De Frag was äwerst nu: Wen von de beiden?
De irst säd: „Dreier!" Un ok den tweiten
Schint Dreier as de Best; un „Dreier, Dreier, Dreier!"
Güng 't dörch de ganze Börgerschaft;
Man blot oll Meister Näw' säd: „Meier!"
Dat hülp em nich, sin Stimm was unnerlegen. –
Den annern Sünndag predigt nu mit grote Kraft
De Paster Dreier gegen Regen;
Je, hadd 't irst regent, regent 't nu irst recht!
De Regen föll in Gäten nedder. –
As in de negste Woch' dunn wedder
De Börgerschaft tausam is, seggt
Stadtspreker Päpk': „Na hürt, mi dücht,
Dor uns dat mißglückt is mit Paster Dreiern,
So nem wi nu mal Paster Meiern,
Mit desen glückt uns dat villicht."
Oll Paster Meier bedt ok, wat hei künn,
Un as hei noch in 't beste Beden stünn,
Dunn kickt de Sünn all in de Finsterruten,
Un 't beste Weder schint dorbuten. –
As Meister Näw' nu ut de Kirch 'rutgeiht,
Kloppt Päpken up de Schuller hei un seggt:
„Na, Nahwer, heww ick nu nich recht?

Friedland

Heww ick nich seggt, wenn Meier beden deiht –
Un wenn dat ok mit Emmern göt –
Uns' Herrgott mag nu willen oder nich, hei möt!"

*Friedland ist merkwürdigerweise weder dem DuMont-Kunstreiseführer der
DDR noch dem sozusagen offiziellen Reiseführer der DDR des Tourist-Ver-
lages eine Erwähnung wert, wohingegen Georg Pilitz in seinem „Kunstreiseführer durch die DDR" ausführlich die gut erhaltene mittelalterliche
Stadtbefestigung mit ihren zahlreichen Wiekhäusern sowie dem Anklamer
und dem Neubrandenburger Tor aufführt, die gotische Backstein-Hallenkirche Sankt Marien mit ihrer bemerkenswerten Ausstattung und auch den als
„Ruine" genannten Granitbau von Sankt Nikolaus. Doch auch unter historischen Gesichtspunkten ist die schon 1244 von den brandenburgischen
Markgrafen Johann und Otto gegründete, wenn auch 1945 stark zerstörte
Stadt erwähnenswert: Sie war 1350 und 1372 der Ort wichtiger Friedens-
schlüsse und Vereinbarungen, die hiesige Propstei stand nicht weniger als
achtzig Pfarreien des Stargarder Landes vor, und das reiche religiöse Leben
wurde auch begünstigt durch die Kalandsbruderschaft (seit 1309 vielfach erwähnt) sowie die Bruderschaften des heiligen Gregorius, des heiligen Augus-
tinus (urkundlich erstmals erwähnt 1419 bzw. 1480) und die vom Rosen-
kranz Mariens (gestiftet 1488).*

Woldegker Recensenten

Clemens Carl
(aus dem von Fritz Reuter herausgegebenen „Unterhaltungsblatt
für beide Mecklenburg und Pommern")

Im Rathhaussaal zu Woldegk gings laut und lustig her,
Man trank sich voll die Köpfe, die Beutel aber leer;
Und wie der Wein die Geister durchleuchtet und durchglüht,
Da hat's von kräft'gen Worten und scharfem Witz gesprüht.

Drei Männer klug vor allen, des Städtchens Leucht und Licht,
Gelehrt wie sonst war Niemand, das sah man am Gesicht,
Die hatten Platz genommen und tauschten weise Red'
Von schlechten, dummen Büchern, so man jetzt schreiben thät.

Da naht sich ihnen lächelnd ein keckes junges Blut,
Grüßt ehrfurchtsvoll die Weisen, nimmt in die Hand den Hut
Und spricht: „ich bin ein Dichter und les' ein Lied auch gern,
Mögt frei alsdann mir sagen, wie's euch gefällt, ihr Herrn." –

Im Saal ist's still geworden, mit Neugier hört man zu,
Manch schwerer Kopf sinkt nieder und auf den Tisch zur Ruh,
Der Fremde bringt mit Feuer sein Lied den Gästen dar,
Schaut fragend nach den Weisen, wie dort das Urtheil war.

Der Erste riecht am Glase und spricht: „Der Wein ist ächt,
Doch euer Lied ein Pfuschwerk und fehlerhaft und schlecht."
Der Zweite meint bedächtig: „Es ist schon lange her,
Da hab ich was gelesen und das gefiel mir mehr."

Der Dritte kratzt bedenklich sich hinterm Ohre sacht,
Er hat kein Wort gesprochen – und auch wohl nichts gedacht.
Die andern Gäste stimmten mit Letzterm überein,
Das mußte Woldegks klügster und schlau'ster Kopf wohl sein.

„Ha, Bravo", ruft der Fremde, „das Urtheil macht mir Spaß,
Doch da des Liedes Dichter zu nennen ich vergaß,
So hört, was ich gelesen, ich sag' es ohne Trug,
Es ist der Lieder Perle, ist Uhlands Sängers Fluch."

Die von den brandenburgischen Markgrafen zwischen 1236 und 1250 mit ovalem Grundriss und gitterartigem Straßennetz begründete Stadt Woldegk (heute zum Kreis Mecklenburg-Strelitz gehörig) wurde immer wieder durch verheerende Brände stark geschädigt; die Zerstörungen im Zweiten Weltkrieg ließen ihr kaum mehr als wesentliche Reste der Stadtmauer und einige der Windmühlen, für die sie einst berühmt war. – Als Rechtskuriosum wollen wir hier das heute zum Kreis Demmin gehörende Wolde erwähnen, das einst als bedeutendste Festung im mecklenburgisch-pommerschen Grenzbereich galt; da die Besitzverhältnisse zwischen Mecklenburg und Pommern strittig waren bis zu einem Staatsvertrag 1874, zahlten die Bewohner jahrhundertelang keine Steuern und konnten auch der Militärpflicht entgehen. – In Nemerow wurde 1298 eine Johanniterkommende begründet, die alsbald einige Dörfer in Besitz hatte; sie wurde (1628 kurzzeitig im Besitz Wallensteins) erst 1648 säkularisiert, doch verteidigte der Orden seine Rechte noch bis 1693. In Pleetz (wo man die Reste eines schon vorherigen slawischen Burgwalls entdeckte) war die 1496 von den Bertikow auf die von Hahn auf Kuchelmiß übergegangene Burg, an deren Stelle im 18. Jahrhundert ein barockes Herrenhaus trat, verbunden mit dem erblichen Landmarschallamt für Stargard.

Streit um das Indigenat auf den Malchiner Landtagen

Nach Ernst Boll

Gegen Ende des 17. Jahrhunderts wurde der alte Adel aus seinem langen friedlichen Schlummer aufgeschreckt. Denn als in Bezug auf die Klosterstellen seit dem Jahre 1694 der Modus dahin abgeändert wurde, daß statt der Wahlen ein Einkaufsgeld gezahlt wurde, und dann die Aufnahme in die Klöster nach der Anciennität der Einschreibung stattfand, meldeten sich nun bald auch Gutsbesitzer zur Einschreibung, welche jenen alten Familien nicht angehörten. Diese wurde ihnen nun aber von den Familien, welche bis dahin den alleinigen Besitz der Klosterstellen usurpirt hatten, verweigert, indem man behauptete, nicht alle Rittergutsbesitzer als solche hätten ein Anrecht auf diese Stellen, sondern nur die Nachkommen derjenigen Familien, aus denen die Ritterschaft im Jahre 1572 bestanden habe, in welchem die Klöster der Ritter- und Landschaft überwiesen worden wären. […]

In diesem Geiste decretirten auch bald darauf im Jahre 1714, nachdem die Landtagsverhandlungen zu Sternberg schon geschlossen waren, neun dort noch zurückbleibende Edelleute, daß Niemand anders auf die Klöster ein Anrecht haben solle, als der alte Adel, da dieser dieselben acquirirt, gestiftet und beneficirt habe. […]

Welche Familien alle darauf Anspruch machen dürften, zu den eingebornen gerechnet zu werden, darüber hatte es noch immer an einer bestimmten Regel gefehlt. Erst auf dem Malchiner Landtage im Jahre 1774 wurde ohne weiteren Widerspruch festgesetzt, daß das Jahr 1572, in welchem den Ständen die Klöster überwiesen waren, für das Indigenat maßgebend sein solle. Hinsichtlich der Reception war schon im Jahre 1771 bestimmt worden, daß derjenige, welcher 16 Ahnen nachzuweisen vermöge, wenigstens 4000 Thaler, wer aber diese Ahnenprobe nicht machen könne, mindestens 8000 Thaler zum Besten der Klöster für seine Reception zu zahlen habe.

Sehr bald aber sollte dies ganze angebliche Indigenatsrecht als ein wirkliches Recht in Frage gestellt werden. In den für den Grundbesitzer so unglücklichen Zeiten nach dem siebenjährigen Kriege waren sehr viele Güter in die Hände neuer Besitzer gekommen. Die Anzahl der nicht-recipirten adligen und der bürgerlichen Gutsbesitzer mehrte sich von Jahr zu Jahr, so daß im Jahre 1793 in Meklenburg-Schwerin die Anzahl der eingebornen und recipirten nur noch auf 183 sich belief, während der nicht-recipirten adligen und bürgerlichen schon 228 waren (von ersteren 117 und letzteren 111). Mit diesen so wesentlich veränderten Zahlenverhältnissen mußten die Prätensionen der Minorität natürlich immer auffallender werden.

Zur Sprache kam diese Angelegenheit zuerst durch den Baron v. Langermann auf Spitzkuhn, welcher auf dem Malchiner Landtage im Jahre 1778 bat, ihn in den Besitz sämmtlicher Rechte eines eingebornen meklenburgischen Edelmannes zu setzen, da sein Großvater bereits 1695 (1682!), mindestens aber schon 1701 im Lande ansässig gewesen sei. Obgleich er selbst 1000 Thaler für die Reception zu zahlen bereit war, wurde sie ihm dennoch abgeschlagen. Darauf beschwerte sich v. Langermann im Jahre 1782 bei der Landesregierung „wegen verweigerter Theilnahme an den Landesklöstern", und diese verwies ihn zur weiteren Verfolgung seiner Ansprüche an die Landesgerichte. Er klagte nun im Jahre 1785 bei dem Hof- und Landgerichte zu Güstrow wider den Engeren Ausschuß der Ritterschaft wegen „bestrittener Eingeborenheit" und verlor diesen Prozeß; als er aber darauf an den Reichshofrath in Wien appellirte und diese Angelegenheit dort für ihn eine günstige Wendung zu nehmen drohete, so lenkte die eingeborne Ritterschaft plötzlich ein und bot dem Kläger im Jahre 1794 die Reception und Erstattung der Prozeßkosten an, wenn er den Prozeß fallen lassen wolle. v. Langermann nahm dies an, weil er seine in gleicher Lage mit ihm befindlichen Standesgenossen nicht hatte bewegen können, mit ihm gegen den eingebornen Adel gemeinschaftliche Sache zu machen und den Prozeß auf gemeinschaftliche Kosten fortzusetzen. [...]

Trotz eines herzoglichen Widerspruchs im November 1793 wurden schon sogleich auf dem Malchiner Landtage des folgenden Jahres nicht allein neue Receptionen vorgenommen, sondern auch der bürgerliche Gutsbesitzer Goldschmidt auf Mustin von der Wahl eines Klosterprovisors ausgeschlossen. Durch den Langermannschen Prozeß und jene herzoglichen Rescripte waren nämlich endlich auch die bürgerlichen Gutsbesitzer, welche sich bis dahin wenig um die landständischen Verhandlungen gekümmert hatten, darauf aufmerksam geworden, daß auch sie Rechte hätten, welche in diesem Zwiste dem eingebornen Adel gegenüber vertreten werden müßten. Sieben und siebenzig derselben vereinigten sich daher im Jahre 1795 zu gemeinschaftlicher Betreibung dieser Angelegenheit, wogegen der eingeborne Adel, um diesen Bürgerlichen die Unterstützung des nicht-recipirten Adels zu entziehen, diesem nun die Reception unter sehr erleich-

Malchin

terten Bedingungen anbot: hundertjährige Ansässigkeit im Lande sollte die Rechte der Eingeborenheit verleihen und für die Reception jüngerer Familien sollten nur 1500 Thaler gezahlt werden. Die auf dem Landtage anwesenden Nicht-recipirten erkannten jetzt die Vorrechte des eingebornen Adels an. [...]

Die jämmerlichste Rolle aber hatten in diesem ganzen Zwiste die Vertreter der meklenburgischen Städte gespielt, indem dieselben sich gar nicht in denselben mischen wollten. Die städtischen Deputirten im Engeren Ausschuß lehnten im Jahre 1797 ihre Theilnahme an dieser Angelegenheit ab, und der Convent der Städte des meklenburgischen und wendischen Kreises billigte am 10. April 1798 diese Verweigerung der städtischen Theilnahme an den „zwischen nobilibus receptis et non receptis obwaltenden prozessualischen Streitigkeiten". In gleichem Sinne erklärten sich auch am 20. November 1798 auf dem Malchiner Landtage der Bürgermeister Voß aus Parchim, der Hofrath Dethlof aus Parchim und der Canzleirath Marggraff aus Güstrow. Die Herren Bürgermeister, von denen so viele als ritterschaftliche Instiziare fungirten, wollten es daher aus bewegenden Gründen offenbar mit keiner der ritterschaftlichen Parteien verderben, und zogen es also vor, neutral zu bleiben. Hätten die Städte damals zur rechten Zeit ihr Gewicht mit in die Wageschale gegen die alt-adligen Prätensionen geworfen, so würde diese Angelegenheit aller Wahrscheinlichkeit nach eine gänzlich andere Wendung genommen haben.

Indigenat: Heimat-, Bürgerrecht; Anciennität: Jahresrangfolge; usurpirt: an sich gerissen; decretirten: verfügten; acquirirt: erworben; beneficirt: ausgestattet; Reception: Aufnahme; recipirt: aufgenommen; Prätensionen: Ansprüche; Minorität: Minderheit; Provisor: Verwalter; Rescripte: Erlasse; Convent (lat.): Zusammenkunft, Versammlung; nobilibus receptis et non receptis: dem aufgenommenen Adel und dem nicht aufgenommenen.

Aus „Meine Vaterstadt Stavenhagen"

Fritz Reuter

Mehr als fünfundvierzig Jahre sind an den räucherigen Dächern meiner kleinen Vaterstadt hingerollt, seit ich die ersten deutlichen Eindrücke von der Erhabenheit seines Kirchturmes, der Großartigkeit seines Rathauses und der Majestät seines Amtsgebäudes, gewöhnlich „das Schloß" genannt, empfing. Drei neue Straßen haben seit jener Zeit die Gestalt der Stadt so verändert, daß ich mich mit Mühe darin zurecht finde, und ausnahmsweise kühne Männer haben den Schutz

Fritz Reuters Geburtshaus in Stavenhagen

des zur Sommerzeit etwas übelriechenden Wallgrabens verschmäht und sich vor den Toren angesiedelt, jeder Gefahr keck die Stirne bietend, die innerhalb der Ringmauern der Stadt der Polizeidiener und die Nachtwächter zu verscheuchen verpflichtet sind. Die Priesterkoppel, wo ich durch meinen Papierdrachen Korrespondenz mit den Wolken pflog, ist jetzt mit einem Häusermeer bedeckt; wo ich sonst in jugendlicher Lust dem Ballspiele oblag, werden jetzt Bälle gegeben; der alte trauliche, in süßer Heimlichkeit verschlossene Bullenwinkel hat

seine geöffneten Räume den Strömen des Verkehrs übergeben müssen, und der alte Bauhof mit seiner schönen großen Mistpfütze, in die
ich zum Schrecken meiner guten Mutter regelmäßig jeden Winter ein
oder mehre Male mit dem Eise einbrach, ist zum fashionablen Westende der Stadt geworden, und wo wir Knaben früher im idyllischen
Spiel mit den Kälbern, Lämmern und Füllen des alten Nahmacher
umher sprangen, wird von den gebildeten Töchtern der haute volée
jetzt Polka-Mazurka eingeübt. Die Straßen sind aufs beste gepflastert,
und von den Toren der Stadt aus gehen direkte Chausseen nach Hamburg, Paris, Berlin und St. Petersburg. Der Segen Gottes hat sich in Gestalt des Volkes Gottes in reichlicher Fülle über der Stadt entladen,
und der rege Wetteifer zwischen den Bekennern des Neuen und des
Alten Testamentes hat einen Weltverkehr mit gebackenen Pflaumen,
Lumpen und Kuhhörnern ins Leben gerufen, der meine teure Vaterstadt zu dem Emporium des östlichen mecklenburgischen „Perduk-
ten-Handels" gemacht hat. Es fehlt ihr nur, daß sie an der Ostsee belegen wäre, dann wäre sie eine Seestadt. Posten und Extraposten gehen
unablässig, richtige Zeit haltend, hin und her durch die Straßen, Equipagen mit und ohne Kammerjungfern, Equipagen mit und ohne Bull-
doggen und Tigerhunden, Equipagen, in denen Pferde und Rindvieh
spazieren gefahren werden, halten vor einer Unzahl von Gasthöfen.
Die vorzugsweise „Reisende" genannte Nation, mit dem herrschenden Stamm der Weinreisenden an der Spitze, ist völkerwandernd und
völkerbeglückend über die Stadt ausgegossen und sucht die Segnun-
gen einer im steten Steigen begriffenen Zivilisation über die inwoh-
nenden Schuster und Schneider zu verbreiten. Diese selbst haben in
aller Stille den jeden National-Ökonomen erschreckenden Beweis geliefert, daß trotz aller hemmenden Heimatsgesetze und Zuzugshin-
derungen eine Bevölkerung von 1200 Einwohnern in vierzig Jahren
imstande ist, sich durch Kraft und Ausdauer auf 2500 zu bringen.

Wie ganz anders war es in meinen Kinderjahren. Ungefähr monatlich einmal zog kotbespritzt ein einsamer Probenreiter auf buglah-
mem Gaule in die Tore der Stadt ein und erkundigte sich im ergötz-
lichen, ausländischen Dialekte bei einem Straßenjungen, etwa bei mir,
nach dem einzigen Gasthofe des Städtchens. Unter uns Rangen entspann sich dann ein lebhafter Streit, wer den Fremden zu Tolls, später
Schmidt, später Beutel, später Kämpfer, später Kossel, später Holz,
jetzt Clasen, geleiten sollte, bis wir uns zuletzt denn darüber vereinigten, ihm sämtlich das Komitat zu geben, dem sich dann noch einige ältere Personen anschlossen und darüber debattierten, ob dies derselbe
sei, der vor einem Jahre oder vor drei Jahren die Stadt beglückt habe.

Kein Kellner empfing den Unglücklichen – dies Geschlecht war damals noch nicht geboren –, er war gezwungen, sein Rößlein selbst in den Stall zu führen, seiner selbst wartete in den Räumen des Hotels von allen Erquickungen, welche der Scharfsinn des Menschen seit dieser Zeit erfunden hat – nur holländischer Käse.

Posten kamen damals auch und zeichneten sich durch die Zufälligkeit ihrer Ankunft aus. Zur Herbst-, Frühjahrs- oder Winterzeit namentlich kam gewöhnlich der Postillon auf einem Vorderpferde voraus gesprengt und brachte die tröstliche Nachricht, die Post würde bald kommen, sie wäre schon beim Bremsenkrug: „Äwer dor is sei tau Senk drewen", war dann der erfreuliche Nachsatz, welcher dann eine gründliche Nach- und Ausgrabung zur Folge hatte. Endlich kam dann ein hellblau angestrichener, durch Ketten und Eisenstangen aufs mannigfaltigste versicherter, mit 8 Pferden bespannter offener Kartoffelkasten in die Stadt hinein gerumpelt, auf dessen quer über die Leiterbäume gelegten Bänken eine Anzahl halb „verklamter" Unglücklichen, wie Schafe zur Schlachtbank, zum Posthause gefahren wurden, wo dann eine Sonderung zwischen den Schafen und den Böcken eintrat. Die Böcke blieben vor der Tür, die Schafe gingen ins Posthaus und wurden dort von dem Postschreiber, der in einer Art Vogelbauer saß, welches er sein Comptoir zu nennen beliebte, den gebräuchlichen Vexationen unterworfen, von denen die Böcke befreit blieben. Die Naivetät, die sich in dieser Staatseinrichtung aussprach, ging so weit, daß, als der Postschreiber seine postalischen Bemerkungen irrtümlich auf einen vor der Türe stehenden Bock ausdehnen wollte, ihm derselbe trocken zur Antwort gab: „Sei hewwen mi nicks tau seggen, ick bün en Buck."

Wo jetzt in starrer, trockner Regelmäßigkeit die Chausseen sich hinziehen und das Auge blenden und ermüden, wo lange Reihen langweilig kongruenter Pappeln den Wanderer gleichsam zum ewigen Spießrutenlaufen verdammen, wand sich damals der Weg in lieblich mäandrischer Krümmung durch pittoreske Alleen gekröpfter Weiden dahin und bot dem Auge in Gestalt von Pfützen und knietiefen Geleisen die Mannigfaltigkeit von Berg und Tal und See. Den etwa Strauchelnden nahm die liebende Mutter Erde in ihrem weichen Schoße auf und entließ ihn nur mit einem Andenken an sich.

Leider war mit diesen malerischen Ergötzlichkeiten eine gewisse Unbequemlichkeit des Reisens verbunden, die uns während der Wintermonate außer Verkehr mit der Welt versetzte und nur entschiedenen Wagehälsen erlaubte, die heimatlichen Tore zu verlassen. Ich entsinne mich noch, daß ein Kaufmann unserer Stadt, der vielleicht überseeischen Handel betreiben mochte, sich bestimmt aber durch sehr gewagte Spekulationen in Feuerschwamm, Lorbeerblättern und Korinthen vor seinen Gewerbsgenossen auszeichnete, tags vor seiner Abreise nach Hamburg im blauen Leibrock mit blanken Knöpfen und wildledernen Handschuhen – das Glacé war noch nicht erfunden – in der Stadt Haus bei Haus auf Leben und Sterben Abschiedsvisiten machte; wie er nach der Kirche, in der er das heilige Abendmahl genommen, auch zu uns kam, allen die Hand reichte und in tiefer Rüh-

rung das Haus verließ. Ich sehe meine Tante Christiane noch, wie sie ihm mit vorgerecktem Halse nachsah, bis die sturmbewegten Schöße seines neuen Leibrocks hinter der Apothekerecke verschwanden; ich höre sie noch in die Worte ausbrechen: „Ne! Wat is't för ein Minsch!" Der Mann kam nicht wieder. Dunkle Gerüchte von zu „Schadenkommen" und „Halsbrechen" und dann wieder von einer verfehlten Lorbeerblätterspekulation und demnächstiger Abreise nach Batavia kamen uns freilich zu Ohren; Gewißheit ward uns aber nicht zuteil, und selbst den aufklärenden Talenten der Polizei ist es nie gelungen, das obwaltende Dunkel zu enthüllen.

Die mannigfachen Verkehrshinderungen, die aus dem Schlamme lehmiger Vizinalwege emporwuchsen, wurden von einer unverwöhnten Bevölkerung mit stoischem Gleichmute als unvermeidliche Erdenübel hingenommen, und nur dann, wenn die trocknenden Frühlingswinde und die warme Junisonne die Hauptschlachten gegen die Einflüsse des Winters geschlagen hatten, rüstete sich die Besatzung eines Chaisewagens, die den vielversprechenden und wohlklingenden Namen einer Wege-Besichtigungs-Kommission führte, als fliegendes Korps die Niederlage des nordischen Herrschers zu vervollständigen und seine Spur von der Erde zu vertilgen. So ein Sommerfeldzug hatte seine behaglichen Seiten; das Terrain war bekannt, die Etappenörter nicht zu weit belegen, das Land mit allem reichlich versehen, und klüglich wußte man es so einzurichten, daß man zum Frühstück bei Pächter X eintraf, dessen Frau als Verfasserin der besten Schinken bekannt war, zum Mittag beim Pächter Y, der schon vorläufig den Tod eines fetten Kalbes annonciert hatte, und zu Abend beim Gutsbesitzer Z, der noch neulich durch die Größe seiner Karauschen eine Wette gewonnen hatte.

Die Geschäfte der Kommission waren angenehmer Natur; man sah von der Höhe des Chaisewagens auf die verharschten Wunden der Wege hinab, man freuete sich darüber, daß nun alles wieder so schön in Ordnung sei, und stieß man einmal zufällig auf eine auffallend tiefe Narbe, so überließ man sich dem wohltuenden Gefühle, welches wir empfinden, wenn es draußen stürmt und regnet und wir behaglich am warmen Ofen sitzen; man freute sich, daß man nicht selbst während des Winters in diesem schrecklichen Loche sitzen geblieben sei, und verordnete Schönpflästerchen für die widerwärtige Narbe, deren Applizierung in Gestalt von Wegebesserungen den einzelnen Gutsinhabern zur Pflicht gemacht wurde. Dadurch kam denn nun eine neue Not über unsre kleine Welt. Zehn bis zwölf Tagelöhner wurden zu einer Zeit, in der sonst nichts Nützliches, etwa des vielen

Regens wegen, getan werden konnte, unter Anleitung eines Wirtschafters, der noch sehr in den Anfangsgründen des Nivellierungs-Systems steckte, längs des Weges in die Gräben gestellt und angewiesen, Kot, Schlamm und Rasen ja mitten in den unseligen Weg zu werfen; in die vorzugsweise halsbrechenden Stellen wurden abgesammelte Feldsteine und Bauschutt gestürzt, und „Knüppeldämme" wurden angelegt, Besserungsanstalten für sonst unverbesserliche Idealisten, nutzanwendungsreiche Predigten über die Hinfälligkeit der menschlichen Natur und Kasteiungen des Fleisches, die in tiefgehender Wirkung alles übertrafen, was La Trappe jemals ersonnen hat. Ein gebesserter Weg war der Schrecken der Umgegend, und ich entsinne mich noch, wie ein wohlmeinender Pächter einmal zu meinem Vater sagte: „Führen S' den annern Weg; jo nich desen! Desen hewwen wi betert."

Ausnahmsweise: besonders; pflog: pflegte; fashionable: fein, standesgemäß; haute volée: Oberschicht; Emporium: Handelsplatz; Perdukten: Produkte, Erzeugnisse; Posten: Mehrzahl von Post; Equipage: Kutsche; Probenreiter: Musterreiter; Range: wilder Bengel; Vogelbauer: Käfig; Comptoir: Kontor, Büro; Vexation: Kränkung, Belästigung; Bock hier: Passagier ohne Fahrschein, der vorn auf dem Bock mitfuhr; kongruent: gleichmäßig; mäandrisch: sich schlängelnd; Glacé: Glanzleder-Handschuhe; Vizinalwege: Nebenwege zwischen Dörfern; Chaisewagen: Halbkutsche; Karausche: Fischart; Applizierung: Aufbringen; Nivellierung: Ausgleichen, Glätten; Kasteiung: Züchtigung; La Trappe: Trappistenorden, strengste Entbehrungen fordernd.

Die Feier des Geburtstages
der regierenden Frau Gräfin, wie sie am 29. Mai 1842 in der Begüterung vor sich ging

Fritz Reuter

Eines schönen Morgens, es war am 29. Mai 1842, sah ich vor dem Hause eines Freundes einen Wagen halten, den dieser mein Freund mit einem andern Freunde, der uns beiden gehörte, eben besteigen wollte. „Wohin?", frag' ich. „Nach S.", ist die Antwort. „Was habt ihr denn dort zu tun?" – „Oh", schreiet mein lebhaftester Freund Fischer: „Geburtstag – venetianische Regatta – Bucentaur – kleine Engel – Warensche Fischerknechte – Kanonen – Fischerstechen – Bier und Branntwein – Volk – Gräfin X. – Bratwurst!"

„Daraus werde ich nicht klug", sag' ich; „lieber Meier, sage du mir, was es eigentlich gibt." – „Ich bin auch nicht klug daraus geworden", sagt Meier, „nur so viel weiß ich, daß ich einen Brief gelesen habe, so eine Art Programm, und der letzte Passus lautete sehr populär: ‚An den Ufern des Sees sollen Feuer angemacht werden; an diesen soll sich das Volk lagern, soll daselbst mit Bier und Branntwein, Kartoffeln und Wurst traktiert werden und soll Hurra! rufen, und soll dieses Hurrarufens kein Ende sein!'"

Das alles war zu verlockend; ich sprang auf den Wagen, und wir fuhren nach S. Das erste, was mir allda vor Augen kam, war eine schöne, laubumwundene Ehrenpforte. Oben auf der Spitze derselben prangte die Grafenkrone und unter derselben der Namenszug der Gräfin A. H. […]

Während ich mich zum Gehen durch die Nebenehrenpforte umwandte, erschaute ich in geringer Entfernung einige grüne Leute mit gelben Blechinstrumenten unter dem Arm, welche mich lebhaft an Spinat mit Eiern erinnerten. – „Wer sind diese?", frag' ich. – „Wenn sie rot und weiße Jacken tragen", sagt Fischer, „sind sie Stallknechte; sehen sie aber grün aus, dann sind sie Kapelle." – Das ist ein sonderbarer praktischer Dualismus, der hier herrscht, dachte ich; der Kapellmeister ist zugleich Portier und die Stallknechte Kapelle! – Doch wir zogen ein durch die enge Pforte in das Paradies hochgräflicher Lustbarkeiten.

Hinter der Ehrenpforte standen ungefähr 20 bis 30 kleine bunte Kinder, angetan mit roten, blauen, gelben und gestreiften Jäckchen

und weißen Pumphöschen; alle aber hatten rote Schlafmützen auf und sahen justement aus wie die bunten Papierschnitzel, die ich als Knabe an den Schweif meines Drachens zu binden pflegte; der Kapellmeister aber war der Drachen. [...]

Wir befanden uns jetzt in einer breiten Fichtenallee, die an den Strand des schönumuferten Sees hinabführte. Schon früher war ich in S. gewesen, hatte aber noch nie so einen Baumgang bemerkt. Um mich zu orientieren, wandte ich mich an einen Tagelöhner, der in seinem „Sündagnahmiddagschen" und auf seinen Handstock gestützt das Ganze mit einem verteufelt nachdenklichen Blick ansah. – „Mein Lieber! Ist diese Allee schon immer hier gewesen?" – „O, wat woll's', Herr, hier stünnen süs schöne Plummenböm; dei hebben s' äwa afhau't un uns dei ollen Fichten ahn Wötteln inplant; so 'n Herrschaften hebben mennigmal sonn Infäll!" – „Nehm' Er sich in acht", sag' ich, „was Er da sagt, ist ja Rebellion." – Bestürzt stottert der hochgräfliche Untertan: „Ach nehmen't dei Herr nich äwel, ick dacht, Sei wiren kein von de B.schen!", und er schlug sich seitwärts in die Büsche. [...]

Am Ende der Allee, am Ufer des Sees, der tief blau vor uns lag, fing ein Gerüst an, das eine ziemliche Strecke in den See hineinragte und so eine Art von molo vorstellen sollte; das äußerste Ende desselben war durch ein Zelt gegen die Sonnenstrahlen geschützt, und dies war der Punkt, von wo aus die Noblesse das zu erwartende Schauspiel mit ansehen sollte.

Rechts und links von obbesagtem molo aber war ein kleines Eselfuhrwerk mit einer Kofenttonne in den See hineingefahren, und auf dem einen derselben stand der Schweinejunge, auf dem andern der Gänsejunge, beide in Bacchusse verpuppt, und brüllten mecklenburgische Dithyramben: „Hurah, dei Fru Gräfin sall leben!" Ihre Verpuppung war außerordentlich einfach durch ein Schirtinghemde und einen Weinlaubkranz bewerkstelligt; ihr Attribut war ein hölzerner Becher, der genau so aussah wie das Gefäß, in das die Meierinnen die Butter einzupfunden pflegen. [...]

Mich umsehend, gewahrte ich den schwarzen Kapellmeister, wie er gleich einem Zauberer wunderbare Kreise über die kleinen bunten Kinder schwang, die sich um ihn herumdrängten und aussahen wie die heraufbeschworenen Geister des Trödels. [...]

Sie sangen, und was sie sangen, ward uns durch herumgereichte gedruckte Zettel kund. Da ich noch so einen Zettel besitze, so will ich ihr Lied dem geneigten Leser nicht vorenthalten.

Empfang

Heil dir, du Blütenkranz
Herrin im Anmutsglanz: –
Heil Agnes dir!
Fühle wie tiefbewegt,
Heut' jedes Herz sich reg't:
Wenn uns dein Engelsbild,
Segnend erscheint! –

Grüß dich Gott, unser Gott!
Segne sie, treuer Gott!
Väterlich-mild. –
Die da mit frommen Sinn,
Über die Erd' weit hin!
Freundlich den Blick uns lenkt:
Treu dein gedenkt. – usw.

Kaum waren die dünnen Kinderstimmen verhallt, als plötzlich eine Schar reisiger Reiter in Form und Gestalt mecklenburgischer Gendarmen unter Kanonendonner und lautem Ruf auf das Volk eindrang. „Platz, Platz für die hohen Herrschaften!" Das Volk riß aus, die Krieger behaupteten das Feld, ganz wie bei einer Pariser Emeute. Hier galt rascher Entschluß: entweder Gänsehirt oder Schweinehirt, entweder links oder rechts; ich hielt mich rechts und schwur zur Fahne des göttlichen Sauhirten. Als sich nun alles so recht fest und mich mit einem Fuß in den See gedrängt hatte, herrschte ein stummes Schweigen der Erwartung, und aus purer Devotion rief das Volk nicht ein einziges Mal Hurra. Jetzt wäre es sonst an der Zeit gewesen, denn die Königin des Festes nahete langsamen Schritts, schwanenweiß und auch so stolz, und hinter ihr die Festordner und Festordnerinnen, hier aufmunternd winkend, dort zürnend, dann die Gäste, dann die homines minorum gentium, als da sind Kammerzofen und Lakaien, und zuletzt der bunte Schweif des Drachen, die kleinen Fischerkinder, deren Aufgabe noch nicht vollständig gelöst war. [...]

Ein hoher Adel hatte sich derweil in das für ihn bestimmte Zelt begeben, und ein verehrungswürdiges Publikum stand gaffend und drängend am Ufer des Sees, als wiederholt Kanonendonner vom Land auf den See und vom See auf das Land uns das Zeichen gab, daß die Spiele ihren Anfang nähmen. Mitten auf dem See lag die Flotte von bunt bewimpelten und bunt bemannten Fahrzeugen und in ihrer Mitte das Admiral- oder Orlogschiff. Freilich alles in Miniatur, aber doch recht nett, denn die Flotte bestand aus Kähnen, das Admiralschiff aus einem großen Holzkahn, Prahm genannt, seine Karonaden waren gepumpte Königsschußböller und der Admiral ein Fischermeister. Die Mannschaft war mit respektive blauen oder roten Jacken und weißen weiten Beinkleidern bekleidet; auch fehlten die phrygischen Schlafmützen nicht. Sie waren in zwei feindliche Parteien geteilt, von denen die Blauen die Farben der Gräfin verfochten, die Roten die des Grafen. Mit dem ersten Kanonenschusse begann der Kampf; paarweise ruderten die Kämpfer in edlem Wetteifer dem Ziele zu, dem Zelte nämlich, und wie einst auf dem Hippodrom zu Konstantinopel der Kampf der Grünen und Blauen Hof und Volk in ängstlicher Spannung erhielt, so harrete hier Hof und Volk ängstlich der Entscheidung zwischen den Roten und Blauen. Endlich war das letzte Paar ans Ziel gelangt, und nun erhob sich ein fragendes Gemurmel unter dem Volk: „Wer hett wunnen?" – „Dei Graf hett wunnen", war die Antwort. – Und wirklich, in diesem Kampf hatte der Graf gewonnen. [...]

Das Wettrudern war zu Ende; die Preise waren verteilt; der Gesang verstummt; da begann der zweite Teil des Actus, das Fischerstechen (des joutes sur l'eau, wie es auf dem Gebrauchszettel heißt). Dieser Teil des

Festes war für mich von minderem Interesse; desto größeren Jubel aber erregte er bei denjenigen aus dem Volke, denen die Mitspieler persönlich bekannt waren, und die nicht unterließen, ihre Bekannten laut zur Tapferkeit anzufeuern. „Johann Krischahn! slah tau!" „Johann Jochen! wehr di!", so erscholl es laut um mich her, und wenn einer der Kämpfer in das Wasser gestoßen wurde, war Freude und Gelächter groß.

Jetzt begann nun der dritte und letzte Akt, das Wettschwimmen; er wurde ebenfalls mit Kanonendonner introduziert. Ein übelgesinnter Spaßvogel neben mir meinte, dies ewige Kanonieren komme ihm vor wie der Titel des Shakespeareschen Dramas „Viel Lärm um Nichts". Dem sei nun, wie ihm wolle, unsere Aufmerksamkeit wurde von neuem auf den See gelenkt, und zwar zunächst auf ein Gerüst, welches genau so aussah wie ein Galgen, dann aber auf fünf arme Sünder, angetan mit weißen Sterbekleidern und höchst widerstrebend die Hinrichtungsmaschine besteigend. „Was Teufel!", fragte ich, „sind das Todeskandidaten?" – „Oh ne! bitt' um Entschuldigung, dieses weniger", antwortete ein wohlaussehender und wie ein Bürgersmann gekleideter Mensch; „der eine ist ein Drechsler, der zweite ein Schornsteinfeger, und die drei Kleinen sind Straßenjungen von ordentlichen Eltern aus unserer ehrsamen Stadt M.; alle sind begierig, den ausgesetzten Preis von zwölf Talern preußisch Kurant zu gewinnen!" […]

Der eine der Schwimmer zog es vor, alsbald dem nächsten Ufer zu-
zurudern, wo er sich hinter einen Busch barg und aus dem Shakespeareschen Sommernachtstraum aufführte: „Diese Weißdornhecke
soll mein Ankleidezimmer sein"; drei andere erreichten das Ziel nicht
oder doch zu spät und mußten zum Teil von Kähnen aufgefischt werden, um sie vor den Umarmungen der Wassernixe zu bewahren. Nur
der Drechsler erreichte das Ziel und ward Sieger. […]

Die Festspiele zu S. waren geschlossen; etwas Kanonendonner, etwas Wagengerassel, und alles war vorbei. Da erhob das Volk seine
Stimme, nicht um Hurra zu rufen, nein! „Nach B.", scholl es; „nach
B.!", scholl es wieder aus tausend Kehlen; so mögen die ersten Kreuz-
fahrer auf den Gefilden von Clermont gerufen haben, „nach Jerusalem, nach Jerusalem!"

*S.: Seedorf; Bucentaur: Prachtschiff in Venedig; Gräfin A. H.: Gräfin Agnes von Hahn; B.: Ba-
sedow; molo: Mole, Kai; Noblesse: Adel; Kofent: Dünnbier; Bacchus: röm. Gott des Weines und
der Vegetation; Dithyramben: Lobgesänge; Schirting: Baumwollstoff; Emeute: Aufstand: Devotion: Ehrerbietung, Andacht; homines minorum gentium (lat.): Menschen niedrigeren
Standes; Orlogschiff: Kriegs-, Flaggschiff; Karonaden: Schiffskanonen; Phrygien: Region in
Kleinasien; des joutes sur l'eau (franz.): Lanzenstechen auf dem Wasser; introduziert: eingeleitet; M.: Malchin.*

Mekelburger Götterspies

Geriebenes Schwarzbrot wird mit Zucker vermischt und
mit Rum angefeuchtet. Dann steint man frische oder einge-
weckte Sauerkirschen aus und schlägt süße Sahne. Alles
wird in Schichten in einer Glasschüssel angerichtet und sofort serviert.

Mecklenburger Fisch-Spießchen

250 g frischer Aal, 250 g Rotbarschfilet, 250 g Rotzungenfilet,
1 Paket Tiefkühl-Schollenfilets, 2 $^1/_2$ Teel. Salz, $^1/_2$ Teel. weißer Pfeffer, 2 Teel. scharfer Senf, 1 Teel. Worcestersauce, einige Spritzer Tabascosauce, $^1/_2$ Teel. Kümmel, 125 g Schalotten, $^1/_4$ Salatgurke, 125 g frische Champignons, etwas Essig,
200 g Langkornreis, 100 g Räucherspeck in Scheiben, 100 g
Pflanzenfett

Erst den Aal häuten und entgräten. Dann alle Fische waschen, in nicht zu kleine Würfel schneiden und in eine Schale legen. $1^1/_2$ Teelöffel Salz, den Pfeffer, den Senf, die Worcestersauce, die Tabascosauce und den Kümmel zugeben und die Fischwürfel in den Gewürzen mehrfach wenden. Die Schalotten schälen und halbieren. Die Gurke ungeschält in dicke Scheiben schneiden. Die Champignons putzen, waschen und in Essigwasser legen.

Den Reis waschen, mit der doppelten Menge Wasser und 1 Teelöffel Salz 18 Minuten kochen; abgießen, abtropfen lassen, warm stellen. Währenddessen die Fischstücke aus der Gewürzmischung nehmen, abwechselnd mit Gurkenscheiben, Schalottenhälften, Champignonköpfen und Speckscheiben auf lange Holzspieße stecken. In einer Pfanne das Fett erhitzen. Die Spieße hineinlegen und von allen Seiten im ganzen 10 Minuten braten.

Wer's mag, kann aus der Fischmarinade mit Mayonnaise eine pikante kalte Sauce rühren. Außerdem schmeckt Kopfsalat zu diesem Gericht.

Spies vo Swartbrot (Schwarzbrotpudding)

Es werden 250 Gramm geriebenes Schwarzbrot mit 125 Gramm Butter über dem Feuer gut durchgerührt, dann wird ein Glas Rotwein daran gegeben, und der Teig muß etwas abkühlen. Danach rührt man 12 Eidotter, 250 Gramm gehackte süße Mandeln, die abgeriebene Schale einer Zitrone, einen Teelöffel voll gemischtes Gewürz (Zimt und Kardamom) darunter und mischt das zu Schnee geschlagene Eiweiß dazu. Den Teig kocht man zwei Stunden in einer Form.

Ida Gräfin von Hahn-Hahn

Aus einer alten Literaturgeschichte

Die Gräfin, eine Tochter des Grafen Karl Friedrich von Hahn-Neuhaus, am 22. Juni 1805 zu Tressow im Großherzogthum Mecklenburg-Schwerin geboren, verlebte ihre Jugendjahre in Rostock, Neubrandenburg und seit 1821 in Greifswald bei ihrer Mutter, während ihr Vater, „bekannt durch seine verschwenderische, fast abenteuerliche Neigung für Theaterunternehmungen," als Führer einer Schauspielertruppe von seinen über und über verschuldeten Gütern meistens abwesend war. Im Jahre 1826 vermählte sich die Dichterin mit dem Grafen von Hahn-Hahn, der sich aber bereits 1829 von ihr scheiden ließ. Seitdem suchte sie Trost in der Poesie und auf Reisen, besuchte 1835 die Schweiz, 1836–37 Wien, 1838–39 Italien, 1840–41 Italien, Spanien und Frankreich, 1842 Schweden und in letzterer Zeit Syrien und den Orient.

In gebildeter und edler Sprache sind ihre Verse meistens dem Gemüth entsprungen, unabhängig von Zeitrichtungen. Beachtung verdienen einige ihrer kleinepischen Darstellungen, wozu wir die nachstehende Probe zählen. Dagegen steht sie im Gesellschafts-Roman und in Reiseschilderungen unter den deutschen Schriftstellerinnen unübertroffen da. Das soziale Verhältniß der Geschlechter, und den Kampf der Aristokratie und Demokratie – beide große Lebensfragen – wägt sie mit Ernst und Scharfsinn, leider zu sehr auf Kosten der Bürgerlichen, welche bei ihr lauter ordinäre Personagen sind. Es ist unbegreiflich, daß die Frau Gräfin bei ihrer reichen Menschenkenntniß und ihren meist tiefgedachten Ansichten und Meinungen noch nicht darüber nachgedacht zu haben scheint, woher eigentlich der Adel stammt! Die Natur, sagt E. M. Arndt, kennt keine Stammbäume und Geschlechtstafeln, sie theilt Tugend und Talente nicht nach alten Geschlechtern aus, und es ist ein seltner Stern, daß große Väter große Söhne zeugen. Edel und wohlgeboren ist nichts, als was die Natur gut gemacht hat.

Dr. Hillebrand in seiner „Deutschen Nationalliteratur" nennt sie die „Dichterin der exklusiven Gesellschaft und der Salonsherzlosigkeit. Besäße sie in so hohem Grade Genie als sie Schreibfertigkeit hat und subjektive Willkür walten läßt, so würde man ihr die aristokratischen Einbildungen gern zu Gute halten, mit denen sie jetzt bei gänzlicher Poesielosigkeit den ächten Geschmack fast nur anwidern kann. Wenn hohle Blasirtheit sich über das Menschliche hinweghebt und in dünkelhafter Leerheit sich das Gesicht der Dichtung anschminkt, so muß die

Kritik gegen solche Attentate auf das Heiligthum der Musen, selbst auf Kosten der Galanterie, ein entschiedenes Wort zu reden wagen. Daß Frau Gräfin Hahn gebildet ist, daß sie einen feinen sozialen Hautgout hat, daß sie gute Beobachtungen machen kann, der Sprache mächtig ist, daß sie überhaupt nicht geistverlassen ist, dies und Anderes geben wir gern zu, wenn man uns nur erlaubt, sie mit ihrem gesellschaftlichen Absolutismus für keine Dichterin zu halten. Freilich zeigt sie hin und wieder, daß sie wohl eines höheren Tones fähig ist, allein sie weiß ihn nicht zu halten und in seiner eigenthümlichen Bewegung durchzuführen."

Hautgout (franz.): Hoher Geschmack.

Entstehung der weißen Rose

Ida Gräfin von Hahn-Hahn

Der Lenz war gekommen,
Das Thal war grün,
Die Sonne entglommen
Zur Erde schien.

Der Nachtigall Klage
Durchflötet den Hain,
Die Wonne der Tage
Schien ewig zu seyn.

Es blühet die Rose
In purpurner Pracht,
Aus schwellendem Moose
Die Liebliche lacht.

Die Sonne erblicket
Das schöne Gebild,
Ihr Strahlen entzücket
Das ganze Gefild.

Nun all' ihr Flammen
Die Rose durchglüh'n,
Sie brennen zusammen,
Verkläret sie blüh'n

Und Rose und Sonne
Statt Zwei sind nun Eins,
Ein Spiegel der Wonne
Des süß'sten Vereins.

Ihn feiern die Lieder
Auf blumiger Flur,
Von ihm tönt es wieder
Rings in der Natur.

Und Erde und Himmel
Erfreuen sich drob,
Und Lebens Gewimmel
Wird jubelndes Lob.

Die Sonne am Morgen –
Wenn Rose noch schlief
In Blättern geborgen –
Zum Leben sie rief.

Ist jene gesendet
Zur nächtlichen Ruh',
Die Rose dann spendet
Ihr Düfte noch zu.

So nehmen und geben
Sie beide das Glück,
Und doppeltes Leben
Ist beider Geschick.

Doch es nahet sich auf Stürmen
Dunkler Wolken mächtig Heer,
Ihre Schatten düster thürmen
Um die schöne Sonn' sich her.
Morgen geht, der Abend weichet
Dann der Nacht, die Tage flieh'n,
Ohne daß die Sonne leuchtet,
Weil zu wild die Stürme zieh'n.

Endlich, endlich überwunden
Hat sie all das nächt'ge Graus;
Ihren Sieg nun zu bekunden,
Geht sie stolz von Osten aus.
Ihres Lichtes erste Strahlen
Suchen gleich die Rose auf,
Um die Schöne hold zu malen
In des ganzen Tages Lauf.

Doch die Rose – nicht entblättert,
Noch gebrochen man sie sah,
Auch zu Boden nicht geschmettert, –
Nur erbleichet stand sie da.
Mit dem Lebenslicht entschwunden
War die Farb' vom schönsten Glück;
Als sie jenes wiederfunden,
Blieb dies Schmerzensbild zurück.

Aus der Autobiographie
der Herzogin Sophie

Mein Herr hatte selten Geld in der Kammer und wenn er davon einen Schilling ausgab, so pflegte er den sehr genau anzuschreiben, denn er meinte ja alle seine Sachen so genau aufzuzeichnen, weil er aus den Schulden kommen wollte. Ich kann wohl vor Gott mit gutem Gewissen sagen, daß ich nichts wüßte, in den vier Jahren, die ich mit ihm im Ehestande gelebt, das er für mich gekauft hätte, als 18 Ellen schwarzen Sammt und 14 Ellen weißen Atlas zu Kleidern; die hat er mir zu zwei Malen gegeben, den letzteren als mein Sohn Adolf Friedrich geboren wurde, ersteren als Anna Sophie jung ward. Einmal wollte er mir einen Spiegel für 60 Thaler kaufen, da nahm ich aber lieber das Geld und ließ dem Krämer den Spiegel. Ich weiß wohl, daß andere in einem halben Jahr mehr bekommen, als ich in den vier Jahren. Ich hatte alle Jahre 400 Gulden, da mußte ich mein Frauenzimmer und Mägde von halten, auch Schuhe und Strümpfe, und was ich zu meiner Nothdurft haben mußte, davon kaufen. Ich wäre damit wohl nicht ausgekommen, wenn meine selige Frau Mutter mir nicht ausgeholfen, die mir Kleidung für die Junfern gegeben und außerdem noch Leinwand, auch Geld um abzulohnen. Wenn ich zu Gevatter oder zur Hochzeit gebeten wurde, „mußte ich sehen, wo ichs krech." Wenn mein Herr und ich zu Gevattern gebeten wurden von fürstlichen Personen, mußte ich das Geschenk austhun, sollte es wieder haben, was aber nicht geschehen ist. Es wäre wohl noch viel davon zu schreiben. Es wird kein ehrlicher Mensch sagen können, daß bei meines gottseligen Herrn Lebzeiten viel auf mich und die meinen gegangen ist, oder meinethalben Schulden gemacht sind, sondern dies wird nur von leichtfertigen, verlogenen Leuten geredet, die nichts darvon wissen, oder auch nur aus bösem Herzen mich zu verunglimpfen bedacht sind; es mag aber auch wohl von denen geschehen sein, die es besser genossen haben als ich, und wohl zum Theil des Galgens und anderer Strafe werth gewesen wären, wozu ich sie auch hätte bringen können, wenn ichs nicht um Gottes willen gelassen hätte. [...]

Den 8. März [1592], wie wir etliche Tage bei Herzog Sigismund August zu Ivenack gewesen und des Abends bei unserer Rückkehr nach Stargard erfahren, daß Herzog Christof so schleunig gestorben, entsetzte mein Herr sich so sehr, daß es alle Wunder nahm, da sie nie einig gewesen waren und Herzog Christof meinem Herrn vielen Verdruß machte. Seine Liebden waren des Abends sehr traurig, gingen wohl zu Tische, aber aßen nichts, gingen um 9 Uhr zu Bette, war sonst noch so ziemlich zufrieden, redete mit den Räthen den ganzen Abend, und spielte mit Heinrich Stralendorf und Jochen Wangelin Karten. Da er denn gute Nacht gegeben, hatte er gesagt: ich folge meinem Vetter bald, – worauf jene geantwortet hätten: da solle Gott vor sein, sein Gemahl, seine Kinder und das ganze Land könnten ihn nicht missen. Da hätte er gelacht und gesagt: ja, sie müssen mich wohl missen. Hätte gesagt: der Kopf wäre ihm so seltsam, müßte von dem ivenackschen Trinken sein. Legten uns beide zu Bette. Ich schlief so fest, denn ich war nicht wohl auf und auch müde von der Unruhe; hatte die vorige Nacht auch nicht geschlafen, da sich S. L. eingebildet, sein Bruder wollte ihn gefangen nehmen, wollte ihm den Kopf abhauen lassen. Solcher seltsamen Rede war ich wohl gewohnt, wenn er voll war, so pflegte er solche Reden wohl zu führen; wenn ihm etwas zuwider war, pflegte er auch wohl von umbringen zu sagen. Hätte diese Gewohnheit schon gehabt, da er noch bei dem Präceptor gewesen, welches ich von seiner Frau Mutter und anderen, die ihn damals gekannt und mit ihm umgegangen, wohl gehört, daß es sein Gebrauch von jung auf zu reden gewesen. Aber den Abend, da er es leider zu Werk gerichtet, habe ich es nicht gedenken gehört. Nun war es leider zwischen 12 und 1 Uhr, da er sich stach sieben Wunden. Ich hörte seine Stimme oft im Schlaf, konnte mich aber nicht ermuntern, ehe er mich bei Namen rief; da sah ich auf, daß er ganz voll Bluts war, hub ich an zu rufen: hilf Jesus Christus! Da warf er das Messer weg. Ein jeder kann leichtlich gedenken, wie mir zu Sinne gewesen, sprang vom Bette, wollte Hülfe rufen, lief die Treppe hinauf und rief über Junfern und Mägde. Mir war leide, daß er todt bleiben sollte. Da lief er hinter mir her mit dem Lichte; halb auf der Treppe fiel ihm das Licht aus der Hand, da meine Junfer Armgart von Anfeld ihm entgegen kam, der fiel er in die Arme und sagte: ach Armgart, was habe ich gethan! Da brachten sie ihn auf das Bett, bekannte seine Sünde und war ihm herzlich leid, kam wieder zu sich selbst, that sein Bekenntniß fein verständlich gegen den Prediger und empfing das Sacrament. Den Tag war es ziemlich, aber gegen den Abend hatte er wieder angefangen zu phantasiren, begehrte, man sollte seinen Sohn Adolf zu ihm bringen. Da man ihn brachte, sagte er, nun die Mutter todt ist, sollte man das Kind auch nur umbringen. Sein Bruder Sigismund, den ich holen ließ, sagte: Behüte Gott, Bruder, was kommst du zu reden? Dein Gemahl steht ja hier, die Frau Mutter ist nicht todt. – Ja, sagte er, ich weiß wohl, daß sie todt ist; da ich mich stechen wollte, da wollte sie mir wehren, da stach ich sie todt; ach wie übel ich an ihr gethan! Was man aber auch sagte, er blieb bei seinen Reden und Meinung, und war alle seine Rede mit den

Predigern und Dienern, sie sollten sich auch nur umbringen. So brachte er bald 14 Tage zu, Tag und Nacht. Gott im Himmel ist es bekannt, wie mir die Zeit zu Sinne gewesen. Die sieben Wunden, die sich mein Herr gestochen, heilten zwar, aber am 22. März Abends zwischen 5 und 6 Uhr kam er wieder zu sich und nahm einen sanften Tod.

Ernst Boll berichtet: Die verwittwete Herzogin Sophie war nach Lübz, welches ihr als Wittwensitz verschrieben war, gezogen, fand dort aber alles im kläglichsten Zustande: es mangelten die Vorräthe, alle Baulichkeiten waren sehr verfallen, Leinenzeug und Bettzeug alt und zerrissen; denn was noch brauchbar gewesen war, hatten jene Männer [Andreas Meier und Detloff Warnstädt, denen Herzog Ulrich die Verwaltung des Schweriner Landes überlassen hatte] vor ihrer Ankunft fortnehmen lassen. Hier begann nun die junge Wittwe (sie war damals erst 23 Jahre alt!) mit sehr geringen Mitteln für das ihr noch bevorstehende lange und freudenlose Leben sich einzurichten. An baarem Gelde hatte sie von Schwerin nur 200 Gulden mitgebracht, aber sie hatte in Holstein noch ein Kapital von 1000 Thalern auszustehen, welche ihr Vater ihr einst zum Ankauf von Schmucksachen geschenkt hatte; diese nahm sie auf, und ward außerdem auch noch durch Adam von Bülow und Heinrich von Stralendorf unterstützt, welche die einzigen waren, die sich ihrer mit großer Treue annahmen. Für jedes ihrer Kinder, welche sie bei sich hatte, erhielt sie wöchentlich 2 Gulden und für die zu deren Bedienung nöthigen Personen 33 Schillinge. Aber sie war eine verständige und thatkräftige Frau, welche sich durch das Unglück nicht niederbeugen ließ. Sie nahm sich der Wirthschaft auf das eifrigste an, und kümmerte sich selbst um die geringsten Kleinigkeiten.

Das für die Herzogin Sophie und ihre Tochter um 1630 gefertigte Grabmal findet sich noch heute in der spätgotischen Backsteinkirche der ehemaligen Kreisstadt Lübz; im malerischen spätromanischen Weißen Turm des einstigen Amtsschlosses Eldenburg ist jetzt ein vorzüglich organisiertes Regionalmuseum untergebracht.

Gevatter: Taufpate; Präceptor: Hauslehrer.

Vollgesoffen zu Lübz

Aus dem Tagebuch Herzog Adolf Friedrichs

Bei Heinrich Levezows Hochzeit 1612 hat der junge Bassewitz von einem Kardorff Maulschellen empfangen und hat sich nicht gewehrt. Den 9. Juni 1613 haben mein Bruder (Herzog Johann Albrecht II.), Passow (dessen Rath) und Rosen sich verzürnt; mein Bruder hat nach Rosen mit dem Degen gehauen, meinem Bruder ist die eine Pistol losgegangen, meines Bruders Gemahlin dreimal todt geblieben, daß man sie wieder mit Wasser und Balsam hat aufkühlen müssen; Graf Heinrich zu Stolberg hat meinem Bruder zugesprochen, er solle doch sich und seine Gemahlin bedenken, den hat er mit dem Degen hauen wollen. In dem Tumult hat der närrische Magister, so bei meinem Bruder ist, Rosen für den Kopf gehauen, Rosens Junge hat dem Magister etliche Wunden in den Leib gestochen. – Den 25. August sind Hans Rosen und Hans Meier hier angelangt und haben berichtet, daß die Quästion mit Georg Christof Rosen und Tessen Passow nun auch zu Ende, und daß sie sich mit einander gerauft vor Tessin bei der Vogelstange und Rosen den Passow durch und durch gestochen, also, daß Passowen die Klinge im Leibe abgebrochen und hat er nach dem Stich noch eine Stunde gelebt. – Den 5. October 1614 wie ich von M. Thun's Hochzeitsfest in Lübz weggeritten, ist mein Edelknabe Christof Ziegler so vollgesoffen gewesen, daß er kaum hat fortreiten können; den habe ich wacker abgeschmiert und hat mir zu Fuße nachlaufen müssen. – Den 19. April 1615 habe ich meinen Kammerdiener mit der Carbatsche abgeschmiert, daß er nicht früh aufgewartet. – Den 8. November 1616 wie ich schlafen gegangen, hat Vollrad Bülow Daniel Block, den Maler, für einen Schelm und Fuchsschwänzer gescholten; der hat ihn aber wieder nicht vergessen, sondern ihn braun und blau geschlagen. – Den 18. Mai 1620 ist Bischof Ulrich von Bützow hier gewesen, – wie seine Gewohnheit, gesoffen und schandirt.

Quästion: Befragung, Vernehmung; Carbatsche: Peitsche; schandirt: geschimpft.

Bedrängnisse von Plau
im Dreißigjährigen Kriege

Ernst Boll

Einen besonderen Anziehungspunkt für die kriegführenden Parteien bildete das Städtchen Plau, wo sich damals ein festes Schloß befand, welches als militärische Position wichtig war. Dadurch kam unsägliches Elend über die Stadt. Schon im Jahre 1624 war die dortige Gegend von einer so großen Theuerung heimgesucht worden, daß der Scheffel Roggen 3 Gulden 16 Schilling und die Gerste 3 Gulden (also ungefähr das sieben- und achtfache des gewöhnlichen Durchschnittspreises) kostete, weßhalb denn die ärmeren Leute Leinkuchen, Lindenknospen, Eicheln u. dgl. zum Brodbacken mit verwendeten. Bald darauf begannen nun auch die Kriegsleiden. Zuerst hielten im Jahre 1626 die Dänen die Stadt 6 Monate lang besetzt; im folgenden Jahre aber legte Wallenstein eine kaiserliche Besatzung dorthin, welche aber 1631 von den Schweden vertrieben ward, wobei ein beträchtlicher Theil der Stadt in Flammen aufging. Während dieser Zeit hatte dort 1630 die Pest grassirt, und im Jahre 1631 konnte wegen der Kriegsunruhen und weil die Schweden die ganze städtische Viehherde geraubt hatten, nur wenig Acker ganz nothdürftig bestellt werden, im folgenden Jahre aber war der ganze Sommer so kalt, daß während man noch Anfang September mit der Erndte beschäftigt war, sich schon Reif und Nachtfröste einstellten. Bei allem diesen Elend hatte die kaiserliche Besatzung auch monatlich noch bedeutende Geldsummen von der unglücklichen Stadt erpreßt, und als diese zuletzt kein Geld mehr aufbringen konnte, waren die beiden Bürgermeister und zwei Rathsherren so lange aufs Rathhaus in Arrest „mit Verbot Essens und Trinkens und nothdürftiger Lagerstätte vom Himmelfahrtstage bis zum Freitage vor Pfingsten genommen, und in ihre Häuser noch dazu Soldaten, die man mit einem ungewöhnlichen, von deren tristibus effectibus (weil sie Nacht und Tag Muthwillen und Gewalt, so arg sie nur vermocht, treiben müssen) genommenen Namen Tribulir-Soldaten genannt, gelegt, daß solch Geld mit Verkaufung allerhand noch vorhandener Pfänder und Aufleihung bei anderen zu Wege gebracht." – Diese Tribulirsoldaten waren eine neue Erfindung des Dreißigjährigen Krieges. In der im Jahre 1631 gedruckten „dreijährigen Drangsal des Herzogthums Pommern" heißt es in der Beilage ausführlicher über dieselben: „die Kaiserlichen haben auch neue und bevor bei aufrichtigen Soldaten, welche in die Quartiere als Freunde aufgenommen, ganz unerhörte Inventionen auf die Bahn gebracht, indem anstatt der Executoren Soldaten ausgeschickt werden, welche man Tribulirsoldaten nennt, und denjenigen, so der nicht zahlenden und verarmten Contribuenten Quote abzutragen eligirt sind, nicht zur Execution, sondern zur Tribulation eingelegt werden. Und es besteht dieser Tribulanten Officium darin, daß sie sich von denjenigen, welchen sie eingelegt werden, mit Fressen und Saufen überflüssig tractiren lassen, denselben allerhand Muthwillen zufügen, und sie so lange tribuliren und quälen müssen, bis der Rest bezahlt ist. Diese Tribulanten schlagen Thüren und Fenster aus, verschwenden dasjenige, so noch vorhanden, prügeln und verwunden die Leute, und werden dabei allerlei Unehrbarkeiten vorgenommen."

Tristibus effectibus: schlimmem Wirken; Invention: Erfindung; Executoren: Gerichtsvollzieher; Kontribution: Zwangserhebung von Geldbeträgen in feindlichem Gebiet; Quote: gebührender Anteil; eligere (lat.): auswählen; Tribulation: Bedrückung, Quälerei; Officium: Aufgabe; tractiren: bewirten.

Plau mit seiner eindrucksvollen Backstein-Hallenkirche im spätromanisch-frühgotischen Übergangsstil (und dem Gedenkmuseum für den Bildhauer Wandschneider daneben) sowie einem das Seeufer hoch überragenden Turm als letztem Rest der um die Mitte des 15. Jahrhunderts erbauten mächtigen Burg ist heute ein beliebter Ferienort, der sich sogar von Hamburg aus mit dem Motor- oder Segelboot über die Müritz-Elde-Wasserstraße erreichen lässt.

Von der Kaufmannssiedlung
zum Industriestandort

Reiseführer-Texte zu Parchim

Als Kaufmannssiedlung an einem Eldeübergang entstanden, wurde Parchim 1225 erstmals als Stadt erwähnt. Die 1229 genannte Burg bestand wahrscheinlich schon in slawischer Zeit. Bis 1436 wechselte die Stadt mehrfach die Besitzer und blieb dann mecklenburgisch. Durch Zollfreiheit zunächst bedeutende Handelsstadt, die ab Ende des 16. Jahrhunderts wirtschaftlichen Niedergang erfuhr, entwickelte sich Parchim in kapitalistischer Zeit zu einem der wichtigsten Industriestandorte Mecklenburgs. Der Charakter einer Ackerbürgerstadt konnte aber erst mit der planmäßigen Industrialisierung nach 1945 überwunden werden.

Die Altstadt entwickelte sich im Schutz einer ursprünglich slawischen Burg und hat 1225 Stadtrecht erhalten, während die westlich davon gelegene Neustadt mit regelmäßigerem Straßengitter und dem Neumarkt erstmals 1249 erwähnt worden ist. Die Georgenkirche war die Pfarrkirche der Altstadt und wurde zwischen 1290 und 1320 auf den Resten eines Vorgängerbaues als dreischiffige Hallenkirche errichtet, der um 1450 ein spätgotischer Umgangschor angefügt worden ist. Von der im 19. Jahrhundert stark reduzierten älteren Ausstattung soll zumindest die 1580 entstandene und aufs reichste mit Figurendekor ausgestattete Kanzel des Lübecker Meisters Johann Grantzin als das bedeutendste Stück hier genannt werden.

Auch die in der Neustadt stehende Marienkirche ist eine dreischiffige Hallenkirche mit Rechteckchor und stattlichem Westturm. Obwohl sie erst in der 2. Hälfte des 13. Jahrhunderts gebaut wurde, zeigt diese Kirche im Detail noch viele romanische Formen. Der nördliche Anbau und der Giebel des Chores sind im 15. Jahrhundert hinzugefügt worden. Von der hier in größerem Umfang erhalten gebliebenen Ausstattung fallen der aus dem Anfang des 17. Jahrhunderts stammende Orgelprospekt und die zugehörige Empore besonders ins Auge.

Das langgestreckte, zweigeschossige Rathaus aus Backstein ist im Prinzip ein Bau des ausgehenden 14. Jahrhunderts geblieben. Seiner Marktfront wurde jedoch vor der zeitweiligen Nutzung des Hauses als Oberappellationsgericht 1817/18 durch den Baumeister Johann Georg Barca eine klassizistische Mittelbetonung verliehen, und die Fenster erhielten eine spitzbogige Streckung.

Die schönsten Fachwerk-Wohnhäuser der Stadt – eines davon ausgewiesen als Geburtshaus des preußischen Generalfeldmarschalls und Stabschefs in den Kriegen von 1866 und 1870/71, Helmuth Graf von Moltke, – sind heute vor allem noch in der Mühlenstraße, Langen Straße und Krämerstraße zu finden. In der überwiegenden Zahl sind es Giebelhäuser, deren sauber gefügtes Fachwerk mit dekorierten Fußknaggen und in die Schwellenbalken geschnittenen Inschriften auffällt. Von um 1612 stammen die Häuser Lange Straße 24 und Mühlenstraße 43, während die übrigen nach 1650 entstanden. Am Haus Lange Straße 55 ist einem Fachwerkhaus von 1604 um die Mitte des 17. Jahrhunderts ein neuer Teil mit massiver Straßenfront und architektonisch gelungenem Stufengiebel vorgesetzt worden. Allerdings besitzt Parchim auch einige um und nach 1800 als massive Backsteingebäude errichtete Häuser mit schön gestalteten Straßenfassaden, unter denen die von Johann Georg Barca gebauten wiederum eine besondere Erwähnung verdienen.

Tumult in Parchim

Ernst Boll

Im Jahre 1705 war in Parchim die Tochter des Rathsdieners Richter gestorben, und sollte am 22. Juni zur Erde bestattet werden. Die Schuster und Tuchmacher, welche damals das Geschäft der Leichenbestattung für Geld zu besorgen pflegten, weigerten sich aber in diesem Falle die Bestattung zu übernehmen, weil die Rathsdiener für unehrlich gehalten würden. Der Rathsdiener Richter beschwerte sich darüber beim Rathe, und dieser bemühete sich, jene beiden Gewerke zur Bestattung der Leiche zu bewegen, indem er sie auf eine Verordnung vom Jahre 1701 verwies, durch welche die Rathsdiener für ehrlich erklärt waren und die Aufnahme ihrer Kinder in die Aemter als zulässig ausgesprochen war. Da aber die gütliche Vermittelung des Rathes nichts fruchtete, so verordnete derselbe, daß aus den Aemtern der Schuster, der Tuchmacher und auch der Schneider je zwei Träger für die Leiche hergegeben werden sollten, und legte jedem Aeltesten und Jüngsten dieser Aemter zwei Mann zur Execution ein. Diese Maßregel rief große Entrüstung hervor. Die Aemter verlangten eine Zusammenberufung der ganzen Bürgerschaft und sofortige Aufhebung der Execution; da

Parchim

ihnen aber hierin nicht gewillfahrtet wurde, so klagten sie bei der herzoglichen Regierung. Von dieser lief darauf am 26. Juni ein Rescript ein, worin der Rath angewiesen wurde, die Widerspenstigen durch geeignete Zwangsmittel zum schleunigen Gehorsam anzuhalten und zugleich befohlen wurde, daß jedes Amt einen Träger stellen, jedes widersetzliche Amt 25 Thaler Strafe zahlen, und die Execution verdoppelt werden solle. Auch jetzt gaben die Aemter noch nicht nach, sondern sämmtliche Aemter und Gewerke reichten eine Bittschrift um Aufhebung jenes Decretes bei der Regierung ein, worin sie als Grund für ihre Weigerung die Leiche zu tragen den angaben, daß sie ihre Kinder dadurch in anderen Ländern unglücklich machen würden! Die Regierung antwortete ihnen darauf am 11. Juli, daß es bei dem vorigen Decrete verbleibe, daß aber auch der Rath am Beerdigungstage der Leiche folgen solle, wozu derselbe auch am 13. Juli bei Vermeidung der fürstlichen Ungnade angewiesen wurde. Diese letztere Bestimmung sagte wahrscheinlich dem Rathe sehr wenig zu, und er berief daher am 17. Juli die Stadtsprecher und Gewerke zusammen, und forderte von ihnen eine Erklärung über ihre Theilnahme an jener Bittschrift. Unterdessen versammelte sich die Bürgerschaft und verlangte den Rath auf dem Rathhause zu sprechen. Auf die Antwort, daß eine solche Zusammenkunft nur am Petritage üblich sei, senden sie dem Rathe eine Schrift zu, worin sie Aufhebung der Execution und außerdem auch noch Abtretung der Jagd auf dem Sonnenberge an den Herzog verlangen, und die Forderung stellen, daß diese Schrift sogleich vom Rathe unterzeichnet werde. Da dies nicht geschieht, so schicken sie einige Bürger in die Rathsversammlung hinein, welche zur Eile antreiben sollen, denn die Bürgerschaft habe keine Lust zu warten. Der Rath aber verweigert zu wiederholten Malen die Unterschrift, indem er erst ein theologisches Gutachten einholen will, ob er mit gutem Gewissen in diese Forderungen einwilligen könne, erbietet sich aber, des Tumultes wegen, die Execution einstweilen zu suspendiren. Aber an eine gütliche Beilegung des Zwistes war jetzt nicht mehr zu denken. Dem Rathe wird Arrest angekündigt, bis er unterschrieben haben werde. Die Thüre der Rathsstube wird verschlossen, die Zugänge werden mit Wachen besetzt, den Rathsdienern wird es nicht verstattet den Gefangenen Speise aus deren Wohnung zu holen, sondern dies geschieht durch die Wachen. Dem alten Bürgermeister Busse wird die Erlaubniß, die Nacht in seinem Hause zubringen zu dürfen, verweigert, doch darf ihm die Wache eine Nachtmütze, ein Pfühl und ein Kopfkissen bringen; den übrigen Rathsmitgliedern aber wird jede Bequemlichkeit für die Nacht versagt. Am folgenden Tage, den 18. Juli, wurden die Zwangsmaßregeln noch geschärft, und beschlossen, dem Rathe das Mittagsessen so lange vorzuenthalten, bis er unterschrieben habe. Kein Prediger, kein Verwandter, kein Barbier zum Rasiren wird zu dem Rathe gelassen, – aller Verkehr nach außen wird ihm abgeschnitten. Dieselbe strenge Bewachung wird auch noch am 19. und 20. fortgesetzt; die Rathsthüre wird verbarricadirt, die Rathsdiener werden fortgejagt, dem Advokaten Dr. Joachim Landreuter, welcher im Auftrage der Frauen der Rathsmitglieder nach Schwerin gereiset war, um von dort Hülfe herbeizuschaffen, wird nachgesetzt; auch die Thore werden bewacht, damit Niemand von den Rathsanverwandten hinauskommen möchte.

Endlich erschien am 21. Juli der Major Kohlhans mit einem Commando Soldaten als Befreier des geängstigten Raths, und überbrachte einen herzoglichen Befehl, worin den Bürgern bei Leibes- und Lebensstrafen geboten wurde, von diesem frevelhaften, den Bürgereiden und aller göttlichen und weltlichen Ordnung zuwiderlaufenden Unternehmen sofort abzustehen, und der ihnen vorgesetzten Obrigkeit allen schuldigen Respect und Gehorsam zu leisten. Ein zweites Rescript vom 24. Juli verordnete, daß nicht nur für jetzt, sondern auch künftig alle in Parchim commandirenden Officiere in allen und jeden Fällen dem Rathe wider die Bürgerschaft, wenn jener es verlange, Beistand leisten sollten.

Die Leiche hatte inzwischen bis dahin über der Erde gestanden! Auf Ansuchen der Bürgerschaft ward nun am 25. Juli verordnet, daß sie für diesmal in Rücksicht auf die schon so weit fortgeschrittene Verwesung durch die Todtengräber bestattet, und diese nöthigenfalls mit militärischer Gewalt dazu angehalten werden sollten. Zugleich aber ward auch der Ehre der Verstorbenen und der ihrer Eltern nichts vergeben, sondern dem Schusteramte geboten, den Rathsdiener, wenn er es verlangen werde, in ihre Zunft aufzunehmen. Darauf wurde nun auch die über die Aemter verhängte Execution aufgehoben; ob, und wie aber die Hauptträdelsführer bestraft wurden, darüber berichtet die Parchimsche Chronik weiter nichts.

Das engherzige Vorurtheil, welches diese Parchimsche Revolte erregt hatte, erhielt sich aber noch sehr lange in Meklenburg lebendig. Noch am 18. August 1753 mußte der Herzog Christian Ludwig eine Verordnung erlassen, durch welche die Ehrlosigkeit und Anrüchigkeit der Gerichts-, Stadt- und Steckenknechte, Profoße, Bettelvögte, Schließer, Pförtner u. dgl. aufgehoben wurde. Sie sollten von nun an in den Städten wie andere christliche Bürger beerdigt werden, die Todten-Gilden sie tragen und die Obrigkeiten, um ein gutes Beispiel zu geben, im Folgen vorangehen. Früher waren solche Leute von Tagelöhnern, die entweder gar keine Bürger, oder doch die geringsten unter diesen waren und außer den Zunft- und Gildenverbrüderungen standen, ohne alle Feierlichkeit getragen und beerdiget worden. Diese Verordnung fand nun natürlich bei den Zünften, die immer etwas voraushaben wollten, wenig Beifall und sie meinten, daß wie im Leben, so auch im Tode, ein Standesunterschied bleiben müßte. Es gab daher bei der Ausführung dieser Verordnung auch noch jetzt viele Weitläufigkeiten, und als im Jahre 1756 zu Bützow der Pförtner starb, konnten die dortigen Bürger nur durch ein starkes Commando Soldaten gezwungen werden, ihn jener Verordnung gemäß zu bestatten.

Ehrlich: ehrwürdig, ehrbar; Execution: Durchführung, Strafe, Vollstreckung; Rescript: Antwortschreiben; Pfühl: Kissen; Profoß: Militärbeamter.

Malchow

Kloster Malchow
kommt an die Ritterschaft

Ernst Boll

Es machte die gesammte Ritter- und Landschaft im Jahre 1572, nach langem Streite mit den Landesherrn, aus dem Nachlaß der katholischen Kirche eine sehr ansehnliche Erbschaft, indem ihr in jenem Jahre die drei Klöster Dobertin, Malchow und Ribnitz mit einem Grundbesitze von 7,42 Quadratmeilen, wozu 1584 auch noch das Kloster zum heiligen Kreuz in Rostock kam, „zur Unterhaltung inländischer Jungfrauen der Ritter- und Landschaft" überwiesen wurden. Die Ritterschaft nahm bei dieser Gelegenheit aber des Löwen Antheil für sich und räumte für die bürgerlichen Jungfrauen nur sehr wenige Klosterstellen ein, nämlich Anfangs nur eine einzige zu Dobertin, aber im Erbvergleich (1755) mußten sie den Städten 3 Stellen zur vollen Hebung zu Dobertin und 6 zur halben Hebung (je zwei in allen 3 Klöstern) zugestehen; wie sie späterhin in Bezug auf die Klöster noch exclusiver verfuhr, werden wir am gehörigen Orte berichten. So wichtig und reich an Ertrag übrigens der Besitz der Klostergüter in neuerer Zeit auch für die Stände geworden ist, so war dies doch anfänglich weniger der Fall. Denn die Güter waren, als sie in den Besitz der Stände kamen, sehr verschuldet und litten außerdem an dem zu jener Zeit allgemeinen Fehler der meklenburgischen Landgüter, daß sie nämlich möglichst schlecht bewirthschaftet waren. Nach dem von Franke aus dem Jahre 1590 mitgetheilten Verzeichnisse gab es damals überhaupt in Meklenburg 463 Lehngüter, welche sich in den Händen der 470 Familien befanden, in welche sich die 141 Adelsgeschlechter des Landes zerspalten hatten. Die begütertsten unter diesen Geschlechtern waren die Bülow und Plessen mit 20 Gütern, die Hahn mit 16, von der Lühe mit 15, Lützow mit 14, Linstow mit 12, Moltke mit 11, Blücher mit 10, Barner, Maltzan, Oldenburg, Preen und Viereck mit 9, die Bassewitz, Oertzen, Peccatel, Restorf, Riebe und Warburg mit 6, die Below, Cramon, Halberstadt, Kamptz, Pentz, Stralendorf, Voß und Mangelin mit 5 Gütern.

Die adeligen Besitzungen waren aber dazumal alle noch sehr klein und ihre Bewirthschaftung sehr mangelhaft. Denn große Landgüter, wie die jetzigen, einem einzigen Herrn gehörig, und von diesem durch Tagelöhner und Knechte bewirthschaftet, gab es vor dem 30jährigen Kriege fast gar nicht in Meklenburg. Die zu den Dörfern gehörigen Aecker lagen in drei Schlägen oder Feldern, welche nach Landhufen (deren Größe in den verschiedenen Gegenden sehr variirte, – von 30 bis 100 Scheffel Aussaat,) in schmale Streifen eingetheilt waren. Diese Landhufen wurden meistentheils von Bauern und Kossaten bewirthschaftet.

Hebung: Entnahme von Steuern; Kossaten: Hintersassen.

Die Dambecksche Glocke in Röbel

Aus Kuhn / Schwartz, Norddeutsche Sagen

Die Kirche in Dambeck, deren Mauern noch stehen, ist uralt und hat schon vor der Sündflut dagestanden; der Thurm mit den Glocken ist aber in den See gesunken und da hat man denn vor alter Zeit die Glocken oft am Johannistag aus dem See hervorkommen und sich in der Mittagsstunde sonnen sehen. Mal hatten einige Kinder ihren Aeltern das Mittagsbrot auf's Feld hinausgetragen, und als sie an den See kamen, setzten sie sich an's Ufer und wuschen ihre Tücher aus. Da sahen sie denn auch die Glocken stehen und eines der kleinen Mädchen hing sein Tuch auf eine derselben, um es zu trocknen. Nach einer kleinen Weile setzten sich zwei von den Glocken in Marsch und stiegen wieder hinunter in den See, aber die dritte konnte nicht von der Stelle; da liefen die Kinder eilig nach der Stadt und erzählten, was sie gesehen. Nun kam ganz Röbel hinaus und die Reichen, welche die Glocke für sich haben wollten, spannten acht, sechzehn und noch mehr Pferde vor, aber sie konnten sie nicht von der Stelle bringen. Da kam ein armer Mann mit zwei Ochsen des Weges gefahren und sah was vorging; sogleich spannte er seine beiden Thiere vor und sagte:

> Nu met Gott foer arme un rike
> all to gelike!

und führte die Glocke ohne alle Mühe nach Röbel. Da hat man sie denn in der Neustädtischen Kirche aufgehängt, und jedesmal, wenn ein Armer stirbt, dessen Hinterbliebenen das Geläut mit den anderen Glocken nicht bezahlen können, wird diese geläutet und ihr Ton geht fortwährend: „Dambeck, Dambeck."

In Dambeck am oben erwähnten See stand eine der ältesten Dorfkirchen des Landes; doch lange schon ist der um 1200 aus mächtigen Granitsteinen errichtete Bau nur noch eine Ruine. Die Kirche von Ludorf neben dem von einem großen Landschaftspark umgebenen Herrenhaus ist dagegen bestens erhalten und wegen ihrer ungewöhnlichen Bauform (achteckiger Zentralbau mit Vorhalle, Chor und seitlichen Kapellen) ein Anziehungspunkt für kunsthistorisch Interessierte. In Wredenhagen am Mönchsee erhob sich schon im Mittelalter eine umfangreiche Rundhausburg; in der häufig veränderten Anlage wird heute ein Adler- und Falkenhof betrieben. Eine Slawenburg dagegen stand in Vipperow, errichtet über Holzrosten auf einer Müritzinsel; sie wurde zwar schon zu Anfang des zwölften Jahrhunderts zerstört, ist aber bis heute eine wichtige Fundstelle, die Aufschlüsse gibt über die slawische Kultur jener Zeit. Von noch älteren Siedlungszeiten legen die Großsteingräber von Stuer Zeugnis ab, wo dann ebenfalls eine Burg schon für 1178 belegt ist; bekannter aber wurde der Ort als erstes Kneippbad Mecklenburgs, und auch Fritz Reuter schildert in der „Stromtid" seinen Kuraufenthalt in der 1845 gegründeten „Wasserheilanstalt".

Tau Nigenstrelitz up den Sloß

Fritz Reuter

In dat Johr 1700 un so un so vel satt an einen Maidag gegen Taubedd-
gahnstid Dörchläuchten von Mecklenborg-Strelitz, Adolf Fridrich, de
Virte sines Namens, mit sine leiwe Swester, de Prinzeß Christel, up sinen Sloß tau Nigenstrelitz tausam un vertellte sick mit ehr wohrhafti-
ge Späukgeschichten, dulle Ding', de kein Minsch glöwen würd,
wenn sei nich würklich passiert wiren; un sei seten dor un grugten
sick, Dörchläuchten Adolf Fridrich am düllsten.

Dunn kamm dörch den stillen Frühjohrsabend äwer den Zierker
See en Ton heräwer, en gruglichen Ton, so'n Ton, as blot dat nider-
trächtigste Späuk sick utdenken kann, wenn't de armen Minschen bet
in de grawe Grund verfiren will. Lang un dump treckte sick de Ton
von widen her äwer ganz Nigenstrelitz, un de beiden hogen Herrschaften wüßten't nich, kamm hei baben ut de Luft oder unnen ut den
Irdbodden. 'T was ok ganz egal, denn 't was glik gruglich. – Dörchläuchten, Adolf Fridrich IV., bewerte an Hän'n un Fäuten, un de Prinzeß Christel, de en hellsch resolviertes Frugenstimmer was, hadd
noch so vele Besinnung, dat sei 'ne sülwerne Klingel tau faten kreg un
Storm lüden würd. – Worüm sei dat ded, wüßt sei sülwst ok nich,
äwer 't kemen doch Minschen tau Hülp. – Kammerdeiner Rand un
Kammerjunker von Knüppelsdörp stört'ten in de Dör un frogen
woso? un woans? – Dat wüßten de beiden hogen Herrschaften äwerst
ok nich, denn 't was jo en Späuk, un wer weit wat von en Späuk? Prinzeß Christel hadd äwerst noch so vele Besinnung, dat sei de beiden up
en Staul dalwinken ded, un so seten sei denn ehre vir un keken sick

stillswigend an, un keiner wüßt, wat eigentlich los wesen ded, blot dat sei Dörchläuchten bewern segen. – Mit einmal äwerst kamm de Ton wedder, un as hei so lang un dump äwer Nigenstrelitz verklingen würd, höll sick Adolf Fridrich IV. de beiden dörchläuchtigsten Uhren tau un rep: „Dor is 't wedder!" – Kammerjunker von Knüppelsdörp namm den Kammerdeiner Rand dat Wurd vör den Mun'n weg, wegen de meckelnbörgsche Rangordnung, un säd: „Dörchläuchten, das sein die Rodump." – Un de Prinzeß Christel hadd noch so vele Besinnung, dat sei frog, wat dat wedder för 'ne nige Ort Späuk wir. – Un de Kammerjunker säd, en Späuk wir dat gor nich, dat wir en Vagel, de sick af un an den Spaß maken ded, den Snawel in den Sump tau steken un denn lostaubrüllen, üm Lüd' grugen tau maken. – Wat hei recht hadd, weit ick nich, äwer weiten kunn hei't, denn hei was ok Jagdjunker. – Dörchläuchten trugte em äwer nich un säd, as hei sick en beten besunnen hadd: „Alle gauden Geister lawen Gott, den Herrn! un Rand, du slöppst des' Nacht bi mi in minen Kabinett." – Dormit gung hei.

Prinzeß Christel satt nu noch en Strämel mit den Kammerjunker tausam un äwerläd sick mit em de Frag', wat sei dese Nacht för Middel gegen dat Späuk bruken un wen sei bi sick slapen laten süll, denn ehr Kammerjumfer, Korlin Soltmanns, wir en oll äwerglöwsches Talk, un sei kamm tau den Sluß, dat sei am besten ded, wenn sei sick för dese Nacht dat Schürmäten Wendula Steinhagens inventieren würd. – Wendel was nämlich 'ne hellsch forsche Perßon, de sick för'n Deuwel nich fürchten ded, sülwst nich för Dörchläuchten, denn sei hadd mal tau Dörchläuchten seggt: „Je, Dörchläuchten, Sei! – Maken S', dat S' mi ut den Weg kamen!" un hadd för em den Bessen in de Höcht böhrt. –

De beiden hogen Geswister hadden nu in Randten un Wendula ehren Schutz de Nacht ruhig henbröcht un seten den annern Morgen bi't Frühstück un drunken Schockelohr. – Dunn gaww Dörchläuchten sine sonderbor deipen Gedanken taum Vörschin un säd: „Christelswester, du büst en Frugenstimmer un du weißt, ick gew nich wat dorup, äwer du büst ut unser Dörchläuchtigstes Hus, un derowegen un in der Teilen will ick di mit mine Regierungsmaßregeln in Kenntnis versetten. – Weitst wat Nigs? Ick bug' mi up en schönes Flag in mine Staaten en niges Paleh." – „Dauh dat", säd sei, „Dörchläuchting! Du büst jo Herr von dat Ganze – wo hau't dat äwer ut mit dat Geld?" – „Is mi ok all infollen", säd Dörchläuchten, „äwer wotau heww ick denn mine Landdrosten? De möten mit Holt un Stein Rat schaffen, un de Handwarkers känen täuwen, denn es ist unerhört, daß Serenissimus Strelitziensis sich unter seiner Nase spuken lassen soll. – De dumme Kammerjunker seggt frilich: ‚das sein die Rodump' – wat is äwer 'ne

Rodump? Ick glöw allens; äwer dat ick so'ne Erklärung glöwen sall, kann einer von mi in mine Eigenschaft as regierende Herr nich verlangen. – Rand", säd hei tau sinen Kammerdeiner, „Jochen Bähnhas' sall anspannen, de goldne Kutsch, drei Lakayen achter up un de beiden Löpers vörn weg; de Kutscher un de Lakayen sälen ehre Staatsmondierung mit de goldnen Tressen antrecken, un de beiden Löpers, Halsband un Fleischfreter, sälen den nigen Blaumenhaut ut Paris upsetten – à la Pompadour", säd hei bisid tau sin Swester – „denn ich reise durch meine Staaten." – „Je, Dörchläuchten", säd Rand, „dat ward woll nich gahn, denn uns' oll Wallach, de up de Bisid geiht, hett dat Spatt so dägern, dat hei keinen Bein vör den annern setten kann." – „Was schert uns der Wallach!" rep Dörchläuchten in de grötste Zornigkeit. „Wenn unser Wallach krank ist, denn gehst du zu dem Ackerbürger Sachtleben und leihest uns eins von seinen Pferden." – „Je, Dörchläuchten, hei giwwt en uns nich; de Mann is up Stun'ns in de hillste Meßführertid, un denn steiht em dat nich tau verdenken." – „Du gehst, Rand; wir sind regierender Herr." – Un Rand gung, un Sachtlewen gaww sinen ollen stiwen Brunen her tau dat Paradenfuhrwark. –

Jochen Bähnhas' höll mit de goldne Kutsch vör de Dör, drei Lakayen hackten ein achter den annern achter up, de beiden Löpers swewten de Strat entlang, Rand satt up den Buck, un Dörchläuchten mit sin Christelswester seten in de Kutsch. – „Wohen?" frog Jochen Bähnhas'. – „Ümmer gradut", säd Rand, „äwer Stargard weg bet an uns' Grenz; äwer jo nich räwer äwer de Grenz, denn wi bereisen blot unsere eigenen Staaten." – Un Jochen Bähnhas' führte dörch Stargard un dörch Fredland bet an de preußsche Kawel un törnte dor de Pird: „Prr, öh ha! – Hir is 't tau En'n!" – Un Dörchläuchten befohl, sei wullen nu mal gegen Morgen äwer Woldegk reisen, un as sei achter Woldegk nah Wulfshagen kemen, dunn dreihte sick Kutscher Bähnhas' wedder up de Mähr üm un säd: „Rand, nu is 't wedder all, wider geiht 't nich."

277

Die Ursache

Adolf Glaßbrenner

Auf einer Rasenbank
Bei dem Schalmeienklang,
Bei Rosen und Narzissen
Und bei Vergißmeinnicht,
Da wollt' ich Liebchen küssen,
Und Liebchen wollte nicht.

Am Bächlein spiegelrein
Beim trauten Mondenschein,
Der lauten Welt entrissen,
Wo Philomele spricht,
Da wollt' ich Liebchen küssen,
Und Liebchen wollte nicht.

Im glänzend hellen Saal
Beim reichbesetzten Mahl,
Ja bei Champagnergüssen,
Vor aller Angesicht,
Da wollt' ich Liebchen küssen,
Und Liebchen wollte nicht.

Warum denn keinen Kuß?
Fragt' ich sie voll Verdruß.
Da schlug ihr das Gewissen,
Und sie sprach zitternd fast:
„Ich kann dich jetzt nicht küssen,
Weil du den Schnupfen hast."

Zwei Wünsche

Adolf Glaßbrenner

Ach, zwei Wünsche wünsch' ich immer,
Leider immer noch vergebens,
Und doch sind's die innig-frömmsten,
Schönsten meines ganzen Lebens:

Daß ich alle, alle Menschen
Könnt' mit gleicher Lieb' umfassen,
Und daß ein'ge ich von ihnen
Morgen dürfte – hängen lassen.

Ne leiwe, lütte Stadt

Carl Schöning (1855–1928)

Ick kenn 'ne leiwe, lütte Stadt,
Wo gaude Frünn' ick fünn.
Heww ümmer väle Freud hier hatt,
So oft ick kamen bün.
Se liggt in 't Meckelborger Land,
Heit Wittenborg bi Nam'.
Ein'n Minschenslag mit faste Hand,
De fünn sick hier tausam.

Ein Gottesurtheil zu Wittenburg

G. F. C. Neumann zu Röbel

Wie gar leicht es am Abend anders werden kann, als es am frühen
Morgen war, und nicht nur mit uns schwachen Menschenkindern,
sondern selbst mit einer Stadt, erfuhren auch die Bewohner Wittenburg's im Jahre des Heils 1351.

Es war an einem unfreundlichen Tage. Der Sturm heulte und tobte
und entwurzelte Bäume, die ihm Jahre lang getrotzt hatten, und
schlug den Regen gegen die Fenster, daß Einem ganz unheimlich zu
Muthe wurde. Thätige Frauen waren eben in der Küche beschäftigt
und bereiteten das Mittagbrod; fleißige Männer saßen bei ihrer Arbeit,
oder gingen ihren Geschäften nach; Fromme falteten zuweilen ihre
Hände und baten Gott, er möge doch Jeden vor Schaden und Gefahr
bewahren.

Da ertönte plötzlich vom Thurme die Sturmglocke. Es brannte in
dem Hause eines reichen und angesehenen Bürgers.

Was nur Hände hatte, eilte der Stelle zu und versuchte nach Kräften, dem verheerenden Elemente Einhalt zu thun. Trotzdem aber ver-
breitete sich dasselbe, vom Sturme angeschürt, immer weiter und
weiter, und bald war ein großer Theil der Stadt in einen Schutt- und
Aschenhaufen verwandelt.

Da war des Jammers viel. Viele Familien hatten nicht nur ihr Obdach, sondern auch alles andere Hab und Gut verloren; nur der Ge-

danke, daß der Herr es ihnen genommen, Der es ihnen auch gegeben, vermogte ihren Schmerz zu lindern.

Endlich war man des Feuers Herr geworden. Der wackere, christliche Ortsvorsteher, dessen Umsicht und Leitung man es nächst Gott verdankte, daß noch ein Theil der Stadt verschont geblieben war, war eben beschäftigt, den Verunglückten ein einstweiliges Obdach anzuweisen, als sich ihm ein tobender Haufe Menschen nahte. In ihrer Mitte hatten sie einen Arbeiter, den sie unter Stößen und entsetzlichen Flüchen fortschleppten und der Brandstiftung anklagten. Der Ortsvorsteher stellte sogleich ein Verhör mit demselben an.

In alter Zeit und auch noch damals war nämlich der jedesmalige Vorsteher eines Ortes oder einer Gemeinde auch zu gleicher Zeit Richter, und die Erfahrensten der Gemeinde halfen ihm das Recht finden. Auf weitläufige Untersuchungen ließ man sich nicht ein. Konnte weder durch Zeugen noch durch Eidesschwur die Wahrheit ermittelt werden, so nahm man seine Zuflucht zu den Unschuldsproben, die man Gottesurtheile nannte. Man war der Meinung, der gerechte Gott werde dem Unschuldigen beistehen und ihn in der mit ihm vorzunehmenden Probe durch ein Wunder retten. Ein solches Gottesurtheil bestand gewöhnlich in der Wasserprobe, über die bereits in der Sage 84 gesprochen, oder in der Feuerprobe, wo der Angeklagte über neun glühende Pflugscharen hinwegschreiten, oder ein glühendes Eisen in der Hand halten, oder einen glühenden eisernen Handschuh anziehen, oder, mit einem wächsernen Hemde angethan, durchs Feuer gehen mußte. Zeigte sein Körper keine Spur von Brand, so galt er für unschuldig.

In dem mit dem Arbeiter angestellten Verhöre konnte ihm Nichts überwiesen werden, und er nur seine Unschuld betheuern. Da die Wahrheit nicht anders zu ermitteln war, so wurde er zur Feuerprobe verurtheilt und sofort ein Eisen glühend gemacht.

Mit heiterer Miene, und als wollte er den Richtern und Umstehenden gleichsam sagen: Gott, Dem ich vertraue, wird mich nicht verlassen, ergriff der Angeklagte dasselbe und hielt es aufrecht, ohne einen Schmerzenslaut auszustoßen. Seltsam war es, daß seine Hand nicht das mindeste Brandmahl zeigte, aber noch seltsamer, daß das Eisen in seiner Hand plötzlich verschwand und keine Spur davon wieder entdeckt werden konnte.

Das Volk jubelte; die Richter aber dankten Gott, daß er sie vor so schwerer Verantwortung bewahrt habe.

Ein Jahr darauf, als der niedergebrannte Stadttheil bereits mit neuen Häusern bebaut war, legte man auch Hand daran, die Straßen neu zu pflastern. Ein dabei beschäftigter Arbeiter, der eben einige Steine aufnahm, stieß plötzlich einen gellenden Schrei aus. Die übrigen Arbeiter, auf sein Geschrei herbeigekommen, untersuchten die Stelle und siehe! sie fanden das vor einem Jahre so plötzlich verschwundene Eisen im Sande liegen, das noch glühend heiß war, und an dem der Arbeiter sich die Hände furchtbar verbrannte.

Dieser bekannte sogleich, daß er der Brandstifter sei und wurde nun zur Strafe für sein Verbrechen vom Leben zum Tode gebracht.

Das Eisen wurde noch lange Zeit auf dem Rathhause zu Wittenburg aufbewahrt und gezeigt.

Die Muränen im Schaalsee bei Zarrentin

L. Pechel, Organist und Lehrer in Röbel

Der Ort Zarrentin, am südwestlichen Ende des Schaalsees gelegen, erhielt im dreizehnten Jahrhundert ein Nonnenkloster Cisterzienserordens. In der Mitte des Fleckens, auf dem Kirchenplatze, steht noch das mittelalterliche, massiv aus Mauersteinen aufgeführte Klostergebäude, und wo einst fromme Ordensschwestern in stiller Beschaulichkeit lebten und geräuschlosen Schrittes zur Hora und Vesper eilten, da wird jetzt über die Aufrechterhaltung bürgerlicher Gesetze gewacht und Steuer und Pacht erhoben; die Behausung der Nonnen ist in ein Amtshaus umgewandelt worden.

Wie überall, wo Klöster angelegt wurden, ist auch der Flecken Zarrentin sehr hübsch gelegen, und besonders ist es der mit schönem Laubholz umstandene Schaalsee, der dem Orte und der ganzen Gegend einen eigenthümlichen Reiz verleiht.

In nicht geringem Ansehen steht der See aber dadurch, daß sich in ihm die so schmackhafte große Muräne – salmo muraena – findet. Dieser Fisch, der im mittelländischen Meere und in den Seen Italiens heimisch ist, stand schon bei den Römern wegen seines schmackhaften Fleisches in großem Rufe, so daß die Begüterten eigene Muränenteiche hatten.

Die Nonnen des zarrentiner Klosters hatten genug von dem schönen Fische gehört, um lüstern nach ihm auszuschauen. Aber Italien mit seinen Teichen und das mittelländische Meer ist weit, – wo ist der Bote zu finden, der beflügelten Fußes das Verlangen der genügsamen Schwestern stillt?

Da nahet sich ihnen, wie überall, wenn die Begierde der Sinne maßlos wächst, der Teufel, und indem er noch ihre Lust zu erhöhen sucht, bietet er sich ihnen als Bote an.

Die Nonnen beben zurück vor dem Vater der Lüge; sie wollen doch lieber dem Genusse entsagen, als mit ihm in irgend eine Gemeinschaft treten. Aber so leicht giebt Jener seine Versuchungen nicht auf, und als die Schwestern sich nicht länger der Lust erwehren können, übernimmt der Teufel die Botschaft; jedoch muß er sich verpflichten, die Muränen zu Mittags 12 Uhr auf den Tisch zu stellen, wofür sich die Nonnen ihm zum Eigenthum versprechen.

Schnell macht sich der Böse auf den Weg. Doch kaum ist er von dannen, als die Schwestern Reue und Grauen vor dem Schrecklichen ergreift. Sie treten berathend zusammen und kommen bald darin überein, den Zeiger der Thurmuhr, der schon auf halb zwölf steht, eine halbe Stunde weiter zu schieben.

Es geschieht, und kaum ist der letzte Schlag der Mittagsstunde verklungen, als der Teufel über den Schaalsee daher fährt und in seinem Grimme, daß ihm der Lohn entgangen, die Fische in das Wasser fallen läßt.

Der Schaalsee nahm die Fremdlinge auf und sie sollen in demselben bis auf unsere Tage herab prächtig gedeihen.

Hora: Stundengebet; Vesper: Abendgebet; mittelländisches Meer: Mittelmeer.

Die berühmten Fische im Schaalsee sind natürlich die schmackhaften Maränen und nicht die Muränen; insofern ist auch der Passus über „salmo muraena" Unsinn, aber so ganz wörtlich lässt sich eine Sage eben nicht nehmen.

Insel der frohen Einsamkeit

Friedrich Gottlieb Klopstock (1724 –1803)

Insel der frohen Einsamkeit,
geliebte Gespielin des Widerhalls
und des Sees, welcher, itzt breit, dann versteckt
wie ein Strom, rauscht an des Walds Hügeln umher,
selber von steigenden Hügeln voll,
auf denen im Rohr die Maräne weilt,
sich des Garns Tücke nicht naht und den Wurm
an dem Stahl, leidend mit ihm, fern beklagt.
Flüchtige Stunden verweilt ich nur
an deinem melodisch Schilfgeräusch;
doch nie verlässt dein Phantom mein Geist,
wie ein Bild, welches mit Lust Geniushand
bildete, trotzt der Vergangenheit.

Vorstehende Ode schrieb Klopstock auf die Insel Kampenwerder mit Schloss Stintenburg.

Zarrentin

Hartmut Brun

Das Amt Zarrentin besitzt das größte Gewerbegebiet von Mecklenburg-Vorpommern, das heißt, eigentlich sind es zwei. Eins in der Stadt Zarrentin selbst und eins auf den Gemarkungen von Gallin und Valluhn an der Autobahn Hamburg – Berlin, der MEGA-Park mit 250 Hektar. Das Gebiet um Zarrentin war von den Auswirkungen der Sperrzone an der innerdeutschen Grenze unmittelbar betroffen. Seit der Wiedervereinigung Deutschlands ereignete sich hier eine industrielle Revolution. Das Amt profitiert von der günstigen Verkehrsanbindung und der Nähe zu Schleswig-Holstein und Hamburg. Mehr als 3000 Frauen und Männer fanden Arbeit auf den neu errichteten Gewerbeflächen mit mittelständischen Unternehmen unterschiedlichster Art, von der Niederlassung eines großen Kaffeekonzerns bis hin zum dänischen Bettenhaus.

Zarrentin

Dabei hatte Zarrentin kaum industrielle Traditionen. Als der Ort 1194 erstmals genannt wurde, befand er sich im Besitz der Ratzeburger Grafen. Seit dem 13. Jahrhundert gehörte er zum Hoheitsgebiet der Grafschaft Schwerin und seit 1358 durch Kauf zu Mecklenburg. Aber nicht weltliche Herren bestimmten in den folgenden Jahrhunderten die Geschicke von Zarrentin und Umgebung, sondern das um 1250 gegründete Zisterzienserinnenkloster. 1552 säkularisiert, gingen die Besitzungen des Nonnenklosters in Landeseigentum über. Von den Klostergebäuden ist der Ostflügel der Klausur übrig. Der zweigeschossige und wohl erst nachträglich verputzte Backsteinbau des 14. Jahrhunderts über dem Hochufer des Schaalsees ist heute eines der kunsthistorisch wertvollsten Architekturdenkmale der Region. Schlußsteine und Medaillonreliefs, Spitzbogenfenster und Kreuzgangarkaden aus der Entstehungszeit sind zu sehen. Eine Heimatstube wurde im Kloster eingerichtet, die anhand von Zeitdokumenten, Fossiliensammlung, Haus- und Handwerksgerät die Geschichte der Region darstellt.

Bedeutungsvoll war für den kleinen Ort 1564 die Eröffnung des Schiffahrtsweges Elbe-Sude-Schaale-Schaalsee für den Lüneburger Salzhandel mit Wismar. Bis um 1850 wurde die „Schaalfahrt", später aber meist für den Holzhandel, betrieben. Schifferknechte kamen in den Ort. Die Lüneburger Kapelle an der Südseite der Kirche, die den Fahrensleuten als Andachtsraum diente, erinnert daran. Das 17. Jahrhundert brachte Zarrentin viel Abwechslung: Brandschatzung und Plünderung durch dänische und kursächsische Söldner, den Bau des heutigen Kirchturmes und Hexenprozesse und -verbrennungen, aber auch die älteste evangelische Renaissancekanzel Norddeutschlands. Pastor Nikolaus Andreae erwarb 1699 das für St. Marien in Lübeck 1535 geschaffene wertvolle Stück für Zarrentin. Ein Brand zerstörte 1755 die dörflich geprägte Bebauung von Zarrentin, dennoch behielt der Ort über Jahrhunderte seinen ländlichen Charakter. Im 17. Jahrhundert wurde er Marktflecken und 1825 ein sogenannter Domanialflecken. Daran änderte sich auch nichts, als Zarrentin 1896 Anschluß an die Eisenbahn von Hagenow-Land nach Neumünster bekam. Zwar bewirkte der Bahnanschluß Unternehmensgründungen und ein reges Vereinsleben und die Entwicklung zum Luftkurort mit dem entsprechenden Erholungszentrum auf der Halbinsel Strangen, aber erst 1938 wurde dem Flecken das Stadtrecht verliehen.

Das Umland mit dem Schaalsee ist eine der landschaftlich schönsten Gegenden des Landkreises überhaupt. Wenn der See auch mit seinem größten Teil jenseits der Landesgrenze liegt, so ist der Südzipfel unzweifelhaft mecklenburgisch und sehr reizvoll. Mit seinen zahlreichen Teilseen, Buchten, Halbinseln und Inseln, gesäumt von breiten Schilfgürteln und dem Wechsel von Feld, Wald und Wiesen, gilt die Schaalsee-Region als eine der schönsten und ursprünglichsten Seenlandschaften von Mecklenburg-Vorpommern.

Boizenburg

Hartmut Brun

„Über Boizenburg läßt sich weiter nichts sagen, als daß es die netteste, freundlichste, anmutigste aller Duodezstädte ist, die ich von der Saar zum Rhein, vom Rheine bis zur Werra und von ihr zur Trave durchzog", schrieb schon 1806 der Reisende Friedrich August Schilling. Recht hat er. Malerisch im Urstromtal der Elbe, an der Mündung der Boize in den Strom, liegt die westlichste Stadt des Landkreises. Schon früh wird Boizenburg genannt, 1158, und eine Schrift von 1255, die von „Borgere to Boicenbourgh" spricht, kann als Geburtsurkunde der Stadt angesehen werden, die sich in Nachbarschaft einer deutschen Burg entwickelte. Vermutlich war es die Burg, die des Kaisers General Gallas 1639 zerstörte.

Auch sonst spielten sich um Boizenburg allerhand kriegerische Ereignisse ab, etwa in den antinapoleonischen Befreiungskriegen. Auf dem Boizenburger Friedhof geben zwei Gräber davon Zeugnis. Im April 1813 wurde bei den Kämpfen um Lüneburg der französische General Morand verwundet. Er starb in Boizenburg. Einer, der zur Gefangennahme Morands beigetragen hatte, indem er eine Abteilung Kosaken nach Lüneburg führte, war der Weinhändler Friedrich Jacob

Rathaus von Boizenburg

Klepper. Auch er wurde hier beigesetzt. Nun liegen Freund und Feind einträchtig beieinander.

Die Lage an der Elbe und der Salzstraße von Lüneburg zur Ostsee begünstigte die Entwicklung zur Kaufmannsstadt, wobei es die Boizenburger zu allen Zeiten bestens verstanden, die Handelswaren umzuschlagen und immer wieder mit hohem Zoll zu belegen. So gelangte die Stadt, zu relativem Reichtum und Wohlstand. Den wirtschaftlichen Aufstieg vermochte auch der Stadtbrand von 1709 nicht zu hemmen. Nach Entwürfen des Ingenieurkapitäns Jacob Reutz, der zuvor die Schweriner Schelfstadt projektiert hatte, entstand bis Mitte des 18. Jahrhunderts eine völlig neue, planmäßig angelegte Stadt, deren Grundrisse die Gestalt eines Ovals hat. Die Innenstadt ist größtenteils von einem doppelten Graben und Wall umgeben, erhaltene Teile einer mittelalterlichen Befestigung, die zur Promenade umgestaltet wurden. Hier von besonderem Reiz der alte Pavillon, der um die Jahrhundertwende errichtet und inzwischen erneuert wurde. Vom Wall auch zu sehen der rückwärtige Giebel der ehemaligen Synagoge, eines der besterhaltenen jüdischen Gotteshäuser des Landes. Das Stadtmuseum war dort untergebracht. Boizenburg verfügt über eines der ältesten Museen im Landkreis. 1935 gegründet, zog es 1980 in ein Bürger- und Geschäftshaus mit massiver Barockfassade aus dem 18. Jahrhundert am Kirchplatz um.

Im Raster des gitterförmigen Straßennetzes fallen die sogenannten Feuergassen auf, oder wie die Boizenburger sagen, Twieten. Interessante Fachwerkbauten mit schönen Haustüren aus dem 18. und Anfang 19. Jahrhundert prägen das Stadtbild. Etwa in der Ortsmitte liegen Kirchplatz und auffallend großer Markt. Das hübsche Rathaus, 1711 als Fachwerkbau mit Laubengang und abgewalmtem Mansarddach mit verspielten Laternentürmchen, gehört zu den besten Leistungen des Barock in Norddeutschland.

In der Kirche St. Maria sind der Altar und die Kanzlei künstlerisch bedeutsam. Dicht bei der Kirche das Schulhaus. Hier war seit 1843 Ludwig Reinhard Rektor, ein enger Freund Fritz Reuters und einer der bedeutendsten Publizisten des Landes. 1848 wurde er Abgeordneter der Frankfurter Nationalversammlung. Dafür warf der Großherzog ihn ein Jahr später aus dem Schuldienst.

Zu Reinhards Zeiten gab es die Werft in Boizenburg schon. Gegründet 1793, entwickelte sich der Betrieb zu einem der größten Binnenwerften Deutschlands. 1889 lief das erste Motorschiff vom Stapel, und allein zwischen 1945 und 1980 wurden hier mehr als 500 Schiffe gebaut. Moderne Fischereifahrzeuge, Küstenmotor-, Container- und Binnenfahrgastschiffe liefen hier quer zur Elbe vom Stapel. 1999 kam das endgültige Aus für das Traditionsunternehmen. Einen ähnlich guten Ruf wie die Elbewerft früher besitzt das 1902 in der Bahnhofsvorstadt entstandene Boizenburger Fliesenwerk. Wand- und Bodenkeramik aus Boizenburg ist heute ein Markenzeichen in Europa.

Duodezstadt: sehr kleine Stadt.

Die Aussicht von unseren Elbbergen

Ludwig Reinhard (1805–1877)

Die Aussicht von unseren Elbbergen gehört zu dem Interessantesten, was in Mecklenburg zu haben ist. Ein anmutiges Landschaftsgemälde, das immerhin verdiente, auf eine Ausstellung geschickt zu werden. Das einzige, was die Kritik monieren könnte, wäre etwa der flache, langweilige königlich hannöversche Hintergrund. Langeweile, dein Name ist Hannover.

Recht eigentümlich hingegen nimmt sich, zumal bei hohem Wasserstande, unsere Stadt [Boizenburg] aus, deren Häuser sich an die Kirche herandrängen wie kleine Mädchen an ihre Gouvernante, wenn ein großer Hund gelaufen kommt.

Ausdruck aber und Leben und Charakter bekommt die Physiognomie der Landschaft erst durch den Elbstrom, der sich in einem großen Bogen um unsere Marschen zieht. Der Strom mit seinen weißen, im Sonnenschein glänzenden, sanft geschwellten Segeln hat etwas Romantisches, respektive Feenhaftes.

Ut de olle gaude Tied

Rudolf Tarnow

Dat is woll achtzig Johr all her,
As wi noch eigen Militier,
Un as för Meckelborg-Swerin
Dat Lauenbörgsch würd „Utland" sien,
Dunn dröp sick dat, dat mal de Garr
Bi Boizenburg Manöwer harr,
Un hier, an 't End'n von 't Vaderland,
Ganz buten an de Butenkant,
Leeg von de langen Grenadier
'ne Kumpenie in Marschquartier,
Un so as hüt würd Rauhdag sien.

De Hauptmann Graf von Pressentin
Harr grad wat mit den Paster vör,
Dunn kloppt dat an de Stubendör,
„Herein!" röppt he, un rinner kamen
Twei Kierls un knallen de Bein tausamen.

„Na, Kierls?" fröggt Hauptmann Pressentin,
„Wat sall 't denn nu all wedder sien?
Wat hewt Ji beid denn up 'n Harten?
Na, Schult?"
                „Herr Hauptmann, aufzuwarten!
Wie hebben hüt so schöne Tied –
Von hier is ok de Grenz nich wied –,
Poor Schritt, denn sünd w' in dänschen Land'n,
Un dor giwt feine Kunterbanden,
Wier woll Herr Hauptmann inverstahn,
Wenn w' beid dor bäten plünnern gahn?"

Lübtheen

Hartmut Brun

Nur ein Dorf war Lübtheen, bis es 1822 den verbrieften Titel eines Marktfleckens verliehen bekam. Wie durch Zufall ereignete sich sodann eine industrielle Revolution, denn am Mühlenberg wurde 1826 ein Gipsvorkommen entdeckt. Beim Abbau und weiteren Probebohrungen stieß man auf Salz- und Kalivorkommen. Es kam zum regelmäßigen Förderbetrieb, bis 1912 der „Prinz-Regent-Schacht" bei Jessenitz und 1916 der „Friedrich-Franz-Schacht" bei Lübtheen absoff. Immerhin hatte der Bergbau bewirkt, daß Lübtheens Einwohnerzahl auf über 4000 stieg, der Ort Sitz eines Bergamtes war und 1889 Bahnanschluß nach Malliß erhielt. 1947 wurde der Bahnkörper ein Opfer der Nachkriegsreparationen. Für die Landwirte der Griesen Gegend war die Bergbauepoche die Blütezeit in der wirtschaftlichen Entwicklung, denn sie konnten billig Kunstdünger aus Jessenitz und Lübtheen beziehen.

1938 wurde Lübtheen formell zur Stadt erhoben. Damit ist Lübtheen gemeinsam mit Zarrentin die jüngste Stadt im Landkreis. Die Geschichte reicht aber weiter zurück. Der Überlieferung nach siedelten hier schon frühzeitig slawische Stämme. Diese gaben dem Ort ihren Namen. Lübtheen wird von dem wendischen Wort Lipa für Linde hergeleitet, heißt also Lindenstadt. Diesen Beinamen führt der freundliche Ort noch heute. Zu Recht. Die acht sternförmig in den Marktplatz einmündenden Straßen sind auch heute noch größtenteils mit Linden bestanden.

Am östlichen Rand des Urstromtals der Elbe und am Westrand der Jabelheide gelegen, wechselte das Gebiet des Amtes Lübtheen im Mittelalter mehrfach die Herrschaftszugehörigkeit. Ursprünglich im Besitz der Grafen von Dannenberg, waren dann die Herzöge von Sachsen-Wittenberg und Sachsen-Lauenburg die Landesherren, bis 1372 der Ort zu Mecklenburg kam. Erstmals nennt eine Urkunde von 1363 den Namen Lübtheen.

Ein Dorf in der Griesen Gegend, das aber Bedeutung als Poststation erlangte. Auf der vielbefahrenen Strecke zwischen den beiden größten Städten Norddeutschlands, Hamburg und Berlin, war Lübtheen wichtiger Haltepunkt. Personal und Pferde wurden hier gewechselt und namhafte Persönlichkeiten stiegen zur Rast aus der Kutsche, etwa 1815 der Erzähler, Lyriker und Balladendichter Adelbert de Chamisso auf dem Weg nach Hamburg, um sich als Botaniker der russischen Weltexpedition unter Otto von Kotzebue anzuschließen. Das

Hauptpostamt, ein eingeschossiger Ziegelfachwerkbau mit breitem Frontispiz, stand damals schon. Von 1830 bis 1879 war es Sitz der Verwaltung des Amtes Lübtheen und danach bis 1945 Amtsgericht und Gefängnis zugleich. Das neue Postamt, wohl eines der schönsten Häuser Lübtheens, wurde 1824 als Putzbau im Stil des Berliner Klassizismus erbaut, diente von 1869 bis 1884 als ritterschaftliches Lehrerseminar und dann wieder als Postamt.

Auch die Kirche von 1820 ist klassizistisch. Als für diese Gegend ungewöhnliches Bauwerk, ist sie der einzige größere Kirchenbau dieser Art in Mecklenburg. Die Orgel stammt aus der Schweriner Werkstatt Friese und das Altarbild von dem Ludwigsluster Hofmaler Rudolph Suhrlandt.

Zwei wichtige Persönlichkeiten sind aus dem Amt Lübtheen hervorgegangen. Der Musikwissenschaftler Friedrich Chrysander erblickte 1826 in der Lindenstadt das Licht der Welt, und 1898 wurde Karl Puls im Jessenitzer Ortsteil Lank geboren. Als plattdeutscher Dichter, Heimatforscher und Volkskundler hatte er Erfolg, als Landwirt, und das war sein eigentlicher Beruf, allerdings nicht. Das Wegbrechen der Bergbaubetriebe bedeutete Arbeitslosigkeit für viele Lübtheener. Erst nach 1945 fanden etwa 400 wieder Lohn und Brot im metallverarbeitenden Betrieb des Hängerbaus auf dem Gelände des ehemaligen „Friedrich-Franz-Schachtes". Das Unternehmen ist heute noch wichtiger Arbeitgeber. Auch die Bundeswehr, die südwestlich der Stadt einen 7000 Hektar großen Truppenübungsplatz unterhält, bietet zahlreiche Arbeitsplätze. Gleichzeitig bleibt aber dadurch das Kernstück der Griesen Gegend für den Fremdenverkehr ein Tabu.

1 Gotentin, 2 Mellerand, 3 Mecklenburger aus dem Alt-Ivenacker Gestüt,
4 u. 5 preußische Pferde

Uns' leiwe Heid

Karl Puls (1898–1962)

Gah los, mien Soehn, säuk sied un wied.
Wo di dei Wind henweiht,
Du finnst nich ein verstäken Sied
So schön as uns' leiw' Heid.
In Ost un West un Nord un Süd,
Bi Küll un Hitt un Sweit
Finnst du: Dat Schönst tau jede Tied
Is doch uns' leiwe Heid.
Un wenn du dat nich glöwen magst,
Lat in ein frömd Rebeit
Di hüslich dal, as du di 't dachst,
Wied weg von uns' leiw' Heid:
Du heimwehst di bi Dag un Nacht,
Dat glöw mi, krank un beit,
Un finnst den Fräden nich un trachst
Trügg nah uns' leiwe Heid.

Ein Ort für Pferdefreunde

Aus einem jüngeren Reiseführer

Am nördlichen Rande der Heide liegt ein Ort, an dem allen Freunden des Pferdesports und der Pferdezucht froh ums Herz werden muß: Redefin. Hier gab es schon seit dem 17. Jahrhundert ein das weite Wiesenland nutzendes Gestüt, aus dem ein beträchtlicher Teil der überall sehr begehrten Mecklenburger Pferde stammte. 1812 wurde dann aber das Großherzoglich-Mecklenburgische Landgestüt eingerichtet, in dem wertvolle Hengste verschiedener Herkunft für eine systematische Zuchtarbeit zur Verfügung standen. Zu diesem Zweck hat um 1820 der Landbaumeister C. H. Wünsch die Gruppe fast symmetrisch angeordneter Gestütsgebäude mit der im Hintergrund stehenden Reithalle errichtet, in denen auch noch heute das Staatliche Hengstdepot seinen kostbaren Pferdebestand hält und die Tiere auf ihre künftige Verwendung einübt. Glanz- und Höhepunkte der züchterischen

Mühen sind die alljährlichen Hengstparaden geworden, bei denen viele zehntausend Fachleute und Pferdeliebhaber die Erfolge der hier geleisteten Arbeit erleben können.

Ludwigsluster Merkwürdigkeiten

Jürgen Borchert

Die Straße stelzt auf hohen Brückenbeinen durch die Vorstadt, und links liegt Ludwigslust. Von oben sieht man nur grüne Bäume und rote Dächer, kein Turm hebt sich blickfangend heraus. Nur hinten, schon dem Horizont zu, überragt die Attika des Schlosses weiß und figurengeschmückt den Park. Dem großen Lenné, der den alten Park im vergangenen Jahrhundert erneuerte, hat niemand ein Denkmal gesetzt. Dafür steht einer der Herzöge bronzen vor dem Schloß, eines anderen Monument liegt in eben jenem Park, da denken wir an Brechts „Fragen eines lesenden Arbeiters": Wohin ging Lenné? Wohin Kaplunger? Der schuf die Figuren der Attika, die Sandsteinvasen auf der Schloßbrücke, die Symbolgestalten der Kaskade und auch besagten Denkstein im Park, der eine ganze Last von Symbolen und Allegorien trägt, trauernde Göttinnen lehnen sich an eine Urne, auch ein Totenschädel ist da und diese Inschrift: „Dem Andenken Friedrichs – Ruhm und Trost den Deinen! Oh! Wie warst Du so gut!" Zu wem war Friedrich, genannt „der Fromme", so gut? Zu seinen Tagelöhnern und Leibeigenen, seinen Lakaien und Soldaten? Wir werden hören. Immerhin und zugegeben: Ludwigslust wäre nicht ohne Friedrich, und wenn die Geschichte auch ihn und seine Erben vermöge ihrer Macht auf dem Stuhle der Ausbeuter sah, wollen wir ihm doch Kunstverstand und Bildung nicht absprechen. Was seine Bauern ihm keuchend verdienten, ließ er in steinerne Monumente umsetzen. Aber schließlich – wo blühte die Schönheit der Schlösser und Gärten ohne den Schweiß der Bauern? Nicht in Versailles, nicht in Potsdam, nicht in Ludwigslust, und so setzten die Mächtigen ihren armseligen Knechten Denkmäler, ohne es zu wollen.

Friedrichs des Frommen Baumeister hieß Busch, der schuf die Stadt auf Geheiß seines Landesherren, zuerst Kirche und Schloß, dann die Schloßstraße, die zweigt vom Schloßplatz ab. Die Linden machen grünen Schatten in der Mittagshitze, und die roten Häuser stehen still da.

Aus Backsteinen gebaut, sind sie alle fast gleich und doch, in Winzigkeiten, alle verschieden, zeigen geschweifte und geschwungene Giebel, zierliche Balkone und prächtige Türen, die durch schattige kühle Flure die Häuser mit der Straße verbinden. Zwischen Türsturz und Tür, über die ganze Breite und spannenhoch, sind Fensterchen vorhanden, sie heißen „Oberlichter". Lange kann man suchen, zwei gleiche zu finden. Durch geschnitzte Zierrahmen teilt sich die gläserne kleine Fläche in allerlei Rauten und Rosetten, zeigt Jahreszahlen, Symbole oder Wappen. Die Häuser, gefällig nebeneinander und gleich in der Höhe, verjüngen sich in der Perspektive zu zwei roten Reihen, die vor der Schloßbrücke angetreten sind wie Soldaten. So ist das Ganze eine Mischung von Unkel Bräsig und Potsdam.

Aber zurück zum Schloß, wir gehen über jene Brücke mit den Kaplungerschen Vasen, die den Kanal überspannt. Der Pastor Goß aus Brenz erzählt in seiner Chronik von 1852, daß die Brücke 6000 Reichsthaler gekostet habe. Die Kaskaden hingegen, jene Miniatur-Niagarafälle, die, vom Kanal gespeist, dem Schlosse gegenüber plätschern, kosteten die Kleinigkeit von 80 000 Reichsthalern und wurden 1780 „unter Pauken- und Trompetenschall vom Altan des Schlosses" aus eingeweiht. Wenige Jahre später schloß, im Angesicht der rauschen-

Schloß Ludwigslust

den Kaskaden, Herzog Friedrich Franz mit dem Gesandten der Niederländischen Generalstaaten den schändlichen Subsidienvertrag des Inhalts, vom Jahre 1788 an eintausend mecklenburgische Soldaten gegen die stattliche Summe von 37 000 Thalern jährlich auf drei Jahre an Holland zu verschachern. So kam, immerhin, das Geld wieder herein. Auch ließ der Herzog seine leibeigenen Hausleute zu Dambeck auf dem Amte in Neustadt so lange prügeln, bis sie fußfällig die Zahlung der schuldigen Abgaben versprachen. Von der Luft schließlich konnte der „Fromme" die Kirche nicht bauen lassen, die er vom Balkon seines Schlosses aus zu sehen wünschte. Meister Busch stellte ihm denn auch einen griechischen Tempel in die mecklenburgische Ebene, der war eines Herzogs würdig. Im Innern gibt es das größte Gemälde weit und breit, vielleicht in Europa, in der Welt. Es kleidet die ganze Stirnwand aus und zeigt: den Himmel. Hinter der Leinwand konnten auf kleinen Brettchen Kerzen aufgestellt werden, die vermittels eigens angebrachter Löcher des Abends Sterne auf die Leinwand zauberten – Herzogs Laune. Des Herrschers Sarkophag steht in der Kirche, und an den Längswänden ragen gewaltige, was sag' ich!, zyklopische Säulen dorischer Formung, die uns Tonnenschwere vorgaukeln. Jedoch, sie sind aus Holz, innen hohl und außen mit Putz beworfen, und tragen: nichts. Herzogs Sparsamkeit. Im Schloß ersetzte Pappmaché den Stuck, da war man nicht zimperlich; schließlich konnte man nicht alle Söhne des Landes für blanke Gulden nach Holland verkaufen, wer sollte die Pferde striegeln im Marstall?

Was übrigens den Sarkophag anbelangt: der Nachfolger Friedrichs des Frommen soll verfügt haben, daß der Deckel seines Sarges schräg zu sein habe, damit niemand, wie in Ludwigslust, seine speckige Mütze während des Gottesdienstes auf den Sargdeckel legen könne. Pfui Spinne, Tagelöhnerschweiß mochte Durchlaucht nicht mal im Tode riechen.

Aber trotz alledem: diese Stadt ist sehr schön. Mecklenburgische Tagelöhner haben sie mehr als zehnfach bezahlt, also gehört sie uns. Und weil bei den toten Herzögen nichts mehr zu holen ist, pfänden wir ihren Park und gehen ehrfurchtslos darin umher.

Attika: Halbgeschoss zur Verdeckung des Daches; Peter Joseph Lenné (1789–1866): Gartenkünstler und Landschaftsarchitekt; Rudolf Kaplunger (1746–1795): deutscher Bildhauer; Kaskade: Wasserfall, der über mehrere Stufen fällt; Altan: auf Stützen ruhender Balkon; dorisch: klassische Säulenordnung.

Friederich Franz,

von Gottes Gnaden

Herzog zu Mecklenburg,

Fürst zu Wenden, Schwerin und Ratzeburg,

auch Graf zu Schwerin,

der Lande Rostock und Stargard Herr, ꝛc. ꝛc.

Unsern gnädigsten Gruß zuvor.

Wohlwürdiger und Hochgelahrter,
Lieber, Andächtiger und Getreuer!

Wir haben aus den eingegangenen Synodal-Berichten des abgewichenen Jahres mit Bedauren und Mißfallen wahrgenommen, wie noch an vielen Orten Unserer Lande, wider die deutliche Vorschrift der öffentlich bekannt gemachten erläuternden Patent-Verordnung wegen besserer Feyer der Sonn- und Festtage vom 14ten November 1782, diese der äußerlichen Gottes-Verehrung gewidmeten Tage von Gesellschaften beyderley Geschlechts durch Tanzen, Schwärmen, Schreyen und Toben bis in die späte Nacht hinein, ja hie und da noch durch unanständige Fastnachts-Lustbarkeiten und Pfingst-Biere, zu wilder Fröhlichkeit und der ausgelassensten Sittenlosigkeit gemißbrauchet werden.

So wenig Wir nun gemeynet sind, unschuldige Ergötzungen und eine gesittete Geselligkeit mit der Würde und Feyer der Sonn- und Festtäge unvereinbarlich zu finden, noch solche der arbeitsamen Classe Unserer Unterthanen insbesondere zu verbieten; so ernsthaft wollet Wir doch über die Vorschriften obgedachter Landes-Fürstlichen Patent-Verordnung, vorzüglich auch in Ansehung des verbotenen Tanzens, Musicirens und Schwärmens an Sonn- und Festtagen fortwährend gehalten wissen und dagegen lieber an den Werkeltägen einem Jeden allgemein verstatten, nach seinem Gefallen und Umständen, bey Hochzeiten und Erndte-Collationen auf dem Lande sich der Musik zum Vergnügen zu bedienen, auch bey andern dergleichen erlaubten Zusammenkunften mit Tanzen sich auf anständige Art zu belustigen. Befehlet euch demnach hiedurch gnädigst: Die Verfügung zu machen, daß in allen Kirchen Unser euch anvertraueten Superintendentur, unter vorstehender Erklärung, den Gemeinden die sorgfältige Beobachtung des vorhin erwähnten allgemeinen Landes-Gesetzes, bey dessen nächster Vorschriftmäßiger Verlesung von neuem eingeschärfet werde. An dem geschiehet Unser gnädigster Wille und Meynung, und Wir verbleiben Euch mit Gnaden gewogen. Datum auf Unsrer Vestung Schwerin den 2ten Febr. 1788.

Friederich Franz, H. z. M.

St. W. von Dewitz.

An
die Ehrn-Superintendenten
und das Ministerium zu
Güstrow.

Mahnung zur Einhaltung der Patent-Verordnung zur
„besseren Feyer der Sonn- und Festtage".

Neustadt-Glewe

Hartmut Brun

Am Südrand der Lewitz, im Tal der Elde, liegt umgeben von großzügigen Wiesen, Teichen und Kiefernforsten Neustadt-Glewe. Unmittelbar im Stadtbereich befindet sich der 146 Hektar große und bis zu 38 Metern tiefe See mit Campingplatz und Badeanstalt. Der See ist entstanden, als vor 10 000 Jahren ein Salzlager darunter einstürzte. Der Sage nach soll hier ein großes Kloster mit mächtigen Türmen und herrlichen Glocken versunken sein, ihren Klang soll man heute noch aus der Tiefe des Wassers zur Mittagsstunde am Johannistag hören können.

Zuerst wird hier eine Burg genannt, in deren Schutz sich seit dem frühen 13. Jahrhundert neben dem wendischen Dorf Glewe die „Neue Stadt" entwickelte. Die Burg ist eine der besterhaltenen mittelalterlichen Wehrbauten Mecklenburgs und der älteste weltliche Bau des Landes überhaupt. Den Schweriner Herzögen diente der gotische Backsteinbau im 16. und 17. Jahrhundert als Nebenwohnsitz, danach verbot es der Zeitgeschmack, in solch alten Gemäuern zu residieren. Ein neues Schloß sollte her. Und richtig: 1619 begannen mit dem Verlegen eines technisch interessanten Pfahlrostes aus Eichenholz die Bauarbeiten. Sie sollten fast 100 Jahre währen, denn der Dreißigjährige Krieg unterbrach jegliches Baugeschehen. Erst 1717 konnte die im niederländischen Renaissancestil begonnene Dreiflügelanlage als Barockbau vollendet werden.

Im späten 13. Jahrhundert ist die Kirche als einschiffiger, im Osten polygonal geschlossener Saalbau entstanden. Heute kaum wahrnehmbar, steht sie etwas abseits vom Stadtzentrum. Dort erhebt sich am Markt das 1805 noch in barocker Tradition erbaute Rathaus mit Mansarddach als Putzbau. Die Bürgerhäuser dagegen sind in Fachwerk aufgeführt.

Neustadt-Glewe hat industrielle Traditionen. Der Raseneisenstein wurde hier schon in vorchristlicher Zeit verhüttet. Seit dem frühen 16. Jahrhundert geschah das wieder. Gebrauchsgegenstände wurden aus dem erschmolzenen Eisen hergestellt, Kanonenkugeln auch. Mit ihnen soll Wallenstein Stralsund beschossen haben, die Stadt vermochte er nicht zu nehmen. Die Blütezeit der Eisenindustrie begann um 1720. Handelsniederlassungen für Neustadt-Glewes metallene Waren entstanden in vielen Städten Mecklenburgs und sogar in Hamburg und Lübeck. Um 1800 wurde die Produktion eingestellt. Billigere Eisenerzeugnisse in hoher Qualität aus England und Frankreich verdrängten Neustadt-Glewes Raseneisen vom Markt. Neben der Eisenindustrie wurden hier seit dem 16. Jahrhundert auch mehrere Mühlen für Korn, Öl, Pulver und Papier betrieben. So entwickelte sich Neustadt-Glewe zur ersten Industrieecke Mecklenburgs. Der Bau der Mecklenburgischen Südbahn von Ludwigslust nach Parchim 1880 bescherte Neustadt-Glewe einen erneuten wirtschaftlichen Aufschwung. Es entstanden eine Eisengießerei, Brauerei, Holzpantinenfabrik und ein Werk für Zementartikel. Die Stadt wurde größer. Am Bahnhof entstand ein neues Wohngebiet, ein zweites Viertel, das Ludwigsluster, rund um das 1884 eingerichtete Technikum. Bis 1934 bestand die Bildungsstätte als Ingenieurschule. Die kleine mecklenburgische Stadt hatte es wirklich fertiggebracht, Studenten aus aller Welt an sich zu binden. Heute werden im ehemaligen Technikum Zahn-

Stiefelbesohlmaschine nach Lemenier. L: Träger, D: Handrädchen, P: Gegengewicht, M: Schraube, O: Kurbel, N: Behälter zum Sammeln der Schnittspäne.

techniker aus der gesamten Bundesrepublik in modernen Labors aus- und weitergebildet.

Im 16. Jahrhundert waren in Neustadt-Glewe schon viele Schuhma- cher ansässig, die einen zunfteigenen Gerberhof betrieben. Dieser ist aber nicht vergleichbar mit dem Lederwerk, das 1911 mit der Produk- tion begann. Der Zahl der Beschäftigten nach rangierte es noch vor der Neptunwerft in Rostock und war somit der größte Betrieb in Mecklenburg. Das ist das Werk heute nicht mehr.

1995 wurde in Neustadt-Glewe das größte und modernste Erdwär- mekraftwerk Deutschlands in Betrieb genommen. Mehr als 1000 Wohnungen und viele Betriebe werden hier mit umweltfreundlich ge- wonnener Heizenergie versorgt. Ein mit Erdwärme betriebenes Ther- malbad ist im Entstehen.

Im gleichen Jahr erfolgte auch die Erschließung eines weiteren Ge- werbegebietes am Autobahnabzweig. In unmittelbarer Nachbar- schaft zu diesem Gewerbegebiet entstand schon 1992 bei Brenz ein solches mit dem größten Geflügelfleisch verarbeitenden Nahrungs- mittelbetrieb des Landkreises.

Neustadt-Glewe besitzt einen Bootsanleger vor der restaurierten Burg mit großzügig hergerichteten Außenanlagen und Museum. Und Neustadt-Glewe hat einen Sportflugplatz, geeignet für Segel- und Drachenflüge, auch Motorsportflugzeuge können hier landen. Die alljährlich stattfindende Flugwoche, übrigens die größte ihrer Art in Europa, erfreut sich wachsender Beliebtheit und unterstreicht die Be- deutung Neustadt-Glewes als Ort vielfältiger Freizeitgestaltung.

Das Umfeld der Stadt ist nicht minder interessant. Neben dem Le- witzdorf Friedrichsmoor mit dem imposanten Jagdschloß faszinieren die neugotischen Kirchen am Rande der großen Wiese und in dem eins- tigen Pachtgehöft Neuhof die Fischteiche, erstmals 1897 angelegt. Nicht weniger bedeutungsvoll ist das um 1300 erwähnte Rundangerdorf Blievenstorf. Dort wird eine traditionsreiche Käsefabrik betrieben.

Ein Bodendenkmal der besonderen Art befindet sich in Form eines mit Eichen bewachsenen Burgwalls bei Brenz, nahe der Eisenbahnli- nie Neustadt-Parchim. Schon 946 wird diese Wehranlage beschrieben. Sie war Zentrum eines slawischen Verwaltungsbezirkes, der „terra breniza". Im Gegensatz zu anderen Burgen hat die Brenzer noch im 13. Jahrhundert mit einer deutschen Besatzung bestanden.

Begegnung bei Friedrichsmoor

Friedrich Schult (1889–1978)

Der Großherzog von Mecklenburg, in Gesellschaft des deutschen und russischen Kaisers, die seine Gäste waren, traf in der Nähe von Friedrichsmoor auf einen einsamen Bauernwagen. Er hielt ihn an, und indem er dicht an das blanke, wohlgenährte Gespann herantrat und dem Hauptpferde über die Mähne fuhr, forderte er den Bauern ohne nähere und sonderliche Gründe auf, sie eine Strecke Weges mitzunehmen.

„Mit Verlöw", erwiderte der Bauer, der nur eben nickte, „dei Peer sünd min! Un wän is hei?"

„Ich bin der Großherzog. Das solltest du eigentlich wissen!"

„Dat is 'n gaud Geschäft", bekräftigte der Bauer, „dat will ick löben, dat holl man fast!"

Und mit der Peitsche langsam und gemächlich von einem auf den anderen zeigend und sich vom Wagen schneuzend: „Un wän is hei?"

„Der Kaiser!"

„Un hei?"

„Der Zar! Du kannst es mir schon glauben!"

„Ein Düwel öwern annern", entschied hier unser Mann, „ick bün dei Schah von Persien! Denn stiegt man upp!"

Das um 1780 erbaute Schloss Friedrichsmoor, eine schlichte, eingeschossige Dreiflügelanlage, ist ungewöhnlich, weil es in Fachwerk errichtet wurde. Hoch gerühmt ist die vor 1815 in Paris gedruckte Bildtapete „la chasse à compiègne". Sie stellt den Verlauf einer höfischen Rotwildjagd in vier Szenen dar.

„Der Napoleon macht Fiasco!"

Felix Stillfried

De Hundsdagsferien [1870] wiren tau Enn', un Heinrich un Korl Wewer treckten wedder nah Luisenstadt tau ehren Pötter, twei Treppen hoch nah'n Hof 'rut.

As de Primaners tau'm irsten Mal sick in ehr Klass' tausamfünnen, verfihrten sei sick doch sülwen, wo leddig dat dor utseg: twei ganze

Awdeilungen fehlten, un dei so lang' in de Midd seten hadden, seten nu babenan, dat wir kort dorvör, so wir Heinrich Wewer de Öbberst von de ganze Schaul.

Un de Direkter höll ehr 'ne lütte Ansprak un red'te von de groten Siege up franzö'schen Boden, wo dat Slag up Slag kamen wir von Weißenburg bet Gravelotte, un noch wir jo de Jubel nich mal verklungen von des' letzte grote Slacht. Un hei säd ok von ehr ollen Schaulkameraden: Vör gaud vier Wochen hadden sei noch hier bi ehr seten, nu hadd de Storm ehr ut einanner weiht, den einen hierhen, den annern dorhen. Un hei vermahnte ehr, sei süllen ehr ollen Kameraden nahiwern, dormit dat sei sick ok eins utwisen künnen as düchtige Kirls; denn up ehr, up de dütsche Jugend, ruhte Dütschlands Taukunft.

Un de jungen Lüd' ehr Backen farwten sick bi den ollen Direkter sin Würd', dor wiren ok Flaßköpp tüschen, de segen ut as Borsdörper Appel, wenn sei in Stroh packt sünd, un ehr Bost wid'te sick, un obschonsten dat en grotes Timmer wir, so würd't ehr doch binah tau eng in ehre Klass', un ach, wo girn, wo girn wiren sei dor ok mit bi west! Äwer dat hülp jo nich, man blot de Schaul wull keinen recht smecken, un wat süs de Flitigsten un Upmarksamsten wiren, de hürten nu ok man blot mit halwen Ohren tau, wat de Lihrers ehr vördrägen deden. Blot de oll Homer let sick sacht noch lesen, dat müßt äwer einer ok man recht verstahn: De Griechen, dat wiren de Dütschen, un Troja wir Paris, un alle dütschen Stämme hadden sick tausamendahn un wullen sick nu von dor ehr Helena halen, un Germania süll de heiten.

So wiren binah vierteihn Dag' in't Land gahn, un vel lihrt hadden de Luisenstädter Primaners in des' Tid' nich, utbenahmen in de Geografi von Frankrik, dor wüßten s' gaud Bescheid. Un dat wir grad' den drüdden September 's Morgens gegen achten, un de Schaul süll glik anfangen. „Kinners", säd de ein, „ick gew' wat ut, wenn ick des' Stunn' irst achter mi hadd! De ollen Logarithmentafeln, ick verbister upsteds ümmer dorbi!" Ja, säden de annern, dat wir ok wohr!

Mit'n Mal kümmt Heinrich Wewer 'rin: Na nu, wo seg de ut? „Hurra!" schrigte hei un smet sin Mütz bet baben an'n Bähn, „Napoleon is fangen! Hurra! Hurra!" – „Napoleon is fangen? Mak kein slichten Witze, Wewer!" – „Ne, ganz gewiß! Dor is en Extrabladd, ick kam soeben von de Zeitungsexpeditschon!"

O je, wat würd dat för en Lewen von de jungen Lüd'! As wiren s' unklauk, so gebird'ten s' sick un fat'ten sick üm un danzten in de Klass' ümher un schrigten un fläut'ten, un't würd en Skandal, dat de Lihrer buten up den Gang dat hüren un sick all argern würd; ne, dacht' hei, wat lett einer sick gefallen in dese Tid, äwer wat tau dull is, is tau dull! Un hei lep in de Klass', äwer as hei hüren ded, wat los wir, dor fehlte würklich doch nich vel, so hadd hei jo woll sülwen noch mit sin Schäulers danzt!

„Wewer", repen nu weck, „dor möt furtsen einer hen nah 'n Ollen! Gah du hen!" Wat kümmerte ehr dat, dat de Lihrer dat hürte, wo sei den Direkter den Ollen titulirten?

„Jawoll!" säd Heinrich, „äwer einer möt mit! Kumm du mit, Hermann Bollhahn!"

„Jawoll!" Un dor lepen sei aw un frögen gor nich irst den Lihrer, ob sei ok dörwten, denn de Stunn' müßt' mitdewil all anfangen.

Un so kemen sei bi den ollen Direkter an, de set noch mit sin Fru bi'n Koffedisch, un so stört'ten sei in de Stuw: „Herr Direktor, wissen Sie's schon? Napoleon ist bei Sedan gefangen mit seiner ganzen Armee!"

De Direkter wüßt' noch kein Wurd. „Napoleon gefangen?" Un hei stünn up, un de helle Freud' kek em ut de Ogen: „Ist das wahr?"

„Ja, ganz gewiß, Herr Direktor", säd Heinrich un vertellte von dat Extrabladd.

Un de oll Schaulmonarch wennte sick tau sin Fru, de wir ok upstahn un wir man so lütting, dat sei em ünner de Arm' weglopen künn, dorför äwer desto kumpletter. „Siehst Du, Frau, was hab' ich immer gesagt? Der Napoleon macht Fiasco!"

Un hei drückte sin beiden Primaners de Hänn' un strakte ehr de Backen, so as hei ümmer ded, wenn hei dat gaud meinen ded, un Fru Direkter drückte ehr ok de Hänn', äwer de Backen strakte sei ehr nich, na, dor wir sei ok nich ankamen; un't würd en Hägen von de beiden Ollen un de beiden Jungen, bet up einmal den Direkter dat inföll, denn müßt hei jo de Schaul woll frigewen? Gewiß! säden de beiden jungen Lüd' ut einen Munn', dat güng nich anners!

Dormit lepen sei wedder aw, un de Direkter wull sick man irst en annern Rock antrecken un denn glik nahkamen, indem dat hei doch sülwen sin Schäulers de Freud' maken wull.

Ja äwer, hei wir noch nich an't Schaulhus 'ran, dunn kem em all de ganze Schaul entgegen, denn Heinrich Wewer un Hermann Bollhahn hadden all allens besorgt un för ditmal en beten Direkter spelt, un't wir en Larm un en Getow, dat wir jo woll binah dorvon herkamen, dat sei ehren eigen Direkter äwer'n Hupen rönnten, so ut Rand un Band wir de Gesellschaft. Na, eigentlich hadd de Oll denn nu woll schellen müßt, äwer: „Der Napoleon macht Fiasco!" klüng dat noch in em, hei säd gor nicks un söchte sick sin Lihrers up, dat hei mit dei de Sak bespreken wull.

Nich lang', so weihten ok all de Fahnen von de Hüser un de Klocken güngen von de Kirchtörm', un't würd en Rönnen dörch de Straten un up den Mark, tau Hus blew keiner, un ob bekannt ore unbekannt, dat

wir hüt ganz egal, dor red'te allens miteinanner, ok wat sick süs min-
dag nich kennt hadd, un drückten sick de Hänn', dat wir ganz datsül-
wige in'n Groten as vör 'ne halwig Stunn' in de Prima in'n Lütten. Ja,
de Lüd' wüßten vör Dullheit gor nich, wat s' an'n Dag gewen süllen;
denn jeder dacht' jo nu, nu wir de Krieg tau Enn' un't Blaudvergeiten
wir vörbi, un männig Vadder un männig Mudder müggt' midden in
den Larm en still Gebet nah baben schicken: Gott sei Dank, hadd't den
Jungen so lang' nicks dahn, nu ded't em woll nicks mihr!

Un as denn nu ok bald frische Depeschen ankemen un dat Genaue-
re bekannt würd, wo Kaiser Napoleon König Wilhelm sinen Degen
äwergewen un sick as gefangen erklärt hadd, dunn wir jo denn ok gor
kein Twifel mihr, un dat stünn fast, fiert müßt' des' Dag nu warden un
von Arbeit künn för keinen gauden Dütschen hüt de Red' nich sin. Un
bald wir't ludbor, wer't utbröcht hadd, wüßt keiner den Ogenblick,
äwer ludbor wir't, hüt Abend süll't en Fackeltog gewen, en groten
Fackeltog, wo jedwerein in gahn künn, un dornah süllen alle Luisenstädter nah de Tonhall kamen, dor wullen sei den nigen Sieg begeiten.

Un so geschech't, un wer all' de Fackeln besorgt hadd, dor frög kein
Minsch nah, blot bi'n Rathus würden sei utgewen, un jeder künn ein
kriegen, wer wull. Un dat wir en langen Tog, de Stadtmuskanten vö-
rup un de halwe Stadt achterher, un bald, so süng de ganz' Gesellschaft, nu en Choral: „Nun danket alle Gott!", nu de „Wacht am
Rhein" un nu all wedder wat anners. Un de oll Ordinorius von Quarta, de mit de Snuwtobacksdos', güng ok mit in den Tog, drög äwer
kein Fackel, un Heinrich Wewer güng dicht bi em, dat lep allens
dörcheinanner un von Ordnung wir kein Red'. Un de Oll süng und de
Jung' süng, un aw un an, denn nehm de Oll 'ne Pris', un einmal, as dat
en Ogenblick still wir, wir hei woll ganz in Gedanken: „Ein Prieschen
gefällig?" säd hei un höll Heinrichen ok sin Dos' hen.

Ja, so'n Begeisterung, wer dat mit dörchmakt hett, de vergett dat sin
Lewstid nich, un wer't vergett, de is nich wirt, dat hei't erlewt hett, un
dat's en Snack von weck Lüd', de seggen, nu wir't sacht naug, nu
brukten wi Sedang nich länger tau fiern: irst recht willen wi't fiern un
so willen wi't fiern, dat uns' Kinner un Kinnskinner, de't nich miter-
lewt ore dunntaumalen noch nich verstahn hewwen, an uns Ollen dat
gewohr warden sälen, wat för 'ne Begeisterung dat west sin möt an
jennen Dag, wo wi taum irsten Mal unsen Sedang hadden ...

Un richtig, desen Abend wir wedder ganz Luisenstadt in de Beinen,
akkrat as Heinrich dat vörherseggt hadd, un de Gastwirts makten hüt
en gauden Snitt un för ehrentwegen künn alle Dag' Sedang sin. In
„Stadt Lübeck" wiren ok alle Gaststuwen vull; vörn in de ein seten de

Lihrers, un achter de Primaners, denn obschonst sei süs gor nich tau Wirtshus' gahn süllen, denn dor stünn strenge Straf up, hüt Abend güng Gotts Wurd mal äwerall.

Un dat würd wedder lat, bet Heinrich nah Hus kem; Korl leg all tau Bedd un schüll up dat entfamtige Switisiren, dor künn jo einer gor nich sinen richtigen Slap bi kriegen, äwer Heinrich säd, wenn 't de Pötter so för gaud inseihn un em den Husslätel gewen hadd, denn süll Korl 't Mul hollen. Äwer wecken süll hei em morgen früh, denn de Tid verslapen, dat wull hei doch nich wedder.

Äwer wer den annern Morgen de Tid verslep, dat wir Heinrich! Korl hadd kein Schuld, Korl hadd em dull naug schüdd't, äwer dor wir kein Lewen in tau kriegen, na, denn künn hei dor ok nich vör! „Ick gah nu weg!" säd Korl, dunn sprüng Heinrich ut'n Bedd, rew sick de Ogen, un man knapp, dat hei sick notdürftig kämmt un wuschen hadd, dor stört'te hei hen ahn en beten wat Warms in'n Liw'.

Sei hadden nochtau de irste Stunn' hüt bi den Ollen! Ja äwer, as Heinrich in de Klass' kem, wo Deuwel, wat wir dit? Dor wir kein Minsch! Blot Köster, de Schauldeiner, stünn up'n Gang un grinte Heinrichen an: „Sei sünd all' up'n Saal, Wewer, de Direkter höllt 'ne Andacht."

„Wat föllt den Ollen in? Dor is jo doch verleden Mandag irst Andacht west?"

„Dat is woll wegen de Slacht", säd Köster.

„Ja so!" säd Heinrich. Na, dat hülp nich, 'rinne müßt hei.

Binnen in den Saal süngen wildessen Lihrers un Schäulers ehren gewöhnlichen Morgengesang:

„Mein frommer Gott, vom Schlaf erwachet,
red' ich zu allererst mit Dir",

un dat klüng so eben un so fierlich, as wiren sei alltausamen mit vulle Andacht dorbi, un dat wiren sei ok, d. h. tauirst. Äwer as sei nu an de Würd' kemen:

„Du, Du hast alles wohl gemachet
in der verstrichnen Nacht mit mir",

dunn würd datt ünner de Primaners all so'n heimlich Lachen, un ok weck von de Lihrers vertröcken den Mund so snurrig, denn jeder dacht bi dese Würd' an sine Wirkung dese Nacht, ja, ja, 't wir wohr, gaud makt hadden sei ehr Sak, un as sei nu gor wider süngen:

„Durch Dein Erbarmen steh ich auf
und setze fort den Lebenslauf",

dunn wir dat mit ehr Andacht doch ok rein tau Enn', un as nu grad' in desen Ogenblick uns' Heinrich in de Dör kem, so kesig un so äwerögt un dortau so verstürt von wegen sin slecht Gewissen, dunn dreihten sei sick all' so nah em üm, un so vel von sin Kam'raden Heinrich anseg, in so vel lachende Gesichter kek hei 'rin; kein Wunner, dat hei in'n stillen sick niederträchtig bosen ded, bet sei em nahst dat utdüd'ten, äwer em hadden sei jo gor nich lacht, ne, dor hadd jeder naug mit sick sülwen tau dauhn hatt.

Mitdewil steg denn de oll Direkter up den Katheder un höll sin Red', dat hei doch ok wat seggen wull von den groten Dag dor achter in Frankrik; äwer wat hei ok allens säd, wat Nigs wir't nich, denn worüm? Dor wiren des' Dag' all tau vel Redners vör em west un hadden em dat Best' vörwegnahmen. Un de Krieg, säd hei, wir nu hoffentlich tau Enn', un de Fredensarbeit kem nu wedder tau ehr Recht, ok ehr Arbeit, wennte hei sick an de Primaners, sei hadden up de Letzt' ok tau vel Stürung hatt un kregen hoffentlich nu Rauh! Dat gew' de leiwe Gott!

Aus Fahrbinde, heute im Zwickel der Autobahn A24 und ihrer Abzweigung nach Schwerin gelegen, stammt der als „wahrhaft berufener Nachfolger Ernst Reuters" gefeierte Adolf Brandt (1851–1910), der unter dem Pseudonym Felix Stillfried veröffentlichte.

Eldena und sein Kloster

Diethard H. Klein

Das erste Nonnenkloster seines Herrschaftsgebietes gründete zwischen 1229 und 1235 der Ratzeburger Bischof Gottschalk in Eldena im heutigen Kreis Ludwigslust – nicht zu verwechseln mit dem gleichnamigen Kloster bei Greifswald, berühmt durch seine auch von Caspar David Friedrich gemalte romantische Ruine. Es gewann frühzeitig Bedeutung als Erziehungsstätte für die adligen Töchter zunächst der Grafschaft Dannenberg und mehrte durch Schenkungen ganzer Dörfer (Eldena selbst mit Mühle und Brauerei, Malk, Bresegard), durch Zuwendungen

Ruine Eldena

der Fürsten von Werle und Lübecker Legate frühzeitig seinen Besitz. Die Herzöge von Sachsen-Wittenberg, die das Land (auch mit Dömitz) im 14. Jahrhundert in Besitz hatten, förderten besonders die dem Kloster gehörende Saline zu Conow. 1558 wurde durch die Säkularisation Eldena ein herzogliches Amt, die neuen Herren begründeten hier ein Alaunwerk, das allerdings im Dreißigjährigen Krieg einging, und 1702 eine Salpetersiederei. Während der Verpfändung an Preußen von 1734 bis 1787 machten sich hier Handwerker ansässig, vor allem Schuhmacher; da der Landesgrundgesetzliche Erbvergleich Handwerker jedoch nur in Städten zuließ, erlosch diese Gewerbetätigkeit nach der Wiedereinlösung durch Mecklenburg. – Von den Klosterbauten selbst, die als Amtsgebäude genutzt wurden, blieb nichts erhalten, da sie 1835 einem Brand zum Opfer fielen.

Die Griese Gegend

Hartmut Brun

Sie liegt etwa zwischen Elbe im Süden und Hamburg-Berliner Autobahn im Norden und findet seitliche Begrenzung durch die Müritz-
Elde-Wasserstraße und Sude. Die Städte Hagenow, Grabow und Dömitz ducken sich vorsichtig am Rand, nur Lübtheen und Ludwigslust
liegen mittendrin. Das Land in Dunkelgrün und Grau prägte seine
Menschen. Es sind stille Menschen in einem stillen Land. „In ihren
eckigen Köpfen ist viel Klugheit. Langsam im Denken, Reden und
Handeln", erwarten sie nichts vom Augenblick, halten aber zäh an
dem fest, was sie sich einmal vorgenommen haben. Gelassenheit
zeichnet sie ebenso aus wie Bedächtigkeit, auch ein wenig Mißtrauen
gegenüber jedem Fremden. Ihre Freundschaft gewinnt man schwer,
wenn aber, bleibt sie beständig.

Die Griese Gegend ist eine ehemalige Heidelandschaft mit tiefsan-
digen Wegen, großen Kiefernforsten, schmalen Feldstreifen, großen
Dörfern, aber kleinen Höfen und süd- und südwestwärts hinziehende
flache Talungen mit Wiesen und Weiden. Der Boden besteht überwie-
gend aus Sand, wenn man von den moorigen Niederungen und einigen wenigen kleinen Inseln mit sandigem Lehm oder lehmigem Sand
absieht. Die Oberflächengestalt ist das Ergebnis eiszeitlicher Einflüsse. Gewaltige Schmelzwassermengen flossen dem Elburstromtal zu
und hinterließen eine Ebene, aus der nur die Plateaus von Warlow-Pi-
cher und Bockup-Conow-Malliß herausragen. Höhenzüge grenzen
das Elbtal ab, lassen aber Durchlässe für die in den Fluss sich entwäs-
sernde Elde, Sude, Löcknitz und Rögnitz. Sie ist das Gebiet Mecklenburgs mit dem Niederschlagsmaximum. Gerade die Wasser sind es,
die im Laufe der Entwicklung den Boden auswuschen, der dabei seiner natürlichen Nährstoffe beraubt wurde. Die obere Schicht erhielt
eine graue Farbe. Für die Bewohner der „schwerste Boden" überhaupt, denn er bleibt gleich liegen und klebt nicht am Stiefel des Bauern.

Der Ursprung des Namens Griese Gegend wird auf die Farbe des
Bodens zurückgeführt, die dem Aussehen nach grau bis aschgrau ist.
Demnach ist Griese Gegend gleich Graue Gegend. Gries ist im
Niederdeutschen auch ein Ausdruck für arm und karg. Der leichte
Sandboden ließ keine hohen Ernteerträge erwarten. Die Region galt
als arme Gegend. Die Ersterwähnung in der Literatur verdankt die
Griese Gegend aber der selbstgefertigten grauen Kleidung der Be-

wohner. Die Männer aus dem Südwesten zogen noch um 1860/70 wegen der wenig anfallenden Arbeit in ihren Heimatdörfern während der Erntezeit auf die großen Güter Mittel- und Ostmecklenburgs. Dort fielen die Erntehelfer durch ihre ungefärbte schlichte Kleidung auf und unterschieden sich von der allgemein vorherrschenden blauen oder schwarzen Arbeitstracht. Sie wurden die Griesen genannt, die natürlich aus der Griesen Gegend kamen.

Es bedarf schon des Verständnisses, der Hingabe, um die Region lieb zu gewinnen, die in der Hauptsache bis heute ein Bauernland mit eigenständigen Sitten und Bräuchen geblieben ist. Alte Traditionen verkörpert auch die Baukultur. Auf den Höfen herrscht das Niederdeutsche Hallenhaus vor. Die Häuser wurden mit reich verzierten Giebeltrapezen errichtet. Eine Besonderheit gibt es noch: Kaum in einer anderen Landschaft deutschen Sprachgebietes finden sich Bauwerke solcher Einzigartigkeit wie die Glockentürme und die Friedhofmauer in Ludwigslust oder die Bauernstellen und Büdnereien in Bresegard, Glaisin, Strohkirchen …

Hier fand der Klump Verwendung beim Bau von Mauern und Häusern. Diese charakteristischen Bauten prägen die Griese Gegend und machen sie zusätzlich reizvoll. Der Klump, der zur Ausfüllung des Fachwerks diente und dem Gebäude ein unverwechselbares Muster verlieh, ist Raseneisenstein, Eisenerz also, das reichhaltig in den torfig-feuchten Niederungen und Bachtälern nahe der Oberfläche vorkommt.

So lockt die Griese Gegend erhaben mit ihrer herben Schönheit: Den stillen Wäldern in der grauen Ebene, in der im Herbst rosa das Heidekraut blüht, den Mooren mit Wollgras und Preiselbeeren, den Erlenbrüchen und Eichenhorsten. Schwermütige Düneneinsamkeit lädt ein zum Wandern und Verweilen.

Wo das Jungvolk
nicht gleich zum Kadi läuft

Johannes Gillhoff (1861–1930)

Die Griese Gegend liegt da, wo man statt der unsichern Angabe: „Dat is all lang her" die plastische Wendung hört: „Dat wier dunn, as den Düwel sin Grotmudder noch hen danzen güng". – Sie liegt da, wo das Jungvolk nicht gleich zum Kadi läuft. Meinungsverschiedenheiten werden in vereinfachtem Verfahren beglichen: Ein paar Backenzähne, ein paar Rippen geraten in Unordnung, – das ist alles, und zum Schluß bleiben höchstens etliche Stuhlbeine, einige Biergläser und derlei zerbrechliche Dinge zu bezahlen.

Kadi (arab.): Richter.

Dömitz lehrt dich ein freundliches Lächeln

Gerhard Ebeling

Es gibt Städte, die uns in ihrem Stadtkern auf Schritt und Tritt mittelalterliche Geschichte spüren lassen, Städte, die uns in ihren besten Teilen zu festlich gestimmter Bewunderung nötigen, Städte, in denen der erregte Pulsschlag moderner Industrie fühlbar ist, aber Städte, in denen du lächeln darfst und die Bürger dieser Stadt dich ein freundliches Lächeln lehren und selbst mitlächeln, gibt es nur wenige. Zu ihnen darf ich Dömitz rechnen.

Rostock und seine Geschichte

Ricarda Huch

Wer vor tausend Jahren vom jetzigen Gehlsdorf her über die verbreiterte Warnow auf die Küste zufuhr, sah weit und breit nur flaches Land, streckenweise in den Pelz der Wälder gehüllt, keine Spur bildender Menschenhände. Die Slawen, welche damals den Nordosten Deutschlands bewohnten, hatten ihre Sitze weiter oben zwischen den dünnen Armen der Warnow gewählt, wo sie von den Seeräubern, die etwa über das Meer kamen, nicht so leicht gefunden werden konnten. Ihre Burgen, wohin bei Überfällen die Bevölkerung sich flüchtete, errichteten sie mit Vorliebe auf Inseln zwischen Sümpfen; ohnehin hätte man sie auf dem Meere nicht sehen können, da sie nur eine geringe Höhe hatten. Ein paar hundert Jahre später war das Antlitz der Küste verändert: man sah die Türme von Rostock, St. Peter, St. Nikolaus, St. Marien, St. Jakob, Standarten gleich von den westfälischen und niederländischen Einwanderern eingepflanzt zum Zeichen, daß sie im Namen und zum Ruhme ihres Gottes von dieser Erde Besitz genommen hatten. Geläut von Glocken schwingt nun über Meer und Land, die Küste, um die die Elemente rauschen, hat Gedächtnis und eine Stimme bekommen, die klagt, jubelt und betet und Geschichten erzählt vom Leben und Sterben unruhevoller Menschenkinder. […]

Hundert Jahre nach seiner Erhebung zur Stadt bestand Rostock einen Kampf gegen den König Erich von Dänemark, der sich Mecklenburg unterworfen hatte, weil Rostock Heinrich den Löwen von Mecklenburg, den der König ihnen als Statthalter einsetzte, nicht anerkennen wollte. Damals begab es sich, daß der Däne mit einer Anzahl deutscher Fürsten, die zu ihm hielten, ein Turnier in Rostock abhalten wollte. Als nun die Rostocker die Menge der Fürsten und Bewaffneten sich heranwälzen sahen, schöpften sie Argwohn und verschlossen ihnen die Tore. König Erich faßte sich stolz und lagerte sich mit seinen Gästen unter köstlichen Zelten auf freiem Felde. Es waren drei Erzbischöfe da, zwölf Bischöfe und viele Fürsten, Herzöge, Markgrafen, Grafen und Herren. Um dem deutschen Hochadel, der sich um ihn versammelt hatte, zu imponieren, wendete der König alles Erdenkliche auf: Er ließ Wein und Bier aus Springbrunnen laufen und verschenkte Scharlachmäntel, Pelzwerk und dänische Pferde. Nachdem die Kampfspiele vier Wochen gedauert hatten, zogen die Herrschaften ab, um im nächsten Jahre, das Schwert in der Faust, wieder vor Rostock zu ziehen. In diesem Kriege zeigten sich die Rostocker unverzagt und ausdauernd, die Flamme ihres Mutes war nicht zu löschen, es schien, als ob Niederlagen sie nur desto widerstandskräftiger machten. Was hätten sie nicht erreichen können, wäre die Stadt immer eines Sinnes gewesen! Aber der Kampf gegen Angriffe auf das ganze Gemeinwesen pflegte sich verhängnisvoll mit innerem Zwiespalt zu verflechten.

Die Ratsherren von Rostock waren kluge Regenten; wenn sie auch regierten, so trumpften sie doch nicht in kränkender Weise auf, sie ließen die gemeine Bürgerschaft in ihrem Wert gelten, zogen sie bei wichtigen Gelegenheiten zur Mitberatung heran. Trotzdem gab es solche, es waren zum Beispiel reiche Kaufleute, die aber nicht Großkaufleute waren, sondern Kleinhandel betrieben, oder vermögende, angesehene Handwerker, die sich zur Mitherrschaft berufen fühlten und an der Regierung allerlei auszusetzen hatten, was naturgemäß dann zum Austrag kam, wenn die Regierenden in Schwierigkeiten verwickelt waren. Wenn die Ratsherren mit einer Hand die Fürsten abzuwehren suchten, so mußten sie oft die andere gegen die Bürgerschaft erheben und dadurch ihre Kraft schwächen. Die Handwerker, die Schiffer, die Arbeiter hatten derbe Fäuste und waren voll Rauflust, sie hatten im Kriege weniger zu verlieren und im Frieden weniger zu gewinnen als die Regenten; machten diese Miene, sich mit den Fürsten zu vertragen, ihnen etwas nachzugeben, um bewaffnetem Zusammenstoß auszuweichen oder ihn zu beenden, so erschien das dem Volke als Verrat, ein Verdacht, der von Unruhestiftern wie von ehrlich Überzeugten dazu benutzt wurde, um die Alleinherrschaft des Rates zu stürzen. In Gefahr, von den Zünften beiseite geschoben zu werden, neigten sich die regierenden Geschlechter den Fürsten zu; ihre Herrschaft in der Stadt uneingeschränkt zu erhalten, war ihnen noch wichtiger als die Freiheit der Stadt, um so mehr, als sie diese doch gelegentlich wiederherstellen zu können meinten. Blutig zieht sich der Doppelkampf zwischen Stadt und Fürsten und zwischen regierenden Geschlechtern und regierter Bürgerschaft durch die Geschichte von Rostock, ein nie ganz ausgeglichener Gegensatz, eine Flamme, die, wenn auch zuweilen von Asche erstickt, doch unversehens heftig hervorsprang. [...]

Beinah wie eine Ouvertüre der Reformation fand am Ende des 15. Jahrhunderts die Domfehde statt. Ein sterbender Herzog von Mecklenburg trug seinen Söhnen Magnus und Balthasar auf, an der Jakobikirche von Rostock ein Kollegiatstift zu errichten, dessen Pfründen zum Teil der Universität zugute kommen sollten. Man wird sich wundern, daß dieser Plan einen so leidenschaftlichen Widerstand in

Rostock

der Stadt hervorrief, daß freiwillig und gewaltsam soviel Blut vergossen wurde, damit aus der Jakobikirche kein Dom würde. Um es zu begreifen, muß man sich vergegenwärtigen, daß der Dom eine herzogliche Stiftung war, eine von der Stadt unabhängige geistliche Macht, und daß die Stadt sowohl die Macht des Herzogs wie die der Kirche in ihren Mauern eher vermindern als zunehmen lassen wollte. Außer St. Jakob, St. Marien, St. Peter und St. Nikolaus gab es noch eine Anzahl anderer kirchlicher Institute: das Franziskanerkloster zu St. Katharinen, das Dominikanerkloster St. Johann, die Zisterzienser Nonnen zum Heiligen Kreuz, die Hospitäler und schließlich die Universität, die zwar zum Teil auch vom Rat begabt war, mit der er aber doch als mit einer selbständigen, nur von Papst und Kaiser abhängigen Körperschaft oft in Streit geriet. [...] Hin und her wogte der Kampf zwischen Herzog und Stadt, Rat und Bürgerschaft. Einmal siegten die Herzöge, begünstigt durch päpstlichen Bann, den Beistand der nordischen Reiche und die Pest, und sie vollzogen feierlich die Einweihung der Jakobskirche zum Dom; Propst des neuen Stiftes wurde Thomas Rode, der bisherige Pfarrer von St. Marien. Während die Herzöge arglos triumphierten, war der Bürgermeister Barthold Kerkhoff voll Sorge und der Propst Thomas Rode voll trauriger Ahnung. Sie kannten das Volk von Rostock, wußten, daß es dem Meere glich, das lange daliegt und schaukelt wie ein spielendes Kind und plötzlich anfängt zu brodeln und zu schäumen. Zwei Tage nach der Domfeier brach der Aufstand los; die zornigen Volksmassen drangen in die Wohnung des unglücklichen alten Propstes und schlugen ihn tot, bevor der Rat ihn erretten konnte. Infolge dieser Bluttat begann der Kampf von neuem und erbitterter. Diesmal glückte den Rostockern, während der Herzog mit seinen Verbündeten die Stadt belagerte, ein Ausfall so vortrefflich, daß sie Herzog Magnus das Bein verwundeten, Herzog Balthasar das Pferd unterm Leib wegschossen und dazu noch beider Geldsack erbeuteten. Trotz aller Tapferkeit indessen mußten sie zuletzt das Domstift über sich ergehen lassen, den Fürsten huldigen und ihnen eine beträchtliche Summe zahlen. Beinah zwanzig Jahre zog sich die Fehde bis zur gänzlichen Beilegung hin.

Die Reformation befreite die Städte vom Druck der Geistlichkeit, vermehrte aber im allgemeinen die Macht der Fürsten. Auch die Brüder Johann Albrecht und Ulrich versuchten in der zweiten Hälfte des 16. Jahrhunderts Rostock in ihre Gewalt zu bringen und erbauten aus den Steinen des Dominikanerklosters eine feste Burg vor dem Stein-

Der Markt in Rostock

312

tor, obwohl das gegen die Privilegien verstieß. Die Rostocker setzten sich denn auch energisch zur Wehr und gewannen sogar den Beistand des Kaisers Maximilian, dessen Bildnis sie, als wären sie eine Reichsstadt, in einem Saal des Rathauses aufhingen. Es kam ein Friede zustande in der Weise, daß der Herzog die Privilegien bestätigte und die Festung der Stadt überließ, die Stadt ihm huldigte. Insofern allerdings wurde ihre Selbstherrlichkeit beschränkt, als sie den Herzog als ihren Erbherrn anerkennen und sich verpflichten mußte, ihm in Kriegsnöten eine gewisse Anzahl Soldaten zu stellen. Daß sie ihm eine bedeutende Summe Geldes zahlen mußte, versteht sich von selbst.

Im Anfang des 18. Jahrhunderts versuchte Herzog Karl Leopold, Rostock zu einer untertänigen Residenz zu machen und die Ratsherren und Hundertmänner, welche letztere inzwischen an die Stelle der Sechziger getreten waren, durch Einsperren in überheizten Zimmern und ähnliche Mittel für sich zu gewinnen. Da war es wieder der Kaiser, der das klagende Rostock in seinen Schutz nahm und bewirkte, daß Karl Leopold verschwand, nachdem er seine Tollheit fünfzehn Jahre lang an seinen Untertanen ausgelassen hatte. So gelang es der Stadt, ihre bevorzugte Sonderstellung in die neue, nivellierende Zeit hinüberzuretten. Sie war, wenn auch immer kampfbereit, wenn es ihr Recht und ihre Freiheit galt, doch nicht maßlos und nicht übermütig, von jeher mischte sie etwas bedachtsame Vernünftigkeit in ihren Heroismus und ihre Wildheit. Die Verfassungskämpfe verliefen im allgemeinen nicht so blutig wie in vielen anderen Städten, die Regierenden waren nicht so herrisch, das Volk besann sich nach verübter Gewalttätigkeit eher wieder auf die gemeinsamen Interessen. Diese bestanden in der Liebe zum Gemeinwesen wie auch in der Freude an einem behaglichen, durch gutes Essen und starken Trunk gewürzten Dasein. […]

Mit der Bürgerschaft wurde um das Ende des 16. Jahrhunderts ein verständiges Abkommen getroffen: An die Stelle der Sechziger traten die Hundertmänner, eine Vertretung der Brauer, Kaufleute und Handwerker; und da es sich zeigte, daß es mit hundert Männern nicht leicht sich zu einigen war und die arbeitenden Männer nicht viel Zeit zu verlieren hatten, wurde ein Ausschuß von sechzehn bestellt, den der Rat bei wichtigen Gelegenheiten zuzuziehen hatte. So war das Problem, das die Einwohnerschaft so oft gegeneinander erbittert hatte, einstweilen zufriedenstellend gelöst. […]

Das 17. Jahrhundert war die Zeit der großen Brände; bei dem Zusammenbruch des Römischen Reiches Deutscher Nation schlugen allenthalben die Flammen aus den Trümmern. Die Feuersbrunst des Jahres 1677 zerstörte gerade die schönsten Häuser Rostocks, deren zackige Giebel die Eigenart der mittelalterlichen Stadt einheitlich vorstellen würden. Indessen auch jetzt, da die Straßen größtenteils den teils flachen, teils geschmacklosen Charakter der Bauweise des 19. Jahrhunderts tragen, spricht aus dem Stadtbilde noch die eigentümliche Mischung des Rostocker Wesens aus Heroismus, Gemütlichkeit und Derbheit. Heroische Form geben ihr das strenge Kröpeliner Tor, das lange Dach der Jakobskirche, die herrliche Pyramide des Petersturmes, die allen Stürmen widerstanden hat, und die thronende Marienkirche, eine Gottesburg. Sie ist der Mittelpunkt und Höhepunkt der Stadt, in ihr hat sich gesammelt, was ihr an Poesie und Andacht eigen ist. Das hohe Ungestüm der Gotik, ihr Griff nach dem Unmöglichen, sonst in Rostock nicht heimisch, drückt sich in dem Riesenfenster des Querhauses aus, in den schmalen Fenstern, die das Auge täuschen, als sähe es ihre Spitzen sich wie Pinienschäfte biegen. Das Innere versetzt den Eintretenden durch seine Maße ins Überirdische und beruhigt ihn doch wie ein umfangender Raum; scheu beseligt horcht er auf die Sprache der Symbole, die ihn in die Mysterien des Jenseits einweihen wollen. [...]

Einst mag das Rathaus am Neuen Markt, den die Marienkirche beherrscht, zu harmonischem Akkord mit ihr zusammengestimmt haben; seit dem Jahre 1727 ist es durch einen ausdruckslosen Vorbau zugedeckt, aus dem nur sieben Türmchen als Verkünder untergegangener Herrlichkeit grotesk hervorstarren. Der Markt, den viele hübsche Giebelhäuser begrenzen, ist wie ein geräumiger Saal, ein würdiger Schauplatz städtischen Lebens, zugleich imposant und gemütlich. Um Sankt Nikolaus und Sankt Peter her ist es weniger repräsentativ als in der Mittelstadt, altertümlicher, verträumter. Bei der Nikolauskirche, die einst inmitten des Bruches errichtet wurde, blinken Was-

*Rostocker Rathaus
um 1500*

Rostock um 1625

serläufe auf; neben ihr kauert die Wasserkunst wie ein putziger Zwerg neben dem beschützenden Riesen. Die Peterskirche, die noch ein Stück Stadtmauer umgürtet und das vierschrötige Peterstor flankiert, steht einem geharnischten Wächter gleich auf dem Hügel am Ende der Stadt, wo man ins breite Land hinaussieht. Um sie her bläst der Meerwind wie zur Zeit der Reformation, als der schwarzhaarige Slüter hier unter der Linde zum Volke sprach. [...]

Teils an Danzig,
mehr noch an Lübeck erinnernd ...

Wilhelm Cornelius (1842)

Diese Stadt macht auf den Fremden einen äußerst wohltuenden Eindruck. Teils an Danzig, mehr noch an Lübeck erinnernd, hat sie doch auch manches von der modernen Art Stettins, und es ist ein gewisses Bewußtsein von Würde und Wohlhabenheit, das sich in diesen hohen, hellfenstrigen Giebelhäusern ausspricht. Die Straßen sind nicht zu eng, sind reinlich, sind belebt, Handel und Wandel gibt sich darin kund. Wein, Tabak und alle überseeischen Produkte sind steuerfrei, gut und billig, und wo der Deutsche gut trinken und rauchen kann, da erträgt er manches mit heiterem Gesicht. Die Verfassung der Stadt ist fast dieselbe, die wir in Stralsund kennengelernt haben, und ihre Privilegien werden dem Großherzog gegenüber mit vielem Freimut vertreten und festgehalten. Als Universität ist Rostock mehr eine Kuriosität als ein Ding von Bedeutung, und mancher Rostocker stirbt, ohne in seinem Leben einen Studenten gesehen zu haben.

Begeben wir uns auf den Markt, so sehen wir ein bedeutendes, von recht mannigfaltig verzierten, hohen Giebelhäusern eingeschlossenes Viereck, unter denen sich der Gasthof Zur Sonne und der Schleudersche Gasthof, die beide zur Einkehr zu empfehlen sind und beide überraschend schöne große Tanzsäle enthalten, bemerkbar machen. Das bedeutende, mit sieben Türmchen und sieben Eingängen geschmückte Rathaus nimmt fast eine ganze Seite des Marktes ein, und sieben Straßen führen von hier teils zum Hafen, zum Ufer der Warnow, teils durch stattliche alte Tore ins Land. Gehen wir dann die Blutstraße hinab, die besonders schöne alte Giebelhäuser enthält, so gelangen wir zum Blücherplatz, wo unter grünen Bäumen die Schadowsche Statue Blüchers, des derbsten aller Mecklenburger, mit der bekannten Goetheschen Inschrift steht. Hiernächst sind noch die Ma-

Rostock, Blücherplatz

rien- und die Jakobikirche – in ersterer liegt Hugo Grotius begraben –, der Zwinger und die beiden Giebelhäuser am sogenannten Schild der Beschauung wert. Lohnend ist auch ein Spaziergang auf den beträchtlich hohen Wällen, die mitsamt den Mauern und Toren einen Begriff von Rostocks früherer Festigkeit geben.

Einen äußerst lieblichen Strand- und Badeort besitzt Rostock in seinem Hafen Warnemünde. Dahin strömt denn auch im Sommer mittels eines Dampfschiffs die ganze schöne Welt der Stadt, und unter den Zelten vor den Türen der spiegelblanken Fischerhäuser sitzen am Kaffeetisch bei häuslicher Arbeit, ähnlich wie in Zoppot, die lieblichen Töchter der Rosenstadt, denn Urbs rosarum ist der lateinische Name Rostocks.

Das „Fischblut" der Rostocker

Walter Behrend

Die Rostocker sind prächtigster niederdeutscher Schlag, ein typisches Volkstum. In ihrem ganzen freundlichen, gemütlichen – freilich auch etwas schwerfällig-plattdeutschen – Wesen, das dem Fremden immer angenehm auffällt, unterscheiden sie sich von der ebenfalls sympathischen Art der übrigen Mecklenburger insofern, als sie, die angestaunten „Großstädter" des braven Landes, einen wesentlich freieren und beweglicheren Geisteshorizont aufzuweisen haben. Wie alle Norddeutschen zeichnen sie sich in der Regel nicht gerade durch ein Übermaß an Phantasie und Temperament aus. Die Haupteigenschaften ihres „Fischblutes", ihres behaglichen, kontemplativen Naturells sind vielmehr der breite Humor des Niederdeutschen (der bekanntlich vom vielen Alkoholtrinken kommt, humor, humeur = die Feuchtigkeit, Fritz Reuter, vgl. auch die schmunzelnde Korpulenz der Leute mit roten Nasen, wässerigen Augen und feuchten Händen) und die damit verbundene integrierende Dosis von Sentimentalität, die aber in ihrem kernigen Wesen niemals unangenehm wirkt. Der Kulturpsychologe braucht, um dieses zu konstatieren, des Beispiels halber nur einmal eine von den echten, alten Rostocker Kneipen aufzusuchen, um dort zu beobachten, was die biergeröteten, wackeren Rostocker Bürger mitunter an – oft geradezu köstlichem – schallendem Humor und in der Vertilgung von Getränken zu leisten vermögen. Hier lernt man die richtigen Rostocker kennen! Man muß ihnen auch nachrühmen, daß sie ein überaus tätiges und rüstiges Geschlecht sind, das mit einer unerschütterlich ruhigen, klar auf ihr Ziel losgehenden Energie begabt ist. Das ganze Neu-Rostock legt in seinem emsigen, ununterbrochenen Ausbau ein lebhaftes Zeugnis davon ab. Es ist fortgesetzt in einer höchst respektablen Entwicklung begriffen, zu der sich der erwähnenswerte Lokalpatriotismus der wohlhabenden Bürger rührt, den die selbstherrlichen Hansazeiten auf die folgenden Geschlechter weitervererbt haben.

Anderseits muß man dagegen wieder von dem schlichten, charaktervollen Waterkant-Menschenschlag sagen, daß er – mehr noch wie jeder andere deutsche Provinzler – allem Fremden, Differenzierten und Fragwürdigen äußerst ablehnend, mitunter sogar feindselig gegenübersteht, weil er selbst sehr wenig verfeinerte individuelle Erscheinungen hervorbringt. Alles, was er, der mit der Moderne erst wenig Fühlung genommen hat, nicht begreifen kann, flößt ihm meistens direkten Widerwillen ein. Zum größten Teil fühlen sich unsere Rostocker nur in ihrer engsten, in jeder Bevölkerungsschicht sorgsam nivellierten Gemeinschaft aufrichtig wohl, wie der einzelne von ihnen dann in entgegengesetzten Lebenssphären sehr wenig Anpassungsfähigkeit bekundet.

Die Rostocker Frauen machen daher auch im Durchschnitt in ihrer ganzen biederen Haltung und Kleidung durchaus den unantastbaren Eindruck der tüchtigen deutschen Hausfrau. Fern von allem erotisch-leichten, gefälligen Air geben die norddeutschen Damen in der Regel das absolute Exempel der unwiderruflichen Zweckmäßigkeit und Nüchternheit ihrer Weiblichkeit, nicht etwa das der planmäßigen Aufreizung und Eleganz, auf die es doch schließlich ankommt. Hierin – was ja eigentlich selbstverständlich ist – ist die blonde oder brünette deutsche Frau von der Küste mit allen ihren sonstigen schätzbaren Eigenschaften das hervorstechendste Prototyp der deutschen Provinzlerin überhaupt. Der Reisende Thomas Glahn z. B. hat in Rostock in dieser Beziehung sehr gute Beobachtungen gemacht, indem er schreibt: „Da wandern nicht etwa schöne und stolze Patriziertöchter mit dem blausammetnen Gebetbuch in die Messe, sondern ehrbare und mehr derbe als holdselige Bürgerfräulein in ihr Geschäft. Keine Spur von Romantik. Wenn man aus einer modernen Großstadt kommt, fällt einem an all den Menschen das Nüchterne auf. Diese Mädchen haben Backen, die knallrot sind vor Gesundheit, haben Kleider, die gewiß äußerst praktisch, aber so wenig schick wie nur möglich sind. Man denkt unwillkürlich, wie prächtige Hausfrauen und

Mütter sie einst werden dürften, wie herrlich sie kochen, was sie dem Kaiser für kernige Soldaten schenken werden. Sie haben, wie die Norddeutschen meistens, wenig Sinn für Liebe, Leidenschaft, Überschwenglichkeit, aber sehr viel für Treue. Vergleicht man sie z. B. mit den Berlinerinnen, so ist ihr geistiger Horizont im Durchschnitt beschränkter, aber sie haben vielleicht mehr sittlichen Ernst, der sich bis zur Prüderie steigert. Ihr Verstand beherrscht stets ihr Gefühl; er muß auch erst ihrer Liebe seine Genehmigung erteilen." Das stimmt alles bis aufs Härchen: Impulsivität, die unkontrollierte Initiative des Gefühls, der spontanen Hingabe liegt der Temperamentsstabilität der Rostockerin fern. Bei ihr siegt sogar die Ehrlichkeit über die Eitelkeit, indem sie es im Durchschnitt verschmäht, die Illusion der Weiblichkeit durch künstliche Mittel, durch Toiletten, Schminke, Taille, Löckchen u. dgl. zu verstärken. Mit alledem hat ihre urwüchsige, frische Natur sehr wenig zu tun.

In demselben Zusammenhang trifft besonders auch die Behauptung von den Rostockern zu, daß ihr Sinn im allgemeinen sehr auf das Materielle gerichtet ist, und zwar auf das Grobmaterielle. Von ihrer vierschrötigen seelischen Struktur zeugt ihr angeblicher Wahlspruch, der auch gleichzeitig die anderen Mecklenburger kennzeichnet und eines ihrer Hauptideale verkündet: „Frät'n, sup'n, slap'n!" In dieser symptomatischen Devise blickt uns eigentlich der ganze Niederdeutsche in seiner Komik an. Man mag daher von der steifen, verschlossenen nordischen Art so viel reden wie man will: auch im Wesen der Rostocker spiegelt sich auf der anderen Linie immer wieder jene unverwüstliche Heiterkeit und massive Lebenslust ihres Stammes, von der auch jene drei naiv-primitiven Wünsche zeugen.

Wie unmittelbar und ausschlaggebend diese robuste Lebenslust im Charakter der Niederdeutschen von jeher war, das haben auch schon frühere Jahrhunderte hinlänglich bewiesen. Merry Old England kann sich nicht besser vergnügt haben als wie die reichen mittelalterlichen Hansestädte bei ihren phantasievollen Festivitäten. Auch bei unseren Rostockern ging es da immer hoch her. Der mittelalterliche „Freß- und Saufluxus" beherrschte gänzlich die Gastereien der Vorfahren, bei denen niemals, auch in den schwersten Zeiten der Stadt nicht, gekargt wurde. Selbst die kleinen Familienfeste verliefen damals nicht selten überaus unmäßig und tumultuös. Bei solchen Feiergelegenheiten kam es z. B. vor, daß die Tänze, zu denen Fiedler, Pfeifer und Trommler aufspielten, mitunter etwas sehr erotische Formen annahmen. Um dieses ein für allemal abzustellen, mußte die Rostocker Polizei im Jahre 1567 hinsichtlich der Tänze sogar zu einer besonderen Ordnung greifen, die dem fröhlichen, sinnlichen Rostocker Treiben folgende Beschränkung auferlegte: „ein Radt will ock dat unordentlyke uphevent und ummeschwengent mit Frowen unde Jungfrowen gentzlyken vorbaden hebben." Puritaner sind die Rostocker trotzdem jedoch bis auf den heutigen Tag nicht geworden.

Bün 'n Rostocker Jung

Max Dreyer

'n Stadtkind bün ick! Bi juuch up 'n Lann'
– sünd all wi ok een bet in de Knaken –,
ward anners dröömt un sunnen un spraken
un sungen as wie an 'n Rostocker Strann'.
Holl fast dien Oort! Fast holl dien Sak!
Ick spräk de Sprak,
dee as de Jung uppe Strat ick sprök.
Bün 'n Rostocker Jung
mit 'ne Rostocker Tung,
un mien Jugend is, wat ick sök.

De Rostocker Kennewohrn

Söben Toern to Sint Marien Kark,
söben Straten bi den groten Mark,
söben Doren, so dar gaen to Lande,
söben Kopmannsbrüggen bi dem Strande,
söben Toern, so up dat Rathus stan,
söben Klocken, so dagliken slan,
söben Linnenböm up den Rosengoern:
Dat syn de Rostocker Kennewohrn.

Rostock hat ein heiteres, freundliches Ansehn

(Aus der „Allgemeinen deutschen Real-Encyclopädie", 1819)

Rostock, die größte Stadt des Großherzogthums Meklenburg-Schwerin, im Warnow- oder Rostocker District, liegt an der schiffbaren Warnow, welche zwei Meilen von derselben in die Ostsee fällt. Rostock hat ein heiteres, freundliches Ansehn, und besteht aus der Altstadt, mittlern Stadt und der Neustadt. Die Stadt, welche viele besondere Vorzüge genießt, z. B. eine ganz freie Verfassung, das Münzrecht, enthält ein Jungfrauenkloster zum heiligen Kreuz, 9 Kirchen, darunter die Marienkirche mit den Gebeinen des Hugo Grotius sich auszeichnet, ein Zucht- und Waisenhaus, zwei Hospitäler, 2200 Häuser und 14 300 Einwohner. Es ist hier eine im Jahre 1419 von den Herzogen Johann und Albrecht im Verein mit dem Magistrat gestiftete Universität, welcher die von Bützow 1760 einverleibt wurde. Sie hat vier Facultäten, jetzt mit 22 ordentlichen Professoren, nämlich 4 bei der theologischen, 4 bei der juristischen, 4 bei der medicinischen und 10 bei der philosophischen Facultät. Auch gehören dazu eine Bibliothek, ein botanischer Garten, ein Münzkabinet, ein Museum, ein pädagogisch-theologisches Seminarium und eine naturforschende Gesellschaft, und auf dem nahen Carlshofe befindet sich eine Thierarzneischule. Außer den zahlreichen Handwerkern und Künstlern sind hier eine Stärke-, eine Seifen-, eine Cichorien-, 3 Tabacksfabriken und zwei Zuckersiederein.

Die Stadt treibt einen ansehnlichen Handel, besonders mit Wolle, Getraide und Vieh, und hält jährlich eine Messe. Unter den Einwohnern zählt man daher 171 Kaufleute, 59 Branntweinbrenner und 98 Schiffer. Der Hafen der Stadt ist in der Mündung der Warnow in die Ostsee, bei dem Flecken Warnemünde, wo jährlich gegen 700 Schiffe aus und einlaufen. Bemerkenswerth ist auch, daß Rostock der Geburtsort des berühmten Fürsten Blücher ist, dem jetzt von dem Lande ein Denkmal errichtet wird. Rostock, obgleich schon 1161 eine wendische Stadt, wurde 1218 von dem Fürsten Heinrich Borwin I. zu Meklenburg mit der Stadtgerechtigkeit versehen. Von 1257 bis 1301 war es die Residenz der Herzöge zu Rostock, und seit 1323 mecklenburgisch, und zwar von 1352 bis 1471 den schwerinschen Herzögen, in den folgenden Landestheilungen aber (1555 bis 1621) beiden regierenden Linien zu Schwerin und Güstrow gemeinschaftlich, und nach Erlöschung der letzteren (1695) der schwerinschen Linie wieder allein zugehörig.

Stadtgerechtigkeit: eigene Rechtsprechung.

Rostock um 1848

F. H. Ungewitter

Rostock, Stadt an der Warnow, zwei Meilen von der Ostsee, nordöstlich ungefähr zehn Meilen von Schwerin, Sitz des Oberappellationsgerichts für die Großherzogthümer Mecklenburg-Schwerin und Mecklenburg-Strelitz, eines Consistoriums und einer Justizkanzlei, mit 20 500 Einwohnern, einer 1419 von den mecklenburgschen Herzogen und der Stadt gestifteten und durch viele geschichtlich berühmte Lehrer bekannten Universität, die eine Bibliothek von 80 000 Bänden, ein Münzkabinet, Museum, botanischen Garten, Sternwarte und andere Hülfsanstalten besitzt, drei Marktplätzen, worunter der Blüchersplatz mit der metallenen Bildsäule Blüchers (der hier 1742 geboren wurde), der schönen und sehenswerthen Marienkirche mit dem Grabmale des Hugo Grotius (der hier 1645 auf seiner Rückreise nach Schweden starb), der Petrikirche mit dem höchsten Thurme Mecklenburgs, einem mit sieben Thürmen versehenen Rathhause, einem großherzoglichen Palais, einer gelehrten Schule, einem Handelsinstitut, einer Bibelgesellschaft, einem Jungfrauenkloster zum heiligen Kreuz, einem Schauspielhause, einem Zucht- und

Hafen von Rostock

Werkhause, zahlreichen und mannichfaltigen Fabriken, wichtigem See-
handel und Schifffahrt, die auch mit 150 eigenen Schiffen betrieben wird.
Rostock wurde um 1030 zu einer Stadt erhoben und später Mitglied des
Hansebundes, aus welcher Zeit es noch jetzt seine eigene Unter- und
Obergerichtsbarkeit, das Münzrecht und mehrere andere Vorrechte und
Freiheiten besitzt. Der, der Stadt gehörende und, zwei Meilen von ihr
entfernt, an der Mündung der Warnow in die Ostsee liegende Flecken
Warnemünde (im Amtsbezirk Ivenack) ist der eigentliche Hafen von Ro-
stock, hat eine häufig besuchte Seebadeanstalt, Schiffbau und 1700 Ein-
wohner, die meistens dem Seewesen angehören.

Consistorium: Kirchengericht.

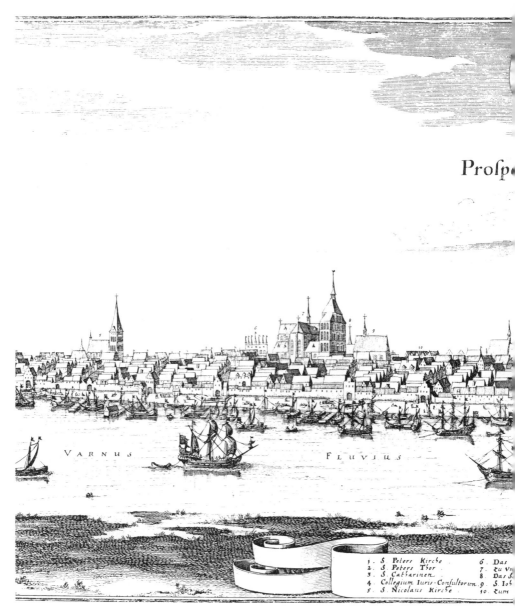

VARNUS

FLUVIUS

1. S. Peters Kirche
2. S. Peters Thor
3. S. Catharinen
4. Collegium Iuris-Consultorum
5. S. Nicolaus Kirche

6. Das
7. zu Vn
8. Das S.
9. S. Ioh
10. Zum

Rostock um die Mitte des 17. Jahrhunderts (M. Merian)

Statt Rostock

DIE   WARNE

1. S. Michaelis Kirche
2. Auditorium Magnum
3. Collegium Der Philosoporum
4. zu S. Iacob
5. Kropeliner Thor

15. zum H. Creutz
16. Porta Dramoniensis
18. Mons Calvariæ

325

In besonders glücklicher Lage …

Friedrich Prüser

In besonders glücklicher Lage liegt die Stadt Rostock an der Erweiterung der Warnow, an einem Punkt, der für Seeschiffe gerade noch befahrbar, zugleich aber zwölf Kilometer von der Ostsee entfernt ist und darum im Mittelalter für Angriffe von See her unerreichbar blieb. Wie alle bedeutenden Handelsstädte an der Ostsee erwuchs auch Rostock, und zwar als Marktsiedlung deutscher Kaufleute an der Stelle eines von den Dänen zerstörten wendischen Ortes, in den entscheidungsreichen Jahren von 1150 bis 1250 zur Stadt, 1218 mit lübischem Recht beliehen, bald darauf befestigt und seither aus Altstadt und Neustadt ständig ausgebaut und erweitert. – Seine Bedeutung beruhte von jeher auf dem Seehandel mit Skandinavien. Der dänische König gab der Stadt schon 1251 ein Privileg für Handelsfreiheit in seinem Reiche. Pelze, Leder, Butter, Heringe und Stockfische wurden aus dem Norden eingeführt, und Tuche, Waffen, Getreide, Bier und Fässer gingen dafür hinaus. Die Tonne des Rostocker Böttcheramtes war als Normalmaß im gesamten Hansegebiet anerkannt. Die Gesellschaften der Rigafahrer, Schonenfahrer, Wieck-(= Oslo-)fahrer zeigen die Weiträumigkeit des Rostocker Handelsgebietes. – Das Schutzbündnis gegen See- und Straßenraub, das Rostock im Jahre 1259 mit Lübeck schloß und dem 1283 auch Stralsund, Greifswald, Demmin, Anklam und Stettin beitraten, war eine der wichtigen Vorstufen der Hanse. Der jahrzehntelange Machtkampf der Dänenkönige, die sich zu Herren der deutschen Ostseeküste zu machen versuchten, zerbrach schließlich am zähen Widerstand der Städte. Zwar war das erste Kriegsbündnis der Seestädte gegen König Waldemar IV. Atterdag erfolglos und für Rostock besonders verlustreich; aber der glänzende Friede von Stralsund beseitigte 1370 endgültig die dänischen Ansprüche auf die Stadt. Statt dessen geriet Rostock freilich, da ein Sohn des mecklenburgischen Hauses 1364 König von Schweden geworden war, zwangsläufig in die Rolle eines Stützpunktes der Schweden, eines Sammelplatzes für Waffen und Schiffe, eines Verladehafens für die zahlreichen Söldner und zeitweise auch eines Stapelplatzes für die Vitalienbrüder, die aus Unterstützern der Schweden gegen die Dänen zu gefürchteten Seeräubern geworden waren. All diese Bindungen vermehrten zwar die wirtschaftliche Blüte der Stadt, schufen aber gleichzeitig erhebliche Spannungen zur Hanse, die mit ihrem ganzen Anhang zu Dänemark hielt. Erst 1395 söhnten sich Rostock und die

Hanse aus, und ungehindert zog nun der Handel seine Bahnen; der nach Oslo lag im 15. Jahrhundert zeitweilig ganz in Rostocker Händen. – Der Zerfall der Hanse hat an der Wirtschaftsblüte der Stadt zunächst nicht viel geändert. Der Westfälische Frieden, der Wismar, Greifswald und Stralsund an Schweden fallen ließ, befreite Rostock zwar vom lästigen Wettbewerb dieser Nachbarstädte; doch litt sein Handel sehr unter dem Schwedenzoll in Warnemünde, der bis 1748 bestand. – Trotz eines großen Stadtbrandes von 1677 blieben noch zahlreiche Bauzeugen aus mittelalterlicher Zeit erhalten, unter denen das Rathaus, die große Marienkirche und das Kröpeliner Tor zu den bekanntesten gehören. Die Rostocker Universität, die seit 1419 als älteste in Norddeutschland bestand, war bis zur Stiftung der skandinavischen Universitäten ein Sammelpunkt der Studenten Nordeuropas.

Stadtrundgang mit Karl Baedeker (1892)

Vom Bahnhof gelangt man durch das Steinthor (Inschrift: „Sit intra te concordia et publica felicitas") an dem im Bau begriffenen Ständehaus vorüber auf den Neuen Markt, wo das Rathaus, 1265 errichtet, 1365–90 mit Türmchen versehen, die alte gotische Fassade durch Renaissancevorbau verdeckt, und weiter zur Hauptkirche der Stadt, der Marienkirche, auf älteren Grundlagen (Türme) nach dem Vorbild der Marienkirche in Lübeck 1398 bis 1472 aufgeführt, kreuzförmige Basilika von großen Verhältnissen (Mittelschiff 34,5 m), gotischen Stils.

Das Innere enthält zahlreiche Grabdenkmäler, namentlich der Familie von Meerheimb, sowie (hinter dem Altar) eine alte, neuerdings wiederhergestellte astronomische Uhr. Eine Steinplatte bezeichnet die Stelle, wo das Herz des aus den Niederlanden verbannten Hugo Grotius, der hier auf der Durchreise als schwedischer Gesandter am französischen Hof 1615 starb, beigesetzt war, bis es später nach Delft gebracht wurde. Unter dem Orgelchor romanisches Taufbecken aus Bronze (1290?), mit dem Deckel 2 m hoch.

Die Nikolaikirche, 1250 begonnen, 1450 stark umgebaut, Turm jünger, hat einen Holzschnitzaltar (um 1400), ein merkwürdiges altes Kruzifix u. a. Die Kirche wird jetzt restauriert. – Die Petrikirche, um 1400 erbaut, ist neuerdings im Innern geschmackvoll hergestellt; der Turm 132 m hoch. Östlich davon, an der Stadtmauer, Grab und Denkmal des Rostocker Reformators und Predigers an St. Petri Joachim

Slüter. Hübscher Blick von da über die Stadtmauer nach Osten. – Die Jakobikirche mit zierlichen Pfeilern und triforienähnlichen Arkaden ist aus dem XIV. Jahrhundert.

Vom Neuen Markt führt die Blutstraße und weiter der lang gestreckte Hopfenmarkt, beide mit manchen altertümlichen Häusern, auf den Blücherplatz. In dessen Mitte das eherne Standbild des Feldmarschalls Blücher (geb. zu Rostock am 16. Dec. 1742 in dem Hause Blücherstr. n° 22, † 1819), von Gottfried Schadow entworfen, mit der Goetheschen Inschrift: „In Harren und Krieg, in Sturz und Sieg bewußt und groß, so riß er uns vom Feinde los", von den mecklenburgischen Ständen errichtet, der erste Kunsterzguß (1818) seit dem Wiederaufleben der Gießkunst in Deutschland. Die allegorischen Reliefs deuten auf Blüchers Sturz bei Ligny und des Feindes Verfolgung bei Bellealliance.

Links das großherzogliche Palais. Geradeaus das Universitätsgebäude, ein Backsteinbau im Renaissancestil, 1867–70 nach Willebrands Plänen aufgeführt, mit Statuen und Medaillonporträts vieler um die Universität verdienter Männer. Die Bibliothek zählt 150 000 Bände.

Die Stelle der ehemaligen Wälle nehmen Promenadenanlagen ein; an ihnen das neue Postgebäude, ein Büstendenkmal des Afrikareisenden Dr. Paul Pogge († 1884) und ein Denkmal für die 1870/71 gefallenen Of-

Das Kröpeliner Tor in Rostock

ficiere und Mannschaften des 90. Regiments. Ein Spaziergang über den Wall, an dem neuen Krankenhaus und den neuen Universitäts-Instituten vorüber, und längs des Strandes hin nimmt etwa drei Viertelstunden in Anspruch. Die Werften für eiserne Dampfschiffe usw. 15 Minuten vor dem Kröpeliner Thor an der Doberaner Chaussee, sind sehenswert. Im Südosten der Stadt, jenseit des Mühlendammes, der Stadtpark.

Nach englischem
und flämischem Vorbild ...

Niels von Holst

Die Patrizier der beiden „in amerikanischem Tempo" aufblühenden Seestädte Rostock und Wismar kannten die Welt; sie holten Salz von der Loiremündung und Felle aus Nowgorod, sie hielten sich in den flandrischen und englischen Handelsstädten auf. Rostock und Wismar fühlten sich nicht mehr als Töchter Lübecks, sondern als mündig gewordene, jüngere Schwestern.

Seit etwa 1280 erbauten die Rostocker eine neue große Pfarrkirche, die dem Apostel Jakobus geweiht war, als Basilika mit langem Rechteckchor und einem Triforium unterhalb der Fenster des Mittelschiffobergadens (im letzten Krieg völlig zerstört). Die Forschung hat – nachträglich – den rätselhaft-schönen Innenraum von St. Jakobi als Ableger der englischen Gotik erwiesen; der Querschnitt der Arkadenpfeiler, der tiefe Ansatz der Gewölberippen und andere Eigentümlichkeiten waren nur als Anleihen aus Lincoln, Canterbury und Salisbury zu verstehen. Auch im etwas später entstandenen Innenraum der Rostocker St. Petrikirche sind englische Einflüsse zu erkennen.

Folgenreicher wurde jedoch für den nordmecklenburgischen Kirchenbau der Gotik die Übernahme des französischen Kathedraltyps, der Basilika mit überhohem Mittelschiff, Umgangschor und Kapellenkranz. Die Kaufleute des „lübisch-wendischen Quartiers" der Hanse hatten diese Form der abendländischen Sakralarchitektur wohl zuerst in Flandern kennengelernt. Lübeck machte mit der Übernahme bei St. Marien den Anfang, es folgten um 1300 Rostock mit St. Marien, um 1340 Wismar, ebenfalls mit seiner Marienkirche, sodann mit St. Nikolai und St. Georg. Auch die Zisterzienser von Doberan

Der „Alte Schwede"
in Wismar

und der Bischof von Schwerin gingen zum nordfranzösischen Kathedraltyp über. Sehr deutlich zeigt sich der verschiedene seelische Habitus der Auftraggeber in den eben genannten Gotteshäusern. Die Geistlichkeit errichtete im ganzen maßvolle Bauten, während die reichen Patrizier den Typus steigerten …

Nachdem einmal der Griff nach den Sternen gewagt war, schritt die Bürgerschaft der Hansestädte auf diesem Wege weiter. Abermals auf westliche, wohl flandrische Anregungen ging um 1400 die Einführung hochragender Querhäuser zurück. Am schönsten vertritt heute St. Marien in Rostock dieses beinah einem Zentralbau auf griechischem Kreuz zustrebende Architekturideal: das ältere Langhaus mit Kathedralchor wird durchschnitten von einem hohen einschiffigen Querhaus, dessen Nordarm sich wie ein Chorhaupt, polygonal geschlossen, nach außen dehnt. Hier erreicht die Raumphantasie der mecklenburgischen Backsteingotik ihren Höhepunkt. In Wismar folgte man bei St. Georg dem Beispiel; Burmeister beurteilte im Vergleich zur „feindurchgegliederten" Rostocker Kirche den Wismarer Bau als „im Grunde formlos, jedoch von gigantischer Ausdrucksgewalt".

Der Profanbau der reifen und späten Gotik hat in Mecklenburg durch Umbauten und Zerstörungen – so im Zweiten Weltkrieg – leider stark gelitten. Das Rostocker Rathaus zum Beispiel wurde im 18. Jahrhundert umgebaut und hell verputzt; es nahm wohl zwischen seinen berühmten Vettern in Lübeck und Stralsund einst die Mitte ein. Als starke Akzente der Stadtbefestigung erhielten die Tore eine monumentale Gestaltung. Der niedere Torbau des 13. Jahrhunderts reckte sich später an der Küste zum Turm empor, wie es das Kröpeliner Tor in Rostock besonders schön zeigt. Die mit Recht berühmten vier Stadttore von Neubrandenburg weisen mit ihren überprächtigen, malerischen Blendengliederungen wiederum nach Mitteldeutschland, darin dem aufgelösten „hausteinmäßigen" Pfeilergiebel der dortigen Marienkirche nahe verwandt.

Im 15. Jahrhundert vermochte der schmuckreiche mitteldeutsche Pfeilergiebel sich an den Schauseiten der Wismarer Patrizierhäuser einzubürgern (z. B. Haus „Alter Schwede" am Markt). Demgegenüber hielt Rostock am strengeren, in Lübeck beliebten Staffel- oder Zinnengiebel fest.

Triforium: ein aus Dreifachbögen gebildeter Gang zur Strukturierung; obergaden: mit Fenstern durchbrochene Wandfläche des Mittelschiffs, oberhalb der Dächer der Seitenschiffe; profan: weltlich.

Fontanes Urteil über das Blücherdenkmal

Die Blücherstatue, eine Arbeit Schadows, die unmittelbar nach dem Krieg begonnen und 1819 errichtet wurde, ist ein eigentümliches Werk. Ich kann nicht sagen, daß es mich voll befriedigt. Hätte man Schadow freie Hand gelassen, so wäre es gewiß besser geworden. Aber der alte Goethe redete ihm zuviel hinein. Dieser vertrat Anschauungen, die wenigstens heute nicht mehr gelten. So fiel sonderbarerweise gerade Schadow, der schon zwanzig Jahre früher in seinem Ziethen und Alten Dessauer die Bahn des Realismus beschritten hatte, in eine gewisse Klassizität zurück. Zu dem modernen Säbel und den realistischen Reiterstiefeln will der römische Rock nicht recht passen, noch weniger das als Mantel dienende Löwenfell. Am meisten Fragen und Zweifel werden aber durch die Reliefdarstellung angeregt, die den Sockel umgeben. Schadow hat den Versuch gemacht,

Hergänge, die der Zeit nach (wenn auch nur um Minuten) auseinanderliegen, auf einer und derselben Tafel darzustellen. So finden wir auf dem Sockelfelde den bekannten kritischen Moment aus der Schlacht bei Ligny (Blüchers Sturz) in drei Streifen dargestellt: französische Kürassiere rufen zur Attacke: preußische Ulanen weichen der Übermacht; Blücher liegt unterm Pferde – Nostiz, als Schutzengel, deckt ihn mit dem Schilde. Dabei sind es nicht einmal drei getrennte Streifen, sondern die trennenden Linien fehlen, so daß ein gewisses Durcheinander entsteht und der Beschauer an die jetzt in Mode gekommenen Puppenbogen erinnert wird, die einem die Pflicht auferlegen, aus Kopf und Kleid, aus Hut und Schirm sich die Kaiserin Eugenie zusammenzusetzen. Ich glaube nicht, daß diese Art von Reliefdarstellungen zu rechtfertigen ist, auch hat sie meines Wissens nicht Nachahmung gefunden. Das gleichzeitige Symbolisieren aber wirkt geradezu komisch. Belle-Alliance, um ein Beispiel zu geben, wird dadurch ausgedrückt, daß sich zwei nackte Engel, Preußen und England, die Hand reichen. Sie sehen aus wie badende Sekundaner. Um sie zu charakterisieren, ist der eine mit einem Dreizack und der andere mit einem Kreuz bekleidet.

Die Rückseite des Sockels trägt die bekannte Inschrift, die, auf Ansuchen der Stadt Rostock, Goethe für dies Blücherstandbild anfertigte:

> In Harren und Krieg,
> in Sturz und Sieg,
> bewußt und groß,
> so riß er uns von Feinden los.

Es zählt dies zu den schönsten Inschriften, und man kann sagen, Goethe habe durch dieselbe wiedergutgemacht, was er als Kunstberater verdorben hatte. Sonderbarerweise sollen gerade die Rostocker an diesen einfach schönen Worten herummäkeln. Und doch, wer hätte Besseres zu sagen gewußt! Blücher selber würde damit zufrieden sein, wie er sich freuen würde, das ,deutsche Volk in Waffen' zu sehen, das jetzt in stattlichen Regimentern unsere Stadt und ihre Umgebung füllt.

Der am 16. Dezember 1742 in Rostock geborene Gebhard Leberecht von Blücher war fünfzehnjährig in ein schwedisches Husarenregiment eingetreten. Während des Siebenjährigen Krieges wurde er, als er sich allein zu weit an den Feind gewagt hatte, von preußischen Schwarzen Husaren gefangengenommen. Er trat in preußische Dienste über, und als 1815 der Befreiungskrieg begann, erhielt er den Oberbefehl über die preußische Armee. Sein Name ist mit allen Schlachten dieses Krieges verbunden.

Eulenspiegel vermiethet sich in Rostock als Schmiedeknecht

Da Eulenspiegel nach so manchen Orten, wo er seine Schelmenstreiche und Bübereien zu arg gemacht hatte, nicht wieder kommen durfte, so dachte er, nachdem er seinen Hunger durch Hühnerbraten gestillt und die übrigen Hühner verkauft hatte, darüber nach, welchen Weg er nehmen wollte, und wanderte auf Rostock zu. Nachdem er hier angekommen war und seine Narrensposen zeigte, wollte ihm niemand etwas dafür geben: er musste sich deshalb zum Arbeiten bequemen und vermiethete sich als Schmiedeknecht bei einem Meister. Dieser Schmied hatte sich ein Sprichwort angewöhnt, das er immer, wenn der Knecht den Blasebalg ziehen sollte, wiederholte. Als nun Eulenspiegel mit dem Blasen etwas nachliess, rief der Meister sein Sprichwort: Hoho, folget mit den Bälgen nach. Indem er diese Worte gesagt hatte, ging er auf den Hof. Eulenspiegel nahm geschwind den Blasebalg auf die Schultern, und lief dem Meister nach in den Hof, und sprach: Wo soll ich ihn hinlegen, ich will den andern auch geschwind holen. Der Meister sah sich um und sagte: Tyll, bist du wahnsinnig, oder was fehlt dir? sogleich bringe mir den Blasebalg wieder an seine Stelle! – Der Meister aber, welcher wohl merkte, dass Eulenspiegel dieses aus Schalkheit gethan hatte, dachte an eine Wiedervergeltung; er wurde daher mit dem andern Knechte einig, dass er 5 Nächte hintereinander um Mitternacht wecken wolle. Dies gefiel aber Eulenspiegel gar nicht, und als der Meister dies schon drei mal gethan hatte, sagte der andere Knecht zum Schein: Was meint unser Meister wohl damit, dass er uns nicht länger will schlafen lassen, er pflegte doch sonst so früh nicht zu wecken? – Eulenspiegel antwortete: Wenn dir es nicht zuwider ist, so will ich den Meister um die

Ursache fragen. Und sein Mitknecht sagte: Das soll mir recht lieb sein; denn immer so früh aufzustehen, habe ich keine Lust. Eulenspiegel fragte also: Lieber Meister, was heisst denn das, dass ihr uns jede Nacht nur 2 höchstens 3 Stunden schlafen lasset? Der Meister antwortete: Es ist meine Weise so, dass ich die neu angenommenen Knechte nicht länger schlafen lasse. Eulenspiegel sagte nichts dawider; aber in der folgenden Nacht, wie der Meister weckte, stand der andere Knecht auf und ging hinunter an die Arbeit, unterdessen nahm Eulenspiegel das Bett, band es auf seinen Rücken, und ging damit an den Ambos, und schlug so derb auf das glühende Eisen, dass die Funken auf das Bett flogen. Als der Meister Eulenspiegel mit dem Bette sah, ward er zornig und sprach: Bist du toll? was soll das Bett auf deinem Rücken? Er antwortete: Meister, zürnet nicht über mich; es ist meine Weise so, dass ich die eine halbe Nacht auf dem Bette, und die andere halbe Nacht das Bett auf mir liegen muss. Die Antwort verdross den Meister noch mehr, und er sagte: Sogleich trage das Bett an seinen Ort, und gehe mir oben aus dem Hause, du Bösewicht! Eulenspiegel sagte: Ja, das will ich thun, brachte das Bett auf die Kammer, nahm seine Sachen, holte eine Leiter und stieg unter das Dach, deckte es auf, kletterte auf die Latten, zog die Leiter zum Dach heraus und stellte sie hinunter auf die Strasse, stieg hinab und ging fort. Als der Meister das Gepolter oben im Hause hörte, ging er mit dem andern Knechte hinauf, um zu sehen, was es wäre, und siehe, Eulenspiegel war zum Dache herausgestiegen und hatte seines Meisters Befehl pünktlich erfüllt. So aufgebracht der Meister auch darüber war, so musste er sich doch zufrieden geben, und das Dach wieder zumachen lassen, denn Eulenspiegel war schon zum Thore hinaus. Der Knecht aber sagte: Wer Eulenspiegel nicht kennen lernt, der kommt am besten weg, denn er ist ein Taugenichts.

Rostocks Industrie um 1890

(Aus dem „Großen Brockhaus" von 1895)

Die Industrie ist ziemlich beträchtlich; es bestehen Eisengießereien, Maschinenfabriken, die Schiffswerft und Maschinenfabrik Neptun (Aktiengesellschaft), Gerbereien, Färbereien, Fabriken für Schokolade, Zucker, Watte, Chemikalien, Dachpappe und Wagenfett, Brauereien, Brennereien, Molkereien, Tischlereien und Steinschleifereien. Der Ha-

fen, den dänischen Inseln gegenüber, gewährt den Schiffen fast stets eisfreie Einfahrt; jährlich laufen etwa 1700 Schiffe ein und aus. Dampferverbindung besteht mit Nyköping auf Falster, Lübeck und Stralsund. Die Haupteinfuhrartikel sind Kohlen, Bauholz, Petroleum, Eisen, Kolonialwaren und Heringe, die Ausfuhr, früher besonders Getreide, hat sehr an Bedeutung verloren. Die Handelsflotte der Stadt zählt (1894) 153 Schiffe mit 68 475 Registertons. Der Handel wird gefördert durch die Korporation der Kaufmannschaft und den Allgemeinen mecklenburgischen Handelsverein. Die Rostocker Bank, 1850 gegründet, hat ein Aktienkapital von 5 Mill. M., in 10 000 Aktien auf Namen à 500 M. geteilt. Diese standen Ende 1893: 68,75, Ende 1894: 99,75 Proz. Die Dividende betrug 1893/94 6 Proz. Beginn des Geschäftsjahres 1. März.

Häuser und Schuppen
ineinander verschachtelt …

Walter Kempowski

Von Rostock sagten die Leute, es sei zwar weniger als Lübeck und Hamburg, aber mehr als Wismar und Stralsund. Eine Stadt, die seit Jahrhunderten von schlechten Baumeistern verhunzt wurde. Wunderbar, daß sie trotz allem noch gewisse Reize hatte. Das Steintor zum Beispiel, in dem es nach Männerpisse stank: Wenn die Straßenbahn da durchfuhr, mußte sich der Stromabnehmer quetschen.

„Wie die Soldaten hier wohl früher die Zugbrücke runtergeknallt haben."

Oder das Kröpeliner Tor, von einem Gotiker mit Türmen und Bögen versehen und mit Bänken, auf denen alte Männer Skat spielten. „Un ick har doch dat Aß speelen möst ...", die Pfeife mit einem Gummiring vor dem Herausfallen aus dem zahnlosen Mund bewahrt.

Daneben, eingebettet in das Gebüsch der Wallanlagen, ein Wanderknabe aus Granit, ein liegender Goethe in Italien etwa, aber ländlicher. Die Türme der Kirchen waren entweder zu groß oder zu klein.

Die klotzige Marienkirche, ein Bau-Ungetüm mit gewaltigem Westwerk, groß genug, um drei Türme zu tragen, oben rasch und behelfsmäßig mit einem hühnerkopfähnlichen Helmchen abgeschlossen.

„Wie eine Glucke mit ihren Kücklein." Und St. Petri, eine Kirche, die fast nur aus Turm bestand.

Heute könnten die Leute sowas nicht mehr bauen, wurde behauptet. Über die Zusammensetzung des Mörtels gingen wunderliche Gerüchte um ...

Vom Kriegerdenkmal, über den Wall zum Hafen runter, ob noch Schiffe eingetroffen sind. Den befreundeten einen kurzen Besuch abstatten, „Brennevin". Die feindlichen flüchtig mustern.

„Käpt'n" durfte man nicht sagen und nicht „Pott" oder „Kasten".

Neben dem klassizistischen Mönchentor – über dem Torbogen ein Löwenkopf mit offnem Maul und auf dem Dach eine Art Schüssel aus Bronze – lag unser Geschäftshaus. Auf Ansichtskarten war ein Stück davon zu sehen.

Früher war es eine Kneipe gewesen, Bierkeller mit Falltür war noch vorhanden.

Dann ging es die Mönchenstraße hinauf, Richtung Neuer Markt. An den Straßenecken Kanonenrohre, damit die Häuser von den Fuhrwerken nicht beschädigt würden.

„Hier hat Fritz Reuter mal gewohnt."

Häuser und Schuppen ineinander verschachtelt. Auf den flachen Teerdächern Zäune, Wäschepfähle und hohe Blechschornsteine.

„Erste Vakuum-Dampf-Zucker- und Bonbonwarenfabrik", abgeblättert und verwaschen an einer Mauer.

In den Fenstern zu ebener Erde Kakteenschalen mit kleinen Pagoden und Brücken. Kneipen:

Kum rin, kannst rutkieken.

Hin und wieder ein schöner Treppengiebel mit Speicherluken und Rollen. Aber die Fotografen hatten zu zirkeln, wollten sie die auf die Platte bekommen.

Auf dem Neuen Markt wurde die Stelle gezeigt, wo früher mal ein Brunnen gestanden hatte, und unter dem Rathaus, an einem Pfeiler, eine kleine Schlange, deren Herkunft und Zweck unerfindlich war.

Um 12 Uhr war Platzkonzert. Das fand am Denkmal Friedrich Franz I. statt, unter der Eiche von 70/71. Väter mit Kleinkindern auf den Schultern.

Der Stabsmusikmeister hinkte. Er schnauzte die Zuhörer an, wenn sie drängten. Ouvertüre zur Diebischen Elster.

„Mensch, blasen Sie fis!"

Ich kuckte mir die Zugposaunen an, die stets anders gezogen wurden als man meinte, daß sie gezogen werden müßten. Der Oboist, ein Gefreiter, hatte Watte in den Ohren.

War abgeklopft, dann packten die Soldaten ihre Instrumente ein und fuhren mit der Straßenbahn in die Kaserne zurück ...

Flugzeugbau und Fliegerbomben

Horst Witt

Während der Kriegsjahre stand die wirtschaftliche Entwicklung Rostocks ausnahmslos im Zeichen kriegswirtschaftlicher Maßnahmen der Rüstungsmonopole. Von 1936 bis 1944 bauten die Heinkelwerke 6456 Flugzeuge vom Typ He 111. Es entstanden Zweigbetriebe in verschiedenen Teilen Deutschlands und nach der Annexion und Unterjochung fremder Gebiete auch in Österreich, Polen, Frankreich, Dänemark und Italien. Allein in Rostock arbeiteten während der Kriegsjahre im Heinkelwerk 14000 Werktätige. Am Ende des Krieges betrug sein Stammkapital 50 Millionen Reichsmark. Im Vergleich dazu besaß die Neptunwerft nur ein Stammkapital von 8 Millionen Reichsmark. Auch sie produzierte fast ausschließlich für die Rüstung. Ihr Umsatz stieg bis 1943 auf 35,9 Millionen Reichsmark und ihre gezahlten Dividenden auf 6 Prozent ...

Der erste Luftangriff der Royal Air Force am 12. September 1941 lief noch glimpflich ab. Jedoch nach dem Inferno der Nächte vom 23. bis 27. April 1942 bot die alte Hansestadt an der Warnow ein Bild von Trümmern. Weitere Angriffe folgten unter anderem am 1. Oktober 1942, am 20. April 1943 und am 24. Februar 1944. Der historische

Stadtkern wurde fast völlig zerstört. Die Petri-, die Nikolai- und die Jacobikirche brannten aus, die katholische Kirche erlitt schwere Schäden, der größte Teil der alten Giebelhäuser wurde zerstört und der Neue Markt mit seinen historischen Bauten schwer getroffen. Das Stadttheater fiel in Schutt und Asche. Das Stein-, Kuh- und Petritor wurden ebenfalls beschädigt, ferner 2 Kliniken und die Hauptpost. 3963 zerstörte Häuser mit 14 852 Wohnungen (40 Prozent des vorhandenen Wohnraums), 3 völlig zerstörte und 3 weitere nicht mehr benutzbare Schulen, 56 schwer beschädigte öffentliche Gebäude, Totalschaden an 146 Gewerbe- und Lagergebäuden, das war für Rostock die bei weitem nicht vollständige Bilanz des faschistischen Krieges. Hinzu kamen die über 400 Toten der Bombennächte und die ungezählten Gefallenen an der Front ... Alle Konsumgüter unterlagen zunehmend der Rationierung. Auf 50 g Fleisch, 30 g Fett, 320 g Brot, 25 g Marmelade, 21 g Nährmittel, 32 g Zucker und 5 g Käse oder Quark belief sich im April/Mai 1943 die Tagesration eines Normalverbrauchers. Neben einer furchtbaren Arbeitshetze entnervten Verdunklung, Fliegeralarm und die Flucht in die Luftschutzkeller die Menschen. Zehn- und zwölfstündige Arbeitszeiten, Überstunden in hoher Zahl und Sonderschichten belasteten die Werktätigen bis zur physischen Erschöpfung. Die Wirtschaft der Stadt war am Ende des Krieges völlig ruiniert. Die Zahl der Einwohner sank durch die Kriegseinwirkungen bis Anfang 1945 auf weniger als 100 000.

Wiederaufbau in Rostock

Adolf Friedrich Lorenz

Vielleicht sind die Verluste an Kulturgütern in Mecklenburg an Zahl geringer als in anderen deutschen Landschaften, denn der Krieg hat hier nur einzelne Orte berührt; doch wiegen sie schwerer, weil sie Totalverluste bedeuten, die nicht oder erst nach Generationen wieder einzubringen sind.

Schon 1942 vernichteten Fliegerangriffe in drei Nächten den größten Teil der Rostocker Innenstadt; 1945 folgte Wismar. Zwar waren hier die Zerstörungen vereinzelter, doch durch den Verlust zweier Großkirchen ebenso empfindlich. Bei Rückzugskämpfen gingen die Städte Neubrandenburg und Woldegk mit ihren Kirchen ganz, Malchin, Friedland und Neustrelitz teilweise in Flammen auf. Das flache Land blieb bis auf Einzelfälle verschont.

Konnte man 1943/44 noch daran denken, Rostock im wesentlichen unter Wahrung denkmals-pflegerisch-städtebaulicher Rücksichten auf das überlieferte Gepräge der alten Hansestadt schnell wieder erstehen zu lassen und bald auch die Kirchen mit ihren Türmen wiederherzustellen und ähnlich in Wismar oder Neubrandenburg vorzugehen, so stellte sich das bald angesichts der völlig veränderten wirtschaftlichen Verhältnisse, angesichts des Mangels an Arbeitskräften und Baustoffen und der unerschwinglichen Kosten als fast unmöglich heraus.

In Rostock gelang es dennoch schon 1946, den weniger zerstörten Chor der Nikolaikirche als Notkirche einzurichten, den Turm vor dem Einsturz zu sichern und 1950 anstelle des barocken Nothelms von 1704 mit einem Pyramidenhelm abzudecken, auch das Schiff schlußfest zu machen und in einem Kapellenanbau Gemeinderäume zu gewinnen. Ähnlich ließ sich der Ausbau eines Kirchenraumes im Nord- und von Gemeinderäumen im Südseitenschiff der Petrikirche durchführen. Die Jakobikirche aber, deren allmähliche Wiederherstellung noch möglich gewesen wäre, fiel bis auf den Turmstumpf und den traurigen Rest des schönen Chors 1947 der unvorsichtigen Sprengung eines dicht daneben gelegenen Bunkers zum Opfer. Sie wurde, da auf die Dauer nicht zu halten und sich in die bauliche Umgebung nicht einfügend, beseitigt. Dagegen war es 1952 bis 1955 möglich, die St.-Michaelis-Kirche des Brüderhauses zum Gemeinsamen Leben, das seit 1600 als Zeughaus gedient hatte und 1942 ausbrannte, als Kirche und Gemeindehaus einer Religionsgemeinschaft auszubauen und äußerlich zu restaurieren.

Daß bei diesen Arbeiten eine eigentliche Restaurierung, das heißt eine Wiederherstellung in alter Gestalt und in alten Bauweisen und Formen nicht in Frage kommen konnte, wie es die polnische und tschechische Denkmalspflege mit großer Sorgfalt und mit sichtbarem Erfolg anstrebt, ist bedauerlich. Es wird fast unmöglich und wirtschaftlich nicht zu vertreten sein, die notwendigen Mengen an Ziegel- und Formsteinen alten Formats zu beschaffen, zumal der Gewölbebau den Maurern und Architekten heute meist fremd ist. [...]

Die neuen städtebaulichen Gesichtspunkte für Rostock schließen den Wiederaufbau einzelner Häuser so gut wie gänzlich aus. Erhalten blieben das Rathaus bis auf den Ratsstubenanbau, die beiden Klöster, das Kröpeliner Tor, das Palais, dessen Instandsetzung nach langer Vernachlässigung nunmehr zu erhoffen ist. Von den etwa 120 denkmalswerten Bürgerhäusern stehen nur noch zwanzig, nachdem man 1943 auch wiederverwendbare Giebel, besonders am Neuen Markt, voreilig gesprengt hat. Das Steintor hat seinen charakteristischen Helm wiedererhalten, Kuh- und Petritor sind noch Ruinen. Erhalten sind die besten Strecken der Stadtmauer, ein stark mitgenommener Teil mußte für einen Straßendurchbruch abgebrochen werden, Mauer und Wall am Hafen werden aber dem Brückenkopf einer Hochbrücke über die Warnow zum Opfer fallen müssen. Diese Brücke wird auch das bekannte Stadtbild sehr wesentlich beeinflussen, soweit das nicht schon durch die starren hohen Dachlinien der Hauptverkehrs- und Repräsentationsstraße geschieht, die mit über 30 m Breite und bis zu 20 m hohen Häusern den Stadtkern aufreißt. Das Hochhaus, das an dieser Straße an der markantesten Stelle des Stadtbildes zwischen Marien- und Jakobikirche errichtet wird, mag als Ersatz für den Jakobiturm gedacht sein und die Stadtsilhouette beleben, an deren Starre auch der von der Öffentlichkeit immer wieder geforderte unveränderte Wiederaufbau der gewaltigen Spitze des Petrikirchenturms kaum viel ändern wird. In Wismar dagegen liegt ein Hochhaus außerhalb des Stadtkerns und beeinflußt die Silhouette mit ihren stumpfen Kirchtürmen nicht.

Das Bestreben, sich dem besonderen Baugepräge Rostocks anzuschließen oder unterzuordnen, hat außer der Anordnung gut gegliederter, in der Mauerfläche liegender Fenster nicht viel Erfolg gehabt. Zwar hat man versucht, die großen Hausfronten der neuen Straße zu beleben, indem man die starren Traufen der flachen Dächer mit Ziegelfriesen und Aufbauten schmückte, deren Motive der Schauwand des Rathauses entlehnt sind. Zwar war man bestrebt, den Rhythmus der gereihten schmalen Giebelhäuser am Neuen Markt durch dekorative, nicht aus dem Baukörper erwachsene Staffelgiebel, teilweise auch durch ungefähre Kopien der früheren Giebel zu erreichen, doch ist auch hier der Maßstab zu groß, und die ausdruckslose ungegliederte Front des neuen Rathausanbaus fällt dagegen ab.

Die Jahre nach 1937, als Krieg und verwaiste Denkmalpflege zu allmählicher Vernachlässigung jeglicher Betreuungsarbeiten führten, zwangen aber auch, zahlreiche konservatorische Instandsetzungen und Restaurierungen im eigentlichen Sinne nachzuholen. Von den etwa zwanzig Großspeichern in Rostock mußten die beiden besterhaltenen der übriggebliebenen vier Speicher gründlich überholt werden …

Schätze der Rostocker Universitätsbibliothek

Das drittgrößte Buch der Welt, der „Große Atlas", befindet sich im Bestand der Rostocker Universitätsbibliothek. Der Atlas aus dem Jahre 1664 hat eine Höhe von 1,66 Metern und aufgeschlagen eine Breite von 2,04 Metern. Er wiegt etwa 120 Kilogramm.

Das sogenannte „Rostocker Liederbuch", ebenfalls im Bestand der Universitätsbibliothek, ist mit seinen hoch- und niederdeutschen sowie lateinischen Liedern die einzige norddeutsche Liederquelle des 15. Jahrhunderts. In diesem Buch findet sich ein Schülervers, niedergeschrieben Ende des 15. Jahrhunderts:

> Vader myn, ik en wil nicht meer
> tor Scole gahn:
> De Meester het mi drowet,
> he wil mi seere slahn.
>
> De Morgen, de Morgen
> de bringt uns nicht men Sorgen,
> de Avend de is gud.
> Des Avends hebben wi dusend Pund,
> des Morgens nicht en Kohlstrunk:
> Noch is de Avend gud.
> Des Avendes drinken wi in dem Keller,
> des Morgens hebben wi nicht en Heller:
> Noch is de Avend gud.
> Des Avendes drinken wi uns Ole,
> des Morgens sind wi in der Scole:
> Noch is de Avend gud.

Aus dem „Rostocker Liederbuch"

Aus den „Prophezeihungen für Tage des Jahres 1847/48", anonym in Lübeck erschienen. Als Autoren kommen Ludwig Reinhard und sein Kreis in Frage.

Rostock hat auf 50 Dozenten nur noch 47^3/$_8$ Studenten. Es sind Verhandlungen eingeleitet, um diesen brockfälligen Zwinger deutscher Wissenschaft auf Abbruch nach Hamburg hin loszuwerden …

… Alle rostockschen Studenten der Theologie machen zusammen auf einem Einspänner eine Fahrt nach Doberan. Unterwegs nehmen sie noch die Gesamtheit der Mediziner mit auf …

… Die Idee, die Elde und Warnow durch die Nebel zu verbinden, feiert ihr fünfzigjähriges Jubiläum und erhält die deutsche Flagge zum Ehrengeschenk …

… Wie das bei allen neuen Potentaten der Fall zu sein pflegt, macht auch das neue Jahr die allerschönsten Verheißungen. Aber „sei hollen 't nich!" meinen die Rostocker Jungens.

Leonardo des Nordens

Christoph von der Ropp

Der Rostocker Professor Magnus Pegel (geb. 1547) erwarb sich durch zahlreiche Erfindungen den Ehrennamen eines Leonardo des Nordens. Wie sein Rostocker Studiengenosse Tycho de Brahe wurde auch er an den Prager Hof berufen, kehrte aber nach dem Tode des Kaisers Rudolf in seine Vaterstadt zurück. Pegels Hauptwerk „Thesaurus" ist eine enzyklopädische Zusammenfassung des damaligen Wissens, das er durch eigene Arbeiten wesentlich bereicherte. Er entdeckte die „Tröpfchen-Infektion" und entwickelte Methoden der Bluttransfusion. In seinem Werk befinden sich Angaben über Taucherapparate, lenkbare Luftschiffe, Unterseeboote, Automaten, Schnellfeuerwaffen …

Als erste von allen deutschen Universitäten besaß Rostock seit 1568 einen eigenen Botanischen Garten, dessen Heilpflanzen nach wissenschaftlichen Gesichtspunkten für therapeutische Zwecke verwendet wurden …

Joachim Jungius, ein universell gebildeter Gelehrter (1587–1657), gründete 1622 in Rostock die erste Akademie der Wissenschaften in Deutschland. Leibniz verglich ihn mit Kopernikus und Galilei …

Johann Lauremberg
über Torheiten der Mode

Johann Lauremberg, 1590 in Rostock geboren, wurde dort 1618 Professor der Dichtkunst. Er darf als Schöpfer der deutschen Satire gelten: von seinem deftigen Humor zeugt der folgende Auszug aus seinem Gedicht „Van allemodischer Kleder-Dracht":

… Dat sülke Doerheit und lecherlike Maneren
Im swange gahn, und sick dagelyck vermehren,
Von uthlendschen Habit, und nie Kleeder Drachten,
Dessen kan ick keine Orsake finden noch erachten,
Als dat nemand wil tho freden syn mit dem Stande,
Darin en Gott hefft gesettet in jedem Lande,
Sondern jeder na högern Stande trachtet,
Dardörch GOttes Stiffting werd verachtet.
De Göttlicke Wyßheit hefft idt so ordineret,
Dat de Adel Stand schal syn höger respecteret,
Als ein Börger edder Middelstands Person,
Einem jeden schal men sine Ehre andohn.
So moet jo ein Teeken syn, darbi man konde weten
In welckem Stande ein jeder sy geseten.

Solck üterlick Teeken sind de Kleder und Dracht,
Nicht allein de Materie van groter Pracht,
Sündern ock de Figur, Fatzon und Gestalt,
Dardörch de Stende werden underscheden bald.
Förnemlick an dem Fröwlickem Geschlechte,
De sülken underscheet hebben mit gröterm Rechte.
Ein Mans Person kan den Adelstand
Verdenen, wen he vör syn Vaderland
Ridderlick stridet, und mit Helden Moet,
Vor GOtt und sinen Köning waget Lyff und Bloet.
Men eine Fruwe kan den Stand nicht erwerven,
Sondern hefft en van eren Man, edder moet en Erven.
Darüm man billig enen allermaten
Den underscheet in Kleedern scholde laten.
Averst de hellsche Fiend is hiermit nicht tho freden,
Sündrn hefft Lust GOttes Ordning tho övertreden,
Und maekt dat de ene dem andern nicht wil wiken,
De geringe Stand wil sick den högern geliken.
So bald de van Adel eine Mode hebben upgebracht,
So moten de Börgerinnen na aven sülke Dracht.
De Adeliken Junfern hebben nu begunnen
Sick tho Kleden als Geestliken Nunnen,
In langen Chappeloirs und schwarten engen Suken,
Als de Gewyheden van Sünte Clare bruken.
De Börger Kinder even in sülcker minen
Gahn nu als de verlopene Kloester Beginen.
So bald de Börgers Döchter wüsten,
Dat de Adeliken gingen mit bloten Brüsten,
Mit blotem Halse, und Rüggen halff naked,
Do sach eine jede van en wo se idt maket,
Se müste sick ock sehn laten in sülker Gestalt,
Jens Schnider kreeg genog Arbeit alsobald.
Se spreken, „hebbe wi nicht even sülken Plunder
Baven dem Gördel und ock darunder?
Worüm scholde wi den unse schmucke Titten,
Verbergen und laten in düstern sitten?
Wi hebben se even so wenig gestahlen,
Ick kan dem Schnider dat Makelohn betahlen,
Dat he my dat Wams so deep scheret uth,
Dat men my sehn kan de Titten und blote Huet.‟
Tucht und Schamhaffticeit is mit wech geschneden,

Mit halff blotem Live kamen se her getreden.
Int erste do disse Mode noch was unbekant,
Und men nicht wüste, dat se was kamen int Land,
Bleven se vör eine Junfer stahn und gapen,
Als wen se segen eines Quacksalvers Apen.
De Straten Jungens hüpich hinder er herlepen,
Und einer thom andern mit vullem Halse repen,
„Sü, sü, dar geit ein Wyff, dat vör er böse Saeck
Schal uthgestreken werden offentlick am Kaeck,
De Bödelknecht hefft er dat Snörlyff uthgetagen,
Und wil er mit der Rode de Flö vam Rüggen jagen."
Man nu GOtt Loff, hebben se veel nagegeven,
Und sind nicht so strenge bi disser Mode gebleven,
Se begünnen nu all inthopacken ere Ware,
De se thovörn sehn leten apenbare,
Dewyl se by velen was all tho Dür,
Weinig begehrden se tho Kope edder thor Hür.
Dat se de hedden tho vörn so uthgeflegen,
Dartho hedden se grote Orsake gekregen.
Den idt was eine Rede int gemeen,
Dat de Junfern de nicht wol wehren versehn
Mit Tittenwerck, und nicht vel funden,
Dar se den Bussem mit füllen kunden,
Desülve ere Gebreck tho vernögen,
Plechten sick na der Börse versögen,
Und in der Kramboden kopen ein par Patten,
Van den runden, und nicht van den platten,
De so hübsch wehren angestreken,
Dat en nichts als dat Levent mocht gebreken,
Darmit se den Bussem so konden uthstafferen,
Als went Karren Amme ere beide Flaschen wehren.
Nicht lange konde wahren disse Bedroch,
Eine van den Junfern moet sick schemen noch,
Ere Papier Titten seten nicht rechte fast,
Als se sick ein mahl bögede mit der hast,
Und wolde upnehmen eren Hasenband,
De sick hadde van erem Knee affgewand,
Do se sick alto krum underwerts keerde,
Klack dar fillen ere beide Titten up de Erde,
Als twe grote Senpschöttel se dar legen,
Alle Lüde lacheden, de idt segen.

Eine merkwürdige Verirrung
des menschlichen Fortschreitungstriebes

Georg Heinrich Masius, Professor zu Rostock (1814)

Der literärische Luxus ist eine merkwürdige Verirrung des menschlichen Fortschreitungstriebes, der sich theils durch eine immer weiter um sich greifende, zweckwidrige Lesesucht, theils durch eine ebenso allgemeine und noch verderblichere Begierde des Bücherschreibens äußert. Beide entspringen nur zu oft aus dem Mangel zweckmäßigerer Berufsgeschäfte, oder aus einer wahren Abneigung gegen dieselben, und einem Hange zu wollüstiger Ruhe; die Schreibwuth aber noch besonders aus Eitelkeit und Ruhmsucht.

Daß die Lesewuth in unserem Zeitalter vielleicht den höchsten Grad erreicht hat: das werden die Besitzer der zum Theil mit den elendesten, Herz und Sitten verderbenden, Pamphlets angefüllten Leihbibliotheken aller Orten gern bestätigen; das beweisen viele von unseren auf Bildung Ansprüche machenden Hausmüttern, denen kein Ro-

man von Lafontaine und Consorten unbekannt bleibt, die mit Langbeins Schwänken zu Bette gehen, um mit des allverehrten Goethes Gedichten wieder bald nach dem Erwachen anzufangen; das bewahrheiten die vielfachen Auflagen, welche der famöse Rinaldo Rinaldini, und der wiedergeborene Fernando Fernandini erlebten.

Von dem Nachtheile der Lesesucht für das jüngere weibliche Geschlecht soll hier nicht die Rede seyn – wie mancher zärtlicher Vater erkennt nicht diese Krankheit an seinen Töchtern, ohne ihr abhelfen zu wollen! – sondern nur von ihrem Einflusse auf das eheliche Verhältniß. Hier macht sie fremd und gleichgültig gegen alles, was nicht Bezug auf Bücherideen hat, und daraus entspringt dann der Ekel vor allen Gegenständen und Auftritten des häuslichen Lebens. Daher verdrüßliche Launen bei dem Gewühle der Kleinen um uns her; Mangel an Theilnahme an Allem, was diesen in ihrem Wirkungskreise werth und wichtig ist, wobei sie unser Interesse, unsere Hilfe fordern. Das stete Lesen wird zuletzt so sehr zur Angewöhnung, daß jede einem anderen Geschäfte gewidmete Minute als verloren angesehen, das Geschäft selbst aber mit Widerwillen, und ohne diejenige Ordnung, welche die Seele des Hauswesens seyn muß, verrichtet wird. So entsteht denn nach und nach häusliche Unordnung durch die Schuld der Gattin, Verwirrung der Berufsgeschäfte als Folge der Lesekrankheit des Gatten – Abnahme des äußeren Wohlstandes – Sorgen – Mangel – Elend. Das glücklichste eheliche Verhältniß ward schon auf diese Weise zerstört; der Gatte, ein kalter, einsylbiger Pedant, oder ein gelehrter Schwätzer, gefühllos gegen eheliche Liebe und Freundschaft, gegen das Lallen des Kindes, gegen die aufkeimenden Talente des Knaben; die Gattin eine ekelhafte Romanheldin, oder eine gelehrte Närrin in zerlöcherten Strümpfen, deren sublimen Ideen die arme Familie nur zu oft mit hungrigem Magen huldigen mußte …

Fast noch gefährlicher als die Lesesucht ist für das häusliche Glück die Begierde des Bücherschreibens, die bei manchen Gelehrten zu einer wahren Seelenkrankheit geworden ist. Ich spreche hier jedoch nicht von den gemeinen Büchermachern, die mit Buchhändlern in Akkord stehen und zu der Classe der Romanfabricanten gehören (Schande für Deutschland, daß es mehr Sudler dieser Art hat als alle übrigen cultivierten Länder zusammen) …, sondern ich meine die Gelehrten, die blos von Ruhmbegierde getrieben, ihren Geist aufs Äußerste anstrengen, um unter den Schriftstellern ihrer Nation zu glänzen, und unablässig darauf sinnen, neue Geistesprodukte zur Welt zu bringen; die nur auf der Studierstube im eigentlichen Sinne leben, gegen alles Übrige aber, was nicht in einiger Beziehung zu ihrer literärischen Eitelkeit steht, ganz gefühllos sind. Es ist beinahe unglaublich, bis zu welchem Grade dieses Übel steigen, wie sehr es den sonst ganz vernünftigen und leidlichen Mann so umändern kann, daß zuletzt ein wahrer literärischer Narr daraus wird … Sehr natürlich, wenn solchen Männern die Erfüllung ihrer häuslichen und Amtspflichten im höchsten Grade zuwider und lästig ist, indem sie dadurch an der Erfüllung des einzigen Zweckes, den sie vor Augen haben, des literärischen Ruhmes, gehindert werden. […]

Mürrisch, einsylbig und kalt außerhalb der Studierstube, werden sie bald der Gattin und den Kindern lästig; tief verwundet durch unglimpfliche Urteile über ihre Person, ihren Charakter, oder eine mit großer Erwartung zur Messe spedierte literärische Arbeit, bemächtigt sich ihrer am Ende Unmut, Unzufriedenheit mit sich selbst, aufkeimender Menschenhaß und – heimlicher Gram. Stolz und übertriebenes Gefühl vom eigenen Werthe hindern jede Mittheilung, die Außenseite wird rauher, der Gattin unerträglicher, und so erschlaffen endlich die heiligsten Familienbande zwischen Mann und Weib, Vater und Kindern.

Eine Art Aschenputtel
unter den Badeplätzen

Theodor Fontane

… Warnemünde, seinem Renommee nach eine Art Aschenputtel unter den Badeplätzen, ist gar so übel nicht. Was nutzt es, auf alte Schuld zu rekurrieren und der Zeiten gedenken zu wollen, wo es hier nichts gab wie Flundern und klamme Betten, diese Zeit ist hin, und die norddeutsche Bundesflagge weht jetzt von drei Hoteltürmen über Gerechte und Ungerechte, über Rostocker und Berliner. – Rostocker und Berliner! Das führt uns auf die Einteilung Warnemündes in Viertel oder Reihen oder Quartiere. Es gibt eine ‚Rostocker Reihe‘ an der Warnow hin und eine ‚Berliner Reihe‘ (die freilich zunächst noch den offiziellen Namen Seestraße führt) am Strand hin – zwei Stadtteile, die so verschieden voneinander sind wie ihre sommerlichen Insassen. Die Rostocker Reihe, wenn nicht gerade ein Nordost weht, liegt unterm Wind, die Warnow fließt eingedämmt daran vorüber, die Fischer spannen ihre Netze, und eine eigentümliche Bollwerksluft, in der sich den ganzen Juli hindurch Lindenblüte und Teer und Seetang eigentümlich mischen, zieht die Häuserfronten entlang. Wie anders die Berliner Reihe! Hier weht es beständig, das Wetter springt launenhaft um, Sommerjoppe und Winterpaletot wechseln des Tages viermal die Herrschaft, und das Meer liegt weit offen da gegen Norden. Im Rostocker Viertel alles Stille und Behagen, auch eine gewisse Enge; im Berliner Viertel eine immer frische Brise und der Blick ins Weite.

Warnemünde um 1840

Aber wie verschieden diese zwei Stadtteile nach Lage und Bewohnern sind, so ähnlich sind sie doch in allem, was Architektur angeht. Es gibt einen Warnemünder Baustil. Er besteht darin, daß man an die Fronten der Häuser einen Glaskasten anklebt, der, unter den verschiedensten Namen auftauchend, als Balkon, Veranda, Pavillon, doch immer der alte Glaskasten bleibt, wovon das Sein oder Nichtsein aller Gäste und zuletzt ganz Warnemünde hängt. Mit dem Glaskasten steht es und fällt es. Diese gläsernen An- und Vorbaue geben dem Ort seinen Charakter und dem Badegast sein Behagen. Sie sind wirklich ein Schatz. Ob sie nach der Seite der Kunst hin noch eine Zukunft haben, muß abgewartet werden. Man behauptet, daß der Kristallpalast der 51er Weltausstellung einen ganz neuen Baustil geboren habe; daß auch der Warnemünder Glaskasten ein erster Keim ist, aus dem ein künftiges Großes erwachsen wird.

Alle Glaskästen der Berliner Reihe blicken auf das Meer und, was beinah noch wichtiger ist, auf das Spill. Was der Prater für die Wiener ist, die Theresienwiese für die Münchner, das ist das Spill für die Warnemünder. Waren Sie heute schon am Spill? Werden Sie heute noch am Spill sein? Um diese beiden Fragen dreht sich die hiesige Existenz. –

Aber was ist denn nun eigentlich das Spill? Ursprünglich eine auf dem linken Molen-Arm befindliche Drehbasse oder Schiffswinde, die den Zweck hatte, kleinere Fahrzeuge behufs nötiger Kalfaterung auf die Seite zu drehen. Seit langem aber hat man die Bezeichnung des Teils auf das Ganze übertragen, und der ganze linke Seitendamm der Mole, insbesonderheit der letzte Ausläufer derselben – alles ist Spill. Hier sitzt man stundenlang, plaudernd, wenn es sein muß, aber schweigend, wenn es sein kann, und folgt dem Niedergang der Sonne, die immer roter glühend über dem Horizont hängt; hier lauscht man der monotonen Musik der Wellen. Ein Träumen kommt über uns, jener süße Dämmer der Empfindung, der uns Leid und Freud nur wie verschiedene Formen ein und derselben Sache, wie die Bilder jener Maler erscheinen läßt, die abwechselnd Hochzeiten und Begräbnisse malen, die einen hell, die anderen dunkel, aber beides – Bilder. Das Lärmen und Streiten, das Rennen und Jagen, alles weckt nur die Frage, ,wozu', und Krieg und Frieden, Fanatismus und Idyll, soweit sie laut und leise hörbar werden, ziehen in einem gewissen Gleichklang an uns vorüber, alles verklingend in dem ewigen Brausen des Meeres.

Kalfatern: Abdichten der Nähte zwischen hölzernen Schiffsplanken.

Gegen Ende des 19. Jahrhunderts wurde aus dem kleinen Fischerdorf Warnemünde ein Mode- und Luxusbad. Heute ist es, fast mit Rostock zusammengewachsen, auch einer der bedeutendsten Werft- und Hafenorte unseres Landes. Teepott, alter Leuchtturm (daselbst eine populäre Darstellung unseres ganzen Sonnensystems), das neue Hotel und die Mole sind ebenso Wahrzeichen des Ortes wie die vielen kleinen Kapitänshäuser an der Unterwarnow.

Die Kartäuser zu Marienehe bei Rostock

Heinrich Schnell

Das Kloster Chartreuse bei Grenoble, welches der heilige Bruno von Köln 1084 stiftete, wurde das Mutterkloster einer Reihe von Ordensniederlassungen, die, jede unter einem Prior stehend, den Prior von Chartreuse als ihren General anerkannten. Unter den neun Klöstern der Provinz Saxonia befindet sich Marienehe bei Rostock.

Der Bürgermeister Winold Baggel und sein Schwiegervater Matthias von Borken stiften am 2. Februar 1396 durch die Schenkung des Gutes Mergenewe das Kloster. Der eben aus dänischer Gefangenschaft befreite Herzog Albrecht, König von Schweden, bestätigte die Stiftung, und der Bischof Ludolf von Schwerin gab ihr den Namen Himmelszinne oder Marienehe. Während des Baues wohnten die Brüder in Rostock, und erst 1404 oder 1405 konnten sie von den Gebäuden Besitz ergreifen.

Schnell hob sich der Wohlstand des Klosters; in ihm befanden sich nach der Ordensregel 13–14 Mönche und bis 16 Laienbrüder. Auch die letzteren waren hartem Zwange unterworfen.

Unter den Prioren ragt jener Vicke Dessin hervor, der den Mut hatte, 1477 Herzog Magnus von Mecklenburg auf die Schäden der Zeit aufmerksam zu machen, und der letzte Prior Marquard von Behr, dessen eiserne Willensstärke der Reformation erliegen mußte.

Das Leben im Kartäuserkloster war sehr streng. Die Mönche beachteten immerwährendes Stillschweigen, so daß ihre Unterredungen sich nur auf das Notwendigste bezogen; nur sonn- und feiertags wichen sie davon ab. Jede Zelle bildet eine kleine Wohnung für sich und beherbergt einen Bruder. Um das Kloster herum läuft eine Mönchsschranke, sie ging bei Marienehe bis an die Warnow und die Rostocker Feldmark; auf dies Gebiet waren die Mönche beschränkt. Das Tagewerk derselben war nach den gottesdienstlichen Verrichtungen, körperlicher und Schreibarbeit strenge eingeteilt.

Bei dieser strengen Askese und dem Abgeschlossensein von der Welt ist es kaum anzunehmen, daß die Mönche sich um Volks- und Jugendunterweisung bekümmert haben. Und es liegen auch für Marienehe keine Anzeichen dafür vor. Mittelbar jedoch haben auch die Kartäuser den Wissenschaften gedient, die Benediktinerregel nicht verleugnend, die die Grundlage ihrer besonderen blieb …

Die Tätigkeit der Mönche, soweit sie uns angeht, bestand in dem fleißigen Abschreiben von Büchern in der stillen Zelle. So erklärt sich auch das Vorhandensein einer großen Bibliothek wie in andern Kartäuserklöstern, so auch in Marienehe. Aber da die Mönche von ihrer Hände Arbeit lebten, so ist es denkbar, daß sie auch Abschriften verkauften. Welcher Art dieselben waren, zeigt eine eben aufgefundene Probe, ein lateinisch-niederdeutsches Wörterbuch, das zur Einführung besonders armer Scholaren in die Lektüre der lateinischen Bibel dienen sollte, armer Schüler nämlich, die größere Bücher nicht kaufen konnten.

Geschichtsträchtige Orte
im Rostocker Umland

Diethard H. Klein

Auch wenn einige der nachfolgend genannten Gemeinden – so etwa Marienehe und Toitenwinkel – längst von der wuchernden Großstadt Rostock eingemeindet wurden, verdienen sie gleich Warnemünde gesonderte Erwähnung wegen ihrer einstigen Bedeutung. Zu Schnells Text über Marienehe sei nachgetragen, daß dessen Prior zu den landtagsberechtigten Prälaten gehörte und daß der Widerstand des genannten Markwart Behr erst mit Waffengewalt gebrochen werden konnte. Die Gebäude des am 15. März 1552 besetzten Klosters wurden abgerissen, deren Steine 1559 für den Schloßbau zu Güstrow verwendet. Jahrhunderte später begann hier der größte Industriebetrieb ganz Mecklenburgs zu entstehen, als Ernst Henkel wegen fehlender Erweiterungsmöglichkeiten für seine Anlagen in Warnemünde 1933 hier ein neues Flugzeugwerk begründete, in dem auch das erste Düsenflugzeug der Welt, die HE 178, entwickelt und gebaut wurde. Ab 1950 entstand nach der Demontage der noch unbeschädigt gebliebenen Produktionsanlagen auf dem Gelände ein riesiges Fischkombinat mit einem eigenen Hafen und den verschiedensten Verarbeitungsbetrieben.

Die gotische Backsteinkirche in Toitenwinkel mit ihren umfangreichen Wand- und Gewölbemalereien aus der zweiten Hälfte des vierzehnten Jahrhunderts war bis gegen Ende des siebzehnten Grablege der Moltke, eines der bedeutendsten und verzweigtesten mecklenburgischen Rittergeschlechter; reiche Grabdenkmäler und die von der Familie gestiftete Ausstattung zeugen noch heute davon. Im unweit der südlichen Rostocker Stadtgrenze gelegenen Kessin stand zu der Zeit, als der Sachsenherzog Lothar von Süpplingenburg in das Land des hier herrschenden Wendenherzog Zwentubald einfiel (kurz nach 1120), die berühmteste und reichste Burg der Gegend, Zentralort des Stammes der Kessiner. Die aus der Mitte des dreizehnten Jahrhunderts stammende Kirche wurde von den Schweriner Bischöfen dem heiligen Godehard geweiht; der Ort war im Mittelalter im Besitz Rostocker Bürger, von 1620 bis 1684 und nach 1781 in dem der Stadt selbst und dazwischen Eigentum von Kloster Ribnitz.

Eine wendische Burg stand auch in Tessin, und der zugehörigen Siedlung wurde um 1325 das Stadtrecht verliehen. In der bescheidenen Ackerbürgerstadt, die wohl zwei Tore, aber keine Mauern hatte, galt jedoch (womit es die einzige Ausnahme in der Herrschaft Rostock war, in welchem die Stadtordnungen lübischem Recht folgten) Schweriner Landrecht. Der dänische König hatte 1317 den mecklenburgischen Fürsten die Stadt als Lehen überlassen, doch war sie in den folgenden hundert Jahren häufig verpfändet, vor allem an die Moltke, aus deren Händen sie 1420 an Rostock überging. – Das benachbarte Teutendorf darf sich als Geburtsort eines bedeutenden Mannes rühmen: Hier kam als Sohn eines Gutsbesitzers am 26. April 1812 der Komponist Friedrich von Flotow zur Welt. Bekannter noch als seine Oper „Alessandro Stradella" ist seine „Martha", aus der die bekannte Arie „Martha, Martha, du entschwandest" mit der verballhornten Folgezeile „… und mit dir mein Portemonnaie" zum regelrechten Gassenhauer wurde. Von 1855 bis 1863 war Flotow übrigens Intendant des Hoftheaters in Schwerin.

Ribnitz-Damgarten

Aus einem jüngeren Reiseführer

Die beiderseits der Mündung der Recknitz gelegene Stadt (17 500 Einwohner) wird als „Tor zum Fischland" bezeichnet. Das ehemals mecklenburgische Ribnitz und das pommersche Damgarten wurden erst 1950 zu einer Verwaltungseinheit zusammengefaßt. Die Kreisstadt (seit 1952) ist ein bedeutender Standort der Leichtindustrie, bekannt durch die Herstellung von Faserplatten, Täschnerwaren und Schmuck.

Die ursprünglich getrennten Siedlungen erhielten 1257 und 1258, also unmittelbar aufeinanderfolgend, das Stadtrecht. Ihre Namen sind slawischen Ursprungs (Rybenitz – Fischort; Damechore – Eichenberg). Die Städte sind jedoch planmäßige Gründungen, die im Verlauf der deutschen Ostexpansion in der Nähe bzw. anstelle slawischer Siedlungen angelegt wurden. Entsprechend ihrer strategischen Bedeutung an der Landesgrenze und wegen ihrer Lage an dem Handelsweg, der von Kiel, Wismar und Rostock nach Osten führte, wurden die beiden Städte von ihren Landesherren mit bedeutenden Privilegien ausgestattet und befestigt. Sie gelangten aber nie zu größerer wirtschaftlicher oder politischer Bedeutung; ihr Wachstum wurde immer wieder durch Kriege und ihre Folgen, durch Seuchen und Brände gehemmt. Hinzu kamen wie in Ribnitz innere Auseinandersetzungen zwischen dem Rat und dem in der Stadt befindlichen Nonnenkloster oder auch mit den Grundbesitzern der Umgebung. Bescheidene Ansätze zur Industrialisierung im 19. Jahrhundert (Glashütte, Zündholzfabrik, Kalkbrennerei) wurden bald wieder Opfer der kapitalistischen Konkurrenz.

Historische Bausubstanz blieb vor allem in Ribnitz erhalten. Ein Überrest der in der Mitte des vorigen Jahrhunderts größtenteils abgetragenen Stadtbefestigung ist das Rostocker Tor, ein quadratischer Turm mit spitzbogiger Durchfahrt. Die Stadtkirche St. Marien ist ein dreischiffiger Hallenbau aus der Gründungszeit der Stadt, das Mansarddach und ein großer Teil der Innenausstattung stammen aus der zweiten Hälfte des 18. Jahrhunderts. Eine kunsthistorisch interessante Ausstattung (Schnitzfiguren, Gemälde, Grabmäler) weist die Kirche des ehemaligen Klarissinnenklosters auf. Die übrigen Klostergebäude blieben nicht erhalten, die jetzigen Bauten entstanden im 18. und 19. Jahrhundert und beherbergten ein adliges Damenstift. Heute befindet sich hier u. a. das Bernsteinmuseum. Schlichte klassizistische Bauten sind um den Markt gruppiert, so das ehemalige Rathaus und einige Wohnhäuser.

Westlich der Stadt, an der Straße nach Graal-Müritz, befindet sich das Freilichtmuseum Klockenhagen, das Einblicke in die dörfliche Lebensweise der letzten Jahrhunderte gewährt; das älteste Gebäude ist ein niederdeutsches Hallenhaus von 1690.

Der spukende Gutsbesitzer von Reddersdorf bei Sülz

Albert Niederhöffer

Ein früherer Besitzer des jetzigen von der lühe'schen Gutes Reddersdorf bei Sülz, der kein guter Christ, sondern ein harter, jähzorniger Mann war, von dem seine Gutsunterthanen gar viel und Mancherlei zu leiden hatten, fand, als er gestorben war, keine Ruhe im Grabe und muß noch heute und diesen Tag umherwandeln. Bald treibt sich sein rastloser Geist in seinem früheren Wohnhause, bald auf der reddersdorfer Gutsfeldmark umher, gewöhnlich in der Nacht, mitunter aber auch am hellen Mittag; und viele Leute wissen davon zu erzählen, wie sie durch ihn entweder in sichtbarer, oder auch in unsichtbarer Gestalt schon erschreckt und geängstiget worden sind. Hiervon ein Beispiel, das einst einem alten sülzer Schuster passirt ist, wie er es selbst oft erzählt hat:

Eines trüben Novembertags von einem sülzer Gastwirth mit einer Missive nach den benachbarten Gütern etc. geschickt, um zu einem Balle einzuladen, war es bereits stockfinster geworden, als der Schuster seine ihm vorgeschriebene Runde beendet hatte. Bis auf die Haut durchnäßt, wollte er schnell nach Hause eilen, als er mit einem Male zu seinem Schreck bemerkte, daß er vom Wege abgekommen und total verirrt sei. Was sollte er nun wol anders anfangen, als auf gut Glück weiter marschiren? Und das that er denn auch in mißmuthigster Stimmung.

So fortwandernd sah unser Schuster plötzlich eine baumlange Gestalt im weiten dunkeln Mantel, den Hut so tief in's Gesicht gedrückt, daß kaum der Mund zu sehen war, mit einer Laterne in der linken Hand rüstig an seiner Seite schreiten. Dem armen Schuster wurde ganz unheimlich hierbei zu Sinn; doch ging er ruhig weiter, fortwährend von der ungebetenen stummen Gesellschaft begleitet. Zuletzt wurde ihm dies aber über und er fragte daher die unheimliche Gestalt in barschem Tone: ihm doch endlich zu sagen, warum er ihn begleite, oder sich sonst zum Teufel zu scheeren.

Hierdurch hatte es aber der Schuster mit dem Unheimlichen verdorben; denn nun hüpfte er bald vor ihm, bald auf der einen, bald auf der anderen Seite, so daß er nicht vor- noch seitwärts, sondern blos nur rückwärts konnte.

Dies Spielwerk dauerte eine ganze Zeit, wol eine volle Stunde; oftmals strauchelte der Geängstigte hierbei und stürzte dann der ganzen Länge nach rücklings in den tiefen Schmutz. Da fiel ihm endlich zu seinem Glücke eine noch von seiner alten seeligen Großmutter gelernte Beschwörungsformel ein. Diese betete er in seiner großen Noth und Angst laut vor sich hin und augenblicklich war der Spuk verschwunden.

Jetzt sah er auch ein Licht in der Ferne glänzen, worauf er flugs losschritt. Bald erkannte er, daß es ihm aus Sülz entgegenblinke und daß er sich auf dem reddersdorfer Felde befunden, wo er sich ohne Zweifel mit dem dort spukenden früheren Besitzer umhergetummelt hatte.

Gerade schlug es zwölf Uhr, als der Schuster endlich des Nachts wieder glücklich in seiner Wohnung zu Sülz angelangt war.

Missive (lat.): Sendschreiben.

Das heutige Bad Sülze mit seiner Kirche aus der Mitte des 13. Jahrhunderts wurde schon 1262 erstmals Stadt genannt – doch die Saline, der sie ihre Bedeutung verdankt, reicht zurück bis 1243. Den Besitz der Salzpfannen teilten sich die mecklenburgischen Herzöge, das Kloster Doberan, Rostocker Bürger und verschiedene Rittergeschlechter, bis 1744 kaufte die herzogliche Kammer jedoch alle anderen Anteile auf und verpachtete die Salinenrechte an eine Betreibergemeinschaft. 1821 beschloss man die Errichtung eines Solbades, für das 1828 ein Kurhaus errichtet wurde. – Das etwas nördlich gelegene Marlow hat historische Bedeutung wegen seines slawischen Burgwalls, Vorort eines der nördlichsten Wilzenstämme, und Fundort reicher Keramikfunde aus dem 8. bis 12. Jahrhundert.

Bauernschiffer und Zarenäpfel

Christoph von der Ropp

Die vorher schon geübte Bauernschiffahrt der Bewohner des Fischlandes erfuhr durch die Kriege des 18. Jahrhunderts einen gewaltigen Auftrieb. Allein im Jahre 1789 bewarben sich 45 Einwohner der vier Dörfer um Seepässe. In wenigen Jahren war die Schiffahrt derart angewachsen, daß die Beamten der benachbarten Ribnitzer Domanialkammer sich 1795 nicht genug wundern konnten, „wie die Untertanen sich selbst überlassen solche weiten Reisen bis in das Mittelländische Meer unternehmen können". Ein für damalige Mecklenburger Verhältnisse unglaublicher Gedanke, daß ein Untertan so selbständig sein könne!

Die Schiffahrt beschäftigte nur die Büdner (Kleinbauern) und die jüngeren Söhne der größeren Bauern. Der Schiffahrtsbetrieb bewegte sich in althergebrachten Bahnen; die Erfahrensten unter den seefahrenden Büdnern gaben im Winter „Unterricht in der Seemannskunst, worin sie es gegenwärtig so weit gebracht haben, daß sie … der Seekarten kundig sind und jedes Meer ungescheut befahren. Eine Gesellschaft von 6, 8, 10, 12 oder 16 Personen schießt die Summe zum Bau oder Ankauf eines Schiffes vor. Wer den größten Anteil hieran und die meiste Erfahrung hat, wird zum Schiffer gewählt." Der Schiffer wiederum wählt sich seine Mannschaft aus, sorgt für Befrachtung, tritt nach seinem Belieben die Reise an, kehrt zum Winter heim, „legt Rechnung ab und teilt den Profit nach dem Verhältnis des Zuschusses an die Interessenten aus", – und dies war für die berichtenden Ribnitzer Beamten das Erstaunlichste an der Sache – „ohne daß ein Blatt Papier dabei gebraucht wird."

Im Jahre 1795 verfügten die Büdner der vier Fischlanddörfer über 56 Schiffe, von denen allein 30 dem Dorfe Wustrow gehörten. Bei einer durchschnittlichen Bemannung von sieben Mann ernährten die Schiffe 392 Menschen, ungerechnet die Angehörigen. Die Schiffe selbst stellten zu der Zeit ein Vermögen von 168 000 Talern dar. Viele Fischländer sind in jener Zeit reich, fast alle aber wohlhabend geworden. Sie segelten unter der Flagge Mecklenburgs, Rostocks, Dänemarks und Schwedens. Dabei hatten sie nicht einmal einen eigenen Hafen! Wustrow war total versandet; die Schiffe lagen in Stettin, Rostock oder Warnemünde. Erst die napoleonische Zeit und die Kontinentalsperre legten dann die Fischländer Schiffahrt lahm …

Im Jahre 1730 hatte der Rostocker Schiffer Rohde einen Obstexport nach Rußland organisiert, der den handelstüchtigen Schiffskaufleuten jahrzehntelang hohe Gewinne einbrachte. Das aus der Umgebung Rostocks stammende Obst war im obstarmen Nordrußland sehr begehrt. Allein im Jahre 1790 gingen 32 Schiffsladungen „Zorenappels" (Zarenäpfel) nach Petersburg.

Rostocks früher so bedeutende Segelschiffahrt erlebte eine letzte Blüte im 19. Jahrhundert. Als während des Krimkrieges eine Störung der europäischen Getreideversorgung eintrat, gab es für den Export des Mecklenburger Weizens eine Hochkonjunktur. Beiden kriegführenden Parteien stellten sich die neutralen Rostocker Reeder zur Verfügung. So durchbrachen auch einige Kapitäne den Blockadering der Engländer und Franzosen, um den in Sewastopol eingeschlossenen Russen Proviant und – Munition zu bringen. Bis zu 240 % Gewinn brachten diese tollkühnen Fahrten ein. Jener umsichtige Rostocker Gastwirt, der seiner Schenke den Namen „Zur Krim" gab, wußte die Konjunktur auf seine Art zu nutzen.

Mittelländisches Meer: Mittelmeer.

Ostseeferien 1923

Emil Merker

Müritz: Saubere kleine Häuser hinter gepflegten Vorgärten, in denen die gleichen Blumen blühen wie bei uns: orangefarbene Ringelblumen, Rittersporn, weiße Lilien, ein Akazien-, ein Fliederbusch. Alles gut in Schuß, man merkt, der Sommergäste wegen, aber auch aus eigenem Reinlichkeits- und Ordnungsbedürfnis. In den Gesichtern Gespanntheit, steigende Sorge. Aufmerksame Höflichkeit dem Fremden gegenüber, der vielleicht ein Zimmer braucht; doch nirgends liebedienerische Unterwürfigkeit wie in südlichen Ländern. Vielmehr Würde, Zurückhaltung. Das Hotel ist gut, der Speisezettel, wenn er auch Fisch und immer wieder Fisch nennt, sorgfältig zusammengestellt.

Auf dem Klinkerpflaster klappern harte Absätze. Gegenüber der nur einseitig bebauten Straßenzeile Wald, schöner alter Buchenwald. Auf seinen gutgehaltenen, einladenden Wegen werde ich wohl in den nächsten Tagen stundenlang wandern, um Augen und Herz ausruhen und sich sänftigen zu lassen von der Aufregung, die mir, das spüre ich, die See bereiten wird. Heute will ich nicht mehr an den Strand.

Der Weg wäre leicht zu finden, klar beschriftete Weiser stehen überall, außerdem kommen und gehen ihn ständig Badegäste. Nicht viele, und das ist gut; in buntem, aber doch nicht auffallendem Sommerzeug, an der unterstrichen leicht dahinplaudernden, ab und zu von Gelächter unterbrochenen Unterhaltung als Fremde kenntlich. Die Einheimischen plaudern nicht, sie reden ein paar Worte miteinander, wenn sie sich begegnen; in ihrem breiten Platt, das ich trotz aller Aufmerksamkeit nicht verstehen kann.

Ich suche mein Hotel auf, den Koffer auszupacken, meine Siebensachen in Schrank und Kommode zu räumen, meine Bücher zu der vor dem Einschlafen gewohnten Lektüre bereitzulegen: Fontane, Reuter. Und ein aus dem voluminösen Band der Buddenbrooks gelöstes Kapitel, Hannos Aufenthalt am Strand von Travemünde. – Nein, an den Strand will ich noch nicht. Ich will das Meer nicht in Gesellschaft anderer Badegäste zum ersten Male sehen. Am nächsten Morgen will ich hin.

So geschieht es auch. Die ersten Schritte, noch im Dorf, mache ich ein wenig befangen, trete leise auf, durch mein Absatzgeklapper die Schläfer in den Häusern nicht zu stören, und bin dann draußen in den Dünen. Und gehe immer langsamer. Diese Wellen und Buckel von Sand und wieder Sand! Da und dort ein paar Halme, ein Nichts. Grauer Strandhafer, nur so hergeweht, scheint es. Aber es ist nicht so. Halb von Sand verschüttet, läßt er sich durchaus nicht einfach vom Boden aufnehmen, ist vielmehr zäh in ihn verkrallt. Das ist seine Aufgabe: sich zu verkrallen, den Sand zu binden, daß er aufhöre, Flugsand zu sein.

Noch einmal ein Dünenwall, und nun liegt es vor mir: weiß, schimmernd und endlos. Weit, weit draußen am Horizont beginnen die schaumgekrönten Wellen und kommen langsam heran zu mir. Überschlagen sich, werfen sich in sich selbst zurück in großartigem Spiel, ihr breitauslaufender Schwall schiebt sich schaumknisternd bis zu meinen Füßen. Netzt liebkosend verführerisch meine Schuhe, lokkend, ich solle hineinkommen; und gleitet zurück, leise enttäuscht darüber, daß ich es nicht tue. Eine zweite Woge kommt, höher sich aufbäumend, leidenschaftlicher werbend, kommt näher heran als die vorige, so daß ich einen Schritt weichen muß. Überstürzt sich, strömt zurück, mahnt bedauernd: das hätte schon eine Umarmung sein können. Eine Umarmung, die ich versäumt habe. Und ich stehe nervös unentschlossen: so wird auch die nächste und übernächste vergebens heranrollen …

Tang liegt im Sand, Braunalgen, ledern, gierig und wild glänzend vor Nässe. Sie waren daheim, jahrelang, in dem grünen Glaspalast des Wassers. Nun ist es damit aus, nun dorren sie im Sand, ein achtloser Fuß wird die bald Prasseldürren zertreten. Dazwischen Muscheln, leer, nur die geöffneten Schalen ohne ihr kleines, schleimiges Leben.

Und der Blick wendet sich wieder hinaus, und die Brust hebt sich tief, als müßte sie in einem einzigen Atemzug diese Weite umspannen, diese sonnenüberglitzerte, weiße Unendlichkeit.

Die meisten Leute tun mit einem verächtlichen Kopfruck ab: Ach, die Ostsee! Pfütze, größerer Teich! Ohne Gezeiten. Leidenschaftlich, wenn auch stumm, nimmt mein Herz Partei: Flut und haushoher Wogenschwall, das alles ist dramatisch, ist irdisch. Hier aber ist lächelnde, überlegene Hoheit.

Die Wellen rollen heran, eine um die andere, werfen ihre schaumperlenbestickten Schleppen über den Sand, aber – es will mich bestürzt machen – sie werben nicht mehr. Als hätten sie es aufgegeben mit mir, als sei ich ihnen gleichgültig geworden, als sei, noch weiter ihre große Versuchung spielen zu lassen, Verschwendung an einen Untauglichen.

Nein, es ist nicht nutzlose Liebesmüh. Ich komme.

Eilig, um nicht in meinem Entschluß doch noch wankend zu werden, habe ich meine Kleider von mir getan – sie liegen, befremdend lächerliche Dinge, im Sand – und gehe hinein. Die Füße werden naß, eine erste Liebkosung. Aber die nächste Woge schon macht allem Zögern ein Ende, steigt an mir empor, umhalst mich mit weißem Gischt, reißt den kaum noch Widerstrebenden triumphierend um, hinein in den Taumel.

Dann wird es ruhiger. Vor meinen Augen wölbt sich eine blaugrüne gläserne Wand, gelassen, befriedigt. Gegen sie werden meine lustvoll sich auftuenden Arme schon etwas ausrichten können.

Ein Fremder, der viele Jahre lang fortgewesen ist, ein Gewandelter, kehrt man, von glitzernden Tropfen überronnen, ans Land zurück. Noch einmal ein klatschender Abschiedsgruß von hinten, auf Nacken und Rücken, eine Bitte: „Komm' wieder!" Dann hat man warmen Sand unter den Füßen und im Herzen etwas wie ein Bedauern, daß es vorbei ist.

Nein, noch nicht in die Kleider zurück. Ein paarmal verrückt hin- und herrennen, die Arme gegen Brust und Schenkel schlagen. Daß sie warm werden? Ach nein, nur vor Betrunkenheit.

Nun, der Überschwang gibt sich, allmählich wird man wieder vernünftig, zieht sich an. Dort tauchen ja auch schon Leute auf. Schluß, Schluß für heute!

Als ich nach dem Mittagessen wieder am Strand bin – den Vormittag habe ich mit Lektüre im Hausgarten in der Nähe der summenden Bienenstöcke verbracht –, hüte ich mich, bis an das Wasser heranzukommen, bleibe vielmehr auf dem Klinkerpfad der Vordüne und gehe ruhig und gesittet meines Weges, freilich den Blick immerzu in den Glanz der Weite tauchend.

Aber bald endet der schöne rote Steig, ich komme in losen Dünensand und Geröll. Wo es mir zu beschwerlich wird, halte ich mich näher an das Wasser heran, dort ist der Sand, immer wieder einmal von einer Welle überspült, prall und fest. Kann auch stellenweise der Verlockung nicht widerstehen, ziehe Schuh und Strümpfe aus und genieße nun diese lebendige Feuchte unter den nackten Sohlen.

Ich gehe Stunde um Stunde. Nur die erste ist lang, die späteren sind zeitlos. Weiter, immer weiter. Ich kann nicht umkehren und grüße ab und zu mit einem Blick des Einverständnisses auf das Wasser hinaus: „Auf morgen!"

Rechts die See, links das Dünenland. Ich summe vor mich hin, aus einer ungewohnten Frohheit heraus, aus einer wundersamen Gelöstheit, einem gleichmütigen, gehobenen Einssein mit jedem Ding. Mit jeder der mühseligen grauen Strandpflanzen, von der man nicht weiß, lebt sie noch oder ist sie schon vorgestern abgestorben. Oder schon voriges Jahr; und nur aus Vergeßlichkeit noch da, weil hier im ewigen Gleichmaß der in der Ferne aufleuchtenden Schaumkämme, der heranrollenden und sich überschlagenden Wellen die Zeit stillesteht.

Links Wald. Aber kann man dieses graue Beieinander uralter Kiefern noch Wald nennen? Uralt, und trotzdem nicht stärker als Stangenholz; jede von dem ewig aus Nordwest blasenden Seewind zu Fahnenwuchs verbogen. Kein frisches, um seiner selbst willen bejahtes Leben, nur Kampf. Der Bannwald in den Bergen, der Wald an der Küste, sie sind nicht um ihrer selbst willen, sie sind zum Schutze der anderen da. Sie sind Dienende. Und die heiße Liebe für alle notvoll Dienenden will sich wieder einmal in meinem Herzen regen. Ich wende mich nun doch von der See ab und steige in das gespenstische Gehölz hinein. Es scheint ja so etwas wie ein Pfad hindurch zu führen.

Ich hätte es nicht tun sollen. Der Pfad verliert sich. Aber die hartnäckige Abwehr in mir, einen Weg, den ich eben gekommen, zurückzugehen, nötigt mich vorwärts, immer tiefer in das struppige, sparrige, mit zottigen, grauen Flechten behangene Astwerk hinein, das mich nicht durchkommen lassen will. Trotz erwacht in mir, sinnlose, verrückte Erbitterung: irgendwo muß doch wieder ein richtiger

Pfad kommen! Aber es kommt keiner. Nur Gräben mit stehendem schwarzem Wasser, die es zu überspringen gilt. Spinnwebfäden legen sich vor mein verschwitztes Gesicht und machen mich erst recht nervös, Fliegen umsirren mich. Ich bin in eine böse Verzauberung geraten, das weiß ich längst. Mitunter auch blinkt durch das dürre Gezweig blendende Sonne. Es muß schon spät sein, sie steht tief. Wenn mich die Nacht hier überfällt, wird es bedenklich. Und ich kämpfe mich weiter.

Da plötzlich ist es anders. Grün. Welches Labsal ist Grün nach all diesem toten Grau! Buchengrün. Und hier ja auch ein Weg, von Moos und Gras überwachsen, von Kringeln der untergehenden Sonne übertanzt. Sonne spielt versonnen – ich lächle über das ungewollte Wortspiel – auch an den glatten, mächtigen Stämmen.

Heimkommen werde ich heute kaum mehr, aber irgendwohin, wo ich nächtigen kann, wohl doch.

Und dort, dort ist ein Haus. Ein geduckt hingelagertes Gebäude, das rohrgedeckte Walmdach bis zur Haustür herabgezogen. Ich klinke auf und trete in eine saubere, blankgebohnerte Diele und bin voll Zuversicht. Ich werde Abendbrot und Nachtlager finden.

So ist es auch. Ich werde in das Eßzimmer gebeten und erhalte einen Teller heiße Obstsuppe, die so köstlich mundet, daß ich mit jedem Löffel zögere, um den Genuß länger durchzuschmecken.

Ich schlief gut in einer Dachkammer, frühstückte gut und fragte nach meiner Schuldigkeit. Und war verblüfft, als man mir achselzuckend mit resigniertem Lächeln sagte: Nichts. Oder fünfhunderttausend oder achthunderttausend oder eine Million, das sei ja doch gleichgültig. Ob ich deutsches Geld hätte? – Ja, ich sei ja doch in Deutschland, entgegne ich naiv.

Schon, aber die Banknoten hier taugten gerade noch zum Feuerzünden. – In meinem Hotel hätte ich ja Geld aus meiner Heimat und könnte einen entsprechenden Betrag schicken, überlege ich, falls man mir vertraue. Denn was, wenn ich es nicht täte? gebe ich zu bedenken.

Abermals das gleiche resignierte Achselzucken. Ich schied bedrückt.

Das heutige Ostseebad Graal-Müritz liegt in der Rostocker Heide, die sich vom Ribnitzer Bodden bis zum Breitling bei Warnemünde erstreckt und 1939 an die sechstausend Hektar umfasste. Von 1252 bis 1951 gehörte sie mit einer vierjährigen Unterbrechung zu Beginn des 18. Jahrhunderts, als der mecklenburgische Herzog Leopold Ansprüche geltend machte, der Stadt Rostock. Noch heute findet man dort Bäume, deren Alter auf tausend Jahre und mehr geschätzt wird.

Teterow und sein berühmter „Bergring"

Aus einem neueren Reiseführer

Mit dem Namen der Stadt sind die Ausgrabungen auf der slawischen Burgwallinsel im Teterower See sowie die bekannten Grasbahnrennen auf dem Teterower Bergring verbunden. Bei Untersuchungen der ehemaligen Burganlage könnte eine 720 m lange Holzbohlenbrücke aus dem 7./12. Jh. freigelegt werden. Auch bei den Ausgrabungen der slawischen Burganlage in Sukow sind ähnliche eichene Bohlenwege nachgewiesen worden.

Von der mittelalterlichen Stadtbefestigung Teterows sind der Rostocker und der Malchiner Torturm erhalten. In der dreischiffigen Stadtkirche St. Peter und Paul beeindrucken die Gewölbemalereien aus der Mitte des 14. Jh. sowie ein vierflügeliger Altar, um 1430 entstanden, mit sehr schönen Holzschnitzereien. Der 1930 eingeweihte Teterower Bergring gilt als bedeutende Grasrennbahnstrecke für den internationalen Motorradrennsport.

Aus Teterows Geschichte

Nach einem Stadtführer unserer Tage

Teterow, eine Kleinstadt im Herzen der Mecklenburger Schweiz, liegt umgeben von bewaldeten Hügelketten in einer Senke am Südende des Teterower Sees. Bereits im Neolithikum (3000–1800 v. Chr.) siedelten Menschen im Gebiet um Teterow, wie zahlreiche vorgeschichtliche Bodenfunde und Großsteingräber in der Umgebung beweisen. Die in der Eisenzeit eingewanderten germanischen Stämme zogen bereits im Verlauf des 5. Jahrhunderts weiter und machten den Siedlungsraum frei für die sich im 7. Jahrhundert niederlassenden Slawen.

In die erste Hälfte des 9. Jahrhunderts wird die Anlage einer Wallburg auf der Insel im Teterower See datiert. Diese Befestigungsanlage war Siedlungszentrum und Zufluchtstätte des von slawischen Wenden besiedelten Gebietes um den Teterower See. Im Bündnis mit dem Dänenkönig Waldemar I. schlug im Jahre 1164 der sächsische Herzog Heinrich der Löwe die wendischen Obotriten, wodurch das Circipanien genannte Gebiet im Osten Mecklenburgs mit den slawischen

Teterow

Burgen – darunter auch Teterow – unter sächsische Oberhoheit kam. Der Sohn des geschlagenen Obotritenfürsten erhielt vom Sachsenherzog sein väterliches Erbe als Lehen zurück, womit der ostdeutsche Territorialstaat Mecklenburg begründet wurde. Unter dem Fürsten Heinrich Borwin I. (reg. 1187–1227) wurde auch die verbliebene slawische Bevölkerung in den Landausbau miteinbezogen. Dieser Herrscher förderte unter anderem die Gegend um die Burg Teterow und stiftete einer alten Chronik zufolge 1215 den ersten Kirchenbau in der wachsenden Ortschaft am Südende des Teterower Sees. Die älteste Urkunde mit der Nennung Teterows datiert aus dem Jahre 1272. Darin wird dem Ort vom Fürsten Niklot von Werle (1229–1277) das Schweriner Stadtrecht sowie eine Landschenkung bestätigt. Die Verleihung des Stadtrechtes soll bereits 1235 erfolgt sein. Der Ortsname Teterow geht auf das slawische „Thiterowe" zurück, was soviel wie Birkhuhnort oder Auerhahnort bedeutet. Die noch in der zweiten Hälfte des 12. Jahrhunderts vorhandene Adelsburg im Teterower See sowie das Vorhandensein spätslawischer Siedlungen mögen die Gründung der Stadt begünstigt haben. Im Zuge der deutschen Ostexpansion im 12. und 13. Jahrhundert wurde das Land systematisch besiedelt. Im 14. Jahrhundert wurden Stadtmauer und Wall erstmals urkundlich erwähnt. Teterow erhielt ein Stadtsiegel und hatte das Recht, Münzen zu prägen. 1540 wurde in Teterow die Reformation eingeführt, der erste evangelische Pastor in Teterow, Joachim Mesekow,

Nach der Schlacht

predigte seit 1541. Noch bis in das nächste Jahrzehnt jedoch herrschte Widerstand gegen die Reformation. Im Jahre 1554 wurde der evangelische Pfarrer Dietrich Mayer durch Angehörige der vor Einführung der Reformation in Teterow wirkenden Kalandsbrüder ermordet. Die Schuldigen wurden verhaftet und hingerichtet, der Orden der Kalandsbrüder schließlich gänzlich verboten.

In den ersten Kriegsjahren des 30jährigen Krieges litten Stadt und Umgebung von Teterow unter den Plünderungen durch abgesprengte, herrenlose Marodeurtrupps. Als 1628 Wallenstein als Ausgleich für seine Kriegskosten die beiden Herzogtümer Mecklenburg-Schwerin und Mecklenburg-Güstrow erhielt, erlebte die Stadt eine kurze Blütezeit. Wallenstein erneuerte das Gerichtswesen und die Verwaltung, führte eine Postordnung und eine Armenversorgung ein und versah Teterow mit einer Poststation. Das 1492 gegründete St. Gertrudenstift wurde zu einem Armen- und Siechenheim ausgebaut. Bereits 1631 plünderten schwedische Truppen die Stadt und viele Bewohner fanden den Tod. Schwedische, dänische und oberdeutsche Söldner besetzten die Stadt zusammen mit Soldaten aus Frankreich, Kroatien und Slowenien. Die Stadtbefestigung wurde unbrauchbar, die Landwirtschaft lag danieder und Wege, Brücken und Dämme verfielen, einige Dörfer in der Umgebung Teterows verloren alle Einwohner. Die Zunahme des Waldbestandes infolge des kriegsbedingten Brachfallens der Äcker und Wiesen führte im 17. und 18. Jahrhundert zur Einführung der Holsteinischen Koppelwirtschaft und zur Ansiedlung von Glashütten. Ein langsam zunehmender wirtschaftlicher Aufschwung des Gebietes war zu verzeichnen. Die napoleonischen Kriege zu Beginn des 19. Jahrhunderts führten zu einem erneuten wirtschaftlichen Einbruch. Mehrfach wurde das Gebiet um Teterow durch Armeen – sowohl der Preußen als auch der Franzosen – in Mitleidenschaft gezogen und im November 1806 kam es zu erheblichen Verwüstungen und Plünderungen. Bis zum Herbst 1807 war die Stadt französisch besetzt. Erst in der zweiten Hälfte des 19. Jahrhunderts erfuhr die Stadt einen neuerlichen wirtschaftlichen Zuwachs mit Anschluß an das Eisenbahnnetz. Schulen und andere kulturelle Einrichtungen wurden errichtet.

Ab den 30er Jahren unseres Jahrhunderts nahm die Entwicklung der Stadt einen stetigen Aufschwung. Nach dem Zweiten Weltkrieg wurde Teterow zur Kreisstadt der ehemaligen DDR erhoben, woraufhin in den 60er und 70er Jahren Neubaugebiete am Stadtrand entstanden.

Marodeur: ehem. Soldaten, die am Rande der eigentlichen Kampfhandlungen plündern, vergewaltigen, morden etc.

Einige sogenannte teterowsche Stückchen

Erzählt von Albert Niederhöffer

Wie andere Länder ihr Schilda, Krähwinkel, Schöppenstedt, Buxtehude etc. besitzen, so hat Mecklenburg sein Teterow, von dem man – obgleich es ein ganz respectables, nettes Städtchen und wahrlich nicht der kleinste, sondern einer der größeren Orte des Landes ist – ebenfalls allerlei wunderliche Sachen, Sagen und Geschichten, die sogenannten „teterowschen Stückchen" zu erzählen weiß, von denen ich nachstehend einige folgen lasse:

I. Wie die Teterower ihren Stadtbollen auf die Weide brachten

Weil immer so prächtiges Gras auf dem einen alten Stadtthore wuchs, das stets nutzlos umkommen mußte, beschloß die Bürgerschaft ihren

Bollen dahinauf zu bringen, damit er das schöne Futter abweide. Nachdem man dem Thiere ein langes, starkes Tau um den Hals geschlungen, erstiegen einige der klugen Leute mit dem andern Tauende das hohe Thor und zogen nun aus Leibeskräften den Bollen nach oben. Das arme Geschöpf zappelte erst gewaltig als man ihm also seine Kehle zuschnürte und steckte im Todeskampfe seine Zunge weit aus. Als dies die Umstehenden sahen, riefen sie: „Kiekt, wo hei all na dat schöne Gras lickmünnt."

Endlich oben angelangt, war der Bolle zum Erstaunen der guten Leutchen bereits krepirt.

II. Wie die Teterower ihren Landesvater erfrischten

Einst als der Landesherr durch Teterow reisen wollte, hatte er sich dort zu seiner Ankunft ein kleines „Refrischemang" bestellen lassen. Als nun der Herzog zur bestimmten Zeit in Teterow anlangte und nach dem Rathhause fuhr, um dort die bestellte Erfrischung einzunehmen, sah er mit Verwunderung sämmtliche Feuerspritzen der Stadt auf dem Markte aufgepflanzt, die alsbald ihre ganze Ladung Wasser über ihn ausschütteten und ihn und seine Begleitung bis auf die Haut durchnäßten; denn, so hatten es die gutmeinenden Teterower ausgeheckt, dies müßte doch wol gewiß das beste und gründlichste „Refrischemang" sein, welches sie ihrem geliebten Landesvater bieten könnten.

III. Wie sich die Teterower einen großen Hecht für spätere Zeiten aufzubewahren dachten

Als einst die Fischer einen gewaltigen Hecht von seltener Größe in dem teterower See gefangen hatten, berathschlagte Rath und Bürgerschaft, wozu man diesen herrlichen Fisch wol am besten und würdigsten verwenden könne. Nach vielem Grübeln, Hin- und Herreden kam man endlich dahin überein, ihn bis zum Königschusse aufzuheben und dann zu verspeisen. Da diese Festlichkeit aber erst nach einiger Zeit stattfinden sollte und der Hecht bis dahin nicht außer Wasser bleiben konnte, so beschloß man, ihm eine Klingel umzuhängen und dann ruhig wieder in den See zu setzen, da man ja, wenn er gebraucht werden solle, ihn nun immer leicht wieder fangen könne. Gesagt, gethan; dem großen Hechte wurde also eine Schelle umgehängt und er nun wieder in den See gethan. Aus größerer Vorsicht schnitt man überdies auch noch an der Stelle ein Zeichen in den Kahn, wo er in das Wasser gelassen worden war.

Bis jetzt aber haben die Teterower ihren schönen Hecht noch immer nicht wieder finden können und vergebens nach seiner Klingel gehorcht, die er, wie Viele meinen, und es auch wahrscheinlich ist, sich wol sofort von seinem glatten Körper abgestreift haben wird. Auch das eingeschnittene Merkmal im Kahn hat sich als unprobat erwiesen.

IV. Wie die Teterower einen in den Brunnen gefallenen Stein wieder herausholen wollten

Die Teterower ließen einmal einen tiefen Brunnen gründlich reinigen, wozu sie sich von weit her einen berühmten Pumpenmeister verschrieben hatten. Als dieser seine Arbeit glücklich beendigt hatte und bereits, sammt all seinen Geräthschaften, wieder abgereist war, fiel unglücklicherweise ein Stein in den Brunnen, und entstand nun die große Frage, wie er wieder herauszuschaffen sei.

Da man keine so lange Leitern besaß und überhaupt alle sonstigen Instrumente fehlten, um in die Tiefe zu gelangen, so kam man endlich überein, eine lange lebende Kette zu bilden. Einer faßte also oben an, ein Zweiter an dessen Füße und so fort, bis man den Grund des Brunnens erreichte. Weil aber die Kante der Brüstung sehr scharf war, so wurde dem Obersten das Halten bald über. Er wollte einmal in die Hände spucken und rief deshalb seinen unter ihm hangenden Cameraden zu: „Hollt mal ondlich fast, Jungens, ick will mie blot mal in dei Hänn'n spieg'n!", damit ließ er los und plumps! lag der ganze Haufen in der Tiefe des Brunnens und krabbelte dort im Wasser umher.

Wie es sonst abgegangen und wie der Stein und die Menschen wieder herausgekommen, meldet die Sage nicht, aber das Loslassen ist seitdem verboten worden.

V. Wie die Teterower ihre Kirche weiter gerückt haben

Früher stand die Kirche zu Teterow mitten auf dem Markte, gerade vor der Straße, die vom rostocker zum malchiner Thor führt. Warum man sie gerade dorthin gebauet, weiß man nicht; aber sie stand nun einmal da und stand den Teterowern im Wege, deßhalb beschloß man, sie nach einer andern Stelle zu schaffen. Aber wie dies anfangen? Es wurde viel hin und her gerathen, der Eine rieth dies, der Andre das; so meinte z. B. Jemand, man solle sie abbrechen und nebenan wieder aufbauen, aber das schien doch den Meisten zu kostspielig und zu närrisch. Endlich trat Einer auf und schlug vor, die Kirche auf Walzen zu stellen und dann weiter zu rollen. Dieser Vorschlag fand allgemeinen Anklang und wurde deshalb zum Beschluß erhoben.

Am nächsten Tage schon ging es frisch an's Werk. Man schlug an jedem Ende der Kirche zwei Löcher durch das Fundament, steckte Walzen hindurch und hackte dann die ganze Ringmauer rundum los. Als dies alles glücklich vollbracht war, wurde ein Tag zur feierlichen Fortrückung der Kirche anberaumt.

Der Küster, ein alter invalider Kriegsmann, sollte den umgelegten Strick vorne ziehen, und der ganze Magistrat wollte selbst Hand anlegen und nachschieben. Allen sonstigen Einwohnern der Stadt, Groß und Klein aber wurde es bei Todesstrafe verboten, hierbei zu erscheinen, damit nicht beim etwaigen Umwurf der Kirche Jemand zu Schaden kommen könne.

So war denn Alles in Ordnung und es hieß nun: „Angefaßt!" Da aber schrie der Küster: „Halt!" und rief, er wisse nicht, wie weit die Kirche solle. Daran hatten sie wirklich noch nicht gedacht. Der Bürgermeister aber zog schnell seinen Rock aus, warf ihn vor der Kirche auf die Erde und sprach: „So, just bis hier über den Kragen weg."

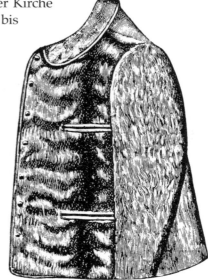

Der Küster aber gedachte des schönen Bürgermeisterrockes und seines schäbigen und wie es doch Jammerschade sei, ersteren unter der Kirche verkommen zu lassen; darum trug er, während der Bürgermeister zurück an seinen Ort ging, eilig das Röcklein heim, war mit einem Satze wieder da und rief: „Nun zu!" Ein Ruck und noch einer, da schrie der Küster: „Halt! wir sind schon drüber weg!" Er meinte über den Rinnstein, der Bürgermeister aber dachte über den Kragen und jammerte über seinen schönen Rock. Der Küster half ihm auch nicht aus seinem Irrthum und sprach überhaupt nicht davon, daher denn zu Teterow die Rede aufkam: „Uns' Kirch steit up'n Burmeiste sien'n Rock."

VI. Der kluge Thorschreiber von Teterow

Ein früherer Thorschreiber Teterow's, der sich immer ärgerte, wenn er des Morgens früh durch die Kuhheerde in seiner Ruhe gestört wurde, um ihr den Thorbaum zu öffnen, kam auf den schlauen Einfall, statt mit einem Holzknittel, von nun an das Thor mit einer gelben Wurzel zuzustecken, damit sich die Kühe nach diesem selbst den Thorbaum öffnen sollten.

Und wirklich, dies Mittel war ausgezeichnet; denn als am nächsten Morgen die Heerde kam, lief gleich die vorderste Kuh auf die Wurzel zu, riß sie gierig heraus und verschlang sie, und öffnete somit, wie es sich der kluge Thorschreiber richtig ausgetiftelt, den Baum.

Wie schon zu Anfang gesagt, ist Teterow eine ganz nette, respectable Stadt und es wohnen in ihr gewiß eben so viel kluge und gescheite Leute, wie in jedem andern Orte des Landes, trotzdem erzählt man sich aber doch eine Menge sogenannter „teterower Stückchen", die dort passirt sein sollen und wovon ich vorstehend einige Proben gegeben, geben zu müssen glaubte, da sie nach meiner Ansicht in einer mecklenburgischen Volkssagensammlung nicht ganz fehlen durften. Viel haben die guten Teterower oft dieserhalb zu leiden, indem sie häufig geneckt und gefoppt und namentlich gefragt werden: ob sie noch immer nicht ihren großen Hecht wiedergefangen hätten? etc. Manchem vorlauten Bürschchen ist indessen seine Naseweisheit aber schon oft recht schlecht bekommen, denn wie bekannt ist der Mecklenburger und erst recht nicht der Teterower fose und läßt sich nicht ungerächt necken und aufziehen. Hiervon zum Schluß ein Beispiel:

Ein in einem teterower Gasthause eingekehrter Fremder fragt den Hausknecht, ob er ihm nicht ein teterow'sches Stückchen vormachen könne. Der Hausknecht, der nicht auf den Kopf gefallen ist, erwiedert ganz trocken: er wolle sich die Sache einmal beschlafen. Am nächsten Morgen, als der Reisende gerne zum Aufstehen ein Paar Pantoffeln haben will, die ihm aber gut passen müßten, bringt ihm der Hausknecht ein Paar aus seinen – des verduzten Fremden – schönen neuen Stiefeln geschnittene Pantoffeln und die Schäfte davon vor's Bett.

Wendenburgen und Herrensitze

Diethard H. Klein

Neben jener in Teterow selbst stand im Kreisgebiet eine weitere wendische Burg in Altkalen, von dessen früher Besiedlung auch ein Großsteingrab zeugt. Der Ort selbst wurde schon vom Pommernfürsten Kasimir I. 1174 dem berühmten Zisterzienserkloster Dargun geschenkt, doch begründete Borwin I. von Rostock, der das Gebiet Zirzipanien nach der Schlacht von Bornhöved 1236 an sich gerissen hatte, mit deutschen Kolonisten eine eigene Stadt, die lübisches Recht erhielt. – Bristow ist erwähnenswert wegen seiner 1597 vollendeten Renaissancekirche, einem der frühesten evangelischen Kirchenbauten des Landes mit bis heute erhaltener reicher Innenausstattung; lange gehörte der Ort dem bekannten Geschlecht der von Hahn. – Ein besonderes Schmuckstück der Gegend ist, wenn auch sozusagen „jung an Jahren", die Burg Schlitz. Den klassizistischen Bau mit weitem Rundumblick inmitten eines reich mit romantischen Denkmälern bestückten Landschaftsgartens errichtete der preußische Baron Hans von Labes, der den traditionsreichen Titel „Graf von Schlitz genannt Görtz" nebst dem erheblichen Vermögen seines Schwiegervaters Johann Eustachius durch Heirat erwarb. Dieser hatte lange Jahre höchste diplomatische Ränge in Wien und Regensburg bekleidet. – Gnoien war schon im dreizehnten Jahrhundert und dann wieder im frühen siebzehnten fürstliche Münzstätte zur Prägung von Brakteaten, doch hatte die von den Herren von Werle planmäßig angelegte Stadt immer wieder unter verheerenden Bränden und den Kriegsläufen zu leiden. – Tellow gewann historische Bedeutung für Mecklenburg durch den im oldenburgischen Jeverland geborenen Freiherrn Johann Heinrich von Thünen, der 1810 das Allodialgut erwarb und es durch „Veränderung der Fruchtfolge, Intensivierung der Schafzucht, Steigerung der Milchproduktion und Mergelung des Ackers, aber auch Gewinnbeteiligung der Arbeiter" zu einem Musterbetrieb machte. Daneben wurde Thünen bekannt durch grundlegende Studien zur Betriebswirtschaft, Landwirtschaft und Nationalökonomie.

Brakteaten: einseitig geprägte silberne Hohl-Pfennigmünzen; Allodialgut: Gut, über das der Eigentümer frei verfügen kann.

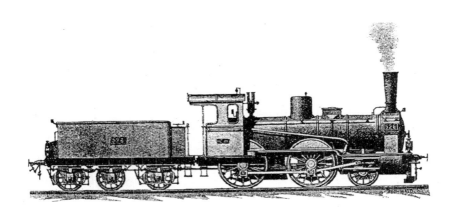

Eine Bahnhofsgeschichte

Ditte Clemens

Es ist immer noch so, wenn ich für ein paar Tage fort war. Schon eine Viertelstunde vor der Ankunftszeit stehe ich mit all meinem Gepäck vor der verriegelten Zugtür. Die rollenden Räder singen: „Nach Hause, nach Hause, nach Hause."

Die ersten Häuser von Güstrow tauchen auf. Die typische Silhouette der Stadt, fast unverändert seit Wallensteins Zeit, zeigt sich den Zugreisenden nicht. Langsam, viel zu langsam fährt der Zug für mich. Er schlendert am Rosengarten vorbei. Für einen Moment taucht hinter den hohen alten Häusern der Turm der Pfarrkirche wie die Zipfelmütze eines Riesen auf. Vor einigen Jahren erschienen die historischen Bürgerhäuser vor der großen Grünfläche noch wie eine lange graue Mauer. Jetzt wirken die Häuser mit den verrotteten Dächern, Fenstern und Türen neben ihren verschönten Schwestern noch erbärmlicher.

Kurz vor dem Bahnhof legt sich der Zug schräg in die Kurve. Für Außenstehende sieht das gefährlich aus. Ganz gerade trudelt er an der Bahnschranke vorbei. „Auch das noch", fluchen eilige Autofahrer und starren mit bitterbösen Blicken auf das blinkende Warnkreuz. Wenn die Fußgänger die Hälfte des Tunnels passiert haben, ist die Schranke meistens schon wieder oben. Ich habe hier schon lange keine winkenden Kinder mehr gesehen.

Güstrow wird angesagt. Die Stimme aus dem Lautsprecher klingt noch immer knarrend, aber die Worte befehlen nicht mehr. Statt „Alles aussteigen!" heißt es nun: „Meine Damen und Herren, willkommen in Güstrow." Warum man die Kinder vergißt, weiß die Deutsche Bahn wohl selbst nicht. Der Ansager muß von hier sein. Ich höre, was Barlach einmal so treffend formuliert hat. „Für den Mecklenburger ist die Zunge nicht zum Sprechen da. Sie liegt einfach im Mund und bleibt da liegen und rührt sich nicht."

Egal, auf welchem der fünf Bahnsteige man in Güstrow ankommt, selbst bei tropischer Sommerhitze tanzen hier kalte Winde so wild wie Hexen in der Walpurgisnacht. Die Bahnhofshalle ist frisch gelüftet und trägt nun ein gepflegtes Westgesicht. Die dunkelblauen Kacheln, die alten gerahmten Parolen, die viel jüngeren gesprayten Schmierereien sind fort. Auch die Schalterfenster, die jeden davor oder dahinter an eine Gesprächserlaubnis im Knast erinnerten, sind nicht mehr da. Noch in den achtziger Jahren standen am Samstagvormittag Hunderte von Studenten davor. Nach der letzten Vorlesung hatten sie in einer Rekordzeit die Rennstrecke Pädagogische Hochschule – Bahnhof absolviert. Die Fahrkartenverkäuferinnen arbeiteten so schnell, daß man sie nur so kurz sah wie frisch gebackene Väter ihre Babys hinter der Glasscheibe in Güstrows Krankenhaus.

„Ist alles ganz anders", sagen staunend die alten Leute, die alle Jubeljahre mit dem Zug nach Güstrow kommen. Ängstlich nähern sie sich der Glastür, die sich ohne ein Zauberwort öffnet. Die Jüngeren, die die Vorsicht der Älteren belächeln, haben wohl vergessen, daß sie sich bei ihrem ersten hastigen Einkauf im nahen Ratzeburg so manche Beule an solchen Türen holten. Aber die alten knarrenden Schwenktüren in der Bahnhofshalle hatten es auch in sich. Um sie zu passieren, mußte man die Beweglichkeit einer durchtrainierten Dame haben, die allabendlich als zersägte Jungfrau in einem Zirkus präsentiert wird. Es glich einem akrobatischen Kunststück, mit zwei Koffern durch die in Holz gerahmte Glasbarriere zu gelangen. Und wehe, man war der letzte. Dem schlug die Tür so erbarmungslos ins Kreuz, daß man, ohne zu lügen, behaupten kann, es hat lange vor dem Flugplatz in Laage schon eine Landebahn auf Güstrows Bahnhofsvorplatz gegeben.

An diesem Ort stehen nun die Taxen Schlange. Ein Anblick, der mich immer noch so verwundert wie in den letzten Jahren die Felder rings um Güstrow. Sie schmücken sich wieder mit Klatschmohn, Kornblumen und Kamille. Und selbst zwischen den Gleisen auf Güstrows Bahnhof blühen gelbe Blumen.

Als wir Studenten in den siebziger Jahren am späten Sonntagabend mit den Zügen aus allen Himmelsrichtungen wieder nach Güstrow kamen, hielten wir ein wartendes Taxi für eine Fata Morgana. Unsere Reisetaschen hatten durch die lieblichen Gaben unserer Mütter das Gewicht von prall gefüllten Mehlsäcken. Selbst wenn ein Taxi auf dem Bahnhofsvorplatz kein Trugbild war, war es immer noch keins, das uns befördern wollte. Auch dann nicht, wenn die Jungs die Mädchen vorschickten. Die Schönste von uns hauchte mit geübtem Tramperblick: „PH". Die Antwort des Taxifahrers war fast immer: „Nee". Heute würde man sagen, es rechnet sich nicht.

Nachts mit schweren Taschen quer durch ganz Güstrow zu gehen, war nicht angenehm, aber auch nicht gefährlich, selbst dann nicht, wenn man ganz allein war. An kalten Wintertagen wärmten wir uns vor dem langen Marsch noch in der Mitropa auf. Brühe mit Ei war das billigste von den warmen Gerichten. Doch die Brühe war nie heiß, so daß wir das bezahlte Ei stets in der Schale auf unserm langen Weg ins Studentenwohnheim mitnahmen. Den Kaffee probierte man in der Mitropa nur einmal.

In den zwanziger Jahren muß er wohl noch von ganz anderem Geschmack gewesen sein. Barlach kam damals fast täglich hierher. Güstrows Pastor schrieb, geschützt vor Telefonaten und Besuchern, in der Wartehalle seine Predigt für den Sonntag.

Auch die ersten Schritte aus dem Bahnhof müssen zu diesen Zeiten angenehmer gewesen sein. Da blickte man auf keinen Imbißwagen auf Rädern, sondern auf einen künstlerisch gestalteten Stadtplan und eine Landkarte. Friedrich Schult, Barlachs Freund, hatte beides mit Temperafarben gemalt. Aus dem Munde von „Lütten Schult" stammt der heute wieder viel benutzte Slogan „Güstrow – das Herz Mecklenburgs". So richtig schlägt es trotz aller Verschönerungskuren am Bahnhof noch nicht. Gewiß, die vielen Bäume auf dem Vorplatz stimmen die Besucher auf noch viel mehr Grün ein, und ein Straßenschild mit dem Namen Paradiesweg ist in dieser Stadt durchaus nicht unangebracht.

Hinter der Brücke in der Eisenbahnstraße erwecken die vielen Autos den Eindruck, Güstrow sei eine kleine Großstadt. Aber die meisten Touristen kennen diesen Blick wohl kaum. Sie reisen mit großen

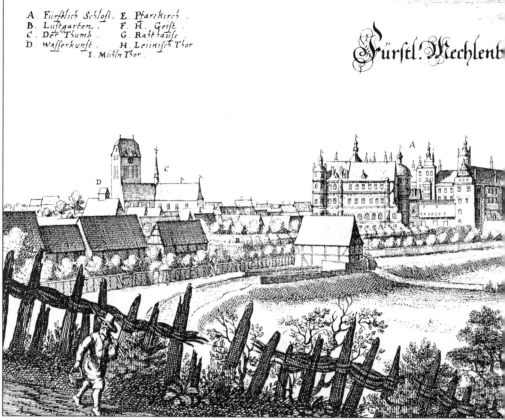

Güstrow um die Mitte des 17. Jahrhunderts (M. Merian)

Bussen an, und auf keinem steht, wie man es noch auf dem Bahnhofsvorplatz sehen kann, „Ikarus“.

Die Touristen haben in Güstrow nur drei Wünsche: Barlach, Schloß
und historischer Marktplatz. Welche böse Fee hat ihnen diese Beschei-
denheit bloß eingeflüstert? Ich benutze oft ihre Einflugschneisen, die
nun gut befahrbaren Straßen; aber viel lieber komme ich mit dem Zug,
weil mich dort jemand auf dem immer zugigen Bahnsteig erwartet,
den ich vor vielen Jahren in dieser Stadt kennenlernte – unser Kind ist
eine echte Einheimische.

Und schon drei Dörfer vor Güstrow singen die rollenden Räder des
Zuges: „Nach Hause, nach Hause, nach Hause.“

Güstrow

Ricarda Huch

Es gibt Städte, denen die Natur oder der Zufall eine Gabe in den Schoß legten, die ihr Reichtum und Macht verleiht, etwa die Nähe des Meeres oder eines schiffbaren Flusses oder eine Salzquelle, ein Bergwerk; Güstrow lag zwar an einem Punkt, wo naturgegebene Straßen sich kreuzten, aber der große Handel war in dieser Gegend an das Meer gebunden. Güstrow hatte Äcker, Wiesen, Wälder und Seen, aus denen zog es seine Nahrung, in die wuchs es hinein, sie gaben ihm seine Lieblichkeit, seinen friedlichen Sinn, sein bescheidenes Maß. Schon die erste Anlage und Entstehung zeigt Beschränkung, denn Güstrow

377

ist nicht wie viele andere Städte aus mehreren Siedlungen zusammengewachsen, wie seine einzige Pfarrkirche bezeugt, und es hatte nicht den Trieb, sich auszudehnen, wenn es auch mit der Zeit einige Dörfer erwarb. Niemals hat die Stadt den Versuch gemacht oder auch nur, wie es scheint, den Drang verspürt, die Fürsten oder die Domherren aus ihren Mauern herauszudrängen, sie war zufrieden mit ihrer ländlich ruhmlosen Geschichte. Der Fürst, dem Güstrow die Grundlage seines Daseins verdankt, ist Heinrich Borwin II., der Enkel Pribislavs des Erbauers, der, mit Heinrich dem Löwen sich aussöhnend, zum dauernden Besitz Mecklenburgs gelangte, und Sohn Heinrich Borwins I., dem Heinrich der Löwe zur Bekräftigung des geschlossenen Bundes seine Tochter zur Ehe gab, von mütterlicher Seite also ein Enkel des großen Sachsenherzogs. Heinrich Borwin II. begabte nicht nur die junge Siedlung am linken Ufer der Nebel mit dem Schweriner Stadtrecht, sondern er gründete auch bei der Stadt eine Burg und sterbend den Dom, der sich daneben erheben sollte. Von dem inneren Leben dieses Fürsten, von seinen Gefühlen und Gedanken wissen wir nichts; dennoch, aus der Stiftungsurkunde, die er zwei Tage vor seinem Tode mit dem Beistande des Bischofs Brunward von Schwerin entwarf, scheint etwas ganz Persönliches zu sprechen. „Mit großer Furcht das Urteil des Jüngsten Gerichts erwartend" und „zur Ehre des schrecklichen Gottes, der mit gleicher Gewalt den Odem des Fürsten wie des Bettlers hinwegnimmt", vollzog er die Gründung. Es ist wohl etwas Formelhaftes in allen derartigen Texten; aber man glaubt doch den schmerzlichen Aufschrei des durch den grausamen Tod von seiner Macht herabgestürzten, noch jungen Mannes und zugleich die Glut mittelalterlicher Gläubigkeit in den Worten zu vernehmen. [...] Unweit der Burg, im Süden der Stadt, erstreckte sich das kirchliche Reich, der Dom, umgeben von den Kurien der Domherren, eine selbständige Macht neben der Stadt und neben den Fürsten. Der Güstrower Dom hat nicht den gigantischen Wuchs der gotischen Backsteinkirchen; obwohl er im Laufe der Zeit gotische Elemente in sich aufgenommen hat, ist er in seinem Grundcharakter romanisch geblieben, mehr den sanften Geboten der Natur entsprechend als über sie triumphierend. Als das große Gotteshaus einer halb ländlichen Bevölkerung, mütterlich schirmend liegt er da, dem einfachen Gemüt zugänglich, von demselben göttlichen Hauch umströmt wie die Wiesen und Gewässer und die krausen Gassen, die ihn umgeben. Verschiedene Besonderheiten geben ihm einen persönlichen Reiz, so der dem Langhaus quer vorgelegte rechteckige Turm und im Innern der überlange Chor und das niedrige südliche Seitenschiff. [...]

Im Jahre 1551 führte der Herzog die Säkularisierung gewaltsam durch, wobei die wenigen Kanoniker und Vikare, die ausgeharrt hatten, mit Ruhegehältern abgefunden wurden. Der Dom wurde geschlossen und der Gottesdienst einzig in der Pfarrkirche gehalten. Da fand, wie es öfters der Fall war, eine Länderteilung zwischen zwei herzoglichen Brüdern statt, wobei das Land Wenden mit Güstrow Ulrich zufiel, einem bedeutenden Manne, der die in Protestantismus und Renaissance mitfließenden Ideen des neuen Fürstentums zu verwirklichen suchte. [...] Er machte Güstrow erst zu einer eigentlichen Residenz, die auch äußerlich Wesen und Willen des Regenten trägt. An Stelle der alten Burg, die abbrannte, errichtete er ein Schloß im Stile der Renaissance, zu der weder der heimische Backstein noch die Giebelhäuser des Städtchens noch die Mystik der Kirchen recht passen will. Nun war nicht mehr der Dom das Hauptstück im Stadtbilde, sondern die festliche Pracht des Schlosses; aber weit mehr noch als im Bilde, das die Vergangenheit festhielt, änderte sich das Verhältnis zwischen den menschlichen Faktoren, die es darstellt: aus dem Dom wurde eine Hofkirche. [...]

Obwohl nur eines kleinen Ländchens Herr, hatte Ulrich ein lebhaftes Bewußtsein von seiner fürstlichen Hoheit und den Drang, demselben dauernden Ausdruck zu geben, wie es seiner Zeit entsprach. Bald nachdem er mit seiner jungen Frau, Elisabeth von Dänemark, die an fürsorglichem Regentensinn ihm ebenbürtig war, sich in Güstrow niedergelassen und den Dom wiedereröffnet hatte, dachte er an die Herstellung eines Denkmals, das ihm zum Gedächtnis und der Kirche zum Schmuck dienen würde. Er übertrug das Werk dem niederländischen Bildhauer Philipp Brandin, der es im Stile seiner Zeit und sicherlich dem Sinn seines Auftraggebers entsprechend ausführte. Unendlich verschieden sind die lebensgroßen knienden Marmorfiguren von der Kunst der gotischen Vergangenheit. Da ist nichts von der Inbrunst der Gebärde, die uns an den alten Bildern ergreift, da sind nicht die von den Zügen ungestümer Leidenschaften, Schmerzen und Begierden, von todesernsten Gedanken beseelten Gesichter. Diese Figuren sprechen lauter, drängen sich mehr vor, als sich im Hause Gottes ziemt; davon abgesehen erfreut die imposante Gruppe das Auge. Wir sehen eine noch im Knien gebieterische Gestalt mit klarem, ernstem, regelmäßigem Gesicht, so wie man sich die guten und tüchtigen unter den mecklenburgischen Fürsten wohl vorstellen mag. Hinter ihm kniet die noch jugendliche Elisabeth, hinter ihr, später hinzugefügt, die matronenhaft biedere Anna von Pommern, die Ulrich nach dem Tode jener heiratete. Den

Schloss zu Güstrow

drei hochgeborenen Verstorbenen gibt zwar die Kälte des Marmors etwas Erstarrtes, aber nichts Verwandeltes, sie sind gleichsam noch leibhaft da, nicht von einer überirdischen Sphäre umflossen. Das unbeschreiblich Jenseitige, das wir hier vermissen, empfinden wir, wenn wir das in weiche Dämmerung versunkene südliche Schiff des Domes betreten.

Dort stehen, auffallend tief, die spätgotischen holzgeschnitzten Apostel, die man dem Lübecker Meister Klaus Berg zuschreibt. Einige von ihnen schreiten, getrieben von dem Befehl des Herrn: geht hin in alle Welt und prediget mein Evangelium aller Kreatur! wie von einem Sturm. Er peitscht ihre Gewänder, er wühlt in ihren Locken, er reißt sie durch Kampf und Martern der feindlichen Welt hin zu ihrem himmlischen Ziel. [...] Ganz im Schatten des Schiffs befindet sich das Denkmal für die Gefallenen des Weltkriegs. Auf einem Stein, den die wundervollen Arabesken eines alten Fürstengitters umgeben, stehen die verhängnisvollen Jahreszahlen 1914 und 18 eingegraben. Darüber hängt an einer Kette ein geisterhaftes Gebilde: ist es ein Bote Gottes, der das unentrinnbare Verhängnis verkündet? sind es die hoffnungslos trauernden Gedanken eines zerschlagenen Volkes? Wie eine schwere Wolke über einem Schlachtfeld voll Sterbender und Toter hängt es über dem unheilvollen Stein. [...]

Herzog Ulrich starb im Jahre 1603 ohne Erben. Sein Neffe, Hans Albrecht, brachte, wie der Oheim getan hatte, eine junge Elisabeth nach Güstrow, die Tochter des Landgrafen Moritz von Hessen. [...] Sie sprach nicht nur Französisch, Italienisch und Spanisch, sondern dichtete auch in diesen Sprachen, sie hatte Musik und Mathematik studiert und kannte die Heilige Schrift gründlich, sie besaß die Kultur, die, von Frankreich ausgehend, durch Genf und den Kalvinismus vermittelt, von den deutschen Glaubensgenossen aufgenommen war. Hans Albrecht bewunderte diese Kultur, aber er selbst blieb wohl in der altdeutsch-bäuerlichen stecken, die in seiner Heimat herrschte. [...]

Es war den Herzögen von Mecklenburg nicht übelzunehmen, daß sie mit dem König von Dänemark, als er [1624] ins Reich einfiel, ein Bündnis schlossen und ihm durch die Finger sahen; denn mit Dänemark und Schweden hatten die norddeutschen Städte und Länder von jeher in engen Beziehungen gestanden, bald gütlich, bald feindlich, und zwischen den Fürstenkindern auf jeder Seite hatten so viele Heiraten stattgefunden, daß sich nicht leicht entscheiden ließ, ob eine Dynastie deutsch oder dänisch oder schwedisch war. Vor dem Kaiser hatte man wohl überlieferte Ehrfurcht, jetzt aber die berechtigte Sorge, er werde, wenn sich niemand widersetzte, im ganzen Reich den Katholizismus wiederherstellen, außerdem saß er in Wien an der Donau und hatte sich nie um die nordischen Dinge gekümmert, während man Schweden und Dänemark auf dem Nacken hatte. Nun aber war ein Mann mit imperatorischem Sinn aufgestanden, kaiserlicher als der Kaiser, der den Entschluß gefaßt hatte, eine deutsche Flotte zu schaffen und das Reich an der See mächtig zu machen, wie es zur Zeit war, als die Hanse blühte: Wallenstein. [...] Die mecklenburgischen Adligen, die der neue Herzog zu den Regierungsgeschäften heranzog, bekamen in vieler Hinsicht eine bessere Meinung von ihm; er hatte einen großartigen Überblick, nahm auch das Kleinste wahr und handelte so geschwind, so ungehemmt durch den Widerstand der Menschen, Dinge und der Natur, daß es wie ein Zauber schien. Hatte der Kaiser sich einen Übergriff erlaubt, indem er einheimische Fürsten absetzte und einen böhmischen Edelmann an ihre Stelle brachte, so mußte man doch gestehen, daß dieser Edelmann ein geborener Fürst, und zwar im modernen Sinne, war. Wallenstein liebte die Ordnung, tätiges Leben, blühendes Gewerbe, Bürger, die fleißig ihrer Arbeit nachgingen und gehorchten, übrigens ihn schalten und walten ließen, der doch alles besser wußte. Auch Adel und Kirche durften ihm nicht hineinregieren, wenn er auch, wo es angebracht schien, gute Worte gab; aber „Impertinenzen und Prolongazien" ließ er sich nicht gefallen. Um zu imponieren und weil er die Pracht liebte, machte er an seinem Hofe einen Aufwand, der nicht nur die Fürsten, sondern den Kaiser selbst übertrumpfen zu sollen schien. Grafen und Edelleute in Gewändern von blauem Sammet warteten ihm auf, die Köche, Küchen- und Stallmeister waren mit goldenen Ketten behangen, die Speisen zu den Mahlzeiten wurden auf silbernen Schüsseln hereingetragen. Wagenladungen voll kostbarer Dinge, die es in Mecklenburg nicht gab, ließ sich Wallenstein aus seinen böhmischen Besitzungen kommen. Das Schloß, das Herzog Ulrich erbaut und fürstlich eingerichtet hatte, genügte nicht: Ein Flügel wurde angebaut, zur Ausschmückung der Zimmer wurden zweitausend golddurchwirkte lederne Tapeten angeschafft. [...] Von langer Dauer war die Umwälzung nicht. P selbst hielt sich nur ein Jahr lang in Güstrow auf und auch das nur mit Unterbrechungen. Große Herren, bekannte Namen waren an seiner Seite, wohnten in den besten Häusern der Stadt. [...]

Hans Albrecht zog mißmutig wieder in sein Schloß ein, böse auf alle, die sich mit Wallenstein eingelassen hatten, und trotzig bemüht,

jede Spur seines Waltens, auch des weisen und nützlichen, zu vertilgen. Er starb, noch ein junger Mann, im Jahre 1636, überlebte also den verhaßten Gegner nur um wenige Jahre. Seines Sohnes, der noch im kindlichen Alter stand, bemächtigte sich sein Bruder Adolf Friedrich und erzog ihn in seinem Glauben, so daß der letzte Fürst von Güstrow, der Sohn kalvinischer Eltern, ein aus tiefster Seele frommer Lutheraner wurde.

Neben Fürst und Kirche hat die Stadt Jahrhunderte hindurch ein bescheidenes Dasein geführt. Nicht einmal die Unabhängigkeit der Pfarrkirche vom Dom konnte der Rat durchsetzen, obwohl er sie natürlich anstrebte. [...] Die Stadt hat sich nie ganz losgelöst von der Natur, es ist etwas von der maßvollen Anmut und Freundlichkeit der Landschaft, in die sie gebettet ist, auf sie übergegangen. Noch im 17. Jahrhundert ernährten sich die Bewohner hauptsächlich von Ackerbau und Viehzucht; daneben führten sie ihr malzreiches Bier, das Kriesenack, aus. Erst 1836 entstand eine industrielle Anlage, indem der Rostocker Anderssen eine Eisengießerei und Maschinenfabrik gründete; sie war der Keim der Industriestadt, die sich jetzt im Norden der alten Stadt ausbreitet. [...]

Die alte Stadt ist in ihrer Anlage so ziemlich unverändert geblieben, wenn auch die großen Brände von 1503, 1508 und 1512 von den gotischen Häusern nicht viel übriggelassen haben. Die Mitte bildet der Markt, von dem vier Hauptstraßen nach den Toren hin ausstrahlen. Den Platz beherrscht die Kirche, die ihre Massen dicht an sich herangezogen hat, um dem Rathaus Raum zu lassen, und deren kräftig gedrungenen Körper eine barocke Haube reizvoll krönt. Mit dem heiteren Rokoko und Klassizismus des Rathauses zusammengewachsen, gibt sie ein eigenartiges Bild, etwa wie wenn Pferd und Ochse vor denselben Pflug gespannt sind. Sehr hübsch stimmen zum Rathause die reizenden klassizistischen Wohnhäuser, die am Markt und in den Hauptstraßen um 1800 gebaut sind. Zwischen den alten Giebeln deuten sie auf andere Lebensformen, als die mittelalterlichen waren, heitere, hellere, gepflegtere, wie sie sich im Laufe des 18. Jahrhunderts in Güstrow entwickelt hatten.

Güstrows Häuser erzählen Geschichte(n)

Brigitte Birnbaum

Wir sollten sie uns genau anschauen, die Häuser der Gleviner Straße. Die Gedenktafeln neben ihren Eingängen sind nicht die auffälligsten. Um einiges muß man einfach wissen. Drüben z. B., in der Nr. 6, wer hätte das vermutet, wohnte im November/Dezember 1712 für mehrere Wochen Zar Peter der Große. Damals war die Fassade des Hauses noch nicht klassizistisch vereinfacht. Aber die Innenräume werden nicht größer und höher gewesen sein. Begab sich der „Herrscher der Reußen" von seinem Arbeits- ins Schlafzimmer, wird er sich haben bücken müssen, denn er maß immerhin stattliche 2,04 Meter. Nicht auf der Hochzeitsreise und ohne seine ihm erst kürzlich anvermählte Martha Aleksejwna, die er zur Zarin Katharina I. krönen lassen wird, weilte er in Güstrow sondern als Heerführer gegen Karl XII. Seinen Generalfeldmarschall, den Fürsten Alexander Danilowitsch Menschikow ließ Peter in der Nr. 32, im Haus gegenüber einquartieren. So hatte er seinen Vertrauten in der Nähe und konnte, wenn er wollte, sich bequem von Fenster zu Fenster über die Straße hinweg mit ihm unterhalten. Spione? Wer verstand denn damals hierzulande Russisch?

Von Menschikows Logik, diesem um 1600 erbauten Bürgerhaus, war bekannt, daß in ihm 1628 Wallensteins Hofgericht getagt hatte.

Zar Peters Bündnispartner in dem unseligen Nordischen Krieg, der sächsische Polenkönig August der Starke, bewohnte am Ende der Gleviner Straße – richtiger an ihrem Anfang – die Nr. l, das Eckhaus an der Hollstraße. Ein vierstöckiges, sich tief nach hinten ausdehnendes Gebäude, wesentlich geräumiger und repräsentativer als des Zaren Residenz. August war nämlich als Erster in Güstrow einmarschiert. Ja, wer zu spät kommt, den bestraft das Leben.

Eine Strafe für die Güstrower müssen die Soldaten gewesen sein, die sie zu ernähren hatten. Achttausend Sachsen und Polen und zehntausend Russen. Und dann noch ihre Pferde! Alles nur, weil die Majestäten Peter und August beliebten, ausgerechnet in Güstrow mit dem Schwedengeneral Steenbock, der in Schwaan in Stellung lag, um Waffenstillstand zu verhandeln. Oder wahrer: Winterquartier bezogen, weil es ihnen im Felde zu ungemütlich wurde. Der Krieg dauerte noch bis 1721.

Die Folgen dieses und des nächsten Krieges, an denen Mecklenburg noch Jahrzehnte litt, werden uns deutlich vor Augen geführt, wenn wir um die Ecke in die Hollstraße biegen. So nahe am Markt – zumindest auf der linken Straßenseite – stoßen wir nicht nur auf eines der ältesten Häuser Güstrows, sondern auch auf eines der bescheidensten. In der ersten Hälfte des 16. Jahrhunderts eineinhalbgeschossig in Fachwerkbauweise errichtet, enthält es, wie ursprünglich: eine winzige Wohnstube, eine Werkstatt, eine Wohndiele mit offener Feuerstelle und die Kriechgeschosse, in denen die Kinder schliefen. Eines der Kinder war der unter diesem Dach geborene und später zum Dresdner Romantikerkreis um Caspar David Friedrich gehörende Maler Georg Friedrich Kersting (1785–1847), der Sohn des Amtsglasermeister Kersting. Als der Junge hier inmitten einer zahlreichen Geschwisterschar und unter mancherlei Entbehrungen aufwuchs, war das Haus in der Hollstraße Nr. 6 nur als „Bude" registriert. Von einem nachfolgenden Besitzer wurde es 1834 um- und ausgebaut und von zwei Familien als Wohnhaus mit Toreinfahrt genutzt. Nach einer umfassenden Restaurierung in den Jahren 1981 / 85 richtete die Stadt in allen Räumen ein stilles Museum für Kersting ein, in dem aber gleichzeitig interessante Ausstellungen zeitgenössischer Künstler wechseln.

In den 90er-Jahren wurde es leider für Besucher wieder geschlossen. Noch nicht museal kann das Haus in der Mühlenstraße 48 genutzt werden, dennoch ist es sehenswert, wie so manches historisch wertvolle Gebäude in der Gegend.

Von der Hollstraße gelangen wir nach wenigen Schritten über die Lange Straße, auf die an der ersten Ecke links einmündende Mühlenstraße. Einst verband sie den Marktplatz mit dem Mühlentor, hinter dem, außerhalb der Stadt, eine Papiermühle und zeitweise eine Sägemühle lagen. Zwar stoßen die Hinterhöfe und Gärtchen der Hollstraße an die der Mühlenstraße, aber in ihr hatten sich die besser betuchten Bürger niedergelassen, ihre Kinder krochen zum Schlafen nicht auf den Boden neben den Schornstein. Die meisten Häuser bezeugen ehemals gediegenen Reichtum und Stilempfinden: Wie etwa die Nr. 43, ein Barockgebäude, in dem noch um 1900 ein Schlachtermeister seine Spezialitäten feilbot (heute ein Wohnhaus); die Nr. 17, die, wie es eine schmiedeeiserne Jahreszahl an der Fassade verrät, 1607 errichtet, also aus der Renaissance stammt. Und ihr vis-à-vis, alle überragend, die bereits erwähnte Nr. 48, ein zweigeschossiger Backsteinbau mit hohen, getreppten dreigeschossigen Vorder- und Hintergiebel, beide mit Ornamenten verziert. Aus den Fenstern des Hintergiebels läßt sich vorzüglich das Schloß beobachten, ließen sich von dort und nach dort Signale geben.

Die einen nennen das Gebäude spätgotisch, andere rechnen es der Frührenaissance zu wegen des in einen Mauerstein gekratzten Datums: 1579. Unserer Aufmerksamkeit entgeht es gewiß auch deshalb nicht, weil in ihm von 1628 bis 1631 Wallensteins Statthalter Oberst Albrecht von Wengersky residierte und dafür sorgte, daß des Friedländers Befehle von den Güstrowern strikt ausgeführt wurden. Hausrat für Wengersky hatte die Stadt Güstrow zu liefern: Zinnteller, Kannen, Schüsseln, Becher, Leuchter und Confectschalen verlangte er. (Demzufolge hatte der ausquartierte Hausbesitzer sein Hab und Gut mitgenommen oder es genügte dem Herren Statthalter nicht.) Leuchter werden etliche nötig gewesen sein, nicht nur, um die Festtafel zu schmücken. Das große Haus wirkt heute noch finster, und wenn damals an ihm der Pestkarren vorüberrumpelte, wird Wengersky Tor und Fenster haben schließen lassen. Im Jahre 1628 „währte das Sterben dreiunddreißig Wochen."

Der Volksmund spricht heute von der Nr. 48 aber nur vom Derzschen Haus, nach einer Bierbrauerfamilie diese Namens.

Sollte hier zu Herzog Ulrichs Zeiten der berühmt-berüchtigte Kniesenack gebraut worden sein? Um 1900 unterhielt Herr Hansen eine Bairische Brauerei, wie alte Fotos belegen.

Der Güstrower Maler F. G. Kersting

Hans Platte

Das wenig umfangreiche Werk des mecklenburgischen Malers Friedrich Georg Kersting – zu Lebzeiten des Künstlers von führenden Leuten des Geisteslebens, darunter Goethe, hoch geschätzt – ist erst mehr als ein halbes Jahrhundert nach seinem Tode, durch die Vorbereitungen zur großen Jahrhundertausstellung in Berlin 1906, wieder in das Blickfeld eines breiteren Kreises von Kunstliebhabern gerückt. Alfred Lichtwark, dem diese Wiederentdeckung vornehmlich zu danken ist, schrieb 1905 über das Bild „C. D. Friedrich im Atelier" voller Begeisterung: „Der Künstler sitzt in seinem Atelier vor der Staffelei. In den grüngestrichenen, ganz schmucklosen Raum scheint durch das Fenster ein Himmel von solcher Kraft und Zartheit, daß ihn Friedrich selbst gemalt haben könnte."

Kersting ist 1785 in Güstrow geboren und dort 1847 gestorben, nachdem ihn ein vergleichsweise bewegtes Leben weit herumgeführt

hatte. Er kam schon in jungen Jahren in die Malerlehre und 1805 auf
die Kunstakademie in Kopenhagen, die in jenen Jahren für die Erneuerung der Malerei große Bedeutung hatte. 1808 ging er nach Dresden,
gehörte bald zum Kreis um den Maler und Arzt Dr. Carus und schloß
sich vor allem C. D. Friedrich (1774–1840) an, dessen Schüler und
Freund er wurde.

Die sorgsame, lasierende Maltechnik Friedrichs und seine gefühlshaf-
te Verlebendigung der geschauten Dinge scheinen Kersting dabei noch
unmittelbarer berührt zu haben als des Meisters naturhafte Symbolik,
die z. B. in dem Bild von Neubrandenburg erscheint: über den schwelen-
den Trümmern liegt noch der Schrecken der Brandnacht, aber die Strahlen der aufgehenden Sonne künden vom Morgen – von neuem Leben.

Die stille Intensität der Malerei Kerstings, in der eine stimmungs-
hafte Einheit von Mensch, Raum und Ding offenbar wird, läßt uns
kaum vermuten, daß ihr Autor, „der kleine Mecklenburger mit dem
großen Schnauzbart", in den Freiheitskriegen unter Lützow auch als
Offizier zu Ruhm und hohen Ehren gelangte.

Barlach in Güstrow

Paul Schurek

Nach Güstrow kam Ernst Barlach durch einen Zufall (seine Mutter
war nach dort gezogen und nahm seinen zweijährigen Sohn in Obhut)
und gerade im rechten Augenblick, so um 1910. Er war etwa 40 Jahre
alt, als er sich dort niederließ, nach langen Jahren des Suchens und Ir-
rens endlich seiner selbst gewiß. Sein großer Arbeitstag begann, der
knapp dreißig Jahre dauern sollte, und alles, das Gute wie das Schlimme, vollzog sich in diesem mecklenburgischen Landstädtchen, erst
mittendrin, später weiter draußen. Der Ort gefiel ihm in seiner Mischung von Stadt und Land: dieses geruhige Gassengespinst rund um
den Marktplatz mit der Pfarrkirche mittendrauf und den behäbigen
Bürgerhäusern im Kreise Arm in Arm. Er fühlte sich hier einem eigen-
brötlerischen Leben nahe, ohne allzusehr belästigt zu werden, abseits
vom Treiben der Welt und doch mit mannigfacher Anregung bedacht
und doch erwünscht ungeschoren.

Güstrow liegt eingebettet in eine Landschaft, wie sie Barlach zusag-
te: eine Variante seiner holsteinischen Heimat, von verwandter Herb-

heit, doch bewegter im Linienschwung, kühner, großartiger. Hier ließen sich die Abende und Sonntage mit langen Spaziergängen feiern, wie Barlach es gewohnt war, der das Gelände rings um seine Behausung seine „Wohnstube" nannte, so weit sein kräftiger Wanderschritt es abmaß. Barlachs erste Briefe aus Güstrow fließen über von Freudigkeit und Zuversicht: „Man hat wirklich Ruhe an diesem Ort! … Es kommt mir hier vor, wie einem Omnibuspferd auf der Weide! … Ja, das windige Wetter hier draußen ist mein Götterwetter, wenn die Wälder rauschen wie vor dreißig Jahren! … Die Türme von Güstrow, glockenweit entfernt, winken mit der Gebärde alter Bauten. Nein, diese Enge hier ist für mich keine!"

Hier fand Barlach die Modelle, die er brauchte, die Anlässe, die besonderen Fälle, Bilder für etwas, das in ihm drängte. „Ich kann mit gutem Recht von mir sagen", äußerte er, „ich habe meinen ganzen Krempel von der Straße geholt." Er griff zu und arbeitete heftig, erst in einer alten, zum Einreißen bestimmten Töpferwerkstatt, dann in einem Pferdestall, später in dem großen modernen Atelierhaus am Heidberg draußen. Die Hölzer „Ruhender Wanderer" und „Berserker" entstanden, der „Einsame", der „Wüstenprediger", der „Spaziergänger". Das Urbild des letzteren, so erzählte Barlach, war ein Landmann, der ihm in der Eisenbahn gegenübersaß, so dicht, „daß unsere Knie sich berührten; an Zeichnen war nicht zu denken. Es blieb mir nichts anderes übrig, als ihn so lange aufs Korn zu nehmen, bis ich ihn schließlich auswendig konnte". Noch heute sieht es in der Stadt so aus wie damals; man trifft Gestalten, wie sie in des Künstlers Dramen, barlachisch aufgerührt, ihr Wesen treiben. Manch einen ihrer Namen liest man noch heute auf Türschildern.

In Güstrow erlebte Barlach, nach kurzer Rekrutenzeit vom Kriegsdienst befreit, den Ersten Weltkrieg. Es wurde genug hier im abgelegenen Winkel davon spürbar; Barlach nahm es auf, es pflügte ihn durch. „Weltgeschichte brummt uns Aufgaben auf, daß es donnert und blitzt!" schrieb er in sein Tagebuch, „die Exempel sind nicht nach unserm Belieben ausgesucht, wir müssen sie durchholen." Er suchte sie auf seine Weise zu lösen, machte die allgemeine Not zu der seinen, schmolz um, was in ihn drang, und stellte es als Kunstwerk aus sich heraus. In härteren Tönen, schärferen Linien kam es nun ans Licht, vom „Ekstatiker", vom „Frierenden Mädchen" her, von den ersten Holzschnitten, die das Elend der Nachkriegszeit spiegeln – bis hin zu den Dramen, die das Ringen um Menschwerdung im Trubel der Zeit gestalten, zu den Kriegsmälern, die den Schrecken des Krieges unverbrämt zeigen und aufrufen zu seiner Überwindung.

*Ernst Barlach (1870–1938),
Selbstporträt*

„Stilisiertes Menschentum darzustellen", dies hatte Barlach als seine
Aufgabe schon vor dem Kriege bezeichnet (in einem Brief an Wilhelm Radenberg), „freilich scheint
mir für Plastik nur solches Menschentum in Frage zu kommen, das
ins Riesenhafte gesteigert ist,
durch Schicksal erschüttert
oder durch Selbstvergessen
außer sich gebracht, kurz,
irgendwie mit dem großen
Begriff ewig in Verbindung gesetzt, das bei aller Zeitbedingt-
heit aus der Misere seiner Zeit
herausgewachsen ist." Als „sehn-
süchtige Mittelstücke zwischen einem Woher? und einem Wohin?"
waren ihm seine Skulpturen wie auch die Helden seiner Dramen erschienen. Nun kam mehr und mehr ein erzieherischer Zug in sein
Werk, der auf innere Veränderung des Menschen ausging. „Denkt
daran, daß es so, wie es ist, trostlos mit uns aussieht, und rettet euch in
ein würdigeres Dasein!", so umriß er den Sinn seines Dramas „Der
arme Vetter". „Aber am Ende kommt es auf das Tun des Herzens an,
nicht auf sein Lassen." Barlach war im Grunde guter Hoffnung. „Es
steckt im Menschen viel mehr, als er weiß", schrieb er an seinen Vetter
Karl Barlach, „ich finde so viel Unerschöpflichkeit im besten Vermögen in meiner Rasse, daß ich meine, man muß Optimist sein."

Für diese inständigen Bemühungen erntete Barlach nun in zuneh-
mendem Ausmaß Gleichgültigkeit, Unverständnis, gelegentlich
auch Hohn und Spott. Nach 1933 trat man ihm dann mit feindlicher
Gewalt entgegen, brandmarkte sein Werk amtlich als „entartet", entzog es nach und nach der allgemeinen Zugänglichkeit und zerstörte
es zum Teil. Diese Angriffe trafen Barlach im Kern seines Wesens.
Wer ihn damals besuchte, fand ihn von Jahr zu Jahr schärfer gezeich-
net vom Leid. Sein trotziger Wille aber und seine Kraft entfalteten
sich jetzt zur höchsten Macht. Alle Mißhandlungen, alle Schmähun-
gen beantwortete er mit neuer Arbeit. Als ihm das Magdeburger
Kriegsmal aus dem Dom genommen wurde, schuf er den „Fries der
Lauschenden", ein Werk voll schwebender Leichtigkeit bei aller Her-
be, voller Gelassenheit und verhaltener Heiterkeit. Als man seine
Holzgruppe „Das Wiedersehen" aus dem Schweriner Museum ver-

Ernst Barlach,
Der Schwebende, 1927

bannte, da schlug er die, „Bettlerin mit Kind" aus flammendrotem Teakholz. Als man die von Piper noch mutig herausgebrachten „Zeichnungen" beschlagnahmte, da schnitzte er den „Flötenbläser". Als dann, im schlimmen Jahr 1937, der Kieler „Geistkämpfer" von seinem Platz entfernt, der Güstrower „Schwebende" abgerissen, das Relief am Hamburger Gefallenenmal abgebrochen wurde, da meißelte er die „Frierende Alte" aus dem Holz und die „Lachende Alte" und den „Zweifler", dem er sein Gesicht gab. Jedem Nein von außen setzte er sein Ja entgegen.

Als ihm das Werkzeug zu schwer wurde in der Hand, da nahm er die Feder und schrieb. Solche Worte schrieb er in dieser letzten Zeit: „Das Höchste wird sein, zu erfahren, daß alles gegenwärtige Leid kein Leid war. Und dieses Höchste zu gewinnen, bedarf es keines Wartens. Dazu, daß es geschehe, genügt der Entschluß der Gewißheit. Und dieser Entschluß kann vor Ablauf der nächsten Minute vollbracht werden. Er sei hiermit vollbracht – und so bin ich in dieser Minute des Höchsten teilhaftig geworden."

Und als ihm die Feder zu schwer wurde, da legte er sich hin und starb. Am 28. Oktober 1938 wurde er in Ratzeburg begraben, auf seinen Wunsch jenseits der Grenze Mecklenburgs, an der Seite seines Vaters.

Sein Werk aber begann jetzt erst recht zu leben. Wer heute nach Güstrow kommt, findet es leichter als früher und in herrlichen Stücken: bei Friedrich Schult im großen Atelierhaus, das nun Museum ist, und bei Marga Boehmer im feierlichen Raum der Gertrudenkapelle. Er findet auch den „Schwebenden", neu gegossen, wieder im Dom und einen Abguß vom Marburger Christus dazu und draußen rundherum unzerstört die alte, schöne Stadt, in der Barlach so glücklich war und danach so elend.

Taufe in Dobbin

Jürgen Borchert

Auf dem Gut Dobbin, das zu Pastor Bruno Theeks Pfarrbezirk gehört, hat kürzlich der holländische Prinzgemahl Heinrich von Mecklenburg nach erfolgreicher Vernichtung seines Vermögens, seiner Leber und einiger Hektoliter Kornschnaps seinen Geist aufgegeben, und seine Frau, die Königin Wilhelmine der Niederlande, hat wirklich keine Lust, die Saufschulden ihres nach Mecklenburg verbannten, weil bei Hofe nicht vorzeigbaren Gatten, zu bezahlen. Also kommt das Gut unter den Hammer. Und weil der obenerwähnte Herr Reichsstatthalter und Gauleiter Friedrich Hildebrandt, Hitlers Stellvertreter in Mecklenburg, schon lange überlegt, wie er seinem Intimus, dem Geldgeber Hitlers und allgewaltigen Gründer der Royal Dutch Shell Corporation, dem Ölkönig Deterding, einen Gefallen tun kann, läßt er [1935] kurzerhand für eine runde Million das Gut ersteigern und jagt mit nackter Gewalt andere Interessenten aus dem Felde: den Herrn von Flotow, der Geld genug hat, um höher bieten zu können, läßt er ohne viel Federlesens aus nichtigen Gründen festnehmen und „auf der Flucht erschießen".

Nun müssen wir uns aber ein Bild machen von diesem Hildebrandt, dem Chef des Gaues Mecklenburg: Ein stämmiger, fast bulliger Kerl, prall in einer Uniformjacke, steht hinter einem Tisch aufgebaut, in seinem Rücken ist ein Stück Hakenkreuzfahne zu sehen, auch die Armbinde zeigt das Spinnenkreuz her, und dieser Kleinkaiser blickt aus seinen germanischen Augen trotzig in die tausendjährige Zukunft. Schlips mit goldenem Parteiabzeichen, Sturmriemen, paar Orden, Koppel ins fünfte Doppelloch geschnallt, Schlächterpfoten, die brutal aus den zu kurzen Ärmeln auf die Tischplatte hängen. Und natürlich ein Adolfsbärtchen, ein gekerbtes Kinn und äußerst kurze Haare. So steht Sir Henris mecklenburgischer Freund da, bieder, primitiv und dumm. Diese Mischung ist die gefährlichste, wenn sie zur Macht kommt.

Deterding also erwirbt durch seinen Strohmann Hildebrandt das Gut Dobbin weit unter Wert, Milliardäre sind sparsam. Mit seiner dritten Frau kommt er, um sein neues Besitztum kennenzulernen. Die Frau kriegt ein Kind, der Magnat will taufen lassen, dazu braucht er einen Pastor, der zuständige Pastor heißt Theek.

„Wen haben Sie zu Paten gewählt?"

„Herrn Reichsstatthalter Hildebrandt und Herrn Kreisleiter Wilcken."

„Diese Herren muß ich ablehnen; ihre Weltanschauung gibt nicht die Gewähr, daß sie ihre Aufgaben als Paten im Sinne der christlichen Lehre erfüllen werden."

Deterding mag gespürt haben, daß hier durchaus nicht alles mit seinen Milliarden gekauft werden kann; vielleicht imponiert ihm sogar die furchtlose Haltung dieses Pastors Theek. So werden also andere, unverfänglichere Paten benannt, für Sir Henri ist die Sache so wichtig auch wieder nicht. Für den fetten Friedrich schon eher: eitel, wie alle Dummen mit Macht, wäre er doch gar zu gern zu dem reichsten Mann Europas in eine Art Verwandtschaft getreten – das verdorben zu haben muß diesem roten Pfaffen heimgezahlt werden. Und zu dessen Nachteil kommt es noch viel schlimmer.

Als nämlich am nächsten Tage die Taufhandlung in der alten Dorfkirche zu Dobbin beginnen soll, die anwesende Gemeinde sich, wie es seit Jahrhunderten Brauch ist, schweigend von den Bänken erhebt, der Pastor schon die Hand mit dem Wasser benetzt hat, tritt eine Pause ein, eine Unterbrechung, eine Fraktur, für ein paar Sekunden steht die Geschichte still. Geist und Macht stoßen zusammen.

Deterding, mit seinem Taufkind auf dem Arm, starrt unseren Pastor fragend an, es ist totenstill in der Kirche.

„Warum taufen Sie nicht?"

„Ich kann die heilige Handlung erst vollziehen, wenn die *ganze* Gemeinde sich erhoben hat."

Breitbeinig und selbstgefällig sitzt Hildebrandt zwischen den Stehenden.

Deterding flüstert auf ihn ein, schließlich erhebt sich, sehr widerwillig, auch der Herr Obergauner, und Theek kann taufen. Noch einmal, vielleicht ein letztes Mal für lange, hat der Geist über die Macht gesiegt.

In Dobbin saßen seit 1347 die Barold, die 1714 eine bis 1760 tätige Glashütte hier einrichteten. Für wenige Tage Ende April/Anfang Mai 1945 war Dobbin Sitz des Oberkommandos der deutschen Wehrmacht, ehe es nach Plön verlegt wurde. – Weiter erwähnenswert im Güstrower Umland sind das am nach ihm benannten, sechzehn Quadratkilometer großen See gelegene Krakow, Kurort seit 1956, Laage mit einer Backsteinkirche des 13. Jahrhunderts, ehemals Sitz einer Wendenburg und später ein Zentrum des Kornhandels, und Rossewitz mit einem stattlichen Renaissanceschloss, erbaut durch C. P. Dieussart.

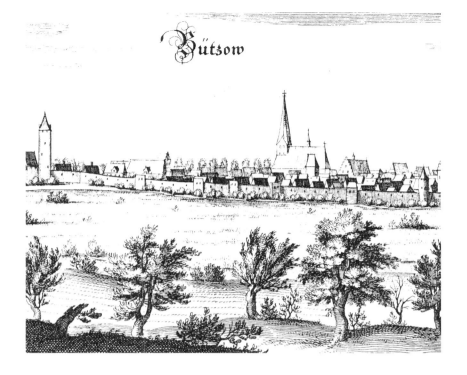

Bützow ist eine freundliche Stadt ...

Aus einer Broschüre unserer Tage

Bützow ist eine freundliche Stadt mit großer Vergangenheit und liegt reizvoll auf einer durch die Warnow und den Bützower See gebildeten Insel.

1229 wurde Bützow erstmals urkundlich erwähnt und war jahrhundertelang Hauptresidenz des Bistums Schwerin. Die Geschichte und die Entwicklung der Stadt sind in besonderer Weise mit dem Schloß verbunden. Aus der im 13. Jahrhundert errichteten Burg ging das Schloß hervor. Mitte des 16. Jahrhunderts hat man das Schloß zum Renaissance-Schloß umgebaut. Die Gesamterscheinung ist durch die Renovierung aus dem anfänglichen 20. Jahrhundert geprägt. In der ehemaligen kreuzrippengewölbten Kapelle befindet sich heute ein Heimatmuseum. Das Schloß war bis 1540 Bischofssitz und danach Witwensitz der Herzogin Sophie-Charlotte.

1760–1789 nutzte die Friedrichs-Universität zu Bützow die Räume, und von 1812–1879 beherbergte das Schloß das Kriminal-Kollegium, die oberste Untersuchungsbehörde des Landes in allen Kriminalfällen.

Die Stiftskirche St. Elisabeth, eine dreischiffige Hallenkirche aus Backstein mit Binnenchor, Chorumgang mit Kapellenkranz und vorgesetztem W-Turm, wurde in mehreren Etappen errichtet. Ihre Bauzeit erstreckt sich vom mittleren 13. Jahrhundert bis etwa um 1400. Bemerkenswerte Teile im Inneren sind der spätgotische Flügelaltar (1503), die Renaissancekanzel (1617), die bronzene Fünte (1474), sowie die Sonnenuhr an der Südseite (1785). Von dem 74 m hohen Turm hat man einen herrlichen Blick in die Umgebung.

Das Rathaus ist ein imposantes, im Stile der Tudorgotik errichtetes Gebäude (1848). Zur Erinnerung an Bützows Vergangenheit als Bischofssitz wurden die Ziertürmchen mit Bischofsmützen gekrönt.

Fünte: Taufbecken.

Aufruhr in Bützow

Wilhelm Raabe

In die deutsche Literaturgeschichte hat Bützow Eingang gefunden durch ein kleines Werk des Niedersachsen Wilhelm Raabe (nicht zu verwechseln mit dem gleichnamigen mecklenburgischen Lokalhistoriker), der in „Die Gänse von Bützow" humorig ein Ereignis aus dem Jahre 1794 schildert: Der dortige Magistrat hatte Anstoß daran genommen, dass die Gänse im Ort frei herumlaufen durften, und folgende Verordnung erlassen:

„Wasmaßen der Gänse Geschrei und ärgerlicher Unfug, Gackeln, Zischen, Strohabfressen von Pumpen und Brunnen von Tag zu Tag

überhand nehmen und insupportabel zu werden den Anschein bei allen wohlmeinenden und ruhigen Bürgern und Insassen dieses Weichbildes zu Bützow gewinnen, hat ein wohllöblicher Magistrat unter heutigem Dato beschlossen und publizieret anhiedurch, wie folget:

Pro primo, es soll niemandem, es sei Mann oder Weib, hinfüro vergönnet sein, seine Gans zum öffentlichen Schaden und Ärgernis frei nach ihrem tierischen Willen laufen zu lassen in den Straßen; Kehrwiedern, auf den Plätzen und Gängen, es sei denn, der Gänsehirt oder Junge führe und leite sie, wie es mit seiner Pflicht zu verantworten steht.

Pro secundo, es soll jedermann, es sei Mann oder Weib, vergönnet, gestattet und zugelassen werden, wie es von alters her Gebrauch ist, nach seinem oder ihrem Gebrauch, Nutzen, Umständen und Willen Gänse zu halten, Eier legen zu lassen, auszubrüten, zu schlachten und rupfen, in Ställen oder umschlossenen, wohl verwahrten Hofräumen, und niemand soll ihn oder sie hiebei in seinem oder ihrem guten Recht kränken, stören, hindern und vergewaltigen.

Pro tertio, es soll einem jeglichen, es sei Mann oder Weib, freistehen, seine oder ihre Gänse den Tag über einmal zum freien Wasser zu treiben und treiben zu lassen, und soll ihn oder sie auch hiebei niemand kränken und hindern.

Pro quarto, es soll hiemit eine städtische Polizei angewiesen sein, ein scharfes Auge zu haben auf jeden übelwollenden, ungehorsamen, nachlässigen Übertreter, es sei Mann oder Weib, und wird unserm Stadtknecht, Ausrufer und Viertelsmann Grävedünkel aufgetragen, jegliche ohne Aufsicht und Führung umherlaufende Gans ohne Ansehn der Person aufzugreifen, sei es mit Gewalt oder List, sie in den Pfandstall zu treiben und zu inhaftieren bis auf weitere Verfügung und rechtlichen Spruch.

Also beschlossen und publizieret – Bützow, am Donnerstag, den fünften November siebenzehnhundertvierundneunzig.

Dr. Hane, pro tempore
Bürgermeister

Es kommt hierüber zu einem gewaltigen Aufruhr, auf den (zumindest in Raabes Darstellung) auch das Gedankengut der etwa gleichzeitigen französischen Revolution sich auswirkt. Zu dessen Unterdrückung ruft der Bürgermeister aus Schwerin eine Abteilung Husaren herbei, doch kommt alles noch zu einem halbwegs glimpflichen Ende:

Herzogliche Justizkanzlei zu Schwerin hat aber weder auf den Justizrat noch auf den Sophokles etwas gegeben, sondern hat den Schneider Schmidt mit Zuchthaus zu einem halben Jahr begnadigt, den Sattler Scherpelz, den Schuster Haase und Fuhrmann Martens zu vierwöchentlichem Gefängnisse bei Wasser und Brot, „mit Verstattung warmer Speisen um den andern Tag" grausam kondemniert, endlich sieben andere Bürger vierzehn Tage lang ins Loch setzen wollen. Es sind auch die elf Condemnati eine geraume Zeit im Loche gehalten, aber es hat doch allmählich ein immer deutlicher Gemurmel gegen den hochlöblichen Magistrat gegeben, und hat der Defensor ihn, den Magistrat zu Bützow, sogar ex lege diffamari belangen und ihn als einen verdächtigen Richter perhorreszieren wollen. Sind also auf allerhöchsten Spezialbefehl Serenissimi die Akten an eine hochgelahrte und hochpreisliche hallische Juristenfakultät abgegangen, und hat dieselbe wegen Unzulänglichkeit der Beweismittel nichts von Zuchthaus und Gefängnis wissen wollen und die Inkulpaten nur in die Kosten des Prozesses und der geführten Verteidigung verurteilt.

Insupportabel: unerträglich; publizieret: veröffentlicht; pro primo, pro secundo, pro tertio, pro quarto: erstens, zweitens, drittens, viertens; Kehrwieder: Sackgasse; vergewaltigen: mit Gewalt an sich reißen; pro tempore: zur Zeit; Kondemnieren (lat.): verurteilen; Condemnati: Verurteilte; Defensor (lat.): Verteidiger, Anwalt; ex lege diffamari: durch die Negierung des gegnerischen Rechtes; perhorreszieren: zurückweisen; Serenissimus (lat.): Seine Durchlaucht; hochgelahrt: hochgelehrt; Inkulpaten (lat.): Angeklagten.

Die werlesche Burgstätte bei Wiek, unweit Schwaan

Albert Niederhöffer

Die berühmte uralte, noch aus grauer Heidenzeit stammende, mecklenburgische Fürstenburg Werle erhob sich südlich von Schwaan, an dem Ufer der Warnow, auf der Feldmark des jetzigen Dorfes Wiek, und zwar auf der Stelle, die noch heute von den Leuten „auf dem Wall" genannt wird. Es ist dies ein ziemlich bedeutender fester Erdwall, der, wie fast alle alten Burgwälle aus der Wendenzeit, hier im Wiesengrunde, künstlich aufgetragen worden ist. Außer diesem alten Burgwalle ist nichts mehr von der einst so starken und mächtigen Fürstenfeste sichtbar; ein seit 1855 auf der höchsten Erhebung des Walles errichteter kolossaler Granitblock mit der einfachen Inschrift „Burg Werle" erinnert jetzt aber den vorüberziehenden Fremden an die Wichtigkeit dieses ehrwürdigen Ortes.

Eine 1229 von Niclot IV. gestiftete Nebenlinie des fürstlichen Hauses Mecklenburg, der das Fürstenthum Wenden, wozu auch die Burg Werle gehörte, zufiel, nahm zu dem ihr zustehenden Titel „Fürsten zu Wenden" auch noch nach dieser alten Feste ihrer Ahnen den Titel „Herren zu Werle" an und führten ihn bis zu ihrem Erlöschen im Jahre 1436, wo Fürst Wilhelm, der Letzte des Hauses Werle, zu seinen Vätern hinüberging.

Hier auf Burg Werle residirte auch jener unglückliche Fürst Heinrich I. von Werle-Güstrow, der von seinen eigenen ältesten Söhnen, Heinrich II. und Niclot V. 1291 gemordet wurde, hauptsächlich wol aus dem Grunde, weil ihr alter Vater nach dem Tode ihrer Mutter eine zweite Ehe geschlossen hatte, wodurch sie eine Schmälerung ihres Erbes fürchteten. Auch hat Niclot – setzt die Sage hinzu – ein verbotenes Verhältniß mit seiner Stiefmutter gehabt, bei dessen endlicher Entdeckung er arg von seinem Vater gezüchtigt worden ist, wofür er diesem denn fürchterliche Rache geschworen, sich mit seinem ältesten Bruder verbunden und mit ihm den Vater meuchlings auf der Jagd umgebracht hat.

Schwaan und die „Schwaaner Kuchen"

J. G. C. Ritter / A. C. F. Krohn

In der Zeit, als die heidnischen Wenden noch unser Land bewohnten, verehrten sie die Siwa, die Göttin der Fruchtbarkeit, hauptsächlich an dem Orte, wo jetzt die Stadt Schwaan liegt, welche von dieser Gottheit ihren Namen führt und noch in alten Urkunden Siwan heißt. Auf der einen Seite fließt die Warnow in ihrem breiten Wiesenbett vorüber, an der andern Seite liegt der Krützensee. […]

Kaum erfuhren die Bäcker in den umliegenden Städten, wie traurig es in Rostock nach der großen Feuersbrunst von 1677 stand, als sie sich auch schon beeilten, den so schwer Heimgesuchten Mundvorrath zuzuführen, und so wenigstens in etwas ihre große Noth zu lindern. Die ersten, welche kamen, waren die Schwaaner, vielleicht weil ihre Stadt die nächste war.

Hatten nun die Schwaaner in echt christlicher Weise ihren bedrängten Nachbarn zur Zeit der Noth beigestanden, so wollten diese es auch wiederum nicht unterlassen, auf irgend eine Weise ihren Dank zu bethätigen, und so erlaubte man ihnen denn, was man sonst Keinem vorher noch nachher gestattet, alljährlich einmal mit solchem Weißbrod nach Rostock zum Verkauf zu kommen, als sie es zur Zeit der Feuersbrunst dorthin gebracht hatten.

Dies geschah denn auch, und zwar am Gründonnerstage.

Indem man den Schwaanern diese Vergünstigung zugestand, wollte man gewiß auch das Andenken an ihre helfende Liebe unter den Nachkommen erhalten. Aber, wie das so geht, der Mensch hat in Bezug auf empfangene Wohlthaten von Haus aus ein schlecht Gedächtniß und ist meist angst, daß er, was das Danken anlangt, zu viel thut; und es scheint auch bei den Rostockern in diesem Punkte nicht viel besser bestellt gewesen zu sein, wenigstens erschwerte man den guten Schwaanern die Ausübung der ihnen gewordenen Vergünstigung durch allerlei Förmlichkeiten dermaßen, daß man allem Anscheine nach ihnen die Sache so bald als möglich verleiden wollte. Es war nicht genug, daß sie nur an einem bestimmten Tage erscheinen durften, sie durften sich auch nicht früher als am Gründonnerstage selbst mit ihrer Waare in der Stadt sehen lassen. Zu dem Ende mußten sie in einem Wirthshause vor der Stadt übernachten, wenn sie schon am voraufgehenden Abend anlangten, und dort bis zum Morgen warten. Schlag sechs Uhr war die Zeit, wo sie einpassiren durften. Dann erwartete sie einer der Gewettsdiener am Steinthore und visitirte ihre Pässe. Waren diese richtig befunden, so konnten sie ungehindert in die Stadt einziehen; mußten sich aber gleich nach dem Markte zum Verkauf ihres Brotes begeben. Da konnten sie denn so gut handeln, als es gehen wollte. Zu Mittag mußten sie aber schon wieder den Markt räumen und mit dem Schlage Zwölf aus der Stadt sein. Auch hierauf hatte der Gewettsdiener genau zu achten und den etwaigen Uebertretern dieses Gebotes ihre Waaren abzunehmen.

Die Schwaaner ließen sich aber durch dergleichen nicht in der Ausübung ihres wohlerworbenen Rechtes irre machen. Die dortigen Bäcker schickten vielmehr fortan regelmäßig ihre „schwaanschen Kuchen" nach Rostock zu Markte, damit nicht durch Nichtausübung diese ihre alte Gerechtsame verjähre. Die rostocker Bäcker hingegen traten den schwaanern gegenüber bald als Concurrenten auf, indem auch sie anfingen, am Gründonnerstage schwaansche Kuchen zu backen und in ihren Häusern feil zu bieten.

Gewettsdiener: Polizist; Gerechtsame: Recht.

Der Steintanz bei Boitin unweit Bützow

F. Schwenn zu Ludwigslust

Geht man auf der Landstraße von Zernin nach Boitin, so kommt man nach einer Wanderung von einer halben Stunde in einen großen Buchenwald, der in Form eines Halbmondes die üppigen Kornfelder mit einem grünen Rahmen umgiebt. Ungefähr zwanzig Schritte vom Saume des Waldes führt ein Fußsteig von dem eigentlichen Wege ab, rechts in das Gebüsch. Verläßt man die Landstraße und folgt den Windungen dieses Pfades, so kommt man nach einer Viertelstunde an das Ufer eines kleinen Waldsees, in dessen blauen Fluthen sich die nahestehenden Bäume spiegeln. Jetzt wird der schmale Steig zu einem breiten Waldwege, an dessen beiden Seiten hohe Buchen stehen. Der Weg führt eine sanfte Anhöhe hinauf. Auf derselben erblickt man, unter gewaltigen, mit Moos und Schorf bedeckten Buchen, mehrere gro

Wismar um die Mitte des 17. Jahrhunderts (M. Merian)

ße Steine, welche in drei Kreisen herumstehen oder liegen. Ein kleiner Graben ist um die Steinkreise gezogen. In jedem Kreise mögen sich etwa neun Steine befinden. Unter den Steinen des äußern Kreises ist einer, der mit einem Auftritte versehen ist, und daher mag es kommen, daß man ihm den Namen der Kanzel gegeben hat. In dem einen Kreise liegt ein platter Stein mit dreizehn eingegrabenen, viereckigen Löchern, den man die Brautlade nennt.

Es ist wohl mit Gewißheit anzunehmen, daß die Steine Ueberreste gottesdienstlicher Heiligthümer sind, und die alten Wenden hier ihren Göttern geopfert haben. Der angeführte Stein des inneren Kreises zeugt am meisten für diese Annahme, denn man erkennt auf den ersten Blick, daß der Stein einst zum Opferaltar gedient hat, und die Löcher in demselben sind wahrscheinlich zum Auffangen des Blutes bestimmt gewesen.

400

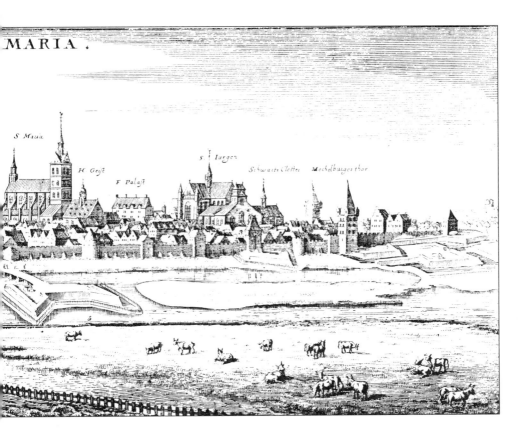

Wismar

Ricarda Huch

Es wird Abend, und das Boot nähert sich der Küste. Graue Wolken haben sich gesammelt und die Inseln hinter mir verschlungen, in der
Nacht wird es regnen; die Bootsleute halten inne, lassen das Wasser
von den Rudern tropfen und blicken gedankenlos auf die Stadt, die
aus dem Meere steigt. Seltsames Bild, wie hingemalt von den Fingern
eines Träumenden an den Horizont. Die allzu hohen Türme, die an-
einandergedrängten Dächer haben nichts Körperliches, und der kühle Hauch, der von der Erscheinung ausgeht, kündet Geisternähe an.
Ist das Vineta, von der die Chroniken dunkel berichten? Hat die
schaurige Stunde geschlagen, in der, einmal vielleicht in hundert Jahren, das Begrabene und Versunkene auftaucht? Ja, aus dem Meere

401

kommt diese Fabelstadt, eingehüllt in die Feuchte der unerforschten Tiefe, die das Glutrot ihrer Steine dämpft. Kein Lärm dringt aus den Gassen oder vom Hafen her, wo es sonst in Seestädten so ausgelassen zugeht; diese Häuser scheinen von lautlosen Tränen überströmt zu sein. Ein altes Tor mit hochgerecktem Stufengiebel winkt zum Eintritt; darf man ihm trauen? Was geschieht dem Lebendig-Sterblichen, der den Zauberkreis betritt? Es scheint plötzlich, als sei das Tor ein garstiger Kobold mit äffender Fratze. Rieselt und rauscht es nicht dahinter? Vernahm ich nicht ein grelles, klirrendes Geschrei und dazwischen süße Akkorde, wie wenn Meerweiber sich vergnügten? Sie locken die Irdischen in die tote Stadt, und um Mitternacht müssen sie mit ihr hinunter, den gefräßigen Fischen zur Beute.

Erklärt sich die Schwermut, die über Wismar liegt, nur aus dem Verfall einer einst blühenden Stadt? Oder verbirgt sich ein Geheimnis ihrer Geschichte dahinter? Und wie kommt es, daß eine Stadt, die sich einmal so reich und mächtig darstellen konnte, so verkümmerte? Die Geschichte zeigt sie uns als von Anfang an im Besitz der mecklenburgischen Herren wendischen Ursprungs, die durch Kaiser Karl IV. in den erblichen Reichsfürstenstand erhoben wurden.

Die deutschen Ansiedler, namentlich Friesen und Westfalen, die den Ort bevölkerten und rasch zur Blüte brachten, suchten sich der Landesherren nach Möglichkeit zu erwehren. Während Herzog Heinrich der Pilger im Heiligen Lande verschollen war, zog der Rat von Wismar nicht nur eine Mauer um die Stadt, sondern auch eine zwischen der Stadt und der Burg, wo die Herren residierten, sie von der Stadt gleichsam ausschließend. Als nun Herzog Heinrich nach mehr als zwanzigjähriger Gefangenschaft aus dem Morgenlande heimkehrte, war er darüber sehr ungehalten, und es entspann sich ein Streit, der durch Lübecks Vermittlung in der Weise beigelegt wurde, daß Wismar dem Herzog seine Burg abkaufte, ihm aber eine andere zwischen den Kirchen Marien und Georgen baute. Die Stadt bedang sich aus, daß die Burg nie befestigt werde und daß Verbrecher kein Asyl dort finden noch Bürger der städtischen Gerichtsbarkeit entzogen werden dürften. An Stelle der neuen gotischen Burg errichtete Herzog Johann Albrecht I. zur Feier seiner Hochzeit im Jahre 1555 einen Renaissance-Bau, den Fürstenhof. Der Herzog war ein Liebhaber der Baukunst und insbesondere der Renaissance; er bekümmerte sich eingehend um das neue Werk und ließ sogar ein Franziskanerkloster in Schwerin abtragen, um die Steine dazu zu benutzen. Den berühmten Leiter der größten Formziegelei in Lübeck, Statius von Düren, bewog er, seine Tätigkeit dem Schloßbau in Wismar zu widmen. Der Längsbau mit stattlichen Portalen, reich dekoriert mit

Faunen, Girlanden, Fruchtkränzen, Cäsarenköpfen und einem den Trojanischen Krieg darstellenden Fries verrät mehr den deutschen Charakter der Erbauer als den des italienischen Musters. Durch neuere Wiederherstellung ist die Ursprünglichkeit des alten Baus mißverständlich ausgeglättet.

Gegen das Ende des 14. Jahrhunderts brachte Wismar wesentliche Regierungsrechte an sich, nämlich die Vogtei, das Gericht und die Münze; obwohl es sie nur pfandweise erwarb, hat es sie doch 500 Jahre, bis zum Ende des 19. Jahrhunderts, behalten. Ebenso glückte die Ausschaltung der Geistlichkeit. Der Bischof von Ratzeburg, zu dessen Diözese Wismar gehörte, mußte auf das Patronatsrecht der Schulen verzichten, das ein Herzog ihm schenkte, nachdem dessen Mutter es bereits dem Rat von Wismar abgetreten hatte. Ferner erhob der Rat zum Gesetz, daß weder ein Bischof noch eine geistliche Bruderschaft noch irgendein Geistlicher eine Wohnung in der Stadt kaufen oder sonst erwerben dürfe, und die Klöster, die damals schon Höfe in Wismar besaßen, mußten sich verpflichten, keinen Herren, Ritter oder Verdächtigen zu beherbergen, und wenn sie verkauften, es nur an Bürger zu tun.

Im Jahre 1259 schlossen Lübeck, Rostock und Wismar das denkwürdige, gegen Seeräuber gerichtete Bündnis, das ein Ausgangspunkt der Hanse wurde. Innerhalb der Hanse gehörte Wismar zu den wendischen Städten, von denen es die schwächste war. Der Wohlstand der Bürger, der eine Zeitlang bedeutend war, beruhte auf der Schiffahrt, auf der Brauerei und der damit verbundenen Böttcherei, auf der Wollenweberei; auch Ackerbau wurde betrieben. Der Handel beschränkte sich hauptsächlich auf die Ausfuhr des Bieres und auf die Einfuhr von Heringen; soviel wie möglich blieben Erzeuger und Verbraucher in unmittelbarer Beziehung.

Der wirtschaftliche Niedergang um 1500 betraf alle Städte, Wismar aber besonders durchgreifend und unaufhaltsam. Die Brauerei, die, was die Häufigkeit des Brauens und den Verbrauch an Malz betraf, von der Obrigkeit abhing, wurde um die Mitte des 15. Jahrhunderts von 182 Bürgern betrieben, gegen Ende des 17. Jahrhunderts noch von 85, am Ende des 18. Jahrhunderts noch von acht Bürgern; jetzt ist sie ganz eingegangen. Ebenso ging die Wollenweberei zurück. Unter schwedischer Herrschaft litt Wismar sehr unter Kriegen, um endlich durch den Siebenjährigen Krieg völlig ausgesogen zu werden. Allmählich beginnt es wohl, seine Verarmung zu überwinden, aber nicht die Schwermut seiner Erscheinung.

Mehr als die Daten der Geschichte verraten uns Wismars Bauten über sein Schicksal. Gewaltig ragen die drei Hauptkirchen aus der

Stadt empor, St. Marien und St. Georg in der Nähe des Marktes, St. Nikolaus am Hafen, dem Patron der Schiffer geweiht. Herausfordernd hingeworfen, wie um sich untereinander und alle Kirchen der Nachbarorte zu übertrumpfen, deutet ihr Übermaß um so mehr auf unbeherrschten Übermut, als Wismars Reichtum und Stellung so stolzen Plänen nicht entsprach. Sie erwecken den Gedanken an sagenhafte Städte, deren Bewohner frevelmütig ihre Straßen mit Gold deckten, bis der Zorn Gottes sie schlug und in Berg oder Meer versenkte. Turm und Chor der Ratskirche St. Marien beherrschen den Markt, obwohl sie etwas abseits davon liegt. Umgeben von der malerischen Gruppe der Pfarrei und anderen alten Bauten, tritt der gotische Backsteinbau dem Näherkommenden überraschend entgegen. Seine Einfachheit bei allem Zierat farbiger Glanzziegel, Bänder und Fialen macht, daß die architektonische Idee packend und interessant wie das Skelett eines riesigen Urgeschöpfes hervortritt. Vom Markt aus muten die auf den Chor gestützten Strebepfeiler an wie die Beine einer versteinerten Riesenspinne. Wohltuend ist die sanftglühende Farbe des Backsteins im Innern, das dadurch, trotz der großen Verhältnisse, nicht kalt und leer wirkt. Der Umstand, daß, wie in allen Kirchen nordischer Seestädte, der Boden mit Grabplatten bedeckt ist, läßt uns ihre Bedeutung für die damaligen Menschen nachfühlen. Die Namen der Geschlechter, unter denen oft das Bild eines Schiffes eingegraben ist, haben für uns einen fernher rauschenden, seltsamen Klang; damals, so klein wie jene Städte waren, riefen sie Wohlbekannte: Brüder, Freunde, Feinde, Nachbarn ins Gedächtnis. Die Kirche war der Friedhof, die Stätte der ewigen Ruhe und der dereinstigen Auferstehung; an das Mysterium des unentrinnbaren Todes knüpfte sich die frohe Botschaft des unsterblichen Gottes und seiner Himmel voll ewigen Lebens. Sie war das Haus Gottes und das Haus aller, eines jeden Bürgers zweites Haus neben dem vergänglichen, das er nur flüchtig besaß, das, wo er bis zum Jüngsten Tage ruhen würde. Grabsteine und Epitaphien erfüllen die weite Halle, besonders die Zeit des Barock weiß eine Fülle von Symbolen, Engel, Posaunen, Lanzen, Trommeln, Blumen und Früchte, zu prächtig dekorativen Werken der Kleinkunst zu verschlingen. Zwei bedeutende Grabmäler aus verschiedenen Jahrhunderten bewahrt die Marienkirche: die Bronzefigur der Herzogin Sophie, die an Werke des Vischer erinnert, und die in Holz geschnittenen und bemalten Figuren an dem des schwedischen Generals Wrangel und seiner Frau. Durch ein überreich verziertes, reizendes Barockportal, das die Grabkapelle abschließt, sieht man die auf hohem Unterbau zunächstliegende Gestalt des Mannes und sein Gesicht im Profil,

Wismar, Marienkirche und Fürstenhof

scharfgeschnittene, imponierende Züge. Das Ganze übt die eigenarti-
ge Wirkung aus, die die zugleich naturalistische und stilisierte Kunst
des Barock hervorbringt.

Die Georgskirche liegt der Marienkirche überraschend nah. Bei einer Erweiterung der Stadt nach Westen wurde das Hospital für die
Aussätzigen, das in Wismar, wie in jeder mittelalterlichen Stadt, vor
den Toren lag, in das Gebiet innerhalb der Mauern einbezogen und
mußte weiter hinaus verlegt werden. Das alte wurde abgebrochen,
und da man die geweihte Stelle nicht zu weltlichen Zwecken gebrauchen mochte, errichtete man darauf die Kirche für die neue Stadt. Die
Leprosenhäuser waren fast immer dem heiligen Georg geweiht; so
wählte man ihn auch zum Patron der neuen Kirche. Die, welche wir
jetzt sehen, stammt aus dem 15. Jahrhundert; von der um hundert Jahre früher erbauten ist der Chor stehengeblieben, da die Mittel, das in

ungeheuren Maßen angelegte Gebäude zu vollenden, der verarmenden Stadt ausgingen. Anstatt des Turmes, auf den ebenfalls verzichtet werden mußte, sitzt auf monumentalem Unterbau ein mit scharfer Kappe gedecktes Geschoß, das sich nur wenig über die Höhe des Daches erhebt. Der verhältnismäßig kleine Chor und das Fehlen des Turmes lassen den Rumpf des Kolosses desto gewaltiger hervortreten. Das Kircheninnere ist besonders schön bewegt und die Ausstattung reich. Die Wände weisen zum Teil Malerei auf: die beiden Titularheiligen St. Georg und St. Martin auf weißen Pferden, der eine den Drachen tötend, der andere seinen Mantel mit dem Bettler teilend. Über einem reichgeschnitzten Altar mit der Krönung Mariens schwebt hoch oben das von goldenen Flammen umzüngelte Triumphkreuz. An den Figuren begegnen einem oft Augen mit wunderlich kaltem, blankem Blick, wie die seelenlosen Meerwesen ihn haben mögen.

Die Nikolaikirche war bestimmt, die Marienkirche zugleich zu wiederholen und zu übertreffen. Ein Sturm im Jahre 1703 riß die hohe kupfergedeckte Spitze des Turmes ab, die im Sturz das Dach des Mittelschiffes zerschlug und Triumphkreuz, Lettner, Orgel und Chorgestühl zertrümmerte. Da keine Mittel vorhanden waren, das Zerstörte gleichwertig zu ersetzen, blieb das Innere seines edlen Schmuckes beraubt.

Sehr stimmungsvoll, mit niedriger bemalter Balkendecke ist der Saalbau der Hospitalkirche an der Lübischen Straße. Zwei Ordenskirchen, die der Franziskaner und die der Dominikaner, sind am Anfang und am Ende des 19. Jahrhunderts abgebrochen. Von den Backsteingiebeln der gotischen Zeit, wie sie auf alten Stadtbildern Wismars sich einer an den andern reihen, sind nur wenige übriggeblieben, breiter, schmuckfroher als die sachlich-kühlen Lübecks. Ein Kleinod, wie es wenige Städte aufweisen können, ist die Alte Schule, ein freistehender Langbau mit Giebeln an den Schmalseiten, der im Zierat bunter glasierter Backsteine prangt. Bewundernd sucht man sich vorzustellen, wie eine Stadt ausgesehen haben mag, in der alle Gebäude so viel anmutiger Pracht und solcher Monumentalität entsprachen.

Die beiden Punkte, wo man Wismar am besten in sich aufnimmt, sind der Hafen und der Markt. Wenn der Schleier der Dämmerung darüberfällt und das Grün des Kupferdachs der reizenden Wasserkunst kaum noch durch die silberne Luft schimmert, wenn der feste, kantige Turm der Marienkirche zum flachen Schatten wird, empfindet man die Öde des Platzes mit Grauen und glaubt ein Traumgesicht zu sehen, das in die Nacht zerfließen wird.

Zwei Wismarer Stücklein
vom Eulenspiegel

Eulenspiegel reiste nach seiner Errettung vom Galgen nach Wismar, wo eben Viehmarkt war. Hier traf er einen Pferdehändler, welcher bei seinem Pferdekaufe jedesmal die Pferde an den Schwanzhaaren zu ziehen pflegte; wenn diese recht fest sassen, so meinte er, die Pferde wären ganz gesund und lebten lange. Eulenspiegel, der dies hörte und gerade einen Stumpfschwanz ritt, kaufte sich beim Abdecker einen abgeschnittenen Schweif von einem todten Pferde, nahm Pech und Leim, that auch etwas Blut darunter und leimte seinem Stumpf-schwanze den gekauften Schweif sehr geschickt an; dann ritt er mit seinem Pferde zu dem Pferdehändler und bot ihm dasselbe an. Der Pferdehändler musterte das Pferd, ergriff nach gewohnter Art das Pferd bei dem Schwanze und zog daran; auf einmal riss er dem Pferde denselben ab. Als das Eulenspiegel sah, fing er an zu schelten und fragte den Pferdehändler, was er ihm denn nun für die Verschimp-fung seines früher so schönen Pferdes bezahlen wolle, nachdem er ihm mit riesenhafter Kraft den langen dicken Schweif abgerissen habe. Viele Leute waren bei diesem Vorfalle zugegen gewesen und standen Eulenspiegel darin bei, dass der Pferdehändler das Pferd be-zahlen müsse. Da aber Eulenspiegel zu viel Geld für sein Pferd forder-te, so handelte der Pferdehändler nur um das Schweifabreissen und musste er Eulenspiegel 20 Gulden dafür bezahlen. Eulenspiegel nahm das Geld, ritt mit seinem Stumpfschwanze davon und freuete sich, dass er den Pferdehändler so derb angeführt hatte; dieser aber hütete sich in Zukunft, ein Pferd wieder fest am Schweife zu ziehen.

* * *

In einer Zeit tät Ulenspiegel einem Schuhmacher zu Wismar großen Schaden mit Zuschneiden und verderbt ihm viel Leders, daß der güt Mann ganz trurig ward. Und das vernahm Ulenspiegel und kam wieder gen Wismar und sprach denselben Schuhmacher, dem er den Schaden geton hätt, wieder an, wie daß ihm ein Last Leder und Schmalz kommen würd, da sollte er ihm große Kauf angeben, daß er seinem Schaden wieder nachkummen sollt. Der Schuhmacher sagt: „Ja, das tust du billig, dann du mich damit zu einem armen Mann gemachet hast. Wann dir das Gut kummt, so sag mir das zu." Daruff schieden sie voneinander. Nun war es in Winterzeiten, daß die Schinder die heimlichen Gemach reinigten. Zu denen kam Ulenspiegel und gelobt ihnen bar Geld, daß sie ihm zwölf Tunnen wullten füllen mit Materi, die sie sonst pflegen in das Wasser zu fihren. Die Schinder täten also und schlugen ihm die Tunnen ganz voll uff vier Finger breit und ließen die stohn so lang, bis sie also hart gefroren waren. Da holet Ulenspiegel die hinweg. Und uff 6 Tunnen begosse er oben das dick mit Talg und schlug sie hart zu, und 6 Tunnen begoß er mit Köken-Schmalz und schlug die alle hart zu und ließ die zum Gülden Sternen, in sein Herberg, führen und schickt dem Schuhmacher Boten. Da er kam, schlugen sie das Gut oben uff, und das gefiel dem Schuhmacher wohl. Sie vertrugen sich des Kaufs, daß der Schuhmacher Ulnspiegeln für den Last sollt geben 24 Gulden. Das sollt er ihm bar Geld geben 12 Gulden, das ander in einem Jahr. Ulenspiegel nahm das Geld und wanderte, denn er forcht das End. Der Schuhmacher entpfing sein Gut und war fröhlich als jener, der verloren Schaden oder Schulden wieder zukummt, und bat um Hilf, daß er des andern Tags wollt Leder schmieren. Die Schuhmacherknecht kamen zahlreich, dann sie sich eines guten Kropfs vermessen hätten und begunnten das Werk anzugohn und laut ze singen, als dann ihr Weis ist. Als sie nun die Tonnen zu dem Feuer brachten und fingen an warm zu werden, da gewunnen sie ihren natürlichen Geschmack. Sprach je einer zu dem anderen: „Ich mein, du habst in die Hosen geschissen." Der Meister sprach: „Eurer einer hat in den Dreck getreten, wischen die Schuh, es schmeckt uns dermaßen ubel." Sie suchten all umher, aber sie funden nichts und begunnten das Schmalz in ein Kessel zu tun und schmieren; je tiefer sie kamen, je das ubeler stank. Zu dem letzten wurden sie das innen und ließen die Arbeit stohn. Der Meister mit den Gesellen liefen, Ulenspiegelen zu suchen und ihn zu belangen um den Schaden, aber er war mit dem Geld hinweg und soll noch wiederkummen nach den andern zwölf Gulden. Also mußt der Schuhmacher sein Tunnen mit dem Talg uff die Schelmengrub führen und kam zu zweifaltigem Schaden.

Wismar – einst fest und mehr als jetzt

Carl Julius Weber (um 1825)

Jeder nicht kranke Badegast sieht sich natürlich im Mecklenburgischen ein bißchen um, Rostock ist der nächste Ausflug, denn Wismar,
das aber stiller und weniger bedeutend ist, denn es wird kaum 8000
Seelen zählen. Wismar, einst fest und mehr als jetzt, war im Besitz der
Krone Schwedens bis 1803, wo es an Mecklenburg verkauft wurde,
und sein Handel besteht meist in Landeserzeugnissen. Der Hafen,
Wallfisch genannt, ist gut, und vor demselben liegt die bedeutende Insel Poel, die mehrere Dörfer zählt. Weiterhin am Gestade ist der schöne Park des v. Brockdorf, Schwansee.

Wismar soll der gesundeste Ort Deutschlands sein, hatte aber besonderes Mißgeschick mit seinen Türmen, die bei Belagerungen abge-
schossen wurden, und den letzten nahm ein Sturmwind mit, als gerade eine Kommission seine Schadhaftigkeit untersuchen wollte. Hoch-
löbliche Kommission sahe sich zwar um ihre Diäten gebracht, rettete
aber dafür das Leben.

Auf dem Wege von Wismar nach Schwerin kommt man durch das
Dorf Mekelnburg, wo das fabelhafte Megalopolis gestanden haben,
und nicht bloß der Name Mekelnburg, sondern auch das Wort Mäkler
(Unterhändler) herrühren soll, was aber wohl von machen kommt
(maken) *savoir faire*. Man zeigt die Überreste eines Turms oder einer
Burg, die vielleicht so groß und stark war, daß man sie die Michelburg
nannte (denn im Altdeutschen bedeutete Michel groß und stark). Die
Mecklenburger selbst sind ein so kräftiger Menschenschlag, daß sie
sich alle dürften Michel taufen lassen.

Ein neuerer Reisender behauptet, daß man den Mecklenburger
leicht an seiner Liebe zum Zucker erkenne, der selbst über Braten ge-
streut würde. Mir ist dergleichen nicht vorgekommen, und das tut
auch kein Michel, aber am Frohnd-Dienst kann man den Mecklenburger erkennen, ohne Lavater zu sein.

In Wismar: auffallende Höflichkeit

Theodor von Kobbe (um 1840)

Wismar, das von seiner früheren Bedeutung und Berühmtheit, die es als Hansestadt und später noch unter schwedischer Regierung bis 1803 besaß, wenig mehr als seine Lage, durch die es sich zu einem der trefflichsten Seehäfen eignet, übrigbehalten hat, bietet dem Fremden wenig Bedeutendes dar. Eine Fahrt durch den Hafen nach der ziemlich beträchtlichen Insel Poel ist ganz amüsant, und der große Park des Herrn von Brokdorf hat schöne Partien und eine hier nicht so reich erwartete Vegetation. Die Stadt selbst ist freundlich und wird es immer mehr; die alten, finsteren Gebäude stürzen ein, und neue treten an ihre Stelle; teils erinnert uns Wismar an Elbing, teils an Greifswald; Wismar besitzt einen herrlichen Marktplatz und in einer seiner Kirchen das Grab des schwedischen Feldherrn Wrangel. Wenn es allgemein bekannt ist, daß die Mecklenburger mit den Pommern in allem sehr nahe verwandt und beide Stämme als sehr grob verschrien sind, so ist es auffallend, mit welcher Höflichkeit und Dienstfertigkeit man hier überall beschieden und zurechtgewiesen wird. Die Landstraßen, die noch gar sehr im argen liegen, bringen den Fremden oft in die Notwendigkeit, sich zu verirren, und mir ist dies sogar mit der Extrapost passiert, wo ich dann recht Gelegenheit hatte, die tiefgewurzelte Gutmütigkeit dieses Volkes kennenzulernen.

Badeschiff vor Wismar-Wendorf, erbaut um 1821

Nachkriegszeit in Wismar

Gertrud Bradatsch

In Wismar sah ich zum ersten Mal Backsteingotik. Sie wirkte erdrückend auf mich, mag sein, daß die herumliegenden Trümmer mit dazu beigetragen hatten. Eines Tages stand ich vor der Ruine der Georgenkirche – feingliedrige Rosetten, zierliche Spitzbogenportale aus schweren Ziegelsteinen wie Filigran geformt. Ähnliches kannte ich bis dahin nur aus Sandstein, der aber dem nördlichen feuchten Klima nicht standhalten würde. Von den Resten um Portalbögen und unter Gesimsen schauen Löwen, Drachen und steinerne Menschengesichter, als wollten sie böse Geister fernhalten. Und auf zerstörtem Gemäuer wachsen Birken, ihre Zweige wehen über geborstene Mauern. Die Flugzeuge flogen damals noch nicht so hoch, städtische Struktur und Architektur waren erkennbar, das Ziel der Bomben nach Sicht berechenbar.

Der Krieg war vorbei, Tausende sind in die Stadt gegangen. Den meisten war nichts geblieben. Aber das Leben ging weiter, man feierte Fasching im „Volkshaus" und im „Wedekin", in der „Sonne" und anderswo. Die einzige Kostümverleiherin wohnte damals im Hospitalhaus der Heilig-Geist-Kirche in der Lübschen Straße. Die Kirche aus dem dreizehnten Jahrhundert steht unauffällig in einer Häuserzeile. Ein paar Holzstiegen führten zu einer niedrigen Tür. Im Stübchen war eine Kleiderstange, da hing Orientalisches und Ungarisches, etwas für Clowns oder Seeräuber und vielerlei Phantastisches. Das teuerste Kostüm war schwarz, hauteng, langer Schwanz mit Fellquaste, rote Hörner. Leihgebühr: 30 Mark je Abend für diesen Teufel. Die Alte nahm aber auch „Lucky strike" und ähnliche Sorten statt Geld. Die Zigaretten bekam man am billigsten bei der Toilettenfrau auf dem Bahnhof, 12 Mark das Stück, sie kamen über die nahe „grüne" Grenze.

Woher kam eigentlich das Bier bald nach dem Kriege, wo man doch nicht wußte, was am nächsten Tag auf dem Tisch stehen würde? Aus den Fässern einstiger Bierbrauer stammte es sicherlich nicht. In Wismar braute man nämlich während der Blüte der Hanse in 182 Häusern ein rund um die Ostsee vielgefragtes Bier. Die Brauer gelangten zu erheblichem Wohlstand. Einer der reichsten war Hinrich Schabbelt. Er war Ratsherr und hatte von seinem Vater das Haus an der Schweinsbrücke geerbt, das heute Stadtgeschichtliches Museum ist. Der Renaissancebau ist eines der beeindruckendsten Bürgerhäuser der

Stadt, und man findet dort noch einen Teil dessen, was Kriege an Kultur- und Gebrauchsgegenständen übriggelassen haben.

In Wismar brauten aber nicht nur Männer Bier, 32 Frauen taten dies auch – man sagt ihnen ja einen feineren Geschmack nach als Männern. Die Männer trinken hier meistens ihren „Köm" pur oder zum Bier. Das kann auch mit dem ständigen Wind zu tun haben, der säuft sich gerne in der Ostsee voll und bläst dann kalte schräge Schauer in die Straßen.

Nach dem Krieg aß ich oft in einer Gaststätte am Markt. Meist gab es Kohlsuppe. Koggen hingen dort, schwarz und verräuchert. Ich erinnere mich an ein Buddelschipp, verstaubtes Zinngeschirr auf Borten, ein kleines Krokodil. Die breiten Dielen waren abgetreten und fleckig wie von alter Spucke. Bleigefaßte Scheiben siebten das Tageslicht, und an der beinahe schwarzen Holztäfelung der Wände brach es sich völlig. Es war, als könnte jeden Augenblick die Tür aufgerissen werden und Schweden, in Stulpenstiefeln, Lederwams und Schlitzärmeln träten ein. Von ihren Tritten wackelte die Wirtsstube, und ihre Pranken knallten auf die Holztische. Aber es erschien kein Schwede, es kam Heini Scheuer. Er stützte eine Segeltuchtasche auf seinen kugelrunden Bauch, entnahm ihr einen Packen Zeitungen und bot sie an. Er war etwa fünfzigjährig und ein „Jüngling", wie er versicherte. Er warb für den Verein Christlicher Junger Männer. [...]

Es gibt eine Briefkarte mit der Silhouette von Wismar in Blau und Silber – Kirchen, Häuser, Speicher, Schiffe, Boote, Neubauten; aber das Rathaus ist darauf kaum zu erkennen. Der langgestreckte klassizistische Neubau entspricht eigentlich auch nicht den Vorstellungen von solchen Gebäuden. Er ist nicht höher als die den Platz umgebenden Häuser. Als ich es einmal betrat, im Arm einen Karton, aus dem Holzwolle quoll, sagte der Pförtner: „Tragen Sie uns nicht den Holzwurm rein!" Später erfuhr ich die merkwürdige Begebenheit: Das Wismarer Rathaus war einst vom Holzwurm zerfressen worden und stürzte zusammen. Erst zwölf Jahre später – 1817 – wurde dieser Neubau begonnen, und in den letzten Jahren restauriert und modernisiert. 1979, zur 750-Jahr-Feier der Stadt roch es noch im Ratskeller nach Mörtel und Farbe. Und wenn es, wie in einer anderen Hansestadt, auch nicht 600 Weinsorten dort geben wird, der Gast mag doch auf seine Kosten kommen.

In der Nähe ein kleiner Fischladen mit einem reichen Angebot: Bücklinge, golden glänzend, warm aus dem Rauch, silberne Rollmöpse, Filet, weiß und fest, Butt und Schollen und pralle Heringe. Und

Herings-
räucherei

wer kennt noch Sprotten, saftig, denen man nur den Kopf abknickt, bevor man sie in den Mund schiebt? Und die langen schlanken Fische in der Wanne lassen den Atem des Unkundigen stocken! – Es ist Hornfisch, er hat grüne Gräten.

Und die bescheidene Fischgaststätte in der angrenzenden ABC-Straße bekommt den Fisch frisch aus der Ostsee. Nach Art der Küstenbewohner zubereitet, ist er etwas für Feinschmecker.

In der kleinen Kunstgalerie kann man schauen und kaufen, was die in der Stadt und im Kreis Wismar ansässigen Künstler hier anbieten. Wenige Schritte weiter ist das Bücherantiquariat – bei ein bißchen Glück eine Fundgrube für Sammler, selbst originale Drucke sind zu haben wie beispielsweise die Verordnung gegen das Betteln aus dem Jahre 1764.

Das Stadtarchiv befindet sich im „Fürstenhof", einem der bedeutendsten Bauwerke dieser Art in Deutschland. Das Haus ist eine Schönheit wie von jenseits der Alpen.

Wismar

Wismar hat über 200 denkmalgeschützte Profan- und Sakralbauten. Sie zeugen noch von der einst so großzügig konzipierten Stadt, die in den Kriegen und Wirrnissen der letzten 300 Jahre immer wieder verarmte. Im Grunde verwirklicht sich erst in der Gegenwart die kühne Konzeption der hanseatischen Vorfahren.

Zwischen Wismar und der Insel Poel, der drittgrößten Insel der DDR, verkehren Ausflugsdampfer. Die Bucht bietet sich zur Ansiedlung und für einen Hafen wie von selbst an. Und der Hafen bestimmte dann auch über Jahrhunderte das Leben in der Stadt. Aber die Phantasie kann sich heute vollbeladene Koggen im breiten Hafenbecken nicht mehr so recht vorstellen. Von einem langen Kai konnte man vor einigen Jahrzehnten noch über alte Gleisanlagen bis ans Wasser und von den brüchigen Ufermauern aus den Anglern in ihren Kähnen zusehen. Jetzt steht eine ungefähr 8000 Quadratmeter große Kaihalle da, Schiffe liegen vor Anker, nicht selten mit Nationalflaggen, an denen man herumrätselt, und Kräne hieven Lasten.

Das Schiff fährt, von kreischenden Möwen begleitet, an ankernden Fischkuttern vorbei. Bald hört man dröhnende Schläge auf Eisen und Stahl, und Laufkatzen mit Schiffsteilen gleiten über die Seile der Kabelkrananlage, in großen Werkhallen und auf der Helling blitzen blaue Schweißerflammen: die Mathias-Thesen-Werft.

1946 brachten einige Arbeiter ihr Werkzeug mit und begannen einen kleinen Frachter im Hafen zu reparieren. Zwei Jahre später bildete die Werft bereits sogenannte Umschüler aus, junge und alte Heimkehrer aus dem Kriege. Ich kenne noch diesen oder jenen von ihnen, der nebenbei hier auch einen Blick für seine Chancen bekam und sich heute in der weiten Welt auskennt. 1952 lief der Frachter „Stralsund" vom Stapel, aber da war es schon eine Neubauwerft. Weithin bekannt wurde sie durch die Fahrgastschiffe vom Typ „Kalinin" und „Iwan Franko". Auch schwimmende Fabriken für die Fischverarbeitung werden in Wismar gebaut; und ganz neue Typen sind dazugekommen. Unter den Konstrukteuren und Ingenieuren an Land und auf See finden sich noch Absolventen der alten Wismarschen Ingenieurakademie (gegründet 1908). Sie war die einzige höhere Bildungsanstalt der Stadt; heute hat Wismar eine Ingenieurhochschule mit vielen Fachrichtungen. [...]

Auf der Dampferlinie nach Poel, sechs Kilometer von der Anlegestelle in Wismar entfernt, liegt ein Eiland – der Walfisch. Sein Leuchtfeuer kennzeichnet die Hafeneinfahrt. Ein Ausflugsdampfer legt dort nicht an, denn diese Insel könnte in einem Sommer von den Besuchern in den Meeresgrund getreten werden. Der Landflecken mitten im Wasser und in der Nähe der Vogelfluglinie ist eine Brutstätte für Seevögel. Hochwasser und Sturmfluten hatten die Masse aus Geschiebemergel immer mehr verkleinert. 1952 begann man mit der Aufspülung von Baggersand aus der Fahrrinne und dem Hafen. Aus dem langgestreckten Walfisch wurde nach und nach eine fast quadratische Sandplatte, zwei bis drei Meter über dem Meeresspiegel.

Das Blüsen auf dem Salzhaff

C. Pechel, Organist zu Alt-Gaarz

An der Westküste Mecklenburgs liegen, von Wismar abwärts, lang dahingestreckt die Insel Poel und die Halbinsel Wustrow, beide nur durch eine schmale Wasserstraße von einander getrennt. Durch diese steht die Ostsee mit dem sogenannten Salzhaffe in Verbindung, einer etwa zwei Meilen langen Binnensee, welche namentlich nach dem

Meere hin durch Wustrow eingeschlossen wird. Diese Binnensee ist von geringer Tiefe, dabei sehr fischreich, und daher siehet man sie stets von Fischerbooten belebt, welche die reichen Schätze von Fischen an's Tageslicht zu fördern suchen.

Einen höchst interessanten Anblick gewährt besonders das Fischen in stillen Sommernächten. Dann ist das Salzhaff von vielen Booten übersäet, welche sämmtlich auf einem eisernen Rost ein großes, flackerndes Kienfeuer unterhalten, um beim Scheine desselben mittelst eiserner, an langen Stangen befestigter Widerhaken die Aale aus der See zu holen. Diese Beschäftigung nennt man blüsen.

Insel Poel

Fritz Rudolf Fries (1983)

Gestern, vor Abfahrt nach Rostock, fuhren wir hinüber zur Insel. Aber wo ist die Insel? Eine asphaltglatte Fahrstraße bringt uns vom Wismarer Festland auf dieses Land, zur Rechten rote Dächer und das tintenblaue Boddenwasser, frische Kuhweiden und braune Felder. Nach neun Kilometern fahren wir am gelben Ortsschild vorbei und sind auf oder in Poel, was die nähere Geographie meint, und steigen in Kirchdorf aus. Sähen wir aus wie Urlauber, wären wir die ersten am Ort. Die Einwohner grüßen uns trotzdem, und wir laufen ein bißchen herum. Wir bringen wenig Vorstellung mit von Kirchdorf und Poel, wir haben es schwer, uns zu orientieren. Soviel haben wir uns angelesen auf der Fahrt, das Land ist 37 Quadratkilometer groß, es hat keine Wälder. Die Insel ist flach, wie mit dem Daumen eingedrückt, die höchste Erhebung 23 Meter, der Kickelberg, eine Etymologie, die wer will auf kieken zurückführen mag. Kiekeberg sagen die Einheimischen. Es wird geschrieben, daß einst die Fremden zur Begrüßung verprügelt wurden; eine ähnliche Sitte, die Rang nach Stärke setzt, berichten Urwaldforscher. Der Stolz der Insulaner, wie wir lesen, geht darauf zurück, niemals Leibeigene gewesen zu sein. Fischfang machte sie unabhängig und die Gaben des Himmels, denn in einem Gebet aus dem Jahre 1777 wird der Herrgott als oberster Zuteiler von Konterbande angesprochen: Herr, segne den Strand! Meint, laß viele Schiffe stranden. Der Stolz der Leute in Poel geht heute darauf zurück, eine gut florierende, wettersichere Ferieneinnahme zu haben, gute Äcker und eine

Milchfabrik, und was der Konsum nicht hat, gibt es am Markt in Wismar, ein Stück über die Straße.

Die Kirche in Kirchdorf treibt auf ihre Art Verkehrserziehung. An der Wegabbiegung ein Schild: „Sünder, fahre nicht mit hundert Sachen in die Hölle!" Der Hinweis meint vor allem die Mopedfahrer, die auf den Wällen des Friedhofs rings um die kleine Kirche ihre Maschinen testen. Ein herrenloses Pferd zwischen den Gräbern, Hühner sitzen auf den Grabsteinen.

Wir suchen das Meer und kommen zum Bodden. Wir sitzen im Gras und warten, daß es Mittag wird, der Himmel sich am höchsten wölbt. Wir beobachten den Briefträger auf seinem Fahrrad. Als wir wieder in den Ort kommen, Kirchdorf, sind alle Wege voll von heimkehrenden Schulkindern und mittagspausemachenden Traktoristen. Wir sitzen in einer Veranda und bestellen Spiegeleier. Die Wirtin sitzt mit ihren

Trachten von der Insel Poel

Gästen am Tisch, und die Stimmung ist so, als wäre man noch einmal unter sich, ehe die Verwandtschaft vom Lande kommt, die hier die aus der Stadt ist. Die plattdeutschen Gespräche schaffen eine Vertraulichkeit, in der kein Wort Kopfschmerzen macht, weil es noch scharfe spitze Kanten hat. Nur das Gelächter setzt die Akzente, alles andere wird mit gleichem Maß gemessen. Kindergeschichten der Traktoristen, Legegewohnheiten der Hühner im Frühjahr, Einfälle der Großmutter, Sportnachrichten, der neue Anstrich für die Urlauberlaube und die Auskunft, die wir einholen, wo denn das Meer liegt.

Ans Meer kommen wir über bestellte Felder, immer die Furchen entlang, die nach Norden führen, in leichter Erhebung, so daß wir kein Wasser sehen. Als die Furchen ein Ende nehmen, eine Grasnarbe sie alle einfädelt, überlegen wir, diese oder eine andere Richtung. Marie riecht das Wasser, sagt sie, die Luft ist anders, irgendwo da unten muß das Meer liegen, sanft fällt das Land ab, die Wolken ziehen höher. Unerklärlich weit und tief unten erscheint das Meer vor unseren Augen. Oder stehen wir auf dem Kickelberg? Wir beschleunigen den Schritt, ein atavistischer Impuls, sagen wir uns, und gehen noch schneller. Erhitzt kommen wir an und legen uns in den kalten Sand. Die Bäume am Strand, eine schmale Kette, die man für einen Wald nehmen könnte, zeigen ein diffuses, wie mit Kreide vermischtes Grün. Das Wasser holt zu einer langsamen Gebärde aus, wenn es den Strand erreicht, Schaum bleibt zurück und verflüchtigt sich sofort im Wind. Es ist Anfang Mai, wir berühren einen unbetretenen Strand. Die Müdigkeit der Entdecker, die am Ziel sind, legt sich nun auch uns auf die Augen. Ein Hämmern und Sägen weckt uns, im Schwarzen Busch, einer Kolonie von Wochenendhäusern, bessern die Wismaraner ihre Schatzstücke von den Winterschäden aus. Wir schauen auf die Uhr, verwandeln uns zurück in Leute mit Personalausweisen und einer Aufgabe im Leben, klopfen den Sand ab, den wir gewärmt haben, und suchen auf der Chaussee die Bushaltestelle.

Die goldene Wiege in den Kellern des Klostergebäudes zu Neukloster

L. Pechel, Organist und Lehrer zu Röbel

Der Ort Neukloster liegt in der Nähe der Stadt Warin. Früher war er ein Erbgut des Fürsten Borwin I. und hatte den Namen Kussin. Dieser Fürst verlegte das Kloster zu Parkow bei Bukow, das ein Nonnenkloster Cistercienser-Ordens war, nach Kussin, und im Verlauf der Zeit wandelte sich dieser Name in den von Neukloster um. Borwin dotirte das Kloster mit mehreren Domainen, und da demselben nach und nach bedeutende Stiftungen zuströmten, so gelangte es zu großem Reichthum und weithin strahlendem Glanze.

Die Klostergebäude müssen von großer Ausdehnung gewesen sein. Im westlichen Theile des Erdgeschosses liegen die umfangreichen Räume für Küche, Keller, Brau- und Backhaus, wohin das Wasser durch eine künstliche Leitung vom Sonnenberg aus geführt ward, welches ein immerwährendes Rauschen und Tosen bewirkte, das selbst bis in die von keinem Lichtstrahl erhellten dumpfen Kellergewölbe drang. Nach der Reformation waren die Klostergebäude oft die fürstliche Residenz; jetzt sind sie zur Pächterwohnung herabgestiegen.

Zur Zeit der Reformation bewohnten 54 Nonnen das Kloster und genossen in stiller Beschaulichkeit der großen Gaben, womit ein gütiger Fürst und frommer Aberglaube sie bis zum reichsten Ueberflusse bedacht hatte.

Als aber Luther mit dem Schwerte des Geistes die Nebel der Finsterniß zerschlug und die Macht des römischen Papstes in deutschen Gauen brach, da wurden auch diese frommen Frauen aus ihrer glücklichen Ruhe aufgeschreckt; sie sahen das Verderben kommen, das ihrem Haupte drohete, und harreten in banger Sorge der Stunde, wo die friedliche Stätte ihrer Behausung und die Wohnungen ringsumher mit Feuer verwüstet würden. Aber sie waren in der Hoffnung fest und unwandelbar, daß einst der Tag anbreche, wo aus der Asche der alte Glanz in neuer Größe wieder erstehen werde. Und diesem Tag galt nun ihr ganzes Sehnen und Sorgen. Es sollten die Mittel zum Wiederaufbauen des Klosters und des ganzen Ortes in reicher Fülle vorhanden sein. Darum sammelten die frommen Schwestern den ganzen Reichthum schöner Goldstücke zusammen, der als Segen vieler Jahre in den Truhen aufgehäuft lag und vertraueten ihn einer goldenen Wiege an, die in die Kellergewölbe gebracht ward. Hier sollte der Schatz aufbewahrt werden, und wenn einst alle Kloster- und sonstigen Ortsbewohner durch die Flammen ihrer Habe und ihrer Wohnungen beraubt sein würden, sollte ihnen durch die Wiege aus ihrer Noth geholfen werden.

Namensgebend für Mecklenburg

Diethard H. Klein

Im Landkreis Wismar liegt (mit einer bedeutenden Kirche von 1372, die im siebzehnten Jahrhundert eine bemalte Kassettendecke und eine wohlerhaltene Ausstattung erhielt) der Ort, der dem ganzen Land seinen Namen gab: Dorf Mecklenburg. Diese „große Burg", und nichts anderes besagt der Name, erwähnt schon 965 der arabische Reisende Ibrahim Ibn Jakub als Hauptburg der Obodriten, und von ihr erbrachten Grabungen um 1970 nicht weniger als sieben Siedlungsschichten. Schon 995 aber unterzeichnete auch der deutsche Kaiser Otto III. hier eine Urkunde, im zwölften Jahrhundert wurde der Ort Bischofssitz. Der jüngere Pribislaw bestimmte nach dem Friedensschluß mit dem Sachsenherzog Heinrich dem Löwen die Burg für sich und seine Nachkommen zum Hauptsitz, und so wurden diese schließlich zu „Herzögen von Mecklenburg".
Auch weitere Orte im Wismarer Umland verdienen hier eine Erwähnung als frühe Slawensiedlungen oder -burgen. So hat man in Hohen-Viecheln mit Tausenden von Werkzeugfunden einen Wohnplatz aus der mittleren Steinzeit nachgewiesen, ganz in der Nähe wurde 1147 vom Wendenfürsten Niklot die Burg Dobin errichtet (die er dann selbst wieder wie alle anderen Burgen im westlichen Mecklenburg zerstörte), und im Ort selbst entstand um 1300 eine der größten damaligen Backsteinkirchen im Lande; die sogenannte „Viechelnsche Fahrt", eine Wasserverbindung vom Schweriner See nach Wismar, wird (allerdings historisch unzutreffend, da schon 1580 vollendet) auch „Wallensteingraben" genannt. – Auch in Ilow stand eine Wendenburg, die der Obodritenfürst Niklot bei seiner Auseinandersetzung mit dem Sachsenherzog Heinrich dem Löwen anzünden ließ; sein Sohn Pribislaw ließ sie neu errichten, doch scheint nach einem erneuten Brand wenig später und trotz des Wiederaufbaus an ihre Stel-

le als Landesburg eine neu erbaute Anlage in Neuburg-Steinhausen getreten zu sein, wo dann auch schon im ersten Drittel des dreizehnten Jahrhunderts eine der ältesten Kirchen Mecklenburgs entstand.

Den Namen von Bad Kleinen am Norden des Schweriner Sees (in „Müders Deutschem Ortsbuch" von 1930 ausgewiesen als „Dorf mit 936 Einwohnern", und selbst im letzten offiziellen VEB-Tourist-Reiseführer lediglich erwähnt mit dem Satz „Auch das NSG ‚Dambecker See' westlich von Bad Kleinen gehört zu den zoologischen Schutzgebieten") hörten viele Deutsche sicher erstmals, als es auf dem dortigen Bahnhof in den 1990er-Jahren zu einer bis heute von widersprüchlichen Darstellungen geprägten Schießerei kam, bei der ein als RAF-Terrorist Verdächtigter von einem Angehörigen der Polizei-Sondereinheit GSG 9 getötet wurde.

Unser ältestes deutsches Seebad

Carl Julius Weber (um 1825)

Das Interessanteste für den Fremden in Mecklenburg möchte wohl Doberan sein, vier Stunden von Rostock, am Fuße waldiger Hügel, unser ältestes deutsches Seebad vom Jahre 1794. Das phlegmatische Volk nennt Doberan kürzer Brahn. Der Boden um Doberan ist undankbar, aber man ist in der Nähe des Meeres, der Häfen von Travemünde, Warnemünde und Wismar, man sieht stets Schiffe, macht Abstecher nach Rostock, Schwerin, Ludwigslust, und die schönste und belohnendste Partie ist nach Rügen. Überraschend ist die Aussicht von Dietrichshagen (eine Meile, wo ein Pächter wohnt) auf Wismar und halb Mecklenburg, Holsteins Küsten und die Inseln Fehmarn, Laland und Rügen, recht durchdringende Augen mit einem achromatischen Dolland haben gar die Spitzen von Kopenhagen sehen wollen, der Dolland hatte Geld gekostet!

Morgens spaziert man auf dem Camp (Markt), trinkt, und geht dann in den englischen Park. Die Gäste sind zwar meist Mecklenburger, da aber der Großherzog sich selbst unter sie mischet, und schon manchen plumpen Obotriten, der ahnenstolz, wie Baron d'Etange, kaum Nebenmenschen, sondern nur Hintermenschen kennen wollte, beschämet hat, so herrscht das *Principis ad exemplum totus componitur Orbis*. Wer zu Doberan über andere Klage führt, greife zuvor in eigenen Busen! Es ist Schade, daß Doberan einen unverbesserlichen Hauptfehler hat – es ist eine Stunde entfernt von der See, indessen gefiel es dem Briten Nugent, der die bekannten Reisen durch Mecklenburg schrieb, so wohl, und zwar zu einer Zeit, wo noch wenig für das Bad geschehen war, daß er da sterben wollte, und das ist wahrlich mehr, als man vom kränksten Kurgast erwarten kann.

Doberans alte Klosterruine gleicht einer Römischen Wasserleitung, und die gothische Kirche enthält viele Monumente, und abenteuerliche Grabschriften, die aber sehr unleserlich geworden sind. Das Büchlein über Doberan, das jeder Kurgast kennt, hat letztere aufgenommen, die meist im Geschmack des nachstehenden sind:

Auf dem Herzog Magnus:

Auf dieser Welt hab ich meine Lüst,
allein mit kalter Schaale büßt,
hilf Herr mir in den Freudensaal,
und gib mir die ewige kalte Schaal!

Unter den alten Gemälden stellt eines einen Mann vor, der zur Kirche will, aber vom Teufel zurückgehalten wird. „Kumm mit in de Krog, in de Kerk is Volks genog!" Ein Holzschnitt stellt auch den Teufel vor, der einen Mönch mit einer Frau unter der Kutte barsch wie ein Mauthner fragt: *Quid habes hic frater – vade mecum* ... So steht auch neben dem kranken Hiob die Frau, auf einem andern Stück spielen Teufel zum Tanz auf – die vier Evangelisten werfen das Wort Gottes in die Mühle, die übrigen Aposteln malen, und Bischöfe fangen das Mehl auf in Kelchen. Gar vieler solcher drolligten Stücke altdeutschen Humors sind im 30jährigen Krieg zu Schaden gegangen, so wie ähnliche Naivitäten im Speisesaal des alten Schlosses.

Doberans Mönche kamen achtzig Kutten stark von Amelungsborn, und brachten neben ihrer blutigen Hostie, zu der stark gewallfahrt wurde, eine Menge Reliquien mit: das Schurzfell dessen, der das Kalb schlachtete bei dem Mahle des verloren gewesenen Sohnes, Loths Salzsäule, ein Zehen des großen Christophs, das Schermesser der Delila, den Schemel, der Elias den Hals brach, etwas Heu von der Krippe – vom Fisch des Tobias und von Judas Gedärmen, Petri Netz, einen Fetzen vom Rock des armen Lazarus und von Josephs Mantel, den Potiphar selbst abgerissen hatte, den Stein der Zipora zur Beschneidung, etwas Flachs vom Spinnrad der heiligen Jungfrau und Kinderhäubchen Jesus. – Sie beteten sogar den berühmten heiligen Damm 15' hoch, 100" breit und eine Stunde lang, rein zusammen – Mönche bete-

Herzogliches Schloss und Doberaner Kirche im Hintergrund

ten lieber, als daß sie arbeiteten – und so verdanken ihnen noch heute die Kurgäste die schönen Pettschaften, Stockknöpfe, Uhrgehäuse etc., die zu Schwerin aus diesen verschiedenartigen Steinen gefertigt werden.

Doberan ist ein regellos und meist neu erbauter Flecken von 2000 Seelen in einem lachenden Waldthale, von dessen Hügeln man immer etwas sieht – Städte, Meer, vorüberfliegende Segel, vorzüglich vom Buchenberg, noch mehr vom Jungfernberg und Dietrichshagen. Außer den Gastwohnungen ist ein schönes herzogliches Schloß, von dem die Fahne wehet, wenn der Großherzog da ist, und am Theater stehen die Worte „Erkenne dich selbst!" Die frischen Seefische entschädigen doch für manche andere Entbehrung, und man kann hier sogar auf die Schwanenjagd gehen, am Conventer Landsee, niemand will sie haben singen oder gar rührende Elegien auf ihren Tod anstimmen hören, wie es die Alten hörten.

Doberan gehört unter die Bäder, die nur für Reiche sind, der Tisch ist natürlich nordisch, rote und weiße Franzweine (Rheinwein scheint man weniger zu lieben) wechseln mit Bischof, Erzbischof und Cardinal, ja viele sind nur mit Königspunsch zufrieden. Doberan (deutsch Schönstatt) verdient seinen Namen, die weißen Häuser, die Klosterruine und altgothische Kirche, das Grün der herrlichen Buchen, das schöne Schloß, und in der Ferne das Meer machen den lieblichsten Eindruck. Man darf immer 12–1500 Gäste rechnen. In staatswirtschaftlicher Hinsicht hat es für das geldarme Mecklenburg doppelten Wert, es zieht Fremde herbei und hält die Einheimischen ab von fremden Bädern.

König Pharao hat auch hier einen Thron, den man ohne Jacobinismus den schändlichsten Thron nennen darf, denn er will nicht Weihrauch und Gehorsam, sondern klingende Münze. Am Strande können jedoch Nichtspieler noch glänzendere Dinge finden, wenn gerade die Meereswogen über die vielfarbigen Steinchen aller Art gerollet sind. Es ist auch Sitte, zum Andenken welche zu sammeln, und das Sprichwort zu Recht beständig „Goldreich kommt man nach Doberan, und kehrt wieder nach Hause steinreich.“

Dolland: ein Fernglas; Principis ad exemplum totus componitur Orbis: (sinngemäß) Prinzip des guten Beispiels durch den Herrscher; Mauthner: Zöllner; Quid habes hic frater – vade mecum (lat.): Was haben wir denn da, Bruder – komm mit mir; Pettschaft: Handstempel zum Siegeln oder Siegelring.

Doberan vom Jungfernstieg

Doberan

Wilhelm Cornelius (um 1840)

Doberan hat denselben Fehler wie Putbus. Es liegt viel zu weit vom Strand, von der sonst herrlichen Badestelle. Mit raschen Pferden hatten wir eine gute halbe Stunde zu fahren, ehe wir den in einem herrlichen Waldtal gelegenen eleganten, freundlichen Ort erreichten. Die breite, schöne Chaussee führt an den üppigsten Feldern vorüber, es starrt hier alles von Fruchtbarkeit. Von den der Stadt zunächst gelegenen Höhen, dem Buchen- und dem Jungfernberg, wie auch von Dietrichshagen genießt man hübsche Aussichten über Meer und Land. Besonders lieblich ist auch die Ansicht Doberans vom sogenannten Amerikagehölz. Der Ton des Badelebens ist hier, wie schon früher angedeutet, sehr vornehm, adelsstolz, raffiniert, einförmig und nicht eben zur Erholung geeignet. Doch muß rühmend anerkannt werden, daß der Großherzog selbst mit dem besten Beispiel an der Verbesserung dieses Tones arbeitet. Überall erscheint er schlicht und einfach, ohne alle Abzeichen, in bürgerlicher Kleidung.

Der Morgen geht in Doberan mit der weiten Fahrt zum Strand und mit dem Bad hin. Nach dem Diner im großen Salon versammelt sich die Gesellschaft auf dem Kamp vor dem Salon. Hier hört man Musik und trinkt Kaffee, tritt hin und wieder an die Bank im Logierhaus, die hier alljährlich bei Roulett und Faro gute Geschäfte macht, und geht dann ins Theater, das die hübsche Inschrift trägt: „Erkenne Dich selbst!"

Und somit ist es Abend geworden, um wieder zum Essen in den Salon gehen zu können. Das ist das Leben hier einen Tag und alle Tage. Ich für mein Teil möchte um keinen Preis die ganze Saison so zubringen.

Die Doberaner Kirche, recht versteckt und malerisch gelegen, ist, so wie die alte Klosterruine, im gotischen Stil erbaut und der näheren Betrachtung würdig, und außer manchen Kuriositäten findet man darin höchst abenteuerliche und ergötzliche Grabschriften. Die neueren Gebäude Doberans sind zwar wie das großherzogliche Schloß recht elegant, aber nicht imponierend zu nennen. Man sieht dem ganzen Ort an, daß er nicht planmäßig angelegt, sondern erst nach und nach entstanden ist.

Im Doberaner Münster

Günter Gloede

Von diesem Bauwerk, einer Basilika in der gerade voll ausgereiften Gotik in Backsteinausführung (1294–1368) und einer Länge von 78 m und der genau halb so großen Querschiffsbreite, gewinnt der Besucher einen überwältigend geschlossenen und harmonisch-edlen Raumeindruck innen von der Westseite her. Man durchmißt mit einem Blick das 26,5 m hohe Mittelschiff, das von zwei gut halb so hohen Seitenschiffen (14,5 m hoch) begleitet wird. Der Durchblick mündet aus an den Arkadenwänden des hohen Chors mit seinem ihn hinterfangenden Chorumgang. Die fünf Kapellen dort sind aus den fünf Seiten eines Achtecks gewonnen und mit dem Chorumgang, der zu Prozessionen herausforderte, unter ein Gewölbe gebracht. Eine heitere Note und eine Aufhellung des dominierenden Rot-Tones des Ziegelsteins bringen die Kapitelle in Kratzputztechnik und die dunkelgrün auf Weiß gemalte alte Triforiengalerie. Außen dämpfen zwei umlaufende glasierte Kleeblattbogenfriese die aufstrebende Tendenz der gotischen Fenster und Pfeiler. Der Außenbau zeigt seine Repräsentativseite in der dem Klostertor zugewandten breitfenstrigen giebelbekrönten Westfront. […] Das Grundschema der Erweiterung mit dem Ostkapellenkranz ist der 1275 geweihten Chorpartie der Marienkirche in Lübeck entnommen. Die reich ausgebildete Pfeilerform von Doberan ist den dortigen Pfeilertypen abgesehen: die vor den Ecken vorgelagerten Dreiviertel-Rundstäbe den Lübecker Mittelschiffspfeilern, die vier dem Pfeilerblock vorgelagerten Birnstab-Dienst-Bündel den Seitenschiffspfeilern der Lübecker Marienkirche. Aber schon, daß man in Doberan nicht die Querschiffe in Kreuzform aufgeben konnte, weil man den Anschluß an das Dormitorium brauchte, und eine maßvollere Raumproportionierung der Mittelschiffshöhe und -breite geben Doberan die eigentümliche Harmonie. Mit der Höhe von 38 m überstieg man in Lübecks Marienkirche die Mittelschiffsbreite um das Zweieinhalbfache. In Doberan wählte man eine ruhige Grundbreite (12,5 m) und eine mäßigere Höhe (26,5 m), in den Seitenschiffen 7,5 m : 14,5 m. Mit dem Schweriner Dom, der gleichzeitig begonnen wurde und dessen Ostchor bereits zwei Jahre vor Doberan fertiggestellt werden konnte (1327), hat Doberan vieles gemeinsam; nur waltete im Doberaner Münster eine ungleich glücklichere Hand auch bei der Behandlung der Obergaden-Zone: Lübecks Bürgerkirche läßt durch überhohe Fenster strahlendste Tageshelle ein, in Schwerin bleibt der

Raum bei zu kurzen Fenstern fast dunkel, während Doberan auf dem ruhigen Sockel der mauerlisenen-umfaßten Triforiengalerie eine klare mittelhelle Fensterfront aufweist. Merkwürdig-undurchsichtig bleibt in Doberan die ungleiche Aufteilung in fünf engere östliche Jochbögen und fünf geräumigere westliche Joche. [...]

Früher unterbrach der Lettneraltar, dessen hohes Kreuz im Gewölbe hinter dem dritten Westjoch der Kirche befestigt war, den Blick ins Allerheiligste. Die Mönchskirche selbst war wieder in Conversen- und Mönchsgestühlsteil unterteilt. Wegen dieses nicht unterbrochenen Mönchsgestühls hatte man auch die Querschiffe vom Mittelschiff durch durchlaufende Arkaden abgetrennt und so gleichsam eigene Räume im Nord- und Südschiff gewonnen. Sie sammeln sich heute noch um den in ursprünglicher Bemalung reich hervorgehobenen Mittelpfeiler. Im hohen Chor war früher die Marienleuchte der räumliche Sammelpunkt; erst spät wurde sie in die Pribislavkapelle verbannt (1858).

Der Hauptaltar (um 1310) neben dem hohen Sakramentshausturm ist der älteste Flügelaltar Deutschlands, aus einem verschließbaren Reliquiar mit Expositionsnischen abgeleitet. Er ist um eine untere dritte Figurenreihe beim Neubau der Kirche erweitert (1350–1360).

Das Lettner-Altarwerk mit Triumphkreuz (um 1360–1366) ist doppelseitig angelegt. Die Marienseite war den Mönchschören zugewandt, ist aber heute kaum einzusehen. Die Christusseite war der Laienkirche in den drei westlichen Kirchjochen zugekehrt. Die Gestalt Christi ruht auf einem goldenen Grund, der wie ein Kirchengrundriß wirkt. Christus trägt hoheitsvolle Züge des Todüberwinders. Auch der ganze Kreuzesstamm ist mit Einzelszenen bedeckt, die in einem übertragenen Sinn als Hinweise auf den Opfertod Christi gedeutet wurden: z. B. Isaaks Opferung, Simsons Philistertor-Raub als Vorbild der Sprengung des Grabes Christi, Davids Sieg über Goliath usw. Dem Kreuzholz entsprießen am Rande eine Fülle großer Weinblätter mit Früchten, durchsetzt von kleinen Apostel- und Prophetenköpfen. Sie sind als „Glieder am Leibe Christi", als seine Kirche, zu verstehen. Der Altarschrein darunter zeigt, wie es zu dieser Passion Christi kommen mußte nach dem Sündenfall des Urelternpaares Adam und Eva. Neben die Folterung Christi ist – wie schon ähnlich in der allegorischen Beziehungs-Theologie des Mittelalters auf dem Hauptaltar – Hiobs Leiden unter den teuflischen Vorwürfen seiner Frau gesetzt. Auch auf der Marienseite bedecken ähnlich auf die „Immaculata" bezogene Einzelszenen den hohen Kreuzesstamm, dessen Mitte von der lilientragenden Madonna mit Kind eingenommen wird. Vier Evangelistensymbole befinden sich auf den Kreuzstammenden. Auf der untersten Einzelszene schlägt Moses Wasser aus dem Fels. In den Nebengestalten könnten hier leicht die Stifter (etwa Herzog Albrecht II. und König Albrecht III.) festgehalten sein, sind doch die trinkenden Stiere hier Mecklenburgs Wappentiere. Dann wäre vielleicht sogar der mit dem Eimer Kniende ein Selbstporträt des Künstlers.

Das wohlerhaltene Chorgestühl (in den älteren Conversenwangen um 1200, das Mönchsgestühl nach 1300, die Baldachine 1. Viertel des 15. Jahrhunderts) ist im vorigen Jahrhundert vorsichtig restauriert worden. […]

In den Gestalten des Lettner-Altarwerks – und zuvor schon bei den großköpfigen Sakramentsturm-Relieffiguren – ist eine Beziehung der in Doberan arbeitenden Werkstatt zum mitarbeitenden Bertram von Minden unschwer zu finden; in der Pinselführung und „Fassung" der arg zerstörten Bildtafeln, mit ihrer Edelsteinleiste als gleichsam anonym bleibender Signierung, ist diese Autorschaft am deutlichsten nachweisbar. […]

Das Doberaner Münster ist auch reich an Beispielen der Entwicklung der Porträtkunst. Angefangen bei schönen Umriß-Zeichnungen auf Abts- und Ritter-Grabsteinplatten führt der Weg zu fürstlichen Holzgroßplastiken, später ausmündend in Ölbilder des 16. bis 19. Jahrhunderts. Das älteste Holzbildwerk, eine Grabtumba der dänischen Königin Margaretha aus mecklenburgischem Hause, steht den Naumburger Stiftergestalten noch sehr nahe (um 1285). Die entsprechenden Schnitzwerke vom Schwedenkönig Albrecht III. und seiner ersten Gemahlin Richardis von Schwerin (um 1415) weisen zur Darsow-Madonna in Lübeck und ihrem Meister hinüber. Originell und lebensvoll wirken die drei Herzogsstandbilder, mit echtem Renaissancegeist des Selbstbewußtwerdens der Persönlichkeit erfüllt: Magnus II. († 1503), Balthasar († 1507) und Erich II. († 1508).

In peinlichem Gegensatz zur Not der Zeit nach Ausbruch des Dreißigjährigen Krieges stehen das Reiterstandbild des Fürstenerziehers Samuel von Behr und seines Zöglings Herzog Adolf Friedrich I. Grabloge für sich und seine Frau. F. J. Döteber und Daniel Werner sind von 1630–1650 ständig nacheinander daran tätig gewesen.

Converse: Laie, ohne die kirchliche Weihe; Immaculata (lat.): die Unbefleckte, Beiname für Maria.

Goldene Tage in Doberan

Theodor Fontane

Unmittelbar am Strande, keine fünfzig Schritt von dem Fenster entfernt, an dem ich schreibe, erhebt sich ein Granitblock, der in Goldbuchstaben dem Besucher erzählt, daß 1793 Großherzog Friedrich Franz das erste deutsche Seebad an dieser Stelle errichtet habe. Dieser Ruhm soll unbestreitbar bleiben, aber in allem übrigen hat mir nicht leicht eine als Sehenswürdigkeit geltende Lokalität eine so arge Enttäuschung bereitet wie dieses Seebad Doberan. Und zu diesem Ausspruche fühle ich mich gedrungen, nachdem Warnemünde hinter mir liegt. Das ‚Spill‘ dieses letztgenannten Ortes zählt doch am Ende auch nicht zu den Örtlichkeiten, die einen verwöhnen können.

Seebad Doberan, im Gegensatz zu der eine halbe Meile landwärts gelegenen Stadt Doberan, liegt hart am Meere, am sogenannten ‚Heiligen Damm‘. Mit dieser seltsamen Bildung der Natur, der, wie es scheint, von einem Spötter ihr hochtönender Name beigelegt wurde, lassen Sie mich beginnen. Bis zu meinem Eintreffen hier knüpfte ich daran die Vorstellung von etwas Großem, poetisch Gewaltigem oder doch wenigstens von etwas auf den ersten Blick Sichtbarem. Es ist aber weder das eine noch das andere. Ich war schon ein halbes dutzendmal auf die-

Der Heilige Damm

429

sem vielgenannten Grund und Boden spazierengegangen, als ich endlich auf meine Frage: „Wo ist denn nun aber Ihr berühmter ‚Heiliger Damm‘?" die Antwort erhielt: „Dies ist er, Sie stehen auf demselben."

Es ist ein buchenbestandener Uferrand, zu dessen Füßen viele Kieselsteine liegen; eine andere Erklärung vermag ich auch heute noch nicht vom Heiligen Damm zu geben. Ich hatte an Stubbenkammer oder Steffe oder den Giant's Couseway in Irland gedacht! Und nun dies! Möglich, ja wahrscheinlich, daß es vor siebzig Jahren, bei der Gründung des Bades, hier schöner war. Uralte Buchen standen auf Meilen hin, und der Abhang selbst (von dem es heißt, es wäre seitdem viel fortgespült worden) präsentierte sich noch in charaktervoller Gestalt. Nur so vermögen wir uns den Ruhm dieser Stelle zu erklären. Was jetzt da ist, ist ein Nichts. Die alten mächtigen Buchen sind hin, ein Jungholz, wie man es überall sieht, ist an ihre Stelle getreten; unbedeutende, ziemlich dicht stehende Stämme, das Ganze von einem Grabenwasser durchlaufen, das eine Atmosphäre erzeugt, nicht viel besser als die von Moritzhof.

Soviel über die Natur. Nun über das Bad selbst, ‚Bad‘ im weitesten Sinne genommen. Auch in bezug hierauf läßt sich sagen: es war besser. In dem ersten Drittel dieses Jahrhunderts herrschte hier ein Badeleben, von dem jetzt kaum noch Spuren vorhanden sind. Doberan war Reunion des mecklenburgischen Adels, eine Art Tafelrunde, wo sich die Ritter des Landes um ihren König Arthur sammelten. Dieser König Arthur hieß Großherzog Friedrich Franz. Die Parallele ließe sich noch weiter ausführen. Es gab zahllose Tristans und Isoldens; die Liebestränke (einfach in einer Bowle gebraut) waren an der Tagesordnung, und ‚König Arthur‘, ein wahrer Vater seines Volkes, ging in allem mit gutem Beispiel voran. Es war das goldene Zeitalter Mecklenburgs. Wer es noch erlebt hat, spricht mit satter Wehmut davon, ein eigentümlicher Gemütszustand, der nur in Mecklenburg vorkommt.

Der Höhepunkt dieser goldenen Tage, die durch das ganze Land gingen, war nun immer Doberan. Man wohnte nicht wie jetzt am ‚Heiligen Damm‘, sondern landeinwärts in der Stadt selbst. Dort gab es Hoftheater und Hofkonzerte, Wettrennen, Roulett und Farospiel, und in prächtigen Equipagen fuhr man allmorgens ins Bad und wieder zurück, um dann sechs Stunden später die Fahrt zum zweiten Male, und zwar zum Diner im Kurhause, das auch damals schon am Heiligen Damm gelegen war, zu machen. Hier präsidierte dann der Großherzog, alle Anwesenden waren in gewissem Sinne seine Gäste, wobei die Tafelordnung nach einem eigentümlichen Anciennitätsprinzip gehandhabt wurde. Nicht die ersten Adligen, sondern die ersten Ankömmlinge saßen dem Großherzog zunächst, und die später Eintref-

Das Fest der Landleute auf dem Kamp zu Doberan, 1842

fenden rückten nach dem Datum ihrer Ankunft allmählich in den Sommerzirkel ein. Das Leben damals, mit allem, was ihm fehlen mochte, hatte immerhin einen gewissen aristokratischen Glanz, alles trug den breiten Stempel mecklenburgischen Behagens, und der landesübliche Appetit würzte das ohnehin vortreffliche Mahl. Der vorherrschende Zug war der des Patriarchalischen. Ihren Fürsten in der Mitte, gab sich der reiche Adel des Landes hier ein Rendezvous. Man war heiter, glücklich, weil man unter sich war. Alles war versippt und verschwägert. Eine große Familie.

Aber diese Tage liegen jetzt längst zurück. Nicht bloß, daß die antipatriarchalische Weltentwicklung zuletzt doch auch Alt-Mecklenburg leise streifte – es ereigneten sich nebenher noch ganz bestimmte Dinge, die der alten Herrlichkeit ein Ende machten. Zuerst starb Friedrich Franz – das war schlimm; dann wurde der Heilige Damm, der bis dahin nur Bad und Kurhaus gewesen war, mit Umgebung von Doberan, mehr und mehr zum Wohnsitz der Badegäste gemacht – das war schlimmer; endlich drittens tauchte der ‚orientalische Fremdling‘, der jetzt überall mit dem Adel in Konkurrenz tritt, auch an dieser exklusiven Stelle mit seinem Heergefolge auf – das war das Schlimmste. Unter dem Einfluß aller dieser Vorgänge ist das seinerzeit berühmt und eigenartig gewesene Doberan zu einem gewöhnlichen Badeplatz geworden. Man könnte auch von dieser gesellschaft-

431

lichen Umwandlung sagen: die alten Buchen wurden niedergeschlagen und alltägliches Jungholz wuchs nach.

Der Heilige Damm in seiner gegenwärtigen Gestalt zeigt am Meeresstrande hin ein Dutzend Logierhäuser, große und kleine, von denen jene in einem Durcheinander von Hotel- und Kastellstil, diese im Stile englischer Cottages errichtet wurden. Eingepfercht in Wohnungen von drei bis vier Zimmern, sitzen hier die Nachkömmlinge der ,alten Barone', das Meer, wenn nicht gerade ein scharfer Nordwestwind weht, langweilig vor sich, kein Boot, kein Schiff, das sichtbar wurde. Sie lesen die Zeitung, spielen Billard oder Whist und frühstücken. Ein wahres Glück, daß man diesem letzten Geschäft eine gewisse Ausdehnung geben kann. Die Damen baden und schlafen, machen viermal Toilette, genießen die multrige Sumpfluft ,unter den Buchen' und lassen gelegentlich über den im Konzertsaal aufgestellten Flügel ihre Finger hingleiten, nicht um zu spielen, sondern nur um zu prüfen. Eine Musik, wie sie das Vorrecht des Klavierstimmers ist.

Ein Löwe der Gesellschaft aber, von Herren und Damen gleich bewundert und gleich gesucht, ist der hannoversche Graf X., von dem die Heldensage geht, er habe den König von Preußen nicht gegrüßt. Wenn er vorübergeht, so folgen ihm aller Augen, als sei er der Träger von Deutschlands Zukunft. Selbst der jüdische Bankier folgt ihm mit Interesse, aber mit einem anderen. Er weiß am besten, daß es mit dem Grafen nicht lange mehr dauern kann.

Equipage: Kutsche; Anciennität: Rangfolge nach Dienstalter; multrig: moderig.

Der Sommer- und der Winter-Geheimrat

Theodor Fontane

Um die Sommerzeit sind sie wie andere Menschen
Aus Schwiebus, Reppen oder Bentschen.

Zumal in Bädern, in Ostseefrischen
Sitzt man mit ihnen an selben Tischen,
Und sind auch verschieden der Menschheit Lose,
Gleichmacherisch wirkt die Badehose,

Der alte Adam mit seinen Gebrechen
Läßt manches schweigen und manches sprechen.
Am Spill wurde gestern ein Seehund geschossen,
Zu drängen sich alle Strandgenossen;
Man will ein Kinderhospiz errichten:
„Sie könnten einen Prolog uns dichten."
Allgemeines heiteres Sichanbequemen,
Ein Unterschied ist nicht wahrzunehmen.

So der Sommer; er hat sein Bestes getan,
Aber nun bricht der Winter an.

Beim Botschafter S. ist Gala-Fete,
Dein Spill-Freund ist mit an der Tete,
Noch schützt dich die bergende Fensternische,
Jetzt aber gilt es, jetzt geht es zu Tische,

Du sitzt vis-à-vis ihm, es trifft dich sein Gruß,
Davor dein Herz ersteinen muß.
Es wundert sein Chef sich, sein Kollege,
Die Badebekanntschaft ist plötzlich im Wege,
Von dem, mit dem du den Seehund umstanden,
Von dem „sommerlichen" ist nichts mehr vorhanden,
Statt seiner der „winterliche" … Du frierst.
Suche, daß du dich rasch verlierst.

Kummerow und seine Heiden

Ehm Welk

Überhaupt waren die Bauern von Kummerow stolze Leute, wenn die im Kreis Randemünde es auch nicht gelten ließen. Sie sagten nämlich, die Kummerower täten nur stolz, dürften es aber gar nicht sein, denn worauf? Erst mal wären sie Heiden, im Dreißigjährigen Krieg hätten sie ihre zweite Kirche abgerissen und mit den Steinen ihre kaputtgeschossenen Häuser wieder aufgebaut, und zweitens wäre Kummerow gar kein richtiges Bauerndorf. Die Gerechtigkeit muß zugeben, daß beide Male etwas Wahres daran war, nur hätten die anderen dann auch sagen müssen, warum die Kummerower an ihre zweite Kirche herangegangen waren: nämlich, weil sie ebenfalls zerschossen war und es in Kummerow nur noch zehn Familien gab, für die eine Kirche weiß Gott ausreichte. Das mit dem nicht reinen Bauerndorf stimmte schon, aber im Dorf lagen durcheinander große Bauernhöfe mit vier Pferden, Freimannswirtschaften mit zwei Pferden, Kossäten mit einem Pferd und Einspänner, die so hießen, weil sie gar kein Pferd hatten. Es gab auch Büdner mit etwas Gartenland am Haus. Wer sich kein Pferd halten konnte, ackerte dennoch nicht mit einer Kuh, eine Kuh vor den Pflug oder Wagen zu spannen, das ließ der Kummerower Stolz nicht zu, lieber ließen sie sich das Feld von einem Bauern pflügen und arbeiteten die Kosten ab, indem sie bei der Ernte halfen. Mitten zwischen den Bauernhöfen lagen die Tagelöhnerhäuser vom Gut. Und das war es, was die anderen in ihrem Besitzerstolz den Kummerower Bauern vorwarfen, denn diese Tagelöhnerhäuser hatten nun mal die Dürftigkeit an sich und in sich. Doch das fiel nicht weiter auf, da es in den anderen Dörfern nicht besser war und nicht nur vom Grafen, Pastor, Schulzen und den Bauern als in Ordnung angesehen wurde, sondern auch von den kleinen Kossäten und den gräflichen Tagelöhnern. Es war damals eben eine andere Zeit als heute, und man kann sich nicht einmal sehr über die Genügsamkeit der armen Leute wundern, denn sie waren seit vielen Generationen durch Kirche und Schule zu der Ansicht erzogen worden, daß ein Anrecht auf ein besseres Leben nur der Besitzende hat. Manches hatte sich dabei gegen früher schon geändert, und gerade in Kummerow, denn so protzig die dicken Bauern dort auch waren, so prahlten sie doch auch gern mit ihrem Auftreten gegenüber dem gräflichen Gutsherrn. Warfen die Bauern aus den Nachbardörfern ihnen die vielen Insthäuser in Kummerow vor, so machten die Kummerower erst recht den dicken Wilhelm und sagten: Und woher kommt das, ihr Schlappschwänze? Weil wir in Kummerow früher vier Ritterhöfe hatten, drei Ritter haben wir zum Teufel gejagt, indessen ihr nicht mal mit einem fertig geworden seid! Na, und unser Graf Runkelfritz, der weiß schon, mit wem er es zu tun hat! Das war an dem, er wußte es allerdings nur, wenn derjenige, mit dem er es zu tun hatte, ein Besitzer war; er wußte dafür aber auch, daß er seinen Ärger über die protzigen Mistbauern, wie er sie nannte, an seinen eigenen Leuten kühlen konnte. Die wieder hatten einen für die heutige Zeit seltsamen Trost, wenn sie von ihrem Gutsherrn sagten: „Na, laßt man, er ist noch nicht der Schlechteste. Da gibt es noch andere Brüder!"

Es ist also zu verstehen, daß bei allen Leuten, die an der Erhaltung solcher Genügsamkeit ein großes Interesse hatten, schon Menschen wie Gottlieb Grambauer und Kantor Kannegießer nicht sehr beliebt waren, da man infolge der geheimen Reichstagswahl von ihnen wußte, sie hatten liberal gewählt; und daß nicht nur Graf und Pastor, sondern auch die meisten Bauern in Aufregung gerieten, als aus der Wahlurne zwei rote Stimmzettel flatterten. Vor vier Jahren hatten sie nur einen Roten gehabt, so schnell marschierte also der Umsturz. Es war auch nur ein schwacher Trost, daß die beiden roten Wähler zu Michaelis aus dem Dorfe flattern mußten.

Dennoch war eine Art Zweiteilung im Dorfe nicht zu übersehen, sie wurde sogar von den Agitatoren des Landarbeiterverbandes festgestellt, wenn auch falsch als Klassengegensatz bezeichnet. Von Klassen wußten die meisten Kummerower nur, daß sie eine klassenlose Schule

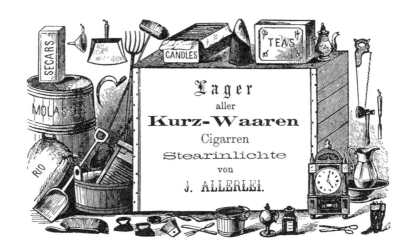

hatten, nämlich eine, die für alle acht Schuljahre, für alle Kinder zugleich, ausreichte, und daß sie in der Eisenbahn vierter Klasse auch dann fuhren, wenn sie als dicke Bauern das Geld für die zweite Klasse hatten. Nein, ihre Zweiteilung war an dem Nebeneinander und Gegeneinander von Gut und Bauernhof entstanden und hatte bewirkt, daß die meisten Tagelöhner sich dem Grafen und seinen Inspektoren näher verwandt fühlten als dem Kleinbauern und Büdner. „Wes Brot ich esse, des Lied ich singe", hatte Kantor Kannegießer des öfteren gespottet, und er kannte die Richtigkeit des Verses, denn, wie Gottlieb Grambauer sagte, auch der Kantor sang nicht nur in der Schule.

Hatten sie jetzt nur noch eine Kirche in Kummerow, so hatten sie doch zwei Gasthäuser; das feinere hieß Gasthof, das andere Krug. Der Krug gehörte zum Gut und war an einen früheren Landarbeiter des Grafen verpachtet, der Gasthof gehörte einem Bauern. Weshalb die Bauern, wenn sie den Gastwirt ärgern wollten, und das wollten sie oft, in den Krug gingen; die Tagelöhner und Knechte vom Gut ärgerten wieder gern den Krüger und gingen dann in den Gasthof. Dafür waren sie Kummerower, die Arbeiter so gut wie die Bauern. Und so glich sich alles wieder aus. Der Krüger betrieb in der Gaststube gleichzeitig einen kleinen Handel mit Materialwaren, das waren vor allem Heringe, Petroleum und Branntwein. Es roch bei ihm alles durcheinander, aber das störte keinen. Richtige Kramläden gab es nicht in Kummerow. Jede Woche kam ein Händler mit einem grünen Planwagen, da konnte man alles kriegen, Kaffee und Bücklinge und Käse und Wolle und Holzschuhe, und natürlich auch Heringe und Branntwein, wie beim Krüger. Ab und zu kam noch ein Hausierer mit einem Hundefuhrwerk, der nahm Lumpen und altes Eisen und überhaupt alles und gab dafür Bänder und Nadeln und Knöpfe und Johannisbrot und Lakritzen, all die schönen Sachen, die der Hausierer aus einer fernen Welt mitbrachte. Was man sonst zum Leben brauchte, Kartoffeln, Milch und Fleisch, das hatten die Kummerower allein, und wem was fehlte, der lieh es sich vom Nachbarn aus oder lief eben die siebeneinhalb Kilometer nach Falkenberg, wo auch die Post war. Und wer nichts hatte und nichts geliehen kriegte, nun, der aß eben Kartoffeln, die hatte jeder in Kummerow. Auch verlief sich des öfteren ein fremdes Huhn zu solchen Leuten. Hühner sind nun mal dumm; in Kummerow traf das besonders auf die Hühner vom Gutshof zu, von denen fanden um die Erntezeit, wenn bei den Tagelöhnern das Fleisch knapp und die Arbeit reichlich war, jeden Abend einige nicht zurück in ihren Stall.

Kossäten: Kotten- bzw. Katenbesitzer; Budner: Kleinstbauern; Schulze: Gerichtsbeamter; Inste: Arbeiter ohne eigenes Haus bzw. Land.

Ehm Welk, der seit 1950 in Bad Doberan lebte, erhielt dort 1954 zu seinem siebzigsten Geburtstag die Ehrenbürgerwürde. Auch wenn seine Lebensdaten darauf hinweisen, dass das erfundene Dorf, in dem seine beiden bekanntesten Bücher „Die Heiden von Kummerow" und „Die Gerechten von Kummerow" spielen, wohl eher in der Uckermark anzusiedeln ist, dürfte wohl zu jener Zeit das Leben auch in Mecklenburg so abgelaufen sein.

Briefe aus Heiligendamm

Rainer Maria Rilke an Lou Andreas-Salomé
Ostseebad Heiligendamm, Mecklenburg,
Grand Hôtel, am 1. August 1913

[…] Dieses hier ist das älteste Seebad Deutschlands, sympathisch durch seinen Wald am Meer, durch seine fast ganz auf den Landadel der Umgebung eingeschränkte Klientel; der Großherzog hat hier seine Villa, außerdem nur ein Kurhaus mit schöner Säulenhalle, ein Hotel und etwa ein Dutzend Villen, alles noch ziemlich unverdorben im guten Geschmack des beginnenden neunzehnten Jahrhunderts, ein paar Salons sogar noch so von um 1830, auf dem Giebel der Kurhalle eine Uhr mit blauem Zifferblatt und ganz altmodischer Stimme. Die Leute von ihren

Gütern kommen mit den vorzüglichsten Gespannen herübergefahren, das gibt wundervolle, bewegte Reliefs vor dem Meer; einen Graf Alvensleben, der den besten Viererzug fährt, konnte ich eben noch, Montag früh, vom Fenster aus seine Bravour ausüben sehen –. Dabei in den Wäldern und sogar am Strand (der steinig ist) viel Stille, alles in allem ein brauchbarer kleiner Ort, – ich bin froh, auf alle Fälle von ihm zu wissen.

Nostitzens hab ich noch hier vorgefunden, auch, worauf ich nicht rechnete, die Mutter von Frau von Nostitz, eine Tochter des einstigen Pariser Botschafters, Fürsten Münster, die durch ihre schöne Stimme bekannt war und auch jetzt noch, als alte Dame, kaum etwas davon eingebüßt hat (als ob gerade in ihrer Stimme nichts von allem Vergehenden hätte aufhören können, so ist sie mit allem Ausdruck versehen) –, sie singt mir fast jeden Nachmittag Beethoven und alte Italiener.

Nostitzens gehen nächste Woche fort, aber es ist möglich, daß ich dann noch einige Zeit hier bleibe, am Ende sogar noch etwas seebade, wenn der August gut wird. Wie ichs dann mit Ziegelroth treibe, wird sich zeigen; aufgeben werd ich ihn, glaub ich, doch nicht, es sei denn, daß ich mich unerwartet gut fühle. Ich schrieb ihm, ich käme später. […]

Rainer Maria Rilke an Ellen Delp
Ostseebad Heiligendamm,
Donnerstag vormittag [14. August 1913]

[…] Es ist fast beschämend, träge, um sieben aufzustehen und vor der Tür zu finden, wieviel lichte Zeit schon war, reinstes Tagwerk zu tun.

Was die Kirschblüten-Blume angeht, so hab ich eine neulich im Bollhägener Bruch (der kleinen Waldung vor Heiligendamm) gepflückt, sie den ganzen Tag betrachtend mit mir nehmend: so verwunderte mich ihre Art, weiß zu sein aus lauter Wiesengrün heraus, weiß mit grünem Blut im Herzen –; ich rate auf eine kleine Sumpfanemone, dazu angeleitet durch das anemönige Blatt unten am Stengel, das hier wunderlich tief ansitzt, aber doch da unten schon wußte, daß es oben zu diesem kleinen Geschöpf kommen wird, für das es wahrscheinlich einen Schild bildet, oder auch nur einen verbreiterten Ableiter der zu vielen Feuchtigkeit der Wiesen, die hier eine Weile auf andere Gedanken gebracht wird, damit inzwischen oben die Blume auf ihr Weiß kommen kann, zu dem eine Spur von Trockenheit gehört.

Die Rosen sind schön, schön, reich und rühmen einem, wie sie so dastehen, das eigene Herz, unermeßlich.
Rainer

Die Bahn nach Kühlungsborn

Von Doberan aus richtete man 1886 zur Beförderung der Badegäste ins älteste Ostseebad Heiligendamm eine zunächst sechseinhalb Kilometer lange Bahnstrecke ein, die 1910 zu den aufblühenden Bädern Brunshaupten und Arendsee (1938 zum Ostseebad Kühlungsborn vereinigt) verlängert wurde. Diese Dampf-Kleinbahn, deren weitere Erhaltung beschlossen wurde, ist heute eine eisenbahntechnische Rarität: sie fährt auf der einzigen Strecke mit 900 Millimeter Spurweite.

Einer der bedeutendsten Erholungsorte der DDR

Die Lage des Ostseebades Kühlungsborn zwischen dem 4 km langen flachen Ostseestrand und den bewaldeten Höhen der schluchtenreichen Kühlung ist äußerst reizvoll. Mit fast 150 000 Urlaubern ist Kühlungsborn einer der bedeutendsten Erholungsorte der DDR und war bis zur jüngsten Entwicklung von Binz (Rügen) unser größtes Seebad. Zu den vorrangig für die Urlauberbetreuung ausgestatteten Einrichtungen der Stadt gehören etwa 70 Ferienheime, Sportanlagen, Campingplätze, eine beheizbare Meerwasserschwimmhalle u. a. Fischerei sowie Leichtindustrie und Nahrungsgüterwirtschaft sind weitere ökonomische Grundlagen der Stadt. Hier befindet sich ein Observatorium für Ionosphärenforschung. Die Stadtgründung erfolgte 1938 durch Zusammenschluß der Dörfer Arendsee, Brunshaupten und Fulgen. Ab 1857 entwickelte sich der Badebetrieb. Noch Ende des 19. Jahrhunderts begann die Anlage von Parks, Konzertgärten und der 3 km langen Kurpromenade.

Der durch Wanderwege gut erschlossene, südlich von Kühlungsborn gelegene Abschnitt der Kühlung ist geologisch interessant. Durch in die Endmoränen eingepreßte Tertiärschollen entstand eine den Mittelgebirgen ähnliche Oberflächenform. Weitere Wanderwege führen nach Westen bis Rerik – die 2100 Einwohner zählende Kleinstadt zwischen Ostsee und Salzhaff ist jährlich Ziel von 30 000 Urlaubern.

Die Rettung von Barlachs „Klosterschüler"

Alfred Andersch

In seinem 1957 erschienenen Roman „Sansibar oder der letzte Grund" schildert Andersch, wie der Pastor von Rerik (das schon in den Fränkischen Reichsannalen als Handelsplatz erwähnt wird und im 19. Jahrhundert auch Seebad wurde) mit Hilfe eines Fischers und eines kommunistischen Vertrauensmannes eine hölzerne Statue Ernst Barlachs vor dem Zugriff der Nazis rettet.

Sie hatte sich Rerik ganz anders vorgestellt. Klein und bewegt und freundlich. Aber es war klein und leer, leer und tot unter seinen riesigen roten Türmen. Erst als Judith aus dem Bahnhof trat und die Türme erblickte, hatte sie sich daran erinnert, daß Mama von diesen Türmen entzückt gewesen war. Das sind keine Türme, hatte sie immer gesagt, das sind Ungeheuer, wunderbare rote Ungeheuer, die man streicheln kann. Unter dem kalten Himmel aber kamen sie Judith wie böse Ungeheuer vor. Auf jeden Fall waren es Türme, die sich um Mamas armen Gifttod nicht kümmerten, das fühlte Judith. Auch nicht um ihre Flucht. Von diesen Türmen war nichts zu erwarten. Sie war schnell unter ihnen vorbeigegangen, durch die Stadt hindurch, zum Hafen. Dort konnte sie ein Stück von der offenen See erblicken. Die See war blau, ultramarinblau und eisig. Und es lag kein Dampfer, kein noch so kleiner Dampfer im Hafen. […]

Es kam so, wie Gregor es sich vorgestellt hatte: die Kiefern hörten auf einmal auf, die Straße hob sich noch einmal auf den Rücken der Moräne, und von oben bot sich das erwartete Bild: die Weiden, die Koppeln, von schwarz-weißen Kühen und von Pferden gefleckt, dann die Stadt, dahinter das Meer, eine blaue Wand.

Aber die Stadt war zum Staunen. Sie war nichts als ein dunkler, schieferfarbener Strich, aus dem die Türme aufwuchsen. Gregor zählte sie: sechs Türme. Ein Doppelturm und vier einzelne Türme, die Schiffe ihrer Kirchen weit unter sich lassend, als rote Blöcke in das Blau der Ostsee eingelassen, ein riesiges Relief. Gregor stieg vom Rad und betrachtete sie. Er war auf diesen Anblick nicht gefaßt. Sie hätten es mir sagen können, dachte er. Aber er wußte, daß die Leute im Zentralkomitee für so etwas keinen Sinn hatten. Für sie war Rerik ein

Rerik

Platz wie jeder andere, ein Punkt auf der Landkarte, in dem sich eine Zelle der Partei befand, eine Zelle hauptsächlich aus Fischern und den Arbeitern einer kleinen Werft. [...]

Knudsen, sagte der Pfarrer. Sie werden heute erst in der Nacht fahren. Er setzte hinzu: Ich bitte Sie darum.

Knudsen sah fragend zu dem Pfarrer hoch, der ein wenig über ihm auf dem Kai stand, ein großer schlanker Mann mit einem heftigen, geröteten Gesicht, mit einem schmalen schwarzen Bart über dem Mund, einem schwarzen Bart, in den sich graue Fäden mischten, mit den blitzenden Gläsern einer randlosen Brille vor den Augen, kristallisch blitzend in dem leidenschaftlichen, eine Neigung zum Jähzorn verratenden Gesicht über einem schwarz gekleideten Körper, der sich ein wenig über den Stock krümmte. Ich muß Sie bitten, für mich nach Skillinge zu fahren und etwas mitzunehmen, sagte Helander.

Nach Schweden? Knudsen nahm die Pfeife aus dem Mund. Ich soll für Sie etwas nach Schweden bringen?

442

Ja, sagte Helander. Zum Propst von Skillinge. Er ist mein Freund. […]
Nur eine kleine Figur, eine kleine Holzfigur aus der Kirche.

Knudsen wunderte sich so, daß es ihn zum Sprechen hinriß. Eine kleine Holzfigur? fragte er.

Ja. Nur einen halben Meter groß. Ich soll sie den Anderen abliefern. Sie wollen sie mir aus der Kirche nehmen. Sie muß nach Schweden in Sicherheit gebracht werden. Helander unterbrach sich und fügte hinzu: Ich bezahle natürlich die Fahrt. Und auch, wenn Sie dadurch Verluste beim Fischfang haben, Knudsen.

Der Pfaffe, dachte Knudsen. Der verrückte Pfaffe. Ich soll ihm seinen Götzen retten.

Sie können sich darauf verlassen, Herr Pfarrer, daß die Figur bei uns sorgfältig magaziniert wird, hatte der junge Mann aus Rostock gesagt. Helander geriet in Zorn, wenn er an den Besuch des jungen Herrn Doktor gestern abend dachte. Keiner von den Anderen, sondern ein Geschickter, Wendiger, ein Karrierist, der sich durchschlängelte, einer, für den es nur Taktik gab und der im übrigen ‚das Beste wollte'. – Sie wollen den ‚Klosterschüler' wohl konservieren, Herr Konservator, hatte Helander höhnisch geantwortet, es ist aber unnötig, ihn einzuwecken, er bleibt auch so frisch. – Wir wollen ihn schützen, Herr Pfarrer. – Sie wollen ihn einsperren, Herr Doktor. – Er steht nun einmal auf der Liste, und wir haben den Auftrag … – Auf welcher Liste? – Auf der Liste der Kunstwerke, die nicht mehr in der Öffentlichkeit gezeigt werden sollen. Und da ist es besser … – Der ‚Klosterschüler' ist kein Kunstwerk, Herr Doktor, er ist ein Gebrauchsgegenstand. Er wird gebraucht, verstehen Sie, gebraucht! Und zwar in meiner Kirche. – Aber begreifen Sie doch, hatte der alte junge Mann, der geduldig war wie ein Greis, erklärt, wenn Sie ihn nicht uns geben, holen ihn die Anderen übermorgen früh einfach aus der Kirche heraus. Und was dann mit ihm geschieht? – Vielleicht müßte man ihn vernichten? Vielleicht ist es besser, der ‚Klosterschüler' stirbt, als daß er – wie sagten Sie vorhin? – ach ja, als daß er magaziniert wird. […]

Im Gegensatz zum Außenbau war das Innere der Kirche weiß gestrichen. Die Oberfläche der weißen Wände und Pfeiler war nicht glatt, sondern bewegt und rauh, da und dort vom Alter grau oder gelb geworden, besonders dort, wo sich Risse zeigten. Das Weiß ist lebendig, dachte Gregor, aber für wen lebt es? Für die Leere. Für die Einsamkeit. Draußen ist die Drohung, dachte er, dann kommt die rote Scheunenwand, dann kommt das Weiß, und was kommt dann? Die Leere. Das Nichts. Kein Heiligtum. Diese Kirche ist zwar ein guter Treff, aber sie ist kein Heiligtum, das Schutz gewährt. Mach dir nichts vor, sagte Gregor zu sich, nur weil du weißt, daß die Kirche nicht den Anderen gehört, – du kannst hier genauso verhaftet werden wie überall. Die Kirche war ein wunderbarer weißer, lebendiger Mantel. Es war seltsam, daß der Mantel ihn wärmte, – ja, sehr seltsam war das, und Gregor nahm sich vor, darüber nachzudenken, wenn er einmal Zeit haben würde, nach der Flucht vielleicht, nach der Flucht von den Fahnen, – aber daß die Kirche mehr wäre als ein Mantel, darüber machte sich Gregor keine Illusionen. Sie konnte vielleicht vor der Kälte schützen, aber nicht vor dem Tod. In einer Kapelle im südlichen Seitenschiff hing eine verwitterte goldene Fahne. Unter ihr kniete ein Mann und betete. Der Mann hatte das übliche wehrhafte und fromme Gesicht: eine strenge spitze Nase, einen gekräuselten Vollbart, tote Augen. Aber der strenge Mann, der graue Marmormann, der ein König aus Schweden war, würde sich niemals erheben, um mit seinem Schwert Gregor zur Seite zu stehen. Es gab keine Könige aus Schweden mehr, die über die See fuhren, um die Freiheit des Glaubens zu schützen; oder wenn es sie gab, so kamen sie zu spät. [...]

Dann wurde er sich der Anwesenheit der Figur bewußt. Sie saß, klein, auf einem niedrigen Sockel aus Metall, zu Füßen des Pfeilers schräg gegenüber. Sie war aus Holz geschnitzt, das nicht hell und nicht dunkel war, sondern einfach braun. Gregor näherte sich ihr. Die Figur stellte einen jungen Mann dar, der in einem Buch las, das auf seinen Knien lag. Der junge Mann trug ein langes Gewand, ein Mönchsgewand, nein, ein Gewand, das noch einfacher war als das eines Mönchs: einen langen Kittel. Unter dem Kittel kamen seine nackten Füße hervor. Seine beiden Arme hingen herab. Auch seine Haare hingen herab, glatt, zu beiden Seiten der Stirn, die Ohren und die Schläfen verdeckend. Seine Augenbrauen mündeten wie Blätter in den Stamm der geraden Nase, die einen tiefen Schatten auf seine rechte Gesichtshälfte warf. Sein Mund war nicht zu klein und nicht zu groß; er war genau richtig, und ohne Anstrengung geschlossen. Auch die Augen schienen auf den ersten Blick geschlossen, aber sie waren es nicht, der junge Mann schlief nicht, er hatte nur die Angewohnheit, die Augendeckel fast zu schließen, während er las. Die Spalten, die seine sehr großen Augendeckel gerade noch frei ließen, waren geschwungen, zwei großzügige und ernste Kurven, in den Augenwinkeln so unmerklich gekrümmt, daß auch Witz in ihnen nistete. Sein Gesicht war ein fast reines Oval, in ein Kinn ausmündend, das fein, aber nicht schwach, sondern gelassen den Mund trug. Sein Körper unter dem Kittel mußte mager sein, mager und zart; er durfte offenbar den jungen Mann beim Lesen nicht stören.

Erwähnenswert im Doberaner Umland

Diethard H. Klein

Neubukow wurde um die Mitte des dreizehnten Jahrhunderts an der Stelle eines früheren slawischen Dorfes planmäßig angelegt, etwa fünf Kilometer nordöstlich der slawischen Burg Bukow, die Verwaltungsmittelpunkt des Gebietes war. Die Stadt erlangte für die mecklenburgischen Juden, denen in den Seestädten die Niederlassung verboten war, besondere Bedeutung als Zentrum ihres Hausierhandels; die dortige Synagoge war religiöser Mittelpunkt für einen weiten Umkreis. Ein Sohn der Stadt ist der berühmte Entdecker Trojas, Heinrich Schliemann; ihm werden wir in Ankershagen bei Waren begegnen.

Südlich von Neubukow lagen die Güter Panzow, Neu-Poorstorf, Kirch-Mulsow und Wendisch-Mulsow, die um 1700 der Oberlanddrost Joachim Friedrich von der Lühe teils ererbte, teils hinzukaufte und auf denen er die sogenannte „holsteinische Wirtschaft" erstmals in Mecklenburg einführte, die – wohlgemerkt nach zunächst langjährig hartnäckiger Ablehnung – zu entscheidend verbesserten Erträgen führte.

Erwähnenswert im Doberaner Umland sind ferner Parkentin mit seiner Kirche aus der Mitte des dreizehnten Jahrhunderts, ehemals dem Kloster Doberan gehörig und 1522 dem herzoglichen Domanialbesitz zugeschlagen, Retschow (wo im frühen Mittelalter eine mächtige und mehrfach heftig umkämpfte Burg stand) mit einer reich ausgemalten Kirche aus der ersten Hälfte des vierzehnten Jahrhunderts sowie Roggow, wo man zahlreiche Stücke aus der Stein- und Bronzezeit und auch einen wendischen Burgwall fand und das Geburtsort der Brüder Friedrich und Johann Pogge ist: Der erstere begründete in Mecklenburg durch die Einfuhr von Merinoschafen die Edelschafzucht und setzte sich nachdrücklich für die Gleichberechtigung von adeligen und bürgerlichen Gutsbesitzern ein, der andere war ein Vorkämpfer für eine konstitutionelle Landesverfassung.

Neubrandenburg und seine Geschichte

Ricarda Huch (um 1928)

So wie es jetzt daliegt mit seinem viereckigen Platz in der Mitte, dem Platz für die Kirche daneben, den geraden Straßen, den vier Toren, die man vom Kern aus übersieht, wie wenn es Haustüren wären, ist Neubrandenburg im Jahre 1284 planmäßig angelegt worden von dem niedersächsischen Ritter Herbord von Raven, den die Markgrafen Johann und Otto von Brandenburg damit beauftragt hatten. Der Grund und Boden gehörte dem Kloster Broda, das der slawische Fürst Kasimir von Pommern im Jahre 1170 gegründet hatte, als er zum Christentum übergetreten war. Das ganze Land Stargard aber, zu dem das Kloster gehörte, kam an die Brandenburger Markgrafen, die es offenbar für notwendig hielten, der neuen Erwerbung einen städtischen Mittelpunkt zu geben. Erst etwa fünfzig Jahre später wurde er befestigt.

Selten entsteht eine Stadt auf ganz jungfräulichem Boden; irgendein Heiligtum, ein Stromübergang, der geschützt werden sollte, ein Bodenerzeugnis, das gefördert wurde und das Ansiedler herbeizog, war meistens der Ausgangspunkt. Der Tollensesee, an dessen nördlichem Ufer Neubrandenburg liegt, hat vermutlich in der slawischen Zeit Anwohner gehabt; denn die Slawen liebten das Wasser und führten das Leben von Fischern und Schiffern. Die Sage erzählt von der großen und berühmten Stadt Rhetra, die am See gelegen habe, und von einem goldenen Götzenbilde, das man zuweilen noch vom Grunde des Sees heraufblicken sähe, auch wird vermutet, daß ein wendisches Dorf der heutigen Stadt vorausgegangen sei. Auf die Zeit der Schiffer deutet der heilige Nikolaus, dem die älteste Kirche gewidmet war; das Haus des Stadtgründers Herbord wurde in sie hineingebaut. Sie diente, nachdem im Jahre 1271 die Marienkirche gegründet war, als Zeug- und Kornhaus, bis sie im Dreißigjährigen Kriege zerstört und nachher abgetragen wurde.

Die Brandenburger hatten das Land Stargard kaum fünfzig Jahre besessen, als es an Mecklenburg kam, dadurch daß es Markgraf Albrecht seiner Tochter Beatrix, als sie den Herzog Heinrich den Löwen von Mecklenburg heiratete, zur Mitgift gab. Heinrich der Löwe, weniger volkstümlich als der Braunschweiger gleichen Namens, war der Sohn jenes mecklenburgischen Fürsten, der im Heiligen Lande in die Hände der Sarazenen fiel und fünfundzwanzig Jahre in der Gefangenschaft blieb, vielleicht das Urbild der Märchen und Sagen, die sich auf solchem Hintergrunde gebildet haben. Die Hochzeit wurde festlich in der Neubrandenburger Nikolaikirche begangen; aber um das leicht erworbene

Land sollte noch viel Blut fließen, bis es dauernder Besitz wurde. Als Beatrix ohne Kinder starb, betrachtete ihr Bruder Waldemar Stargard als Brandenburg angestorben, was Heinrich nicht gelten lassen wollte. Es entspann sich darüber eine Fehde, die jahrelang dauerte und durch die Menge der Beteiligten eine der bedeutendsten im Norden war; auch der König von Dänemark wurde als Verbündeter Waldemars mit hineingezogen. Neubrandenburg, das inzwischen mit festen Mauern versehen war, widerstand der Belagerung, und schließlich erlitt Waldemar bei Gransee eine Niederlage, die ihn zum Nachgeben zwang. In Templin wurde der Friede geschlossen, durch den Stargard endgültig mit Mecklenburg verbunden wurde. Bald folgte die staatsrechtliche Begründung, indem der Kaiser, damals zugleich Landesherr in Brandenburg, die Brüder Johann und Albrecht von Mecklenburg zu rechten Fürsten und Herzögen des Heiligen Römischen Reichs und das Land Stargard zu einem erblichen Reichslehen erhob. Seitdem war Neubrandenburg eine mecklenburgische Landstadt, nach mittelalterlicher Art aber im Besitz weitgehender Unabhängigkeit, die mit Kraft und Trotz verteidigt wurde. Der alte markgräfliche Fürstenhof am Stargarder Tore war der Bürgerschaft ein Dorn im Auge, obwohl er nicht vom Herzog selbst bewohnt wurde; er hatte ihn im Jahre 1400 einem Herrn von Ihlefeld geschenkt, dessen gleichnamiger Rittersitz in der Nähe lag. Mit dem Ritter Otto fingen die Bürger Streit an, zerstörten den Fürstenhof, und als

Neubrandenburg und der Tollense See

der Ritter nach seiner Burg Ihlefeld flüchtete, auch diese. Otto wurde im Kampfe erstochen, und sein Vater kam in den Flammen der brennenden Burg um. Zwar mußte die Stadt für diese Gewalttat eine Buße zahlen, aber das Fürstenhaus wurde nicht wiederaufgebaut; die Stelle, wo es gestanden hatte, hieß der Wüste Kirchhof. Der Rat schloß selbständig Bündnisse mit anderen Städten, mehrmals mit Friedland, wobei sogar die Landesherren nicht ausgenommen wurden; später trat er einem großen Bündnis bei, zu dem Prenzlau, Pasewalk, Anklam, Templin, Strasburg und Neu-Angermünde gehörten. Gegenstand dauernden Streites mit den Herzögen war die Bewachung der Tore und die Gerichtsbarkeit, was beides der Rat für sich allein beanspruchte. Das Stadtschulzenamt, ursprünglich herzoglich, kam an die angesehene Familie von Aschen, die es aber 1438 dem Herzog verkaufte. Seitdem war der Stadtschulze ein fürstlicher Beamter, der zusammen mit den städtischen Schöffen die peinliche Gerichtsbarkeit ausübte; merkwürdigerweise aber mußte die Bürgerschaft die Kosten der Hinrichtungen tragen, der Rat bezahlte die Ketten zum Hängen und hatte das Gefängnis, welches die Faule Munke hieß. Die Prozesse, die der Rat deswegen mit dem Herzog führte, endeten nach siebenundzwanzigjähriger Dauer im Jahre 1625 mit einer Verständigung: Herzog Albrecht verkaufte dem Rat den halben Teil seiner Gerichtsgewalt um sechstausend Gulden, worauf sie von Landesherrn und Magistrat zusammen ausgeübt wurde. Dies Verhältnis dauerte bis in die Gegenwart.

Die Verwaltung übten die Geschlechter im Rat allein aus, nur dann durch Zuziehung der Gemeinde sich beschränkend, wenn es sich um eine neue Steuer oder um den Erwerb von Gemeindegütern handelte. Von den vier Zünften der Schuster, Bäcker, Tuchmacher und Schmiede waren anfänglich die Wenden nicht ausgeschlossen; es mag aber wohl sein, daß die mit Wenden vermischten Handwerker um so mehr von der Regierung ausgeschlossen wurden. Im Anfang des 17. Jahrhunderts erst erzwangen die Zünfte den Eintritt ihrer Altersleute in den Rat. Den vier Zünften oblag die Bewachung der vier Tore unter der Führung ihrer Bürgermeister, die, wie es sich von selbst versteht, kriegerische, mutige Männer waren.

Der erste Bürgermeister, der genannt wird, hieß Werner Gywertze; es war um 1395. Heinrich Prillewisse fiel 1469 bei einem Ausfall während der Belagerung durch die Treptower. Erasmus Behme erkaufte bei der Tillyschen Eroberung der Stadt sein Leben um dreihundert Gulden, wurde aber von seinem treulosen Bedränger, sowie er das Geld erhalten hatte, umgebracht. Bürgermeister Mauritius Glienike unternahm mehrere Pilgerfahrten nach dem Heiligen Grabe und stiftete zum Gedächtnis seiner dritten, bei der sich Herzog Magnus ihm anschloß, die nicht mehr vorhandene Gertrudiskapelle, in der alle Merkwürdigkeiten der Reise dargestellt waren. Der Ratmann Andreas Wartlau verbrannte 1676 mit seinem Sohne bei einer Feuersbrunst, der sie Einhalt tun wollten. Außer den genannten Namen gehörten die Koblank, die Vammehagen, Spiegelberg, Kivit, Wolkow, Ritzerow, Falkenberg zu den Geschlechtern.

Die Empfindlichkeit der Ratmänner in den Beziehungen zum Landesherrn zeigte sich in sonderbarer Weise dem protestantischen Prediger Erasmus Alberus gegenüber, der im Jahre 1552 an die Marienkirche berufen wurde. Das Recht der Pfarrbesetzung war zwischen Rat und Landesherrn strittig, der Rat beanspruchte es um so mehr, als er von jeher das Kirchenvermögen verwaltet hatte. Da nun Erasmus Alberus durch den Herzog berufen worden war, verwarf ihn der Rat, obwohl er ihn für einen gelehrten, frommen und gottesfürchtigen Herrn erklärte. Nicht nur wurden seine Predigten nicht besucht, er bekam auch sein Gehalt nicht ausbezahlt, ja, es ging so weit, daß die Fischer angewiesen wurden, ihm keine Fische zu verkaufen. Nachdem Erasmus Alberus sein Leben als eifernder und augenscheinlich schwer erträglicher Streiter Gottes zugebracht hatte, so daß er siebenmal seines Amtes entsetzt worden war, konnte er froh sein, daß nach sieben Wochen der Tod seinem jämmerlichen Dasein in Neubrandenburg ein Ende machte oder daß ihn, wie seine Feinde sagten, der Teufel holte. Er wurde prächtig vor dem Altar begraben, und der Rat setzte durch, daß die nächste Berufung von ihm ausging.

Ebenso wie sich in Mecklenburg auf dem Lande die alte Unfreiheit erhielt, blieben in Neubrandenburg bis zum Ende des vorigen Jahrhunderts das alte Selbstgefühl und die alten Gebräuche bestehen. Bei der großen Sitzung am Dreikönigstag sprachen der Altmännerhauptmann, die Altermänner und Wiekhaus-Hauptleute dem Rat ihre Glückwünsche aus, worauf der wortführende Bürgermeister die Dank- und Erwiderungsrede hielt. Dann fand die sogenannte Umkür statt, das heißt die Umbesetzung der Ämter und die Übergabe des Worts von einem Bürgermeister an den anderen, durch die Überreichung des Stadtsiegels symbolisch ausgedrückt. Es folgte eine Verhandlung von Zunftangelegenheiten und der Bericht über den letzten Landtag, und zum Schluß kam die Beglückwünschung der Torschreiber, die zugleich fürstliche und städtische Diener waren. Bei Gelegenheit einer anderen Versammlung fand die feierliche Besichtigung der Stadtgrenze statt.

Der unbesiegbare Feind der mittelalterlichen Städte, das Feuer, hat Neubrandenburg besonders häufig heimgesucht; der große Brand von 1676 soll der fünfundsiebzigste gewesen sein. Im Anfang des Dreißigjährigen Krieges brannte die halbe Stadt ab. Es ist demnach begreiflich, daß nicht viel alte Häuser erhalten sind. Das Rathaus, das Ende des 16. Jahrhunderts an Stelle des alten Schuhhauses erbaut wurde, brannte 1676 und dann noch einmal 1737 ab. Das jetzige nimmt die Mitte des weitläufigen Marktes ein, ein schlichter, nicht unsympathischer Bau, dem gegenüber Herzog Adolf Friedrich IV., Reuters Dörchläuchting, an Stelle des alten Stadtvogteihauses und der alten Ratsapotheke sich sein Palais errichtete. Mehrmals mußte auch die Marienkirche neu ausgebaut werden. Im 19. Jahrhundert wurde sie entsprechend dem damals herrschenden Vorurteil freigelegt und zu dem Zweck das Leiterhäuschen und das Kunstpfeiferhaus abgebrochen. Jetzt füllen den Platz um die würdige, mit reichverzierten gotischen Giebeln ausgestaltete Kirche doppelte Baumreihen.

Von ganz anderer Art als die innere Stadt, die durch Regelmäßigkeit, Aufgeräumtheit und Sauberkeit auffällt, ist ihre Umfassung und Umgebung. Die vier Tore sind wundervolle Proben der Backsteingotik, im Vergleich zu anderen elegant, als wären sie mehr zur Zier als zur Wehr da. Das Treptower Doppeltor ist am reichsten geschmückt, das Stargarder Innentor mit seinem schweren Efeubehang imponiert durch seine Schlankheit und Geschlossenheit. Es ist ein Stufengiebel, der durch halbpfeilerartige, den Stufen sich anschließende Streben gegliedert ist; als eigentümliche Verzierung befinden sich in der oberen Hälfte zwischen den Streben neun weibliche Figuren in steifen Gewändern, mit ausgebreiteten Armen, deren Bedeutung sich nicht verrät. Geheimnisvolle Zeichen, die vielleicht auf eine verschollene Sage deuten, ein nicht mehr verständliches Symbol, blicken sie auf den wohlgeordneten Kleinstadtverkehr der Gegenwart herab. Um die zum Teil erhaltene Mauer mit den putzigen Wiekhäusern schließt sich der Wall mit alten Eichen, ein voller, lockiger Bacchantenkranz auf einem spießbürgerlichen Kopfe. Durch das Treptower Tor führt der Weg an einer Mühle, die mit der Stadt zugleich angelegt wurde, an bunten Gärten und alten Fachwerkhäusern vorüber zum Tollensesee. Das Schilf wächst in ihn hinein, dunkle Wälder beschatten seine Ufer, seine Grenze verliert sich in der Ferne. Wenn er nicht von lustigen Booten sommerlicher Ferienjugend belebt ist, sieht es an seinen Ufern wohl nicht anders aus als zur Zeit der wendischen Fischer. An der Stelle von Dörchläuchtings allzu klassischem Belmandür stand vielleicht ein hölzerner Tempel mit grotesken, buntbemalten Schnitzereien, in dem ein Götzenbild verehrt wurde, das nun seit Jahrhunderten auf dem Grunde des Sees liegt, ungestört vom Lichte der Gestirne und dem Gesang der Ruderer und Wanderer.

Das Treptower Tor zu Neubrandenburg

Nach dem Zweiten Weltkrieg entwickelte sich die nunmehrige Bezirksstadt mit einer auf an die neunzigtausend Einwohner anwachsenden Bevölkerungszahl zum auch industriell bedeutenden Zentrum der nördlichen DDR. Die ringförmige Stadtmauer mit ihren vier mächtigen, reich geschmückten Toren, städtebauliches Denkmal ersten Ranges, wurde vorbildlich restauriert, im Stadtzentrum wuchs als „Haus der Kultur und Bildung" der fünfzehnstöckige „Kulturfinger" empor, und die wiedererrichtete Marienkirche nahm eine Konzerthalle auf.

Ein Besuch in Neubrandenburg 1795

Johann Carl Friedrich Rellstab

In Neubrandenburg trat ich im Hause des Weinhändlers Toll ab, und hier waren Herr und Kutscher mit Mittagsmahl und Bewirthung zufrieden. Herr Toll hat in seinem Hause eine beträchtliche Einrichtung. Eine bedeckte und unbedeckte Reitbahn, welche erstere besonders bey den beträchtlichen Märkten, die in Neubrandenburg sind, zu Stallung für viele Pferde, durch eine simple Anstalt kann umgeschaffen werden. Aber im Ganzen ist dort doch mehr Gelaß für Pferde, als Menschen.

Neubrandenburg selbst ist weit mehr bebaut, als Neu-Strelitz, es ist dort weit mehr Gewerbe, sowohl an Handwerkern als an Kaufleuten. Es hat auch ein beträchtliches Schauspielhaus, welches aber auch jetzt geschlossen ist. Wie der verstorbene Herzog von Strelitz Neubrandenburg hat zu seinem Sommeraufenthalte wählen können, begreife ich nicht; das Schloß liegt am Markte, und hat nicht einen Fuß breit Garten. Umgekehrt würde ich es natürlich gefunden haben. Er muß es lediglich wegen des größeren Gewühls von Menschen, (gegen Neu-Strelitz) und wegen der Sommermärkte gethan haben; denn sonst ist

Das Friedländer Tor zu Neubrandenburg

auch nichts rund um der Stadt, als eine sehr angenehme und schattige Promenade auf den Wällen, was sie grade besser zum Sommeraufenthalte machte als Neu-Strelitz. Nach einigen gemachten kurzen Besuchen setzte ich um vier Uhr meinen Weg weiter fort, und zwar ebenfalls wieder durch Gegenden und Aus- und Uebersichten, die äußerst angenehm durch Anhöhen, Wiesen und fern liegende Dörfer und Städte wurden. Auf diesem Wege stellte sich Neubrandenburg bey einem Rückblick am meisten zu seinem Vortheile dar. Beym Herrn Cogho hatte ich schon zu Neu-Strelitz ein Gemälde seiner Arbeit, worauf diese Stadt von der Seite nach Treptow zu dargestellt war, gesehen, und Herr Cogho hatte wirklich so den vortheilhaftesten Standpunkt für die Stadt zur Abbildung getroffen, denn von allen anderen Seiten war sie so versteckt, daß ich sie schwerlich für eine Stadt würde genommen haben. Zwey Meilen wollte ich noch heute machen, diese hatte ich in drey Stunden vollendet.

Auf dem Neubrandenburger Gymnasium um 1850

Otto Piper

Erst neun Jahre alt, wurde ich nebst meinem zwei Jahre älteren Bruder Rudolf auf das Gymnasium zu Neubrandenburg gebracht, welches der älteste Bruder Wilhelm schon früher bezogen hatte.

Erschien es mir ja nun schon an sich als etwas Wunderschönes, in einer Stadt zu leben, so hatte ich dabei noch das Glück, daß es sich hier um eine solche handelte, welcher zumal unter den Kleinstädten im ganzen Norddeutschland an mannigfacher Schönheit kaum eine gleichkommt. Die schmuckvollen gotischen Ziegelbauten der Marienkirche und der Stadttore, sowie die Ringmauer mit ihren Wiekhäusern und Fangeltürmen haben, zumal in ihrer fast völligen Unversehrtheit, überhaupt kaum ihresgleichen. Ringsum zieht sich der zum Teil dreifache Wall jetzt als Spazierweg mit alten Bäumen hin, und in geringer Entfernung schließt sich daran, besonders um einen großen See, eine anmutige waldreiche Hügellandschaft.

Aber freilich, nachdem der erste Reiz des neuen Wohnortes verflogen war, mußte ich mich fragen, was doch das alles gegen die Heimat sei, und so pflegte ich denn auch noch später, bis ich völlig erwachsen war, immer in der ersten Zeit nach den Ferien in ganz krankhafter Weise an Heimweh zu leiden. Das sogar, obgleich ich mich durchaus nicht etwa vereinsamt zu fühlen brauchte. Wir drei Knaben waren nebst noch einem Mitschüler Pensionäre einer mit uns schon früher als ländliche Nachbarn bekannt gewesenen Familie Ruskow, bestehend aus einer Witwe mit noch fünf uns etwa gleichaltrigen Töchtern. Nebenbei bemerkt, klagte die Frau, welche so elf Personen satt zu machen hatte, wohl über das teure Leben in der Stadt; sie könne kaum mit einem Taler täglicher Wirtschaftskosten auskommen.

Das Gymnasium hatte die vier Klassen von Quarta bis Prima ohne Unterabteilungen. Die halbjährig stattfindenden Versetzungen trafen durchschnittlich den vierten Teil der Schüler einer Klasse. In Rücksicht darauf wurde in fast allen Lehrgegenständen das in den einzelnen Klassen zu erledigende Pensum nach jeder Versetzung von vorn angefangen, so daß die Schüler es so oft durchmachten, als sie Halbjahre in derselben saßen. Die Lehrer waren den Titeln nach fast alle „Rektoren", nämlich ein Direktor, ein Konrektor, ein Prorektor und ein Subrektor. Außerdem waren noch ein Oberlehrer und ein Kollaborator vorhanden.

Zu einiger Aufbesserung des sehr bescheidenen Einkommens der vier „Rektoren" gab es eine eigentümliche Einrichtung: „das große" und „das kleine Geschenk", von welchen jenes die beiden oberen Klassen und Lehrer, dieses die unteren nebst den beiden rangnächsten Lehrern betraf. Immer im ersten Jahresquartal wurde unter den Schülern eine Geldsumme gesammelt und den so berechtigten Lehrern übergeben, und diese gaben dann den Spendern und eingeladenen gleichaltrigen Mädchen im Schulsaale ein Tanzvergnügen unter Bewirtung mit Tee, Kuchen, Butterbrot und Punsch. Die Unterschiede waren die, daß die Schüler, nur ganz arme ausgenommen, bei dem kleinen Geschenk je einen Taler, bei dem großen ein Louisdor zu zahlen pflegten und dort nur bis zur Taille reichende schwarze Tuchjacken, hier durchweg schon einen Leibrock trugen, den man nach damaligem Gebrauch ja ohnehin schon zur Konfirmation haben mußte.

Was nun die einzelnen Lehrer betrifft, so war der Direktor, Professor Friese, ein langer, etwas schlafmütziger Herr, der im ganzen gern Gott einen guten Mann sein ließ. Der Konrektor, Professor Arndt, der „Meergreis" genannt, seitdem er seine bisherige hellgelbe Perücke mit einer grünlich-grauen vertauscht hatte, war der kleinste des Kollegiums, aber der einzige, der uns Schülern wegen seiner Gelehrsamkeit imponierte, war er doch im „großen Krüger" (der großen Ausgabe unserer griechischen Grammatik) allein als eine Autorität, und zwar bezüglich der Partikel ἄν angeführt! Man wußte auch, daß er sogar griechische Gedichte machen konnte. Außer dieser und der hebräischen Sprache lehrte er Religion in allen Klassen. Dabei veranlaßte ich ihn einmal in Tertia durch die Bemerkung: „Es gibt ja gar keinen persönlichen Gott", zu dem entsetzten Ausrufe: „Piper, so wollte ich, daß mich die Erde verschlänge, daß ich so etwas von dir hören mußte!" Nur zögernd ließ er sich durch die wahrheitsgemäße Erklärung wieder beruhigen, ich habe nur den körperlich in Gestalt eines langbärtigen Greises vorhandenen Gott, wie er immer von den Malern dargestellt werde, leugnen wollen.

Von dem kinderreichen Prorektor Professor Waldästel erinnere ich mich hauptsächlich, daß er in Sekunda einen Geschichtsunterricht erteilte, der in durchaus nichts anderem bestand, als daß uns aus einem – ich weiß nicht mehr, ob gedruckten oder geschriebenen – Buche immer ein Abschnitt diktiert wurde, welchen – es handelte sich ja fast nur um Jahreszahlen und Schlachten – wir dann zur nächsten Stunde tunlichst wörtlich zu lernen hatten. Nun hatte mir damals mein ältester Bruder eine saubere, auch eingebundene Niederschrift dieser Diktate hinterlassen, und ich sah daher nicht ein, weshalb ich dieselbe meinerseits noch einmal machen sollte. Als mich dann der Professor in der ersten Geschichtsstunde fragte, warum ich nicht mitschreibe, erklärte ich ihm das unter Vorzeigung meines Manuskriptes. Es war ihm das ersichtlich unangenehm, aber er wußte doch auch nichts Plausibles dagegen vorzubringen, und so ist es denn dabei geblieben, daß ich die Geschichtsstunden, die so gestaltet ja jeder Schüler ebensogut hätte abhalten können, fast ganz mit Nichtstun oder dem Zeichnen von allerlei Bildern hinzubringen hatte.

Der Subrektor Keil galt nächst dem Professor Arndt für gelehrt, gab aber nebst dem Kollaborator Dr. Toeppel fast nur in Quarta Unterricht und verstand es durchaus nicht, den dortigen Rangen Respekt einzuflößen. Je mehr er dann durch Schreien und Prügeln seinen Zorn verriet, um so mehr trampelten und brüllten die Schüler, die auch sonst alles mögliche anstellten. So begann einmal in der Stunde, in welcher sie selbstgewählte Gedichte aufzusagen hatten, der eine mit einem wenig feinen Gassenhauer, und als der als unpassend zurückgewiesen wurde, erklärten alle folgenden nach der Reihe, sie hätten dasselbe Gedicht gelernt. So offen wagte oder verstand man freilich doch nicht ihn zu verhöhnen, wie, beiläufig erwähnt, die Schweriner Gymnasiasten den Professor P., der seine Köchin geheiratet hatte und nun zu Beginn des Unterrichts höflich gefragt zu werden pflegte, was „Frau Doris" mache, worauf er dann freundlich dankend näheren Bescheid erteilte.

Unser Subrektor bekam später eine Landpfarre, und ich habe öfter daran denken müssen, wie paradiesisch ihm da das neue Leben habe erscheinen müssen.

Von den Schülern mag noch bemerkt werden, daß, während man heutzutage schon kleine Knaben außer im Mantel sogar mit einem Pelzkragen zur Schule gehen sieht, es zu meiner Zeit in Neubrandenburg als eine lächerliche Protzerei erschienen wäre, wenn ein Gymnasiast sich in einem Mantel hätte sehen lassen wollen. Ein Primaner, der das einmal tat, fiel allgemein auf, und er durfte es nur tun, weil er eben eine gefährliche Krankheit überstanden hatte. Ich habe mir den ersten Mantel überhaupt erst im dritten Universitätssemester in Berlin angeschafft. Er kostete nur neun Taler, entbehrte aber auch des Luxusses eines Futters.

Wenn ich nun mit neun Jahren schon in Quarta aufgenommen wurde, so entsprach das ja dem erworbenen Rufe, ein Wunderkind zu sein, aber bald war ich statt dessen nur noch als ein besonders schlechter Schüler bekannt. Zwar fehlte es nach jeder schlechten Zensur bei mir nicht an den besten Vorsätzen, mir nun für das nächstemal eine ausgezeichnete zu erwerben; aber das kam mir dann regelmäßig erst wieder in den Sinn, wenn es dazu schon zu spät geworden war. Übrigens tat man mir mit dem Vorwurfe der „Faulheit", wie das auch bei so manchem anderen Schüler geschehen mag, genau genommen, Unrecht. Ich hatte nie am Nichtstun Lust, und der Fehler war nur der, daß ich es vorzog, Dinge zu treiben, welche mit den Aufgaben der Schule nichts zu tun hatten. Und war es mir denn so sehr zu verdenken, wenn mir die Schule kaum einen anderen Zweck zu haben schien als den, einem die schöne Jugendzeit möglichst zu vergällen? War doch fast alles, was einem interessant und nützlich sein konnte, anscheinend mit Fleiß davon ausgeschieden. Von dem eigenen Körper, von unseren Steinen und Pflanzen und selbst von unserer deutschen Sprache ist mir nie etwas gelehrt worden, von Tieren nur soweit zur Hauslehrerzeit aus einem alten Schmöker mit primitivsten Holzschnitten, welchen der Vater besaß, vorgelesen wurde. In der Geographie wurden immer nur die fremden Weltteile, die Geschichte nur etwa bis zum achtzehnten Jahrhundert behandelt, von irgendwelcher Heimatkunde, von Literatur- und Kunstgeschichte oder dergleichen vollends zu schweigen. Aber wehe, wenn man nicht schon als Kind die Zeittabelle der alten römischen Könige am Schnürchen hersagen konnte, obgleich da, wie ich erst in meinen alten Tagen gelernt habe, alles nur unsichere Sage ist, oder desgleichen die „vielen Wörter auf is" – *masculini generis*, von welchen die meisten ihrer Bedeutung nach so gut wie niemals vorkommen konnten. Ich kann sie aber noch heute fehlerfrei hersagen – ein Zeichen, wieviel Mühe es mir einst gemacht hat, sie zu lernen. Dem Nutzen des Unterrichts war bei mir auch besonders die Unfähigkeit, anhaltend aufzumerken, hinderlich. Meine Gedanken gingen unaufhaltsam immer alsbald ihre eigenen Wege, wie ich denn auch mein ganzes Leben lang einem Vortrage, der mich nicht ausnahmsweise besonders interessierte, nie von Anfang bis zu Ende habe folgen können und besonders von Predigten sicher niemals mehr als kleine Bruchstücke wissentlich gehört habe.

In einem jedoch zeichnete ich, der *ultimus omnium*, mich vor den Mitschülern aus: im deutschen Aufsatz. Öfter wurde, was, soviel bekannt, sonst nie geschehen war, der meinige von dem Lehrer – es war der Subrektor Keil – in der Klasse als eine Musterarbeit vorgelesen, und so waren es denn auch in meinem ersten Schulzeugnisse die einzigen Lichtpunkte, daß ich im Deutschen unter der Rubrik „Häuslicher Fleiß" ein „lobenswert" und unter „Fortschritte" ein „erfreulich" hatte. Leider erklärte der Vater das für völlig wertlos, da man nach dem deutschen Aufsatz nicht versetzt werde. Auch in Tertia wurde allein mein Aufsatz

– da von dem Professor Waldästel – noch öfter vorgelesen, doch veranlaßte einer derselben den Lehrer zu der Bemerkung: „Der liebe Gott
möge dich davor bewahren, daß du einmal ein Romanschreiber wer-
dest." Öfters wurde auch die Aufsatzstunde dieses Lehrers damit aus-
gefüllt, daß wir ein uns diktiertes, in die Prosaform aufgelöstes Gedicht als solches wiederherzustellen hatten, und ich hätte als der pro-
fessionelle Dichter es als eine Blamage angesehen, wenn ich nicht immer von allen zuerst damit zustande gekommen wäre.

Auch in einer anderen Weise zeichnete ich mich ohne mein besonderes Verdienst vor allen Mitschülern aus. Von den alljährlichen öffentlichen Prüfungen fand kaum eine statt, an welcher ich nicht dazu
bestimmt gewesen wäre, als Deklamator und in den späteren Jahren
als Redner in deutscher, französischer oder lateinischer Sprache aufzutreten. Das mit den Schulprogrammen zu zahlreichem Besuche ein-
geladene Publikum bestand freilich regelmäßig nur aus einem der
beiden Bürgermeister, und von meiner französischen Rede würde
wohl auch ein Franzose nicht allzuviel verstanden haben, da auch
meine Lehrer beispielsweise das Wort bataille „battallg" und das h
muet zumeist wacker mitausgesprochen hatten.

*Otto Piper (1841–1921), der in Penzlin als Bürgermeister von 1879 bis 1889
wirkte, war der Vater des 1879 in Penzlin geborenen bekannten Verlegers
Reinhard Piper, der 1921 in München seinen Verlag begründete.*

*Quarta: 9. Klasse im Gymnasium; Tertia: 10. Klasse; Sekunda: 11. Klasse; Prima: 12. Klasse
bzw. Abschlussklasse: Kollaborator: Hilfslehrer; Ultimus omnium (lat.): der schlechteste von
allen; bataille (franz.): Schlacht; h muet (franz.): stummes h.*

Burg Stargard

Albert Niederhöffer

Eine kurze Strecke westlich von der kleinen Stadt Stargard liegen, auf
der bedeutendsten der sie umgebenden steilen Anhöhen, die Ueberreste der altehrwürdigen Feste gleichen Namens.

Schon im grauesten Alterthum stand hier, an Stelle der jetzigen,
eine wendische Burg, auf der auch, unter andern heidnischen Herr-
schern, etwa um das Jahr 322 vor Christi Geburt, Anthyrius oder An-

Burg Stargard

thur I., König der Wandalen und wahrscheinlicher Ahnherr der jetzigen Großherzöge von Mecklenburg, residirt haben soll.

Uralt, wie die Burg Stargard, ist auch ihr Name. Derselbe ist nämlich ebenfalls wendischen Ursprungs und heißt auf Deutsch soviel als Altenburg oder alte Burg.

Nach Ausrottung des heidnischen Wendenthums und Einführung der Christenlehre soll nach langem Vergessen die alte Burg Stargard zuerst wieder durch einen Jäger aufgefunden worden sein. Dieser verfolgte, wie die Sage erzählt, durch die damals ganz mit Wald und Gebüsch bedeckte, fast undurchdringliche Gegend einen Hirsch mit goldenem Halsbande, der sich endlich in die Ruinen genannter Burg flüchtete und so zu ihrer Wiederentdeckung führte.

Bald nach Wiederauffindung der alten wendischen Burg Stargard erhob sich auf ihren Trümmern eine neue christliche Feste, welche vom Jahre 1258 – wo die Markgrafen von Brandenburg ihre Länder theilten und der jüngere Markgraf Otto III. die Herrschaft Stargard erhielt – bald bleibend, bald vorübergehend Residenz der verschiedenen Beherrscher des Landes Stargard wurde und dies im Ganzen auch bis 1475, dem Jahre des gänzlichen Aussterbens der mecklenburg-stargardischen Linie, blieb.

Nach dieser Zeit verfiel die Feste Stargard immer mehr und mehr, bis denn endlich auch im Jahre 1807 der obere Theil des alten Warte-thurms wegen Baufälligkeit abgetragen werden mußte. Aus rühmlicher Pietät aber für seine glorreichen Vorfahren und zu ihrer – und damit zugleich auch zu seiner eigenen – Ehre und Verherrlichung ließ der jetzt regierende, kunstsinnige Großherzog Georg von Mecklenburg-Strelitz im Jahre 1823 den alten Wartethurm oder Bergfrit in seiner vollen Höhe und ursprünglichen Form wiederherstellen. Und so erhebt denn auch heute noch, wie schon vor Jahrhunderten, die berühmte alte Burg Stargard stolz ihr Haupt und ragt hoch hinaus über die Herrschaft Stargard, bis weit nach Pommern hinein, uns an längst vergangene Zeiten und Geschlechter erinnernd.

Burg Stargard, 1496 nicht mehr als 49 Haushalte zählend und noch Jahrhunderte später nur ein bescheidenes Ackerbürger- und Handwerkerstädtchen mit ein paar Tuch- und Schuhmachern, in welchem jedoch 1523 aufgrund von Streitigkeiten zwischen den mecklenburgischen Linien zwei Residenzen und zwei Amtsverwaltungen eingerichtet wurden, hat erhebliche historische Bedeutung als Hauptort der „terra Staregardensis". Dieses ehemals pommersche Territorium gelangte nämlich 1236 an die Markgrafen von Brandenburg, von diesen 1304 an Mecklenburg und bildete (mit hinzugekommenen Gebieten) von 1352 bis 1471 ein eigenes Teilherzogtum Mecklenburg-Stargard. Die Herrschaft Stargard wurde dann bei der neuen Landesteilung von 1701 (Hamburger Vergleich) dem neu begründeten Herzogtum Mecklenburg-Strelitz als dessen Hauptgebiet überlassen, wozu (als Voraussetzung für einen Sitz im Reichstag) das ganz im Westen gelegene Fürstentum Ratzeburg kam.

Viele Sehenswürdigkeiten laden ein

Aus dem Stadtprospekt für Malchin

Im Jahre 1236 wurde dem Ort Malchin – zwischen dem Malchiner und dem Kummerower See gelegen – das Stadtrecht verliehen.

Viele Sehenswürdigkeiten laden zur Besichtigung ein. Die Sankt-Johannis-Kirche im Zentrum der Stadt sollte nicht zuletzt wegen des gotischen Flügelaltars (15. Jh.) besucht werden. Der letzte Bau der Kirche entstand von 1397 bis 1440. Sehenswert sind auch eine mittelalterliche Triumph-Kreuzgruppe und die Friese-Orgel von 1875.

Ein gotischer, reichgegliederter Backsteinbau aus der ersten Hälfte des 15. Jahrhunderts ist das Kalensche Tor. Nach der ersten befestigten Straße der Stadt wurde das Steintor (14. Jh.) benannt, am südlichen Ende der Steinstraße gelegen. Eine Besichtigung des Steintors ist möglich. Wahrzeichen der Stadt sind der Fangel- und der Wasserturm ebenso wie das Rathaus. Ein Besuch des Rathaussaales ist empfehlenswert, es sind an der Wand 72 Innungswappen der in Malchin ehemals und teilweise noch heute vertretenen Gewerbe zu sehen.

Der Rathausturm ist begehbar und bietet wie der Kirchturm der Sankt-Johannis-Kirche einen eindrucksvollen Ausblick auf die Mecklenburgische Schweiz. Malchin liegt in einer reizvollen Umgebung. Ein Besuch der umgrenzenden Ortschaften, genannt sei an dieser Stelle Basedow mit seinem Schloß und die von Lenné angelegte Parkanlage, sollte unbedingt auf dem „Urlaubsplan" stehen.

Gut 120 Jahre früher stellte sich die Stadt folgendermaßen dar:
Malchin, Stadt im mecklenburg-schwerin'schen Herzogthum Güstrow, an der Eisenbahn und an der Peene, zwischen dem Kumerow- und dem Malchinersee, der $5/4$ Meilen lang und $1/4$ Meile breit ist und dessen liebliche Umgebung die Mecklenburgische Schweiz heißt. Die Stadt hat eine schöne gothische Kirche aus dem 14. Jahrhundert mit 200 Fuß hohem Turm, ein neues stattliches Rathhaus, in dem der Landtag gehalten wird, eine Bürger- und Gewerbschule, Tabak- und Strohhutfabriken und 5000 Einwohner.

Alte Klöster im Kreis Malchin

Diethard H. Klein

Das zweitälteste Zisterzienserkloster Mecklenburgs (nach Doberan), Dargun, wurde am Ort einer Slawenfestung 1172 auf Veranlassung Dänemarks begründet, das damals tief in das Land Zirzipanien eingedrungen war; die Besetzung erfolgte durch Mönche aus Esrom bei Kopenhagen. Kriegswirren ließen diese jedoch gegen 1200 nach Eldena ausweichen, und bei der Wiederbelebung durch den Pommernherzog Kasimir I. und den Kamminer Bischof kamen die neuen Klosterinsassen aus Doberan. Die Bischöfe im pommerschen Kammin behaupteten die geistliche Herrschaft, die Herzöge begabten das Kloster sogar mit der Hochgerichtsbarkeit für die in Pommern gelegenen Besitzungen, was für Mecklenburg nicht erreichbar war. Zum weit verstreuten Besitz von Kloster Dargun gehörten nicht nur ganze Dörfer, sondern auch einzelne Mühlen und Fischereirechte sowohl auf der Ostsee als auch auf Binnengewässern; daher ließen sich Einnahmen aus dem Verkauf von Fischen, Getreide, Pferden und Wolle erzielen. Wiederholt war das Kloster auch Treffpunkt für Verhandlungen unter strei-

Ivenack

462

tenden Parteien; 1457 verbündeten sich hier die pommerschen und die mecklenburgischen Fürsten gegen ihre Städte, 1498 wurde der „Darguner Landfriede" geschlossen. 1552 fiel Dargun durch Aufhebung als erstes mecklenburgisches Landkloster an den Herzog, und die Klosterbauten wurden in ein Jagdschloß verwandelt, das nach dem Tode des letzten Herzogs der Güstrower Linie als Witwensitz für dessen Gemahlin Magdalena Sybille diente. Unter deren Tochter Auguste, die hier von 1720 bis 1756 Hof hielt, erregte Dargun Aufsehen als Zentrum des Pietismus.

Besitz der Zisterzienser von Dargun war frühzeitig schon das unweit nördlich gelegene Brudersdorf, eine Zwillingsgemeinde mit einem slawischen und einem deutschen Teil, durch die obendrein die Grenze zwischen Pommern und Mecklenburg verlief. Dadurch wurde es sozusagen zum „neutralen Ort" bei Streitigkeiten zwischen den Fürstenhäusern der beiden Länder oder auch deren Verbündeter. So kam es hier 1315 zum Friedensschluß zwischen dem Dänenkönig und dem Markgrafen von Brandenburg. 1328 beendeten hier die Häuser Mecklenburg und Werle ihren Streit um das Erbe des Fürsten Wizlaw von Rügen.

Südlich von Dargun, auf halber Strecke nach Malchin etwa, liegt Neukalen mit einer recht merkwürdigen Geschichte. Hierher, wo das bisherige Dorf Bugelmast lag, verlegte nämlich unter gleichzeitiger Übertragung des Stadtrechts nach Lübecker Muster 1281 Fürst Waldemar von Rostock das damalige Altkalen und versah die Neugründung mit einer kreisförmigen Stadtmauer, innerhalb derer auch die Burg des Landvogts stand. Ein erstes Mal brannte diese neue Stadt schon 1364 ab, später wiederholte sich das mehrfach, immer wieder vor allem im siebzehnten und allein sechsmal im achtzehnten Jahrhundert; erstaunlich genug, daß ein offizieller Kunstführer dennoch die „spätgotische Backstein-Pfarrkirche aus dem fünfzehnten Jahrhundert mit bemerkenswerten Ausstattungsstücken" zu rühmen weiß. Die erwähnte Burg war Sitz für das herzogliche Amt Neukalen, um welches 1786 das Amt Dargun erweitert wurde.

Für Nonnen des Zisterzienserordens entstand im Kreis Malchin eine bedeutende Gründung in Ivenack, gestiftet 1252 durch den Ritter Reinbern von Stove zu Stavenhagen. Tatkräftigen Äbtissinnen gelang es, den in erheblichem Umfang gestifteten Landbesitz von Vogtei- und Herrschaftsrechten zu befreien und freie Propstwahl durchzusetzen. Seine erstaunliche Kraft noch im vierzehnten und fünfzehnten Jahrhundert machte das Kloster zu einem regelrechten „Kreditinstitut" für die Ritterschaft der Gegend, ehe es durch die Säkularisation

1555 mit seinem Besitz Teil des herzoglichen Domaniums wurde. Später (nach Übergang durch Tausch an den Geheimrat von Koppelow) entstand hier ein ansehnliches Schloß inmitten eines großen Landschaftsparks, das mit dem Dorf ringsum unter Denkmalschutz gestellt wurde; bekannt sind (neben den Pferden des berühmten dortigen Gestüts) überdies Ivenacks über tausendjährige Eichen und sein Tiergarten mit Damwildgehege.

Herodot von Ivenack

Christoph von der Ropp

Mecklenburg war immer ein Pferdezuchtland, aber von allen guten Hengsten, die im Lande gezüchtet wurden, war der Schimmel Herodot der berühmteste. Sogar eine Doktorarbeit ist im Jahre 1887 über ihn geschrieben worden. Herodot, im Jahre 1794 als Sohn eines englischen Vollbluthengstes im Ivenacker Gestüt geboren, wurde eines der schönsten Pferde seiner Zeit. Als 1806 die Franzosen Mecklenburg besetzten, verlangten sie die Herausgabe des weit über die Landesgrenzen berühmten Schimmels. Diesen hatte man aber, so weiß die Volksüberlieferung zu berichten, sicherheitshalber im hohlen Innern einer der tausendjährigen Ivenacker Eichen einmauern lassen. Als die französischen Kavalleristen auf der Suche nach dem Hengst in der Nähe der Eichen vorbeiritten, wieherte Herodot und verriet damit sein Versteck. Er wurde nach Frankreich gebracht, wo er der französischen Kaiserin als Reitpferd diente; auch Napoleon selbst soll den Hengst geritten haben. 1814, im ersten Pariser Frieden, setzte Blücher persönlich die Rückgabe von Herodot durch. Der Ivenacker Stallmeister suchte den Hengst in ganz Frankreich und kam in Marseille gerade zurecht, als das edle Tier nach Algier verschleppt werden sollte. Herodot, jetzt einäugig, da er in Frankreich irgendwann und irgendwo ein Auge verloren hatte, trug seinen Stallmeister, so erzählt man sich heute noch in Mecklenburg, in einem langen Distanzritt ins heimatliche Ivenack. Aber als er durch das sogenannte Schäfertor ins Dorf kam, warf er seinen Reiter ab und trabte allein in seinen alten Stall. Blücher und Herodot – Fritz Reuter hat als sechsjähriger Junge noch die beiden zusammen in Ivenack gesehen, als der Marschall zu einer Gestütsbesichtigung dort weilte. Das Grab des herrlichen Schimmels, unter der „Herodot-Eiche" bei Stavenhagen, wurde zu einer Art von historischem Denkmal.

Begängnis auf Remplin

Helmut Sakowski

Der Gräfin ging durch den Kopf, ob man einen Menschen von so merkwürdiger Erscheinung als Leichenbitter auf alle Schwanschen Güter entsenden sollte oder ob man ihm gar noch, knapp vor seiner Pensionierung, einen Traueranzug anmessen lassen sollte. Sie war nüchternen Sinnes und dachte, wesentlicher als der Anzug ist der Kopf, kein Mensch kann trauriger in die Welt blicken als dieser Schlöpke, es wird Eindruck machen, wenn er die Todesbotschaft überbringt. Die Gräfin bat ihn, Platz zu nehmen. Sie selber ließ sich im Sessel nieder.

Also, wie hat man das gehalten bei Trauerfällen in der Schwanschen Familie?

Zu dienen, Euer gräfliche Gnaden.

Der Gutssekretär wirkte nur noch halb so gebrechlich, als er einen Folianten auf den spitzigen Knien hielt, jetzt war er in seinem Element. Er leckte den Zeigefinger an und blätterte, bis er gefunden hat-

465

te, was er suchte, einen Bericht über das jüngste Begängnis im Hause Schwan.

Die selige Gräfin Mutter Wilhelmine, geborene Freifrau von Both, starb auf Remplin. Noch am Tag ihres Todes erhielten die Altäre aller Schwanschen Kirchen neue Stammlichter, armesdick, von bester Wachsqualität und von zwanzigfacher Länge eines Daumengliedes, mit Flor umwickelt.

Wir brauchen die Kerzen wahrscheinlich heute noch. Die Gräfin seufzte.

Schlöpke hob beschwichtigend seine rötlich behaarte Hand. Sind schon herangeschafft. Sobald die Glocke von Klevenow den Heimgang des Erblandmarschalls verkündet und die Glocke von Malchin geantwortet hat, wird er die Berittenen in alle Dörfer der Begüterung ausschicken.

Die Lichte, übrigens, sind das Geringste. Die Beisetzung erfordert vielerlei, schwarzes Tuch zum Beispiel, ballenweise. Nun muß Schlöpke doch schniefen in plötzlicher Ergriffenheit.

Pardon, Euer Gnaden. Er greift zum Sacktuch.

Mein Gott, wozu wird ballenweise Tuch benötigt?

Ergibt sich alles aus dem Zeremoniell. Am besten, wir halten uns an die Leiche von Frau Wilhelmine Schwan. Jedes Detail ist in den Büchern notiert. Schlöpke läßt das Sacktuch verschwinden, er faßt sich und hält Vortrag, wie das von ihm erwartet wird.

Also, der Leichenwagen, mit sechs herrschaftlichen Schimmeln bespannt, fährt pünktlich neun Uhr morgens an der Freitreppe des Schlosses vor. Jäger und Stallburschen tragen die Leiche feierlich, gemessenen Schrittes heraus. Das wird man üben müssen, Euer Gnaden, sonst treten sich unsere Grobiane in die Hacken oder stolpern gar, und es geht womöglich mit unserem lieben Herrn Erblandmarschall holterdiepolter treppab, statt daß er mit Kraft und Anmut gehoben werde auf den Katafalk, beziehungsweise auf die Plattform des Wagens. Sobald er dort steht, der eichene Sarg, bedeckt mit den Schwanschen Wappen und Fahnen, von Kränzen umstellt, mit Blumen geschmückt, eröffnet der erste Beireiter mit sechs der schmucksten Stallbediensteten den Zug, Sonntagslivree, Schwansches Rot, schneeweiße Handschuhe, jeder trägt eine große Florschleife am linken Arm, schwarz bezogen die Silbersporen, die blinkenden Knöpfe, die Griffe der Hirschfänger, alles in Schwarz. Und nun wird es ein wenig heikel, Euer Gnaden. Er zögert.

Sprechen Sie weiter, Schlöpke.

Unser Beireiter ist ein Mann von unbestreitbaren Verdiensten, aller-

Schloss Remplin

dings auch von so erheblichem Leibesumfang, daß er sich regelrecht in die Hosen einkeilen muß. Gebe zu bedenken, ob ein livrierter Fettsack an der Spitze der Trauerprozession daherreiten sollte, man will ja nicht Heiterkeit erregen in einer solch dunklen Schicksalsstunde.

An dieser Stelle schwieg Schlöpke und klappte ein paarmal mit den Augendeckeln.

Ja, was schlagen Sie denn vor?

Mein Sohn Jörn könnte einspringen, im Fall, daß Frau Gräfin gnädigst zustimmen wollen.

Katafalk: Gerüst, auf dem der Sarg aufgebahrt wird; Livree: uniformähnlilche Bekleidung der Dienerschaft; Hirschfänger: kleines Schwert.

Remplin war seit dem 15. Jahrhundert in der Hand der Herren von Hahn (vom Autor im vorstehenden Text verfremdet zu „Schwan"), deren Familienältester jeweils Erblandmarschall von Mecklenburg war. Als letzter Rest der einstmals bedeutenden Bauten im an alten Alleen reichen Schlosspark steht heute noch die turmartige Sternwarte, als erste Mecklenburgs errichtet 1793 durch Erblandmarschall Friedrich II. von Hahn. Dessen Sohn Karl machte sich einen Namen als „der verrückte Theatergraf"; nachdem seiner Leidenschaft sein Vermögen zum Opfer gefallen war, erwarb aus dem Konkurs 1816 Fürst Georg Wilhelm zu Schaumburg-Lippe Remplin mit umfangreichem

Landbesitz. Vorübergehende Gattin des Theatergrafen war die Gräfin Hahn-Hahn, die uns als bekannte literarische Größe ihrer Zeit bereits auf Seite 258 vorgestellt wurde. Fritz Reuter stellte ihren Geburdstag ironisch dar (S. 251). Basedow war von 1897 bis 1945 Hauptsitz derer von Hahn. Hier erhebt sich an der Stelle einer alten Burg heute eines der ansehnlichsten Schlösser des Landes mit malerischen Bauteilen vom 15. bis 19. Jahrhundert und einem pompösen, vierflügeligen Marstall. Die stimmungsvolle Dorfkirche aus dem dreizehnten Jahrhundert ist mit ihrer aufwendigen Ausstattung bis in unsere Zeit Grablege des weitverzweigten Adelsgeschlechts.

Kloster Dobbertin
in Mecklenburg-Schwerin

Theodor Fontane

Die Umwandlung der Klöster erfolgte in den norddeutschen Landen unter den verschiedensten Modalitäten. Aus vielen wurden Domainen, also landesherrliche Güter, während andere etwas von ihrem ehemaligen Klostercharakter bewahrten. So entstanden die protestantischen Stifter, von denen wir uns eins (Heiligengrabe) soeben geschildert haben. Den alten Familien des Landes blieb ein Anrecht, aber immer nur ein sehr begrenztes, indem dies Recht die Gutheißung des jedemaligen Fürstenhofes oder der Regierung desselben zur Voraussetzung hatte. Zu diesen Stiftern, wie sie sich im Brandenburgischen finden, gehört ‚Heiligengrabe' etc., anders aber gestalteten sich die Sachen in dem benachbarten Mecklenburg, wo der Katholizismus zwar ebenfalls ausgefegt wurde, der Adel aber sein Besitzrecht auf die Klöster siegreich durchfocht. Nicht in allen Fällen, aber in einigen. Die Klöster wurden landesherrlicher Besitz; die Klöster Dobbertin, Malchow, Ribnitz verblieben dem Adel, verblieben überhaupt, wie sie waren, mit dem einzigen Unterschied, daß die Konfession gewechselt wurde. An die Stelle des rechtgläubigen Katholizismus trat strenggläubiger Lutheranismus, sonst blieb alles beim alten bis auf diesen Tag. Es sind protestantische Klöster geblieben, sie halten mit Bewußtsein statt der Bezeichnung ‚Stift' die Bezeichnung ‚Kloster' aufrecht und sind für den Besucher, der Gelegenheit nimmt, näher in ihr Wesen einzudringen, deshalb so interessant, weil sie ihm, bei der absoluten

Stabilität der Verhältnisse, das Leben eines Klosters aus der Mitte des 16. Jahrhunderts vollständig anschaulich zu machen. Die Konventualinnen leben unter ihrer Domina, wie die Nonnen vor über 300 Jahren unter ihrer Äbtissin lebten. Es wird sich wenig geändert haben.

Das größte und interessanteste unter diesen drei ‚Klöstern' ist Kloster Dobbertin. Ihm wenden wir uns zu.

Kloster Dobbertin, zwei Meilen von Güstrow, liegt in fruchtbarer Gegend am Dobbertiner See.

Das Ganze ein dörfliches, in kleinere Verhältnisse (aber keineswegs in kleine) transponiertes Oxford. Park, Gärten, alte Bäume, geräumige, anheimelnde Wohnungen, alles um die Kirche herum gruppiert. Wohlleben, Abwesenheit der kleinen Tagessorge, geistige Freiheit. Zu erstaunen bleibt immer, daß dabei nicht mehr herauskommt. In dieser Betrachtung liegt der einzige Trost; man müßte sonst vor Neid verkommen. […]

Jede Konventualin hat ein Haus mit 6, 10, 12 Zimmern. Begehrenswerte Sommerplätze für Neffen und Nichten etc. Jede eine Wirtschaft. Kuh. Milch. Butter. Land. Garten. Drei Streifen an verschiedenen Stellen. Alte Weisheit, die darin sich ausspricht. Die Obstbäume, in den drei Streifen stehend. Dienstmädchen-Eldorado. Gute Tage, Chance auf Erbschaft.

In einem dieser Häuser sitze ich. Refektorium hochgewölbt auf niedrigen Pfeilern. Dicke Mauern. Lauben. Efeumassen. Der in die Dachrinne retirierende Tulpenbaum. Draußen tobt der Lärm der Welt, hier Klosterstille.

Das Kloster Dobbertin liegt am Dobbertiner See. 1222 ein Mönchskloster; 1225 wurde ein Nonnenkloster draus. Etwa von 1238 begann die Blüte. Es wuchs und erfreute sich der besonderen Gunst des Werlaschen Fürstenhauses. Es erwarb bis vier Quadratmeilen, eine Gütergruppe in der Nähe, die andere am Müritzsee. Dies waren die Sandgüter. Der Verwalter derselben, in Röbel wohnend, hieß scherzhaft der Sandpropst und danach die Güter selbst ‚die Sandpropster'.

Kloster am See, der Flecken etwas südwärts. Klosterhauptmann. 32 Konventualinnen. Kirche ohne Kreuz- und Seitenschiffe. Wandersche Kirche. Der westliche Teil, unten, niedrig, romanisch, der ältere. Dann der gotische Ostteil drangesetzt, dann der niedre romanische Westteil gotisch nach oben fortgeführt.

Dies ist eine Eigentümlichkeit, deren die Kirche mehrere hat. Sonst setzte man an oder brach die romanischen Oberhälften ab und setzte gotische Wölbungen auf die romanischen Unterbauten. Hier liegt ein Fall vor, wo man auch gotisch ansetzte, den romanischen Bau aber bestehen ließ und ihm bloß sozusagen ein gotisches Stockwerk aufsetzte, so daß in der Tat die Westhälfte der Kirche zwei Gewölbe, zwei Etagen hat: ein niedriges romanisches unten, ein hohes gotisches oben darüber.

Hofbaurat Demmler hat die ursprünglich schmucklose Kirche mit einem gotischen Mantel umkleidet; in diesem präsentiert sie sich jetzt und sieht der Werderschen sehr ähnlich. Ob Schinkel den Entwurf machte, stehe dahin. Vorher aber hatte er jedenfalls den Entwurf zu den Türmen gemacht; die dann Demmler, damals noch ganz jung, ausführte. Der Bau erfolgte großenteils unter Le Fort, der achtzehn Jahre Klosterhauptmann war. Sie folgten: Blücher, Le Fort, Maltzahn, Graf Bernstorff. Le Fort war ein holländischer Kaufmann und wurde dem Kloster zu einem besonderen Segen. Er ordnete das Unordentliche, sparte, schaffte das Geld zum Bau, schuf den Park in gegenwärtiger Gestalt und hinterließ wohlgeordnete Finanzen.

Le Fort war ein Sohn der in M. ansässigen adligen Familie Le Fort, verwandt oder abstammend von dem Le Fort, Freund Peters des Großen und Gründers der russischen Flotte. Dieser mecklenburgische Le Fort sah zu Anfang des Jahrhunderts die Familie ziemlich verarmt und ging deshalb in die Welt hinaus, wurde Handelsherr zu Amsterdam und London. Er machte aber unterm Einfluß der Kriegszeiten nahezu bankrutt, kehrte zurück und übernahm ein kleines väterliches Gut, das ihm geblieben. Dadurch kam er in den Landtag; zeichnete sich aus als Organisator und wurde Klosterhauptmann. Er war so ausgezeichnet, daß sie ihn dreimal hintereinander (dreimal sechs Jahre) wählten.

Der Kreuzgang lehnt sich seltsamer Weise mit einer Ecke an das Westende oder die Westhälfte der Kirche. Die beiden dem Westende der Kirche zunächst stehenden Seiten des Kreuzganges stammen aus der ältesten romanischen Zeit; die beiden anderen sind gotisch.

Retirieren: sich zurückziehen.

Vorstehender Text ist ein Entwurf, und von daher erklären sich die oft nur stichwortartigen Bemerkungen. Eine der Stiftsdamen in Dobbertin war Mathilde von Rohr; zu ihr hatte Fontane seit einem ersten Besuch 1870 ein freundschaftliches Verhältnis, sie lieferte ihm zahlreiche Anregungen für seine Werke und sammelte Material für ihn, und abgesehen von regelmäßiger Korrespondenz besuchte er sie mehrfach, letztmals am 16. August 1889, genau einen Monat vor ihrem Tod. Sicher verewigte Fontane Dobbertin und das Fräulein von Rohr unter den Namen Kloster Wutz und Tante Adelheid auch in seinem letzten Roman „Der Stechlin", wie die folgende Szene daraus zeigt:

Er kehrte in ihren Salon zurück, der niedrig und verblakt und etwas altmodisch war. Die Möbel, lauter Erbschaftsstücke, wirkten in den niedrigen Räumen beinahe grotesk, und die schwere Tischdecke, mit einer mächtigen, ziemlich modernen Astrallampe darauf, paßte schlecht zu dem Zeisigbauer am Fenster und noch schlechter zu dem über dem kleinen Klavier hängenden Schlachtenbilde: ‚König Wilhelm auf der Höhe von Lipa'. Trotzdem hatte dies stillose Durcheinander etwas Anheimelndes. In dem primitiven Kamin – nur eine Steinplatte mit Rauchfang – war ein Holzfeuer angezündet; beide Fenster standen auf, waren aber durch schwere Gardinen so gut wie wieder geschlossen, und aus dem etwas schief über dem Sofa hängenden Quadratspiegel wuchsen drei Pfauenfedern heraus.

Astrallampe: Öllampe, die wenig Schatten wirft.

Besitz des Klosters Dobbertin war gemäß einer Urkunde von 1227 auch das Dorf Goltze, das Fürst Pribislaw von Parchim 1248 unter dem Namen Goldberg zur Stadt erhebt, die alsbald mit Wall und Graben umgeben wird. Reich begütert ist vor allem das hier ansässige Zisterzienserkloster Neuenkamp, dessen Besitzungen jedoch schon 1455 an die Herzöge verkauft werden. Um 1316 wird eine Burg erbaut, die 1507 Witwensitz wird für Margarete, Gemahlin Herzog Balthasars; 1806 wird vom Apotheker Kychenthal eine Stahlquelle entdeckt, die in bescheidenem Maße Gäste anzieht, später entstehen Sägewerke und eine chemische Fabrik. Die Einwohnerzahl steigt von wenig mehr als 1600 um 1820 auf auch nicht mehr als etwa 5500 im Jahre 1980.

Die Tage in Dobbertin

Theodor Fontane

Die Sonne ist im Scheiden,
Das Boot fährt über den See.
Die Erlen und die Weiden
Spiegeln sich im See.

Die Schwäne stillere Kreise
Im weiten Wasser ziehn.
Ich denk an die goldenen Tage,
An die Tage von Dobbertin.

Rewolutschon in de Schaul

Rudolf Tarnow

Wenn Klickermann de Tieding kreeg
Un dor so'n bäten rinnerseeg
Un würd 'nen lütten Strämel läsen,
Denn kreeg he 't ollich mit so 'n Gräsen –
„Nein, Kinder, nein, – was sind 's für Sachen
Wär 's nicht so ernst, ich könnte lachen,
So was hat's woll noch nie gegeben!"
Un doch süll he noch wat beläben,
Sien eigen Schaul, de wull nich mihr.
Dat wier so'n Muscheln hen un her,
Mit einmal gew't ein grot Halloh, –
Un dat güng ganz verdeuwelt tau:

De Klock wier acht. – Herr Klickermann
Kem in sien Klass herintaugahn
Un as he up 't Kantheder steeg
Un up sien Kinner runnerseeg, –
Tauhöchtenfohrt wiern blot de Lütten,
De Groten oewer bleben sitten.

„Nanun? – Was sind denn das für Sachen?
Soll ich euch erst mal Beine machen?
Wollt ihr euch Lümmels nicht erheben
Und mir die Ehr und Achtung geben?"

Doch ne, – de Oll keek ganz verstürt,
De Jungs, de harrn dat dütlich hürt
Un liekers wiern se wroegelig
Un gnurrten: ne, se wullen nich!

„Na", säd de Oll, „dies ist nicht ohne,
Euch steckt wohl etwas in der Krone?
Ich hab' in meinen langen Jahren
So was von Frechheit nicht erfahren,
So was ist noch nicht dagewesen, –
Euch werd' ich die Leviten lesen,
Die Nücken will ich euch vertreiben,

da werd' ich euch ein „p" vorschreiben, –
Denn kommt mal raus, ihr großen Knaben,
Ich möcht' euch bischen näher haben."

„Dat will w' ierst seihn", röp Heine Moll,
„Von wägen raus, dat müchten S' woll,
Dat hett sick dreiht hier up de Ir,
Upstahn is west, dat giwt nich mihr!
De ganze Welt makt Rewolutschon,
Dat willn wi ok mal bäten dauhn,
Un in de Tieding steiht dat schräben
Wi könn'n uns sülwst Gesetzen gäben,
Un dor sünd w' äben grad mit prat, –
Un so as ick bün Schäulerrat."

„Nein, was du sagst!" säd Klickermann,
„Was aus 'n Menschen werden kann!
Der sonst vor Faulheit stinken tat,
Ist Nummro eins im Schülerrat?
So muß 's auch sein, na, denn man zu, –
Und mit Verlaub, was wünschest du?"

„Wi willn tauierst", kreiht' Krischan Swank, –
„Holt Mul", röp Luten Bohn dormang,
„Büst du denn wählt? Wist du mal swiegen?
Sünß kannst mal licht an't Mul weck kriegen, –
Herr Klickermann", säd Luten Bohn,
„Wi willn Se nix tau Leiden dauhn,
Se bruken nich in Angst tau läben,
Ick ward Se 'n lütten Utwies gäben,
Un süll Se einer denn wat seggen,
Se bruken den' blot vörtauleggen,
De Ünnerschrift up mienen Schien
Is grad so gaud as Noske sien,
Doch so, as Se de Schaul afhollen,
Hett uns all lang'n nich mihr gefollen,
Von wägen ‚raus', dat is vörbi,
Dat hett sick dreiht, hüt räden wi!
Se sünd tau olt för disse Tied,
Von Se kümmt all de Larm un Stried,
Un wenn Se dat so wiederdrieben,

473

Denn könn'n Se nich mihr Köster blieben,
Dat is nu einmal as ick segg, –
De Schäulerrat, de jagt Se weg!"

„O", säd de Oll, „was muß ich hören!
Wer soll dann Katechismus lehren?
Wem denkt ihr dieses aufzubürden? –
Jagt mich doch nicht aus Amt und Würden,
Bedenkt doch meine alten Tage, –
Und um Vergebung, wenn ich frage,
Wer denkt von euch noch weiter so?"

Tauhöchten sprüng Korl Beggerow.
„Ick holl dat mit de Rewolutschon,
Nu is 't vörbi mit Reli'on,
Von Sprüche willn wi nix mihr weiten,
Dat laat wi uns nich länger heiten,
Un mit de fien un graben Fragen,
Dor kann de Deuwel sick mit plagen,
Wat bruken wi noch Huspostillen, –
Wi können glöben, wat wi willen!"

„Ist auch nicht schlecht", säd Klickermann,
„Wenn man sich solches sparen kann, –
Ich für mein Part hätt' nichts dagegen,
Ich tät' es ja nur euretwegen,
Damit euch nicht für Herz und Seele
Das wahre Brot des Lebens fehle.
Nun pfeift ihr auf das Seelenheil?
Uns' Herrgott kommt auf's Altenteil?
Kein Reli'on? – – das wird ja heiter,
Doch weiter, lieben Kinder, weiter!"

Un Heine Moll, de trädte vör,
Wiel he doch so de Öbbelst wier
Un müßt doch för de annern spräken, –
„Un denn mit dit entfamtig Räken, –
Dor ward addiert un subtrahiert,
Un is't denn rut, – denn is't verkiehrt!
Wi willn dorbi nich länger sweiten,
Se sölln blot fragen, wat wi weiten!

Un kann dat ein nicht ruterkriegen,
De hett dat Recht, denn still tau swiegen,
Un wenn ein anner Jung dat weit
Un seggt uns lies dorvon Bescheid
Un fuschert uns 'nen Zettel tau,
As gistern bi Korl Beggerow,
Dat gelt den Köster gornix an,
Dat's rieklich naug, wenn ein dat kann,
Dat seggen nich de Jungs allein,
Dor stimm'n de Dierns mit oewerein."

„Wat föllt di in", säd Line Snur,
„Kiek, wat he lüggt, is gornich wohr, –
Kein Wurt, so wohr as ick hier stah, –
Seggst dat nochmal, denn segg 'ck di nah!"

Den ollen Vadder Klickermann
Kem midderwiel dat Hoegen an.
„Ja, Heinerich, nun ist mir klar,
Wie sehr ich auf dem Holzweg war,
Mit Finsternis war ich umhüllet,
Mit Blindheit war mein Geist erfüllet,
Und ganz zerknirscht gesteh ich ein,
Du tätest eine Leuchte sein!
Mit diesem Muster aller Knaben
Muß mich der Herr gesegnet haben!
Doch weiter, Kinder, fahret fort,
Ich höre gern ein kluges Wort, – –"
Un keek dorbi up Fiete Schütten.

„Wi hemm kein Lust mihr nahtausitten!
Un wenn wi mal eins Schulen lopen –
Und bind'n de Dierns de Zöpp tauhopen, –
Un's abends mit de Dierns uns drapen,
Un's morgens mal de Tied verslapen,
Un wenn wi Voegelnester söken
Un wenn w' mal Zigaretten smöken, – –
De Köster hett uns nix tau seggen,
Dor willn wi uns grad gegenleggen,
Dat hett de Schäulerrat beslaten, –
Wi sünd von hüt an – Sozikraten!"

Un alls wier nu ut Rand un Band,
Se harren jo de Öwerhand,
Un würden up de Dische haugen,
De Lütten kreegen all dat Paugen,
Bet Klickermann den Reitstock kreeg,
Un nu de Larm mit einmal sweeg.

„Jä, Kinder", griente Klickermann,
„Das hört sich all ganz nüdlich an
Und wäre quasi auch ganz nett,
Wenn es nicht einen Haken hätt.
An ein Teil habt ihr nicht gedacht, –
Ich hätt' hier einen schönen Schacht,
So lang'n ich den noch rögen kann,
Ist Schülerrat – Herr Klickermann!
Und will auch einen Rat euch geben,
Den merkt euch mal für's ganze Leben:
So drad so'n Laban zu mir käme,
Indem, daß er sich unternähme
Und träte vor mit diesen Sachen
Und wollte mir Sperenzen machen, –

So unnaud als ich strafen tu,
Ich habe keinen Trieb mehr zu,
Und wenn in meinem sanften Sinn
Ich sonst mehr für das Zarte bin, –
Doch diesem Lümmel würd' ich's zeigen:
Ich würde vom Katheder steigen,
Ergriffe ihn als Opferlamm
Und zöge ihm die Hosen stramm
Und würd' ihn vorne runterducken,
Und würd' mir in die Finger spucken,
Und würde eine Ladung kriegen
Und nahsten aus der Klasse fliegen
Und sollt' sich scheuern, auf und nieder,
Und käme nie und nimmer wieder, –
Dermaßen würd' ich ihn verneihden,
Das sollte gründlich ihm verleiden, –
Süh soans würde es gemacht
Vermöge diesen schönen Schacht!

Und nun steht auf! – mal wieder runter,
Das war zu träg' – man bischen munter!
Nun nochmal hoch – und noch einmal –".
De ganze Klass' hoppst' up un dal, –
„Und nun beginnt de Reli'on, –
Karl Beggerow, mein lieber Sohn,
Dir tut es ja vor allem not, –
Sag mal, wie heißt das – viert Gebot?"

Un Klickermann stünn mit den Schacht
Un hett so recht venynsch bi lacht,
Un Korl? – ierst schult' he in de Rund'n,
He hett sick oewer fix besunnen,
Sien Lex, de würd he runnerbäden,
He wüßt, sünß wier sien Paß tausnäden,
Un musingstill hett jeder säten, –
De Schäulerrat, de wier vergäten.

In'n Dörp hett't bald sick rümmerspraken
Un würd de Lüd väl Hoegen maken
Un männigeiner hett sick lacht,
„Vermöge einen schönen Schacht!

Dit gaud' Rezept", meint' Vadder Diehn,
„Würd ok noch annern deinlich sien!"

Der Verfasser des obigen Textes wurde am 25. Februar 1867 in Parchim geboren – der des folgenden (zur Welt gekommen in Glaisin bei Ludwigslust 1861) ist hier am 16. Januar 1930 verstorben.

Aus „Jürnjakob Swehn der Amerikafahrer"

Johannes Gillhoff

Die Reisekarte hatte Kaufmann Danckert in Ludwigslust mir besorgt. Sie kostete bis New York 29 Taler, und einen hab ich ihn runtergehandelt. Aber es war doch viel Geld, wo mein Vater der ärmste Tagelöhner im Dorf war. Das meiste Geld hatte ich mir als Kleinknecht beim Bauern verdient. Drei Jahr lang bei Hannjürn Timmermann, das machte 27 Taler, denn 3x9 = 27. Siehe, ich habe das kleine Einmaleins mit herüber genommen; das gilt auch im Land Amerika. Und einen Rock extra.

Heute kriegt der Großknecht bei euch ja wohl seine 400 Mark, und für den Vater muß der Bauer noch 300 Ruten pflügen und eggen. Aber Geld haben sie darum doch nicht in der Bucks. Bei uns auf der Farm kriegt der Knecht hundert Dollars das Mond und ein Reitpferd durchzufüttern. Dafür heißt er auch Farmhand. Man bloß, es ist keiner zu haben, ob er nun Knecht oder Farmhand heißt, und Dirns erst recht nicht. – Fünf Taler hab ich mir noch zugeliehen vom alten Köhn und von Karl Busacker, und sie haben keinen Schein gefordert. So war das Geld zusammen und noch ein paar Schilling für den Notfall, daß die Amerikaner nicht sagen sollten: Seht, da kommt er an als wie ein Handwerksbursche und hat keinen roten Dreiling im Sack. –

Im Dorf ging ich rund und sagte Adschüs. Das ging fix. Dann kam Mutter an die Reihe. Das ging nicht fix. Sie sprach: Nu schick dich auch und schreib mal, woans es dir gehen tut und paß auch auf deine Hemden und Strümpfe und auf dein Geld, daß dir da nichts von wegkommt. Und vergiß auch das Beten nicht! – Dann mein Bruder. Ich sprach: Halt sie gut, wenn sie alt wird. Ich will dir auch Geld schicken,

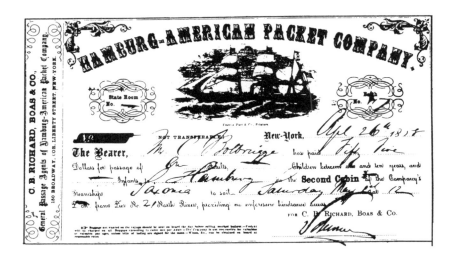

daß du ihr Sonntags mal Fleisch kaufen kannst und zum Winter einen wollen Umschlagetuch. Er sprach: Da sorg dich man nicht um. Sorg du man erst für dich selbst, daß dir unterwegs kein Wasser in die Höltentüffel kommt.

Als das fertig war, schwengte ich mir meinen Sack auf die Schulter und nahm meines Vaters eichen Sundagstock in die Hand. Vater hatte seine letzte Reise schon hinter sich. Dazu brauchte er keinen Stützstock mehr. So faßte ich ihn bei der Krücke und ging nach Ludwigslust. Meine Mutter stand in der Katentür, hielt die Hände unter der Schürze und sah mir nach. Siehe, ich habe sie in 32 Jahren nicht mehr gesehen.

Hinter Hornkaten, in den Lieper Bergen, wo der Sand am dünnsten war, da stand ich still. Das war so die Angewohnheit an der Stelle. Da hatte der alte Hannjürn mit Pferd und Wagen auch immer stillgehalten, auf daß sie sich verpusteten. Er aber stand daneben und guckte sich um, und dann sagte er so ganz langsam und ebendrächtig vor sich hin: Dies Land ist dem lieben Gott auch man mäßig geglückt. Wenn er das gesagt hatte, dann sagte er: Hüh! und fuhr weiter. Denn er war ein Mann, der wenig Wörter machte. Wenn du seinen Sohn siehst, dann grüß ihn von mir.

Da stand ich auch still und sah zurück und sprach zu mir: Jürnjakob Swehn, du bist den Weg schon mehr als fünfzig Mal gegangen. Aber heute ist es anders als sonst. Wo dir das wohl gehen wird im fremden Lande. Da sind vor dir schon viele in ein fremdes Land gewandert, und ihre Spuren hat der Sand verweht. Und Jakob auch, als er nach Haran zog, wie du uns in der Schule gelehrt hast. Mich soll man bloß wundern, ob ich auch zwei Kuhherden vor dem Stock habe, wenn ich zurückkomme. Wenn's auch man bloß eine ist wie Karl Busacker seine zwölf Stück. Aber Jakob brauchte auch nicht über das große Wasser. – Und als ich das gedacht hatte, sagte ich zu meinem Sack: Nun komm man wieder her! So ging ich weiter. Das war 1868. Ich war neunzehn Jahre alt, und am 20. Juli sollte ich von Hamburg gehen.

Bucks: Hase; Mond: Monat; Dirn: Magd; Dreiling: Münze im Wert von drei Pfennig; Höltentüffel: Holzschuhe.

Totenbrauch in Mecklenburg

Hermann Fornaschon

Durch das Dorf spricht es sich schnell von Mund zu Mund: „Bauerjochen ist tot!" – Gestern mehrte sich die Krankheit und heute nacht ist er eingeschlafen ... Am Morgen wird bei dem Dorftischler ein Sarg bestellt – sofern er nicht schon bei Lebzeiten besorgt wurde –, aber gut muß er sein und zum vierten Tage fertig: fünfviertelzöllige ungeleimte Bretter mit einigen Hohlstößen am Deckel, schwarz gestrichen und blank lackiert, Hänge und Bleischilder sind nicht nötig. Der Tischler arbeitet emsig und fleißig, denn bei den Särgen ist der beste Verdienst. Am Morgen des Todestages sind auch der Pastor und Küster benachrichtigt und Totengräber und Glockenläuter bestellt worden. Beide Funktionen bleiben vereinigt, und zwei ehrenwerte Nachbarn oder nähere Bekannte werden damit betraut. Gegen 11 Uhr am Sterbetage läuten die Glocken vom Turme zwei Touren von je einer Viertelstunde. Zum ersten Male klingt in ernsten Tönen die große Glocke allein, ein Zeichen für die Bevölkerung der umliegenden Dörfer, daß ein Erwachsener entschlafen ist, denn bei Kindern fangen die beiden Glocken zugleich an zu läuten. – Die Anverwandten des Verstorbenen fahren noch heute zur Stadt, um hier alles einzukaufen, was zur Beerdigung unerläßlich nötig ist. Am nächsten Tage wird gebacken, nicht bloß Fein- und Grobbrot, sondern auch Kuchen; es darf an nichts fehlen, und am Begräbnistage gibt es vollauf, denn „es ist ja das Letzte", wie man zu sagen pflegt, „was man dem Verstorbenen mitgibt"; d. h. die Mittrauernden bekommen's in Fülle, und durch nichts wird in Wirklichkeit weniger das Andenken des ins Grab Gesenkten geehrt und bewahrt, als durch den nachfolgenden

Leichenschmaus im Trauerhause. Aber es ist herkömmliche Sitte, und diese wird befolgt, sobald nicht Armut dagegen spricht.

Der Verlauf des Beerdigungstages ist nun folgender: Am Vormittage wird der Sarg mit der Leiche auf der großen Lehmdiele aufgebahrt und vorläufig geschlossen, wobei zu bemerken ist, daß das Totenhemd, von der Frau selbst gearbeitet, vielfach schon seit langer Zeit fertig war. Die Tragbahre haben die Totengräber (Kuhlengräber) aus dem Kirchturme geholt, wo sie für gewöhnlich zur Aufbewahrung steht; sie gehen nun an ihre Arbeit auf dem Friedhofe, der meistens mitten im Dorfe um die Kirche herum liegt, und graben eine Gruft für den Toten. Zu dieser Arbeit haben die Zwei sich aus dem Trauerhause eine Flasche voll Kümmel mitgenommen, denn heute darf einer mehr getrunken werden, als für gewöhnlich üblich ist ... Ist das Grab nach ein paar Stunden fertig, steigen die Männer auf den Glockenturm und läuten es mit zwei Pausen ein. Nach Mittag, gewöhnlich gegen 2 Uhr, versammeln sich von den Dorfbewohnern Männer und Frauen, soweit sie von der Arbeit abkommen können, im Trauerhause, um dem Verstorbenen die letzte Ehre zu geben; denn jede Familie im Dorfe und die Verwandten und Bekannten in den Nachbardörfern wurden am Nachmittage vorher vom „Leichenbitter", der von Haus zu Haus ging, dazu eingeladen und die Freunde noch zum Kaffee überher. Kurz vor der festgesetzten Beerdigungsstunde, wenn der Pastor, sofern er nicht im Orte wohnt, ins Dorf zum Küster gefahren ist, läutet die zweite Glocke vom Turme, um die Trauernden ins Sterbehaus zu rufen. Man nennt dieses Geläute vielfach „die Semmelglocke", weil jetzt jeder, der zum Folgen des Trauerzuges erschienen ist, von der „Totenfrau" eine Semmel zum Mitnehmen bekommt. Die Frau, vielfach die Hebamme, steht nämlich mit einer großen Schürze voll Semmel auf der Diele. Sobald jemand kommt und am Sarge sein stilles Gebet verrichtet hat, tritt sie zu ihm und reicht ihm grüßend und schweigend eine Semmel; die Träger und Läuter bekommen zwei und die Chorknaben je vier oder zwei größere, sogenannte „Franzbröte". Im übrigen gehen beim Erklingen der Semmelglocke auch sämtliche Kinder der Straße ins Trauerhaus und holen sich ihre Semmel. So werden für etwa drei bis vier Mark – ein ganzer Sack voll – Kleinbrot verteilt. – Beim Erscheinen der mittrauernden Dorfbewohner ist der Sarg geöffnet, daß jeder den Verstorbenen noch einmal sehen kann, sind aber hernach der Pastor, der Küster und die Chorknaben anwesend, dann wird er geschlossen und die Totenfeier nimmt ihren Anfang. Haben die Leidtragenden keinen besonderen Gesang zum Absingen gewählt – was sonst einige Schillinge „Opfergeld" kostet – wird der allge-

mein festgesetzte gesungen. Der Küster gibt die Nummer des Gesangbuches bekannt mit den Worten: „Wir singen den Gesang Nr. …“, die Trauergemeinde schlägt auf, und Küster und Chorknaben fangen an zu singen. Mit dem letzten Verse beginnen die Glocken zu läuten, ein stilles Gebet wird gesprochen, und der Trauerzug ordnet sich. Voran geht ein Knabe mit einem großen hölzernen schwarzen Kreuze, welches recht hoch getragen werden soll, die andern Knaben folgen paarweise und hinter ihnen der Pastor und Küster. Danach kommen die sechs Träger mit dem Sarge auf der Totenbahre, dann die nächsten Verwandten des Verstorbenen, hierauf die „folgenden“ Männer und zuletzt die Frauen. Der Küster und die Chorknaben singen, und unter ernstem Trauergeläute bewegt der Zug sich langsam vom Bauerhofe herunter und auf der Dorfstraße dem Friedhofe zu. Doch bevor es zum Grabe geht, erheischt es die Sitte, daß der Tote noch einmal rund um die Kirche herum getragen und erst dann der Sarg über das offene Grab gestellt wird. Die Träger lassen ihn nun in die Gruft und das Glockengeläut verstummt.

Nachdem der Pastor die Einsegnungsworte gesprochen und mit der Gemeinde gebetet hat, wird das Grab durch die Träger mit Erde geschlossen, während die Glocken wiederum läuten und die Kinder singen: „Nun lassen wir ihn hie schlafen" usw. und der Zug geht in voriger Ordnung ins nahe Gotteshaus. Ein kurzer „Toten-Gottesdienst" beschließt sodann die kirchliche Begräbnisfeier. – Wird der Verstorbene aus einem Nachbarorte ins Kirchdorf gefahren, so ist der Hergang der Trauerfeier derselbe, nur daß die Glocken anfangen zu läuten, wenn sich der Zug – der Sarg wird von einem Bauern gefahren – über die „Wegscheide" der Feldmarken bewegt. Vor der Kirchhofspforte wird dann der Sarg vom Wagen gehoben und die Friedhofsfeier beginnt in der oben geschilderten Weise. Auf der Rückfahrt wirft der Bauer das Stroh von seinem Wagen auf die Wegscheide; von dort mag es sich holen, wer Lust hat. Nach dem Gottesdienst versammeln sich die besonders Geladenen aufs neue im Sterbehause, auch der Herr Pastor und Küster kommen, und es wird nun Kaffee getrunken und tüchtig Kuchen und Feinbrot dazu gegessen. Sodann wird, nachdem man sich einige Stunden eingehend über die Ökonomie des Landwirts unterhalten, und nachdem sich für gewöhnlich die Geistlichkeit verabschiedet hat, zu Abend gegessen und von allem Möglichen aufgetragen, was Keller und Kammer zu bieten vermögen; „denn dat is", wie man sagt, „jo dat Letzt, wat wi em mitgeben …!"

Der vorstehende Text über mecklenburgisches Brauchtum bei einem Todesfall um 1900 erschien 1911 in einer Zeitschrift. Sein Verfasser stammte aus Domsühl, nahe Parchim, „einem der schönsten Dörfer Mecklenburgs".

Daten zu Waren

Über die Gründung Warens fehlen Urkunden. Bekannt ist, daß die Stadt um 1282 eine Zeitlang Residenz der Herren zu Werle und der Fürsten zu Wenden gewesen ist. Das Siegel von Waren ist in seiner heutigen Form schon vor 1373 bekannt. In den vier folgenden Jahrhunderten suchten Waren mehrere Kriege und Brände heim. Um 1800 gab es acht Windmühlen, drei holländische und fünf Bockmühlen;

zwei Tore, das Alte und das Neue; drei Pforten, am Kietz, an der Müritz und am Tiefwarensee. Im 19. Jahrhundert entstanden eine Brauerei, zwei Sägewerke und die erste Dampfmühle. Später kamen zwei Molkereien, ein drittes Sägewerk, eine Dachpappen- und Asphaltfabrik, eine Zuckerfabrik und ein Kartoffelverarbeitungswerk, drei Kahnbauereien und ein Eisenwerk dazu.

1863 wurde das erste Gas in Waren erzeugt, und 1898 begann das Wasserwerk zu arbeiten. Es machte den elf öffentlichen Brunnen, wovon neun als Pumpen eingerichtet waren, Konkurrenz.

1879 erhielt Waren eine Bahnverbindung nach Malchin (Friedrich-Franz-Bahn). 1885 wurde die Strecke erweitert bis Karow und Parchim mit Anschluß nach Ludwigslust und damit auch nach Schwerin und Hamburg. 1886 wurde der Bau der Lloydbahn Neustrelitz – Waren – Rostock –Warnemünde abgeschlossen, so daß die Stadt zu einem wichtigen Knotenpunkt dreier mecklenburgischer Bahnlinien geworden war.

Jubeltag 1870 zu Waren

Helmut Sakowski

Selbst bei seiner Einweihung vor Jahrzehnten war der Bahnhof von Waren nicht so festlich geschmückt wie an diesem Julitag 1870. Alle Bahnsteige wie naß gewischt, Mastbäume hoch aufgerichtet, Fahnen im Wind, üppige Girlandenbögen von der Schalterhalle bis hin zu den frisch gechlorten Aborten, und selbst diese wimpelbekränzt, denn heute war ein großer Tag für die Stadt.

Eine Batterie des Großherzoglich Mecklenburgischen Dragonerregiments Nummer 18, unter Führung des Herrn Rittmeisters Viereck auf Viereck, sollte per Bahn verladen werden, um die zum Küstenschutz abkommandierten Einheiten zu verstärken.

Menschen und Menschen auf dem Bahnhofsgelände, Angehörige, die ihre Söhne verabschieden wollten, Offizianten, wie der Herr Landrat von Rodde, die Herren der Ämter, die Vertreter der Stände, zur Feier des Tages schwarz befrackt, mit Ordensschärpe und Zylinder, Damen in wehenden Sommerkleidern, Neugierige und etwa zwei Dutzend Ehrenjungfrauen, dickzöpfige, stämmige mecklenburgische Landeskinder in schneeweißem Musselin, sie trugen Blumensträuße in den festgeballten Fäusten.

Waren

Übrigens bewegte sich auch Armgard Löwenholm, in Begleitung des ersten Beireiters Jörn Schlöpke, unter den Leuten und hatte zu tun, im Gedränge ihren wagenradgroßen Hut auf dem Kopf zu behalten.

Schon hörte man fröhlichen Lärm aus der Ferne, die Kavalleristen ritten über die Teterower Straße heran, voraus die Musik, klirrender Schellenbaum, wummernde Pauke, Fanfaren, gellendes Blech. Was klingt verführerischer, als dieses schneidige Tschingteratätä, Tschingteratätä? Es machte, daß sich die Damen viel zu weit aus den Fenstern der Bürgerhäuser hängten, um der Reiterei zu winken, und alle Kinder der Stadt den Zug begleiten wollten, zum Glück war schulfrei befohlen, also hüpften sie über die Bürgersteige, die Jungen im Matrosenanzug, die Mädchen in frisch gewaschenen Sonntagskleidern und mit riesigen Schleifen im Haar.

Jetzt bogen die Reiter mit klingendem Spiel in die Bahnhofsstraße ein, blau uniformierte Männer, in den Sätteln wippend, silbern schimmernde Blechmützen. Es sah aus, als ritte Gottes eigenes Regiment heran.

Endlich die Kommandostimme: Das Ganze halt!

Rittmeister von Viereck auf Viereck meldete, daß die Truppe, wie befohlen, zur Stelle sei.

Für die Honoratioren war im Rücken des Bahnhofsgebäudes ein hölzernes Gerüst aufgeschlagen, mit Fahnentuch bespannt und girlandenbehängt.

Als Landrat von der Rodde Komteß Armgard in der Menge erkannte, versuchte er, sie auf die Tribüne zu winken, schließlich handelte es sich bei der Dame, wie man wußte, um die Braut des reichsten Grundherrn in Mecklenburg.

Bitte sehr, meine Gnädigste!

Aber die Dame machte keinen Gebrauch von der Einladung.

Ich danke sehr, Herr Baron.

Da wurde auch schon die Meldung gebrüllt: Truppe, wie befohlen, zur Stelle!

Jetzt mußte die Ansprache folgen. Herr von der Rodde rückte den Zwicker zurecht und stützte sich mit beiden Händen auf das Geländer.

Meine lieben mecklenburgischen Heldensöhne, ich grüße Sie.

Beifall.

Meine sehr verehrten Damen und Herren, nahezu zwei Wochen sind ins Land gegangen, seit jenem verhängnisvollen Tage, da von der Seine die Nachricht kam, die uns tief bewegte: Der Krieg ist erklärt!

Heute nun, meine lieben Dragoner, erfüllt es unsere Herzen mit Freude und Stolz, daß Ihr hinausreiten werdet, um den frivolen Übermut des französischen Cäsarentums in den Staub zu treten.

An dieser Stelle seiner Rede wurde Herr von der Rodde durch einen gellenden Pfiff gestört. Er wiederholte irritiert: In den Staub, und sah er zu seinem Entsetzen einen Güterzug, der in aller Gemächlichkeit auf Gleis zwei näherrollte. Mein Gott, doch nur zur Durchfahrt, hoffentlich.

Herr von der Rodde mußte seine Stimme heben und scharf akzentuieren, damit die Menge verstand, daß der alte Gott auch diesmal den Sieg ans deutsche Banner heften würde.

Kreischende Räder, quietschende Bremsen, die Lokomotive atmet fauchend aus. Sie hat ein halbes Dutzend Viehwaggons nach Waren geschleppt. Geladen ist Rindvieh, wahrscheinlich soll es nach Rostock weitergeleitet werden und ist zur Versorgung der hungrigen Truppen an der Heimatfront bestimmt.

Den Beschluß des Zuges bildet ein Waggon ältester Bauart mit weit geöffnetem Tor, das gleich seine Fracht ausspeien will, Männer und Weiber, schäbig gekleidet wie das Lumpengesindel.

Die Störung muß um jeden Preis verhindert werden. Der Landrat gestikuliert zum Bahnhofsvorstand hinüber: Ach, im Festtagsrummel ist dem Mann auf dem Stellwerk ein Fehler unterlaufen. Das Signal für den Viehtransport war nicht auf Halt gestellt.

Es ist alles zu spät, und während die Soldaten, hoch zu Roß, Augen ge-ra-de-aus! eiserne Disziplin bewahren, während die Honoratioren wie erstarrt auf der Tribüne verharren, während Herr von der Rodde immer noch den Arm ausreckt, als könne er sich mit fünf gespreizten Fingern gegen das Unheil wehren, quillt schon der liederliche Haufen aus dem Güterwagen, werfen sich Schnitter und Garbenbinderinnen lärmend die Bündel zu, staunend, mit den Fingern auf den Fest-schmuck weisend, Girlanden bunte Fahnen, offenbar alles zu ihrem Empfang aufgeboten.

Stollinski begreift im Augenblick, daß seine Kolonne ungewollt eine vaterländische Veranstaltung stört. Er weiß so wenig wie alle anderen, wie dem noch abzuhelfen ist, versucht aber, angesichts der Kavallerie, so etwas wie eine militärische Haltung einzunehmen, also Arsch gestrammt, Brust rausgestreckt und die Mannschaft angebrüllt: Zieht Mütze, macht Verbeugung, macht euch angenehm!

Und das probieren seine Leute nun, indem sie groteske Kratzfüße darbieten.

Herr von der Rodde flüstert erbittert: Polnische Zustände auf einem gut deutschen Bahnhof.

Da wird krachend, zu allem Überfluß, auch noch ein Panjewagen heruntergelassen. Das scheint leichter zu veranstalten, als das dazugehörige Pferd über die Planke auf den Bahnsteig zu locken. Ein schwarzhaariges Mädchen gibt der sturen Rosinante gute Worte, zerrt mit den Männern am Strick, vergeblich. Die flatternden Fahnen schrecken das Tier, auch das Rindvieh fängt zu blöken an.

Wer lacht da!

Es ist Armgard Löwenholm, die sich nicht mehr halten kann.

Aber schon rufen andere: Sauerei! Was hat das Pack hier verloren? Raus mit ihnen!

Herr von der Rodde schüttelt erbittert das Haupt. Wie konnte geschehen, daß bei einer militärischen Veranstaltung von solchem Rang vergessen wurde, eine halbe Hundertschaft Polizisten abzukommandieren?

Nun der Ruf: Freiwillige vor!

Ein paar beherzte Zivilisten schicken sich an, den Bahnsteig von Gleis zwei zu stürmen. Ein würdeloser Zustand soll beendet werden, am besten zurück mit dem Gesindel in den Waggon, Klappe zu, Riegel vor! Und fort mit ihnen bis dorthin, wo der Pfeffer wächst.

Der alte Voßlo

Friedrich Griese

Nach der Art unserer Leute im Lande, sich ungewöhnliche Benennungen mundgerecht zu machen, nannten sie ihn den alten Voßlo. Das sprach sich sehr leicht, und außerdem drückten sie damit aus – ohne ihn zu beleidigen, da er diese Art ja kannte –, wie sie ihn einschätzten. Denn der plattdeutsche Voß ist der hochdeutsche Fuchs; und wenn er sie dahin bringen wollte, einen Teil dessen preiszugeben, was er insgesamt bei ihnen suchte, konnte es nur mit der List und der Ausdauer dessen geschehen, der nach dem in der Schule gelernten Lied die Gans stahl. Er stahl ihnen immer wieder die Gans.

Es handelte sich für ihn um das Sammeln von Volksüberlieferungen jeder Art. Er wäre aber nicht zu dem kleinsten Spruch oder Reim, Lied oder Märchen gekommen, wenn er sich zu der alten Mutter in die Stube gesetzt und diese nun einfach ausgefragt hätte. So erzählte denn er selbst, von Hochzeiten, Kindertaufen und sonstigen hohen Festen, und führte dabei allerlei Sprüche an, wie diese in anderen Dörfern beim Fisch, beim Braten oder beim Zutrinken gesprochen wurden. Mit gutem Bedacht brachte er dabei höchst merkwürdige Sprüche vor, die den Widerspruch der Alten weckten und sie veranlaßten, nun ihrerseits den Professor über die rechte Art, Sprüche zu sagen, zu belehren, und gerade das hatte er gewollt. Oder er mischte sich unter die Teilnehmer ländlicher Volksfeste, und was er dort zu hören bekam, schrieb er auf die sogenannten Papiermanschetten, die er unauffällig aus dem Ärmel hervorzog, in einer Schrift, die nur ihm bekannt war. Es gab Photographien solcher Gruppen: unter einem Baum sitzen ein paar alte Leute, der Professor im Gehrock und mit seiner schwarzen Melone unauffällig unter ihnen; alle um ihn herum machen fröhliche Gesichter, weil das Fest ja so schön ist, er hat seine heimliche Schreiberei vor, wenn man diese auch nur seiner Haltung ansieht. Nach der Meinung der Leute beschrieb er nicht nur seine Manschetten, sondern verbarg auch überall Haufen von weißen Zetteln, sogar unter dem Hut.

Er hatte freilich nicht damit anfangen können, einmal diese, ein andermal jene Stadt als Ausgangsort zu wählen, um von ihr aus auf die Dörfer zu ziehen und die Leute zu verhören, wie sie es nannten. Als er, wohl um 1890, begann, war er Oberlehrer am Gymnasium zu Waren; und die ersten Versuche, die er machte, auch noch einige Jahre fortsetzte, bestanden darin, daß er seinen Primanern und Sekundanern Fragezettel für die Ferien mitgab, mit denen sie Lehrer, Pastoren, Förster, Schäfer und Landhandwerker aufsuchten. Später ließ er ausführlichere Bogen drucken, die er mit der Post sandte. Als er einsah, daß auch dies nicht genügte, ging er selbst.

Man müßte annehmen, eine solche Arbeit wäre von den hierfür in Betracht kommenden Behörden oder anderen Stellen erkannt und eifrig gefördert worden. Das war aber durchaus nicht so. Als er selbst begann, hatte er nur die Ferien dafür. Ich erinnere mich noch an alte Landtagsprotokolle, vielleicht aus den Jahren um 1900 herum, in denen es hieß, dem Oberlehrer Wossidlo aus Waren seien als Erstattung seiner Auslagen hundert Taler bewilligt worden; einmal war es wohl noch etwas mehr, und dann hieß es sogar darin, er sei für ein halbes Jahr vom Schuldienst beurlaubt. Aus der Art der Texte ging aber jedesmal hervor, für wie unnütz eine solche Sammeltätigkeit gehalten wurde. – Der Urlaub war entscheidend gewesen: Wossidlo hatte erfahren, wieviel zutage kommen werde, wenn die Schularbeit nicht mehr hindere. So ließ er sich vor der Zeit pensionieren und opferte somit selbst für das, was denen zugute kam, die mit ihm lebten und nach ihm leben würden.

Jetzt setzte der Strom der von allen Seiten aus dem Lande kommenden Volksüberlieferungen ein, und jetzt bekam er auch die Räume für seine Sammlungen, für Schränke und Regale voller Zettelkästen, auf jedem Zettel die schriftliche Fassung dessen, was er erfragt hatte: eine in Amerika lebende Landsmännin stellte ihm ihr großes Haus in der Heimatstadt Waren zur Verfügung. Es lag abseits der Straße, im Grünen und auf einem kleinen Hügel, ein Refugium für diesen Mann und seine Forschungen, für die es damals kein nennenswertes Gegenbeispiel gab und nie mehr eins geben wird.

Fünfzig Jahre lang, bis zum Beginn des Zweiten Weltkrieges, erschien er in den Dörfern oder bei den Alten in den kleinen Landstädten, die zur Tochter oder zum Sohn gezogen waren, der dort Arbeit bekommen hatte. Er forschte sie nach dem kleinsten plattdeutschen Sprachrest aus, bis sie nicht mehr mochten oder vor lauter ungewohnter Anstrengung nicht mehr konnten.

Dem widersprach nicht, daß sie sich vorerst außer Gefahr brachten, sobald seine Anwesenheit ruchbar wurde: in der Scheune, in stiller Kammer oder hinter einer Tür mit herzförmigem Ausschnitt. Da saßen sie und warteten; aber dann hielten sie es nicht mehr aus, und vielleicht war er gar nicht mehr im Dorf? So steckten sie denn die Nase aus ihrem Schlupfwinkel heraus und waren, wenn auch uneingestanden, glücklich, daß er nach seinen Worten gerade auf sie gewartet hatte. Der Erfolg bestand in vielen beschriebenen Zetteln, angefüllt mit einer Schrift, die sich nach fünfzig Jahren Sammelarbeit so klar und fast zierlich ausnahm wie zu deren Beginn.

Sie flohen ihn, aber sie verehrten und liebten ihn auch: weil er die Dinge ernsthaft nahm, die bei ihren Kindern oft nicht mehr viel galten, ihnen selbst aber immer noch als Erinnerung an Eltern und Dorf, an Beruf und Arbeit und an Festzeiten teuer waren, wenn sie auch nicht hätten sagen können, worin deren Wert sonst wohl noch bestehen möge. Es gab kein Beispiel dafür, daß er den von ihm Wahrgenommenen geschont hätte, solange noch Zeit und Gelegenheit war, ihn zum Ausbeichten zu bringen. Aber jedermann fügte sich auch, wenn der alte Voßlo ihn dazu bereitgemacht hatte.

Wo er in der ersten Zeit noch nicht bekannt war, konnte sein Tun mißverstanden werden; so in jenem Dorf, in dem eine alte Mutter vor lauter Angst, den Fremden aus der Stadt nicht wieder loszuwerden, einige Sprüche preisgegeben hatte, die er noch nicht kannte und die in ihrer Kinderzeit beim ersten Austreiben der Gössel – Gänseküken – üblich gewesen waren. Als er am Abend im Wirtshaus das vorläufig Festgehaltene ordnen wollte, stellten sich einige jüngere Hauswirte ein. Durch unangenehme Vorahnungen auf die Beine gebracht, forderten sie die Herausgabe des Aufgeschriebenen. Von Gewissensbissen geplagt, hatte die Alte ihre Neuigkeit ausgeschwätzt; und nun waren sie sich einig geworden, daß die Vorspiegelung des Sprüchesammelns dazu dienen solle, um für das Steueramt die Zahl der zu erwartenden Herbstgänse festzustellen. Vor ihren Drohungen, was sie im Weigerungsfall mit ihm tun würden, war es gut, daß die Unterhaltung dort vor sich ging, wo der Wirt für unternehmungslustige Dorfleute Besänftigungsmittel vorrätig hatte.

Selbst der Storch auf dem Scheunendach der Domäne respektiert ihn. Denn auch von ihm ist eine Unzahl von Sprüchen, Liedern, Reimen und Rätseln vorhanden, von denen einige nur unfreundlich genannt werden können und die allesamt aus der Schule geplaudert sind. Er schaut sich den Herankommenden noch einmal an, der gerade an den so steifhalsig gewordenen kleinen Gänsen auf dem Brink vorübergeht: lang, dürr, wenn auch mit einem freundlichen Bart um das ganze Gesicht. Dann macht er eine Wendung und lüftet die Flügel. Einen Augenblick später sagt ein altes Mütterchen zur Nachbarin: „Der Storch vom Hof hält sich auch nicht mehr auf."

Als Zeugnis für die Vorwirkung der gefürchteten Ausforschungen gibt es von ihm selbst die treffendste aller Geschichten. Sie handelt von einem jungen Taglöhnerpaar, das sich zur Nachmittagsruhe hingelegt hat, es ist im Sommer und sehr heiß. Die Frau wacht bald wieder auf, ihr ist so beklommen, was ja wahrscheinlich von der Hitze kommt; sie stößt den Mann aber an und sagt: „Körling, stah up, mi sweit't so; ick glöw, de oll Voßlo kümmt äwer den Barg." (Ich schwitze so; ich glaube, der alte Voßlo kommt über den Berg.) Hier äußert sich eine Art von panischem Schrecken seiner Dorfleute, die den Alten als immer gegenwärtig mutmaßen.

Professor Dr. h. c. Richard Wossidlo wurde im Mai 1859 geboren, er starb im selben Monat des Jahres 1939. Nach den Worten des Psalms war er mit seinem Leben hoch hinauf gekommen, und es war immerdar köstlich gewesen, weil er ein großes Ziel gehabt und sich damit Mühe und Arbeit gemacht hatte. Als er mit seinen achtzig Jahren dahinging, lagen auf seinem Schreibtisch die Korrekturen des zweiten Bandes „Mecklenburgische Sagen" zur Durchsicht bereit, den ersten Band hatte er selbst noch herausbringen können: er, dem man schon zu seinen Lebzeiten sagte, ohne dem ehrwürdigen Bild etwas damit zu nehmen, daß er immer nur gesammelt und zu wenig publiziert habe. Diese beiden Bände waren, nach seinen eigenen Worten, hervorgegangen „aus über dreißigtausend Aufzeichnungen, und zwar ohne die Tier- und Pflanzensagen, ohne die Hunderte von Geschichten vom alten Fritz und ohne alle Schwänke".

Die Leibeigenschaft

Johann Heinrich Voß

Eine der großen literarischen Gestalten des 18. und frühen 19. Jahrhunderts wurde am 20. Februar 1751 in Sommerstorf bei Waren geboren: Johann Heinrich Voß. Sein Großvater hatte sich von der Leibeigenschaft freigekauft, und seiner Empörung über die weiterhin drückenden Zustände auf dem Lande verleiht Voß in einer seiner ersten Veröffentlichungen Ausdruck. Wenn er sie trotz der alles andere als idyllischen Schilderung „Idylle" nennt, so allein deshalb, weil das im Sprachgebrauch seiner Zeit ein Gedicht mit ländlichen Motiven bezeichnete.

Erste Idylle

Die Pferdeknechte

Michel
Pfingsten wird klar. Ohne Hof ist der Mond, und hängt wie ein Kahn da.
Ehmals pflegt' ich mich wohl am heiligen Abend zu freuen;
Aber nun schallt mir das Festgebeyer, wie Todtengeläute!

Hans
Michel, nicht so verzagt! Sieh, alles holt sich auf morgen
Kalmus und Blumen und May! Man ruht doch einmal vom
                                                    Frohndienst!
Laß uns ein wenig singen! Es klingt so prächtig des Abends!
Und die Pferde sind gut getüdert, und Lustig ist wachsam.
Ringsum duften die Mayen, und lieblich röcheln die Frösche,
Und die Nachtigall schlägt dazwischen (wie sagst du noch, Michel?)
Wie durch den Salm der ganzen Gemeine die Stimme Lenorens.
Weißt du: Schon locket der May? Das ist dir ein kostbares Stückchen!
Sonntag lernt' ich's von unserm Küster, (er hatt' es auf Noten!)
Als ich den bunten Kapaun mit jungen Enten ihm brachte.
Soll ich? Du brummst den Baß, oder pfeifst dazu auf dem Mayblatt.

Michel
Siehst du dort bey dem Mühlenteich was weißes im Mondschein?
Dort! Und kennst du sie, Hans, die dort vergeblich ihr Brauthemd,
Ach vergeblich jetzt bleicht? und nöthigst mich dennoch zum Singen?

Hans
Wohl! Lenore bewacht in der ströhernen Hütte die Leinwand!
Eben hört' ich ihren Gesang durch das Mühlengeklapper.
Aber was sagst du, Michel? Sie bleicht vergeblich ihr Brauthemd?
Schenkt euch nicht unser Herr bey dem Ährenkranze die Hochzeit?

Michel
Je! such Treu und Glauben bey Edelleuten! Betrieger!
Schelme sind…

Hans
            Pst! Ihm könnt' es sein kleiner Finger erzählen!

Michel

Laß ihn erzählen, was wahr ist! Verspricht der Kerl mir die Hochzeit,
Und die Freyheit dazu, für hundert Thaler! Mein Alter,
Mit dem kahlen wackelnden Kopf, und mein krüpplicher Bruder,
Den der Kerl an die Preußen verkauft, und den die Kalmucken,
Tatern und Menschenfresser im Kriege zu Schanden gehauen,
Scharren alles zuhauf, Schaumünzen mit biblischen Sprüchen,
Blanke Rubel, und schimmliche Drittel, und Speciesthaler;
Und verkaufen dazu den braunen Hengst mit der Bläße,
Und den bläulichen Stier, auf dem Frühlingsmarkte, für Spottgeld.
Michel, sagen sie, nim das bißchen Armuth, den letzten
Noth- und Ehrenschilling, und bring's dem hungrigen Junker!
Besser, arm und frey, als Sklave bey Kisten und Kasten!
Wasser und trocknes Brod schmeckt Freyen, wie Braten und Märzbier!
Weinend bring' ich's dem Kerl; er zält es: Michel, die Hochzeit
Will ich euch schenken; allein ... mit der Freyheit ... Hier zuckt er die
                                                                    Achseln.

Hans

Plagt den Kerl der Teufel? Was schützt denn der gnädige Herr vor?

Michel

Hans, der Hund, den man hängen will, hat Leder gefressen.
Sieh, da hab' ich sein Gras ihm abgeweidet, zu flache
Furchen gepflügt, sein Korn halb ausgedroschen, und Gott weiß.
Kurz, die Rechnung ist höher, als hundert Thaler. Ich dürfte,
Munkelt' er noch, nur geruhig seyn; er hätte Vermuthung,
Wer ihm neulich vom Speicher den Malter Rocken gestohlen.

Hans

Michel, hättst du das erste gethan, so wär' es kein Wunder.
Welche Treue verlangt der Junker von dem, der beständig,
Unter dem Prügel des Vogts, mit Schand' und Hunger und Noth
                                                                    ringt?
Doch für das letzte verklag' ihn bey unserm gnädigsten Landsherrn;
Denn ich will's dir bezeugen, Johann der Lakai hat den Rocken,
Mit Erlaubniß der gnädigen Frau, vom Speicher gestohlen!

Michel

Hans! das Nachtmahl nehm' ich darauf! Ich bin ganz unschuldig!
Seit der leidigen Hoffnung, hab' ich nicht Bäume geimpfet?

Nicht gezäunt? nicht die Hütte geflickt? nicht Graben geleitet? ...
Aber verklagen! Durch wen? Wo ist Geld? Und erfährt es der
                                                        Herzog?
Und die Minister, Hans? die Minister? Man weiß wohl ein Rabe
Hackt dem andern die Augen nicht aus! ... Ja, sing nur, Lenore!
Sing und spring auf der Wiese herum, du freye Lenore!
Frey soll dein Bräutigam seyn! Er ist's! Bald tanzen wir beyde
Unsern Hochzeitsreigen, im langen jauchzenden Zuge,
Über Hügel und Thal ... nach dem Takt, den der Prügel des Vogts
                                                        schlägt! ...
Aber du weinst? Um den Jungfernkranz, den die Dirnen dir rauben?
Trockne die Thränen! Du wirst ja ein freyes glückliches Ehweib,
Bald die glückliche Mutter von freyen Söhnen und Töchtern! ...
Hans! mich soll dieser und jener! Ich lasse dem adlichen Räuber
Über sein Dach einen rothen Hahn hinfliegen, und zäume
Mir den hurtigsten Klepper im Stall, und jage nach Hamburg!

Hans
Aber, Michel, die Kinder!

Michel
                        Die Wolfsbrut? Fällt denn der Apfel
Weit vom Stamm? Und heult sie nicht schon mit den Alten, die
                                                        Wolfsbrut?
Ging in den Tannen nicht gestern der Herr Hofmeister, und weinte?

Hans
Aber es heißt: Die Rach' ist mein, und ich will vergelten,
Spricht der Herr! Und dann, dein armer Vater und Bruder!

Michel
Herrlicher Spruch! Die Rach' ist mein, und ich will vergelten!
Ha! das erquickt! Ja, ich will geduldig leiden und hoffen!

Hans
Michel, du sprachst doch vom Tanz. Ich will dir ein Mährchen
                                                        erzählen.
Kennst du die wüste Burg? Mein seliger Oheim, der Jäger,
Laurt da im Mondschein einst auf den Fuchs, in den Zwölften.
                                                        Mit einmal
Braust, wie ein Donnerwetter, das wütende Heer aus der Heide.

Hurrah! rufen die Jäger, die Pferde schnauben, die Peitschen
Knallen, das Hifthorn tönt, und gewaltige feurige Hunde
Bellen hinter dem Hirsch, und jagen ihn grad' in das Burgthor.
Oheim hält's für die fürstliche Jagd, ob sein Tiras gleich winselt,
Denk mal, und geht (wie er denn zeitlebens ein herzhafter Kerl war!)
Ihnen nach in die Burg. Nun denk, wie der Satan sein Spiel hat!
Jäger und Pferd' und Hunde sind Edelleute, mit Manteln,
Langen Bärten, und eisernen Kleidern, und großen Perüken;
Wie die Schlaraffengesichter im Spiegelsaale des Junkers.
Weiber mit hohen Fontanschen und Bügelröcken und Schlentern
Fodern sie auf zum Tanz. Da rasseln dir glühende Ketten!
Statt der Musik erschallt aus den Wänden ein Heulen und Winseln.
Drauf wird die Tafel gedeckt. Ganz oben setzt sich der Stammherr
Vom hochadlichen Haus', ein Straßenräuber. Sein Beinkleid,
Wams und Bienenkapp' ist glühendes Eisen. Sie fressen
Blutiges Menschenfleisch, und trinken siedende Thränen.
Unsers Junkers Papa kriegt meinen Oheim zu sehen,
Nimt den Becher voll Thränen, und bringt ihn: Da trink' er eins,
Jochen!
Jochen will nicht; er muß. Nun soll ich denn trinken, so trink' ich,
Sagt er, in Gottes Namen! Und knall! war alles verschwunden.

Michel
Bald ist der Kerl dabey! Dann schallen ihm unsre Seufzer
Statt der Musik, dann brennen ihm unsre Thränen die Seele!

Hans
Hu! wie wird er dann springen! Wie wird sein Weib, das Gerippe!
Auf französisch dann fluchen, wenn keine Zofe die Ketten
Ihr nach der Mode mehr hängt! Da wird sich der Satan ergötzen! …
Michel, hast du Toback? Die Mücken stechen gewaltig. …
Lustig, die Pferd'! Euch soll, wo ihr dem Junker ins Korn geht!
Blitz! er prügelt' uns krumm und lahm! He! Lustig, die Pferde!

*Festgebeyer: Glockengeläute; May: Frühlingstriebe, Zweige der Birken oder Buchen; getü-
dert: angebunden; Lustig: hier Hundename; röcheln: quaken; Salm: Psalm, Kirchengesang;
Gemeine: (Kirchen-) Gemeinde; Schon locket der May: Lied von J. M. Miller (1750–1814),
Melodie von C. P. E. Bach (1714–1788); Kapaun: kastrierter, gemäſteter Hahn, der früher Teil
der Kirchensteuer war; Mayblatt: Blatt einer Birke; Kalmucken: westmongolisches Volk; Tatern: Tataren; Drittel: Geldstück; Malter: Getreidemaß; Rocken: Roggen; einen rothen Hahn
hinfliegen: Drohung, das Haus anzuzünden; Zwölften: zwölf Tage zwischen Weihnachten
und Heiligen Drei Könige, in denen es spuken soll; Fontansche: altfranzösisches Kopfzeug;
Schlenter: nachschleppendes Kleid.*

Die ersten Jahre meines Lebens

Heinrich Schliemann

Seine Jugendjahre verbrachte der als „Entdecker Trojas" bekannt gewordene Heinrich Schliemann in Ankershagen unweit Warens.

Ich wurde am 6. Januar 1822 in dem Städtchen Neubukow in Mecklenburg-Schwerin geboren, wo mein Vater, Ernst Schliemann, protestantischer Prediger war und von wo er im Jahre 1823 in derselben Eigenschaft an die Pfarre von Ankershagen, einem in demselben Großherzogtum zwischen Waren und Penzlin gelegenen Dorfe, berufen wurde. In diesem Dorfe verbrachte ich die acht folgenden Jahre meines Lebens, und die in meiner Natur begründete Neigung für alles Geheimnisvolle und Wunderbare wurde durch die Wunder, welche jener Ort enthielt, zu einer wahren Leidenschaft entflammt. In unserm Gartenhause sollte der Geist von meines Vaters Vorgänger, dem Pastor von Rußdorf, „umgehen", und dicht hinter unserm Garten befand sich ein kleiner Teich, das sogenannte „Silberschälchen", dem um Mitternacht eine gespenstische Jungfrau, die eine silberne Schale trug, entsteigen sollte. Außerdem hatte das Dorf einen kleinen, von einem Graben umzogenen Hügel aufzuweisen, wahrscheinlich ein Grab aus heidnischer Vorzeit, ein sogenanntes Hünengrab, in dem der Sage nach ein alter Raubritter sein Lieblingskind in einer goldenen Wiege begraben hatte. Ungeheure Schätze aber sollten neben den Ruinen eines alten Turmes in dem Garten des Gutseigentümers verborgen liegen; mein Glaube an das Vorhandensein aller dieser Schätze war so fest, daß ich jedesmal, wenn ich meinen Vater über seine Geldverlegenheiten klagen hörte, verwundert fragte, weshalb er denn nicht die silberne Schale oder die goldene Wiege ausgraben und sich dadurch reich machen wollte. Auch ein mittelalterliches Schloß befand sich in Ankershagen, mit geheimen Gängen in seinen sechs Fuß starken Mauern und einem unterirdischen Wege, der eine starke deutsche Meile lang sein und unter dem See bei Speck durchführen sollte; es hieß, furchtbare Gespenster gingen da um, und alle Dorfleute sprachen nur mit Zittern von diesen Schrecknissen. Einer alten Sage nach war das Schloß einst von einem Raubritter namens Henning von Holstein bewohnt worden, der, im Volke „Henning Bradenkirl" genannt, weit und breit im Lande gefürchtet wurde, da er, wo er nur konnte, zu rauben und zu plündern pflegte. So verdroß es ihn denn auch nicht wenig, daß der Herzog von Mecklenburg manchen Kaufmann, der an seinem Schlosse vorbeiziehen mußte, durch einen Geleitbrief gegen seine Vergewaltigungen schützte, und um dafür an dem Herzog Rache nehmen zu können, lud er ihn einst mit heuchlerischer Demut auf sein Schloß zu Gaste. Der Herzog nahm die Einladung an und machte sich an dem bestimmten Tage mit einem großen Gefolge auf den Weg. Des Ritters Kuhhirte jedoch, der von seines Herrn Absicht, den Gast zu ermorden, Kunde erlangt hatte, verbarg sich in dem Gebüsch am Wege, erwartete hier, hinter einem etwa eine viertel Meile von unserem Hause gelegenen Hügel den Herzog und verriet demselben Hennings verbrecherischen Plan. Der Herzog kehrte augenblicklich um. Von diesem Ereignis sollte der Hügel seinen jetzigen Namen „der Wartensberg" erhalten haben. Als aber der Ritter entdeckte, daß der Kuhhirte seine Pläne durchkreuzt hatte, ließ er den Mann bei lebendigem Leibe langsam in einer großen eisernen Pfanne braten und gab dem Unglücklichen, erzählt die Sage weiter, als er in Todesqualen sich wand, noch einen letzten grausamen Tritt mit dem linken Fuße. Bald danach kam der Herzog mit einem Regiment Soldaten, belagerte und stürmte das Schloß, und als Ritter Henning sah, daß an kein Entrinnen mehr für ihn zu denken sei, packte er alle seine Schätze in einen großen Kasten und vergrub denselben dicht neben dem runden Turme in seinem Garten, dessen Ruinen heute noch zu sehen sind. Dann gab er sich selbst den Tod. Eine lange Reihe flacher Steine auf unserm Kirchhofe sollte des Missetäters Grab bezeichnen, aus dem jahrhundertelang sein linkes, mit einem schwarzen Seidenstrumpfe bekleidetes Bein immer wieder herausgewachsen war. Sowohl der Küster Prange als auch der Totengräber Wöllert beschworen hoch und teuer, daß sie als Knaben selbst das Bein abgeschnitten und mit dem Knochen Birnen von den Bäumen abgeschlagen hätten, daß aber im Anfange dieses Jahrhunderts das Bein plötzlich zu wachsen aufgehört habe. Natürlich glaubte ich auch all dies in kindlicher Einfalt, ja, bat sogar oft genug meinen Vater, daß er das Grab selber öffnen oder auch mir nur erlauben möge, dies zu tun, um endlich sehen zu können, warum das Bein nicht mehr herauswachsen wolle.

Einen ungemein tiefen Eindruck auf mein empfängliches Gemüt machte auch ein Tonrelief an einer der Hintermauern des Schlosses, das einen Mann darstellte und nach dem Volksglauben das Bildnis des Henning Bradenkirl war. Keine Farbe wollte auf demselben haften, und so hieß es denn, daß es mit dem Blute des Kuhhirten bedeckt sei, das nicht weggetilgt werden könne. Ein vermauerter Kamin im Saale wurde als die Stelle bezeichnet, wo der Kuhhirte in der eisernen Pfanne gebraten worden war. Trotz aller Bemühungen, die Fugen dieses schrecklichen Kamins verschwinden zu machen, sollten dieselben stets sichtbar geblieben sein – und auch hierin wurde ein Zeichen des Himmels gesehen, daß die teuflische Tat niemals vergessen werden sollte. Noch einem anderen Märchen schenkte ich damals unbedenklich Glauben, wonach Herr von Gundlach, der Besitzer des benachbarten Gutes Rumpshagen, einen Hügel neben der Dorfkirche aufgegraben und darin große hölzerne Fässer, die sehr starkes altrömisches Bier enthielten, vorgefunden hatte.

Obgleich mein Vater weder Philologe noch Archäologe war, hatte er ein leidenschaftliches Interesse für die Geschichte des Altertums; oft erzählte er mir mit warmer Begeisterung von dem tragischen Untergange von Herculaneum und Pompeji und schien denjenigen für den glücklichsten Menschen zu halten, der Mittel und Zeit genug hätte, die Ausgrabungen, die dort vorgenommen wurden, zu besuchen. Oft auch erzählte er mir bewundernd die Taten der homerischen Helden und die Ereignisse des Trojanischen Krieges, und stets fand er dann in mir einen eifrigen Verfechter der Sache Trojas. Mit Betrübnis vernahm ich von ihm, daß Troja so gänzlich zerstört worden, daß es, ohne eine Spur zu hinterlassen, vom Erdboden verschwunden sei. Aber als er mir, dem damals beinahe achtjährigen Knaben, zum Weihnachtsfeste 1829 Dr. Georg Ludwig Jerrers „Weltgeschichte für Kinder" schenkte und ich in dem Buche eine Abbildung des brennenden Trojas fand, mit seinen ungeheuren Mauern und dem Skaiischen Tore, dem fliehenden Aineias, der den Vater Anchises auf dem Rücken trägt und den kleinen Askanios an der Hand führt, da rief ich voller Freude: „Vater, du hast dich geirrt! Jerrer muß Troja gesehen haben, er hätte es ja sonst hier nicht abbilden können." „Mein Sohn", antwortete er, „das ist nur ein erfundenes Bild." Aber auf meine Frage, ob denn das alte Troja wirklich so starke Mauern gehabt habe, wie sie auf jenem Bilde dargestellt waren, bejahte er dies. „Vater", sagte ich darauf, „wenn solche Mauern einmal gewesen sind, so können sie nicht ganz vernichtet sein, sondern sind wohl unter dem Staub und Schutt von Jahrhunderten verborgen." Nun behauptete er wohl das Gegenteil, aber ich blieb fest bei meiner Ansicht, und endlich kamen wir überein, daß ich dereinst Troja ausgraben sollte.

Die letzte Hexenverbrennung in Penzlin

A. C. F. Krohn zu Penzlin

Zu den wenigen weltlichen Gebäuden, welche sich aus dem Mittelalter in unsere Zeit gerettet haben, gehört auch die sogenannte alte Burg zu Penzlin. Die Zeit ihrer Erbauung fällt in die erste Hälfte des fünfzehnten Jahrhunderts.

Es war nämlich im Jahr 1414, als Schloß, Stadt und Land Penzlin von den Herzögen von Mecklenburg an Lüdecke Maltzan auf Wolde verpfändet wurden, der nun auf dem fürstlichen Burgwalle eine Burg erbaute, von der noch einige Reste vorhanden sind und die man, im Gegensatze zu dem derzeitigen reichsfreiherrlich von maltzan'schen Wohnhause zu Penzlin, die alte Burg nennt. Was von dem ursprünglichen Gebäude übrig ist, ist freilich sehr wenig, nämlich nur ein Thorgebäude.

Hatten die penzliner Burgherren anfänglich auch ihren Sitz auf der Burg, so zogen sie doch mit der Zeit das Wohnen auf ihren umliegenden, reichen Gütern vor und gaben sich darum wenig Mühe, das alte Gebäude zu erhalten; ja zu Anfang dieses Jahrhunderts ließ sogar der damalige Inhaber der Burg den südlichen Flügel derselben ganz abtragen, und die Steine beim Bau seines neuen Wohnhauses, der neuen Burg, verwenden. So blieb denn nur das Thorgebäude übrig, das man zu mehreren kleinen Wohnungen einrichtete.

Schon von außen kann man dieser Ruine ihr bedeutendes Alter anmerken, – die Sage schreibt ihr tausendjähriges Bestehen zu, was aber nach den obigen Angaben zu berichtigen ist; bemüht man sich aber

500

in das Innere, namentlich in den unter der Erde gelegenen Theil derselben, so wird man noch mehr an längst vergangene Zeiten erinnert. Dort befindet sich nämlich noch eins jener schrecklichen Gefängnisse, ein sogenanntes Burgverließ, die der liebe Leser vielleicht nur dem Namen nach kennt. Diese bilden hier gleichsam ein zweites Stockwerk, abwärts unter dem ersten Keller. Sie sind im Ganzen noch recht gut erhalten, was wol daher kommt, daß weder Licht noch frische Luft in diese Räume gelangen kann; und man sieht hier noch die Nischen, sechs an der Zahl, mit den Ueberresten von Hals-, Arm- und Beineisen, in welchen die armen Gefangenen in sitzender Stellung so angeschlossen wurden, daß sie weder Hand noch Fuß zu rühren vermogten. Solcher Gemächer oder Keller sind dort zwei. Nur aus dem kleinern führt ein langer, sehr enger Kanal ins Freie; indeß sonst beide Verließe noch mit Thür und Riegel verrammelt werden konnten.

In Penzlin und Umgegend und vielleicht auch noch weiterhin sind diese Verließe unter dem Namen Hexenkeller allbekannt, und, der Sage nach, diente eine neben der zum Hexenkeller führenden Treppe befindliche, backofenförmige Höhlung zum „Schmöken" der zum Tode verurtheilten Hexen.

Die alte Burg Penzlin

Mit diesem Hexenkeller hängt nun folgende Begebenheit zusammen, die sich zu der Zeit zutrug, als man noch mit Feuer gegen die der Hexerei Beschuldigten wüthete, und wo rothe Haare und rothe Augen, irgend eine unbesonnene Aeußerung oder That, oder auch nur böswillige Anklage hinreichten, um Jemand der Zauberei zu beschuldigen.

In jenen Zeiten war es eben, als der Hirte, welcher auch die Kühe des Burginsassen hütete, in den Verdacht der Zauberei fiel. Es ereignete sich nämlich, daß eine der ihm anvertrauten Kühe beim Melken Blut statt Milch gab. Sogleich hieß es: „Die Kuh ist behext," und es galt nun nur den Schuldigen ausfindig zu machen! Da traf es sich unglücklicherweise, daß, als der Kuhhirte am nächsten Morgen, wie er stets aus Pflichtgefühl zu thun pflegte, sehr frühe aufstand, um nach seinen Kühen zu gehen, ihn eine Frau sah, die vielleicht absichtlich auf der Lauer gestanden hatte. Nun war's richtig, der Kuhhirte und Niemand anders hatte die Kuh behext. Die Frau hatte denn auch nichts Eiligeres zu thun, als ihre Entdeckung ihrer Nachbarin, welcher die Kuh gehörte, mitzutheilen, und diese säumte wiederum nicht, den Hirten ob seines vermeintlichen Frevels anzuklagen. […]

Seine Richter dachten nicht im Entferntesten daran, daß er auch unschuldig sein könnte; sie hielten vielmehr seine beharrliche Betheuerung der Unschuld für hartnäckiges Läugnen und verurtheilten ihn ohne Weiteres zum Feuertode. […]

Zwar hörte er auch jetzt noch nicht auf, seine Unschuld zu betheuern, aber man hörte nicht darauf. Und als die Henkersknechte ihn ergriffen, um ihn in den glühenden Ofen zu werfen, da erklärte er seinen hartherzigen Richtern und allen Umstehenden feierlichst, wie er den Herrn um ein Zeugniß seiner Unschuld gebeten: Es würden gleich nach seinem Tode vor dem Burgthore drei Blumen aus der Erde wachsen, dergleichen weder vorher gewesen, noch nachher sein würden, die auch Niemand jemals gesehen hätte und kein Mensch kennen werde. Daran sollten sie erkennen, daß er unschuldig an dem Verbrechen gewesen, dessen sie ihn geziehen; denn er habe es ihnen vorher gesagt. Müsse er nun auch sterben, so beschwöre er sie doch bei dem lebendigen Gott, keinen Menschen wieder um solcher Ursache willen und ohne Schuld dem Flammentode zu überliefern. […]

Und siehe, am andern Morgen erblühten wirklich vor dem Burgthore drei, Allen völlig unbekannte, wunderschöne Blumen.

Wie ein Lauffeuer ging die Kunde hiervon durch die Stadt, und die Richter geriethen in nicht geringe Gefahr. Denn das Volk, so sehr es auch vorher gegen den Hirten eingenommen war, so fest glaubte es nun an die Unschuld des Verbrannten, und laut murrte es gegen die, welche einen Schuldlosen zum Tode gebracht hatten. Die Richter ihrerseits thaten freilich alles Mögliche, um Jemand ausfindig zu machen, dem die Blumen schon bekannt wären. Sie ließen Gärtner von nah und fern kommen und verschickten die Blumen weit und breit an die berühmtesten Pflanzenkenner; aber da war Niemand, der sie kannte, oder sich erinnerte, sie irgendwo gesehen zu haben.

Jetzt war erst die Bestürzung groß. Leider ließ sich das, was einmal geschehen war, nicht mehr ändern. Man suchte freilich, so viel man vermogte, das Unrecht an den Nachgebliebenen zu vergüten, indem man sie mit Allem reichlich versorgte, und sie so äußerlich vor Mangel schützte; aber war ihnen damit der Gatte, der Vater wieder zurückgegeben?

Doch ließen sich die Herren des Gerichts dies ein warnendes Beispiel für die Zukunft sein. Einmüthig beschloß man, fürder Niemand auf bloße Anklage und die eigene Ueberzeugung hin zu verdammen, sondern dies erst nach Beibringung vollgültiger Beweise zu thun.

Der Patron des Gerichts aber, nämlich der Burgherr, verordnete, daß das Gericht sich künftighin nicht mehr mit Hexenprozessen befassen und am allerwenigsten einen der Zauberei Angeklagten verbrennen lassen solle.

Also berichtet die Sage, und nach ihr hat das Verließ seit der Zeit aufgehört, als Hexenkeller zu dienen, obwohl es noch bis heute diesen Namen behalten hat.

Der Hirte soll der Letzte gewesen sein, der zu Penzlin der Hexerei wegen verbrannt ist.

Die Maltzans, denen Penzlin erstmals 1414 verpfändet wird und die sie samt dem Umland 1501 als regelrechtes Lehen erhalten, sind tatsächlich noch bis 1918 Stadtherren. Ein Sohn der Stadt ist deren späterer Bürgermeister Otto Piper (an anderer Stelle schildert er seine Gymnasialzeit in Neubrandenburg, vgl. S. 453), ein bedeutender Burgenforscher und Vater des bekannten Verlegers Reinhard Piper.

Malchow – zu arm für eine Brücke

Diethard H. Klein

Nachrichten über Malchow im Kreise Waren können wir entnehmen, daß zwar das dortige Kloster (zunächst von den sogenannten „Büßerinnen", auch Reuerinnen genannt, besetzt, dann von Zisterzienserinnen) mit reichem Grundbesitz begabt wurde, die Stadt selbst aber aufgrund mehrerer (und sich später wiederholender) Brände so arm war, daß sie sich schließlich die Erneuerung der 1637 zerstörten „Langen Brücke" nicht mehr leisten konnte und von Süden her nur noch mit einer Fähre erreichbar war, bis 1846 ein Damm gebaut wurde. In den letzten Monaten der DDR schreibt dann ein Reiseführer:

Zwischen Wäldern und Seen liegt im Westen des Bezirkes Neubrandenburg Malchow. 1235 wurde dem Ort das Stadtrecht verliehen. Der alte Stadtkern liegt auf der Insel im Malchower See, während das 1298 gegründete Nonnenkloster am Ostufer errichtet wurde. Von 1572 bis 1923 war es Damenstift der mecklenburgischen Ritterschaft, die Stiftskirche mit reicher Innenausstattung stammt in der jetzigen Form von 1844/49. Malchow ist eine alte Tuchmacherstadt, und noch heute produzieren hier verschiedene Werke der Textilindustrie, u. a. das 1976 errichtete VEB Teppichwerk Nord.

Brauchtum in Röbel

1920 beschreibt der Oberlehrer Hager aus Dresden die Röbeler Hirtenbräuche in einer Sonderbeilage der „Röbeler Zeitung", die die Nachkommen des langjährigen Altstädter Hirten Köppen dankenswerter Weise aufbewahrt haben. „Bis zum heutigen Tage haben sich in Röbel am Müritzsee noch neun allgemeine Viehherden erhalten, die täglich morgens durch die drei Tore von den Hirten zur Weide getrieben und dort gehütet werden. Jede Gruppe hat heute noch eine Kuh-, eine Schaf- und eine Gänseherde, zu denen sich früher noch die Ziegen- und Schweineherden gesellten. Ausgetrieben wird die Kuhherde morgens um 6 Uhr, nachdem der Hirte an bestimmten Stellen der Stadt seinen Ruf mit dem Tuthorn gegeben hat. Der Gänsehirte folgte mit seiner lebhaften Schar um 7 Uhr, und gegen 8 Uhr erscheint der Schafhirte und gibt durch einen grellen Pfiff seinen Aufbruch kund. Die Hirten dieser Herden pflegen noch jedes Jahr am Heiligen Abend eine alte Sitte: In der Dämmerstunde gegen 5 Uhr versammeln sich zehn bis zwölf Hirten mit verschiedenen Blasinstrumenten und Hörnern und ziehen mit einer besonderen Weihnachtslaterne von

Haustür zu Haustür und sammeln die Gelder ein. Früher gab es wohl ein großes Fünfpfennigstück, welches ‚Kuhtaler' genannt wurde. Es hatte die Größe eines Zweimarkstückes und war aus Kupfer. Nach dem Umzug wird das gesammelte Geld geteilt. Nachdem die Hirten gegangen sind, begann in den Häusern erst die Bescherung." […]

Mit der Aufteilung der städtischen Weiden an die Ackerbürger und andere Viehbesitzer (Röbeler Neustadt erst 1948/49) wurde kein Viehhirte mehr benötigt. Bis etwa 1962/63 haben Nachkommen des letzten Hirten (Ahlgrimm) und einige Altstädter Bauernjungen diesen Brauch mit der Laterne und dem Tuten aufrechterhalten.

Über eine andere Sitte zum Silvesterabend wird in der Röbeler Kirchenzeitung berichtet. Der Trommler der Röbeler Schützenzunft hat – begleitet von einer großen Schar Kinder und Jugendlicher – Silvester das „alte Jahr ausgetrommelt." […]

In vielen Erzählungen älterer Röbeler Bürger werden das Schützenfest und die Schützenkönige erwähnt. […]

1814 beantragte die Schützengilde die Verlegung des Schießplatzes, da der Herzog die Benutzung des alten Platzes aus Sicherheitsgründen verbietet, so heißt es. Das Schießhaus liegt vor dem Hohen Tor, ungefähr 50 Meter von der Stadtmauer entfernt. Die Schießbahn geht längs der Stadtmauer, über einen Kirchplatz (Friedhof, wo heute die Schule am Gotthunskamp angrenzt), ein ausgedehntes Moor und endet auf dem Gildekamphang. Solange die Bahn existiere, sei noch kein Unglück geschehen. Trotzdem wird der Schießplatz 1815 auf das Bergfeld (hinter dem Krankenhaus) verlegt.

1826 führt die Gilde eine Generalversammlung durch. Interessant ist daran die Mitgliedschaft – namentlich aufgeführt die 43 Gildemitglieder – die zeigt, daß auch nach dem Befreiungskrieg nur die Klasse der „Gehobenen Bürgerschaft" in der Zunft vertreten war. Ausschließlich Gewerbetreibende und Handwerksmeister sind aufgeführt. Kein Geselle, Arbeiter oder Angestellter ist in der Zunft vertreten.

Beim alljährlich stattfindenden Schützenfest wurde gemäß dem Statut der alte König mit Musik und Ehreneskorte und mit dem großen Zunftschmuck abgeholt (nachweislich bis 1939). Dann wurden die aus dem Jahre 1708 stammenden Paragraphen der Zunftordnung verlesen, und der Ausmarsch zum Festplatz begann. […]

Das Schützenfest wurde bis Kriegsbeginn drei Tage lang mit einer großen Anzahl Schausteller im Stadtgarten begangen. Die großen Schützenbälle fanden im Schützenhaus statt. […]

Der letzte Schützenkönig 1940 oder 1941 war der Gärtnermeister Ernst Jenning. Der verloren geglaubte Königsschmuck wurde nach einer Information durch die Familie des Gärtnermeister Brandt nach dem Krieg dem Landesmuseum Schwerin zur Aufbewahrung übergeben.

Nachdem ein erster Versuch zur Neugründung eines Schützenvereins 1992 keine Resonanz fand, wurden danach in den Nachbarstädten Schützenvereine gegründet. Am 28. April 1995 trafen sich interessierte Bürger an Bord des MS „Stadt Röbel", um in der Stadt Röbel wieder einen Schützenverein aus der Taufe zu heben. […]

Über viele Jahre fand am 2. Pfingsttag das „Speckreiten" in Röbel statt, veranstaltet vom Ackerbürgerverein und dem Röbeler Reiterverein. Mindestens seit 1887 wurde diese Veranstaltung durchgeführt. Damals machte das Ministerium für geistliche Angelegenheiten in Schwerin die Zustimmung zur Durchführung davon abhängig, daß der Beginn zeitlich so festgelegt werde, daß kein Gottesdienst gestört würde, also erst nach 18 Uhr. So belegen es Unterlagen des Stadtarchivs.

Bis 1906 fand das Speckreiten vor dem Mühlentor statt. Als das Chausseeplanum nach Mirow fertig war, wurde die Veranstaltung auf die Ältstädter Drift nach Groß Kelle verlegt. Reiterbälle im Hotel „Stadt Hamburg" (heute Firma Dreier), dem Schützenhaus (zuletzt Kino) und dem „Weißen Roß" sowie bei Mathies (Müritzanker) beschlossen das Fest. Ausdrücklich war das Wetten bei der Veranstaltung verboten.

Ab 1907 wurde das Fest mit einem Umzug der Reiter von der Gastwirtschaft Kalms (Einmündung der Umgehungsstraße in die Bahnhofstraße) mit einer Kapelle eingeleitet. Ab 1921 wurde morgens ein Wecken um 6 Uhr durchgeführt. Im selben Jahr erfolgte die feierliche Fahnenweihe des Reitervereins vor dem Schützenhaus. Die Fahne ist erhalten geblieben und befindet sich im Besitz des Ponyvereins.

An den ab 1929 durchgeführten Springprüfungen, dem Tonnenschlagen, Ringgreifen und anderen Programmpunkten nahmen weitere Reitervereine teil, auch die Reichswehr aus Parchim beteiligte sich mit einer Geschützquadrille. Das Speckreiten selbst durfte nur von Pferden und Reitern der Ackerbürger der Stadt Röbel bestritten werden. Es wurde in zwei Abteilungen für schwere und leichte Pferde durchgeführt und bildete den Höhepunkt der Veranstaltung.

Wann der Brauch in Röbel entstanden ist, kann mit Sicherheit nicht gesagt werden (vermutlich schon vor 1800). Ab 1927 erhielt der Sieger einen Ehrenpreis. Ab 1934 gab es kein Speckreiten mehr. [...]

Im Jahre 1952 wurde ein neuer Reiterverein gegründet. Zum Pfingstturnier 1952 wurde wieder ein Speckreiten durchgeführt. Es kann davon ausgegangen werden, daß 12000 Zuschauer beim Pfingstturnier und Speckreiten anwesend waren. [...] Weil es nach 1960 keine bäuerlichen Betriebe mehr gab, hatte der Reiterverein keine Basis mehr. [...]

1995 wurde am 2. Pfingsttag an der Minzower Drift mit über 3000 Besuchern das traditionelle Speckreiten weitergeführt. 70 Pferde nahmen teil. Im Vorfeld fanden bei strahlendem Pfingstwetter zahlreiche Programme des Ponyvereins statt. Das Flachrennen über eine Distanz von einem Kilometer war der Höhepunkt der Veranstaltung.

Die Müritzfischerei wird erstmalig 1128 erwähnt, als Bischof Otto von Bamberg bei einer Reise durch das Müritzgebiet kommt und sein Chronist Ebbo über den Tausch von Salz gegen Fische berichtet. Das Recht zum Fischen gehörte zum Recht jedes Bewohners, genau wie in früheren Zeiten das Jagdrecht. Diese Rechte haben auch mindestens in der ersten Zeit der deutschen Besiedlung im 13. Jahrhundert weiter bestanden. Doch die Rechtsverhältnisse wurden bald in sehr unterschiedlicher Weise geändert. Mit den Lehnbriefen erhielten Ritter oftmals auch Wasserflächen. Auch das erstarkende Bürgertum versuchte, sich ergiebige und fischreiche Wasserflächen zu sichern. Ganz zu schweigen von den umfangreichen klösterlichen Fischereirechten in unserem Gebiet. Vor allem aber eigneten sich die herrschenden Fürsten in Mecklenburg sowie die von ihnen eingesetzten Ämter Fischereirechte an. [...]

Zur Zeit der Stadtgründung Röbels gebot der Fürst von Werle über das Land und die Stadt Röbel. Die Fürstin Elisabeth – ihren Sitz hatte sie in Gneve bei Ludorf – besaß 1362 das „Ludorfer Wasser" der Müritz. Die Gutsherren von Klink und Boeck nannten nur geringe Uferflächen ihr Eigentum. Der gesamte andere Teil der Müritz, etwa 5500 ha und somit fast die Hälfte der Müritz, war das sogenannte Kommünegewässer mit den Grenzen etwa der Linie Klink-Müritzhof bis hin zum Nitschow und den Ludorfer Gewässern (Steinhorn bis Zielow). Auf diesen Kommünegewässern durfte jedermann fischen!

Als 1961 die 700-Jahrfeier der Stadt Röbel stattfand, hat ein Festwagen das ungeteilte Interesse aller Zuschauer erweckt: der Festwagen der Fischergilde. Die Fahne der Gilde befindet sich bei den Röbeler Fischern. Sie gilt als die älteste erhalten gebliebene Röbeler Fahne. [...]

Jedes Mitglied mußte jährlich ein „Tiedtgeld", also einen Beitrag, bezahlen. Er betrug im letzten Jahr der Eintragung (1854) 0,50 Mark. Die Unterlagen berichten auch von den Zusammenkünften der Fischergilde, die sie „Morgensprache" nannten. Sie wurden meistens am Pfingstmontag oder -dienstag abgehalten. Vom Gildemeister wurde „genochste Rekenschaft über seine Amtszeit abgelegt." An Familienfeierlichkeiten der Gildemitglieder, ob Taufe, Hochzeit oder Begräbnis, wurde großer Anteil genommen. Die Morgensprachen endeten in der Regel mit einem großen Essen und gewaltigem Umtrunk.

Der ursprüngliche Sinn der Gilde, die erworbenen Rechte zu schützen, hatte sich Ende des 19. Jahrhunderts verloren. Die Fischergilde wurde zunehmend eine Traditionsangelegenheit. 1884 werden noch elf Mitglieder aufgeführt, darunter aber auch schon Handwerker und Ackerbürger. Das Vereinslokal der Fischergilde war die Gaststätte Koppelow, heute Sitz der Genossenschaft der Klauenpfleger Mecklenburgs. Ab 1932 wird die Morgensprache in den Kirchenblättern nicht mehr erwähnt.

Die Fastnacht ist in unserem Gebiet bis um die Jahrhundertwende als ein großes Eß- und Trinkgelage gefeiert worden. [...]

Pastor Ziercke schreibt dazu: „Mittelalterlicher Brauch war es, daß zur Fastnacht die jungen Burschen der Stadt diese in allerlei Vermummungen durcheilten und älteren Männern mit oder ohne Frauen sich zu fröhlichen Gelagen zusammenfanden, die Vornehmsten in des Rates Weinstuben, die Angehörigen der Ämter in ihren Gildenhäusern, die Übrigen in Wirtshäusern oder anderen Räumen. Den versammelten Ratsmannen, Eltern oder Meister sich in der bunten Vermummung zu zeigen, eilten die in allerlei männliche oder weibliche Gestalten verkleideten jungen Leute einzeln oder in Gruppen in dieses oder jenes Haus, sagten Sprüche auf, trugen Dialoge vor, nach einem Trunk als Dank setzten sie ihr Treiben an anderer Stelle fort oder nahmen am Fest teil. So wie auch heute noch auf den Polterabenden (1926/27) vermummte Gäste in die Stube treten, ihre Scherze und Sprüche aufsagen, so traten damals die Fastnachtsspieler, ‚die Boren', wie sie genannt wurden, vor den versammelten Zuschauern auf. Deshalb ist der Inhalt der Fastnachtsstücke lustig, heiter, auch kritisch, wobei die Rücksichtnahme auf die ehrwürdigen Herren des Rates oder der Meister es gebot, die Scherze maßvoll zu halten!"

In der „Röbeler Zeitung" (21. Jahrgang, vom 4. 4. 1875) steht: „Auf Grund eines Raths- und Bürger(be)schlußes wird hiermit gemeinkundig gemacht, daß am 17. April d. J. zum ersten Male und von da ab allwöchentlich am Sonnabend in hiesiger Stadt ein Wochenmarkt stattfinden wird. Gegenstand des Wochenmarktverkehrs sind: rohe Naturerzeugnisse mit Ausnahme des großen Viehs; Fabrikate, deren Erzeugung mit der Land- und Forstwirtschaft, dem Garten- und Obstbau oder der Fischerei in unmittelbarer Verbindung stehen, oder zu den Nebenbeschäftigungen der Landleute der Umgebung gehört, oder durch Tagelöhnerarbeit bewirkt wird, mit Ausschluß der geistigen Getränke, frische Lebensmittel aller Art. Als Platz zum Vertrieb desselben ist der Markt bestimmt."

Die Wochenmärkte können wir bis in das 17. Jahrhundert nachweisen (zumindestens zeitweilig). Der Marktplatz war vor seiner Neupflasterung durch verlegte große Feldsteine in Abteilungen unterteilt, die gleichzeitig die Standgrenzen der Verkäufer bildeten.

Für Röbel und die umliegenden Dörfer war der Herbstmarkt ein wichtiger Höhepunkt des Jahres. Dazu reichte der Markt nicht aus, und die Buden und Verkaufsstände begannen bei Buchhändler Steinweg und endeten bei der heutigen Sparkasse. Im Stadtarchiv sind viele Akten über die Herbstmärkte vorhanden. Sie wurden auch im Voß- und Has-Kalender regelmäßig angekündigt.

Auf dem Herbstmarkt im Jahr 1903 waren z. B. folgende Verkaufsstände vertreten: 25 Galanteriewarenhändler, Schuhmacher und
Wollhändler, 18 Töpfer, Putzmacher, Buchbinder und Konditoren, 37
Messerschmiede und Bücklingshändler, drei Marktschreier und
zwölf Semmeltische. […]

Bis 1910 wurden im Frühjahr Vieh- und Pferdemärkte abgehalten,
dann wird wegen zu geringer Beteiligung dieser Markt aufgehoben.
Im letzten Kriegsjahr (am 5. Oktober 1918) beantragen die Gutsver-
waltung Dambeck und andere Güter bei der Kreisbehörde für Volks-
ernährung in Waren die Aufhebung des Herbstmarktes, „… da bei
dem Arbeits(kräfte)mangel … damit zu rechnen ist, daß die Kartoffel-
ernte nicht vor Weihnachten geschafft wird. Deshalb ist der Jahrmarkt
als störend anzusehen." Die Kreisbehörde aber kennt die Stimmung
unter den Landleuten nach vier Kriegsjahren und entscheidet: „Ein
Verbot der Gutsherrschaft, den Markt zu besuchen, dürfte in der jetzigen Zeit besser vermieden werden!" […]

Wir dürfen festhalten, daß zwischen den beiden Weltkriegen der
Herbstmarkt in der Stadt Röbel ein großes Fest war. Bei der 725-Jahr-
feier (1986) kam das große Interesse und auch der Spaß am öffentlichen Markt sichtbar zu Tage. Nach der Wende wurde diese alte Tradition fortgeführt und von der Bevölkerung angenommen.

Allen älteren Röbelern ist das jährliche Kinderfest im Glienholz (bis 1939) in guter Erinnerung. Der Bürgermeister und Geheime Hofrat Karl Hermes, der die Geschicke der Stadt von 1861 bis 1900 leitete, ließ 1878 in dem etwa 380 Hektar umfassenden städtischen Waldbesitz ein Holzwärterhaus in der unmittelbaren Nähe der 1000jährigen „Kroneiche" errichten. Seitdem soll das Kinderfest der Röbeler Schulen dort stattgefunden haben.

In der Chronik steht: „Das größte Fest für die Röbeler war neben dem Speckreiten zu Pfingsten das Kinderfest, welches Bürgermeister Hermes in seiner Gestaltung ins Leben rief und bei dem er sich selbst an der Spitze des Festumzuges durch die Stadt stellte und an dem frohen Treiben im Glienholz teilnahm." […]

1946 wurde unter großen Mühen am Internationalen Kindertag ein Kinderfest auf dem alten Turnplatz (heute Lagerplatz der Röba) organisiert und durchgeführt. Den Lehrern oblag die Verteilung der Bockwürste und Wurststücken (ohne Fleischmarkenabgabe!), der Bonbons (und wenn sie auch klebrig waren – sie schmeckten herrlich!) und der Keksrollen oder auch des Zuckers in kleinen, aus Zeitung angefertigten Tüten. Alles für viele Kinder etwas Neues und Einmaliges. Seitdem ist der 1. Juni als Internationaler Kindertag Tradition geworden und findet in allen Kinderkrippen, Kindergärten und den Schulen statt.

Als 1952 im Zuge der Verwaltungsreform der Kreis Röbel gebildet wurde, erhielten die „rückständigen" mecklenburgischen Kreise, zentral organisiert und vorgeschrieben, „fortschrittliche Paten aus Sachsen". Wir Röbeler hatten dabei etwas Glück: Zwickau wurde zum Patenkreis für Röbel bestimmt. […]

Röbel hatte damals keine eigene Kapelle. So kamen „zur kulturellen Unterstützung" 1953 und 1954 eine Bergmannskapelle und ein Spielmannszug nach Röbel, die auf dem Markt und dann auf der provisorisch errichteten Freilichtbühne in der stillgelegten Kiesgrube am Wasserturm auftraten. Das war der Anfang, um 1955 das 1. Seefest in Röbel auf dem Markt und auf dem Hafengelände durchzuführen.

Der Dampfer „Fontane" wurde geschmückt und sollte ein Bootscorso anführen. Doch als der Maschinist Petermann an Bord kam, stellte er fest, daß das Schiff völlig überladen war. Er verweigerte das Ablegen aus Sicherheitsgründen. Die ankommende Wasserschutzpolizei aus Waren entschied, daß die Inhaber bezahlter Schiffskarten an Bord bleiben durften, aber eine der beiden Zwickauer Kapellen mit immerhin 50 Mitgliedern wieder an Land gehen mußte.

Die am schönsten geschmückten Ruder- und Motorboote wurden

durch einen Seefestausschuß prämiert. Das 40. Seefest 1995 mit seinen
vielen Veranstaltungen, dem Festumzug anläßlich der 1000-Jahrfeier
Mecklenburgs und dem großen Feuerwerk wurde von tausenden
Teilnehmern gefeiert.

Henneke von M. auf Ludorf bei Röbel

Albert Niederhöffer

Das eine halbe Meile von Röbel entfernte Gut Ludorf mit seinen
fruchtbaren Aeckern, schönen Wiesen und Waldungen, gehörte früher der nun schon längst ausgestorbenen Familie von M… Ein Sprosse dieses alten mecklenburgischen Adelsgeschlechts, Ritter Henneke,
war ein gar arger und gottloser Mensch, der nicht den Titel eines Edelmannes verdiente und im höchsten Grade den guten Ruf und Namen
seiner in der That edlen Vorfahren schändete und befleckte. Er preßte
und drückte nicht nur seine Leute auf die härteste Art, sondern er ver-
leugnete und lästerte auch Gott und sein heiliges Wort und führte ein
wildes, sündhaftes Leben.

Wie schon seit uralten Zeiten und so auch noch heutigen Tages das
Patronat der dortigen kleinen Dorfkirche immer die Gutsherrschaft
ausübt und zugleich auch dafür zu sorgen hat, daß das Gotteshaus in
baulichem Zustande erhalten und durch einen in der Nähe wohnen-
den Prediger mitversorgt wird, so lagen also auch damals dem Henneke von M…, als derzeitigen Besitzer Ludorf's, diese Pflichten ob.
Doch er vernachläßigte sie nicht allein, sondern trat sie sogar noch auf
das Frevelhafteste mit Füßen, indem er, als ihm dieserhalb von gutmeinenden Leuten Vorstellungen gemacht wurden, im sündhaften
Trotze äußerte: er wolle der Welt zeigen, daß er hier auf seinem Gute
allein nur Herr sei und ihm Niemand, gleichviel ob Gott oder Menschen, zu befehlen und Vorschriften zu machen habe.

An Gottesdienst oder sonstige christliche Feierlichkeiten war also
auch während der ganzen Zeit seiner Herrschaft nicht zu denken.
Glaubte und kümmerte er sich doch selbst nicht um Gott und Religion, das Heil und Seelenwohl seiner Tagelöhner und Dienstleute
aber lag ihm, natürlich erst recht nicht und ebensowenig als ihr leibli-
ches Wohlbefinden am Herzen. Schließlich tauschte er sogar die Glocken der Kirche gegen ein Pferd, das er unbedingt besitzen wollte. […]

Nicht lange nach dieser Begebenheit mußte Ritter Henneke schon Ludorf verlassen. Sein Gut war über und über verschuldet, die Gläubiger drängten immer ärger, und da er keinen derselben mehr befriedigen konnte, so nahmen sie das ihnen schon früher verpfändete Ludorf als eigen an. Er zog nun nach Röbel und miethete sich dort eine kleine Wohnung. Das letzte Wenige, was er noch besaß, war halb verbraucht und nichts mehr war ihm von all dem reichen Erbe seiner Vorfahren geblieben, als nur das bewußte Pferd; alles Andere hatte er vergeudet, verpraßt und durchgebracht und nackt und arm stand er jetzt in seinem Alter da. Das Pferd aber, der Erlös seines Kirchenraubes, gehörte ihm noch immer; so oft er es auch schon feilgeboten, kein Mensch wollte es kaufen, Niemand wollte es haben, selbst auch nicht unentgeldlich. Denn Jedermann fürchtete sich vor dem wilden, schwarzen Thiere, das nur allein Henneke und kein Anderer reiten und regieren konnte; Viele aber glaubten und meinten auch, daß es nicht ein ordentliches Pferd, sondern eins aus dem Stalle des Teufels sei.

In höchster Armuth und größtem Elende starb endlich Henneke von M…, wie eine alte Urkunde berichtet, im Jahre 1638 an der furchtbaren Pest zu Röbel, ohne sich vorher zu Gott gewendet zu haben. […]

Die uralte ludorfer Kirche, von der eine alte Sage erzählt, daß sie ein Ritter von Marin, nach seiner glücklichen Heimkehr aus dem gelobten Lande, wohin er mit dem ersten christlichen Fürsten Mecklenburg's, Pribislav II., gezogen war, erbauet habe, steht noch heute, – Henneke's Nachfolger stellten sie wieder her, baueten den Thurm wieder auf und versahen ihn mit neuen Glocken, – und gewährt, von hohen, herrlichen Bäumen und grünem Rasen umgeben, in ihrem jetzigen sauberen Gewande, einen ungemein lieblichen und wohlthuenden Anblick und zeugt zugleich von dem religiösen Sinne ihres derzeitigen Patrons.

Die Fischereigerechtigkeit
der Röbeler Bürger

Das Recht zum Fischen gehörte zum Recht jedes Einwohners, genau so wie die Jagd. Diese Rechte haben zumindest in der ersten Zeit der Besiedlung unseres Gebietes im 12. Jahrhundert weiter bestanden. […] Diese Rechtsverhältnisse wurden im Lauf der Jahrhunderte in sehr unterschiedlicher Weise geändert. Mit den Lehensbriefen erhielten Ritter oftmals auch Wasserflächen, und selbst das erstarkende Bürgertum versuchte, sich ergiebige fischreiche Wasserflächen zu sichern. Ganz zu schweigen von den umfangreichen klösterlichen Fischereirechten! Vor allem aber eigneten sich die herrschenden Fürsten in Mecklenburg und die von ihnen eingesetzten Ämter Fischereirechte an.

Große Besitzungen hatten die Brüder des Zisterzienserklosters Amelungsborn (Nebengut in Mönchhof bei Wredenhagen) in unserem Gebiet durch die werleschen Fürsten erhalten: „… von der Lietze (dazu gehören die angrenzenden Dörfer auf märkischem Gebiet) aufwärts über Kieve, Priborn, Solzow bis Vipperow mit Einschluß des Fischfanges in den Gewässern der Müritz." Bei der Wiedererwerbung der Priborner Wassermühle durch die Fürsten von Werle am 17. 3. 1291 überließen sie für die Mühle dem Kloster Amelungsborn neben Höfen auch „… den vierten Teil des Sumpfsees und die Hälfte der Rekegewässer (die Elde bei Eldenburg wurde damals als Reke bezeichnet), sowie … in Solzow … die von diesen Vasallen fürher genutzte Fischerei auf der Müritz." Dazu sei erwähnt, daß das Dorf Solzow, früher unmittelbar an der Müritz, in der Dornhorst zwischen der heutigen Jugendherberge Zielow und Vipperow lag. […]

Mit Ausnahme geringer Wasserflächen um Klink, Sembzin und Boek, die den angrenzenden Gutsherrn vermutlich mit Lehensrechten überlassen wurden, war die große Müritz fürstlicher Besitz. Sonst hätte auch Waren keine Rechte erwerben können. Die Gemahlin von Bernhard von Werle, Fürstin Elisabeth, verfügte als Leibgedinge über umfangreichen Besitz. Als am 10. 3. 1362 das Land Röbel an Herzog Albrecht von Mecklenburg verpfändet wurde, gingen auch die Rechte an der Müritz an den Landesherren über, mit Ausnahme des Leibgedinges der Fürstin Elisabeth. Ihr Sitz war der Hof „… to Gnewe".

Der Landbesitz dieses Hofes erstreckte sich bis an die Vipperower Grenze, das Dorf Ludorf existierte noch nicht. Inbegriffen war eine umfangreiche Wasserfläche der Müritz, vom Steinhorn bis in Richtung Boek, in einem Abstand von wenigen Metern, vom Ufer bis Rechlin und von dort in Richtung der Grenze nach Zielow, dem „Krieweserborg", besser bekannt als Steilhang oder Flakberg (benannt nach den Flakstellungen zur Sicherung des Fliegerhorstes Rechlin, die um 1965 abgerissen wurden). Diese Wasserfläche ist ca. 2250 Hektar groß und gehört auch heute noch zum Territorium der Gemeinde Ludorf. Neben dem Hof Gneve (bis 1785 Fischerfamilie Kraatz) wurden in der Folge die Fischer aus dem Dorf Morin ausgewiesen (am Burgwall in Ludorf nachweisbar bis ins 17. Jahrhundert).

Die Werleschen Fürsten hatten ihren Gewässeranteil 1375 an die Gebrüder und Fischer Regedanz verpachtet. So gab es auf der Außenmüritz eine noch große Wasserfläche: das sogenannte Kommunengewässer, etwa mit den Grenzen Klink-Müritzhof und südlich Nitschow-Ludorfer Gewässergrenze. Dabei ist zu beachten, daß dieses Gewässer keine Uferzonen beinhaltete. Sie gehörten den angrenzenden Gutsherrn. Die Fischereipächter Schultz und Ihde aus Röbel haben 1938 diese Fläche mit immerhin 5500 Hektar eingeschätzt. Auf diesen Gewässern durfte jedermann fischen.

Die Kommunengewässer wurden stets vom Amt Plau verwaltet. Mit Sicherheit besteht auch ein Zusammenhang mit der früheren Verpfändung an Herzog Albrecht, denn alle landesherrlichen Binnengewässer wurden vom Amt Plau aus beaufsichtigt. [...]

Nach dem Tode des Gutsherrn Wilhelm von Schulse hatten sich die Ehefrau und der Sohn Ernst, genannt Jöching, bitter erzürnt. Das Güstrower Landgericht wurde angerufen, um das Erbe zu teilen. Ältere Ludorfer Bürger erzählten aus jener Zeit folgende Geschichte: Mutter und Sohn einigten sich in Güstrow auf folgende „Verfahrensweise": Wer zuerst Ludorfer Boden betritt, darf in Ludorf bleiben, der andere muß nach Wackstow ziehen. Beide sollten mit dem Zug nach Waren fahren. Ernst von Schulse fuhr von dort mit gemieteten Rennpferden nach Ludorf. Die Gutsfrau stieg in Waren in einen Fischerkahn und versprach den Warener Fischern, wenn sie siege, sollten die Fischer die Ludorfer Gewässer mehrere Jahre kostenlos zur Nutzung erhalten. Jene legten sich mächtig ins Ruder, am Steuer saß die Gutsfrau selbst. Das Boot soll auf der Müritz und Binnenmüritz bis zur Wünnow in einem unwahrscheinlichen Tempo gefahren sein. Am Ludorfer Grenzzeichen (bei der früheren Mühle) habe die Gutsherrin ihren Sohn mit den Worten empfangen: „Jöching, fuer man gliek na Wackstow, hier hest du nicks tau seuken." Ob sich die Geschichte wirklich so zugetragen hat, ist schriftlich nicht nachweisbar. Fest steht jedoch,

daß Ernst von Schulse von 1883 an in Wackstow lebte und erst nach dem Tode seiner Mutter das Gut in Ludorf erbte. […]

Mit den Fischereipächtern hatten die Röbeler Bürger praktisch ständig Streit über die Fischereirechte. Aus den vielen Prozeßakten sollen die wichtigsten Fakten dargestellt werden. Dabei geht es vor allem um das Fischen auf dem „Kommunegewässer", der sogenannten Außenmüritz (Grenzen: gedachte Linien nach Norden und Süden zwischen der Klink-Sembziner Markscheide und dem Warenschen Wold (Ostufer) bzw. zwischen Steinhorn und Boeker Mühle).

Am 1. 12. 1862 wird die Stadt Waren verurteilt, das Recht der Großherzoglichen Kammer zur gemeinschaftlichen Befischung des bezeichneten Teiles der Müritz anzuerkennen. Bei allen Prozessen wird stets Bezug genommen auf einen geschlossenen Vergleich vom 20. Februar 1740 zwischen dem Landesherrn und der Stadt Waren. Wir können aus dem Studium der Akten eindeutig feststellen, daß die Landesherrschaft, vertreten durch das Amt Plau, in diesen Prozessen in früherer Zeit die Interessen der Röbeler Bürger und „ihre angestammten Rechte" vertreten hat.

Die beiden wichtigsten Fakten aus dem Vergleich lauten:

1. „Die Plauer Amtsfischer (dazu gehörten alle dem Amt unterstehenden Fischer, also auch die Röbeler) in bisheriger Verfassung und possessiv der Fischerey nach wie vor ungestört und ungekränkt gelassen werden sollen, also daß sie überall das Gewässer, Müritz ge-

nannt, des Plauschen Anteils, kein Ort ausgenommen, gerührig befischen mögen."

2. „… aber bleibt der Stadt Röbel (das sind also alle Bürger) auch unbenommen bis auf weitere hochfl. Verabschiedung des Gewäßere, die Müritz genannt mit Handangeln zu befischen! Doch also daß sie zur Sommerszeit die Berge und Steinhügeln, worauf Amtsfischer die Befischung privative haben, schonen und gedachte Fischer nicht im Wege sein wollten."

Der Streit entbrannte zwischen den Warener Fischern und den Röbeler Bürgern im verstärkten Maße ab 1860, zunehmend über das Aalschnurlegen und das Puppangeln, vorwiegend zum Hechtfang vom Eis aus. Das Wort Handangel wurde sehr unterschiedlich ausgelegt. Die Röbeler verstanden darunter alle Angel- bzw. Fischereimethoden ohne Netz. 1866 werden aber zwei Röbeler Bürger (J. Juncker und C. Schröder) vom Amt Wredenhagen wegen Aalschnurlegens in Strafe genommen. Die Stadt nimmt ihre Bürger in Schutz, weil „… seit Menschengedenken von den hiesigen Einwohnern das Aalangeln mittels Aalschnüren, … ganz offen und ohne Widerspruch ausgeübt wurde." […]

Als 1910, wohl aus finanziellen Gründen und auf Druck der Fischer, die Rechte durch den Magistrat und Bürgerausschuß verkauft werden sollten, wandten sich die Röbeler schriftlich an das Großherzogliche Ministerium.

Als 1924 das Komitee des mecklenburgischen Städtetages den Entwurf eines Fischereigesetzes für Mecklenburg begutachtete, drückten die seebesitzenden Städte – dazu zählte auch Röbel, wie wir noch sehen werden – durch, „… daß ihren Interessen der Entwurf nicht die gebührende Berücksichtigung zuteil werden läßt." […]

1938 wurde der Rat der Stadt gezwungen, eine vollständige Liste der Röbeler Bürger, die die Fischerei ausüben, dem Landratsamt zu übergeben: 221 erwachsene Einwohner wurden mit ihrem Wohnsitz namentlich aufgeführt.

Das Ende der Fischereigerechtigkeit der Röbeler Bürger ist kurz. Am 24. Juni 1939 schrieb der Landrat an den Bürgermeister der Stadt:

„Das bisherige, den dortigen Einwohnern zustehende Fischereirecht auf der Müritz ist gemäß § 8 des Fischereigesetzes für das Land Mecklenburg vom 18. März 1939 zur Ausübung auf die Stadt Röbel übergegangen. Gemäß § 31 muß die Stadt ihr Fischereirecht durch Verpachtung nutzen. Der Rechtsvertrag bedarf der Genehmigung durch die Kreisfischereibehörde. Sie werden ersucht, dafür Sorge zu tragen, daß die bisher fischereiberechtigten Einwohner von dem Aufhören ihrer Berechtigung in Kenntnis gesetzt werden, und zu überwachen, daß die Ausübung durch die Einwohner unterbleibt. Wegen der Ausgabe von Erlaubnisscheinen (Angelkarten) zur Ausübung der sportmäßigen Fischerei durch Röbeler Einwohner und Sommergäste wird ihr Vorschlag entgegengesehen. Unter allen Umständen muß das Legen von Aalschnüren durch die dortigen Einwohner sofort unterbleiben."

Die Schiffahrt auf der Müritz

Die Schiffahrt auf der Müritz und damit auch die Entwicklung des Hafens der Stadt Röbel hängt eng mit der Regulierung und Schiffbarmachung der Elde und der Verbindung zur Havel zusammen. Schon 1273 soll der Fürst zu Werle bei Boek die Müritz mit dem Karpsee verbunden haben. Dabei sei der Wasserstand der Müritz etwas gesunken, berichten Historiker. Seit 1798 war zwischen Preußen und den beiden mecklenburgischen Herzogtümern die Wasserentnahme für die Boeker Mühle vertraglich geregelt.

Der erste Versuch, die Elde zu regulieren, wurde 1568 durch den Magister Stella von Siegen begonnen. 1582 wurden Elde und Stör für flache Prahme bis zu 20 Tonnen Last freigegeben, allerdings nicht für lange Zeit. 1798 bis 1803 wurde die Elde bei Eldenburg und am Lenz auf 40 Fuß (etwa 12 Meter) erweitert, von Stauungen befreit und die Mühlen in Plau gesenkt. Von 1831 bis 1837 sorgte eine Aktiengesellschaft mit dem Bau der wichtigen Schleusen in Plau und Boek für die Schiffbarmachung von Elde und Havel. 1858 übernahm der Landesherr die Elde-, Stör- und Havelbauwerke.

Der Wasserstand der Müritz sank durch diese Maßnahmen um „6 Fuß und 11 Zoll", also um 2,10 Meter. Erwähnenswert ist in diesem Zusammenhang, daß die Stillegung der „alten Fahrt" durch den Bolter Kanal und die Bolter Schleuse erst mit der Erweiterung der seit 1916 bestehenden militärischen Erprobungsstelle Rechlin im Dritten Reich zusammenhing. Dafür wurden in Rekordbauzeit 1935/36 der Mirower Kanal und die Schleuse aus dem Boden gestampft. [...]

1845 lief erstmals eine Dampferschiffahrtslinie die Stadt Röbel an. Der in Plau ansässige Arzt, Maschinenbauingenieur, Erfinder und Unternehmer Dr. Ernst Alban hatte den nach ihm benannten Raddampfer „Alban" auf seiner Werft als erstes Dampfschiff in Mecklen-

burg gebaut. Mit diesem Dampfer eröffnete er 1845 die Dampfschif-
fahrtslinie zur Personen- und Güterbeförderung von Plau nach Malchow, Waren und Röbel. Diese Linie blieb bis etwa 1856 bestehen. [...]

Um 1850 wurde Röbel Heimathafen für gestakte, geschleppte oder
auch gesegelte Flußschiffe, und 1879 beantragte der Omnibusbesitzer
Erhard Krüger aus Krakow, Schraubendampfer für langsame Fracht-
und Personenpost anzukaufen. Er hatte seine Absichten dem Kapitän
Kruse erzählt, der mit der „Grille" ständig zwischen Rostock und
Warnemünde verkehrte. Dieser brachte sofort seinen 1877 in Rostock
erbauten, 12 Meter langen und 70 Personen fassenden Schraubendampfer (7 PS) nach Röbel und befuhr ab 1880 im Personen- und Postverkehr die Route Röbel–Waren.

Krüger ließ daraufhin auf der Hamburg-Steinwärder-Werft den
Schraubendampfer „Louise" bauen und eröffnete damit 1880 die Route Plau – Malchow – Waren. Die „Louise" war 14 Meter lang, hatte eine
Dampfmaschine mit einer Leistung von acht PS und konnte 100 Personen befördern. 1887 verlegte Krüger seinen Wohnsitz nach Waren und

befuhr die Route nach Röbel zweimal täglich. Der Rat der Stadt mußte nun oft die Streitigkeiten zwischen Krüger und Kruse schlichten. [...]

1901 übernahm Louis Krüger das Schiff „Louise". Da dieser Dampfer nicht mehr den Anforderungen genügte, kauften die Gebrüder Krüger den Schraubendampfer „Emma und Karl" (17 Meter lang, Kapazität 150 Personen, Leistung 70 PS). Dieser Dampfer übernahm auch den Postverkehr. 1906 stellte „Dampferkrüger", wie er bereits damals genannt wurde, die „Eugen" vorwiegend als Schleppdampfer in Dienst. Dieser 1875 erbaute Schraubendampfer aus Eisen hatte bereits eine Leistung von 55 PS und eine Wasserverdrängung von 29 Tonnen. Auch den 1896 erbauten Schraubendampfer „Raditrax" setzte Krüger als Schlepper ein. [...]

1917 wurde die „Emma und Karl" abgewrackt. An ihre Stelle trat der in Brandenburg erbaute Dampfer „Karl und Marie" (21 Meter lang, für 180 Personen ausgerüstet und mit einer 80 PS-Maschine versehen). Gleichzeitig eröffnete eine Firma Rost mit der „Walküre" eine Schiffahrtsroute auf der Müritz. [...]

Die „Karl und Marie" wurde 1925 verkauft. Gleichzeitig erwarb Krüger die 1910 erbaute, 26 Meter lange und 231 Personen fassende „Fontane" (100 PS). Die „Fontane" war bis zu diesem Zeitpunkt in Neuruppin beheimatet gewesen und hatte daher auch den Namen des märkischen Dichters erhalten. [...] Vergnügungsfahrten fanden in der Kriegs- und Nachkriegszeit wenig statt, andererseits hat Krüger mit ihr außerordentlich viele Frachtkähne geschleppt. Nicht vergessen darf man das vor allem im Frühjahr durchgeführte Schleppen von riesigen Holzflößen, z. B. bis 1965 aus Buchholz.

1966 starb der letzte „Dampferkrüger", der Dampfer fuhr dann noch zwei Jahre und wurde 1969 stillgelegt. Seit den siebziger Jahren fahren die Warener Touristenschiffe „Fontane" und „Wossidlo" Röbel an.

1982 kaufte die LPG „Fortschritt" Priborn ein Fahrgastschiff, das auf der Yachtwerft in Berlin-Köpenick gebaut wurde. Nach der Taufe auf den Namen „Priborn" wurde es zur kostenlosen Nutzung der Stadt Röbel übergeben. Die Müritzpromenade wurde durch die Stadt zum Liegeplatz für Passagierschiffe hergerichtet. Nach dem Verkauf des Schiffes 1992 erhielt das Schiff den Namen „Stadt Röbel". In der DDR-Zeit durfte der Name nicht verwendet werden, da ein Schiff der Volksmarine bereits diesen Namen trug. Heute haben die Motorschiffe „Stadt Röbel", „Mecklenburg", „Weißenfels" und „Sonnenschein" ihren Heimathafen in Röbel / Müritz.

Prahme: Schiff ohne eigenen Antrieb.

Mirow, ehemals Johanniterkomturei

Setzen wir – ehe wir unsere Reise durch das südliche Mecklenburg auf dem Wege über Wesenberg, Fürstenberg, Feldberg und Hohenzieritz in der ehemaligen Hauptstadt des Großherzogtums Mecklenburg-Strelitz beenden – hierher noch einen kurzen Text über Mirow aus einem in den letzten Tagen der DDR verfassten Reiseführer. Ein Besuch im Frühherbst 1999 zeigte, dass zwar die Restaurierung des Schlosses, das nun kein „Feierabendheim" mehr beherbergt, noch nicht abgeschlossen war, jedoch der Turm der ehemaligen Johanniterkirche sich bereits wieder seiner attraktiven „welschen Haube" erfreute.

Mirow, 1227 als Komturei des Johanniterritterordens gegründet, weist einige Sehenswürdigkeiten auf, vor allem das im Rokokostil 1748/52 erbaute Schloß (heute Museum und Feierabendheim), die Kavaliers- und Küchengebäude (1758) gegenüber sowie das Torhaus (1588, mit Krüppelwalmdach aus dem 18. Jh.). Die 1945 zerstörte ehemalige Johanniterkomtureikirche, ein gotischer Backsteinbau, wurde rekonstruiert. Beliebte Ausflugsziele am Mirower See sind der Schillerdorfer Teerofen, am Kotzower See der Forstbotanische Garten „Erbsland", der Zotzensee mit der Halbinsel Holm und der FKK-Strand am Reetzsee. Durch den Müritz-Havel-Kanal gelangt man bei Vipperow in die Müritz.

Der Zimmermannsberg bei Wesenberg

Albert Niederhöffer

In alten Zeiten war Wesenberg recht stark befestiget; auch befand sich dort eine nicht minder feste fürstliche Burg, die in Sumpf und Wasser auf einem künstlich aufgeschütteten Hügel dicht vor der Stadt lag.

Von den Mauern und doppelten Wällen, welche ehemals Wesenberg umgürteten, sind jetzt nur noch wenige Spuren vorhanden; von der Feste aber existiren, außer manchen Ueberbleibseln von Wällen und Gräben, namentlich noch ein wol an 50 und mehr Fuß hoher Wartethurm, der „Fangelthurm" genannt, sowie die Reste eines anderen alten Burggebäudes, worin jetzt der fürstliche Pachtfischer wohnt.

Auch Wesenberg – das eine Zeit hindurch, von 1276 bis ungefähr 1352 den Markgrafen von Brandenburg gehörte, später aber verschiedenen adeligen Geschlechtern, theils verpfändet, oder gar verkauft war, bis es endlich wieder im Jahre 1458 in den vollständigen Besitz seines angestammten alten Fürstenhauses Mecklenburg kam, worin es darnach denn auch immer verblieben ist – hatte früher, wie es in damaligen Zeiten ja so häufig zu geschehen pflegte, mancherlei Fehden und Kriege zu bestehen.

Als nun wieder einmal ein solcher mit besonderer Ausdauer und Hartnäckigkeit gegen dasselbe geführt wurde, und Stadt und Burg sich auch jetzt wieder, wie immer, auf das Tapferste vertheidigten, gelang es dem Feinde, einen Einwohner Wesenbergs, Zimmermann mit Namen, zu bestechen und ihn durch eine große Summe Geldes zum Verrathe seiner Vaterstadt zu bewegen.

Dieser Zimmermann zeigte, nachdem er seinen Judaslohn empfangen, den Feinden die heimlichen Wege und Zugänge der Feste und entdeckte ihnen ihre Schwächen und Blößen; worauf denn schon in der folgenden Nacht Wesenberg überrumpelt wurde und in Besitz seiner Belagerer gelangte.

Furchtbar wütheten diese hier; viele Einwohner wurden erschlagen, ihre Häuser verwüstet und ausgeraubt. Als endlich der grimmige Feind wieder abgezogen, glich Wesenberg einem Trümmerhaufen, zwischen dem sich nur noch wenige Menschen bewegten; alle andern hatte das Schwert des Feindes, Noth und Elend hinweggerafft.

Lange Jahre hiernach lag noch ein großer Theil der Stadt verödet da, so daß aus den Fenstern eines Hauses am Thor sogar schon hohe Bäume wuchsen; und lange währte es, ehe Wesenberg sich von all diesen Kriegsdrangsalen etwas erholt und seine Einwohnerzahl wieder die frühere Höhe erreicht hatte.

Der schändliche Verräther aber sollte seiner wohlverdienten Strafe nicht entgehen. Als der Feind aus dem Lande und nicht mehr zu fürchten war, drangen die übriggebliebenen Bürger plötzlich in des Elenden Wohnung. Zimmermann suchte nun zwar zu entfliehen, wurde aber bald, in der Nähe eines Berges, wieder eingeholt. Seine mit Recht empörten Verfolger führten ihn sofort auf denselben und steinigten ihn hier, im Angesichte der durch seine Schuld so namenlos unglücklich gemachten Vaterstadt, martervoll zu Tode.

Seit der Zeit heißt der Berg „der Zimmermannsberg", welchen Namen er auch noch heut' und diesen Tag führt.

Nachkriegszeit in Feldberg

Hans Fallada

Da war er nun zwölf Jahre hindurch von den Nazis schikaniert und verfolgt worden, sie hatten ihn vernommen, verhaftet, seine Bücher mal verboten, mal erlaubt, sein Familienleben bespitzelt, kurz, sie hatten ihm jede Lebensfreude genommen. Aber aus all diesen kleineren und größeren Verletzungen und aus all dem, was er an Gemeinheiten, Schändlichkeiten, Abscheulichkeiten in diesen zwölf Jahren gesehen, gehört, zwischen den Zeilen der prahlerischen Nachrichten und Leitartikel gelesen hatte, aus all dem war ein dauerhaftes Gefühl entstanden: ein abgrundtiefer Haß gegen diese Vernichter des deutschen Volkes, ein Haß, der so tief saß, daß ihm nicht nur die Farbe „Braun", nein, daß ihm schon das Wort „Braun" widerwärtig geworden war. Er überstrich, bemalte in seinem Bereich alles Braune, es war ein Tick bei ihm.

Wie oft hatte er nicht zu seiner Frau gesagt: „Nur Geduld! Wir kommen auch wieder dran! Aber wenn es dann so weit ist, werde *ich* nichts vergessen haben, niemandem werde ich verzeihen, ich denke nicht daran, großmütig zu sein – wer ist denn zu einer Giftschlange großmütig –?!"

Und er hatte es ausgemalt, wie er den Schullehrer mitsamt seinem Weibe aus der Wohnung holen würde, wie er die beiden vernehmen, drangsalieren und schließlich bestrafen würde, diese beiden, die sich nicht entblödet hatten, sieben- und achtjährige Kinder zu Spitzeln der eigenen Eltern zu machen! „Wo hat dein Vater das Führerbild hängen? Was sagt deine Mutter zum Vater, wenn der Sammler für das Winterhilfswerk kommt? – Wie sagt er Heil Hitler? – Spricht euer Radioapparat nicht manchmal eine Sprache, die du nicht verstehst –?"

O ja, der Haß gegen diesen Jugenderzieher, der siebenjährigen Kindern Fotos gezeigt hatte, auf denen scheußlich verstümmelte Leichen dargestellt waren, dieser Haß schien dauerhaft gegründet.

Und nun war dieser selbe Doll Bürgermeister geworden, und ein Teil jener Vergeltung, von der er so oft gesprochen, mit deren Ausmalung er seinen Haß genährt hatte, war ihm zur Pflicht gemacht. Ihm lag es ob – zu manchen andern Aufgaben –, diese Nazis in harmlose Mitläufer und in tätige Verbrecher aufzuteilen, sie in ihren Schlupfwinkeln aufzutreiben, in die sie sich eiligst verkrochen hatten, sie von den Druckposten zu entfernen, die sie schon wieder mit ebenso großer Geschicklichkeit wie Schamlosigkeit bezogen hatten, ihnen erschwindeltes, geraubtes, erpreßtes Eigentum wieder abzunehmen, ihre Hamstervorräte an Lebensmitteln zu enteignen, ihre großen Wohnungen mit den Heimatlosen zu belegen – das alles war nun seine Pflicht geworden. Zwar, die eigentlichen „Führer", die Hauptschuldigen, waren längst nach dem Westen entflohen, aber auch die kleinen Nationalsozialisten waren ein Ekel. Alle versicherten sie – heilig empört oder mit Tränen in den Augen –, daß sie nur gezwungen in die Partei eingetreten seien oder höchstens aus wirtschaftlichen Gründen. Alle waren bereit, darüber eine eidesstattliche Erklärung zu unterschreiben, am liebsten hätten sie das alles gleich mit den heiligsten Eiden vor der Welt und vor Gott beschworen. Unter all diesen zwei- oder dreihundert Nationalsozialisten war nicht ein einziger, der aus „innerer Überzeugung" der Partei beigetreten wäre. „Unterschreiben Sie schon die eidesstattliche Erklärung", sagte Doll dann oft ungeduldig. „Es ändert zwar nicht das geringste, aber wenn es Sie glücklich macht –! Wir hier in diesem Amtszimmer wissen längst, daß es überhaupt nur drei Nationalsozialisten auf der Welt gegeben hat: Hitler, Göring und Goebbels! – Erledigt, der Nächste!"

Später besuchte dann Bürgermeister Doll mit ein paar Polizisten (die in diesen ersten Anfängen auch manchmal recht fragwürdige Gestalten waren) und einem Protokollführer die Häuser und Wohnungen dieser Nationalsozialisten. Er fand in ihren Schränken Berge von Wäsche – kaum benutzte darunter, während im Dachgeschoß eine ausgebombte, aus Berlin evakuierte Mutter nicht wußte, wie sie ihre Kinder anziehen sollte. Ihre Schuppen waren bis zur Decke gefüllt mit trockenem Holz und Kohlen, aber ein festes Vorhängeschloß hing vor der Tür, und nicht ein bißchen wurde denen gegeben, die nichts hatten, womit eine Suppe kochen. In den Kellern dieser braunen Hamster standen Säcke mit Getreide („Ist ja alles bloß Hühnerfutter!"), mit Schrot („Hab ich auf Bezugschein vom Amt für mein Schwein gekriegt!"), mit Mehl („Ist kein richtiges Mehl, nur zusammengefegter Mühlenstaub!"). In ihren Speisekammern standen die Regale voll von Vorräten, aber für jede Ware hatten sie eine Lüge bereit. In den Gesichtern stand ihnen die Angst um ihr kostbares Leben geschrieben, aber auch jetzt noch konnte diese Angst sie nicht abhalten, diese Vorräte bis zur letzten Sekunde zu verteidigen: alles war legal erworben! Noch standen sie neben dem Wagen, der ihnen die Hamsterschätze entführte, sie wagten keine Drohung, aber in ihren Gesichtern stand heilige Empörung geschrieben über dieses ihnen angetane Unrecht –!

Bei diesen Beschlagnahmen trug Doll immer eine böse und schneidende Miene zur Schau, er fühlte sich aber nur angeekelt und müde. Er, der immer am liebsten allein für sich gelebt hatte, der auch in der

Ehe sein Recht auf Alleinsein wie ein Heiligtum verteidigt hatte, er mußte jetzt fast den ganzen Tag mit Menschen zusammen sein, mit ihnen reden, etwas von ihnen erzwingen, Tränen sehen, Schluchzen, Proteste, Einsprüche, Bitten hören –: sein Kopf glich oft einem lärmerfüllten Abgrund. [...]

Eine Weile stand Bürgermeister Doll bewegungslos, erschüttert von diesem schamlosen, grauenhaften Egoismus, der alle Leiden der andern gut sehen konnte, wenn er nur selbst nicht litt. Und ein Gespräch kam ihm in Erinnerung, das er vor kurzem mit einem Adjutanten der Kommandantur geführt. Der Adjutant hatte erzählt, wie sich die einfachen Soldaten der Roten Armee die Deutschen ähnlich wie das eigene Volk lebend vorgestellt hätten: durch den Krieg oft in die äußerste Not geraten, vom Hungertode bedroht ... Nur so konnten sie sich die völlige Ausplünderung der Heimat durch die Deutschen erklären. Dann aber seien sie beim Vorrücken der Armeen wirklich in deutsches Land gekommen und sie hätten mit eigenen Augen gesehen: Bauerndörfer, so stattlich und reich versorgt, wie es sie in der Heimat überhaupt nicht mehr gebe, Stallungen, übervoll mit wohlgenährtem Vieh, eine gesunde, satte Landbevölkerung. Und in den festen Steinhäusern dieser Bauern hätten sie nicht nur riesige Radioapparate gefunden, Kühlschränke, alle Behaglichkeit des Lebens, nein, dazwischen gab es auch billige, ärmliche Nähmaschinen aus Moskau, bunte Tücher aus der Ukraine, Ikonen aus den russischen Kirchen, alles geraubtes, gestohlenes Gut: der reiche Mann, der da besaß, hatte den Armen bestohlen, der nichts mehr hatte. Da war ein wilder Zorn über diese Deutschen in den Soldaten der Roten Armee erwacht und eine tiefe Verachtung dieses Volkes, das sich nicht schämte, das seine Gier nicht zügeln konnte, alles zusammenzuraffen, alles allein besitzen wollte, ohne jede Rücksicht, ob die andern darüber zugrunde gingen.

Nahe Feldberg fand man auf dem sogenannten Schlossberg bei Grabungen umfangreiche Reste einer bedeutenden Wallanlage, wohl einer Stammburg der Redarier aus dem 7. bis 9. Jahrhundert; die Vermutung, hier habe das legendäre Wendenheiligtum Rethra gestanden, wird heute weitgehend verworfen.

Im inzwischen eingemeindeten Carwitz kaufte sich 1933 der Schriftsteller Hans Fallada (eigentlich Rudolf Ditzen) an, der hier einige seiner bekanntesten Bücher schrieb; nach Kriegsende beriefen ihn die Russen zum Bürgermeister von Feldberg (nach einigen Monaten schon brach er unter dieser Bürde zusammen), und in seinem Buch „Der Alpdruck" schildert er, sich Doll nennend, seine Erlebnisse in dieser Zeit.

Das 1348 an Mecklenburg gelangte, heute dem brandenburgischen Kreis Gransee einverleibte Städtchen Fürstenberg war bis in den Anfang des 18. Jahrhunderts mit einer zweitorigen Stadtmauer befestigt und erlangte bescheidenen Wohlstand durch Tuchweberei und Spinnerei, später auch durch den Butterhandel; der bekannte Troja-Ausgräber Schliemann trat hier als Vierzehnjähriger die Lehre in einem kleinen Kramladen an. Nicht vergessen sollte man, dass im benachbarten Ravensbrück von 1939 an das größte Frauen-KZ der Nazis stand.

Im Krämerladen in Fürstenberg

Heinrich Schliemann

Fünf und ein halbes Jahr diente ich in dem kleinen Krämerladen in Fürstenberg: das erste Jahr bei Herrn Holtz und später bei seinem Nachfolger, dem trefflichen Herrn Theodor Hückstaedt. Meine Tätigkeit bestand in dem Einzelverkauf von Heringen, Butter, Kartoffelbranntwein, Milch, Salz, Kaffee, Zucker, Öl, Talglichtern usw., in dem Mahlen der Kartoffeln für die Brennerei, in dem Ausfegen des Ladens und ähnlichen Dingen. Unser Geschäft war so unbedeutend, daß unser ganzer Absatz jährlich kaum 3000 Taler betrug; hielten wir es doch für ein ganz besonderes Glück, wenn wir einmal im Laufe eines Tages für zehn bis fünfzehn Taler Materialwaren verkauften. Natürlich kam ich hierbei nur mit den untersten Schichten der Gesellschaft in Berührung. Von fünf Uhr morgens bis elf Uhr abends war ich in dieser Weise beschäftigt, und mir blieb kein freier Augenblick zum Studieren. Überdies vergaß ich das wenige, was ich in meiner Kindheit gelernt hatte, nur zu schnell, aber die Liebe zur Wissenschaft verlor ich trotzdem nicht – verlor ich sie doch niemals –, und so wird mir auch, solange ich lebe, jener Augenblick unvergeßlich bleiben, an dem ein betrunkener Müller, Hermann Niederhöffer, in unseren Laden kam. Es war der Sohn eines protestantischen Predigers in Röbel (Mecklenburg) und hatte seine Studien auf dem Gymnasium von Neuruppin beinahe vollendet, als er wegen schlechten Betragens aus der Anstalt verwiesen wurde. Sein Vater, der nicht gewußt, was mit ihm anfangen, hatte ihn darauf bei dem Pächter Langermann im Dorfe Dambeck in die Lehre gegeben; und da auch hier sein Betragen manches zu wünschen übrig ließ, übergab er ihn dem Müller Dettmann in Güstrow als

Lehrling; hier blieb er zwei Jahre und wanderte danach als Müllergesell. Mit seinem Schicksal unzufrieden, hatte der junge Mann leider schon bald sich dem Trunke ergeben, dabei jedoch seinen Homer nicht vergessen; denn an dem obenerwähnten Abend rezitierte er uns nicht weniger als hundert Verse dieses Dichters und skandierte sie mit vollem Pathos. Obgleich ich kein Wort davon verstand, machte doch die melodische Sprache den tiefsten Eindruck auf mich, und heiße Tränen entlockte sie mir über mein unglückliches Geschick. Dreimal mußte er mir die göttlichen Verse wiederholen, und ich bezahlte ihn dafür mit drei Gläsern Branntwein, für die ich die wenigen Pfennige, die gerade mein Vermögen ausmachten, gern hingab. Von jenem Augenblick an hörte ich nicht auf, Gott zu bitten, daß er in seiner Gnade mir das Glück gewähren möge, einmal Griechisch lernen zu dürfen.

Besuch in Hohenzieritz

Johann Carl Friedrich Rellstab (1795)

Meine Reise wurde nun fortgesetzt nach Hohenzieritz, dem Lust-schlosse des Herzogs, was derselbe schon als Erbprinz im Besitze ge-habt hatte. Die erste Unterhaltung, die ich diesen Morgen hatte, war die Klage meines Kutschers über den Hunger, den er im Nachtquar-tiere erlitten hatte, daß er kein Bette bekommen und im Stall bey den Pferden habe liegen müssen; indessen war mir doch Bette und gute Mahlzeit für ihn berechnet worden. Ein Stück Braunschweiger Wurst stillte jene, und half diesem ab.

Hohenzieritz liegt anderthalb Meilen von Neu-Strelitz auf einem Berge. Der Weg dorthin geht durch Wald und angenehme gebirgigte Gegenden. Man sieht das Schloß schon sehr lange vor sich liegen, ver-liert es aber oft wieder aus dem Gesichte, und man muß zwey Stunden fahren, ehe man das Dorf Hohenzieritz erreicht, worin es liegt. Auf meine Anfrage um Erlaubniß, den Garten zu besehen, ward selbige nicht nur sogleich bewilliget, sondern auch ein Gärtner mitgegeben, der mir ihn mit seinen Anlagen zeigte. Der Garten selbst ist Berg und Thal und hat rund umher Aussichten über Berge und über den Tollen-sesee; welches ihn von allen Seiten malerisch schön macht. Eine Mo-schee, ein Haus mit Baumrinde belegt, worin ein Billiard ist, und ein Altar, welcher am Geburtstage des Erbprinzen errichtet ist, und auf welchem die Fürsten Mecklenburgs verzeichnet sind, mit der In-schrift: *„Allen guten Fürsten Mecklenburgs gewidmet"* machen die vor-züglichen baulichen Zierrathen des Gartens aus. Der Herzog hat noch ein nahgelegnes Gut, was Prillwiz heißt, und die Aussicht verschö-nert, dazu gekauft, und läßt jetzt sowohl einen Weg vom Garten dahin durchbrechen, als auch dort einen neuen Garten anlegen, so wie stets an der Verschönerung gearbeitet wird. Das Schloß selbst kann man wohl nicht unter die Zierde der Baukunst rechnen, besonders dünkte mich, als wenn es an innerer Bequemlichkeit fehlte. Das interessante-ste was ich im Schlosse sahe, waren die bey Ratzeburg ausgegrabenen Alterthümer der Wenden und Obotriten. Man fährt noch immer mit dem Ausgraben fort, und findet noch vieles. Wer von diesen Alterthü-mern eine hinlängliche Kenntniß haben will, der schaffe sich das vom Herrn Generalsuperintendenten und Consistorialrath Masch heraus-gegebene Buch: *Denkwürdigkeiten des Gottesdienstes der Wenden und Obotriten*, nebst denen dabey in Kupfer gestochenen Abbildungen nach des Herrn Woge Zeichnung an.

Nun setzte ich meine Reise weiter fort durch würklich vorzügliche schöne Gegenden, wo sich noch immer wieder und schon in großer Entfernung das Schloß von Hohenzieritz ganz vorzüglich und unvermuthet zeigte, die immer mit Berg und Thal abwechselten.

In und um Neu-Strelitz

Johann Carl Friedrich Rellstab (1795)

Meine Meinung war, von hier über Fürstenberg und Alt-Strelitz nach Neu-Strelitz zu gehn, bis wohin noch vier Meilen seyn sollten, und welche ich bequem zurücklegen konnte, wenn sie nicht größer wären, als die erstern; aber mein Wirth in Gransee rieth mir einen andern Weg an, der nicht weiter, und viel besser zu befahren sey. Der Weg über Fürstenberg sollte über Berg und Thal und steinigtem Boden gehn, und sich zuletzt mit zwey gewaltigen Meilen Mahlsand schließen. Dieser Warnung zufolge nahm ich dann einen andern Weg. Ob er nun besser war, wie jener über Fürstenberg kann ich nicht sagen, aber wohl, daß er nichts weniger als gut war. Es war ebenfalls nur Berg und Thal, und mit einer solchen Menge Steinen übersäet, daß auf eine Minute gewiß vier derbe Stöße zu rechnen waren, und meine Pferde jeden Augenblick sich einen Stein im Huf geklemmt hatten. Endlich wurde er wenigstens, da wir an einen großen Wald kamen, von Steinen leer. Den Vorsatz noch heute nach Neu-Strelitz zu kommen, mußte ich indessen aufgeben; denn nachdem ich sechs Stunden und sehr gut gefahren war, war ich erst in Straßen, dem ersten mecklenburgischen Dorfe, und noch immer zwey Meilen von Neu-Strelitz. Meine Pferde waren sehr müde und am weitern Fortkommen war für heute nicht zu denken. Ich mußte mich also auf gut Glück einem Nachtquartier in einem Dorfe überlassen; wobey ich aber ungleich mehr Glück hatte, als Gellert, und wofür ich dem Himmel denn auch immer sehr danke, da ich mich nicht einmal wie er durch eine interessante Beschreibung davon hätte schadlos halten können. Mein Wirth war zugleich Zolleinnehmer, und schien in gar guter Lage zu seyn, denn er hielt bey seinen Söhnen einen Hauslehrer, den ich eben beschäftigt fand, seinen Untergebenen Unterricht auf der Flöte zu geben. Bey solcher Erziehung ließ sich dann allenfalls für einen Fremden wohl ein gutes Bett und mittelmäßiges Zimmer erwarten, und es traf den Herrn Pädagogen mir auf diese Nacht sein Bett und Zimmer abzutreten. Ich erhielt gutes Abendbrod und Frühstück, und machte die Erfahrung, daß man in mecklenburgischen Dörfern ziemlich gut bedient wird, aber eben so gut bezahlt wie in den Städten. Es war übrigens gar kein kleines Dorf. Es befand sich daselbst eine sehr beträchtliche Schneide- und Mahlmühle, wovon erstere ein ansehnliches Magazin von Holzwaaren vorräthig hatte, die alle nach dem Preußischen bestellt waren, und dort eingeschifft werden konnten, da das Dorf ein ansehnliches Wasser hatte. Im Ganzen war die Lage des Dörfchens durch Thal und Berg, Wald, Wiese und See sehr reizend.

Hier und in allen nachfolgenden mecklenburgischen Krügen und Dorfschänken fand ich eine Tafel über die schnellen Rettungsmittel für Erfrorne, Ertrunkene, Erhenkte u. dergl. mehr; auch die Tafel, wie bey dem Biß eines tollen Hundes zu verfahren sey, dessen Abbildung man dabey sahe, angeschlagen. In Neu-Strelitz erfuhr ich, daß der jetztregierende Herzog 500 Exemplare von dieser Tafel hatte kaufen, auf Pappe heften und an genannten Orten austheilen lassen. Wie wohlthätig kann dies werden! Die Tafeln waren übrigens mit einer so ins Auge fallenden Deutlichkeit abgefaßt, die ganz zweckwidrigen Mittel so hervorstechend gedruckt und zur Warnung aufgestellt, daß ich glaube, wer nur lesen *hören* kann, muß sie gewiß verstehen.

Den Morgen darauf erreichte ich Neu-Strelitz, wo ich gegen 10 Uhr durch vielen Sand eintraf. Da ich diesen Ort weder durch Beschreibungen noch durch einen Plan kannte, so wurde mein Auge um so mehr überrascht, eine so angenehm gebaute Stadt zu finden. Das erste was man bey der Einfahrt von dieser Seite sieht, ist das Schloß, dem zur Seite die Wache, und gegenüber ein Park. Der Lustgarten liegt hinterm Schlosse. Das Schloß besteht aus zwey Seitenflügeln und einem Queerflügel. Ueber den Schloßplatz, wo mir links die Promenade liegen blieb, fuhr ich durch die Schloßstraße nach dem Markte, und nahm mein Quartier im Gasthof des Kaufmann Corty, welcher mir von meinem Wirth in Straßen war empfohlen worden. In wiefern ich mit dieser Empfehlung zufrieden seyn konnte, wird man in der Folge sehen.

Das Schloß selbst in Strelitz steht einzeln, und hat mit dem Plan, nach welchem übrigens die Stadt gebaut ist, nichts gemein. Es ist auch früher gebaut worden, und die Stadt scheint nicht im ersten Plane gelegen zu haben, sondern es ist vielleicht als Lustschloß erst einzeln gebaut worden. Wenn man nun das Schloß für sich läßt, so ist der Marktplatz, welcher einen Cirkel ausmacht, der Mittelpunkt der Stadt; von dem gehn acht Straßen aus, die sämmtlich mit recht gut gebauten (doch nur von Fachwerk) Häusern versehn sind. Die Häuser sind theils auch sehr nett verziert, theils angenehm, mit Bäumen vor den Thüren besetzt, und zwischen jedem Hause befindet sich eine Auffahrt. Es ist würklich ein angenehmer Anblick mitten auf dem Markte seinen Standpunkt zu nehmen, und nun rund um sich her in gutgebaute Straßen hineinzusehen, deren einige am Ende eine Aussicht übers Wasser haben.

Es ist ein Landesgesetz in Mecklenburg, daß der Herzog den Bauenden freyes Bauholz giebt; aus diesem Grunde findet man so wenig maßive Häuser. Wer indeß ganz von Steinen bauet, erhält nach vollendetem Bau statt der Beyhülfe an Holz zwanzig vom hundert, nach geschehener Schätzung von Sachverständigen. Uebrigens kann man so gut man will bauen, es wird nach Verhältniß vergütet, nur Tapeten und Mahlereyen gehören, wie sich von selbst versteht, nicht zu dieser Schätzung.

Wer indeß diese zwanzig vom Hundert genießen will, muß eine unbebaute Stelle bebauen. Wer ein altes Haus niederreißt, und dafür ein neues baut, erhält nur zehn vom Hundert. Bauholz erhält man aber in jedem Falle frey. Doch versteht sich dies alles nur in dem Bezirk der Stadt. Vorstädte und das platte Land sind davon ausgenommen, wie

Neustrelitz

man mir sagte; ich sollte aber fast glauben, daß sich die Ausnahme nur auf das Maßivbauen erstreckte, und frey Bauholz ein jeder erhielte. An Holz ist hier auch kein Mangel, denn von der Heerraupe, die im Brandenburgschen so viel Schaden gethan, weiß man gar nichts, und von dem Windbruch wenig.

Um nun einer bey Gebäuden von Fachwerk so leicht überhandnehmenden Feuersbrunst vorzubauen, ist das Polizeigesetz, daß zwischen jedem Hause ein freyer Thorweg ist, oder wer keinen Thorweg braucht, einen Zaun von 8 bis 10 Fuß zieht. So steht jedes Haus frey, und von allen Seiten kann gerettet werden, da außerdem noch alle Häuser, Höfe und Gärten haben. Aus letzterer guten Anlage eines jeden Hauses, zur Betreibung aller Zweige der Hauswirthschaft, entsteht es, daß man hier kein Federvieh, keine Gartenfrüchte, kaum Butter und Milch zu Kauf erhalten kann. Ein jeder bauet seine Früchte selbst, hat seinen Federviehhof und seine Kühe, die im ganzen Sommer nicht mehr wie zwölf Groschen fürs Stück Weidegeld und im Winter ohngefähr vier Groschen täglich an Stallfütterung kosten.

Zweymal in der Woche kann man frisches Fleisch haben, wer daran nicht genug hat, muß sich selbst einen Viehstand halten und einschlachten.

Schloss zu Neustrelitz

Ein Theil der Einwohner hat auch Feldbau, ärndtet, läßt sein Korn mahlen, und bäckt selbst. Daher richten die Bäcker sich nur für die wenigen ein, die täglich ihr Bedürfnis gewiß holen. Nachmittags findet man nichts mehr, so wie sie erst Morgens gegen sieben Uhr ihre Läden öfnen. Im Ganzen scheint früh Aufstehen nicht der Strelitzer Tugend zu seyn, denn um halb sieben kamen erst nach und nach Maurer und Zimmerleute angekrochen, und von anderen Leuten sahe man noch nichts auf der Straße.

An öffentlichen Merkwürdigkeiten hat Neu-Strelitz wohl nichts als das Schloß. Im letztern fand ich beym Besehn weder an Gemälden noch Zimmern etwas Merkwürdiges. Die Zimmer, welche der verstorbene Herzog bewohnt hat, sind prächtiger, als die des jetzigen Herzogs, welcher in seinem Ameublement die äußerste Simplicität zu lieben scheint. In einem Zimmer war Er und seine ganze Familie äußerst treffend gemalt; auch befanden sich daselbst zwey Büsten der in Berlin verheyratheten Prinzessinnen. In einem andern findet man die Portraits aller dort in Diensten gewesenen Hofcavaliere; in einem dritten die Damen. Der Concertsaal und die Capelle sind mittelmäßig gemalt. An Kunstsachen trift man im Zimmer des jetztregierenden Herzogs vier, von einem Conditor gestreute Prospecte von italienischen Gegenden, die äußerst täuschend sind, und die man, ohne es zu wissen, gewiß für Gemälde halten würde.

Der jetzt so um sich greifende Möbel-Luxus herrscht in diesem Herzoglichen Schlosse so wenig, daß man wenig Mobilien von Mahagonyholz antrift; man findet deren mehr von Eichenholz, welches letztere auch vorzüglich in Mecklenburg Mode zu seyn scheint.

Der Garten hinter dem Schlosse ist des Besehns weit mehr werth; er hat eine reizende Terrasse am Wasser, ist mit sehr angenehmen schattigen und freyen Partien versehen, und man genießt eine entzückende Aussicht über Wasser, Wiese und wohlgeordnete Küchengärten, deshalb kauft auch der Hof keine Küchen- und Nachtischfrüchte; alles müssen die Herzoglichen Gärten liefern.

Der Herzog ladet durch eine Ueberschrift an allen Gartenthüren jedermann zur Promenade in seinem Garten ein.

Jenseit des Sees liegt ein Haus, welches der Stadt gehört, und welches sich die Honoratioren zu ihrer Bequemlichkeit haben einrichten lassen, und nöthige Geräthschaften dort hingeschenkt haben. Hier werden nun öfters Spatzierfahrten zu Wasser und zu Lande angestellt. Der jetztregierende Herzog hat das sonst stehende Schauspiel, welches ein für Strelitz recht großes und gutes Haus, gleich an der Seite des Schlosses hat, ganz verabschiedet. Einige Mitglieder, die zu Hofchargen gebraucht werden konnten, sind dort angestellt worden. Die Musiker des verstorbenen Herzogs sind aber sämmtlich im Dienst behalten, und eine sehr geschickte Sängerin, Dem. Toll, die auf des Herzogs Kosten ein Jahr in Berlin studirt hat, und die mit vielem Talent viel Fleiß verbindet, ist von neuen angestellt worden. Unter den Musikern zeichnet sich vorzüglich Herr Concertmeister Zeller aus. Man kann wohl sagen, daß er zur Zeit, da die besten Concertmeister Graun und Benda in Berlin wetteiferten, sich nach dem Muster beyder großen Männer gebildet hat. Er war sonst ein sehr guter Solospieler, jetzt erlaubt ihm sein hohes Alter nur der Anführung des Orchesters rühmlichst vorzustehen.

Bey einem sehr guten Maler, Herr Cogho, findet man eine sehr auserlesene Kupferstichsammlung, viele ausgezeichnete Gemälde, theils von seiner, theils von seiner Frau Tochter Arbeit. (Dieser geschickten Künstlerin werde ich nachher noch erwähnen.) Blumisten finden in seinem Garten noch ein gar seltnes Sortiment von Rosen, und zwar Bäume die 8 bis 10 Fuß hoch sind. Er spielt auch das Violoncell bey Hofe, und ist Herzoglicher Forstsecretair. Seine Gattin ist als Harfenistin und Sängerin bey Hofe angestellt. Ihr Name als Harfenistin ist sehr bekannt, denn sie ist eine geborne Petrini.

Das vorzüglichste was mir indeß in Neu-Strelitz für die Kunst vorgekommen ist, war die oben erwähnte Frau Tochter des Herrn Cogho,
welche an den Herrn Geheimenrath Eggers daselbst verheyrathet ist.
Sie spielte mir eine schwere Fantasie und Fuge von Müller auf einem
mittelmäßigen Fortepiano (wovon in Parenthesi gesagt die Fantasie
viel Genie zeigte, die Fuge aber ein schlecht Stückchen Arbeit war)
vor. Die Precision und Discretion mit welcher ihr die Ausführung gelang, zeigte von ihrer großen Gewißheit und Sicherheit als Künstlerin.
Ihre älteste Tochter, ein Mädchen von zwölf Jahren, spielte die schweren Veränderungen der Arie Lison dormoit von Mozart auch schon
mit vieler Genauigkeit. Noch ein Mädchen und ein Knabe waren
ebenfalls musikalisch, und alle drey waren Schüler der Mutter, nicht
blos in der Musik, sondern auch im Zeichnen, und genossen nur
durch die Mutter die ihnen gegebene Erziehung.

Die eigne Uebung in Kunstsachen, die Erziehung der Kinder in eben
angezeigter Art, dies zusammen sollte denn doch wohl eine Frau von
allen wirthschaftlichen Geschäften freysprechen, und jedermann muß
dies voraussetzen? Nein. Nach eingezogener Erkundigung versicherte
man mich, eben das Muster, was die Frau Geheimeräthin im Kunstfa-
che und Erziehung ihrer Kinder wäre, sey sie auch in Betreff des ganzen
Hauswesens; und was dergleichen in Neu-Strelitz sagen will, habe ich
oben erwähnt. Wie es gekommen ist, daß ich mich nicht im geringsten
nach Ihrem Gesange erkundigt habe, mit welchem sie als Kind schon in
Berlin Aufsehn erregte, ist mir jetzt ein Räthsel. Es wäre viel Verlust für
die Kunst, wenn sie diesen aus Kränklichkeit sollte niedergelegt haben.

Es ist auch jetzt eine Buchhandlung in Neu-Strelitz, die ein junger
Mann, jüdischer Nation, der Michaelis heißt, dort eingerichtet hat. Es
ist ein thätiger Mann, der schon einige sehr gute Artikel gedruckt hat.
Ich wünsche, daß sein gutes Unternehmen gedeihen möge.

Christian Fürchtegott Gellert (1715–1769): deutscher Dichter; merkwürdig: besonders;
Ameublement (franz.): Gesamtheit der Möbel; Simplicität (lat.): Einfachheit; Cavalier: Ritter,
Edelmann; in Parenthesi (lat.): nebenbei.

Neustrelitz in der Gründerzeit

Diethard H. Klein

Etwa fünf Kilometer nordwestlich der 1284 erstmals erwähnten, aber schon zur Slawenzeit bewohnten Siedlung Strelitz, womit die Markgrafen von Brandenburg 1329 die mecklenburgischen Fürsten Johann und Albrecht belehnten und die der erste Regierungssitz der Linie Mecklenburg-Strelitz war, baute der Onkel des von Fritz Reuter geschilderten „Dörchläuchting" (S. 232), Adolf Friedrich III., das ehemalige Jagdschloß Glienke 1726–1731 zu jenem repräsentativen Schloßbau um, den Rellstab schildert und der 1945 abbrannte. Von 1733 an erwuchs dank großzügiger Förderung die planmäßig angelegte Stadt Neustrelitz. Von 1840 bis 1848 wohnte mit seiner Frau, der Schauspielerin Adele Peroni, hier auch Adolf Glaßbrenner, der sich bei den Behörden seiner Heimatstadt Berlin durch aufmüpfige Veröffentlichungen unbeliebt gemacht hatte. – Das nahe Schloß Hohenzieritz ist vor allem als Sterbeort (1810) der preußischen Königin Luise bekannt geworden, einer Tochter Herzog Karls von Mecklenburg-Strelitz.

Während der Gründerzeit stieg zum reichsten Bürger von Neustrelitz dank seiner Tüchtigkeit und kaufmännischen Gewandtheit Wilhelm Rust auf. Er betrieb zunächst eine „Manufactur- und Modewaarenhandlung", wurde Agent für die Gothaer Lebensversicherung und die regionale Feuerversicherung, gründete die erste Bank in Neustrelitz und leitete dann die dortige Filiale der als besonders seriös geltenden Mecklenburgischen Hypotheken- und Wechselbank; der Großherzog machte ihn erst zum Kommerzienrat und später zum Geheimen Kommerzienrat, was bis dahin nur sein Berliner Hofbankier gewesen war. Rust war ein ehemaliger Mitschüler Heinrich Schliemanns – der sein vor allem in Rußland erworbenes Millionenvermögen (nach heutigem Geldwert) für die auf eigene Faust betriebenen Ausgrabungen des homerischen Troja und der Veröffentlichung dicker Bücher darüber verwendete –, und dieser führte nicht nur einen jahrelangen ausgedehnten Briefwechsel mit diesem einzigen Duzfreund, sondern betraute ihn immer wieder mit der Weiterleitung von Geldzuwendungen an Verwandte und bedürftige Bekannte in der Heimat. Schliemann besuchte 1883 Rust in Neustrelitz und verlebte einige Sommerwochen in dem von Rust vermittelten Quartier bei der Pastorsfamilie in Ankershagen. Wie er diese Zeit verbrachte, schildert Auguste Becker, die Tochter des Pastors, im folgenden Beitrag.

Urlaub in der alten Heimat

Auguste Becker

Heinrich Schliemann, der von seinem neunten Jahre in Ankershagen lebte, wollte noch einmal die schöne Zeit seiner Jugend durchkosten und war deshalb vier Wochen im Sommer bei uns. Seine Frau, seine Kinder wollten seine schöne Heimat kennenlernen, vor allem die alte Linde, in deren Stamm er als Knabe seinen Namen mit dem Beil eingehauen hatte, so groß, daß er vom Weg aus lesbar war. Noch jetzt kann man das H S mit einiger Mühe erkennen. Sein Tag war genau eingeteilt. Um vier Uhr stand er auf, ritt nach Bornhof, ließ sich auf den See fahren und badete. Dem Fährmann hatte er tausend Mark versprochen, wenn er einmal zuerst den rechten Strumpf anzöge, denn ‚den linken mööt man tauierst antrecken, denn kriegt man väl Geld'. Er amüsierte sich, wie genau der Mann aufpaßte, während er [Schliemann] doch [nur] der Macht der Gewohnheit folgte. Auf diesen Morgentouren suchte er gern alte Bekannte auf und unterhielt sich mit ihnen von vergangenen Zeiten. Zurückgekehrt nahm er sein Frühstück und arbeitete dann ununterbrochen bis Mittag. Seine Briefe trocknete er am Herdfeuer, denn ‚Streusand beleidigt den Empfänger!' Um sich Altgriechisch unterhalten zu können und wohl auch, um dem Mann einen Gefallen zu tun, hatte er den alten Professor Andreß (seinen früheren Lehrer) aus Neustrelitz eingeladen. Seine Kinder sprachen Neugriechisch, konnten sich wenig mit dem Vater unterhalten, da er Altgriechisch von ihnen forderte. Damit seine Frau Unterhaltung hätte, erschien urplötzlich ihr Bruder, Dr. Kastromenos, und mußte ihm täglich deutsche Stunden geben. In der Heimat wollte Herr Schliemann ganz einfach leben und, so schwer es seiner Frau auch wurde, ließ sie ihren Tee und aß mit ihm allabendlich Buchweizengrütze. ‚Dick Grütt mööst Du äten!'

Ist Ihnen Schliemanns ‚Ilios' bekannt? Darin hat er seine Lebensgeschichte niedergelegt und auch seiner ersten Liebe gedacht. Und diese seine erste Liebe ‚Minna' mußte auf einen Tag nach Ankershagen kommen. Es mußte eben alles sein wie in seiner Jugend. Mit großer Liebe sprach er von seiner Mutter und sorgte für ihr Grab. Sehr freigebig war Schliemann, aber gegen Bettelei sehr empfindlich. Er hatte sich das Seine erarbeitet, andere konnten's auch tun.

Anhang

Mecklenburgisches Wörterbuch

Zusammengestellt aus Anhängen zu den Schriften Fritz Reuters
und John Brinckmans

abellsch: albern
Aben: Ofen
Abenddak: Abendnebel
Abenrühr: Ofenröhre
achter: hinter, hinten
Achtergeleg: Hintertreffen
Achtersäle: Hintergespann
achtertau: von hinten
ackerieren: ackern; akquirieren
Adder: Kreuzotter
Adebor: Storch
Adel: Jauche; Fingergeschwür
Adelpütt: Mistpfütze
aderkauen: wiederkäuen
af: ab; von
afbucken: wegbeugen
afbünzeln: aufknoten
afextern: abmühen
affarigen: abfertigen
afhannen: abhanden
afmesten: düngen
afpreiken: abziehen
afpulen: abnagen
afrömen: abrahmen
afsid: abseits
Afsid: Nebenfach
afspaddeln: abquälen
afwennen: abgewöhnen
ahn: ohne
Ahnmacht: Ohnmacht
Ahnt: Ente
Akzesser: Assessor
alabongkör: à la honne heure
Alf: albernes Geschöpf
Alfanzereien: Possen
alksen: wühlen (im Schmutz)
all: zu Ende; schon
alwsch: einfältig
amböstig: engbrüstig
ampeln: mit Händen herumgreifen
anbacken: anhaften

anbännigen: anlernen
anbäuten: anzünden
anbött: angezündet
andunt: angetrunken
anführen: anfahren
angellen: angehen
Angelschacht: Angelrute
Angelsimm: Angelschnur
Anglopp: Galopp
Anisbus: Omnibus
ankihren: einkehren
anner: ander
Annerbäulkenkind: Enkel von
    Geschwistern
annern: andern
anornieren: anordnen
anpurren: antreiben
ansetten (ein Kalw): aufziehen
ansticken: anzünden / sich erröten
anteiken: bezeichnen
Antog: Anzug
anwennen: angewöhnen
Ap: Affe
apen: offen
Aporten: Nachrichten
Appel: Apfel
appeldwatsch: albern
Arbe: Erbe
Arfslätel: Erbschlüssel
arg: ärgerlich
Arpel: Enterich
Arwt: Erbse
Arwtenslus': Erbsenschote
As: Ass; Achse
as: als
Asel: Lichtschnuppe
asen: sudeln
assistieren: existieren
Aten: Atem
aten: atmen
att: aß

Auken: Winkel, den Dach und Hausboden bilden
Aulamm: weibliches Lamm
Aust: Ernte
äuwen: üben
Äuwer: Ufer; Anhöhe
äwel: übel
äwer: über
äwer / äwerst: aber
äwerall: überhaupt
äwerböstig: hochfahrend
äwerdümpeln: übertölpeln
äwerleidig: über den Bedarf vorhanden
äwernamen: überwältigt
äwernäsig: überspannt
äwerscheiten: Überschlag machen
äwerschülpern: überschwappen
äwerspöltern: übergießen
äwertügen: überzeugen
äwrig: übrig
Awt: Obst
Ax: Axt

Baas: Meister
bäbelst: oberst
baben: oben
Backelmull: Backmulde
Bad: Bote
bädeln: schnell fahren; jagen
baden: geboten
Bähn / Bän: Boden; Zimmerdecke; oberes Stockwerk
bähnhasen: nach unzünftiger Handwerksarbeit Haussuchung halten
Bäk: Bach
bäkern: herausfüttern
ball: bald
bängen: zwängen
Bangtranen: Angsttränen
Bank: Buch
Bänk: Buche
Bänk: Bank
bannig: stark; gewaltig
Bark: Birke
Barm; Bärme: Hefe
barst: barfuß
basch: barsch
basten: bersten
Baud: Bude
bäuken: heizen
bäwelst: oberst
bäwern: beben

beben: bitten; beten
Bed: Bitte
Beddstäd: Bettstelle
bedrapen: betreffen
bedräplich: rührig; flink
begähren: brausen
begäng: im Gange; vorhanden
begäuschen: beschwichtigen
begnäugen: begnügen
begrapen / begrifen: grau werden
begripen (sick ~): an sich halten
begrismulen: anführen
behöllern Kopp: gutes Gedächtnis
beiden: bieten
Beist: Bestie; Vieh
Beker: Becher
belämmern: behindern
beluren: erwischen; hintergehen
benaut: beklommen
beräuhmen: rühmen
Besäuk: Besuch
besöcht: besucht
Bessen: Besen
beswimen: ohnmächtig werden
bet / bis: besser; mehr
betämen: beruhigen; zugute tun
beten / beting: bisschen
betsch: bissig
bewandt: erfahren; brauchbar; in Ordnung
Bicht: Beichte
Bick: Hacke
Bidisch: Nebentisch
Bihaspel: Anhängsel
Bild / Biller: Bild; Bilder
bileiw: beileibe
bilöpig: beiläufig
bindelst: innerst
Bir: Eder; Bier
Bisteri / Bisternis: Verwirrung
bisterig: irreführend; verworren
bistern: in die Irre gehen
biten: beißen
Bladd (em schütt dat ~): er erschrickt
blag: blau
blänkern: glänzen
blansieren: balancieren
Blaud: Blut
bläuhn: blühen
Blaum: Blume
bläustrig: erhitzt; aufgedunsen
bleken / blöken: bellen
blennen: blenden

Blenner: Blender
blennig: blendend
Bliß: weißer Stirnstreifen der Kuh
blöcken: auf den Leisten schlagen
Blösser: dicker Junge
blöst: bläst
blot: bloß
blött: geblutet
blucken: blitzen
Bodden: Boden
Böffkens: Beffchen
bögen: biegen
Böhr: Trage
böhren/bören: heben
boll: unterhöhlt; hohl
Bolten: Ballen (Leinwand)
Bom, Pl. Böm: Raum
bom(en) still: ganz still
bor: bar
Bor: Bär
Bork: Borke, Rinde
börnen: tränken; aufziehen
Bors: Barsch
Bort: Bart
bosen (sick ~): sich erholen
Bosheit: Ärger; Wut
Bost: Brust/Leib tau ~ slahn: essen
Bösten: Borsten
bösten: bürsten
Bott: Angebot; Auktion; Nutzen
Botter: Butter
Bottervagel: Schmetterling
Botting: Butterbrot
Brad: Braten
Brak: Brache
Bramwin: Branntwein
Branen: Augenbrauen
Bräsel: kurze Pfeife
bräsig: kräftig aussehen; mit vollen ro-
    ten Backen
Brassen: Brachsen (Fisch)
bräuden: brüten
Brauder: Bruder
Brauk: Bruch; Sumpfboden
Bregen: Gehirn
breiden: ausbreiten; wachsen
Breif/Breiv/Pl. Breiw: Brief
breken/brök: brechen
brenschen: wiehern
Brink: Anger
bröcht: bringt; gebracht
brött: brütet
Brud: Braut

brüden: foppen
brugen: brauen
Brügg: Brücke
Brüjam: Bräutigam
bruken: brauchen
Brümmer: große Fliege
Brus'bort: Hitzkopf
Bucht: Abschlag im Stall
Buck: Bock; blinder Passagier
bucken: sich bücken
Buddel: Flasche
Büdel: Beutel
bugen: bauen
Buk: Bauch
büken: (Wäsche) in Lauge tun
bülgen: wellen
Bullkater: Unwetter
bummenstill: ganz still
bün: bin
bündeln: ausreißen
bünn/bunnen: band; gebunden
bünzeln: knoten; binden
Bur: Bauer
Bür: Bettüberzug
Burd: Bord; Ufer
Burken: Vogelbauer
Burmeister: Bürgermeister
burren: schwirren
Burrkäwer: Maikäfer
Burt: Bord; Rand
Büß: Büchse
Bussen: Busen; Brust
bussen: beschwichtigen
butelst/bütelst: äußerst
buten: außen
Bütt/Butte: Flunder; Bütte
bütt: bietet
buttern: pochen
büx: Hose

Calür/Clür: Farbe
'ck = ich
Coryhon: Korridor

Dacht: Docht
Dack: Dach / up dat ~ stigen: prügeln
däg: gedeihen
Däg: Bilsenkraut
dägen/dägt: taugen
dägern: gänzlich
Dagfru: Tagelöhnerin
dägt: tüchtig
Dak: Nebel

dal: nieder
Däl: Diele, Hausflur
Dalf: Tölpel
dalluhrig: niedergeschlagen
Dämelklas: Dummkopf
Dämelsack: Dummbeutel
Dämlack: Dummkopf
dammeln: gedankenlos sein
Dannenküsel: rundes Fichtenwäld-
chen
Dannenquäst: Fichtenzweig
Darr: Fieberhitze; eine Vogelkrankheit
Däs: Halbschlaf; Gedankenlosigkeit
Däsel / Däs'bartel / Däs'Kopp: gedan-
kenloser Mensch
däsen: gedankenlos sein
Dätz: Kopf; Schädel
dau: du, du da
Dau: Tau
däuen: tauen
dauhn / daun: tun
Dauk: Tuch
Daumaddik: Regenwurm
Däwk (nig Zapfen): kleine Nase;
Pfeifchen
Deg: Gedeihen
Degel: Tiegel
degt: tüchtig
Deigap: Spottname der Bäcker
deinen: dienen
Deinst: Dienst
Deinsten: Dienstboten
deip: tief
Deiw: Dieb
Del / Dehl: Diele, Hausflur
Demolei: Händel; Streit
Deuker: Deutscher
Deuwel: Teufel
dicht holen: verschwiegen sein
digen: gedeihen
Dik: Teich
Ding (sin ~ dauhn): seine Schuldigkeit
tun
Dingsdag: Dienstag
Dirt / Pl. Dire: Tier
Dis: Flausch
Distel: Deichsel
döfft: getauft
Dönsk: Stube
döpen: taufen
dor: da
Dör: Tür
Dörensüll: Türschwelle

dörtig: dreißig
Dösch: Dorsch
döschen: dreschen
Döst: Durst
dow: taub
Dracht: Tracht; Tragholz
drächtig: trächtig
drad: schnell; bald
Drag'knuppen: Knopf
Draf: Trab
Drähnbartel: Schwätzer
drähnen: dröhnen; langweilig;
schwatzen
Drähnsnack: Geschwätz
Drähnung: Erschütterung
Drakasten: Kommode
drang: eng; fest
Drank: Trank; zusammengegossene
Speisereste für das Vieh
drapen: treffen
drauhn: drohen
Draußel: Drossel
Draww: Trab
dreien / dreigen / dreihn: drehen
dreigen: trügen
Dreiguner: Dragoner
Dreih: Gegend; Periode
Dreisch: ungepflügtes Feld
drellen: drehen; flechten
dresseln: drechseln
Drift / Driwwt: Triftweg
driftig / driwwtig: durchtrieben
Drittel: Münze (etwa 2 Mark)
Driwbedd: Mistbeet
driwen: treiben
driwens: sofort; geradenwegs
Driwwel: innere Unruhe
dateg: trocken
Drom: Traum
Drömt: halber Wispel
Drüddel: $^2/_3$ Taler
drummeln: stumpf abschneiden
Drümpel: Haufen
Drupp / Druppen: Tropfen
drüppeln: tröpfeln
Drus / Drussel: Halbschlaf
drusen / drusseln: schlummern
Drüttel: $^2/_3$ Taler
Druw: Büschel; Traube
dücht: deucht
duhn / dun: trunken
duken: ducken; tauchen
duking: du (diminutiv)

duknackt: gebückt
dull: toll
dullen hewwen (den ~): wütig sein
Dümpel: Tümpel
dümpeln: niederdrücken
dun: betrunken
dunn: dann; damals
Dunner: Donner
dünnriwwig: schmächtig
Düp: Tiefe
Dur: Dauer; Tor
dür: teuer
duren: bedauern; währen
dürig: töricht
Durn: Dorn
Durtig/Dürten: Dorothea
Düsel: Dusel
düsen: im Dusel sein; fördern
düsig: schwindig
Dutt: Bausch; Klumpen
Duw: Taube
Düwel: Teufel
Duwellfechter: Duellant
Düwelssätz: Teufelsstreiche
duwwet: doppelt
dwars/dwas: quer
dwätern: schlendern
Dwatsch: Quatsch
dynsen: (am Dionystage) umziehen

e: da
eben: leise; eben
ebendrächtig: bedenklich
echter Johr: nächstes Jahr
Efa: Efeu
Egel: Igel
Egger: eggender Knecht
Egt: Egge
Ehl: Elle
ehr: ihr; sie; ihnen
eien: liebkosen
Eigendaum: Eigentum
Eigerühr: Rührei
Eik: Eiche
einremsen: einschärfen
eins: einmal
Eller: Erle
em/en: ihm; ihn
Emmer: Eimer
En'n: Ende / in ~: in die Höhe
ens: einmal
entfamt: infam
entlanken: entlang

Epha: Efeu
eten/ett: essen
Etstuw: Speisezimmer
extern: quälen

Fack: Fach
Fahlen: Fohlen
Fahlenstaut: Stute mit Fohlen
fäkeln: fächeln
Fang: Fuge
farig/fahrig: fertig
Farken: Ferkel
farwen: färben
fast: fest
Fast: First
faten: fassen
Fats: Griff
Fatt: Faß
fäuden/född/fött: füttern
Fauder/Fuder: Futter
faudern: füttern
fäuhlen: fühlen
Faut / Pl. Fäut: Fuß
Fauttappen: Fußtapfen
Fedder: Feder
fel: fiel
Feld/Pl. Feller: Feld
Fewer: Fieber
ficheln: fächeln
Fick: Rocktasche
Fik / Fiken: Sophiechen
fikatzen: hetzen; treiben
finnen: finden
Finster / Finsterlucht: Fenster
Finzel: Fetzchen
Firburß: arbeitsloser Gesell
firn: fern
Fisematenten: Finten
fisseln: fein regnen oder schneien
fital: fatal
fiw: fünf
flack: flach
Flack: Fleck
Fladdus: altmodische Haube
Flag / Pl. Fläg: Fleck; Strecke
flagen: geflogen
fläkern: schweifen
Flapp: Maul
Flaß: Flachs
flässen, von ~: von frischem
flaten: geflossen
Flätz: Flegel
fläumig: trüb

Flaut: Flut
Fläut: Flöte; Pfeife
fläuten: pfeifen; flöten
Fleder: Flieder
Fleig: Fliege
fleigen: fliegen
fleiten: flietzen
fligen: fügen; ordnen
flirren: flimmern
Flit: Fleiß
flitschen: schlüpfen
Flott: Flosse
Flücht / Flunk: Flügel
Flur: Flor
flutschen: schlüpfen
flütt: fließt
född: fäuden
föddern: fordern
föft: fünfter
föfteihn: fünfzehn
Fohr: Furche
fohren: fahren
fohrig: unstet
folgen: falten
föllt: fällt
Folten: Falten
för: vor; für
förfötsch / fürbaß: unverweilt
Föster: Förster
fött / fot / föt: fasst
fött: füttern; gefüttert
fram: fromm
fransch: französisch
Fred: Friede
Fres: Halskrause
freten: fressen
fri: frei
frigen: freien
Frigeri / Frigeratschon: Freierei
Frittbohrer: Handbohrer
frod warden: gewahr werden
fröggt: fragt
Frölen: Fräulein
frömb: fremd
Frömd: Fremde
Fru: Frau
Frugensvolk: Frauensleute
Fründ / Pl. Frünn: Freund
Fründschaft: Verwandtschaft
früst: friert
fuchsen: betrügerisch spielen
fucht: feucht
fuchten: gefochten

füchten: anfeuchten
Fuck: leichter Stoß
Füer: Feuer; Rotlauf
führen: fahren
ful: faul
fummeln: herumtasten
funn / fünn / funnen: finden
Furrik: Tasche
furriken: mit der Hand zwecklos her-
umfahren
furt: fort
furtsen: sofort
fuschern: suchend greifen; tasten
Fust: Faust
futern: fluchen

gadlich: passlich; ziemlich groß
Gadung: Größe; Gewicht; Menge
Gagel: Zahnfleisch
gahn: gehen
gäng un gäwe: gang und gäbe
Gant: Gänserich
gapen: gaffen
garwen / garben: gerben
gaschen: grobwollen
Gasten: Gerste
Gäten, in ~: in Güssen
gaud: gut
Gaus / Pl. Gäus: Gans
Gaw: Gabe
Gawel: Gabel
Gebeid: Gebot
Gebel: Giebel
gebirden: gebärden
Gebruk: Gebrauch
Gedrähn: fades Geschwätz
Gedriw: Wirtschaft
gedüllen: gedulden
Gefäuhl: Gefühl
Gegenstand leisten / Stange halten:
gleich tun
Gehäg: Fröhlichkeit
geil: üppig
geiten: gießen
Gejacher: lautes Herumtoben
Geklähn: Geschwätz
Gekrauwel: Gewimmel
gel / gelbunt: gelb; laut
Gelgaus: Goldammer
Gelgeiter: Geldgießer
Gelind: Brettereinfassung
gellen: gelten
gellrich: gelblich

544

gelp: üppig; übermütig
gemeten: gemessen
genäwer: gegenüber
geneiten: genießen
Gepedd: Getrete
Gerohr: Geschrei
Gerummel: Getöse
Gerümpel: Rumpelkasten
gescheihn: geschehen
Gesinn: Gesinde
Geslaw: Sklaverei
Gest: Hefe
getacht: geartet
Getagel: Geprügel
Gewarw: Gewerbe; Auftrag
Gewel: Giebel
gewen, sick ~: nachgeben
gewennt: gewöhnt
Gewes: Aufheben
Gewirk: Werk
gewohr: gewahr
Gewrägel: Gezerre
Gezanzel: Geschwätz
Gezauster: Gezänk
gichten: ärztlich bescheinigen
Gill: Gilde
giprig: gierig
girn: gern
gistern: gestern
Giwwel: Gelüst
Giwwt: Gabe; Mitgift
Glast: Glanz
glattsnacken: schmeicheln
glau: frisch; glänzend
gläugnig: glühend
gläuhn: glühen
Glaut: Glut
gliden: gleiten
glik / gliksten: gleich; sogleich
gliken: gleichen
Glow: Glaube
glöwen: glauben
gludern: von unten oder schielend an-
    sehen
glupen: glotzen
glupsch: heimtückisch; groß
gnägeln: knarren; stöhnen
gnagen: nagen
gnäglich: verdrießlich
gnaren: knarren
gnitterig / gnittig: mürrisch
gnittern: knirren
gnittschäwsch: hämisch; neidisch

gnuckern: stoßen; ausstoßen
gnurschen: knirschen
gollen: golden
Göps: beide zusammengehaltene
    Hände voll
gor: gar
Gör: Kind
Gördel: Gurgel
Goren: Garten
görig: kindisch
Gorn: Garn
Gössel: junge Gans
Graden: Gräten
Gräfnis: Begräbnis
grag: grau
gragen: ergrauen
grälen: schreien
Grapen: Kochtopf
grapfen: gierig greifen
Grappen: Einfälle
gräsen: grausen
gräun: grün
graw: grob
Graww: Grab
grawweln: grabbeln
Gregorius: Chirurgus
grell: hell; schnell
gries: grau
grifflachen: grinsen; lächeln
grimmeln: grau schimmern; kribbeln
grinen: grinsen
gripen: greifen
Grips: Auffassungsgabe
gris: grau
Grössings: Großeltern
grot: groß
Grött: Größe
groww / flektgraw: grob
gröwwt: gräbt
Grugel: Grauen
grugen: grauen
grullen: grollen
Grünn: Gründe
Grus: zerbröckelter Schutt
grusen: ärgern; zerkrümmeln
grusig: grausig; rau
Grütt: Grütze
grüweln: grübeln
Gullen: Gulden
güllen: golden
gun: guten
gungeln: betteln
günsen: stöhnen

Gust: August
gütt: gießt

Hackels: Häcksel
hacken: haften
hadd': hatte
Häg: Fröhlichkeit
hägen: freuen
häglich: vergnügt
Hahnenschrag: Hahnenschrei
Hak: Haken; radloser Pflug
Häkel: Flachshechel
Hakelwark: Zaun aus Pfählen und
   Dorn
haken: pflügen
Häker: Pflüger
halen: holen
Hals gewen: Rede stehen
halwig: halb
Hamel: Hammel; Schmutzsaum
hamern: hämmern
Hämp: Hanf
Handgebird: Handhebung; Hand-
   arbeit
handslahn: gestikulieren
Handspeik: Handspeiche
Hanne: Johann
Hansbunkenstreich: Narrenstreich
Hanschen: Handschuh
Hart: Herz
hartfratsch: nicht leckerig
harthürig: schwerhörig
hartlich: herzlich; ziemlich groß
Hartvoll: Herzblatt der Pflanze
Harwst / Harst: Herbst
Harwsts: im Herbst
hasseln: von Haselholz
hässig: gehässig
Hau: Hieb; abgeholzte Waldstelle
Haud: Herde
häuden: hüten
Hauf: Huf
Hau(h)n: Huhn
Häuken: Zicklein
Häukendräger: Mantelträger
Häuning: Hühnchen
Häupter: Oberhaupt
Hauschur: Werkstatt
   (des Rademachers)
hausten: husten
Haut / Pl. Häud: Hut
Hautsner: Hutschnur
Hauttöppel: Kopfstück des Huts

Hauw: Hufe
Haw: Habe, Gutshof
häweln: kindisch scherzen
Häweltasch: Lachschwester
Hawen: Hafen
Hawer: Hafer
Häwk: Habicht
Hawstäd: Gehöft
hei: er
Heid / Hede: Berg
heil: ganz
Heilschrift: Christgeschenk
heil un deil: ganz und gar
heisch: heiser
heit: heiß
heiten: heißen
Hekel: Flachshechel
Hekt: Hecht
helleweg: glattweg
hellig: hell
Hemdsmaugen: Hemdsärmel
Hemp: Hanf
herümmer: herum
herun: herunter
Hester / Heister: Elster
Hes'wesen: Unruhe
heweln: kindisch scherzen
Hewen: Himmel
hewen: heben
hewwen: haben
Hickup: Schlucken
hiddlich: hastig
hild / flekt hill: eilig; sehr geschäftig
Himphamp: Mischmasch; Umschweife
hin'n: hinten
Hinne / Hinner: Heinrich
hinnern: hindern
Hird: Herd
Hiring: Hering
Hitt: Hitze
Höcht: Höhe
Hock: Getreidemandel
hödden: hüteten
höger: höher
hohalieren: Hallo machen
holl: hohl
höll: hielt
Hollänner: Molkereiinhaber
hollen: halten
Holt: Holz
Holtschrag: Häher
Hop: Haufen
Hor: Haar / in ~: barhaupt

horen: schärfen
horig: haarig
horken: horchen
Hottepirken: Hottepferdchen
hottern: langsam fahren
Hott- un Kühlwirtschaft: verkehrte
  Wirtschaft
Höwt: Haupt; Stück
hucheln: lachen
huchlig: lachlustig
huddlig: bebend
huhlwaken: sich mit Mühe wach hal-
  ten
hujahnen: gähnen
Huk (in de ~ sitten): niederhocken
Hüker: Schemel
Hülp: Hilfe
Hümpel: Haufen
Hün un Perdün: mit; mit allem
Hupen: Haufen
Hür: Lohn; Miete
hüren: hören
Hurn: Horn
Hurricken: (versteckt) herumhocken;
  heimlich hüten
Hüsung: Wohnung; Niederlassungs-
  recht
Hut: Haut
hüt: heute
Hütt un Mütt: mit; mit allem
Huw: Haube; Mütze

idel: eitel; rein
Iding: Idachen
ihr / ihre: eher
Ihr: Ehre
ihrer: eher
Il: Eile; Blutegel
Ilk: Iltis
Impas: Eingriff; Störung
inbliwen: zu Hause bleiben
Infall: Einfall
Ingedäum: Eingeweide
inklarren: einschmutzen
inremsen: einschärfen
inrustern: einrosten
Inspringelgeld: Eintrittsgeld
inspunnen: einsperren
intagen: eingezogen
Intog: Einzug
Irbeer: Erdbeere
Irbitzsch: Hänfling
Ird / Ir: Erde

irnst: ernst
Irrbaum: Irrtum
irst: erst
Is: Eis
Isen: Eisen
itzig: derselbe; jetzig
Iwer: Eifer

jachern: spielend umherjagen
jagen: hastig eilen
Jäger (gräun ~): grüner Frosch
jäken: jucken
janken: lechzen
jaulen: winseln
je: ja
jedwer: jedweder
ji: ihr
jichtens: irgend
jo: ja
Jochen: Joachim
jog / jöggt: jagte; jagt
Johr: Jahr
jöhrig: jährig
jökeln: scherzen
Jüch: Joch
jug: euch
jüh: vorwärts
Julklapp: Christgeschenk
Jumfer: Jungfer
junkerieren: den Junker spielen

Kaben: Schweinestall
Käd: Kette
Kader: Doppelkinn
Kaff: Spreu
Kaffschriwer: Verwalter
Kahl: Kohle
Kahr: Karre
Käk: Küche
kaken: kochen
Käksch: Köchin
Kalasch: Prügel
kalaschen: prügeln
Kalür: Couleur
Kalw: Kalb
Käm: Kümmel
Kamellen: Kamillen
kamen: kommen
Kamp: (eingehegtes) Feld
Kamum: Kardamom
känen: können
Kantappel: Calville; Kantapfel

Kanthaken: ein Haken zum Umkanten
   von schweren Stücken beim Verladen
kappenieren: kaputt machen
Kapprusch (jüd.): gemeinschaftliche
   Sache
Kark: Kirche
Karmenad: Karbonade
Karn: Kern
Karnallenvagel: Kanarienvogel
Karnallie: Kanaille; Pack
Karninken: Kaninchen
Karw: Kerbe
Kasbom: Kirschbaum
Kätel: (bildlich) Endchen
Katen: Tagelöhnerhaus
Katt: Katze
Katteiker: Eichhörnchen
Kauh: Kuh
käuhl: kühl
Kauken: Kuchen
Kawel: Ackerteil; Los
Kawen: Schweinestall
Käwer: Käfer
keddeln: kitzeln
Keime: Kieme
Kek: Mund
kek: sah
Kekelreim: Jungenband
Kellen up: mit der Kelle schöpfen
Kes: Käse
Ketel: Kessel
ketteln: kitzeln
Kihr (tau ~ gahn): sich drehen und
   wenden; toben; überlegen; jammern
kihren: kehren
kiken/kickt: gucken; guckt
Kil: Keil
Kin: Keim
Kindelbir: Tauffest
Kindjees: Christgeschenk
kinen: keimen
Kinner: Kinder
Kip: Kober
Kirl: Mann
Kitter: Glaser
kiwen: zanken; keifen
Kiwitt: Kiebitz
klabastern: trampeln
Klaben: Klauen
Klackeierkauken: missratene Sache
Klacken: Flecken; Häuschen
klänen: schwatzen
klaren: kratzen

klarren: bespritzen
Klas: Nikolaus; Dummkopf
klaspern: klettern
kläterig: wässerig; kläglich
klätern: klappern
Klats: Kollation; Mahl
Klatsch: alte Kuh
klattern: klettern
klätternatt: klatschnass
klauk: klug
Klauk: Verstand
Klaw: Klaue; Kloben
Kled: Kleid
Kledasch: Kleid
Kledrock: Frack
kleien: kratzen
Klenner: Kalender
Klewer: Klee
klistern: kleistern
kliwen: kletten
Klock: Uhr
klockenig: vollgeschlagen
klöppern: klopfen
klor: klar
Klorrhack: plumper Fuß
klotzen: glotzen
klöwen: spalten
Kluck: Gluckhenne
klucken: aus der Flasche trinken
Klugen: Knäul
Klump: Kloß; Hause
Klunker: Klumpen
Klunkfuß: Klumpfuß
klunzig: klitschig
Klür: Farbe
klüstern: klügeln
Klut: Erdscholle; Klump
klüten: mit Kluten werfen
Klutenpedder: spöttisch für Landmann
Klüter: Klümpchen
klüwen: klauben
Knaggen/Knorren: dickes Stück
knäglich: kläglich
Knaken: Knochen
Knäp: Kniffe
knäseln: tasten; knittern
knaß: eng
Knast: Ast; Knorren
Knaw: Knabe
Knäwel: Knöchel; Finger
Knei: Knie
knendlich/knenlich: auf Knien
knenlich: zart; schmächtig

kneweln: knebeln
Knip: Klemme
knipen: kneifen
Kniper: Schließer; Polizist
Knirk: Wacholder
knobeln: würfeln
Knop: Knopf
knöpen: knöpfen
Knuff: Stoß
Knupp: Knospe
Knuppen: Knoten
knüppen: knüpfen
knusen: beißen
Knüteri: Schnitzerei; Holzarbeit
knutschen: knautschen
Knütt: Strickzeug
Knüttelsticken: Stricknadeln
knütten: stricken
Knuwwlock: Knoblauch
kohlen: schwatzen
kohlsuren: (Böses) einrühren
kolt/flekt/koll: kalt
Kop: Kauf
köpen: kaufen
Kopp: Kopf
Koppel: eingehegtes Feld
Kopper: Kupfer
köppern: kupfern
koppheister: kopfüber
köpplings: kopfüber
Körbs: Kürbis
kören: schwatzen
Korl: Karl
kort: kurz
Kort: Karte
Korw: Korb
Köst: Mahl
Köster: Küster
Köter: Hund
Krabaten: Kroaten
Kräkeli: Streit
kräkeln: streiten
kraken: krächzen
krall: grell; scharf
Krall: Koralle
kränsch: mutig
K'rant: Kurant (1 meckl. Taler = 1 $^1/_6$ Taler Kurant = 3 $^1/_2$ Mark)
Kräpel: Krüppel
kräpeln: mühsam gehen
krapen: gekrochen
krapieren: krepieren
Krasch: Courage; Mut

kräsig: frisch; munter
Krät: Kröte
Kräten: Kröten; Geld
krätig: kratzig
Kratz (gahn in de ~): verloren gehen
Kraug: Dorfkrug
Kräuger: Krüger
Kräumel: Krümel
Kraun: Kranich
Kraus: Krug
krawweln: krabbeln
kregel: munter
Kreih: Krähe
kreihen: krähen
Krett: Schoßkelle
krewthölkern: krebsen
kribbeln: ärgern; reizen
Krid: Kreide
krischig: kreischend
kriwweln: kribbeln
Krock: Grog
Kropp: Kropf
kroppen: einen Kropf haben
kröppen: Bäumen den oberen Teil ab-
hauen
Kropzeug: kleines Volk
Krübbensetter: Krippensetzer
Krümp (in de ~ gahn): schwinden
Krünkel: Kniff im Papier
krünkeln: zerknittern
krupen: kriechen
krus: kraus
krüsen: kräuseln
Krut: Kraut
Krutschen: Karauschen (Fisch)
Krüww: Krippe
Krüz: Kreuz
Kruzen: Karauschen
Kuffert: Koffer
Kuhl/Kul: Grube
Kuhnhahn / Pl. Kuhnen: Puter
Küken: Küchlein
Küll: Kälte
külpen: anglotzen
Külpen: unreifes Obst
Külpopen: Glotzaugen
kum: kaum
künn / kunn: konnte
Kunn: Kunde
künnig: bekannt
künnigen: kündigen
Küp: Kufe

Kurant: Geld (1 meckl. Taler =
1^1/$_6$ Taler Kurant = 3 ^{1}/$_2$ Mark)
kuranzen: in der Courante (einem alten
   Tanz) hochschwingen
kurlos: trostlos
Kurn: Korn
Kurnburr: Korntrommel
Kus: Backzahn
Küsel: Kreisel
küseln: drehen
Küssen: Kissen
Kwes: durch Druck entstandene Blase

labbrig / lawwrig: fade
laben: loben
lack: leck
Lack / Leck: Makel
Lad: hölzerner Koffer
läd: legte
Läg: Lüge
lagen: gelogen
Lägner: Lügner
Lak: Leintuch
lakensch: aus Tuch
Langkäng / Lanking: Ranking
langtägisch: langgezogen
lanker: entlang
Larm: Lärm; Auflauf; Haufen
lasten: bezahlen
lat: spät
laten: lassen; gut kleiden
Läuchen: Lohe; Feuerschein
Läus: Geleise
Läusch: Schilf
Läuschen: Schnurre; Erdichtung
Laut: Volkshause; Koppel (Hunde)
Lauw: Laube
lawen: loben
lecken: triefen
Leckog: Triefauge
Led: Leid; Lied
ledden: leiten; treiben
Ledder: Leiter; Leder
leddig: leer
leg: schlimm
leggen: legen
leidig: schmerzlich; wehmütig
leigen: lügen
leihnen / leinen: leihen
Leim: Lehm
Leimtrad: Göpelgang (der Ziegelei)
leiw: lieb
Lenn: Lende

lep: lief
Lepel: Löffel
let / lett: ließ; lässt
Lewark: Lerche
lewig: lebendig
Lex: Lektion
licht: leicht
licken: lecken
lickmünnen: sich den Mund lecken
liden: leiden
liggen: liegen
Lihr: Lehre
lihren: lernen; lehren
Lik: Leiche
Likburn: Leichdorn; Hühnerauge
liken: laichen
likerst: gleichwohl
liksterwelt: ganz gleich
liktau: geradezu
Lim: Leim
Lin: Lein; Leine
lingelang: der Länge nach
linnen: leinen
linnern: lindern
lis / lisen: leise
litt: leidet
Liw: Leib
liwen: leben
liwlich: leiblich
Lock: Loch
löd / lud / lödt: ladet
loffen: losen
Lop: Lauf
lopen: laufen
Löper: Läufer
Loppen: Bündel
Low: Laub
Lowise: Luise
Loww: Lob
Lucht: Luft
Lücht: Laterne
lüchten / luchten: leuchten; hochheben
lud: laut
Lud: Laut
Lüd: Leute
luden: lauten
lüden / lüdden: läuten
ludhals: laut
lüftig: durchtrieben
Lum'm: Lumpen
lumpen: hinken
luren: lauern
lurig: lauernd; verschmitzt

lusen: ablausen
luter / lute: lauter
lütt: klein / bi lütten: allmählich
Lüttabendbrod: Vesperbrot
Lüttjedünn: Dünnbier

Maat: Maß; Genosse
Mad: Made; Moder
maden: mit Moder düngen
Mafäuken: Winkelzüge
Mag: Magen
mägen: mögen
Mager (kamen an't ~): empfindlich tref-
fen
Mähl: Mühle
Mak: Mache
maken: machen
Mäken: Mädchen
Mallür: Malheur
man: nur
Man: Mond
Mand: Monat
mang: zwischen
mankerdörch: zwischendurch
männig: manch
marachen: quälen
Maratz: Morast
Mark: Markt
marken: merken
Markür: Kellner
Mäsch: Waldmeister
masig: weich; reif
mastig: beleibt
Mat: Maß
Mäten: Mädchen
Matt: Metze
Maud: Mut
mäud: müde
Maugen: Ärmel
Mäuh: Mühe
Mäum: Muhme
Mäusekül: Mörserkeule
Mehlpamp: Mehlbrei
Meid: Pacht; Miete
meiden: pachten; mieten
meihen: mähen
Meiher: Schnitter
m(e)indag nich: niemals
Meisk: Meise
Melk: Milch
Melkrägel: Melkplatz
mellen: melden
Mellstang: Meldestaude

menglieren: einmengen
Meß: Mist; Messe
mesten: misten
meten: messen
Metz / Metzer: Messer
mihr: mehr
Mil: Meile
Milt: Milz
Min: Miene
minn: gering
Minsch: Mensch
Mirkens: lächerliche Gebärden
mit (em is dat ~): ihm ist das recht
Mit: Schober; Dieme
Modd: Moder
Moder: Mutter; Frau
Mogelant: Betrüger
Moll: Mulde
Möller: Müller
Molt: Malz
monkieren: mokieren
mör: mürbe
Morr(e)n: Morgen
Morrkuhl: Modergrube
Mort: Alp; Marder
Möt (in de ~): entgegen
möt: muss
möten: begegnen; hindern
möten: müssen
moy: schön
muchlich: muffig
muddeln: unordentlich arbeiten; übel-
riechend werden
muddlich: unordentlich; unsauber
Mügg: Mücke
Muhr: Mohr
Mul: Maul
mulapen: mit offenem Munde dasitzen
Mulderjahn: Malaga
Mümmel: Wasserrose
Mundsmack: Leckerbissen
Munn (in ~): im Munde
münnig: mündig
munstern: mustern
Mur: Mauer
Murd: Mord
Müs marken: Verdacht schöpfen
Musbock: männliche Maus
Musch: Moos
Musche: Monsieur; Herr
Muscheln: (ins Bett) einwühlen
Muschüken: Dimin von Musche; Zwie-
back

musen: mausen
Mutten: Motten

na: nun
Nackenpummel: Schlummerrolle
Nägelken: Nelken
nägen: neun
nägenklauk: überklug
nägt: neunte
Nahmadheu: Grummet
Nahr: Narr
nahren: narren
nahrens: nirgends
nahst / nahsten: nachher
Nahwer: Nachbar
nahwern: beim Nachbarn sein
nälen: säumig sein
nankängsch: aus Nanking (Zeugstoff)
Nar: Narr / sinen Naren Zucker geben:
    sich einen Spaß machen
Näs: Nase
Näsel: langsamer Mensch
Näswater: Naseweis
Nät: Nuss
näten: nässen
natt: nass
Natt un Drög: Trank und Speise
natt Johr: schlechte Ernte; nichts Gutes
nau: genau
naug: genug
nauhorig: dünnhaarig
näumen: nennen
Naw: Nabe
näwkig: geizig
nedder: nieder
Neg: Nähe
neg: nahe
negen: neun
neigen / neihn: nähen
Neiting: Agnete
Nestdutt: Nestküchlein
Nett: Netz
Nettel: Brennnessel
Newel: Nebel
ni / flekt / nig: neu
nickköppen: zustimmend nicken
niglich: neugierig
Niglichkeiten: Neuigkeiten
nilich: neulich
nipp: genau
Nod: Not
nödigen: nötigen
Nor: Narbe

nörricken / nörksen: grunzen; räuspern;
    schnuppern
notewis: notdürftig
Nück: Laune
nüdlich: niedlich
nührig: hungrig
nülich: neulich
nümms: niemand
nuschen / nüschen: prügeln
nusslich: saumselig
Nüte: Snut (in der Kindersprache)
nütt: nütz

ochsbändig: stark wie ein Ochse
Og: Auge
Ogenfrangen: Augenbrauen
Ohr: Ähre
ok: auch
Olewang: eau de lavande; Lavendel-
    wasser
Öller: Alter
öllerhaft: ältlich
Öllern: Eltern
olt / öller: alt; älter
oltlings: vor Alters
Ördel: Orgel
örgeln: orgeln
orig: artig
ornlich: ordentlich
Orre: Order
Ort: Art
Oß: Ochs
Ossenpantüffel: Erztöffel
öt: zimperlich

Packeneelken: Gepäck
Päd / Päding: Pate
Padde: Frosch
Paddock: Gehege
Pagel: Paul
Pagelun: Pfau
Pahl: Pfahl / ~ trecken: abziehen
Pähl: Pfuhl
Päk: Salzlake
Pamel: Semmel; Milchbrot
Pampuschen: Pantoffeln
Pann: Pfanne
pännen: pfänden
Pänner: Feldhüter
Pantüffel: Pantoffel; Kartoffel
Pardullge: Bredouille
Parl: Perle
Parr: Pfarre

Paß gewen: achtgeben
Paul: Pfuhl
pedden: treten
Pegel: $^1/_5$ Liter
Peik: Pike
Peiterßill: Petersilie
Pekett: Bukett
Peper / Päper: Pfeffer
perdollsch: linkisch
permüffig: faulig riechend
Persch: Pfirsich
Phantom: statt Phaeton
Pick: Pech
Pietsch: Peitsche
pil: aufrecht
Pin: Pein
Pingsten: Pfingsten
Pip: Pfeife
Pipenpurrer: Pfeifenräumer
piplings: strömend
Pird / Pl. Pier: Pferd
pisacken: quälen
Pistolett: Goldmünze
Plack: Fleck; Plage
Plämp: Seitengewehr
Plasterschinken: gekochter Schinken
plätern: plätschern; klatschen
Plaug: Pflug
pläugen: pflügen
Pleg: Pflege
plinsen: weinen
pliren: blinzeln
plitsch: politisch; gewandt
Plumm: Pflaume
Plünnen: Flicken
plünnern: plündern
plusen: zausen
plusig: plustrig; zerzaust
Pogg: Frosch
Poggenstaul: Pilz
pohlen: unverständlich reden
pohlschen Bogen: Bausch und Bogen
Poll: Schopf
pöllen: pellen
Pomuchel: Dorsch
Popp: Puppe
Pöppel: Pappel
Por: Paar
Pörken: Pärchen
Posen: Federn
Pot: Pfote
Pott: Topf; 0,93 Liter
Pötter: Töpfer

Povist: Bovist (Pilz)
Pracher: Bettler
Prat: Rede
prat: parat
präteln: prasseln
praten: schwatzen
Prauw: Probe
prauwen / pröwen: proben
preislich: selbstgefällig
Prekademen: Bitten
Prekademussen: Umschweife
premsen: pressen
preschen: eilen
preß: drückend
prick: genau
Pricken: Pfahl
Prillmand: April
Prinzeß: Prozess
prölig: unordentlich
Prometer: statt Barometer
Proppen: Kork
provat: privat
Prück: Perücke
prünen: unordentlich nähen
prünig: schlecht genäht
puchen / pucke(r)n: pochen
Pückeln: Pickeln
pucklig: bucklig
Pudel: Krauskopf
pükern: aufzupfen
pummlich: klein und rundlich
Pump / Pl. Pümpers: Anleihe
pur: rein
purren: stöchern
Purt: Pforte
Pußmüling: Kussmäulchen
Pust: Atem
Püster: Blasebalg
Putahnten: Entlein
Pütt: Pfütze
putzlistig: komisch
puzzelanen: aus Porzellan

Qua(l)dux: Kröte
quanswis: beiläufig; wie absichtslos
quaren: weinen
quarig: weinerlich
Quäst: Wedel; Zweig
Quasterjan: Quassia (Baum)
quästern: ausforschen
Quedder: Bund (an der Hose)
Ques: durch Druck entstandene Blase
quesig: mit Blasen

quick: munter

Rabbhaun: Rebhuhn
racken: kratzen; schinden
Racker: Taugenichts
Rackerwohr: Gesindel
Radel: Kornrade
raden: raten
Rad'land: ausgerodetes Land
'raf(fe): herab
Rägel: Melkplatz
räkeln: röcheln
räken: rächen
rallögen: die Augen verdrehen
Rämel: Streifen; Rand; Hecke
rangen: klettern; ringen
rank: schlank
rapen: raffen
rastern: rasseln
rätern: lärmen; schelten
Rau: Ruhe
Raud: Rute
Räuder: Ruder
Räuk: Ordnung; Pflege
räuken: besorgen
räuklos: ruchlos
Raup: Ruf
raupen: rufen
Räuster: Ulme
Räuw: Rübe
'räwer: her-; hinüber
Rebbes: (jüd.) Gewinn
Rebeit: Revier
redden: retten
reden: geritten
Reif: Wagenfahrt
Reifenschriver: Gutsverwalter, der die
    Kornfuhren begleitet
regen: regnen
Reih (in de ~): in Ordnung
reihn: ordnen
reiken: reichen
Reim: Riemen
Reister: Riester
Reiswagen: Kornwagen
Rekel: Flegel
reken: rechnen
rekolljieren: erholen
rendlich: reinlich
Respit: Frist
Ribben: Rippen
Rick un Schick: richtige Fassung
riden: reiten

rik: reich
Rillen: Furchen
Rimels: Reim
rip: reif
risen: propfen
riten: reißen
Ritz: Borste
riw: verschwenderisch
riwen: reiben
Riww: Rippe
Rockelur: Mantel
Roddog: Rotflosse (Fisch)
Rodspohn: Rotwein
Rodwater: eine Rinderkrankheit
rögen: rühren; regen
Rohm: Rahm
rohren: schreien
Rok: Rauch
roken: rauchen
Rökerbähn: Rauchkammer
rökern: räuchern
rönnen: rennen
Röp: Raufe
röppt: ruft
roren: schreien
Rott: Ratte
Row: Raub
rowen: rauben
Röwer: Räuber
Ruch: Geruch
rückt: riecht
rug: rau; uneben
Ruhr: Rohr
rüken: riechen
Rüker: Riecher
Ruklas: Knecht Ruprecht
Rum: Raum
Rum (tau ~ kamen): herauskommen
rümen: räumen
Rummeli: Menge
rummeln: tosen; Korn reinigen
'rümmer: herum
'run: herunter
runksen: räkeln
Runn: Runde
runschen: rasseln: rauschen
'rup/ruppe: hinauf
Rup: Raupe
rüppe(l)n: bewegen; rütteln
russeln: rasseln; rascheln
Rust: Rost (Pilzkrankheit)
rustern: rosten
'rut/'rute(r): heraus

554

Rut: Fensterscheibe
Ruten: Karo
Rutsch: Fußbank

S': Sie; Ihnen
's: des
säben: sieben
sachten: sanft
sacken: sinken; in Säcke tun
säd: sagte
Sadel: Sattel
Saden: Gras-; Torfsoden
Sag: Säge
Säg: Sau
Sahl / Sal: Sohle
Sähn: Sohn
Sak: Sache
säker: sicher
Säl: Seil
Sälen: Geschirr
sälen: sollen
Salm: Rede (Psalm)
Salw: Salbe
Salwiett: Serviette
Säms: Gesims
Sanft: Samt
Sark: Sarg
satt: saß
säuken: suchen
Sauß: Soße
säut: süß
Säw: Sieb
Schaal: eine Beinkrankheit der Pferde
schaben: geschoben
Schacht: Schaft; Gerte; Schläge
Schacker: Krammetsvogel
Schalm: Kerbholz
Schämer: Schimmer
Schän: Schienbein
Schandor: Gendarm
Schäne: Christian
Schäp: Schiffe
schäpeln: scheffeln
Schapp: Schrank
schappieren: (franz.) echappieren; ent-
    wischen
Schapschinken: Gewehr
schaten: geschossen
schätten: schätzen
Schauh: Schuh
Schaul: Schule
Schäuler: Schüler
Schauster: Schuster

Schauw: Schar Vögel
Schäw: Schebe (Flachsabfall)
Schäw (~ riten): Schabernack spielen
schawen: geschoben
schawwig: schäbig
Scheid: Flurgrenze
Scheidelgrawen: Grenzgraben
scheif: schief
scheihn: geschehen
Scheit: Gewehr
scheiten: schießen
scheiw: schief
Schell: Schale; Schelte
schellen: schelten
Schenk: Einschenken; Büfett
Schepel: Scheffel
Scheper: Schäfer
Scherf: Schärpe
schesen: tanzen
Schick: richtige Gestalt
Schillerhus: Schilderhaus
schillern: schildern
schimmeln: weißhaarig sein
Schinken: Achsenende
schinnen: schinden
Schinner: Schinder
schir: bald
Schir: Schere
Schit: Dreck
schiwelich: übellaunisch
Schmuh: (jüd.) Gewinn
schmustern: (jüd.) schmunzeln
Schockelor: Schokolade
Schoot: Schoß
Schör: Scherbe
schörlaken: scharlachrot
Schört: Schürze
Schörtel: Schüssel
Schortfell: Schurzfell
Schörtkauken: Brezel
schorwarken: scharwerken; arbeiten
Schostein: Schornstein
Schot: Schoß
Schöttel: Schüssel
schrag: schräg
Schrag(en): Holzgestell
Schrank: Strohseil
schrapen: kratzen
schrat: schräg
schreg: schräg; schrie
schregeln: torkeln
schrigen: schreien
Schrittschauh: Schlittschuh

schriwen: schreiben
Schriwer: Schreiber; Verwalter
Schriwwt: Schrift
schröppen: schröpfen
Schruw: Schraube
schu: scheu
schüchern: scheuchen
schüdden: schütten; schütteln
Schudder: Erbeben; Schauer
schuddern: sich schütteln
schüddköppen: den Kopf schütteln
Schuer: Schuppen
schüern: scheuern
Schugel: Scheuche
schugen: scheuen
Schuhut: Uhu
schulen: versteckt blicken
Schuling: Schutz gegen das Wetter
Schullen: Schulden
Schuller: Schulter
schüllig: schuldig
Schülp: Schilf
schulsch: lauernd beobachtend
Schult: Schulze
schummern: dämmern
Schün: Scheune
Schupp (up den ~): in Hast
Schüpp: Schaufel
Schur: Schuppen
schüren: scheuern; schütteln
Schuteri: Tauschhandel
schutern: tauschen
Schütt: Schütze
schütt: schießt; grenzt
schütten: schützen
Schüttengill: Schützengilde
schuwen: schieben
seggen: sagen
sei: sie; ihnen
seien / seigen: säen
Seih: Träber
seihn: sehen
Seiß: Sense
seker: sicher
sel: selig
Semp: Senf
Senk (driwen tau ~): steckenbleiben
Sep: Seife
setten: setzen
sick: sich
sid: niedrig; seit; (weit und) breit
Simm: Schnur
simmen: schwirren

Sinig: (der) Seinige
sipern: sickern
sitten: setzen
slackern: schlottern
Slafitken: Flügel; Kragen
Slagläus: tiefe Wagenspuren
slahn: schlagen
Släks / Slaps: langer Schlingel
släpern: schläfrig
Slätel: Schlüssel
Släuf: Schleife
Sledurn: Schlehdorn
sleiht: schlägt
Sleit: Stange
Sleiw: Flegel
slepen: schleppen
Sleuer: Schleier
Sleuf: Schleife
sleusen: langsam bewegen
Sli: Schleie
Slick: Schlamm
Slipp: Zipfel
slippen: schlüpfen
Slir: Schleier
Slöp: Schleife
Slott: Schloss
Sluchter: Haufen
Sluck: Schluck; Schnaps
Sluder: Schleuder
Slump: glückliches Ungefähr
slüppen: schlüpfen
Slus: Hülse
Slusuhr: Hinterlistiger
sluten: schließen
Slüter: Schließer
Smäd: Schmiede
smäden: schmieden
Smädsch: Schmiedefrau
smäustern: schmunzeln
Smer: Schmiere
smidig: geschmeidig
smirksen: schnalzen
smiten: schmeißen
smöken: rauchen
smölen: qualmen
Smolt: Schmalz
smölten: schmelzen
smören / smuren: schmoren
smorgen: knausernd sparen
smüstern: schmunzeln
Snack: Geschwätz; Rede
snacken: schwatzen
snacksch: gesprächig

Snak: Ringelnatter; Schlange
snaksch: drollig
snart: schnell
Snartendart: Wachtelkönig
Snäsel: Naseweis
Snäw: Schnupfen
Sned: Schnitt
Snei: Schnee
Sner: Schnur
sneren: schnüren
snickenfett: schneckenfett
Snickermus: Schnecke
Snid: Schneide
snirren: knisternd sengen
snirten: spritzen
snorken: schnarchen
snuben: schnauben
Snuppen: Schnupfen
Snurrbüdel: Bettelsack
snurren: betteln
Snut: Mund; Nase
snuwen: schnauben
snuwweln: stolpern
söcht: sucht
Sod: Ziehbrunnen
Sog: Schluck
solten: gesalzen
söp: söffe
sörre: seit
söß: sechs
Sößling: halber Schilling
Sot: Ziehbrunnen
spaddeln: zappeln
Spars: Spargel
sparwid: sperrweit
Spatt: Spat (Pferdekrankheit)
spauden: sputen
Späuk: Spuk
Späukels: Gespenst
späuken: spuken
Spaul: Spule
späulen: spülen
Speigel: Spiegel
spelen: spielen
Spennenwew: Spinnengewebe
Sperenzen: Weitläufigkeiten
Spermang: Umstände; Störung; Zwist
Spijök: Scherz; Gespött
Spill: Spiel
spillunken: herumtoben; vergeuden
Spir: Strohhalm
Spirken: Endchen
spirlich: spärlich

Spitakel: Spektakel
Spitt: Spieß
Spitzbauw: Spitzbube
Spitzkopp: Schlaukopf
Spledder: Splitter
Spohn: Span
spöltern: spritzen
sporen: sparen
Sprak: Sprache
spreken: sprechen
Sprütt: Spritze
sprütten: spritzen
Spuz: Streich
Staathöller: Oberknecht; Vogt
staatsch: stattlich
staben: gestorben; verschwunden
Städ: Stelle
Stähl: Stiel
stähnen: stöhnen
Staken: Stange
staken: steifbeinig gehen; mit der Korn-
    gabel reichen
stäkern: stochern
stamern: stottern
stangeln: zappeln
Stang'tom: Stangenzaum
Stänner: Pfosten
stapeien: stapfen
Stark: Ferse
Start: Schwanz
starwen: sterben
statsch: stattlich
Staul: Stuhl
Staut: Stute
Stäwel: Stiefel
Stäwelschit: statt Steeplechase
Staww: Stab
steidel: steil
Steif-: Stief-
steinpöttig: eigensinnig
steken: stechen
Stel: Stiel
stemplich: stämmig
stenzen: zurechtstoßen
Stickelbeer: Stachelbeere
Sticken / steken: einen Streich spielen
Stig: Steig; Stiege
Stigelitsch: Stieglitz
Stirn: Stirn; Stern
stiw: steif
stiwen: steifen
Stock: Schimmelpilz
Stöffe(r): Christoph

Stohm: Staub
stöhmen: stäuben
stoppen: stopfen
Storm: Sturm
störten: stürzen
Stote: Stoß
stöten: stoßen
stöwen: stieben
Stoww: Staub
strack: gerade
straken: streicheln
Strämel: Endchen; Streifen
Strat: Straße
sträwig: sich stemmend; fest
Streking: umbrochenes Stoppelfeld
striken: streichen; streicheln
Stripen: Streifen
stripig: streifig; arg
Stripp: Band
strippen: melken
strizen: stehlen
Strom: junger Verwalter
ströpen: streifen
Ströper: Landstreicher; Strolch
Struk: Strauch
strüwen: sträuben
Struz: Strauß
Stüer: Steuer
Stuk: schlechte Laune
stuken: stauchen
Stülp: Stulpnase; Deckel
stunn/stünn: stand; stünde
Stunn's (up ~): jetzt
stur: groß
Stür hollen: Streit wehren
stüren: stören; steuern
sturr: störrisch; starr
Sturz up'n: sogleich
Stuten: Milchsemmel
Stütt: Stütze
stuw: stumpf
Stuw: Stube
Stüz: Steiß
Sucht: Krankheit
Süerwater: Sauerteigwasser
süfzen: seufzen
sugen: saugen
süh: sieh
Sük: Krankheit
sülben: selbst
Süll: Schwelle
Sülw: Silbe
sülwst: selbst

Sünn: Sünde; Sonne
Sünnenprust: kräftiges Niesen
sünnern: sondern
sünsten: sonst
supen: saufen
sur: sauer
süs: sonst
Susänger: Herumtreiber
swabben: schwappen
swack: schwach
Swad: Schwaden
swälen: schwelen
Swälk: Schwalbe
swaltern: jammern
Swär: Geschwür
Swark: Gewölk
swarmen: schwärmen
swart: schwarz
Swartsuer: Blutsuppe
swaul: schwül
Sweit: Schweiß
sweken: schwanken
Swekspohn: Schmachtlappen
swemmen: schwimmen
Swenzelenz: Schwerenot
Swep: Peitsche
swer: schwer
Swewel: Schwefel
Swewelsticken: Streichhölzchen
Swichel: Zwickel
Swichel spelen (sinen ~): Staat machen
swigen: schweigen
Swigerin: Schwägerin
Swin: Schwein
swinn: geschwind
swögen: viele Worte machen
swönner/swönnst: schwerer; schwers-
    te
swor: schwer
Swupper: Hieb; Schnitzer
ßackerieren: fluchen

't: das; zu
Tachtel: Ohrfeige
Tacken: Ast
tag: zäh
Täg: Züge
Tagel: Prügel
Tägel: Zügel
tageln: prügeln
tagen: gezogen
tägerig: zögernd
tägern: zögern

tahlen: zahlen
tähmen: zähmen; zugute tun
Tähn: Zahn
Tähnweihdag: Zahnweh
tahren: zerren; foppen
Takel: Gesindel
talksen: talpsen, stark mit den Hacken
    auftreten
Tall: Zahl
talpsen: tölpeln
tämlich: ziemlich
tamm: zahm
Täms': Haarsieb
Tämsen: bändigen
Tante: alte Stute
tappen: zapfen; tasten
Taps: Flaps
taren: zerren
tarig: zögernd
Tät: Stute
Tater: Zigeuner
tau: zu
taudauhlich: zutunlich
taufreden: zufrieden
tauhopen: zusammen
taurügg: zurück
Tauverlat: Zutrauen
täuwen: warten
Tehn / Pl. Tehen: Zehe
Tehn: Zehn (Karte)
Teigel: Ziegel
teigen: mit Lehm überziehen
teigen / teihn: zehn
teihn: ziehen
Teiken: Zeichen
teiken: zeichnen
Telg: Zweig
tellen: zählen
t'ens: zu Ende; zur Seite
termaudbarsten: den Kopf zerbrechen
territen: zerreißen
Tid: Zeit
tillern: wedeln
tillfäuten: zitternd bewegen
Timmer: Zimmer
Timpen: Zipfel
Tin: Holzgefäß
Tinsen: Zinsen
tocken: durch Zügelzucken lenken
Tog / Pl. Täg': Zug
Togbänk: Schnitzbank
Togmetz: Schnitzmesser
Toll: Zoll

Töller: Teller
Tom: Zaum
Torfsteker: Frack mit spitzen Schößen
torkeln: taumeln
törnen: im Lauf aufhalten; zügeln
torren: schleifen; zerren
towen: toben
Trad: Geleise
trag: träge
Tralling: Gitter
Tram: Sprosse
Tran: Träne
trappen: trampen
Trechter: Trichter
Treckeltid: Ziehzeit
trecken: ziehen
Trems: Kornblume
Triptäter: statt Deputäter (Gutsknecht,
    dem außer Lohn sachliche Zuwen-
    dungen zustehen)
trock: zog
Tru: Trauung
tru / flekt trug: treu
Truer: Trauer
trugen: trauen
tründeln: rollen
Tubben: Zuber
Tuck hollen: standhalten; gehorchen
tucken: zucken
tüdern: verwirren; an einem Strick,
    dessen anderes Ende befestigt ist, an-
    knüpfen
Tüffel: Pantoffel
tüffeln: gehen
Tüften: Kartoffeln
Tüg: Zeug / in korten ~: ohne Rock
Tüg: Zeuge
tügen: zeugen; zugute tun
Tügnis: Zeugnis
tüht: zieht
tulen: zausen
tummeln: taumeln
Tun: Zaun
Tung: Zunge
Tunner: Zunder
tuscheln: zischen
tuschen: tauschen
tüschen: zwischen
tusen: zausen
tusseln: zischen
Tüt: Tüte
twälen: sich gabeln
Twäschen: Zwillinge

twei lang / twei breid: lange Zeit
Twifel: Zweifel
Twig: Zweig
twintig: zwanzig
Twirn: Zwirn
twölf: zwölf
twors: zwar

Uhl: Eule / dor hett 'ne ~ seten: die
  Hoffnung ist vereitelt
Uhr: Ohr
Uhrken: Uhr
üm un düm: um und um
ümkatern: umändern
ümmer: immer
ümsüs: umsonst
ümswang: Umschwung
unbedarwt: untüchtig; unbedeutend
Undäd: Unfug
ündelst: unterst
Undirt: Untier
Unfladen: unförmlicher Fladen
ungedräuwt: ungetrübt
unnaschig: unsauber
unnen: unten
unner: unter
Unnerlag: Brettboden des Ackerwa-
  gens
unnod: ungern
Unnußlichkeit: übermäßige Trödelei
unorig: unartig
unverwohr(n)s: unerwartet
up: auf
Up- un Dalsprung: Ein und Alles
upbegehren: aufbrausen
upfidummt: aufgeputzt
upfött: aufgezogen
uphegen: aufbewahren
upmutern: aufputzen
upspucken: (bildlich) ausschelten
Uptog: Aufzug
uptömen: aufzäumen; aufziehen
upvermünteren: aufmuntern
upviolen: aufputzen
Ur: von; von Anfang
Urt: Ort
ut: aus
uter: außer
utflüschen: mit Wolle füttern
uthäkern: verhökern
uthaugen: ausschlagen
utklingen: fortweisen
utklinken: ausschließen

utklüstern: austüpfeln; ausstechen
utpalen: aushülsen
utritschen: ausreißen
Utschott: Ausschuss
utschutern: austauschen
Utsicht: Aussehen; Aussicht
utsitten: ausbrüten
Utstüer: Aussteuer

Vadder: Gevatter
Vader: Vater
Vaderland (stör't ~): mit ganzer Kraft
Vagel: Vogel
Vagt: Vogt
Vedder: Vetter
Veih: Vieh
vel: viel
venynsch: giftig; böse
verbast: verwirrt
verbistern: verirren
verbräuhn: verbrühen
verbruddeln: verhunzen
verdoren: erholen
verdöwen: betäuben
verdrögen: vertrocknen
verdull: wie toll
verdwas: verquer
verdwatsch: verkehrt
Verfat: Verfassung
verfiren: erschrecken
vergäuden: vergüten
vergetern: vergesslich
vergews: vergebens
Vergnäugen: Vergnügen
vergritzen: böse werden
vergrützt: grimmig
verklamen: erstarren
verkloren: erklären
verköfft: verkauft
verküllen: erkälten
verlang(s): der Länge nach
Verläuw: Erlaubnis
verlawen: verloben
verleden: vergangen
verlöschen: erfrischen
Verlöw: Erlaubnis
vermauden: vermuten
vermisquemen: verkommen
vermorren: frühmorgens
vermüntern: ermuntern
vernimm: listig aussehend
vernüchtern (sick ~): etwas (mit nüchternem Magen) essen

verörgeln: aus dem letzten Loch pfeifen
Versäuk: Versuch
verschraben: verschroben
verschrat: verschroben
verschüllen: verschulden
versöpen: ertränken
verstipert: gestützt
Verstiperung: Fußgestell
versupen: ertrinken
vertagen: verzogen
vertellen: erzählen
Vertrugen: Vertrauen
vertüdern: verwirren
vertüren: erzürnen
verwachten: verwalten
verwedert: verwittert
verwesseln: verwechseln
verwiren: verwirren
verwricken: verrenken
verwussen: verwachsen
vigelett: violett
villicht: vielleicht
Virt: Viertelscheffel (Maß)
vöddelst: vorderst
Vöddermann: Vordermann
Vödderstadt: Vorderstadt
vonein: auseinander
vör: vor
Vörbähn: Treppenflur
vördelst: vorderster
Vörmähren: Vorderpferde
vörmorrn: heute morgen
Vörpahl slahn: Vorkehr treffen
vörtau: zuvor
Voß / Pl. Böß: Fuchs
Vüllig: voll; beleibt
Vurtel: Vorteil

wabbelig: unbehaglich im Magen
wacht: aufgeweckt
Wachten: Wellen
wachten: wachen
Wad: Zugnetz
Waddick: Wolken / ~ un Weihdag:
jämmerliches Befinden
Wagen (führen an den ~): zu nahe treten
wägen: wiegen
Wähldag: Wohlbefinden; Ausgelassen-
heit
wählig: wohl; übermütig
wahnen: wohnen
wahnschapen: missgestaltet

waken: wachen
wanken: wandeln
Wardel: Wirbel
warden: werden
Wark: Werk
Warktüg: Werkzeug
Was / Waß: Wachs
Wäschen: Muhme; Tante; Cousine
wassen: wachsen
wat: was; ob; warum
Water: Wasser
wätern: wässern
wäuhlen: wühlen
Wauker: Wucher
weck: welch
Wedd: Wette
wedder: wider; wieder
wedderdänsch: widerspenstig
Weden: Weiden
wedern: donnern
Wedhop: Wiedehopf (Vogel)
Weg (tau ~ laten): zufrieden lassen
weglang (bi ~): nebenbei
Wehr (gaud tau ~): vermögend
Weig: Wiege
weigen: wiegen
weih: wehe
Weih'n: Wehen
Weihdag': Schmerzen
weihen: wehen
Weihmaud: Wehmut
weihmern: wehklagen
weik: weich
Weit / Weiten: Weizen
weiten: wissen
wennen: wenden
Wenning: Wendung
Wepeldurn: wilder Rosenstock
Wepstart: Bachstelze (Vogel)
wesen: sein
Wessel: Wechsel
wewen: weben
Wicken (gahn in de ~): verloren gehen
wid: weit
Wid: Weide
Wih: Weihe
wiken: weichen
wil: weil; während
Wil: Weile
will un woll: wohlbestellt
Wim: Hühnerleiter; Wurstlatten
Wipen: Strohwisch
wippeln: wippen

wiren: wirren
wirken: arbeiten
wirrig: verwirrt; irrsinnig
wirt: wert
wiß: fest; sicher
Wisch: Wiese
Wise: Luise
wisen: zeigen
Witing: Uklei (Fisch)
witt: weiß
Witten: Viertel-Schilling
Wittenslicht: Dreierlicht; kleines Licht
Wiw: Weib
wiwaken: schaukeln
wo: wo; wie
woans: wieso
Wocken: Spinnrad
wohr: wahr
Wohr: Ware
wohren: wahren; warten
wohrschugen: beobachten; warnen
wöltern: wälzen
wor: wo
Wormtüg: Wurmzeug
Worp: Wurf
Wörpel: Würfel
Wörtel / Wöttel: Wurzel; Mohrrübe
wrampig: verdrießlich

wrangen: wringen; ringen
wräuschen: ringen
Wrausen: Rasen
Writ: verfilztes Wurzelgewebe
Wrümmel: Krümel
wrung: wringen; ringen
wuchten: ruckweise heben
Wulken: Wolken
wull: wollte
Wull: Wolle
wünn: wandt
Wunner: Wunder
Wurt / Pl. Würd: Wort
Wust: Wurst
Wutschen: schlüpfen

Zamel: Samuel
zanstern: zanken; laut schwatzen
Zanzel: Schwätzerin
Zipoll: Zwiebel
zipp: spröde; geziert
zissen: zischen
zoppen: zurückzupfen
Zwickel spelen: sich aufspielen
Zwiß: Ende einer Flechte
zwors / zworsten: zwar

Kleines niederdeutsches Wörterverzeichnis*)

Aap: Affe
Äusen: Ösen
afhenn'n: abhanden
Ailen: Ähren; Tannen
akkedieren: akkordieren
äklich/eklich: abscheulich; erheblich
Alkaben: Alkoven
allreits: bereits
Altor: Altar
ampeln: etwas erreichen wollen
Anker: kleines Fass; Schiffsanker
anlappern: anschmeicheln
anmauden: zumuten
anmeigen: den Anfang mit der Ernte machen
Apteik: Apotheke
arbeten: arbeiten
Are: Ader
Arebor: Storch
arekaugen: wiederkäuen
Arger: Ärger
Arre: Blindschleiche
Arstköst: Erntebier
Awschriwt: nach dem Volksaberglauben lässt sich Fieber mit kabbalistischen Zeichen abschreiben
awschürren: abschütteln; durchschütteln

Bagen: Bogen
Bal: Bohle
Balbierer/Bortschraper: Barbier
ballern: knallen
bammeln: baumeln
Barg: Berg
barmhartig: barmherzig
Bäsbom: Bindebaum; Heubaum
bäten: bisschen
bäter: besser
baukstefiren: buchstabieren

bed/bäden: bat; gebeten
bedröwt/bidröwt: betrübt
Been: Bein; Beine
Beer/Bir: Bier
begöschen/bigäuschen: beruhigen
beinig: leichtfüßig
Beist/Beest: Biest; Erstlingsmilch
Beren/Beeren: Birnen
beswögt/biswögt: ohnmächtig
betämen/bitämen: gewöhnen
bewt/bäwt: bebt
bian: nebenan
Bil: Beil
bimmeln: klingeln
binn'n: drinnen
Birr/Bidd: Bitte
Biwel: Bibel
Blagöschen: Märzviolen
Blagwäpstirt: Bachstelze
bläken: blöcken; kläffen
blarren: blöcken; schreien
Bleck: Blech
Bleik: Bleiche
Bli: Blei
Bolten: Bolzen
Born: Bär; hastiger Mensch
Borrn: Bodden; Boden
bösten: bürsten
Boßel: Kegelkugel
böten/bäuten: heizen
Botter/Bodder: Butter
Brägen: Gehirn; Schädel
braken: gebrochen; Flachs brechen
Branen: Brauen
Brok/Brauk: Bruch; Hose
brott/groww: grob
brun: braun
brusen: brausen
Brut: Braut
Bull: Bolle

---

*) Zu beachten ist, dass für die Wiedergabe von Dehnungen (aan, ahn; deer, dehr) verschiedene, dem Wortklange nach gleichlautende Schreibungen im Gebrauch sind. Ebenso mag auf die häufig sehr verschiedene Bedeutung eines Wortbildes hingewiesen sein.

bullern: poltern
Bullgreben: Rauschbeere
Bülten: ausgewachsene Kartoffelstau-
de; Rasenstück
Burß: Bursche; Lehrling
Buschbom: Buxbaum
büst: bist
butt: verdrießlich

canditel / kanditel: aufgeräumt

Dag: Tag
Taglöner: Tagelöhner
dämlich / demlich: unpraktisch
dampen: dämpfen / rauchen
Dannen: Tannen
Dägen: Degen
Däsen / Besemer: Schnellwage
däsen: ziellos herumlaufen
dat: das
Dat: Tat
dauh: halt! (Anruf)
deer / ded: tat
deftig: kräftig
Deil: Teil
denn / dennso: denn; dann; dann aber
des': dieser
die / de: der; die
din: dein
Dint: Tinte
Dirn: Mädel
Disch: Tisch
dit: dies
Dochter: Tochter
Dokter: Doktor
Dönken: kleines Lied
dor: dort; da
dörch: durch
Dörp: Dorf
dörtein'n: dreizehn
dot: tot
dräben: drüben
drägen: tragen
Draguner: Dragoner
Draken: Drachen
drall: rundlich
drar': bald; eilig
draugen: drohen
driest: dreist
drömen: träumen
Druben: Trauben
drus: verschlafen
Duben: Tauben

dükern: bücken
Dumen: Daumen
Dunen: Daunen
dunntomals: damals
düren: deuten
dusend: tausend
dütsch: deutsch
Duwick: Schachtelhalm
dwatsch: verschoben
dweren: schlendern

Eddelmann: Edelmann
Egg / Äg: Egge
eiben: elf
eigen: sonderbar; charaktervoll
Entspekter / Inspekter: Inspektor
er / ehr: ihr
extern: abarbeiten

fack: müde
Fahns: Fahnen
Fil: Feile
fin: fein
firen: feiern
Flägel: Flegel
Flägel: Flügel
Flaumen: Flohmen
Flemmstirn: Johanniswürmchen
Fleutbus: Flöte
flitzen: schnell machen
Fohrt: Fahrt
fohß: schlapp
for / foren / fuchs: auffahren
förfäutsch: egal; weg
forsch: schneidig
Fräden: Frieden
fram: sanft
frür: fror
früst: friert
fuchtig: feucht; erzürnt
fulenzen: faulenzen
fün'sch: böswillig; malitiös
füren: führen; fahren
furst: sofort

Gaffel: Besamsegelmast; Dreschgerät
gäl: gelb
Gälgaus: Goldammer (Vogel)
Galmlock: Schallloch
Gat: Gosse
gaten: gegossen
Gaus: Gans
Gawel: Giebel

564

geew / gaww: gab
geistlich: blass
gelimplich: glimpflich; leidlich
giren: begehren
glau: wohlgemut
glupen: von unten auf ansehen
gnaastern: knacken
gnäterswart: tiefschwarz
Grappen: dumme Gedanken
grar': grad; gerade
Greben: Schmalz mit gebratenen Fleischstücken
Greiten: Margarete
güng: ging
günsen: winseln

Häben / Häwen: Himmel; Horizont
hägen: verschmitzt lächeln
hägen: hegen
Häkt: Hecht
Hamer: Hammer
Hannel: Handel
happig: gierig
har / hadd: hatte
Harst / Harwst: Herbst
Harstmeh: Sommermetten
Hart: Herz
Hartspann: Geschwulst unter den kurzen Rippen oder zwischen den Schultern
Hasenschort: Hasenscharte
Häster: Elster
haugen: hauen
Hawgänger: Hofgänger
heil: völlig
Heir': Heide; Hüter; Heede
hellisch: höllisch
hemm'm / hewwen: haben
hen: hin
hett: hat
heww: habe
Himphamp: überflüssiges Zeug
Hingst: Hengst
hinner: hinten
Hinnerk: Heinrich
hissen: hetzen
Hock: Kornhocke
hojanen: gähnen
horen: dengeln; haaren
huhcheln: versteckt lachen
Huk: Kniebeuge
hulen: heulen
Hürn: Hörner

Hus: Haus / Hüschen: Häuschen
hüt: heute

ick: ich
idel: sehr
igal: gleich
ilig: eilig
Immen: Bienen
inlür'n: einläuten
inpurr'n: vergraben
ir / ihr / eher: bevor
irden: tönern
irst: erst
is: ist
Iserbahn: Eisenbahn

janken: verlangen
jeren: jeden
Jorling: jähriges Lamm
jug': euch
jüst: eben

kakeln: gackern
Kaptein: Kapitän
Kär' / Käd': Kette
Kätel: Kessel
Käter: Kofsät kaugt: kaut
Keiben: Kiemen
Kemp: Eber
kettelhorig: reizbar
Kimmeldauk: Zahntuch
kinen: keimen
kladdern: klettern
klamm: erstarrt
Klas: Dohle; Schimpf- und auch Vorname
klätern: klirren; schwatzen
kliestern: kleben
klöben: spalten
klühstern: etwas aussinnen
Klungen: Knäuel
Knäp: übermütige Streiche; Kniffe
knäpen: gekniffen
knasch: stramm
kopphäster: köpflings
Köppken: Tasse
kränsch: stolz
Krät: jemand, der nicht unterzukriegen ist
Kraum: Krume
krieschen: kreischen
Kros / Kraus: Bierkanne
kuntentiert: angenehm berührt

Kur: Chor
küseln: wirbeln
kütig: eiterig
Kwesen: Schwielen
kwüchen: husten

Läben: Leben
Läpel: Löffel
lärweik: losgegangen / undicht
Lechel: hölzernes Gefäß
leg: lag; schlecht
Lieschen: Elise
likerst: doch
Linn'n: Linde
Lirer / Lihrer: Lehrer
liwert: geliefert
Liwken: Leibchen
Loppen: Heuballen
löpsch: läufig
Loß: Los
lüchten: blitzen; leuchten
lüggt: lügt
Lür' / Lud: Leute
lur' / lud: laut
Lus: Laus
Luwig / Lurwig: Ludwig

Maan: Mond
Maand: Monat
mägelich: möglich
Mäl: Mehl
mall: albern
man: bloß; aber
Mar': Modde
marachen: abwirtschaften; überanstren-
gen
maugen: miauen
Maur / Maud / Mod: Mut
mäur / mäud: müde
mausen: stampfen
meist: beinah
Mekelborg: Mecklenburg
mennig / männig: manch
Metten: Altweibersommer
mi: mir; mich
Middag: Mittag
min: mein
mirr'n: mitten
mirrewil: mittlerweile
Möhme: Tante
mölig: unordentlich
morrn: morgen
Moß: Moos

möten: aufhalten
Mudder: Mutter
Mul: Mund
mulen: schmollen
Mummsell: Mammsell
Mur: Moor
muren: mauern
Mus: Maus

nah: nach
Näwel: Nebel
Nawer / Nahwer: Nachbar
neem: nahm
neger: näher
nerrn: unten
nich: nicht
niwweln: trinken
nix: nichts
nu: nun
nürig: begierig

öbberst: oberster
Offzser: Offizier
Ohm / Öhme: Onkel; alter Mann
Olling: Alterchen
olmig: zerfressen
Olsch: Alte
ore / odder: oder
Oren: Ähren
Ornbier: Erntebier

Pannkauken: Pfannkuchen
Päpernät: Pfeffernüsse
Paster: Pastor
Penning: Pfennig
perr'n / pedden: treten
pewrig: siech
Pi: Frauenunterrock
pil: pfeilgerade
Piler: Pfeiler
pipen: pfeifen
pipig: kränklich
plägt: gepflegt
plietsch: schlau
plinkögen: zwinkern
plücken: pflücken
Plüng'n: Geld
Plusterbacken: volle, frische Wangen
pofistig: schwammig
pollsur: marode
Poppier: Papier
Prat: Schwätzerei
Premi: Prämie

premsen: vollstopfen
Pricken: kleiner Stecken
Puckel: Rücken
puken: stochern
pulen: zupfen
pusseln: langweilig arbeiten

Quark: Unsinn
quarren: wimmern
quasseln: Unsinn reden
quatschnatt: sehr nass
queiken: quieken
Quickborn: erfrischender Quell

räden: reden
rägen: regnen
raken: zusammenscharren
räken: rechnen
rammdäsig: wirrig
Randal: Lärm
rappelig: nicht gescheit
räten: gerissen
Raur / Raud: Rute
räwer: herüber / hinüber
Reig: Reihe
rein: gänzlich; völlig
Rip: Reif
Ris: Reis
Rönn: Rinne
ror: rar
roren: weinen
röwern: räubern
rüken: riechen
Ruklas: Knecht Ruprecht
rüm: herum
Rüm': Raum
Rurip: Raureif
rusig: windig
ruum / rum': geräumig; weit

sacht: leise
schälen: schütteln
Schälken: Untertasse
Schänen: Schienen
Schap: Schaf
scharp: scharf
schäweln: schinden
Schin: Schein
Schipper: Schiffer
Schölp: Schilf
schrapen: scharren
seeg: sah
Seil: Griff

Seip: Seife
sin: sein
sinläre: sein Lebtag
Släden: Schlitten
slapen: schlafen
släpen: schleppen
Slarm: Pantoffeln
Slat: Salat
slecht: schlecht
sliken: schleichen
smerig: schmierig
Smid: Schmied
smiten: werfen
smöken: schmauchen
smüstern: schäkern
Sner: Schlinge
sniren: schneiden
snurrig: sonderbar
Snut: Schnauze
Söcken: Socken
Solt: Salz
Spann: Gespann
spigen: speien
Spiker: Speicher
spinkeliren: spekulieren
splitterndull: bitterböse
Sprägel: schwanke Reiser
Sprei: Star
stahn: stehen
stäken: stechen
Stäl: Stiel
stiezen: stehlen; wegstibitzen
stöben: stäuben
sträben: streben
Sträk: Streicher; Sensenschärfer
sträwig: kräftig
stümperig: schlecht zu Fuß
Stunn': Stunde
stur: aufrecht; gerade
sünd: sind
süngen: sangen
Sünndag: Sonntag
Süt: Seuche
Swager: Schwager
Swanz: Schwanz
Swäp: Peitsche
swäulappen: jammern
Swengel: Querstange; Pumpenschwen-
   gel
Swester: Schwester
swigen: schweigen
Swinnel: Schwindel
Switje: Draufgänger

swunken: schwenken

Täk: Holzzecke
tarren: narren
tasen: zerren
tenst: quer herunter; seitwärts
Tinn'n: Zinken
tirig / tibig: zeitig
Titt: Zitze
to: tau; zu (tonegst: zunächst)
tosam: zusammen
tru: Treue
trügg: zurück
trummeln: trommeln
Trumpet: Trompete
Tubben: Balge
Tucht: Zucht
türern: anbinden
twinkeln: zwinkern
twischen: zwischen
twölf: zwölf

ümmer: immer
un: und
unbidarwt: ungeschickt
Ungebur: Ungeduld
upstärs / upstunns: jetzt; heutzutage
Ur: Uhr; Ohr
utbimsen: auskratzen

van: von
vanein: voneinander
verspakt: verschimmelt
Vigelin: Violine
vittel: viertel

wäben: weben
Wäder: Wetter
Wäding: Enterich
wanschapen: absonderlich
Warkeldag / Waddeldag: Werktag
Warmnis: Wärme
war't / wab't: watet
wennir: wann
wi: wir
Wieschen / Wiesing: Louise
Wihnachten: Weihnachten
Win: Wein
winn'n: winden
wir: war
wiß: gewiss; sicher
Wittfru: Witwe
Wittgaschen / Wittjur': gefährlicher
    Geschäftsmann
Wittmann: Witwer
Wittschaft: Wirtschaft
woll: wohl
woren: wahren; dauern
Worm: Wurm
Wratt: Warze
Wulf: Wolf
wunn'n: gewonnen
Wurd / Wurt: Wort; gesondertes Stück
    Land
Wußt: Wurst
wüßt: wusste

zach: verschüchtert
zaft: zu; in Zusammensetzungen wie:
    zu zweien etc.
Zäg: Ziege
zufft: stutzt

Daten zur Geschichte

Um 600	Westslawische Völker, auch Wenden genannt, kommen mit der Völkerwanderung nach Mecklenburg. Das Land ist nur sehr dünn besiedelt, es diente eher als Durchzugsgebiet. Die Obotriten siedeln zwischen Wismar und Schwerin. Sie leisteten der christlichen Missionierung den größten Widerstand. Die Polaben gehen in den Westen und siedeln sich bei Lauenburg an; die Wilzen im Osten.
789	Karl der Große führt, mit Unterstützung der Obotriten, Krieg gegen die Wilzen. Sie werden dem fränkischen König Karl dem Großen tributpflichtig.
927	Der Sachsenkönig Heinrich I. siegt im Feldzug gegen die Westslawen.
983	Die Obotriten und Wilzen erheben sich gegen den sächsischen Kaiser Otto II. Im Zuge des Aufstandes werden christliche Einrichtungen zerstört.
995	Der Name „Michelenburg" taucht erstmals in einer Urkunde Kaiser Ottos III. auf. Es bezeichnet die um 600 angelegte slawische Burg im heutigen Dorf Mecklenburg. Der Name bedeutet „Große Burg".
1060	Erzbischof Adalbert von Bremen gliedert die Bistümer Ratzeburg und Mecklenburg aus dem Bistum Oldenburg in Holstein aus.
1066	Adalbert von Bremen wird gestürzt und es kommt zu einem Aufstand der Wenden. Die Bistümer Ratzeburg und Mecklenburg werden zerstört und Ansverus, Abt des Benediktinerklosters St. Georgsberg in Ratzeburg, stirbt als Märtyrer.
1147–1149	Heinrich der Löwe, Konrad von Zähringen und der Bremer Erzbischof Adalbero folgen einem Aufruf des Zisterziensers Bernhard von Clairvaux, die Wenden in Mecklenburg zu missionieren. Der Kreuzzug scheitert jedoch an der geschickten Kriegsführung des Obotritenfürsten Niklot. Niklot kann seine Herrschaft sichern. Später verbündet er sich mit Heinrich dem Löwen gegen Dänemark.
1154	Heinrich der Löwe setzt Evermod als Bischof des seit 1066 vakanten Bistums Ratzeburg ein.
1160	Niklot stirbt im Krieg mit Dänemark. Heinrich der Löwe gliedert Mecklenburg als Lehen seinem Herzogtum Sachsen an. Das Bistum Schwerin wird gegründet. Es wird das Zentrum der Christianisierung.
1164	Ein Aufstand gegen die Herrschaft der Sachsen scheitert und Niklots Sohn Wertislaw wird hingerichtet.
1167	Heinrich der Löwe belehnt den Obotritenfürsten Pribislaw, Sohn von Niklot und Bruder von Wertislaw, mit großen obotritischen Gebieten, außer der Grafschaft Schwerin. Pribislaw lässt sich taufen.
1170	Die Bauarbeiten für den Ratzeburger Dom beginnen.
1171	Pribislaw gründet das Kloster Doberan.
1172	Pribislaw begleitet Heinrich den Löwen nach Jerusalem.

1184	Dänemark erobert Rügen und Teile Vorpommerns. Heinrich Burwin, Pribislaws Sohn, wird – widerwillig – dänischer Vasall.
Um 1200	Deutsche Bauern unter anderem aus Westfalen, dem Rheinland und Ostfriesland wandern nach Mecklenburg ein und es werden zahlreiche neue Dörfer und Städte gegründet. Die Bevorzugung der zahlungskräftigeren deutschen Bauern führt zur Verarmung der alteingesessenen Wenden und schließlich zur fast vollständigen Verdrängung ihrer Kultur.
1218	Heinrich Burwin bestätigt Rostock das Stadtrecht. Die Bürger sind zum größten Teil Deutsche.
1227	In der Schlacht bei Bornhöved erleidet Dänemark eine Niederlage und Heinrich Burwin kann sich von der dänischen Herrschaft lösen. Nach seinem Tod wird Mecklenburg unter seinen Enkeln in fünf weltliche und zwei geistliche Herrschaften aufgeteilt: Mecklenburg-Wismar, Werle-Güstrow, Rostock, Parchim-Richenberg, die Grafschaft Schwerin und die Bistümer Ratzeburg und Schwerin.
1230	Die Bischöfe von Ratzeburg werden auch zu Reichsfürsten des Fürstbistums. Damit vereinen sie sowohl die weltliche als auch die geistliche Herrschaft in ihrer Person.
1256	Das 1227 durch Teilung entstandene Fürstentum Parchim-Richenberg wird aufgelöst, Johann I. von Mecklenburg verlegt seine Residenz von Mecklenburg nach Wismar. Es bleibt bis 1358 Residenzstadt.
1276	Wesenberg fällt an die Mark Brandenburg.
1280	Wismar, Rostock, Lübeck und Hamburg bilden den Wendischen Städtebund. Sie sind Mitglieder der Hanse.
1299	Stargard fällt an Mecklenburg.
1312	Das 1227 durch Teilung entstandene Fürstentum Rostock wird aufgelöst.
1320	Stadt und Land Grabow fallen an Mecklenburg.
1348	Mecklenburg wird als Herzogtum reichsunmittelbares Territorium. Das heißt, dass es dem deutschen Kaiser direkt untersteht.
1352	Heinrich II. stirbt und Mecklenburg wird in die Linien Mecklenburg-Stargard und Mecklenburg-Schwerin geteilt.
1375	Dömitz fällt an Mecklenburg.
1389	Albrecht III. von Mecklenburg wird König von Schweden.
1419	Die Universität Rostock wird gegründet.
1436	Das 1227 durch Teilung entstandene Fürstentum Werle-Güstrow wird aufgelöst.
1456	Gründung der Universität Greifswald.
1471	Mecklenburg wird unter Heinrich dem Dicken wieder ein einheitliches Herzogtum.
1520	Mecklenburg wird im Neubrandenburger Hausvertrag geteilt.
1549	Der Landtag beschließt die Reformation für ganz Mecklenburg.

1555	Im Gemeinschaftsvertrag von Wismar wird Mecklenburg geteilt.
Ab 1615	Mecklenburg entwickelt sich zu einem der bedeutendsten Glashütten- zentrum Deutschlands. Bis 1901 produzieren über 200 Glashütten das Mecklenburger Waldglas.
1618	Beginn des Dreißigjährigen Krieges.
1621	Durch die Güstrower Reversalen und den Erbvertrag wird Mecklen- burg in Mecklenburg-Schwerin und Mecklenburg-Güstrow geteilt.
1628	Die protestantischen Herzöge von Mecklenburg werden durch den deutschen – katholischen – Kaiser abgesetzt. General Wallenstein be- kommt die Herrschaft zugesprochen.
1630	Der schwedische König Gustav Adolf landet in Pommern. Er setzt die Herzöge von Mecklenburg wieder als Herrscher ein.
1648	Vorpommern, Poel, Neukloster und Wismar gehen im Westfälischen Frieden an Schweden. Das Bistum Ratzeburg wird aufgehoben und in ein Fürstentum umgewandelt. Es untersteht dem Herzog von Meck- lenburg.
Ab ca. 1650	Die ersten Postkutschen-Kurse werden eingerichtet.
1701	Im Hamburger Vergleich wird Mecklenburg in zwei autonome Her- zogtümer geteilt. Mecklenburg-Schwerin geht an Christian Ludwig II. und Mecklenburg-Strelitz an Adolf Friedrich II. Beide Herzogtümer bilden zusammen einen Staat, bestehend aus zwei Monarchien.
1755	Mecklenburg-Schwerin und Mecklenburg-Strelitz erhalten dieselbe Verfassung und unterstehen einem gemeinsamen Landtag.
1756	Herzog Christian Ludwig II. stirbt. Nachfolger wird sein Sohn Fried- rich der Fromme. Er fördert pietistische Strömungen und verlegt den Regierungssitz von Schwerin nach Ludwigslust. Der Siebenjährige Krieg beginnt. Mecklenburg stellt sich gegen Preußen auf die Seite Österreichs, bleibt von direkten Kriegshandlungen jedoch noch weit- gehend verschont.
1757	Preußen dringt über Stettin in Mecklenburg ein und besetzt vor allem Städte im Osten. Neben Kontributionszahlungen von ungefähr 15 Millionen Talern werden auch mecklenburgische Soldaten ver- schleppt und Vieh und Getreide für Preußen erpresst. Die Besatzung dauert bis zum Ende des Krieges 1762.
1760	Friedrich der Fromme erlässt ein generelles Auswanderungsverbot, um den steigenden Auswanderungszahlen während der Belastung im Sie- benjährigen Krieg entgegenzuwirken. 1763 wir das Gebot verschärft.
1769	Die Aposteltage, die dritten Feiertage zu Ostern und zu Weihnachten, das Fest der Heiligen Drei Könige und der Johannis- und Michaelistag werden im Zuge pietistischer Reformen abgeschafft.
1771	Friedrich der Fromme erlässt eine Schulordnung, die Dauer, Inhalt und Kosten des Schulbesuches festlegt. Die Ritterschaft kann sich je- doch erfolgreich dagegen wehren, sodass sich das Schulwesen ausein- ander entwickelt.
1776	Friedrich der Fromme begründet den Schwerinschen Staatskalender.

1785	Friedrich der Fromme stirbt. Sein Neffe Friedrich Franz I. wird Nachfolger. Er kauft die an Preußen verpfändeten Ämter Wredenhagen, Marnitz, Eldena und Plau zurück.
1789	Im Zusammenhang mit der Französischen Revolution kommt es in einigen Städten zu Streiks, vor allem durch Gesellen.
1790	Die Frondienste werden abgeschafft und durch Zahlung von Dienstgeld ersetzt.
1793	Am Heiligen Damm, heute Heiligendamm, wird das erste Seebad gegründet und bildet damit den Ursprung des deutschen Seebäderbetriebes.
1798	Die „Landwirtschaftliche Gesellschaft" wird gegründet. Sie kümmert sich um die Belebung von Handel und Gewerbe mit landwirtschaftlichen Produkten. Später wird die Gesellschaft zum „Mecklenburgischen Patriotischen Verein" umbenannt.
1800	Nach Missernten in Frankreich und Nordeuropa werden so viele Lebensmittel ausgeführt, dass die Lebensmittelknappheit und die Teuerung in Mecklenburg zur Butterrevolution führen. Nach dem Aufstand werden die Lebensmittel wieder zum Normalpreis verkauft und ein Ausfuhrverbot für Speck und Kartoffeln wird erlassen. In der Kirche werden Wochen- und Frühgottesdienste aufgehoben und die Messen beschränken sich auf den Hauptgottesdienst am Sonntag.
1802	Die Prügelstrafe wird abgeschafft.
1803	Wismar wird an Mecklenburg zurückgegeben.
1805	Im Napoleonischen Krieg gestattet Mecklenburg trotz Neutralitätsbekenntnisses schwedischen und russischen Truppen den Durchmarsch.
1806	General Blücher flieht vor den Franzosen durch Mecklenburg. Mecklenburg gerät daraufhin unter französische Besatzung. Die Kontinentalsperre von Napoleon verbietet den Handel mit England. Der Warnemünder Hafen wird für alle Schiffe gesperrt. Breite Bevölkerungsschichten verarmen, weil sie vom Handel abhängig waren.
1808	Mecklenburg muss auf Druck Napoleons dem Rheinbund beitreten.
1813–1815	Mecklenburg beteiligt sich an den Befreiungskriegen gegen Napoleon.
1815	Im Wiener Kongress werden die Herzogtümer Mecklenburg-Schwerin und Mecklenburg-Strelitz zu Großherzogtümern ernannt und treten dem Deutschen Bund bei.
1820	Die Leibeigenschaft wird aufgehoben.
1837	Friedrich Franz I. stirbt. Sein Nachfolger wird Paul Friedrich.
1842	Paul Friedrich stirbt. Nachfolger wird Friedrich Franz II.
1846	Die Berlin-Hamburger Bahn wird eröffnet. Sie ist die erste Eisenbahnlinie in Mecklenburg.
1848	Durch die Revolution wird das ständische System aufgehoben und demokratische Freiheiten wie Wahlrecht, Presse- und Versammlungsfreiheit und die Wahl zu einer verfassungsgebenden Versammlung eingeführt.

1850	Mit dem Freienwalder Schiedsspruch werden das Parlament und die Verfassung aufgehoben. Stattdessen wird die Verfassung von 1755 wieder eingesetzt.
1850–1890	Die Auswanderung nach Amerika nimmt stark zu.
1866	Beitritt Mecklenburgs zum Norddeutschen Bund.
1868	Mecklenburg tritt dem Deutschen Zollverein bei.
1869	Mit der Verabschiedung der Gewerbeordnung durch den Norddeutschen Bund wird der Zunftzwang aufgehoben. Die freie Wahl des Berufes fördert die Industrielle Revolution.
1871	Gründung des Deutschen Reiches in Versailles. Mecklenburg ist das einzige Land, das keine moderne Verfassung hat. Statt einer konstitutionellen hat es weiterhin eine ständische Monarchie.
1883	Friedrich Franz II. stirbt. Sein Nachfolger wird Friedrich Franz III.
1888	Zwischen Warnemünde und Gedser wird ein unterseeisches Telegrafenkabel verlegt.
1897	Friedrich Franz III. stirbt. Sein Nachfolger wird Friedrich Franz IV.
1904	Die erste Autobuslinie wird zwischen Marlow und Dettmannsdorf-Költzow eingerichtet.
1914–1918	Erster Weltkrieg.
1918	Großherzog Friedrich Franz IV. dankt ab. Beide mecklenburgischen Landesteile werden autonome Freistaaten.
1934	Unter nationalsozialistischem Druck werden die Freistaaten zum Land Mecklenburg vereinigt. Reichsstatthalter ist Friedrich Hildebrandt.
1937	Durch das Groß-Hamburg-Gesetz fallen die Gemeinden Hammer, Mannhagen, Panten, Horst und Waldsfelde an den Kreis Herzogtum Lauenburg. Die Gemeinden Utecht, Schattin, heute ein Ortsteil von Lüdersdorf, und Zettemin bei Stavenhagen werden nach Mecklenburg eingemeindet.
1939–1945	Zweiter Weltkrieg.
1945	Im Barber-Ljaschtschenko-Abkommen zwischen Großbritannien und der Sowjetunion fallen die Gemeinden Ziethen, Mechow, Bäk und Römnitz zum Kreis Herzogtum Lauenburg in der britischen Besatzungszone. Im Austausch gehen die Gemeinden Dechow, Thurow, heute Teil von Roggendorf, und Lassahn an Mecklenburg in russischem Besatzungsgebiet. Mecklenburg und Vorpommern werden vereinigt.
1949	Gründung der Deutschen Demokratischen Republik.
1952	Mecklenburg wird in die Bezirke Schwerin, Rostock und Neubrandenburg aufgeteilt.
1990	Nach der Auflösung der DDR wird das Land Mecklenburg-Vorpommern neu begründet. Schwerin setzt sich als Landeshauptstadt gegen Rostock durch.

Stichworte zu den Autoren

Herzog Adolf Friedrich I. von Mecklenburg-Schwerin
* 1588, † 1658
Übernahm ab 1608 gemeinsam mit seinem Bruder Johann Albrecht II. die Herrschaft in Mecklenburg-Schwerin, ab 1610 auch in Mecklenburg-Güstrow. Bei der Landesteilung 1621 erhielt er Mecklenburg-Schwerin. Während des Dreißigjährigen Krieges unterstützte er trotz neutralem Bekenntnis Christian IV. von Dänemark, weshalb Kaiser Ferdinand II. ihn als Feind betrachtete. 1628 wurde Mecklenburg Albrecht von Wallenstein zugesprochen. Mecklenburg konnte 1631 mit Hilfe schwedischer Truppen zurückgewonnen werden, dafür ging Wismar mit der Insel Poel und dem Amt Neukloster an Schweden. Im Westfälischen Frieden kamen die Bistümer Schwerin und Ratzeburg als weltliche Fürstentümer zu Mecklenburg.
S. 264.

Andersch, Alfred
* 1914 in München, † 1980 in Berzona in der Schweiz
Trat nach einer Buchhändlerlehre 1930 der Kommunistischen Partei bei, weshalb er 1933 für 6 Monate ins KZ Dachau kam. 1940 und 1943 wurde er zur Armee eingezogen, er desertierte 1944 in Italien. Als Kriegsgefangener der USA beteilige er sich an der Zeitung „Der Ruf". War ab 1945 Redaktionsassistent der „Neuen Zeitung" in München. Die amerikanische Besatzung entzog ihm die Herausgeberschaft an der zunehmend links orientierten Zeitschrift „Der Ruf", die geplante Literaturzeitschrift „Der Skorpion" kam nicht zustande. Aus dem Treffen für die Zeitschrift entwickelte sich jedoch die Gruppe 47. Ab 1948 war er für diverse Radio-Kulturprogramme verantwortlich, bevor er 1958 in die Schweiz ging, deren Staatsbürger er 1972 wurde.

Werke u. a. Deutsche Literatur in der Entscheidung (1948); Die Kirschen der Freiheit (1952); Sansibar oder der letzte Grund (1957); Die Rote (1960); Der Vater eines Mörders (1980).
S. 441ff.

Atterbom, Per Daniel Amadeus
* 1790 in Asbo in Schweden, † 1855 in Uppsala
Studierte ab 1805 in Uppsala, wo er 1807 den „Aurorabund" gründete. 1810 bis 1815 gab er die Zeitschrift „Phosphorus" heraus, von 1810 bis 1822 den „Poetisk kalender". In den Jahren 1817 bis 1819 bereiste er Deutschland und Italien und unterrichtete nach seiner Rückkehr den schwedischen Kronprinzen in deutscher Sprache und Literatur. Ab 1821 lehrte er an der Universität Uppsala, 1828 erhielt er die Professur für Philosophie und 1835 die Professur für Ästhetik. 1839 bis 1855 war er Mitglied der Schwedischen Akademie.
Werke u. a. Insel der Glückseligkeit (1824–1827); Schwedens Sehern und Dichtern (1841–1849); Ein Schwede reist nach Deutschland und Italien (1867).
S. 131ff.

Baedeker, Carl
* 1801 in Essen, † 1859 in Koblenz
Studierte in Heidelberg, wo er gleichzeitig bei Mohr und Winter den Buchhandel erlernte. In den Jahren 1823 bis 1825 war er bei Georg Reimer in Berlin tätig, 1827 gründete er seine eigene Firma in Koblenz mit Reisehandbüchern. Den „Baedeker" gibt es in immer neuen Auflagen und Überarbeitungen bis heute.
Werke u. a. Führer durch Belgien und Holland (1839); Handbuch für Reisende durch Deutschland und den österreichischen Kaiserstaat (1842); Die Schweiz (1844).
S. 86ff, 327ff.

Barlach, Ernst
* 1870 in Wedel in Holstein, † 1938 in Rostock
Machte eine Ausbildung zum Maler und Bildhauer, studierte dann in Hamburg, Dresden und Paris. Arbeitete ab 1897 als freischaffender Künstler und erhielt 1909 ein Stipendium für die Villa Romana in Florenz. Ab 1910 lebte er in Güstrow. 1925 wurde er Ehrenmitglied der Akademie der Künste in München, 1931 des Vereins deutscher Buchkünstler. Die Reichskammer der Bildenden Künste belegte ihn 1937 mit einem Ausstellungsverbot, zahlreiche seiner Werke wurden als „entartete Kunst" entfernt bzw. zerstört.
Werke u. a. Der tote Tag (1912); Güstrower Tagebuch (1917); Der arme Vetter (1918); Der Findling (1922); Die Sündflut (1924); Seespeck (1948); Der Graf von Ratzeburg (1951).
S. 137ff.

Behrend, Walter
* 1885 in Rostock
War in der Weimarer Republik leitender Feuilletonredakteur bei den „Münchener neuesten Nachrichten".
Werke u. a. Rostock und Wismar (1909); Ein Dichter der Zeit (1920); Führer durch das See-, Sol- und Moorbad Kolberg (1928); Festschrift zum 50jährigen Jubiläum des Christlichen Kurhospitals und der Kinderheilstätte „Siloah" (1931).
S. 317ff.

Beyer, Carl
* 1847 in Schwerin, † 1923 in Rostock
Studierte evangelische Theologie in Rostock und Erlangen. Anschließend arbeitete er als Hauslehrer beim Grafen von der Schulenburg in Tessow und von 1875 bis 1900 als Pastor in Laage. Ab 1900 lebte er als freier Schriftsteller in Rostock und Schwerin. Er beschäftigte sich mit der Geschichte Mecklenburgs. Einige seiner Texte erschienen auf Plattdeutsch.
Werke u. a. Pribislav (1888); Die alte Herzogin (1899); Die Nonnen von Dobbertin (1907); Pascholl! (1911).
S. 41.

Birnbaum, Brigitte
* 1938 in Elbing
Nach dem Abitur machte sie zunächst eine Ausbildung zur Apothekenhelferin, war als Antiquariatsbuchhändlerin tätig und studierte dann Literatur in Leipzig. Seit 1968 arbeitet sie als freie Schriftstellerin.
Werke: u. a. Der Pinselheinrich (1986); Spaziergänge in Güstrow (1992); Fontane in Mecklenburg (1994); Noch lange kein Sommer (1997); Ernst Barlach (1998).
S. 92f, 384ff.

Bischoff, Friedrich
* 1896 in Neumarkt in Schlesien, † 1976 in Großweier
Studierte Germanistik, Philosophie und Kunstgeschichte in Breslau, wo er ab 1923 als Dramaturg im Stadttheater tätig war. 1925 wechselte er als literarischer Leiter zur „Schlesischen Funkstunde", von 1929 bis 1933 war er Intendant. Sein Hörspiel „Hallo! Hier Welle Erdball!" von 1928 gilt als die älteste erhaltene Tonaufnahme eines deutschen Hörspiels. 1933 bis 1945 arbeitete er als Lektor und Schriftsteller, 1946 bis 1965 als Intendant des Südwestfunks in Baden-Baden.
Werke: u. a. Gottwanderer (1921); Ohnegesicht (1922); Hallo! Hier Welle Erdball! (1928); Das Hörspiel vom Hörspiel (1931); Die goldenen Schlösser (1935); Himmel und Hölle (1938); Sei uns Erde wohlgesinnt (1955).
S. 59f.

Boll, Ernst
* 1817 in Neubrandenburg, † 1868 in Neubrandenburg
Sohn von Franz Christian Boll. Studierte in Berlin und Bonn Theologie und Naturwissenschaften und arbeitete ab 1842 als Hauslehrer. Als Mitbegründer des „Vereins der Freunde der Naturgeschichte" war er von 1847 bis 1866 Herausgeber der Vereinszeitschrift, 1849 bis 1850 außerdem Redakteur des „Wochenblattes für Mecklenburg-Strelitz". 1863 verlieh ihm die Universität Greifswald einen Ehrendoktor.

Werke u. a. Mecklenburg (1847); Geschichte Mecklenburgs (1855); Abriss der mecklenburgischen Landeskunde (1861).
S. 61ff, 70f, 113f, 120ff, 180f, 214f, 217f, 218ff, 241ff, 263, 265f, 268ff, 272f.

Boll, Franz Christian
* 1775 in Neubrandenburg, † 1818 in Neubrandenburg
Studierte Theologie in Jena. War seit 1802 Prediger und Seelsorger an der Marienkirche und der Johanniskirche in Neubrandenburg. Den Ruf an die Universität Bremen 1805 und den Ruf an die Universität in Ludwigslust 1817 lehnte er ab. War der Vater von Ernst Boll.
Werke u. a. Von dem Verfalle und der Wiederherstellung der Religiösität (1809); Merkwürdigkeiten aus der Geschichte der Vorderstadt Neubrandenburg vom Jahre 1801 ab (in: Chronik der Vaterstadt Neubrandenburg, hrsg. v. Franz Boll, 1875).
S. 236f.

Borchert, Jürgen
* 1941 in Perleberg, † 2000 in Schwerin
Machte zunächst eine Lehre als Fotograf, absolvierte dann ein Bibliotheksstudium in Leipzig und leitete die Kreisbibliothek in Perleburg. 1979 wurde er Leiter des Kabinetts für mecklenburgische Literaturtraditionen in der Landesbibliothek in Schwerin. Ab 1980 arbeitete er als Autor und Feuilletonist und wurde in der DDR zu einem der meistgelesenen Autoren zu Themen wie mecklenburgischer Geschichte und Kultur. Vorwürfe wegen Verbindung zur Stasi führten dazu, dass er sich 2000 das Leben nahm.
Werke: u. a. Mein mecklenburgischer Zettelkasten (1985); Vadder kocht (1994); Spaziergänge auf Rügen (1999); Spaziergänge in Schwerin (2000); Was ich von Wismar weiß (2000); Leben im Beton (2001).
S. 83ff, 129f, 146ff, 162f, 292ff, 391f.

Bradatsch, Gertrud
* 1926 in Aussig, heute Tschechien
Eigentlich Gertrud Schmidt. Sie studierte Germanistik und war ab 1973 im Schriftstellerverband der DDR.
Werke u. a. Spiegelmacher (1971); Sommerreise (1976); Immer alt und immer neu (1980).
S. 411ff.

Brinckman, John Frederic
* 1814 in Rostock, † 1870
Studierte von 1834 bis 1838 Jura in Rostock. Wurde aufgrund von Verbindungen zu Burschenschaften des Hochverrats für schuldig befunden. Trotz Begnadigung konnte er sein Studium nicht beenden und ging von 1839 bis 1842 in die USA. Zurück in Mecklenburg, war er von 1842 bis 1846 als Hauslehrer tätig, von 1846 bis 1849 leitete er eine Privatschule in Goldberg. Er nahm 1848 als Mitglied des Reformvereins und Autor satirischer Gedichte an der Revolution teil. 1849 ging er an die Güstrower Realschule, von 1856 bis 1862 war er Abgeordneter des Bürgerausschusses.
Werke u. a. Kasper Ohm un ick (1855–1868); Vagel Grip (1859); Voß un Swinägel (1854).
S. 194f, 196ff, 210f, 227ff, 539ff.

Brun, Hartmut
* 1950 in Dömitz
Ist Publizist und Schriftsteller. Lebt in Polz und schreibt sowohl auf Hochdeutsch als auch auf Niederdeutsch. Er ist unter anderem Mitglied der Fritz-Reuter-Gesellschaft und der Johannes-Gillhoff-Gesellschaft. 1990 erhielt er den Johannes-Gillhoff-Preis, 1995 die Fritz-Reuter-Medaille und 2002 den Fritz-Reuter-Literaturpreis.
Werke u. a. Johann Gillhoff (1986); Merk-Würdigkeiten in Mecklenburg (Hg., 1987–1991); Landkreis Ludwigslust (1995); Voß und Haas (Hg. seit 1995); Rathäuser in Mecklenburg-Vorpommern (2001); Ludwigslust (Hg., 2001).
S. 170ff, 175ff, 189ff, 283ff, 289f, 296ff, 306f.

Bülow, Paula von
* 1833 in Berlin
Geborene Gräfin von Linden, wuchs in Berlin und Wien als Gesandtentochter

auf. 1864 starb ihr Mann. 1868 wurde sie als Oberhofmeisterin an den Schweriner Hof berufen.
Werke u. a. Aus verklungenen Zeiten. Lebenserinnerungen 1833–1920 (1924). *S. 99ff, 103f, 185f, 229ff.*

Campe, Joachim Heinrich
* 1746 in Deensen bei Holzminden, † 1818 in Braunschweig.
Studierte in Helmstedt und Halle evangelische Theologie und Philosophie. Ab 1769 war er als Hauslehrer und Erzieher bei den Humboldts tätig. 1777 bis 1781 leitete er seine eigene Schule und wurde anschließend zur Reform des Schulwesens nach Braunschweig berufen. 1792 erhielt er den Ehrenbürgerbrief der Republik Frankreich und 1809 den Ehrendoktor der Universität Helmstedt. Er führte zahlreiche noch heute gebräuchliche deutsche Synonyme für Fremdwörter ein wie Hochschule für Universität oder Erdgeschoss für Paterre.
Werke u. a. Robinson der Jüngere (1779–1780); Die Entdeckung von Amerika (1781); Geschichte der französischen Staatsumwälzung (1792); Wörterbuch der deutschen Sprache (1807–1812). *S. 26.*

Clemens, Ditte
* 1952 auf Rügen
Studierte von 1970 bis 1974 Mathematik und Physik in Güstrow. Nach ihrer Promotion 1978 lehrte sie dort Mathematik. Seit Schließung der Hochschule 1993 arbeitet sie als freie Schriftstellerin, Jugendbuchautorin und Journalistin.
Werke u. a. Schweigen über Lilo (1993); Die Suche nach der gestohlenen Freude (1994); Reisebilder aus dem Landkreis Güstrow (1996); Marga Böhmer (1996); Güstie rettet Güstrow (2000); Porträts in Mecklenburg-Vorpommern (2001); Nirgendwo ist der Himmel so offen (2001). *S. 19ff, 373ff.*

Cornelius, Gustav Friedrich Wilhelm
* 1809 in Stralsund, † in Amerika
Redigierte 1830 bis 1832 die Zeitschrift „Das Constitutionelle Deutschland" in Straßburg. Wurde wegen seines Enga-gements für das Hambacher Fest als Revolutionär verhaftet und zu 7 Jahren Haft in Berlin verurteilt, wo er mit Fritz Reuter zusammentraf. Lebte in den 1840er-Jahren in Berlin als Buchhändler. Wanderte 1848 nach Amerika aus.
Werke u. a. Badens Volkskammer (1831); Wanderungen an der Nord- und Ostsee (zusammen mit T. v. Kobbe, 1841). *S. 315ff, 425.*

Dreyer, Max
* 1862 in Rostock, † 1946 in Göhren auf Rügen
Studierte in Rostock. Ab 1885 arbeitete er als Realschullehrer, von 1888 bis 1898 als Redakteur für die „Tägliche Rundschau". Er war einer der ersten Leiter der 1892 gegründeten Neuen Freien Volksbühne. Sein Stück „Die Siebzehnjährigen" wurde 1919 verfilmt. Einen Großteil seines Lebens verbrachte er auf Rügen, die Gemeinde Göhren ernannte ihn zum Ehrenbürger.
Werke u. a. Drei (1894); Der Probekandidat (1899); Das Tal des Lebens (1902); Die Siebzehnjährigen (1904); Des Pfarrers Tochter von Strehladorf (1909); Der deutsche Morgen (1915); Die Siedler von Hohenmoor (1922); Das Gymnasium von St. Jürgen (1925); Der Heerbann ruft (1933); Erdkraft (1941). *S. 320.*

Ebeling, Gerhard
* 1912 in Berlin, † 2001 in Zürich
Studierte evangelische Theologie in Marburg, Zürich und Berlin und promovierte 1938 in Zürich. War von 1939 bis 1945 Pfarrer der Bekennenden Kirche in Berlin. 1946 ging er als Professor nach Tübingen, 1956 nach Zürich, ab 1965 zurück nach Tübingen und von 1968 bis 1979 wieder nach Zürich.
Werke u. a. Evangelische Evangelienauslegung (1942); Das Wesen des christlichen Glaubens (1959); Lutherstudien (1971–1977); Einführung in die theologische Sprachlehre (1971); Dogmatik des christlichen Glaubens (1979); Predigten eines „Illegalen" aus den Jahren 1939–1949 (1995); Luthers Seelsorge (1997). *S. 308.*

Eichendorff, Joseph Karl Benedikt Freiherr von
* 1788 auf Schloss Lubowitz in Oberschlesien, † 1857 in Neisse
Studierte ab 1805 in Halle und Heidelberg Jura. 1808 ging er auf eine Bildungsreise nach Paris und Wien und kehrte 1910 nach Schloss Lubowitz zurück. Sein Studium setzte er im Winter 1809/1810 in Berlin und ab 1810 in Wien fort, wo er es 1812 abschloss. Nachdem er sich 1813 bis 1815 an den Befreiungskriegen beteiligte, trat er 1816 in Breslau in den preußischen Staatsdienst ein. 1821 wurde er katholischer Kirchenschulrat in Danzig, 1824 Oberpräsidialrat in Königsberg. 1831 ging er nach Berlin, wo er von 1841 bis 1844 Geheimer Regierungsrat war.
Werke u. a. Die Zauberei im Herbst (1808); Aus dem Leben eines Taugenichts (1826); Viel Lärmen um nichts (1833); Die Meerfahrt (1835); Die Glücksritter (1841).
S. 153f.

Evermod
* um 1100 in Belgien, † 1178 in Ratzeburg
Schloss sich 1120 Norbert von Xanten an und übernahm wichtige Ämter in dessen Kloster. Als Probst gründete er Klöster in Quedlinburg, Jerichow, Havelberg und Pöhlde. Heinrich der Löwe ernannte ihn 1154 zum ersten Bischof des neuen Bistums Ratzeburg, wo er 1165 mit dem Dombau begann und damit den Grundstein für die Stadt legte. Durch seine Missionsarbeit in Osteuropa gilt er als der „Apostel der Wenden". Sein Namenstag ist der 17. Februar.
S. 58f.

Fallada, Hans
* 1893 in Greifswald, † 1947 in Berlin
Eigentlich Rudolf Wilhelm Friedrich Ditzen. Zog 1899 nach Berlin, 1909 nach Leipzig und 1911 nach Rudolstadt. Er wurde wegen eines fehlgeschlagenen Suizidversuches des Mordes angeklagt und kam in psychiatrische Untersuchung. Er litt an seiner Alkoholsucht, ab 1917 Aufenthalte in Entzugskliniken und im Gefängnis. 1928 zog er nach Hamburg. 1945 war er für einige Monate Bürgermeister in Feldberg. Anschließend ging er als Redakteur für die „Tägliche Rundschau" nach Berlin.
Werke: u. a. Bauern, Bonzen und Bomben (1931), Kleiner Mann was nun? (1932), Wolf unter Wölfen (1937); Der eiserne Gustav (1938); Damals bei uns daheim (1941); Der Trinker (1944); Jeder stirbt für sich allein (1947).
S. 524ff.

Fontane, Heinrich Theodor
* 1819 in Neuruppin, † 1898 in Berlin
Arbeitete ab 1840 als Apothekergehilfe in Burg, Leipzig, Dresden und Letschin. Er war Mitglied des literarischen Vereins „Tunnel über der Spree". Nach dem Militärdienst von 1844 bis 1845 ging er nach Berlin, wo er 1847 sein Examen zum „Apotheker erster Klasse" machte. Er beteiligte sich an der Revolution von 1848 und arbeitete ab 1849 als freier Schriftsteller und Journalist. Als Kriegsberichterstatter verfolgte er die Kriege von 1864, 1866 und 1870 bis 1871 an der Front. 1894 erhielt er die Ehrendoktorwürde der Universität Berlin.
Werke u. a. Wanderungen durch die Mark Brandenburg (1862–1882); Irrungen, Wirrungen (1888); Herr von Ribbeck auf Ribbeck im Havelland (1889); Stine (1890); Effi Briest (1895).
S. 96f, 331f, 348ff, 429ff, 433, 468ff, 471.

Herzog Friedrich der Fromme
* 1717, † 1785
Regierte ab 1756. Während des Siebenjährigen Krieges erließ er mehrere Auswanderungsverbote, um der Auswanderungswelle während der Zeit der preußischen Besatzung entgegenzuwirken. Im Zuge kirchlicher Auseinandersetzungen zwischen evangelischen und pietistischen Strömungen schaffte er 1769 unter anderem die Aposteltage und die dritten Feiertage zu Weihnachten und zu Ostern ab und verbot aufwendige Feiern. 1776 begründe-

te er den Schwerinischen Staatskalender.
S. 68f.

Herzog Friedrich Franz I. von Mecklenburg-Schwerin
* 1756 in Schwerin, † 1837 in Ludwigslust
Regierte ab 1785. Er erweiterte seinen Regierungsbezirk durch die Rückgewinnung an Preußen verpfändeter Dörfer und den Erwerb der altmecklenburgischen Besitzungen Wismar, Poel und Neukloster. Nach anfänglicher Neutralität im napoleonischen Krieg wurde das Land 1806 besetzt. Unter der Bedingung des Beitritts zum Rheinbund wurde er 1807 wieder eingesetzt, sagte sich 1813 jedoch als Erster wieder vom Rheinbund los und rüstete zum Kampf gegen Frankreich. Erhielt 1815 zum 30. Thronjubiläum die Großherzogwürde.
S. 179.

Fries, Fritz Rudolf
* 1935 in Bilbao in Spanien
Zog 1942 nach Leipzig. Studierte Anglistik, Romanistik und Hispanistik in Dresden und Berlin. Arbeitete anschließend als Schriftsteller, Übersetzer und Herausgeber, von 1960 bis 1966 als Assistent an der Akademie der Wissenschaften in Ost-Berlin. Sein erster Roman erschien 1966 in der BRD. 1972 wurde er Mitglied des PEN-Zentrums der DDR, kurz darauf Mitglied des Präsidiums. 1996 wurde bekannt, dass er zwischen 1976 und 1985 inoffizieller Mitarbeiter der Stasi gewesen war.
Werke u. a. Der Weg nach Oobliadooh (1966); Das Luft-Schiff (1974); Alexanders neue Welten (1982); Die Väter im Kino (1989); Diogenes auf der Parkbank (2002); Dienstmädchen und Direktricen (2006).
S. 416ff.

Gillhoff, Johannes
* 1861 in Glaisin bei Ludwigslust, † 1930 in Parchim
Schloss 1876 die Präparandenanstalt ab und arbeitete anschließend als Lehrer in Tewswoos, Spornitz und Parchim. 1881

absolvierte er das Lehrerseminar in Neukloster, 1896 das Lehrerexamen in Schwerin und 1899 die Rektoratsprüfung, bevor er in Merseburg, Erfurt, Halberstadt und Genthin unterrichtete. Von 1925 bis 1930 gab er die „Mecklenburgischen Monatshefte" heraus.
Werke u. a. Mecklenburgische Volksrätsel (1892); Bilder aus dem Dorfleben (1905); Jürnjakob Swehn, der Amerikafahrer (1917).
S. 308, 478ff.

Glasbrenner, Georg Adolph
* 1810 in Berlin, † 1876 in Berlin
Pseudonyme: Adolf Glaßbrenner und A. Brennglas. Machte eine kaufmännische Lehre. Ab 1830 war er als Journalist und Schriftsteller tätig, ab 1832 Herausgeber des „Berliner Don Quixote". 1833 wurde er wegen politischer Anspielungen mit Berufsverbot belegt. Lebte ab 1840 in Neustrelitz. Als führender Demokrat während der Märzrevolution wurde er 1850 des Landes verwiesen und ging nach Hamburg, wo er humoristische Zeitschriften herausgab. 1858 ging er nach Berlin, ab 1868 verlegte er die „Berliner Montagszeitung".
Werke u. a. Bilder und Träume aus Wien (1836); Berliner Erzählungen und Lebensbilder (1838); Verbotene Lieder (1844); Hamburg im Berliner Guckkasten (1847); Humoristische Plauderstunden (1855).
S. 278.

Griese, Friedrich
* 1890 in Lehsten bei Möllenhagen, † 1975 in Lübeck
Arbeitete ab 1913 als Lehrer, bevor er sich 1914 freiwillig als Soldat meldete. 1916 wurde er aus dem Kriegsdienst entlassen und arbeitete als Lehrer in Kiel. Er gilt als Vertreter der nationalsozialistischen Blut-und-Boden-Dichtung. Während des Dritten Reiches war er Mitglied der „Deutschen Akademie für Dichtung" und trat 1942 der NSDAP bei. 1945 wurde er verhaftet und in einem russischen Sonderlager interniert. Nach seiner Entlassung 1947 ging er nach Westdeutschland.

579

Werke u. a. Feuer (1921); Winter (1927); Die Wagenburg (1935); Die Prinzessin von Grabow (1936); Das Kind des Torfmachers (1937); Die Weißköpfe (1940); Der Zug der großen Vögel (1951); Der Wind weht nicht, wohin er will (1959). *S. 488ff.*

König Gustav Adolf II. von Schweden
* 1594 in Stockholm, † 1632 bei Lützen
Regierte ab 1611. Reformierte besonders das Militär durch ein stehendes Heer, Einführung von Uniformen und der Beförderung nach Leistung, statt nach Herkunft. Führte erfolgreich Kriege gegen Dänemark, Russland und Polen und machte Schweden zur Großmacht. Griff 1630 auf Seiten der Protestanten in den Dreißigjährigen Krieg ein. Nach einem Sieg 1631 bei Breitenfeld fiel er in der Schlacht bei Lützen 1632 gegen die von Albrecht von Wallenstein geführten Truppen. *S. 203f.*

Hellwig, Johann Christian Ludwig
* 1743 in Graz auf Rügen, † 1831 in Braunschweig
Studierte ab 1763 Mathematik und Naturwissenschaften in Frankfurt an der Oder und begleitete Prinz Wilhelm Adolf von Braunschweig auf einer Reise nach Südrussland. Ab 1770 unterrichtete er Mathematik in Braunschweig. Er promovierte an der Universität Helmstedt, wurde 1790 zum Professor und 1802 zum Hofrat ernannt. Von 1803 bis 1831 lehrte er am Collegium Carolinum als Professor für Mathematik und Naturwissenschaften. *S. 164ff.*

Hoffmann von Fallersleben, August Heinrich
* 1798 in Fallersleben in Wolfsburg, † 1874 auf Schloss Corvey in Höxter
Studierte zunächst Theologie in Göttingen. 1818 wechselte er zum Studium der Deutschen Sprache und ging nach Bonn. Ab 1821 arbeitete er als Bibliothekar in Berlin, 1823 bis 1838 in der Universitätsbibliothek in Breslau. Dort erhielt er 1830 eine außerordentliche Pro-

fessur und habilitierte 1835 zum ordentlichen Professor. Wegen seiner nationalliberalen Haltung und den 1840 bis 1841 erschienenen „Unpolitischen Liedern" wurde er 1842 des Landes verwiesen. Nach seiner Rehabilitation 1848 ging er zunächst ins Rheinland; ab 1860 arbeitete er als Bibliothekar auf Schloss Corvey. Werke u. a. Deutsche Lieder (1815); Kirchhofslieder (1827); Buch der Liebe (1836); Das Lied der Deutschen (1841); Fünfzig Kinderlieder (1843); Soldatenlieder (1851); Lieder der Landsknechte (1868). *S. 104ff, 211f, 222ff, 226.*

Holst, Niels von
* 1907 in Riga, † 1993 in Eisenberg
Floh 1917 aus dem Baltikum nach Danzig. Bis 1929 studierte er in München und Hamburg Kunstgeschichte. Zunächst freiberuflich tätig, leitete er bis Mitte der 1930er-Jahre das Außenamt der Berliner Museen. 1943 zog er mit seiner Familie nach Eisenberg, wo er als freier Schriftsteller lebte. Werke u. a. Frankfurt zu Goethes Jugendzeit „Dichtung und Wahrheit" im Bilde (1932); Danzig (1949); Paris (1953); Italien (2 Bd., 1957–1958); Moderne Kunst und sichtbare Welt (1957); Künstler, Sammler, Publikum (1960); Florenz und Umgebung (1969); Berlin (1970); Der deutsche Ritterorden und seine Bauten (1981). *S. 329ff.*

Huch, Ricarda
* 1864 in Braunschweig, † 1947 in Schönberg im Taunus
Pseudonym: Richard Hugo. Studierte in Zürich Geschichte und Philosophie und promovierte 1892. Arbeitete zunächst als Bibliothekarin in Zürich, dann als Lehrerin in Bremen. Nach ihrer Hochzeit 1898 ging sie nach Triest. Von 1912 bis 1916 und 1918 bis 1927 lebte sie in München, von 1927 bis 1932 in Berlin und von 1935 bis 1947 in Jena. Dank der Anerkennung italienischer Faschisten für ihre Arbeit zur italienischen Geschichte wurde sie im deutschen NS-Regime trotz antifaschistischer Hal-

tung und Kontakt zum Widerstand geduldet. Die Universität Jena verlieh ihr 1946 die Ehrendoktorwürde.
Werke u. a. Die Geschichte von Garibaldi (1906–1907); Der große Krieg in Deutschland (1912–1914); Im alten Reich (1927); Alte und neue Götter (1930); Der lautlose Aufstand (hrsg. 1953).
S. 169f, 309ff, 377ff, 446ff.

Jesse, Wilhelm
* 1887 in Grabow, † 1971 in Braunschweig
Studierte Geschichte, Philologie und Philosophie in München, Kiel und Berlin. Promovierte 1911 und arbeitete bis 1914 als Volontär am Großherzoglichen Geheimen Hauptarchiv in Schwerin. Von 1919 bis 1926 war er am Museum für Hamburgische Geschichte tätig, er habilitierte 1926 in Hamburg. Anschließend ging er als Direktorialassistent am Städtischen Museum nach Braunschweig. 1932 übernahm er die Leitung des Museums. Ab 1933 lehrte er in Braunschweig Deutsche Volkskunde und Kulturgeschichte, 1942 bis 1963 Münz- und Geldgeschichte in Göttingen.
Werke u. a. Quellenbuch zur Münz- und Geldgeschichte des Mittelalters (1924); Münzbild und Münzaufschrift (1965).
S. 89ff.

Kempowski, Walter
* 1929 in Rostock, † 2007 in Rotenburg
Musste 1944 die Schule abbrechen, weil er eingezogen wurde. 1945 begann er eine Kaufmannslehre in Rostock, musste sie jedoch wegen fehlender Arbeitserlaubnis abbrechen. Bei einem Besuch in Rostock 1948 wurde er wegen Spionage verhaftet und zu 25 Jahren Arbeitslager verurteilt. 1956 vorzeitig aus der Haft entlassen, ging er nach Hamburg. 1957 holte er in Göttingen sein Abitur nach, studierte Pädagogik und war ab 1960 als Lehrer in Zeven tätig, ab 1965 in Nartum und 1975 bis 1979 wieder in Zeven. 1980 bis 1991 lehrte er Literaturproduktion an der Universität Oldenburg.
Werke u. a. Im Block (1969); Wer will

unter die Soldaten (1976); Deutsche Chronik (1978–1984); In Rostock (1990); Das Echolot (1993–2005); Letzte Grüße (2003).
S. 335ff.

Klopstock, Friedrich Gottlieb
* 1724 in Quedlinburg, † 1803 in Hamburg
Studierte von 1745 bis 1748 in Jena und Leipzig Theologie und unterrichtete dann als Hauslehrer in Langensalza. 1750 ging er nach Zürich und 1751 nach Kopenhagen, wo ihm König Friedrich V. von Dänemark eine Lebensrente gewährte. 1759 bis 1763 hielt er sich in Halberstadt, Braunschweig und Quedlinburg auf, bevor er von 1764 bis 1770 wieder nach Dänemark ging. Nach dem Tod Friedrichs V. 1770 ging er nach Hamburg.
Werke u. a. Messias (1748–1780); Geistliche Lieder (1758–1769); Hermanns Schlacht (1769); Oden und Elegien (1771); Hermann und die Fürsten (1784).
S. 283.

Kobbe, Theodor von
* 1798 in Glückstadt, † 1845 in Oldenburg
Wuchs in Uetersen auf. Studierte ab 1817 Jura in Heidelberg und nahm 1818 an der Allgemeinen Burschenschaftsversammlung in Jena teil. 1819 wechselte er zur Universität in Kiel und legte dort die Staatsprüfung ab. Ab 1820 war er als Assessor in Oldenburg tätig, wo er den Verein „Zur Verbesserung des Schicksals entlassener Strafgefangener" gründete. Er setzte sich unter anderem für die Abschaffung der Todesstrafe ein.
Werke u. a. Die Schweden im Kloster zu Uetersen (1830); Wanderungen an der Nord- und Ostsee (1841).
S. 410.

Kosegarten, Gotthard Ludwig Theobul
* 1758 in Grevesmühlen, † 1818 in Greifswald
Studierte 1775 bis 1777 Theologie in Greifswald und arbeitete anschließend als Hauslehrer. 1781 bestand er sein theologisches Examen an der Univer-

sität Greifswald. 1785 erhielt er den Doktor der Philosophie und den Magister der freien Künste und ging als Rektor an eine Schule in Wolgast. 1792 wurde er Pfarrer auf Rügen. 1808 war er als Professor für griechische Literatur und Geschichte in Greifswald tätig, ab 1817 als Professor für Theologie und von 1812 bis 1818 als Rektor der Universität.

Werke u. a. Tränen und Wonnen (1778); Ewalds Rosenmonde (1791); Ebba von Medem (1800); Die Jungfrau von Nikomedia (1808); Vaterländische Gesänge (1813); Die Lieder Luthers (1818).
S. 136.

Kuhn, Adalbert
*1812 in Königsberg / Neumark, † 1881 in Berlin

Studierte Philologie in Berlin. Nach seiner Promotion 1837 war er am Köllnischen Gymnasium tätig, zunächst als Proband, ab 1841 als Lehrer. 1856 wurde er zum Professor berufen, 1870 zum Direktor des Instituts. Ab 1872 war er Mitglied der Berliner Akademie der Wissenschaften. Er versuchte anhand von Etymologie und Mythen Erkenntnisse über Frühgeschichte zu gewinnen. Ab 1851 erschien die von ihm herausgegebene „Zeitschrift für vergleichende Sprachforschung".

Werke u. a. Märkische Sagen und Märchen (1843); Norddeutsche Sagen, Märchen und Gebräuche (mit W. Schwartz, 1848); Sagen, Gebräuche und Märchen aus Westfalen (1859); Entwicklungsstufen der Mythenbildung (1874).
S. 273f.

Kurt Christoph von Schwerin
* 1684 in Löwitz bei Anklam, † 1757 in der Schlacht von Prag

Trat 1700 in das Regiment von Mecklenburg-Schwerin ein. 1703 wurde er zum Leutnant, 1705 zum Kapitän und Chef einer Kompanie, 1707 zum Oberstleutnant und 1708 zum Oberst befördert. Ab 1711 war er in geheimer Mission beim König von Schweden, mit dem er 1713 in Gefangenschaft geriet. 1718 trat er als Generalmajor in schwedische Dienste, 1720 in die Dienste Preußens. Nach diplomatischen Missionen erhielt er 1722 ein Infanterieregiment. Er wurde 1730 zum Gouverneur von Peitz befördert, 1731 zum Generalleutnant und 1739 zum General der Infanterie. König Friedrich II. von Preußen ernannte ihn 1740 zum Generalfeldmarschall und erhob ihn in den Grafenstand.
S. 107ff.

Lauremberg, Johann
* 1590 in Rostock, † 1658 in Sorø in Dänemark

Pseudonym: Hans Willmsen L. Rost. Studierte von 1608 bis 1610 in Rostock. Von 1613 bis 1617 unternahm er Bildungsreisen nach Holland, England, Frankreich und Italien und studierte Medizin in Paris. 1618 ging er als Professor der Poesie an die Universität Rostock, ab 1623 als Professor für Mathematik an die Ritterakademie nach Sorø. Verfasste sowohl mathematische und pädagogische Schriften als auch lateinische, deutsche und niederdeutsche Literatur.

Werke u. a. Pompejus Magnus (1610); Triumphus Nuptialis Danicus (1635); De nye poleerte Utiopische Bockes-Büdel (1652); Musicalisch Schawspiel (1655).
S. 343ff.

Lisch, Friedrich
* 1801 in Strelitz, † 1883 in Schwerin

Studierte in Rostock und Berlin. Arbeitete als Hauslehrer in Tessin und ab 1827 als Hilfslehrer in Schwerin. Als Direktor einer Mädchenschule ab 1832 war er an der Neugestaltung des Schweriner Schulwesens und einigen Schulgründungen beteiligt. Ab 1834 war er im Geheimen und Hauptarchiv in Schwerin tätig, ab 1835 als Regierungsbibliothekar, ab 1836 als Aufseher der Altertümer- und Münzsammlung, ab 1852 als Konservator, ab 1856 als Archivrat und ab 1867 als Geheimer Archivrat. 1835 gründete er den Verein für Mecklenburgische Geschichte und Altertumskunde. Die Universität Ros-

tock verlieh ihm 1849 den Ehrendoktor.
Werke u. a. Mecklenburgische Jahrbücher (ab 1836); Urkundliche Geschichte des Geschlechts von Oertzen (1847–1866); Mecklenburg in Bildern (1842–1845).
S. 115ff.

Großherzogin Marie von Mecklenburg
* 1868, † 1922
Geborene Prinzessin Marie von Schwarzburg-Rudolstadt. Heiratete 1886 Großherzog Friedrich Franz II. von Mecklenburg-Schwerin; sie war seine dritte Ehefrau. Aus der Ehe gingen vier Kinder hervor: Elisabeth Alexandrine Mathilde zu Mecklenburg, Friedrich Wilhelm, Adolf Friedrich und Heinrich zu Mecklenburg, der 1901 Königin Wilhelmina der Niederlande heiratete.
S. 184ff.

Münster, Sebastian
* 1488 in Nieder-Ingelheim, † 1552 in Basel
Trat 1505 dem Franziskanerorden bei. Er studierte in Löwen, Freiburg im Breisgau, Rouffach, Basel und Pforzheim Mathematik, Astronomie und Geografie. 1512 wurde er in Pforzheim zum Priester geweiht. Er ging 1524 als Professor für Hebräisch nach Heidelberg. 1529 trat er aus dem Franziskanerorden aus und konvertierte zum Protestantismus, um dem Ruf der Universität Basel zu folgen; 1547 wurde er Rektor der Universität.
Werke u. a. Cosmographia (1544).
S. 21.

Nugent, Thomas
War ein britischer Reiseschriftsteller. Bereiste 1766 auf den Spuren der Königin Charlotte für mehrere Monate Mecklenburg und beschrieb seine Erlebnisse in Briefen an einen fiktiven Freund.
Werke u. a. Reisen durch Deutschland und vorzüglich durch Mecklenburg (1766–1772, dt. 1781–1782); The History of Vandalia (1766–1773).
S. 182f, 205.

Piper, Otto
* 1841 in Röckwitz bei Stavenhagen, † 1921 in München
Studierte Jura und war als Rechtsanwalt in Rostock tätig. Ab 1873 arbeitete er als Redakteur in Straßburg, Trier und Düsseldorf. Von 1879 bis 1889 war er Bürgermeister von Penzlin, anschließend Mecklenburger Geheimer Hofrat. Er gilt als der Begründer der wissenschaftlichen Burgenforschung. Sein Sohn Reinhard Piper gründete 1921 den Piper Verlag in München.
Werke u. a. Deutsche Burgenkunde (1895); Ut 'ne lütt Stadt (1898); In'n Middelkraug (1900); Aus meiner Gymnasialzeit (1931).
S. 453ff.

Prüser, Friedrich (Fritz)
* 1890 in Dessau
War Studiendirektor und von 1939 bis 1947 Vorsitzender der Gesellschaft für Familienforschung in Bremen.
Werke u. a. England und die Schmalkaldener 1535–1540 (1928); Bürgermeister Vasmer und das Steinerne Kreuz (1930); Bremens Anteil am Kampf für deutsches Volkstum (1935); Der Hodenberg (1936); Das Rathaus zu Bremen (1939); Vom alten zum neuen Bremen (1952); Hinter der Mauer (1960).
S. 326f.

Puls, Karl
* 1898 in Lank, † 1962
War Bauer in Lank bei Lübtheen. Er schrieb plattdeutsche Dramen, Gedichte und Erzählungen.
Werke u. a. Schulten Miene (1920); Dörpläwen (1924); Der Schulmeister von Jässenitz (1929); Der Schulze von Stapel (1930); Der Schullehrer von Quassel (1931); Unsere Crivitzer Heimat (1932); Dodenglocken (1933); Eidig der Wildschütz (1937); Kameraden (1939).
S. 291.

Raabe, Wilhelm
* 1831 in Eschershausen, † 1910 in Braunschweig
Pseudonym: Jakob Corvinus. Zog 1845 nach Wolfenbüttel. Machte bis 1853

eine Buchhandelslehre in Magdeburg, die er jedoch nicht beendete. Studierte ab 1854 Philosophie und Geschichte in Berlin. Als freier Schriftsteller lebte er danach in Wolfenbüttel, später in Stuttgart und ab 1870 in Braunschweig. 1901 erhielt er den Ehrendoktor der Universitäten Göttingen und Tübingen, 1910 den der Universität Berlin. Werke u. a. Die Chronik der Sperlingsgasse (1857); Der Hungerpastor (1864); Die Gänse von Bützow (1866); Horacker (1876); Das Odfeld (1889); Stopfkuchen (1891); Die Akten des Vogelsangs (1896); Hastenbeck (1899).
S. 394ff.

Reinhard, Ernst Ludwig August
* 1805 in Mustin, † 1877 in Bolz bei Mustin
Studierte Theologie und war bis 1848 Volksschulrektor in Ludwigslust. Wegen seiner politischen Tätigkeit als Mitglied der Nationalversammlung in der Frankfurter Paulskirche wurde er seines Amtes als Lehrer enthoben. Er arbeitete zunächst als Hauslehrer in Jessenitz und Bolz und wurde dann Journalist in Coburg. Er schrieb politische Texte und gab anonyme plattdeutsche Mundartdichtung heraus.
Werke u. a. Deutschlands Auferstehungs-Arie (1848); Offenes Wort an die Männer des 4. Mecklenburgischen Wahlkreises (1849); Neun plattdeutsche Göttergespräche (1865); Komische Spaziergänge (1867); Zum Allerwelts-Pfaffenkongress, genannt ökumenisches Konzil (1869).
S. 82, 287.

Rellstab, Johann Carl Friedrich
* 1759 in Berlin, † 1813 in Berlin
Nahm Musikunterricht bei Johann Friedrich Agricola, Fasch und Philipp Emanuel Bach in Hamburg. Nach dem Tod seines Vaters kehrte er nach Berlin zurück und übernahm dort die Buchdruckerei, der er 1783 eine Musikalienhandlung anschloss. 1792 trat er in die von Fasch gegründete Singakademie ein, wo er auch dirigierte. Mit dem Einzug Napoleons in Berlin 1806 verlor er

sein Geschäft und sein Vermögen.
Werke u. a. Die Apotheke (Oper, 1788); Ausflucht nach der Insel Rügen durch Meklenburg und Pommern (1797).
S. 452f, 529f, 530ff.

Reuter, Heinrich Ludwig Christian Friedrich (Fritz)
* 1810 in Stavenhagen, † 1874 Eisenach
Studierte Jura in Rostock und Jena und war dort an burschenschaftlichen Bestrebungen beteiligt. 1833 wegen Hochverrats verhaftet, wurde das Todesurteil auf zunächst 30 und dann 8 Jahre Haft abgemildert. Nach seiner Entlassung 1840 studierte er Jura in Heidelberg und arbeitete ab 1842 als Volontär bei einem Gutspächter. Seine schriftstellerische Tätigkeit begann 1845 zunächst mit hochdeutschen, später mit niederdeutschen Werken. 1850 ging er als Privatlehrer nach Treptow, 1856 nach Neubrandenburg und 1863 nach Eisenach. Die Universität Rostock verlieh ihm 1863 die Ehrendoktorwürde.
Werke u. a. Läuschen und Riemels (1853–1858); Ut de Franzosentid (1860); Abenteuer des Entspektor Bräsig (1861); Ut mine Festungstid (1862); De Urgeschicht' von Mecklenburg (1874).
S. 42ff, 191ff, 206ff, 232ff, 238f, 245ff, 251ff, 275ff, 539ff.

Riesbeck, Johann Kaspar
* 1754 in Höchst bei Frankfurt am Main, † 1786 in Aarau in der Schweiz
Studierte ab 1768 in Mainz und Gießen, wo er unter anderem H. L. Wagner und J. W. v. Goethe kennenlernte. 1775 musste er Mainz wegen einer tätlichen Auseinandersetzung mit dem Domherren verlassen und ging nach Wien. Dort arbeitete er als Schauspieler, Schriftsteller und Übersetzer. Auf Goethes Fürsprache hin wurde er 1780 Redakteur der neu gegründeten „Züricher Zeitung".
Werke u. a. Briefe eines reisenden Franzosen über Deutschland (1783).
S. 24ff.

Rilke, Rainer Maria
* 1875 in Prag, † 1926 in Valmont bei Montreux
Schied 1891 aus Gesundheitsgründen aus der Militärrealschule aus und erhielt 1892 bis 1895 Privatunterricht bis zum Abitur. Studierte Philosophie, Kunst und Literatur in Prag, München und Berlin. 1900 bis 1902 verbrachte er in Worpswede und ging dann nach Paris. Nach einer Stelle als Sekretär von 1905 bis 1906 wurde er von mehreren Mäzenen unterstützt. 1916 leistete er für ein halbes Jahr Kriegsdienst in Wien, 1919 ging er in die Schweiz. Die letzten Lebensjahre waren von seiner Leukämie-Krankheit überschattet.
Werke u. a. Leben und Lieder (1894); Mir zur Feier (1899); Das Stundenbuch (1905); Die Aufzeichnungen des Malte Laurids Brigge (1910); Duineser Elegien (1923); Die Sonette an Orpheus (1923).
S. 437f, 438.

Ropp, Christopher Baron von der
* 1904 in Polen, † 1990
Ropp studierte Volkswirtschaft in Greifswald und Berlin. Ab 1932 arbeitete er als Journalist, unter anderem 1936 als Kriegsberichterstatter in Spanien und 1940 bei der deutschen Luftwaffe. Aus englischer Kriegsgefangenschaft entlassen, war Ropp als freier Journalist und Schriftsteller tätig. In Hamburg gründete er den Verlag „Christoph von der Ropp", den er bis 1978 betrieb.
Werke u. a. Pommerland ist abgebrannt (1956).
S. 77, 342f, 357f, 464f.

Rückert, Johann Michael Friedrich
* 1788 in Schweinfurt, † 1866 in Neuses bei Coburg
Pseudonym: Freimund Reimar. Studierte in Würzburg und Heidelberg Jura und Philologie. Unterrichtete ab 1811 griechische und orientalische Mythologie und war später als Gymnasiallehrer tätig. 1815 ging er als Redakteur nach Stuttgart, 1817 reiste er nach Rom und von dort 1818 nach Wien, wo er

Persisch und Arabisch lernte. Er übersetzte den Koran und die Hamâsa. 1826 lehrte er an der Universität Erlangen orientalische Philologie und von 1841 bis 1848 an der Universität Berlin.
Werke u. a. Deutsche Gedichte (1814); Kranz der Zeit (1817); Liebesfrühling (1821); Die Weisheit des Brahmanen (1836–1839); Kindertotenlieder (1872).
S. 72.

Sakowski, Helmut
* 1924 in Jüterbog, † 2005 in Wesenberg
Besuchte eine Fachschule für Forstwirtschaft und war einige Jahre als Revierförster in Osterburg in der Altmark tätig. Ab 1961 arbeitete er als freier Schriftsteller. Er war Abgeordneter der Volkskammer, ab 1973 Mitglied im Zentralkomitee der SED, Mitglied der Deutschen Akademie der Künste und von 1972 bis 1974 Vizepräsident des Kulturbundes der DDR.
Werke u. a. Zwei Frauen (1959); Steine im Weg (1962); Daniel Druskat (1976); Wie ein Vogel im Schwarm (1984); Katja Henkelpott (1992); Die Schwäne von Klevenow (1993); Wege übers Land (2005).
S. 465ff, 484ff.

Schiller, Johann Christoph Friedrich von
* 1759 in Marbach am Neckar, † 1805 in Weimar
Studierte ab 1773 Jura in Stuttgart und wechselte 1775 zum Medizinstudium, das er 1780 abschloss. Arbeitete bis 1785 als Theaterdichter in Mannheim und ging dann nach Leipzig. Als Professor für Philosophie lehrte er 1789 Geschichte an der Universität Jena. 1792 ernannte ihn die Französische Republik zum Ehrenbürger. Er zog 1799 nach Weimar, wo ihm 1802 das Adelsdiplom überreicht wurde.
Werke u. a. Die Räuber (1781); Kabale und Liebe (1783); Der Verbrecher aus verlorener Ehre (1786); Ode an die Freude (1786); Don Carlos (1787 / 1788); Die Geschichte des Dreißigjährigen Krieges (1790); Die Bürgschaft (1798); Wallenstein (1799); Das Lied von der

Glocke (1799); Maria Stuart (1800); Wilhelm Tell (1803).
S. 65ff, 67f.

Schliemann, Johann Ludwig Heinrich Julius
* 1822 in Neubukow, † 1890 in Neapel
War ab 1836 als Handelsgehilfe in Fürstenberg beschäftigt, dann in Hamburg und ab 1842 in Amsterdam. 1846 gründete er eine Handelsniederlassung in St. Petersburg, später eine Bank in Kalifornien. Ab 1858 unternahm er Bildungsreisen in Europa, Afrika, Asien und Amerika. 1866 begann er mit dem Studium der Altertumswissenschaften in Paris. 1868 zog er nach Griechenland, 1869 promovierte er in Rostock. Nach Probegrabungen 1870 fand er 1873 den „Schatz des Priamos" und erklärte Troja für gefunden. 1874 und 1884 folgten weitere Ausgrabungen in Griechenland.
Werke u. a. Ithaka, der Peloponnes und Troja (1869); Trojanische Altertümer (1874); Mykenä (1877); Orchomenos (1881); Troja (1883).
S. 497ff, 527f.

Schult, Friedrich
* 1889, † 1978
War Kunsterzieher und unterrichtete ab 1914 am Gymnasium in Güstrow. Er schrieb zahlreiche Gedichte und war ein enger Freund und Verehrer Ernst Barlachs. Als Nachlassverwalter seiner Kunst erarbeitete er Werkverzeichnisse, die bis heute den Grundstock für die Aufarbeitung des Barlach-Erbes bilden.
Werke u. a. Tröstliche Zuversicht (1923); Ausstellung handwerklicher Einbandkunst im Museum des Güstrower Kunst- und Altertumsvereins (hrsg. mit F. Meink, 1924); Der Güstrower Dom (1930); Frühes Plattdeutsches Kabinett (1933); Mecklenburgische Anekdoten (1938); Herkunft und Landschaft (1943); Barlach im Gespräch (1939).
S. 299.

Schurek, Paul
* 1890 in Hamburg, † 1962 in Hamburg
Machte zunächst eine Lehre als Feinmechaniker und Elektrotechniker und besuchte dann das Technikum in Hamburg. Im Ersten Weltkrieg kämpfte er als Soldat, danach war er bis zu seiner Pensionierung 1949 als Ingenieur und Gewerbeoberlehrer tätig. Schrieb in hoch- und niederdeutscher Sprache.
Werke u. a. Stratenmusik (1921); Der Hamburger Brand (1922); De letzde Droschkenkutscher (1926); Snieder Nörig (1927); Kasper kummt na Hus (1932); Weiße Wäsche (1933); Das Leben geht weiter (1940); De politische Kannengeter (1945); Begegnungen mit Ernst Barlach (1946); Nichts geht verloren (1949); Der Tulpentrubel (1951).
S. 387ff.

Wilhelm Schwartz
* 1821 in Berlin, † 1899 in Berlin
Studierte Philologie in Berlin. War von 1844 bis 1864 als Gymnasialdirektor in Berlin tätig und von 1864 bis 1872 als Gymnasialdirektor in Neuruppin.
Werke u. a. Norddeutsche Sagen, Märchen und Gebräuche (mit A. Kuhn, 1848); Sagen und alte Geschichten der Mark Brandenburg (1871).
S. 273f.

Schweinichen, Hans von
* 1552 auf Schloss Gröditzburg, heute Grodziec, † 1616 in Liegnitz
War zunächst Page des geisteskranken Herzogs Friedrich III. von Liegnitz. Trat in die Dienste Herzog Heinrichs XI. von Liegnitz. Nach dessen Verhaftung 1581 lebte er zunächst als Landwirt. Nach dem Tod Heinrichs XI. 1588 trat er in die Dienste Herzog Friedrichs IV. von Liegnitz bis zu dessen Tod 1596. Seinem Nachfolger Herzog Joachim Friedrich von Brieg diente er als Marschall und Hofmeister. Er behielt das Amt auch nach dem Tod des Herzogs 1602 in der vormundschaftlichen Regierung.
Werke u. a. Tagebücher 1568–1602 (hrsg. v. Büsching, 1820–1823).
S. 201f.

Seidel, Heinrich Friedrich Wilhelm Karl Philipp Georg Eduard
* 1842 in Perlin, † 1906 in Berlin
Pseudonym: Johannes Köhnke. Studierte in Hannover und Berlin und wurde Ingenieur bei der Bahn. Ab 1880 widmete er sich vollkommen der Schriftstellerei. Er war unter anderem Mitglied in der literarischen Gesellschaft „Tunnel über der Spree", der mecklenburgischen Landmannschaft „Obotritia" und dem „Allgemeinen Deutschen Reimverein". Er prägte den Spruch „Dem Ingenieur ist nichts zu schwer". Seine Werke schrieb er unter anderem in Plattdeutsch.
Werke u. a. Ingenieurslied (1871); Aus der Heimat (1874); Vorstadtgeschichten (1880); Leberecht Hühnchen, Jorinde und andere Geschichten (1882); Sonderbare Geschichten (1891); Von Perlin nach Berlin (1894).
S. 38, 93ff, 160.

Herzogin Sophia von Mecklenburg
* 1569 in Schleswig-Holstein, † 1634 in Lübz
Geborene Schleswig-Holstein. 1588 heiratete sie Herzog Hansen von Mecklenburg. Sie hatten drei Kinder: Herzog Adolf Friedrich I., Johann Albrecht II. und Prinzessin Anna Sophia. 1633 gründete sie die Stiftskirche in Lübz.
S. 261ff.

Stillfried, Felix
* 1851 in Fahrbinde bei Ludwigslust, † 1910 in Rostock
Eigentlich: Adolf Ferdinand Rudolf Brandt. Studierte Theologie und Altphilologie in Rostock und Leipzig. Zunächst arbeitete er als Hauslehrer, dann als Oberlehrer und ab 1876 als Gymnasiallehrer in Rostock. Er war ein niederdeutscher Schriftsteller und Lyriker.
Werke u. a. De Wilhelmshäger Kösterlüd (1887); Ut Sloß un Kathen (1890); In Lust un Leed (1896). De unverhoffte Arvschaft (1898); Hack un Plück (1900); Wedderfunn'n (1905).
S. 35, 299ff.

Tarnow, Rudolf
* 1867 in Parchim, † 1933 in Schwerin
Machte bis 1885 eine kaufmännische Lehre in einer Tuchfabrik in Parchim. Nach seiner Dienstzeit beim Militär blieb er als Zahlmeister Mitglied der Leibkompanie des Großherzogs zu Mecklenburg-Schwerin. 1906 ging er als Betriebsinspektor an die Nervenheilanstalt Sachsenberg bei Schwerin, wo er bis 1932 tätig war. Ab 1910 veröffentlichte er plattdeutsche Bücher.
Werke u. a. Burrkäwers (1911–1917); Köster Klickermann (1921); Rüter-Püter (1924); Ringelranken (1927).
S. 288, 472ff.

Tychsen, Oluf Gerhard
* 1734 in Tondern, Dänemark, † 1815 in Rostock
Studierte in Halle und unterrichtete dort anschließend im Waisenhaus. 1763 folgte er dem Ruf zum Professor für orientalische Sprachen an die Universität Bützow. 1789 ließ Herzog Friedrich Franz I. die Universitäten Bützow und Rostock zusammenlegen, mit Standort in Rostock. Tychsen ging als Oberbibliothekar mit nach Rostock. Er unterhielt außerdem eine umfangreiche Privatbibliothek.
Werke u. a. Bützowsche Nebenstunden (1766–1769).
S. 215ff.

Varnhagen von Ense, Karl August
* 1785 in Düsseldorf, † 1858 in Berlin
Studierte ab 1799 Medizin in Berlin, brach das Studium jedoch wegen Geldmangels ab. Ab 1803 war er als Hauslehrer in Berlin tätig, von 1804 bis 1806 in Hamburg. Nahm als Offizier an den Befreiungskriegen gegen Napoleon teil. 1813 begleitete er Hardenberg zum Wiener Kongress. Zunächst zum Vertreter Preußens in Karlsruhe berufen, wurde er 1819 wegen demokratischer Neigungen abberufen und ging nach Berlin. Sein Privatarchiv umfasste mehr als hunderttausend Blätter mit Informationen über die maßgeblichen Persönlichkeiten seiner Zeit.

Werke u. a. Geschichte der Kreuzzüge des Generals von Tettenborn (1815); Biographische Denkmale (1824–1830); Denkwürdigkeiten und vermischte Schriften (1837–1859); Briefwechsel mit Alexander von Humboldt (1860); Tagebücher (1861–1870).
S. 177f.

Voß, Johann Heinrich
* 1751 in Sommerstorf bei Waren, † 1826 in Heidelberg
Nahm zunächst eine Hauslehrerstelle an, bevor er ab 1772 Philosophie in Göttingen studierte. Ab 1775 arbeitete er beim „Musenalmanach", zunächst als Redakteur, dann als Herausgeber. 1778 ging er als Rektor an die Lateinschule nach Otterndorf, 1782 bis 1802 an die Gelehrtenschule in Eutin. Von 1802 bis 1805 war er als Privatdozent an der Universität Jena tätig, 1805 übernahm er eine Professur an der Universität Heidelberg.
Werke u. a. Die Leibeigenschaft (1776); Mythologische Briefe (1794); Luise (1795); Zeitmessung der deutschen Sprache (1802); Wie ward Fritz Stolberg ein Unfreier? (1819); Antisymbolik (1824–1826).
S. 492ff.

Weber, Carl Julius
* 1767 in Langenburg, † 1832 in Kupferzell
Er studierte Jura in Erlangen und Göttingen und arbeitete als Hofmeister in der französischen Schweiz, als Privatsekretär beim Grafen von Erbach-Schönberg und als Rat der Regierungskanzlei zu König im Odenwald. Ab 1802 war er als Hof- und Regierungsrat in Isenburgischen Diensten, um den Erbgrafen auf seinen Reisen zu begleiten. Von 1820 bis 1824 vertrat er das Oberamt Künzelsau in der württembergischen Ständeversammlung.
Werke u. a. Möncherei (1818–1820); Ritterwesen (1822–1824); Deutschland, oder Briefe eines in Deutschland reisenden Deutschen (1826–1828); Demokritos, oder hinterlassene Papiere eines lachenden Philosophen (1832–1840).
S. 28ff, 409, 421ff.

Weber, Carl Maria Friedrich Ernst von
* 1786 in Eutin, † 1826 in London
Studierte ab 1798 in München und wirkte von 1806 bis 1807 als Musikintendant am Hof Herzog Eugens von Württemberg-Oels in Schlesien. Von 1807 bis 1810 war er am Stuttgarter Hof angestellt. 1813 bis 1816 ging er als Operndirektor nach Prag und ab 1817 als Königlicher Kapellmeister der Oper nach Dresden. Dort beschäftigte er sich mit dem Aufbau einer deutschen Oper im Gegensatz zu den üblichen italienischen Opern. Er starb nach der Uraufführung der Oper „Oberon" in London.
Werke u. a. Peter Schmoll und seine Nachbarn (1802); Der Freischütz (1821); Euryanthe (Text und Musik, 1823); Oberon (Text und Musik, 1826).
S. 158f.

Welk, Emil (Ehm)
* 1884 in Biesenbrow bei Angermünde, † 1966 in Doberan
Pseudonym: Thomas Trimm. Absolvierte eine kaufmännische Lehre, fuhr zur See und schrieb dann für verschiedene Zeitungen. Von 1910 bis 1919 war er Chefredakteur in Braunschweig. Nach seiner USA- und Lateinamerikareise 1922 war er als Journalist und Schriftsteller in Berlin tätig. 1934 kam er wegen öffentlicher Kritik ins KZ; 1935 zog er sich in den Spreewald zurück. 1946 bis 1950 war er Direktor der Volkshochschule in Schwerin. Anschließend ging er nach Doberan. 1956 erhielt er den Ehrendoktor der Universität Greifswald, ab 1964 lehrte er dort an der philosophischen Fakultät.
Werke u. a. Belgisches Skizzenbuch (1913); Gewitter über Gotland (1927); Die schwarze Sonne (1933); Die Heiden von Kummerow (1937); Mein Land, das ferne leuchtet (1952); Der Hammer will gehandhabt sein (1958).
S. 434ff.

Witt, Horst
* 1923 in Rostock, † 1994
Studierte Geschichte und Archivwissenschaften in Berlin. Er unterrichtete an der Schweriner Fachhochschule, be-

vor er von 1968 bis 1988 die Leitung des Rostocker Stadtarchivs übernahm.
Werke u. a. Stadtführer Rostock (1969); Kleine Stadtgeschichte (1973); Chronik der Stadt Rostock von 1945–1979 (1979–1980); 800 Jahre Strinz-Margarethä (1984); Die wahrhaftige „Abcontrafactur" der See- und Hansestadt Rostock des Krämers Vicke Schorler (1989).
S. 337f.

Ferner sind Texte folgender Autoren enthalten:
Auguste Becker (S. 538), Clemens Carl (S. 240), Hermann Fornaschon (S. 480ff), David Franck (S. 23), Michael Franck (S. 22), Richard Giese (S. 172), Diethardt H. Klein (S. 112, 123f, 144f, 163f, 305, 352f, 372, 420f, 445, 462ff, 504, 537), Adolf Friedrich Lorenz (S. 338), L. Kreuzer zu Parchim (S. 125ff, 134ff, 173ff), A. C. F. Krohn zu Penzlin (S. 398f, 500ff), G. F. C. Neumann zu Röbel (S. 279ff), J. G. C. Ritter (S. 398f), Rudolf Samm (S. 141ff), F. Schwenn zu Ludwigslust (S. 399f), Johann Ulrich Volkers (S. 44ff), Günter Gloede (S. 426ff), Peter von Kobbe (S. 53ff, 168f), Georg Heinrich Masius (S. 346ff), Emil Merker (S. 358ff), Albert Niederhöffer (S. 354f, 367ff, 397, 458ff, 513f, 522f), C. Pechel (S. 415f), L. Pechel (S. 281f, 419f), Hans Platte (S. 386f), Heinrich Ludwig August Schnell (S. 350f), Carl Schöring (S. 279), Edmund Schroeder (S. 186), F. H. Ungewitter (S. 31ff, 212f, 322f), Eugen Wildenow (S. 155ff, 187f).

Sammelbände u. ä.:
Aus: „Allgemeine deutsche Real-Encyclopädie" (1819): S. 26f, 321f.
Aus: „Allgemeine deutsche Real-Encyclopädie" (1871): S. 56f.
Aus: „Allgemeine Realencyklopädie" (1871): S. 36f, 56f.
Aus: „Baedeker" (1892): S. 86ff, 327ff.
Aus einem jüngeren Reiseführer: S. 291f, 353f.
Aus einem neueren Kunst-Reiseführer: S. 149f.
Aus einem neueren Reiseführer: S. 364.
Aus einem Stadtführer unserer Tage: S. 364ff.
Aus einer alten Literaturgeschichte: S. 258f.
Aus einer Broschüre unserer Tage: 393f.
Aus: „Einhard'sche Annalen": S. 49f.
Aus: „Deutsches Koloniallexikon" (1920): S. 102.
Aus: „Die Gegenwart" (1851): S. 73ff.
Aus: „Großer Brockhaus" (um 1895): S. 39ff, 148f, 334f.
Aus: „Hildesheimer, Meseburger und Quedlinburger Annalen": S. 50ff.
Aus: „Lauremberg'sche Karte von Meckelburg" (17. Jh.): S. 23.
Aus: „Norddeutscher Leuchtturm" (1983): S. 123.
Aus: „Real-Encyclopädie" (1819): S. 79ff.
Aus: „Reiseführer-Texte zu Parchim": S. 267f.
Aus: „Stadtprospekt für Malchin": S. 461.
Aus: „Visitations-Protokolle" (17. Jh.): 150ff.

Ohne Verfasserangabe:
S. 58f, 85, 98, 102, 110f, 137, 145, 161, 201, 209, 256, 256f, 257, 321, 333f, 341f, 407f, 439, 440, 483f, 505ff, 515ff, 519ff, 522.

Unsere Quellen

Allgemeine Realencyklopädie, o. O. 1871.

Andersch, Alfred, gesammelte Werke, © 2004 Diogenes Verlag AG Zürich.

Brinckman, John, Kasper Ohm un ick, Hamburger Lesehefte Verlag, Husum 2003.

Birnbaum, Brigitte, Hergelockt von Theater und Museum, in: Welche Stadt hat schon sieben Seen?, in: Kleine Bettlektüre für liebenswürdige Schweriner, Scherz Verlag, Bern / München / Wien 1993.

Birnbaum, Brigitte, Güstrows Häuser erzählen Geschichte(n), in: Spaziergänge durch Güstrow. Ein Stadtführer, Verlag Reinhard Thon, Schwerin 1991. Mit freundlicher Genehmigung der Autorin.

Brun, Hartmut, Landkreis Ludwigslust, hrsg. v. Landkreis Ludwigslust, Verlag und Redaktion Neomedia GmbH, Reken 1995. Mit freundlicher Genehmigung des Autors.

Clemens, Ditte, Nirgendwo ist der Himmel so offen, Ingo Koch Verlag, Rostock

Der Große Brockhaus, o. O. 1890, 1895.

Fallada, Hans, Der Alpdruck, © Aufbau Verlagsgruppe GmbH, Berlin 1994 (das Werk erschien erstmals 1947 im Aufbau-Verlag; Aufbau ist eine Marke der Aufbau Verlagsgruppe GmbH).

Gillhoff, Johannes, Jürnjakob Swehn der Amerikafahrer, Berlin 1917.

Hoffmann von Fallersleben, August Heinrich, Unpolitische Lieder, Leipzig 1945.

Huch, Ricarda, Gesammelte Werke, Kiepenheuer & Witsch Verlag, Köln / Berlin 1966–1970, Band 1–10. Mit freundlicher Genehmigung der Familie Böhm, Rockenberg.

Kempowski, Walter, Tadellöser & Wolff. Ein bürgerlicher Roman. © 1978 Albrecht Knaus Verlag, München, in der Verlagsgruppe Random House GmbH.

Reuter, Fritz, Ut mine Stormtid, in: Läuschen und Rimels I., Leipzig 1920.

Reuter, Fritz, Ut mine Festungstid, Leipzig 1919.

Rostock. Ein Lesebuch, hrsg. v. Diethard H. Klein, Husum 1988.

Sagen, Sitten, Gebräuche und Geschichten aus Röbel. Beiträge zur Geschichte der Stadt Röbel / Müritz, hrsg. v. Klaus Hennings u. d. Bund für Natur und Heimat Müritz-Elde e. V., Heft 1, Waren o. J.

Sakowski, Helmut, Schwarze Hochzeit auf Klevenow, © Aufbau Verlagsgruppe GmbH, Berlin 1994 (die Originalausgabe erschien 1994 im Aufbau-Verlag; Aufbau ist eine Marke der Aufbau Verlagsgruppe GmbH).

Schiller, Friedrich, Geschichte des Dreißigjährigen Krieges, Gotha 1924.

Schiller, Friedrich, Wallensteins Lager. Die Piccolomini, Hamburger Lesehefte Verlag, Husum 2005.

Schliemann, Heinrich, Abenteuer meines Lebens. Selbstzeugnisse, hrsg. v. Heinrich Alexander Stoll, Leipzig 1958.

Seidel, Heinrich, Leberecht Hühnchen, Stuttgart / Berlin 1913.

Tarnow, Rudolf, Rewolutschon in de Schaul, in: Günter Rickers (Hg.), Schulerinnerungen aus Mecklenburg, Husum Verlag, Husum 1992.

Welk, Ehm, Die Heiden von Kummerow, Hinstorff Verlag, Rostock.

- Deutsches Koloniallexikon
- Liederbuch des deutschen Sängerbundes.
- Norddeutscher Leuchtturm, 31. März 1983.
- Real-Encyclopädie, o. O. 1819.

Alphabetisches Ortsregister

(kursive Seitenzahlen verweisen auf Abbildungen)